中国社会科学论坛文集

CASS
FORUM
中国社会科学论坛

第三届近代中国与世界国际学术研讨会论文集

· 第一卷 ·

政治·外交（上）

中国社会科学院近代史研究所　编

社会科学文献出版社
SOCIAL SCIENCES ACADEMIC PRESS (CHINA)

前　言

步　平

　　2010 年，中国社会科学院近代史研究所举办了成立 60 周年的一系列纪念活动，其中以"近代中国与世界"为主题的大型国际学术研讨会是最主要的内容。近代史研究所的学者和海内外学术界的朋友们齐聚一堂，共同讨论近代中国社会发展中的各种问题，总结近代中国在争取国家与民族独立、实现政治经济与社会现代化过程中的经验与教训，是对走过 60 年历程的近代史研究所的最好纪念。

　　60 年在干支组合的纪年方式中恰好是一个周期，是一个大到社会、小到个人都很重要的一段时间。近代史研究所是在中华人民共和国成立不到一年时正式建立的。从这个意义上，近代史研究所与中华人民共和国同行的 60 年也很值得纪念。

　　近代史研究所的前身，可以追溯到 1938 年 5 月 5 日在延安建立的马列学院历史研究室。当时，"马克思主义中国化"是中共全党亟待了解并亟须解决的任务。而在这一过程中，认识中国历史，特别是认识自 1840 年以来中国近代历史的特征，则更为重要与急迫。所以，马列学院从一开始就建立了历史研究室。范文澜同志作为历史研究室主任接受了用新观点编写简明中国通史的任务。从此，中国近代史作为中国历史学中独立的分支学科诞生了，它承载探讨并回答近代中国社会种种问题的现实需求，将中国的救亡和中华民族的解放作为主要研究课题。在那之后，历史研究室在延安经历了"马列研究院""中央研究院"的时期，在华北晋冀鲁豫边区经历了北方大学、华北联合大学的时期，在北京解放的同时，范文澜、刘大年、荣孟源等同志以华北大学（中国人民大学前身）历史研究室的名义来到东厂胡同一号，开始组建新中国的近代史研究机构。1950 年 5 月 1 日中国科学院近代史研究所在此诞生了。1954 年，中国科学院根据中央关于加强历史学科建设的要求，组建三个历史研究所，近代史研究所改称历史研究所第三所。1959 年，恢复近代史研究所的名称。1977 年随着中国社会科学院的成立，成为今天的中国社会科学院近代史研究所。

新中国成立后成立的近代史研究所，继承了延安时期历史研究室的传统，始终将研究重点放在与现实革命斗争需要密切相关的问题上，在完成"马克思主义中国化"的历史使命中，在探索适合中国国情的社会主义革命和建设道路的过程中，承担了相应的责任。

新中国成立后的十几年，近代史研究所逐步发展成为全国近代史研究的中心，在学科建设方面做出了可贵的探索，政治史、经济史、中外关系史、中国通史等学科基本建立，对"近代中国向何处去"的主题研究，交出了基本的答卷。此外，老一代的学者们为近代史研究所奠定了扎实研究、不图虚名的优良学风。这一优良学风的影响力，已经超出近代史研究所的范围，成为从事学术研究的学者共同遵循的基本原则。特别是老一代研究者对近代史研究所的资料建设进行了卓有成效的努力，建设了积累大量近代史研究资料的宝库，编辑出版了系列的近代史研究资料，为后人的深入研究打下了坚实的基础。

1978 年以后的 30 余年来，伴随着对当代中国命运产生重大根本性影响的改革开放的深入，近代史研究所作为中国社会科学院的研究机构，作为中国近代史研究领域的重镇，获得了全面发展的机遇，取得了显著的进步。研究领域的大范围拓宽、研究资料全方位的深入发掘、研究方法的广泛吸收与创新、研究队伍的壮大和研究成果的目不暇接，是 30 余年来中国近代史研究繁荣与发展的证明，也是近代史研究所进步发展的标志。近代史研究所积极响应时代要求，改善研究环境，在保持传统优势学科的基础上强化薄弱环节，扶植新兴学科，组建新的研究室，加强中国近代史各分支学科的建设，薪火传承老一代学者开创的严谨求实的学风，在老专家和中青年研究人员的共同努力下，在学术研究上得到了空前的繁荣发展。先后完成并出版了《中国通史》《中国近代通史》《中华民国史》《近代中国文化转型研究》《台湾史稿》等一大批具有高度学术影响力的中国近代史代表性研究著作，目前正在进行"中国近代史新编""中华民国外交史""中国近代思想通史""中华民族抗日战争史"等大型课题的研究。近代史研究所图书馆已经是海内外中国近代史研究机构中收藏档案、图书、资料最丰富最完整的专业图书馆之一，研究所编辑出版的近代史系列资料推动了近代史学术研究的进展。近代史研究所的网站已成为国内最受关注的中国近代史专业网站；《近代史研究》和《抗日战争研究》成为引领全国近代史研究潮流的名刊，英文刊物 *Journal of Modern Chinese History*（《中国近代史》）已经在国际学术界产生了积极影响。

在近代史研究所成立 60 周年之际举办的国际学术会议以"近代中国与世界"为题，其实也是 60 年来研究中国近代史的学者们的共同体会。因为从某种意义上，近代中国就是"中国走向世界，世界走入中国"的过程。

近代中国面临的最严峻局面是什么？就是在世界整体发展潮流下的明显落伍。近代中国需要解决的最重要课题是什么？就是中华民族在世界上的独立与复兴。但是，封建腐朽的中国在西方列强面前一次次地败退，无论是摆脱帝国主义的外来干涉和侵略与压迫，还是争取实现社会转型和现代化的目标，近代中国首先需要认识世界，了解世界，更需要认识和了解世界大格局中的中国，而不仅仅是闭关锁国的传统的中国，舍此便不可能使衰弱的中国振兴，也不可能使中国融入世界发展的潮流。回顾近代中国的一切政治运动、经济活动、军事斗争和社会变化，无一不是在中国与世界的互动过程中完成的。今天的中国已更加深刻地融入世界，各个领域的国际化课题更加迫切。将爱国主义与国际主义结合起来，正视中国的国际责任与义务，给国际社会以更大的贡献，是当代中国人必须思考的问题，更需要从事中国近代史研究的学者具有深邃的历史眼光。所以，"近代中国与世界"的主题基本能够涵盖 1840 年以来中国社会各领域的问题，也是 60 年来近代史研究所的学者们把握的主要研究方向和孜孜以求的研究目标。

60 年，在中国历史中不过是短暂的一瞬。新中国在这一个 60 年中完成了社会的巨大变化，改变了积贫积弱的状况与旧有国际形象，实现了几代人梦寐以求的民族独立与社会发展的愿望，而与祖国同行的近代史研究所，也在 60 年的过程中奠定了基础，积累了经验，形成了研究"近代中国与世界"的体系。在总结 60 年发展经验的基础上，把中国的民族复兴目标与近代世界的发展变化结合起来的研究成果，将有助于深刻理解近代中国，并对中国更加辉煌的未来提供有意义的历史借鉴。

自 1990 年起，每逢近代史所创立的十年纪念，我们都会举办以"近代中国与世界"为主题的学术研讨会。呈现给读者的这部文集，便是 2010 年近代史所为纪念所庆 60 周年召开的第三届近代中国与世界国际学术研讨会的论文结集。参加这次研讨会的学者来自中国大陆、香港、台湾和世界各国，他们都是在中国近代史研究领域卓有成就的专家学者，为我们主办的这次会议提供了高质量的研究成果，在此对他们的学术贡献表示衷心的感谢！论文集的出版经过了必要的编辑工作，在此过程中，社会科学文献出版社的领导大力支持，编辑们付出了精心的劳动，我们对他们的工作表示衷心的感谢！论文集的出版，还得到了中国社会科学院各有关部门及"中国社会科学论坛文集"出版项目的支持，我们对此也表示衷心的感谢！让我们期待近代史研究所以更多高质量的研究成果迈入下一个十年，期待中国近代史研究的不断发展和进步，期待在下一次的"近代中国与世界"研讨会再聚！

目录 |
CONTENTS

第一卷　政治・外交（上）

1

第二卷　政治·外交（下）

3

第四卷　经济·社会·学术

第一卷

政治·外交（上）

中国在世界化进程中现代化取向及其路径的择定

姜义华[*]

一

正如马克思和恩格斯在《德意志意识形态》一书中所说，近代大工业通过普遍竞争开辟了世界市场，建立了世界联系，从而首次开创了真正的世界历史，因为它消灭了以往自然形成的各国的孤立状态，使每个文明国家以及这些国家中的每一个人的需要的满足都依赖于整个世界。

中国是在西方列强入侵造成的严重威胁与空前危机中被动地进入这一世界联系、世界市场、世界历史的，从这个意义上可以说，中国进入世界联系、世界市场、世界历史属于所谓"外铄"型。但中国在"外铄"刺激下，很快就引发出强有力的'内生'。先是西方国家的机器生产，西方国家的科学技术，西方国家所主导的世界市场，然后是西方各国的经济与政治制度，刺激了最先与西方国家打交道的中国官僚和中国士子，以及中国商人、中国买办，他们学过英、俄、普、日，又学过法、美，希望走西方这些国家所走过并取得成功的资本主义道路。然而，走这些道路，虽然或多或少取得了一些成效，却又引发了中国极为激烈的社会冲突，引发了中国社会下层民众特别是广大农民的激烈反弹。这是因为"西化"道路本质上原就是剥夺农民和广大殖民地人民，中国自身就处于半殖民地地位，资本原始积累和资本集聚积累的负担更全部落在本国农民身上，他们迅速破产，却无法在现代工业、现代城市、现代市场中找寻到新的出路，分享现代文明的成果。

欧洲社会主义运动，从欧洲1848年革命、1871年巴黎公社革命到1917

---

* 复旦大学历史学系教授。

年俄国十月革命，开启了世界联系、世界市场、世界历史的一个新的时代，一个力图以劳动对世界的直接支配取代由资本特别是大资本统治世界的时代。中国不少志士仁人在从"外铄"转向"内生"时，很早就对欧洲社会主义运动产生了强烈的共鸣。他们先是认同欧洲第二国际所主张的社会主义道路，后来又转向学习苏联，力图走苏式社会主义道路。走这一条道路，取得过成效。但"苏化"道路，就迅速实现工业化而言，本质上其实也是依靠剥夺农民，通过剥夺农民对于土地和其他生产资料的支配权，对生产、产品流通、产品分配的自主权，乃至若干人身自由权利，完成资本的原始积累，实现对劳动力流动的全面控制。这一条道路，使广大农民付出了沉重代价，也遭遇到亿万农民各种形式的抗拒而最终无法走通。

20世纪70年代以来，世界化或全球化无论在广度、深度、发展速度上都大大超过了以往各个时代，世界在多极化、多元化格局中彼此联系更为紧密。中国依靠先前发展的基础，总结先前发展中所有正反两方面经验，首次非常明确地将实现现代化作为举国共同的目标取向，并更为自信地走出具有自己独创性的发展道路。这就是以"中国特色社会主义"命名的道路。中国由此在短短数十年中就取得了举世瞩目的伟大成就。

二

中国特色的现代化路径，它的独创性，它由"外铄"转变为"内生"，最根本的一点，就是广大中国农民成为现代化的强大的内在动力，并在现代化进程中成为最主要的得益者。

传统中国一贯以农为本，重农抑商，农耕 、游牧、山林农牧三者互相制约，尤其是小农经济条件下，土地可以流转，可以由分散而集中，驱使官僚的财产和商人的利润最终都用于购置地产，沉淀于土地之上，长时间限制和阻止了资本、劳动 、技术向城市和工业集中。建立在小农经济基础上的君主官僚国家政权体系，由于没有足够的自下而上的制约力量，防止它自身向全能权力、绝对权力蜕变，防止它自身不断膨胀并演变为民众不堪负担并与民众越来越对立的寄生者，最终都难以避免各种社会矛盾的激化，产生巨大的自发的社会动乱，各种矛盾通过这些社会动乱得到自流性的解决或缓和，再在小生产基础上重建原先的秩序，以王朝更迭为重要标志，形成中国古代经济 政治与社会"危机—动乱—重建—繁荣—危机"周期性运动。而其时知识分子主要精力用于研习四书五经，好通过科举考试挤进官僚队伍，或践行德性而教化民众，或潜心于理气心性学说，或纵情于诗词歌赋文章，轻视或漠视生产知识的积累和技术科学的探求，完全脱离生产实践，在社会生产力发展中很少贡献，视科学技术的探求为雕虫小技，反而屡屡自觉不自觉地压制生产技术的革新与发展。正是以上主要局限和主要弊端，使中国传统小农文明在小生产基础上虽发展到其他农耕文明难以比美的极高水准，却一直未能突破小生产与手工劳动，内生出近代机器大工业，也无法像欧洲那样基于商业资本和土地经营的对立、城市和乡村的对立以及狂热的海外殖民，内生出近代资本主义生产方式和资本主义文明。

纵观中国现代化一个多世纪来的理论与实践，它的成功与失败，都与解决中国农民问题息息相关。核心的问题，就是如何使中国传统的农民转变为现代农民，使他们成为实现中国现代化的强大的内在动力。从在《实业计划》中详细绘制了中国现代化蓝图的孙中山开始，许多人很早就已提出"平均地权""耕者有其田"等解决中国农民问题的主张。中国共产党创立伊始，就十分关注农民问题。张国焘回忆录中记述，在中共1923年6月召开的第三次全国代表大会上，出身农家的毛泽东就已向大会指出："任何革命，农民问题都是最重要的"，"中国历代的造反和革命，每次都是以农民暴动为主力"。为造就一批推进农民运动的骨干，毛泽东和其他共产党人一道，先是在广州，后来在武汉，创办了农民运动讲习所。他主编的《农民问题丛刊》，共出版了26种。他在丛刊《总序》中写道："农民问题乃国民革命的中心问题，农民不起来参加并拥护国民革命，国民革命不会成功；农民运动不赶速地做起来，农民问题不会解决；农民问题不在现在的革命运动中得到相当的解决，农民不会拥护这个革命。"他满腔热忱地投身于农民运动实践，在《湖南农民运动考察报告》中提出，农民要挣脱政权、族权、神权、夫权这四条极大绳索的束缚，而广大贫苦农民则是乡村中苦战奋斗的主要力量。他断言："没有贫农，便没有革命。若否认他们，便是否认革命。若打击他们，便是打击革命。他们的革命大方向始终没有错。"

毛泽东成功地发动秋收起义，进军井冈山，和其他许多共产党人一道，建立了一个个农村革命根据地，实行"工农武装割据"，开辟了以农村包围城市的中国革命道路。他们成功地将千千万万贫苦农民发动起来，组建成一支极富战斗力的现代军队；并成功地在农村环境中，将90%以上党员都是农民的中国共产党组建成克服了'左'的和右的错误倾向、具有广泛群众性的现代政党；他们成功地创立了适应中国农村环境的革命战争的战略与战术，从而领导和指挥了一场波澜壮阔的现代农民战争。武装起来的中国共产党人，先是在一片一片土地上，打碎旧的国家机器，建立工农政权，最终打碎整个旧的国家机器，建立起新生的全国政权。

中国共产党和毛泽东在新民主主义革命实践中，根据中国农民是小农经济的农民这一最基本的国情，发动广大农民起来进行以平分土地为核心的土地革命，让他们直接享有中国向现代化方向前进的成果，赢得了广大农民对于这一历史性转折的热情拥护和积极支持。这是新民主主义取得辉煌胜利的根本保证。

然而，新中国建立后，如何处理农民与现代化经济建设、政治建设、社会建设、文化建设的关系问题，在很长一段时间中，却不是那么成功。中国历史上的农民战争，最终结局都没有真正给农民带来平等、自由，而是要么失败，要么成为新统治者改朝换代的工具。在《中国革命和中国共产党》中，毛泽东将其原因归结为没有新的社会生产力和没有先进的无产阶级领导。而1958年在《三国志·张鲁传》的批语中，他则将原因归结为"小农的私有制"和"上层建筑的封建制"。超越历史上农民战争，原先主要通过发展生产力和确立无产阶级领导，这时，则转向径直消灭"小农的私有制"和"上层建筑的封建制"。先前是农民自己起来革命，现在则成了新一轮革命所要针对的主要对象。在这个问题上，毛泽东和其他不少共产党人主要是接受了列宁十月革命前后特别是苏俄战时共产主义时期的相关理论，成为列宁这些理论最忠实的继承者与实践者。

对毛泽东等人影响最深的，首先是列宁关于农民小生产者每日每时自发地、大量地、普遍地产生资本主义，成为资本主义与资产阶级复辟温床的论点。历代农民战争后农民重新两极分化的事实，使毛泽东等人对于广大农民土地改革后可能的命运特别担忧并感到特别紧迫。农民刚刚欢天喜地在新分得的土地上自主耕种，毛泽东等人便迫不及待地要通过农业互助合作运动，将土地和其他生产资料由农民的小私有制改变为集体所有的公有制，将农民所习惯的个体劳动改变为集体劳动，为此而引发党内一场场激烈争论。在实现农业合作化与人民公社化以后，毛泽东等最不能容忍的，就是所谓"三自（自留地，自由市场——农村集市贸易，自负盈亏）一包（包产到户）"，向承认农民对生产、产品有某种自主权做任何让步。1962年中共八届十中全会以后，毛泽东等为此不惜向全党各级领导干部宣战。"文革"末期，他仍念念不忘提醒人们牢记列宁关于小生产者会不断自发产生资本主义的论断。

为了给广大农民寻得一条不再重蹈历史覆辙的新路，毛泽东等人秉持理想主义者特有的严肃与焦灼，比之列宁、斯大林，更急于迅速消除工农之间、城乡之间、体力劳动与脑力劳动之间的差别。这三大差别，在马克思主义创始人那里，作为社会分工，被视作产生私有制与阶级差异的前提。毛泽东等立志要在他们有生之年，在这一方面有一番大作为。五四时期流行过的泛劳动主义、工读主义、新村主义，使他对于一个人同时又做工又务农又读书深信不疑。人民公社工农商学兵、农林牧副渔兼而有之，被评价为能迅速消灭三大差别的金光大道。1966 年 5 月 7 日毛泽东给林彪的信中提出工、农、商、学、兵都要做到既学工，又学农，又学军，又要批判资产阶级，勾画出了一个上述三大鸿沟被消除的理想世界蓝图。

1945 年中共七大前后，毛泽东曾旗帜鲜明地反对过设想在小生产基础上直接过渡到社会主义的民粹主义；1948 年 4 月在晋绥干部会议上，严厉地抨击过农业社会主义倾向，认为那是落后的，甚至反动的主张。可是，自 50 年代以后，对于民粹主义、农业社会主义的批判，就成了绝响，成为讳莫如深的绝对禁忌。推行农业合作化和公社化过程中，毛泽东一再强调，中国农民具有极大的社会主义积极性，中国农民的革命性、社会主义积极性不仅超过了西方发达国家的工人阶级，甚至超过了中国城市工人阶级。所以，他说："社会主义，农民会先走一步。"对于社会主义远景的慷慨许诺，曾经鼓舞和吸引过一部分农民，但是，农业合作化和公社化的急速实现，主要依靠国家权力自上而下直到农村基层的全面支配与全面动员，依靠统购统销和户籍制度的建立斩断农民和市场及城市的自由联系，依靠在农村中不断开展批判所谓"富裕中农资本主义倾向"的阶级斗争和社会主义教育运动。主要从事手工劳动的农民们，丧失了土地所有权，丧失对于生产过程及产品的决定权、支配权，也丧失了选择职业、迁徙等等其他自由权利，走向了贫困的普遍化。急急忙忙地消灭民营资本，消灭三大差别所代表的社会分工，虽然有力地阻止了现代化进程中新的权贵和利益集团的形成，使整个社会趋于平民化，但无政府状态由此泛滥，与现代化相联系的社会精英被牺牲，推动经济、文化、社会积极向前发展的内在动力遭到普遍压抑和禁锢。中国现代化事业为此付出了沉重的代价：市场化被否定，工业化、城市化进程被扭曲，普遍性世界联系被切断，经济增长较周边许多国家和地区严重滞后。

在改革开放中，对于现代化进程中如何处理农民问题，人们有了全新的认识。中国现代化的新飞跃，发端于广大农民重新获得对于土地和其他生产资料的自主支配权，以及农村资本市场、技术市场、人才市场、信息市场、产品市场先前难以想象的发育。在传统农业经济开始全方位地向现代农业经济转变的同时，大批农民获得了向城市、向第二产业和第三产业转移的自由，使工业化、城市化进程获得了前所未有的推动力。广大农民有了学习现代科学文化知识，掌握现代经营管理能力，培育现代精神、现代理念、现代素质的机会，他们终于能够突破以往的封闭与落后，自觉地吸收世界物质生产和精神生产的优秀成果来充实自己，使自己成为真正的现代人，为中国经济持续高速增长做出了不可磨灭的贡献，这可以说正是中国特色社会主义现代化道路精髓之所在。

三

中华传统文明是一种已持续不断延续了数千年的自成体系的物质文明，一种其社会生产与社会生活都按照其自身的规律而运行的具有很强独立性的文明，一种具有自己独特质的规定性并具有高度稳定性持续性的文明。它的一个极为重要的特征，就是它同时是一个以君主官僚国家政权体系为主轴，以血缘网络与地缘网络为两翼，并借助众多经济共同体及文化上高度认同而予以强化的大一统文明。

自秦汉以来，大一统就成为中华文明一个根本价值诉求。如董仲舒《天人三策》所说："《春秋》大一统者，天地之常经，古今之通义也。"隋、唐、宋、元、明、清，毫无疑问是大一统的国家；三国、两晋南北朝、五代十国、辽金西夏，虽呈分裂态势，但那只是追求大一统而未达目的的结果，分治的每一方都希望以自己为中心实现由自己主宰的大一统。

大一统以君主官僚国家政权体系为主要载体。中国早就建立了非常发达完备的文官制度，有效地对国家进行管理。大一统君主官僚国家政权体系之所以产生和长久运行，首先是因为它适应了以小农经济为基础的农耕文明发展的需求，分散的小农经济需要集中统一的行政权力，解决他们无法分别解决的保障农业生产，确立稳定而有效的社会秩序，有力地维护国家安全等一系列共同问题；其次，它也适应了在农耕文明与草原游牧文明及山林农牧文明之间建立稳定的秩序，使它们不再彼此冲突，而能积极地相辅相成的要求。

8

近代以来，中华文明从传统向现代转型，无论是晚清时代，北洋政府时代，国民党领导的国民政府时代，还是中华人民共和国建立以来，大一统国家继续居于主导地位，中央集权的国家政权实际上统领和决定着整个社会从传统向现代的转型进程，并在这一转型进程中使自身从传统向现代转型。之所以如此，是因为中国官僚系统，包括其后备队伍广大士子，集聚了中国传统社会的主要精英，他们能够获得较多较广的信息，能够更为强烈地感受到现存政权及国家和民族存亡绝续的危机，能够较早地开眼了解外部世界，能够利用他们手中的权力因应世变兴办其他社会力量难以兴办的一些事业。近代以来，主要是这些官僚和他们的追随者，利用大一统中央集权官僚国家机器，借助国家权力，进行了资本的积累与积聚，兴办现代机器工业，发展现代金融、现代商业、现代交通运输等各种事业，建立起新型的国有经济，并使之成为推动中华文明从传统向现代转型的具有决定性意义的力量；他们又利用国家政权的力量，对分散在全国的广大人力资源、物质资源和其他各种资源进行有效的统一配置，以提高对于它们的利用效能。官僚系统还利用国家权力，确定国家发展目标和发展战略，努力协调各方利益，力图将由转型引发的各种社会冲突约束在可控制的范围内。即使是近代中国民营资本，其兴起和发展，也无法脱离国家权力的支持与庇护。一旦失去这一支持与庇护，它甚至就会无法生存。

在这一进程中，中国曾试图用"西化"的方法，在市场经济基础上发展自由资本主义，最后总不可避免地走向垄断资本主义和国家干预；又曾试图用"苏化"的方法，取消市场经济和消灭自由资本主义，但实际上同样是最终走向国家资本主义，乃至官僚资本主义。经过一个多世纪艰难探索，中国终于明确，唯一正确的路径必须是将国家的主导作用和市场经济的作用两者有机地结合起来。

1978年以来所实行的改革开放，正是首先依靠了国家政权自身的力量，方才能够较为顺利地改变了先前高度集中统一的计划经济体制和国营经济公有经济一统天下的格局，承认并发挥市场在资源配置中的基础性作用，建立起充满活力的社会主义市场经济体制。依靠了国家政权的力量，在国营企业中建立了现代产权制度和现代企业制度，变公有制单一实现形式为多种有效实现形式；在服务业或第三产业，打破了先前一直将它们视为非生产性行业的流行观念，适应经济发展和人民生活的实际需要，让它们获得了前所未有的发展。在坚持发挥国有经济主导作用的同时，使各种形式的非公有经济蓬勃发展，在满足人民多层次多样化需要、容纳就业以及发展国民经济中发挥越来越大的作用。非公有经济的经营者，不再被视作异己势力，而被视作社会主义建设者，由此逐步形成了各种所有制经济平等竞争、相互促进的新型关系。

与此同时，由于大一统国家政权体系和现代经济积极互动，人们越来越广泛地直接参与国家政治生活国家事务管理，现代法治也开始逐步形成。经由长时间的革命、斗争乃至战争之后，人们终于使建设稳定、和谐的社会成为整个国家的主导诉求。人们并由此首次真正拥有了免除恐惧的自由。这一自由，为整个国家应对和抗击国内外突发重大危机提供了强大力量。

在一个相当长时间中，由中央集权所统辖的权力支配系统居于主导地位这一局面，将仍继续。大一统国家中，由于各级政府掌控着国家和地方经济命脉，直接掌控着各种生产要素的主要分配权，政府实际上成了"经济人"。利益的驱使，必然会形成大量权力寻租、权力越位、权力缺位问题。权力本身，成为牟利者追逐的目标。这就和现代文明所带来的人的普遍的自主自立相悖，甚至形成尖锐对立。

解决这一矛盾的症结在于，一是使国家权力从全能主义的威权体制转变为民主化基础上的有限权力，变成真正受有效监督有效制约有效制衡的权力，二是使公民社会公众社会健康成长和早日成熟，真正成为全社会不可或缺的中坚力量。

中国特色社会主义政治文明建设，目标就是将国家政权的有效运作与主导作用同人民大众真正当家做主紧密结合起来，通过将国家权力变成严格在宪法与法律规定范围内运作的有限权力，借助成熟的公民社会与公众社会对于各级权力实施的有效制约、制衡与监督，确保各级政府成为名副其实的现代服务政府、责任政府、法治政府。中国特色社会主义政治文明建设，另一重要内容就是将中央集权与地方分权有机地结合起来，充分发挥省级与县级地方权力机构的积极性，使它们在国家总战略的主导下，既互相竞争，又互相协调，使从中央到地方各级权力机构既都充满活力，又不会走到互相对立，更不会走到互相冲突，互相对抗。

为既充分发挥统国家之所长，又能有效地制约和有效地监督权力运行，保障人们对于国家事务管理的有效参与，人们正开辟着越来越多样的途径，创造着越来越多样的方法。在这一过程中，传统的血缘网络与地缘网络，传统的经济共同体及文化认同，也积极参与着传统文明向现代文明的转型，并在这一过程中使它们自身逐步转变为现代社会网络。

这应当是中国特色社会主义或中国现代化道路的又一基本内涵。

四

中国的现代化进程现今仍在进行中。在中国，古代、近代、现代在相当长一段时间中将继续并存共生。传统农耕文明向现代工业文明、城市文明、信息文明的转型，已经取得举世瞩目的成就，但原先广大草原游牧文明和山林农牧文明向现代文明的转型，不仅发展相对滞后，而且转型的路径也还在继续探索中。大一统国家权力的全能化以及演变为绝对权力的问题，官僚系统利用手中所掌控的权力谋求特殊利益而走向腐败的问题，仍未得到根本的解决。人们的道德、信仰、意志，或仍固守传统，或已完全现代，或现代与传统交织于一身，在相当一段时间中，将会继续成为一种常态。

面对科学技术突飞猛进的发展，人的活动和思维越来越为新技术所左右；工业化，带来劳动的解放，同时，又使人的生存与成长、人的全部活动，越来越受制于外在于人自身的经济与政治乃至社会力量；工业化不断追求高度发展，会纵容、鼓励和引导人们追逐利益最大化，"天下熙熙，皆为利来；天下攘攘，皆为利往"。与利欲不断膨胀相联系的，是物欲的不断膨胀，义与利严重失衡，社会两极化趋向亦因此难以遏制；市场化，带来物流、资金流、人流、知识流的解放，同时使人与人之间以契约关系与货币关系取代了原先的自然关系；城市化，人口、资金、信息、生产力、消费都高度集中、特别密集，但同时却破坏了人与人之间传统的联系纽带，使人变得过于个人化孤独化；对于物质利益的过度追求，更会导致纵欲主义、利己主义、拜金主义泛滥，使人与人之间、人与自然之间关系变得非常紧张，知识化，提高了人们的素养，同时又使人们为科学主义和技术主义所支配，丧失人文主义、理想信念和终极价值的追求；信息化，使互相全面依赖关系的建立成为可能，但同时又会使人与人的交往虚拟化，人的思维方式与行为方式为工具理性所支配；如此等等。任由这些问题自由泛滥而不未雨绸缪，必定会严重破坏中国现代化的进一步发展。而这正是中国特色社会主义或中国现代化道路所必须解决的又一历史性难题。解决这一难题，则是中国特色社会主义或中国现代化道路又一基本内容。

如何在中国现代化进程中，从根本入手，切实而有效地克服上书这些问题？真正坚持以人为本，坚持将每个人自由而全面的发展作为未来发展的最根本的准则，将是一条既具有独创性又具有普适性的正确路径。

人的自由全面发展，是将人的物质生活、人的精神生活、人的政治生活、人的社会生活作为综合整体加以把握。人的知识传授、积累、更新、创造，不仅是为满足经济发展的需要，而且是为了满足人的政治生活、社会生活、文化生活的需要。人除了知性生活、知性世界外，还有情感生活、情感世界，还更有德性生活、德性世界，即人还有比物质生活及知性生活、情感生活更高的意志生活，这就是人的理想、人对真善美的追求，人向高尚的人、纯粹的人、脱离了低级趣味的人这样一种道德境界、天地境界的追求。只关注物质生活的发展，有片面性；精神生活中，只关注知识水准的提高，只关注自然科学、技术科学、管理科学水准的提高，将人文的发展、艺术的发展、信仰和意志的发展，都从属于经济建设或政治秩序，同样有片面性。人文的发展，艺术的发展，信仰和意志的发展，将能够"使欲必不穷乎物，物必不取于欲，两者相持而长"（《荀子·礼论》）。

坚持以人为本，坚持以人的自由全面发展为主轴，正在推动中国工业化进程和生态化相结合，城市化进程和人性化相结合，市场化进程和社会公平化相结合，世界化进程和民族国家的主体性相结合，还正在推动着经济成长和政治民主化、社会和谐化以及文化大发展大繁荣紧密相结合，推动着工业和农业、城市和乡村、东部中部和西部、汉族和所有其他各民族的协调发展。这无疑是一条既符合中国国情，又适乎世界潮流，既能解决当下问题，又能防患于未然的正确道路。

坚持以人为本，坚持每个人自由而全面的发展，正推动着中国在传承中外优秀文化的基础上进行新的伟大创造。每个人自由而全面的发展，继承了中国人本主义传统和西方人文主义优良传统，而又高于这两大传统，它不仅对中国的今天与未来有极重要的意义，对世界的今天与未来同样具有极为重要的意义。

中国的社会主义现代化已取得辉煌成就，前面要走的路还很长，重要的是一步一个足印，坚持不懈地继续走下去，中华民族的伟大复兴将给世界现代化历史写下极为辉煌的一章。

英国马戛尔尼使团的"北京经验"

欧阳哲生[*]

英国马戛尔尼使团访华，是中英关系史上的一个重要事件。围绕这一事件，中外史学家展开了热烈讨论，产生了一批富有影响力的研究成果，这些成果主要围绕马戛尔尼使团与清朝接触的过程，特别是马戛尔尼使团觐见乾隆皇帝的礼仪问题及其相关文献记载展开争辩。中外学者意识到，马戛尔尼使团访华在外交、商贸往来这两方面，对于中英双方来说都是一场失败。英国方面因未获得清朝愿意与之进行商贸往来的官方承诺，的确没有达到此行的初衷。中国方面因清朝乾隆帝维护天朝朝贡体制、"限关自守"，亦未能把握、利用这一机会，打开与英国进行正常商贸往来的大门。对于这一历史事件，中方在此后直到 1980 年代末以前的近两百年间都没有给予足够的重视。① 西方世界虽然认可了马戛尔尼使团访华一行在商贸利益上的失败，似乎又有意地淡化此行的另一个重要收获——为英国搜集了大量第一手中国现场材料，这也是马戛尔尼使团出使中国的重要目的之一。1792 年 9 月 8 日英国内政大臣邓达斯致信马戛尔尼，下达出使的正式指示中，除提到出使中国承负的商贸、外交使命外，还特别提到搜集情报、评估中国实力的使命：

> 你在中国居留期间，在工作中自然会尽可能留意观察帝国当前的实力、政策及政治等问题，这些问题，欧洲所知的，不会比上一个世纪更

① 1981 年以前，中国方面有关这一事件的论著，值得一提的仅有朱杰勤的三篇论文：《英国第一次使臣来华记》(1936 年)、《英国第一次使团来华的目的和要求》(1980 年)、《英国东印度公司之起源及对华贸易之回顾》(1940 年)，三文均收入氏著《中外关系史论文集》(河南人民出版社，1984)。

多。但要尽量小心，以免引起猜疑，同时，要查明近几年来中国皇帝与欧洲各国之间是否有过往来。①

同日，东印度公司董事会主席巴林（F. Baring）、副主席伯吉斯（J. Smith Burges）致信马戛尔尼，除说明"使团之费用由公司承担"外，又特别要求使团搜集中国茶、丝、棉织品等物品的商业情报（包括种植生产和商业贸易）。② 尽管使团所承负的商贸、外交使命没有获得满意的结果，但在搜集情报、评估中国实力方面，却由于使团成员的努力，获得了前所未有的成功。对此，马戛尔尼本人也有某种程度的自信和预感："我常常想，要是能读读使团成员写的日记，一定是大有裨益的。即使是随身仆从的回忆录也有某种价值。"③ 的确，当我们通览使团成员旅行中的日记和后来出版的回忆录，大致可以认同马戛尔尼这一说法并非虚词。

马戛尔尼使团获得的材料是英国甚至西方世界在 19 世纪上半期想象中国形象的主要素材，也是英国重新定位未来中英关系的主要依据。本文不想对马戛尔尼使团访华的整个过程及全部文献材料做通盘考察，只是想就其北京、热河之行所取得的"北京经验"做一探讨。英文中的"经验"（experience）包含两重意义：一是亲身经历，二是实录其经历，有时还包含对其经历的态度和研究。毫无疑问，马戛尔尼使团在北京、热河的经历是其访华过程中的重头戏，也是其"中国经验"的核心内容。通过考察马戛尔尼使团的北京、热河之行及其使团留下的相关文献，我们对马戛尔尼使团此行的性质、目的及后续影响，可以获致一个更为全面的认识。

一 鸦片战争前英国使团的两次北京之行

在西方国家，英国人来华可谓姗姗来迟。这是因为大英帝国对东方的兴

---

① 〔美〕马士：《东印度公司对华贸易编年史》第一、二卷，区宗法译，中山大学出版社，1991，第 555 页。

② Earl. H. Pritchard, The Instruction of the East India Company to Lord Macartney on His Embassy to China and His Reports to the Company, 1792 – 1794, *The Journal of the Royal Asian Society of Great Britain and Ireland*, 1938, pp. 206 – 229.

③ 转引自〔法〕佩雷菲特《停滞的帝国——两个世界的撞击》，王国卿等译，三联书店，1998，第 497 页。

趣或精力主要放在经营殖民地印度的缘故。故英国在 18 世纪末以前实录性的"中国经验"文献材料寥寥无几，① 而真正涉及北京的仅有苏格兰安特蒙尼人约翰·贝尔（John Bell，1691～1780）的一部旅行记，他曾于 1719 年随俄国沙皇派遣使团访问中国，第二年 11 月到达北京，在北京至少逗留了三个多月。回国后，约翰·贝尔撰写了一部有关此行的旅行记——《从俄国圣彼得堡到亚洲各地区的旅行》（Travels from St. Petersburg in Russia to Various Parts of Asia），此书 1763 年在英国格拉斯哥分两卷出版，这可能是最早的英国人"北京经验"的实录。由于约翰·贝尔是作为俄罗斯使团的医生随同前往中国，并最早进入北京的英国人，因此，他作为英国人来京的代表身份仍值得保留。② 在英国极为有限的有关中国材料中，我们看到的大多为一些想象的、虚构的文学游记。③

真正作为英国使团首次来到北京的是 1793 年的马戛尔尼使团，他们掀开了中英关系史新的一页。与以往西方外交使团来华相比，马戛尔尼使团无论在代表团人数规模、携带礼品数量，还是在被接待规格上，都超过此前荷兰、俄罗斯、葡萄牙等国的使团。更为重要的是，马戛尔尼使团回国以后，其成员出版了日记、回忆录、旅行报告，留下了丰富的历史文献材料，在西方世界产生了轰动性的反响，为我们保留了鸦片战争以前英国人的北京记忆，对后来的历史进程具有十分重要的影响。

下面我们根据普理查德、让－路易·克莱默－平、佩雷菲特、黄一农、张国刚诸位先生引据的文献，并结合笔者所搜寻到的材料，将马戛尔尼使团留下的原始文献，大致按出版和公布的先后时序做一简表：

---

① 据统计在 1793 年马戛尔尼使团来华以前，英国仅有三部游记涉及中国：彼得·蒙迪的《欧洲、亚洲旅行记》、威廉·丹皮尔的《新环球航海记》、瓦尔特根据安逊航海日记整理的《环球航海记》。参见葛桂录《中英文学关系编年史》，三联书店，2004，第 24、39～40、51～52 页。不过，这三部游记叙述内容都只是提到中国东南沿海地区。

② 关于俄罗斯代表团访问北京和约翰·贝尔本人的介绍，参见〔法〕加斯东·加恩《彼得大帝时期的俄中关系史》第七章"伊兹玛依洛夫的出使（1719～1722）"，江载华、郑永春译，商务印书馆，1980，第 152～172、161 页。

③ 参见 Jian Zhongshu，China in the English Literature of the Seventeenth and Eighteenth Centuries，收入《钱钟书英文文存》，外语教学与研究出版社，2005，第 82～280 页；范存忠：《中国文化在启蒙时期的英国》，上海外语教育出版社，1991；葛桂录：《雾外的远音——英国作家与中国文化》，宁夏人民出版社，2002，第 1～228 页。

作者或编者	身份	书名	出版单位、时间	备注
Aeneas Anderson（爱尼斯·安德逊）	马戛尔尼的男仆、使团第一大副	*A Narrative of the British Embassy to China in the Years 1792，1793，and 1794*（《英使访华录》，中译本后题《英国人眼中的大清王朝》）	London：J. Debrett，1795 Basil：J. J. Tourneisen，1795	欧美有法、德译本等数种版本，中国有费振东的中译本①
		An Accurate Account of Lord Macartney's Embassy to China	London：Vernor & Hood，1795	
William Winterbotham 编		*An Historical，Geographical and Philosophical View of the Chinese Empire*（《一个有关中华帝国历史的、地理的以及哲学的观察》）	London，Ridg way & Button，1795	欧美有德译本
Sir George-Leonard Staunton（斯当东）	使团副使	*An Authentic Account of an Embassy from the King of Great Britain to the Emperor of China*（《英使谒见乾隆纪实》）	London：W. Bulmer，1797	欧美有法、德、荷、俄、意译本等 15 种版本，中国有叶笃义的中译本②
Johanm Christian Hüttner（赫脱南）	GeorgeThomas Staunton 的家庭教师、翻译	*Nachricht von der Brittischen Gesandtschaftsreise durch China*（《英国派遣至中国之使节团的报告》）	Berlin，1797	有荷、法译本
John Stockdale 编	出版商	*An Authentic Account of an Embassy from the King of Great Britain to the Emperor of China*（《英使谒见乾隆纪实》）	London，1797	
John Stockdale 编		*An Abridged Account of the Embassy to China Undertaken by Order of the King of Great Britain*（《奉大英国王之命至中国之大使的节略报告》）	London，1797	

---

① 《英使访华录》，费振东译，商务印书馆，1963；群言出版社 2002 年版改题为《英国人眼中的大清王朝》。

② 《英使谒见乾隆纪实》，叶笃义译，香港：三联书店，1994；上海书店，1997、2005。

续表

作者或编者	身份	书名	出版单位、时间	备注
John Stock-dale 编		*An Historical Account of the Embassy to the Emperor of China*（《派遣至中国皇帝之大使的历史报告》）	London，1797	
George Cawthorn 编	出版商	*A Complete View of the Chinese Empire*（《中华帝国全貌》）	London：J. S. Pratt，1798	
Samuel Holmes（塞缪尔·霍姆斯）	使团卫队士兵	*The Journal of Mr. Samuel Holmes*（《塞缪尔·霍姆斯先生的日志》）	London：W. Bulmer & Co.，1798.	欧美有法、德、意译本
William Alexander（威廉·亚历山大）	使团绘画员	*Views of Headlands &. Taken during a Voyage to，and along the Eastern Coast of China，in the years 1792 ＆1793，etc*（《1792～1793年沿中国东海岸之旅途中各海、海岛之景貌》，画册）	London，1798	
William Alexander		*The Costume of China*（《中国服饰》，画册）	G. . Nicol，1797－1799（前九册），William Miller，1803－1804（后三册）；1805（合为一册）。	
William Alexander		*The Custom of China*（《中国风俗》，画册）①	London，1800	有刘潞、〔英〕吴芳思的中文编译本

---

① 此画册参见刘潞《前言》，收入刘潞《帝国掠影——英国访华使团画笔下的清代中国》，〔英〕吴芳思编译，中国人民大学出版社，2006，第22页。

续表

作者或编者	身份	书名	出版单位、时间	备注
Sir John Barrow（约翰·巴罗）	马戛尔尼的私人总管	*A voyage to Cochin China, in the Years 1792 and 1793*（《一次前往交趾支那的航行1792 - 1793》）	London：T. Cadell & W. Davies，1806	
Sir John Barrow		*Travels in China*（《中国游记》，中译本题为《我看乾隆盛世》）	London：T. Cadell & W. Davies，1804，1806	欧美有法、德、荷译本等多种版本，中国有李国庆、欧阳少春的中译本①
Sir John Barrow		*Some Account of the Public Life and Selection from the Unpublished Writings of the Earl of Macartney*（《与马戛尔尼伯爵公务相关之一些报告及其未出版著述之选集》）	Cadell &. Davies，1807	
William Alexander		*The Picturesque Representation of the Dress and Manners of the Chinese*（《中国衣着与习俗之生动表达》）	London：John Murray，1814	欧美有法译本，中国有沈弘的中文编译本②
Sir John Barrow		*Autobiographical Memoir of Sir John Barrow*（《约翰·巴罗自传回忆录》）	London：John Murray，1847	
William Jardine Proudfoot 编、James Dinwiddie 著	机械专家，负责掌管使团礼物	*Biographical Memoir of James Dinwiddie*（《詹姆斯·丁威迪传记体回忆录》）	Liverpool：Edward Howell，1868	

---

① 李国庆：《我看乾隆盛世》，欧阳少春译，北京图书馆出版社，2007。
② 威廉·亚历山大：《1793：英国使团画家笔下的乾隆盛世——中国人的服饰和习俗图鉴》，沈弘译，浙江古籍出版社，2006。

作者或编者	身份	书名	出版单位、时间	备注
Helen H. Robbins 编	马戛尔尼的后人	*Our First Ambassador to China: An Account of the Life of George Earl of Macartney* （《我们首次出使中国：马戛尔尼使华日志》）	London：John Murray，1908	此书第十至十二章系马戛尔尼本人的出使中国日记。有刘半农的中文节译本①
J. C. Cranmer - Byng （让 - 路易·克莱默 - 平）编辑整理	香港大学教授	*An Embassy to China: being the Journal Kept by Lord Macartney during his Embassy to the Emperor Ch'ien - lung，1793 - 1794* （《一个访华使团：1793 - 1794 年马戛尔尼勋爵率团出使乾隆皇帝期间写下的日记》）	London：Longnans，Green and Co. 1962	此书系马戛尔尼本人出使中国的全部日记。有秦仲和的中译本②

此外，马戛尔尼使团尚留有一些未刊的手稿和档案，因篇幅关系，这些档案的具体内容和原始来源，在此不赘。③

马戛尔尼使团成员此行的纪实性著述，回国后即很快得到出版，且随后出现各种欧洲语言的翻译版本，故此行获取的信息在欧美迅即得到传播，在出版界刮起了一股不小的"中国风"。与此前法国传教士所撰写的书信或报告相比，使团成员留下的纪实性文献，其分量和影响可以说毫不逊色。迄今已整理出版了9名使团成员的旅行日记、回忆录、报告或画册，他们是：爱尼斯·安德逊、斯当东、塞缪尔·霍姆斯、赫脱南、威廉·亚历山大、约翰·巴罗、詹姆斯·丁威迪、马戛尔尼、吉兰。另外我们知道至少还有5人留下了手稿，他们是："狮子号"舰长高厄、绘画师希基、炮兵军官巴瑞施、

---

① 据黄一农先生核对，刘半农译《乾隆英使觐见记》（上海：中华书局1916 年版，天津人民出版社 2006 年 5 月再版）系节译自 Helen Robbins 一书的第 10～12 章。参见黄一农《龙与狮对望的世界——以马戛尔尼使团访华后的出版物为例》，台北《故宫学术季刊》第 21 卷第 2 期，2003 年。

② 秦仲和译《英使觐见乾隆纪实》，香港：大华出版社，1966。后收入沈云龙主编《英使谒见乾隆纪实》，台北：文海出版社有限公司，1973。经笔者核对，秦译本缺《吉兰医生在中国所见医学、外科和化学之状况》和《马戛尔尼关于中国的报告》两部分和书后附录，文中亦有多处删节。

③ 参见黄一农《龙与狮对望的世界——以马戛尔尼使团访华后的出版物为例》。

使团秘书温德、小斯当东。斯当东的《英使谒见乾隆纪实》曾引用希基、巴瑞施、吉兰、巴罗等人的相关记叙，① 均出自未刊的手稿。因使团成员由各种不同身份、不同职业（外交、商贸、医生、科技人员、画家等）的人员组成，其记录访华之行的内容各有侧重，他们之间的回忆也构成一种互补，从而比较全面地反映了乾隆时期中国的面貌。其中安德逊的《英使访华录》（中译本又题为《英国人眼中的大清王朝》）出版最早，系由英国出版商请人据安氏日记整理而成。斯当东爵士的《英使谒见乾隆纪实》是使团的"正式报告"，详于使团访华的整个活动过程纪录。巴罗的《中国游记》（中译本题为《我看乾隆盛世》）对其中国见闻按专题做了新的归纳，加重了评论和其态度表述的分量。马戛尔尼勋爵的《我们首次出使中国：马戛尔尼一生记事》和《一个访华使团：1793～1794 年马戛尔尼勋爵率团出使乾隆皇帝期间写下的日记》两书则是其个人日记的整理稿，内容虽相对简要，但价值甚高，在后一书中还保有一份《马戛尔尼关于中国的考察报告》（*Lord Macartney's Observation on China*），显系马氏的个人汇报。《詹姆斯·丁威迪传记体回忆录》则对其在北京装配科学仪器的过程有较为翔实的记叙。亚历山大的画册则在文字之外，为人们展现了一幅丰富多彩的 18 世纪末中国风情画。

1816 年英国第二次派出阿美士德勋爵（Lord William Pitt Amherst）使团访华，并抵达北京。其在华旅行路线与马戛尔尼使团一样，但在北京仅停留 10 小时即被驱逐，使团成员留下的此行游记有：副使小斯当东的《阿美士德使团纪行》、勋爵秘书埃利斯的《新近出使中国纪事》和医生克垃克·埃布尔的《中国内地旅行记》。② 其内容和价值相对贫乏。埃利斯甚至抱怨地说："关于中国及其居民的印象占据着我们的记忆，如果除去公务的考虑，我真应该认为这次旅行是浪费时间，一无所获。既没有体会到文明生活优雅的舒适，也没有那种绝大多数半野蛮国家的狂热兴趣，只是感到自己的情绪心情受到周围沉闷、压抑气氛的影响。"这是一次彻底失败的遣使。

---

① 参见〔英〕斯当东《英使谒见乾隆纪实》，叶笃义译，第 299、345～352、374、375、398～400 页等处的相关引文。

② G. T. Staunton, *Notes of Procedings and Ocurences During the British Embassy to Peking in* 1816, London: Patrick Tuck, 1824; Henry Elis, *Journal of the Proceedings of the Late Embassy to China*, London: J. Murray, 1817; Clark Abel, *Narrative of a Journal to the Interior of China*, London, 1818.

以上是我们迄今知道的鸦片战争以前英国使团进入北京的两次记录。值得指出的是，马戛尔尼使团成员留下的文献在整理出版过程中，往往经过了编辑加工处理；且越是出版时间较晚的文献，其贬华的倾向则更为明显，其附加的偏见、成见的痕迹也较多，或隐或显地与时代背景可能有某些关联。英国学者毕可思指出："当通商口岸的存在受到攻击时，马戛尔尼使团和中英关系的其它版本的历史就涌现出来了。例如，普理查德对该使团叩头问题的学究似的考据发表于该事件 150 周年的 1943 年，决不是什么巧合。还应注意到，该文发表于英国和美国正式放弃它们在中国的治外法权，和通商口岸时代终后的一个月。"① 类似的情形似乎还有，如 1868 年出版的《詹姆斯·丁威迪传记体回忆录》发出的"中国除了被一个文明的国家征服以外，没有任何办法使它成为一个伟大的国家"的叫喊，不免使人产生这是否在为 8 年以前结束的第二次鸦片战争辩护的疑问。实际上，英美学者普理查德、让-路易·克莱默-平、何伟亚三人的研究成果，微妙地折射了英美方面在 20 世纪三四十年代（民国时期）、五六十年代（中华人民共和国时期）、90 年代（后冷战时期）处理中英关系的态度。这就要求我们在阅读使用这些文献时需要谨慎地加以鉴别，分清哪些是使团成员有关中国的实际叙述，哪些是使团成员对中国当时的态度或回国以后的态度，哪些可能是编辑加工或根据出版商要求增加的迎合市场趣味的文字。

二　马戛尔尼使团在北京、热河的行程及食宿安排

为做好接待英国使团的工作，乾隆数次上谕布置有关事宜：乾隆五十八年（1793）正月十八日谕沿海各省督抚："如遇该国贡船进口时，务先期派委大员多带员弁兵丁列营站队，务须旗帜鲜明，甲仗精淬。并将该国使臣及随从人数并贡件行李等项，逐一稽查，以肃观瞻，而昭体制。"② 对沿途各省迎接英国使团的事宜做了交代。六月十七日又谕："该国贡船笨重，不能收泊内洋，到津后须辗转起拨，计抵热河已在七月二十以外，正可与蒙古王公及缅甸等处贡使一并宴赉。即或海洋风信靡常，到津略晚，不能于七月内前

---

① 〔英〕毕可思：《通商口岸与马戛尔尼使团》，收入张芝联主编《中英通使二百周年学术讨论会论文集》，中国社会科学出版社，1996，第 326 页。

② 中国第一历史档案馆编《英使马戛尔尼访华档案史料汇编》，国际文化出版公司，1996，第 28 页。

抵热河，即八月初旬到来亦不为迟。但应付外夷事宜必须丰俭适中，方足以符体制。外省习气非失之太过，即失之不及。此次英咭唎国贡使到后，一切款待固不可踵事增华。但该贡使航海远来，初次观光上国，非缅甸、安南等处频年入贡者可比。梁肯堂、征瑞务宜妥为照料，不可过于简略致为远人所轻。"① 对英国使团到达热河的具体日期和接待规格做了明确指示。

秉承乾隆皇帝的指示，中方接待英方的规格很高。1793 年 7 月 20 日，英国使团乍到登州府，登州知府即上舰拜会。7 月 31 日，天津道台乔人杰、副将王文雄赶来与英国使团洽谈进京事宜。② 8 月 7 日，直隶总督梁肯堂与马戛尔尼交换名片，11 日在天津设行辕热烈欢迎英国使团；钦差大臣长芦盐政征瑞亦同赶来会面。征瑞、乔人杰、王文雄是使团在北京、热河活动的主要陪同者。使团在北京、热河行程中的食宿，中方尽其所能，周到安排，令英国使团基本满意。使团在华的一切食宿费用、领航员和登陆后的交通工具，均由中方承担。

居住 8 月 17 日，使团人员离船上岸，将行李、礼品搬上岸，安放在贮藏所内。马戛尔尼第一次提及当日住处的安排："我们所住的地方是城郊的一所庙宇，地方很大，有好几个院子和广阔的厅房。我们在这里暂住，觉得很是舒适，每日所供给的物品，和在船上一样，凡有所需，只要略一开口就咄嗟立办。"③ 他对住处的安排感到满意。基希以一个画师的眼光对这座庙宇做了描绘："本庙建在通州府郊区附近一块渐渐上升但又不陡的高坡上，距离河边半哩，四周围有高墙。对着河边的高墙下面开着一个小门，门外由中国军队站岗警卫……从这个小门进去通过几个院子和平房然后到达佛堂。佛堂同其余地方又有另外一道墙隔开，墙上打开一个八呎直径的圈洞来往通行。佛堂面对面共两座，中间距离很大，每座都有前廊，廊下柱子都是漆成朱红色的。"④ 安德逊对所住庙宇略有微词："它的外表是雅致精美，但是这样地低矮，好像对于可以期望给予的显要地位和当时我们考虑到的拨这所房屋的意义不相符合——这座房屋没有哪一部分比一层屋高。"⑤ 安德逊对这种临时性的住房安排似期望过高，故不免有难合其意之感。

---

① 中国第一历史档案馆编《英使马戛尔尼访华档案史料汇编》，第 32 页。
② 秦仲和译《英使谒见乾隆纪实》，第 14 页。
③ 秦仲和译《英使谒见乾隆纪实》，第 61 页。
④ 转引自〔英〕斯当东《英使谒见乾隆纪实》，第 299 页。
⑤ 《英国人眼中的大清王朝》，费振东译，群言出版社，2002，第 71~72 页。

8月21日使团离开通州，进入北京。进京的第一天，使团被安置在圆明园与海淀之间的弘雅园。① 马戛尔尼对所下榻的花园并不满意："中国官员给我们预备好的房子也是在一个花园里的，地方很大，有好几个小院子和亭树。有一小曲径通到小河边。循河而下，曲曲折折而到一小岛，岛的中间有一小屋可为避暑之月。这一带都种了很多树木，颇有草坪山石之胜。整个园子圈以高墙，园门驻有军士一队以资保护。园中的房子，虽然有几间颇为广大并且精洁良好，但若从整体而言，可说是荒秽破损，在冬季时候住下来一定不会很舒适，而只适于夏季避暑。听说像这样的馆舍好几所，都是招待外国使节之用的，我们现在所住的这一所，算是其中最好的了。"② 相对马戛尔尼这一平实、客观的描述，安德逊、斯当东、巴罗、霍姆斯的意见不一，③霍姆斯颇留恋此地："此地有墙环绕，墙长约达二英里。墙内有不同类型的小房舍，且皆甚佳。舍前往往有大溪可浴，亦可作别用。派与卫兵所住房屋，在深林中，颇广爽，且四面环水，总而言之，其地可喜之至。然仅居五六日又移回北京，实可恼之至也。"巴罗则极为不满，他甚至联想起前此荷兰使团访问北京的住宿安排窘境。他如是评价弘雅园："此园约15英亩，散布着数幢独立的小馆舍，既不够整个使团人员住宿，也容不下礼品和我们的行李，又疏于修整、破败不堪，以至于绝大部分都完全不适于居住。于是我们告知清朝官员，这种居所与一位英国特使的尊贵地位很不相配，他在任何情况下都不会接受。对他来说，下榻于城里还是乡下并不重要，但是馆舍应有适当的生活设施而且体面。' 在弘雅园住了两天，8月23日马戛尔尼向中方提出搬离要求，经过一阵讨论，中方答应了英方的要求。当天，马戛尔尼派他的秘书艾奇逊·马克斯威和一位译员随同王大人前往北京城内观看新安排的馆舍。④

8月26日使团搬离了弘雅园，迁到北京城内的一处豪宅。关于这次搬

---

① 据洪业先生《勺园图录考》（北平：引得编纂处，1933年）一文考证，弘雅园即为现在北京大学（原燕京大学）校园内的勺园之前身。乾隆年间，因避讳清高宗弘历的"弘"字，故称宏雅园。

② 秦仲和译《英使谒见乾隆纪实》，第68页。

③ 参见〔英〕爱尼斯·安德逊《英国人眼中的大清王朝》，第90~92页。〔英〕斯当东：《英使谒见乾隆纪实》，第317~318页。〔英〕约翰·巴罗：《我看乾隆盛世》，李国庆、欧阳少春译，第75~76页。Samuel Holmes, *The Journal of Mr. Samuel Holmes*, London：W. Bulmer & Co., 1798, p. 135. 相关论述和考证，参见洪业《勺园图录考》。

④ 秦仲和译《英使谒见乾隆纪实》，第81、85~86页。

迁情况，马戛尔尼有简短记录："今早我们从圆明园迁往北京城里居住了。这所华丽的馆舍，在北京内城，地方很大，有十一个院子之多，其中有些还很大，空气又很好。"① 安德逊、斯当东、巴罗则有更为详尽的描述，安德逊对这一建筑评价较高："墙壁的砌筑工夫是如此细巧，砖缝间的浆灰像线一样的细，而且是奇特的均匀，必须详细观察以后才能相信这不是画家所画而是泥水匠所筑，这不是用铅笔描画而是用镘划成的。这些砖犹如大理石一样平滑，16 英寸长，8 英寸宽，2 英寸厚。""这是我第一次看到中国人在房屋上的油漆艺术的高超，它的光泽不亚于日本式漆器，它的色彩不但能持久不退而且不受空气、日光和雨水的侵蚀。"② 斯当东对新居也很满意，他对新居观察得非常细致："使节团在北京的馆舍宽阔华美，厅房甚多。""这所官邸的建筑结构同一般中国大官的府第相同。整块园地由一个高的四方形砖墙围起，在一边的角端由一个小门通过一个小窄便道进到里面。从外面看很简单朴素，里面却非常富丽堂皇。"③ 巴罗却不以为然，他的评价大打折扣："新馆舍足够大，但是卧室肮脏不堪，久已不住人，急需修理，又全无家具。这座府邸被认为是全城最好的一所……它是已故的广州海关监督，一个户部所建。他后来被提升为长芦盐政，又似乎因侵吞公款而下狱，巨额财产被充了公。被委派来照料使团的官员告诉我们，请求让英国使团占用这座府邸的奏报呈交给皇帝后，他马上批复道：'当然可以啦。那个国家对建造该府贡献良多，你怎么能够拒绝她的特使临时用一下呢？'从这句话可以推断，清廷相当清楚广州当局对外国人的敲诈勒索。"④ 巴罗所引乾隆这段话明显具有演义性质，斯当东早已说明搬迁新居之事，系"圆明园的总管大臣出来主持，说不必经过请示"，他一言九鼎。⑤ 巴罗的评价充满了傲慢与偏见。新居原主人穆腾额，正白旗满洲人，武进士，乾隆四十九年至五十一年（1784～1786）任粤海关监督，后因贪污腐败罪被罢官。

使团在京食宿安排，中方亦有材料简要记载。《乾隆五十八年七月初八

① 秦仲和译《英使谒见乾隆纪实》，第 89 页。
② 〔英〕爱尼斯·安德逊：《英国人眼中的大清王朝》，第 94～95 页。
③ 〔英〕斯当东：《英使谒见乾隆纪实》，第 323 页。
④ 〔英〕约翰·巴罗：《我看乾隆盛世》，李国庆、欧阳少春译，国家图书馆出版社，2007，第 77 页。原译"户部"作"侯伯"，现改。
⑤ 〔英〕斯当东：《英使谒见乾隆纪实》，第 322 页。

日廷寄》:"大学士伯和字寄直隶总督梁传谕长卢盐运使征瑞:奉上谕:该贡使到京后,圆明园应在宏雅园居住,城内令备有宽敞房屋居住。"①《七月初八日军机处致金简等函》:"启者,本日面奉谕旨:……该使臣到热河瞻观后,定于八月十六日起身回京圆明园,令在宏雅园居住,城内令在穆腾额入官房屋内居住,一切饭食等项,应派内务府人员妥为照料。其两处房屋,量为糊饰打扫,以备给住。"② 从这两处材料看,使团成员在京实为分弘雅园和穆腾额家两处居住。

9月8日使团到达热河,被安排在"建筑在一个山坡上"的宫殿。它处在热河镇的南顶端,位于行宫和热河镇之间。据考证,约为今承德市酒庙桥附近的佟王府。③"整个馆舍非常宽大方便,从这里可以俯视全镇,和一部分御花园。"④ 中方选择此地应是精心安排。安德逊详细描绘了这座庭院:

> 这座建筑不能算宏大或雅丽:它只有一层屋,高低不平,由于建筑在倾斜的地面上房屋高低不一。它的四周有一雉墙,但从山上高处可以窥见屋子,因为它就筑在这山坡上。⑤

使团回到北京后仍回原住所。10月6日,离京路过通州时,在此住了一宿,马戛尔尼、斯当东、安德逊对所安排的住所说法不一。马戛尔尼说:"我们所住的地方,与城墙相距甚近,房屋建造的时间还不算很远。据说这所馆舍的建筑费值十万英镑之巨,原本是一个粤海关监督的私产,因为他在任上有营私舞弊的行为,皇帝把他的官职革了,很久以来就关在狱中服刑。据一位传教士对我说,那个海关监督弄来的钱财,大部分从广东英商上刮来,所以拿他的私产来招待外国人最适合不过。"⑥ 此说似与其在北京的馆舍相混。斯当东说:"使节团到运通州之后,仍被招待在上次曾经住过的庙里。"⑦ 安德逊说得更离谱:"到那里我们发现招待我们的设备已大有改变,分配给我们居住的房子不过是临时搭起的挂着席子的棚子。"⑧ 三说应以斯当

---

① 收入故宫博物院掌故部编《掌故丛刊》,中华书局,1990,第669、671页。
② 《七月初八日军机处致金简等函》,收入故宫博物院掌故部编《掌故丛刊》,第676页。
③ 参见秦国经、高换婷《乾隆皇帝与马戛尔尼》,紫禁城出版社,1998,第69页。
④ 〔英〕斯当东:《英使谒见乾隆纪实》,第356页。
⑤ 〔英〕爱尼斯·安德逊:《英国人眼中的大清王朝》,第115页。
⑥ 秦仲和译《英使谒见乾隆纪实》,第237~238页。
⑦ 〔英〕斯当东:《英使谒见乾隆纪实》,第417页。
⑧ 〔英〕爱尼斯·安德逊:《英国人眼中的大清王朝》,第149页。

东的说法近是，且合情理。

值得一提的是，亚历山大的绘画作品中还保有《通州庙里的石碑》《使团在京下榻弘雅园的石舫》《使团下榻花园草图》三图，它们成为使团在通州、北京三处住所的历史见证。①

招待 使团抵达庙岛后，中方立即给抛锚的英国"狮子"号送来食品，斯当东写道："几只中国小船送来大批家畜、水果、蔬菜等供应物品，数量太大，使节船只简直容纳不下，只能收留一部分，将其余的璧谢。""此后，不须提出请求，大批免费供应的物资源源不断送来。"② 7 月 31 日，马戛尔尼在他的日记中详细记录了中方赠送的食物数量后，赞叹地说："这样的厚待客人，我们在交趾支那，在舟山，在登州前所未有，东方人对待远客是这样的热情，真使人可感。"③ 在随后的日子里，使团也处处感觉到中方的热情款待。

使团进京所到之处，每到一处就受到当地官员的热情接待，周围群众赶来围观，形成欢迎的人潮。8 月 12 日，使团到达天津，"天津的长官，作为礼物，送来三包彩色绸缎，分赠给大使团人员"。④ 8 月 16 日，安德逊记道："在航程中我们见到更多的村落，更多的人。经常供应我们的肉类、家禽、蔬菜和水果继续收到。约午后 5 时我们抵达通州城离北京约 20 英里，我们在这优美的河上航行至此告终。"⑤ 可见由于中方的热情接待，使团人员是带着愉快的心情走进北京的。

在饮食方面，由于中英习惯不同，使团人员对中方送来的食物有时可能不适。8 月 6 日使团成员乘上中方接载他们的帆船，随即中方送来了食物。中午接到一批生牛肉、面包和水果，安德逊初次品尝的结果，"这牛肉虽则不很肥，但质量很好。但这些面包，虽系很好的面粉所制，但不合我们口味，因为中国既不用酵母，又不用烤炉，因此这面包实质上和普通的面团差不多。"中午又接到一宗煮熟了的食物，内中有牛肉、羊肉、猪肉，熏烤的和烹煮的都有，熏肉"味道也不合我们口味"，烹煮的猪肉"却远为适

---

① 参见刘潞、〔英〕吴芳思编译《帝国掠影——英国访华使团画笔下的清代中国》，第 107、108、115 页。
② 〔英〕斯当东：《英使谒见乾隆纪实》，叶笃义译，第 244~245 页。
③ 秦仲和译《英使谒见乾隆纪实》，第 13 页。
④ 〔英〕爱尼斯·安德逊：《英国人眼中的大清王朝》，第 65 页。
⑤ 〔英〕爱尼斯·安德逊：《英国人眼中的大清王朝》，第 70 页。

口"。① 类似的情形时常有之，并不足为奇，中、英方的饮食方式不同使然。

由于水土不服，英国使团上岸后，先后有三名成员在这段期时患病离世。8 月 19 日晚，使团机工哈莱·伊兹先生因患急性痢疾而死。第二天使团为他举行隆重的军礼安葬，基于人道主义的理由，中方提供了墓地，并允准使团自由地进入墓地举行葬礼，对此英方颇感欣慰。② 使团从热河启行之前，使团一名卫兵"因食水果，突然暴病身死"。③ 9 月 21 日使团从热河返回北京途中，使团的炮兵队员詹兰米·利特因患痢疾病逝，随队而行的其他几名士兵也传染上了同样的病，到 9 月 30 日，马戛尔尼卫队的 50 人中就有 17 人需要隔离治疗。④ 可以想象，使团当时弥漫着恐慌的气氛。

考察马戛尔尼使团在北京、热河的行程和食宿安排，我们可以发现：第一，使团被允许通过海路北上，由大沽口登陆，然后转入内河航行，经天津、通州，进入北京，这在欧洲外交使团进京路线安排中前所未有，表现了乾隆对英国使团的特别礼遇。相对那些从前在广州登陆，然后由陆路步行北上，进入北京的外交使团来说，英国使团实在是幸运得多。对此，巴罗曾感叹地提及此前荷兰使团从陆路进京的艰苦情形："荷兰使团是由陆路进京的。时值隆冬，大江小河皆冰冻了，气温常常在冰点以下 8 到 16 度，全国大部分地表都覆盖着冰雪，可是他们常常需要连夜赶路。被强拉来为他们运礼品和行李的农夫们，尽管身负重担，还是被迫竭尽全力跟上他们。范罢览先生记录道，两夜之间，居然就有不少于 8 名农夫死于重负、冻饿劳累和官员的残酷对待。"⑤ 第二，使团处处受到中方的热情接待和周到照顾，这对长途跋涉来京的英国使团的确在心理上多少是一个安慰。使团踏上中国的土地后，明显有一种安全感，这改变了过去他们对中国所抱有的成见："过去一般都认为，对一个没有保障的外国人来说，深入到中国内地是一件困难的事，同时也是危险的事。带着英王委任前来访问并得到中国皇帝鼓励的使节团，这一行人对自己的安全丝毫没有任何顾虑……全体使节团员感到绝对的保障。"⑥ 与前此荷兰使团匆匆赶路进京和在京郊一所"马厩似的处所下榻"

① 〔英〕爱尼斯·安德逊：《英国人眼中的大清王朝》，第 52 页。
② 参见〔英〕爱尼斯·安德逊：《英国人眼中的大清王朝》，第 78 页。
③ 〔英〕斯当东：《英使谒见乾隆纪实》，第 387 页。
④ 参见〔英〕爱尼斯·安德逊：《英国人眼中的大清王朝》，第 138、140 页。
⑤ 〔英〕约翰·巴罗：《我看乾隆盛世》，第 120 页。
⑥ 〔英〕斯当东：《英使谒见乾隆纪实》，第 261 页。

的窘境相比，① 斯当东承认"中国对英国使节的豪华供应不同于一般外国客人"。② 清廷对英国使团在北京、热河行程的安排可谓从容不迫，有条不紊。

不过，接待像马戛尔尼使团这样庞大的外交使团，在中方可能还是首次。故清朝方面安排了严密的保安措施，以防不测。五十八年（1793）二月二十二日乾隆谕有关督抚："该国贡使到口时，总须不动声色，密加查察防范，以肃观瞻，而昭体制。不可意存玩忽，亦不可张大其事，务使经理得宜，无过不及，方为妥善。"③ 从技术上说，保安措施常常是保卫、监视、控制三位一体，很难截然分开。故使团成员由于文化上的隔阂，对中方的保安措施，时常有不适之感，他们希望能自由自在地进行旅游观光或出入所经城镇，结果不免常与中方人员发生矛盾，使团成员在他们的日记中常常抱怨这一点。④

使团与中方互换礼品后，清朝认为英国使团的任务已告结束；马戛尔尼不适当地提出要求扩大通商等六项要求，被乾隆敕谕一一驳回。随即清朝方面委婉地通知英国使团尽速离京。⑤ 清朝做出让使团离京的决定是如此匆忙，以致使团成员在心理上感到过于突然，没有任何准备，安德逊如此形容当时的心境："我们进入北京时好像是穷极无依的人，居留在北京的时候好像是囚犯，离开时好像是流浪者。"⑥ 英国使团的北京、热河之行先缓后紧，易给人虎头蛇尾之感，这给英国使团成员心理多少带来了一些不良的后遗症。后来的西方历史学家常常以这样的语词形容马戛尔尼使团在北京、热河被款待的过程："平心而论，大使受到了最礼貌的接待，最热情的款待，最严密的监视和最客套的打发。"⑦

三　马戛尔尼使团笔下的北京、 热河

为完成自己的赴华使命，马戛尔尼在来华途中做各种"热身"活动，其

---

① 〔英〕约翰·巴罗：《我看乾隆盛世》，第 153 页。
② 〔英〕斯当东：《英使谒见乾隆纪实》，第 390 页。
③ 中国第一历史档案馆编《英使马戛尔尼访华档案史料汇编》，第 93 页。
④ 参见〔英〕斯当东《英使谒见乾隆纪实》，第 262、388 页。〔英〕爱尼斯·安德逊：《英国人眼中的大清王朝》，第 93 页。秦仲和译《英使谒见乾隆纪实》，第 178 页。〔英〕约翰·巴罗：《我看乾隆盛世》，第 90 页。
⑤ 参见秦国经、高换亭《乾隆皇帝与马戛尔尼》，第 138～155 页。
⑥ 〔英〕爱尼斯·安德逊：《英国人眼中的大清王朝》，第 148 页。
⑦ 参见何伟亚《怀柔远人：马戛尔尼使华的中英礼仪冲突》，第 232 页。

中之一就是在知识储备上给自己充电。他在座舰"狮子"号上设置了一个图书馆,购买了欧洲出版的各种有关中国的书籍,东印度公司送给他不少于21卷的材料,他将自己的船舱按照中国的方式装饰,实习中国的生活方式。①其他使团成员亦有类似的自觉。由于使团成员本身是通过精心挑选组成,且注意了各种职业的搭配,所以英国使团不同于此前前往中国的任何一个欧洲使团,它不仅依托英国强大的经济、海军背景,而且在知识结构上有着高层次、多职业的组合优势。他们谙熟欧洲的汉学知识谱系,对自己的工作基础有清晰的认识。这一切有助于他们天然地站在一个新的工作起点上,对中国见闻做出超越欧洲其他国家传教士或外交使团的新的解释。

让我们回到历史现场,沿着使团在北京、热河的行程,将其所见所闻以及相关记录逐项做一回放。

天津 天津是英国使团经过的第一个城镇。8月11日(星期日)英国使团路过此地,受到了群众的夹道围观。安德逊记下了这一幕:"9时,在人声喧噪中我们进入该城。毫无疑问,这时的观众有10万人左右。这地方都是砖屋,一般是两层高,铅色的瓦屋顶,外表很清洁好看。但这城市是无计划形成的。街道,实在只能称之为小巷,是如此狭小,两人并肩走路还有困难,不铺路面,可是街道很长;居民之多不可言喻。"②在天津衙门对面,使团受到了当地官兵的热烈欢迎。

斯当东对天津的历史、地理似乎做过一番研究,因而他的记述更为详尽。"坐在船上航过天津,感觉这个商埠非常之大,有些观察家认为天津的长度相当于伦敦。""天津街道上的商店和作坊里也充满了人。至于住宅里面,人口众多的情况,从岸上拥挤围观的大量群众来看,可以推想出来。中国人习惯于世代同居,一个家庭里无论分出多少支来,大家都住在一起。""天津的房子大半是铅蓝色砖瓦盖的,少数是红色砖瓦盖的。穷人的房子多是褐灰色的。""天津很多房子是两层的,这同中国其他地方只建一层平房的习惯有所不同。""两条通航的可在此汇流,一条河通向北京附近,一条河通向远方省份,这样的地理条件使天津自从中国建成为大一统帝国以来就成为一个交通要塞。""在十三世纪马哥孛罗到中国的时候,天津已被称为'天府

① 参见〔法〕佩雷菲特《停滞的帝国——两个世界的撞击》,第29~30页。J. C. Cranmer - Byng, *An Embassy to China: being the Journal Kept by Lord Macartney during his Embassy to the Emperor Ch'ien - lung*, 1793 – 1794, London: Longnans, Green and Co. , 1962, p. 278.

② 〔英〕爱尼斯·安德逊:《英国人眼中的大清王朝》,第62页。

之城'了。虽然在十三世纪天津已是一个大城市了，但天津的老名字叫'天津卫'。按照中国的字义，'卫'只代表一个小的市镇。"①

马戛尔尼计算了从其换乘中国帆船的河口到达天津的路程：水路大约80英里，陆路则只有45英里。② 亚历山大则以自己的画笔迅速记下了为欢迎使团中国戏剧团在水畔戏台的演出情景和中国官兵热烈欢送英国使团的一幕。③

通州 通州是使团经过的第二个市镇。使团在通州的一座庙宇住了四天（8月17~20日）。安德逊是使团成员中"一名胆子最大的旅游者"，他自述8月18日"这天早晨我有机会去访问通州城和它的郊区，受了不少的累，还碰到一些麻烦事，我把这城市的大部分地区走完了"。"通州这地方商业繁盛，从停泊在河边的大量船只数目上和令人惊骇的人口的稠密上可以看出；我从几个当地商人方面探悉，一般认为这里的人口至少有50万。"安德逊还特别记下了通州的城防工事，"它建筑成一方形，有极为高大坚固的城墙保卫着。城墙外容易接近的地段有一道深的护城河。城墙周围约6英里，高30英尺，宽6英尺，有三个门，防卫充分；每一城门上面筑起壁垒，架上炮。城门内有健壮的守卫队，经常不断地看守着"。④ 这样的记录多少已具有军事情报的价值。

马戛尔尼在8月21日日记中记录了离开通州时所见的情景："我们经过通州城，这是一座很大的城，四面围以高厚的城墙，城外的一边有城河绕着。城砦上并没有安装大炮以资保护，我所能见到的武装，除了城门有几个很小的回旋炮座之外，可说一无所有。我们走了两小时才走过通州城，我观察所得，通州城里的街道颇广阔平直，两旁的商店也很齐整美观，可是见不到有美丽宏伟的屋子和公共建筑。主要的大街上，筑有几座牌坊，看起来也颇可装饰市容，但它们只是木制的，不过加以髹漆使之增加美观而已。路上的民房，很多都悬挂布篷以为遮蔽太阳和雨水之用，篷的一端有小绳子可以收放，不用到布篷的时候，将绳子一收，就卷起了。"⑤ 这称得上是一幅通州城的素描。

---

① 〔英〕斯当东：《英使谒见乾隆纪实》，第278~279页。
② 秦仲和译《英使谒见乾隆纪实》，第23页。
③ 《天津的水畔戏台》、《中国官员在天津欢送英国使团》，收入《帝国掠影——英国访华使团画笔下的清代中国》，第20、22页。
④ 以上引文分见〔英〕爱尼斯·安德逊《英国人眼中的大清王朝》，第74、75、74页。
⑤ 秦仲和译《英使谒见乾隆纪实》，第65~66页。

　　巴罗记载了通州到达北京的交通状况。"通往京城的大路横贯一片开阔的原野，多沙而贫瘠。两旁为数不多的房子外形简陋，多为泥墙或是由半生不熟的砖块砌成，一直延伸到北京的城门口。路宽18到20英尺，中央铺着花岗石块，6到16英尺的长宽比例。"① 马戛尔尼也对从通州直到北京城的路况做了描述："所行的道路，都在大平原的乡村上，路很广阔，两旁皆植有树木，多为杨柳，而且是很巨大的，这样大的柳树，我在欧洲还未见过呢。大路的中间一段是石子路，以巨石砌成，平滑光润。从通州往北京，我们路经一座美丽的大石桥，阔约四十英尺，桥上有五座牌坊，中央的那一座，照我看来，不会少过□尺。"② 沿途挤满了围观的民众，清军手执长鞭在前面开路，使团即将到达梦寐以求的目的地。

　　初进北京城　8月21日使团浩浩荡荡开进北京，这是一个令使团所有成员都非常激动的时刻。临近城门时，斯当东难以抑制自己内心的激动，他对即将来临的这一刻充满着憧憬："据说北京是世界上最大的一个都市，距离越近，心里越急于想看看它到底是什么样子。但这里还没有看到绅士住宅和别墅，说明距离北京还不很近。最后终于到达北京东郊。铺石的街道挤满了人。商店、作坊和顾客之多，处处表示出兴盛繁荣的气象。""使团刚刚走到城墙，城上马上鸣炮表示欢迎。""初进北京大门，第一个印象是它同欧洲城市相反，这里街道有一百呎宽，但两边房屋绝大部分都是平房，欧洲城市街道很窄，但房子很高，从街的这一头向那一头望，两边的房子好似彼此互相倾斜靠近一起。北京空气流通，阳光充足，人民表现非常活泼愉快。"③ 斯当东给予北京高度的评价。

　　马戛尔尼记述了使团通过北京的路程："北京郊区很广大，从东郊到东门我们走了十五分钟，我们花了大约两小时穿越北京城，从西门到西郊的尽处花了十五分钟，再从西郊到圆明园又花了两小时。"④ 对于穿越的街景，斯当东、巴罗、安德逊给予了详细描述：

---

①　〔英〕约翰·巴罗：《我看乾隆盛世》，第68页。

②　J. C. Cranmer—Byng, *An Embassy to China：being the Journal Kept by Lord Macartney during his Embassy to the Emperor Ch'ien—lung*, 1793 - 1794, London：Longnans, Green and Co., 1962, p. 92. 中译文参见秦仲龢译《英使谒见乾隆纪实》，第67页。

③　〔英〕斯当东：《英使谒见乾隆纪实》，第312～313页。

④　J. C. Cranmer - Byng, *An Embassy to China：being the Journal Kept by Lord Macartney during his Embassy to the Emperor Ch'ien lung*, 1793 - 1794, London：Longnans, Green and Co., 1962, p. 92.

北京街道都是土路，需要经常洒水以免灰尘飞扬，许多漂亮的"牌楼"横穿街道……牌楼上面共有三层顶盖，油漆雕刻得非常漂亮。

街道上的房子绝大部分是商店，外面油漆装潢近似通州府商店，但要大得多。有些商店的屋顶上是一平台，上面布满了各种盆景花草。商店门外挂着角灯、纱灯、丝灯或纸灯，极精巧之能事。商店内外充满了各种货物。①

这座城呈长方形，周长40里，每1里等于600码，所以城墙14英里，不算每座城门外大量延伸的市郊地区，其面积约12平方英里。南城墙有三座门，其余各面都是两座，因此它有时也被称为"九门之城"，但是一般还是叫"北京"，即北方的都城。②

当我们沿途经过时，我们注意到很多人把水泼在街上，使灰尘不致飞扬。当干燥的天气，这种灰沙不只使行路人感到讨厌，也使商店感到讨厌，如果不进行有力措施和必要的预防，则不能不损及暴露在外的商品。

北京的房屋从它的面积和家庭实用上看是低矮而鄙陋，但它的外貌却体面而雅观，因中国人对他们的店铺和住宅的门面装饰很讲究：店面的上层部分装上一种富丽的金字招牌；在住宅的上层楼阁，刷上油漆和各种装饰；不少妇女在上面按照中国的方式过着消闲的日子。③

在穿过北京城区的过程中，使团遇到了几股队伍，其中一股队伍身着白色饰物，"用欧洲人的眼光来推测，以为这准是一个结婚典礼"，没想到竟是一支送葬的队伍。④ 这似乎是一个不祥的先兆。使团在紫禁城北面当中的三座门对面地点"小憩"，然后经过景山、钟鼓楼，从东向西穿过北京城，落脚于京郊西北处的弘雅园。

高大、厚重的城墙，宽敞、平直的大道，低矮、木制的房屋，这就是展现在使团成员眼前的北京，这与一百年前欧洲传教士们所看到的和描绘的北京几乎一模一样。

---

① 〔英〕斯当东：《英使谒见乾隆纪实》，第313~314页。
② 〔英〕约翰·巴罗：《我看乾隆盛世》，第69页。
③ 〔英〕爱尼斯·安德逊：《英国人眼中的大清王朝》，第85页。
④ 参见〔英〕斯当东《英使谒见乾隆纪实》，第314页。〔英〕爱尼斯·安德逊：《英国人眼中的大清王朝》，第89页。

圆明园　马戛尔尼可能是使团成员中真正有机会深入圆明园游览的人。为商量安置礼品，8 月 23 日，乔大人特别带他游览了圆明园，他当天的日记记载了自己所见的一切：

> 据说，圆明园周长十八英里。入园门，每经一处，就有一处的景色，其中亭台楼树，池沼花木，多到不可胜数，但又点缀得很适当，构造得很巧妙，使人见了几疑神工鬼斧。我们此次游园，不单是为了游览，而是要商量安放各种礼物的方法，所以只能在行过的地方略一寓目，未能详细观看。以全国之大，如果要逐一细览，恐非一两个月不能了事，就目前所见者，还不及十之一也。然而这十分之一，就已使我永远不能忘怀，我在日记中即欲详言其状，也觉得千头万绪，不知从何处说起，倒不如不说为妙。

马戛尔尼仅以"正大光明殿"为例说明，因此地在他看来特别适宜摆放使团所带的礼品："这座大殿面积既大，而且又极壮丽，正好用来陈设我们送来的一部分礼品。""安排妥当，集此种种精致美观的物品于一堂，恐怕世界上再没有一处可与圆明园比拟的了"。① 同行的卫兵霍姆斯也描绘了参观的各种类型的优雅小建筑。②

巴罗是使团成员中有机会对圆明园周围作较多观察的人。为安置科学仪器，他留守北京，自称在"皇家宫苑圆明园"居住了"五个星期"，③ 因此他似乎成了使团中的权威发言人。斯当东在他的报告中遂引述巴罗的观察作为依据，④ 巴罗本人在自己的旅行记中对所见的圆明园也花了不少笔墨，但他认为传教士们对圆明园美景的宣传有些夸大其词："传教士和一些旅行家曾津津乐道北京和圆明园的宫殿多么宏伟壮丽。谁要是信以为真，那么一经目睹就会大失所望。这些宫殿跟该园的普通民居一样，全都是按照帐篷的式样设计的。所谓的壮观只是相对而言，就数量而言；其数量之多的确可以自成一个小镇。它们的墙比普通民居的高，它们的木柱更粗，屋顶更大，不同的部分使用不同的油漆和彩画。"他以为欧洲园林建筑并不逊色于圆明园，

---

① 秦仲和译《英使谒见乾隆纪实》，第 83~84、85 页。

② Samuel H. Holmes, *The Journal of Mr. Samuel H. Holmes*, London: W. Bulmer & Co., 1798, p. 134.

③ 〔英〕约翰·巴罗：《我看乾隆盛世》，第 124 页。

④ 〔英〕斯当东：《英使谒见乾隆纪实》，第 398~399 页。

他甚至不同意威廉·钱伯斯（Sir William Chambers，1726－1796）对中国园林的观察："要是单就我所见到的下一个结论，它们远远不像威廉·钱伯斯爵士所描绘的中国园林那样神奇和铺张。但是，它们绝对是精心构造之物，而且没有一件有违自然。"① 威廉·钱伯斯是一位建筑艺术家，曾两度来华访问，撰有《中国房屋、家具、服饰、机械和家庭用具设计图册》《论东方园林》，他品味不低，具有专业的眼光，对中国园林的评价不致胡说八道。巴罗自称是使团成员中对圆明园观察、游览最多的人，但他由于监控的限制，是否真正获得机会深入圆明园内部进行游览，是一件令人怀疑的事，在他有关圆明园的文字中，除了一大段大而不当的批评外，我们几乎看不到任何实景的描写。②

紫禁城　进入北京城当天，使团成员就有幸看到紫禁城的"黄墙"。10月3日晨，马戛尔尼应和珅之召前往紫禁城接受乾隆皇帝致英王乔治三世的书信。这也许是此次英国使团唯一一次进入紫禁城的机会，马戛尔尼在日记中大致记录了这一过程：

> 计自金大人至馆舍，至吾抵宫门之时，为时不过一钟，而抵宫门后静候至三点钟之久，方见和中堂诸国老联翩出迎。行相见礼后，即导余进宫。经华丽之厅事数座、长桥数道，始抵宝殿之前。殿基极高，有石级数十，如梯形，石级尽处，有黄缎褥成之圈手椅一行，状颇郑重。中有一椅，椅上有一黄封，即系乾隆皇帝致英皇之书信。
>
> 吾等在殿下行礼后，拾级而登，至于宝座之前，和中堂乃指椅上之黄封曰：这是皇上赐予你们国王的书信，等一会儿，便须叫执事官送往你馆舍里去，但是照规矩你得先到此地来行个接受礼，所以我叫金钦差请你来。③

马戛尔尼当天身体不适，加上和珅会见马戛尔尼时"恭静之中颇夹有威严之气"，故"心中至觉不耐"。他似没有心思欣赏这座心仪已久的中国

---

① 〔英〕约翰·巴罗：《我看乾隆盛世》，第91页。
② 有关马戛尔尼使团与圆明园的关系，参见汪荣祖《追寻失落的圆明园》，钟志恒译，江苏教育出版社，2005，第111～125页。
③ Helen H. Robbins, *Our First Ambassador to China*: *An Account of the Life of George Earl of Macaitney*, London: John Murray, 1908, pp. 331－332. 参见马戛尔尼《1793年乾隆英使觐见记》，刘半农译，天津人民出版社，2006，第146～147页。

皇宫。

随行前往的副使斯当东在报告中对所见的紫禁城极口称赞：

> 北京皇宫建在鞑靼城的中心。虽然北京距离鞑靼区山脉很近，是一个尘土飞扬的地方，但皇宫之内却似乎是天造地设的另一个天地。里面的山和谷，湖水和河水，断崖和斜坡，这样配合，这样的协调，任何一个外来的参观者进到皇宫之后都会自然怀疑到这究竟是一座天造地设的胜景还是人工的创造。整个这块小天地不知道耗费了多少万人的劳力，最后用来供一人的享乐。①

随员安德逊在当天日记中也记录了他所见的这座中国式皇宫。② 使团成员并没有机会进入紫禁城里面游览，对其内部情形，自然并不知晓，故其着墨相对有限。

北京与伦敦比较　正如法国传教士游览北京时喜欢将北京与巴黎做对比一样，英国使团进入北京后，即处处将北京与伦敦进行比较。初次观光北京城，使团成员即对所见交换意见，肯定在财富象征和商业繁荣方面，北京不如伦敦：

> 实际所看到的一切，除了皇室而外，远没有未到之前想象的那么美好。假如一个中国人观光了英国的首都之后做一个公正的判断，他将会认为，无论从商店、桥梁、广场和公共建筑的规模和国家财富的象征来比较，大不列颠的首都伦敦是超过北京的。③

从城市绝对面积相比，北京虽比伦敦大，但从北京、伦敦与所在国家面积比例相比，则又要小得多。这样的类比似乎是当时的中国人绝不会想到的。"按照面积比例来说，北京和中国相比，同伦敦和英国相比，差得很多。北京的主要部分称为鞑靼城，建于十三世纪一个鞑靼王朝。城是平行四边形，四边面对四个方位基点，面积约十四平方哩，当中是由黄城包围的皇宫。皇宫的面积至少有一平方哩。整个北京约比现在扩建的伦敦大三分之一……北京鞑靼城之南称为中国城，汉人和所有外省因事晋京的人都住在这

---

① 〔英〕斯当东：《英使谒见乾隆纪实》，第 397 页。
② 参见〔英〕爱尼斯·安德逊《英国人眼中的大清王朝》，第 141 页。
③ 〔英〕斯当东：《英使谒见乾隆纪实》，第 316～317 页。

里。这个城约九平方哩，城墙大部损坏。住户拥挤在城的一小部分，房舍非常平凡，且不一律，其余大部分空着，或种庄稼。先农坛建在这里。"① 北京是一座皇城，它的格局和重要建筑、它的宽大的城市面积都反映了这一特征；而伦敦是一座新兴的工业、商业大都市，它所聚集的居民群体和展现的街区面貌与北京的确大不一样。

巴罗因未去热河，在北京所呆的时间较长，有过多次在城内外游览的经历，故有机会对北京做更多、更细致的观察，他表示所见的北京并不如其所期盼的那样美妙，他将北京与欧洲城市的建筑做了对比："这个著名城市给人的第一眼印象既不足以勾起巨大的期待，也不能引发深入的了解。接近一个欧洲城市，通常都会有丰富多彩的事物引人注目，如城堡、教堂的尖顶、穹顶、方尖碑以及其他高耸的公共建筑，人们心中自然就会想象它们各自的建筑特点和用途。在北京，连一根高耸于屋宇之上的烟囱都看不见。所有的屋宇都差不多一般高，加之街道纵横笔直，就像一个大营地似的外貌统一，整齐而呆板。"他对路经北京街头的情景，特别是街头民众做了描写，并将之与伦敦做了比较："在这样一种特殊场合聚集了如此众多的人是可以预料的，同样的好奇在伦敦也能聚集大批观众，但是北京和伦敦的民众之间有一种明显而惊人的不同。在伦敦，观众全是无所事事者，其注意力也集中在新奇的景物上。在北京，看热闹只是附带的，每个人都既忙于自己的事情同时也满足自己的好奇。事实上，似乎一年中的每一天都同样地喧闹、忙乱和拥挤。我一星期进出西门两三次，尽管有两三个士兵以鞭子为我开路，却没有一次是顺利通过的，尤其是在上午。不过，拥挤的人群完全限于大路上，也就是唯一的出城通道上。纵横交叉的辅街皆平静而安宁。"② 对北京热闹的街景、拥挤的道路印象深刻。

使团成员注意到北京与伦敦两城在某些细节上的区别，安德逊发现北京没有出租车："街道上并无停着接客的车辆，不像在伦敦沿路可有出租的马车；高级人员都备有轿子，较低级人士则乘一种单马或单骡所牵引的两轮篷车"。③ 巴罗留意到北京的垃圾处理办法："虽然北京并不像古罗马或现代伦敦那样自夸有统一的下水道，用以排除大城市必然会积累的垃圾，却有一项

---

① 〔英〕斯当东：《英使谒见乾隆纪实》，第326页。
② 〔英〕约翰·巴罗：《我看乾隆盛世》，李国庆、欧阳少春译，第69、71~72页。
③ 〔英〕爱尼斯·安德逊：《英国人眼中的大清王朝》，第87页。

长处是英国首都也难以发现的：没有散发臭气的粪便之类秽物被扔在街道上。这一种洁净或许更应当归功于肥料的珍贵，而不是警察的监管。每家都有一口大缸，一切可用作肥料的东西都被收集在内；缸满之后，可以毫不费力地用它们换钱或蔬菜。"① 这种人工处理垃圾的办法，有利于废物利用和培植肥料，但与欧洲的下水道排污法相比，其手段显然却较为落后。

使团成员眼中的北京仅仅是中国的政治中心，不是一个经济、商业中心，也没有繁荣的娱乐业，这与他们原来的想象颇有距离。"北京仅是中国政府的所在地点。它并不是一个港口，也不是一个工业和商业中心。中国政治制度上没有代议性质的机构来帮助，限制或监督皇权。北京也不是一个追求娱乐或享受的地点。欧洲许多繁荣兴盛的大都市同北京情况不一样。在那里住着许多吃祖先遗产或有政治靠山的人，饱食终日无所用心，尽量销费金钱来追求享受。他们吸去国家的主要收入……但北京的繁荣兴盛与此迥不相同。在这里，大部分人都有所司，或者服务于有所司的人。除了少数皇帝宗室而外，很少人在大家都各司其事的时候整天没有事做，专门追求享乐。"② 总之，北京只是一个传统的帝都而已，不是具有发达工业、商业和娱乐业的近代意义上的大都市。这些看法，与此前法国传教士对北京与巴黎两城的比较，只看到两城建筑、人口、街面的不同，明显向前跨越了一大步。

长城 长城是中国古代文明的象征。9 月 5 日使团到达古北口段的长城。登上长城，使团成员兴奋之情可想而知，马戛尔尼当天日记写道：

> 我们步行到了长城的城顶，举目四望，见到它的建筑之坚固，似已超出人类体力范围之外，世界上任何有名的工程，虽尽集合在一起也不能和长城的工程相比。可惜历年已久，毁坏者占其大半，而中国人又似乎对此不大重视的。③

斯当东对发现长城似有一种意外的欣喜，站在长城，他浮想联翩：

> 第四天早晨，遥望远山腰一条非常突出的曲曲折折的线条，好似从远处看苏格兰的格奈斯山上的石英矿脉……我们没有想到这是一条城

---

① 〔英〕约翰·巴罗：《我看乾隆盛世》，第 72～73 页。
② 〔英〕斯当东：《英使谒见乾隆纪实》，第 327～328 页。
③ 秦仲和译《英使谒见乾隆纪实》，第 119 页。

墙，也没想到它能建到这些地方。站在一处，一眼望过去，这条堡垒式城墙从小山岭到最高山顶，穿过河流上的拱门，下到最深的山谷，在重要隘口地方筑成两道或三道城墙，每一百码左右距离建有一座高大的棱堡或楼塔，整个这条城墙一眼望不到边。这样巨大的工程真令人惊心动魄。①

斯当东将自己所见的长城构造、尺寸和建筑材料、堡垒和雉堞的大小尺寸都记录下来，他从长城的修建推想到当时的中国政府，他甚至还考证了《马可·波罗游记》为什么没有长城的记载。②

安德逊并没有他的主人马戛尔尼那样拘谨，他尽情地欣赏了眼前的一切，与斯当东着重对长城的建筑成就描写不同，安德逊对长城的观感还伴随历史的反省和文明的批判：

> 这城墙是，或者可能是，曾为人类所创造的最宏大而惊人的工程。它的长度据说是超过 1200 英里，它的高度不一，随地势而异，在我立足之处有 30 英尺高，约 24 英尺宽。城基是方形的大石块，上层是砖，中间是黏土，上面用石板盖好。在城顶两面也有雉堞形的石砌短垣，3 英尺厚……

> 可是这最为宏大骇人的人类杰作，到头来也必衰颓；自鞑靼与中国合并成为一国，在统一的政府统治以后，这城墙就丧失了它的作用：在防卫与安全上不再有此必要，因而到今天对它的维护也不再注意；这个由坚毅的劳动所造成的伟大纪念品，依据国策而努力进行的无比的建筑物，它的使命业已终了，无穷尽的颓废从此开始。这可算是一宗大事业的灭坏的榜样。③

亚历山大未获准跟随马戛尔尼前往热河，他耿耿于怀地表示："只离长城——这人类的奇迹，智慧的见证——50 英里了，却不得而见，乃是这次旅行中最最扫兴的事情了。"尽管如此，他还是根据使团成员亨利·威廉·帕

---

① 〔英〕斯当东：《英使谒见乾隆纪实》，第 341 页。马戛尔尼使团游览长城的经历对欧洲旅游者有一定影响，法国传教士樊国梁（Alphonse Favier）在其名著《北京》（pékin, Histoire et Description）一书中引用了马戛尔尼对长城的描述，参见〔法〕樊国梁《老北京那些事儿》，陈晓径译，中央编译出版社，2010，第 145~146 页。

② 参见〔英〕斯当东《英使谒见乾隆纪实》，第 341~345 页。

③ 〔英〕爱尼斯·安德逊：《英国人眼中的大清王朝》，第 107~108 页。

里什中尉的口头描绘，以自己丰富的想象力，创作了颇为壮观的《古北口长城》，① 展现了长城的雄姿。此画在西方流传甚广，迄今仍是西方世界以长城为题材的代表性经典画作。

热河 按照清廷的成规，外交使节未觐见皇帝以前，不得随意游览北京或皇家园林。故 8 月 30 日马戛尔尼向征瑞提出游览北京风景古迹时，他的要求未得到允准。② 马戛尔尼在热河觐见乾隆后，9 月 15 日随即获准游览御花园，马戛尔尼知道这"在中国制度上是一特殊恩典"。此次游览由和珅、军机大臣等数人亲自陪同。它使马戛尔尼大开眼界，他无比兴奋地在日记中记录了这次游览给自己带来的愉悦的享受：

> 这些建筑都很宏大壮丽，有些悬挂着乾隆皇帝的秋狩图或功业图，有些又藏有各种大玉瓶及玛瑙瓶，或精美瓷器和漆器；更有些则收藏欧洲玩物和音乐歌唱器……看到了这许多丰富的收藏，使我们吃了一惊，受惊的是我们带来的礼物如果和这儿所藏的相较一下，简直小巫见大巫，我们只好"缩藏其眇小之首了"了。但中国官员对我说，这里所收藏的东西，拿来和寝宫中所藏的妇女用品相比，或与圆明园中专藏欧洲物品的宫殿相较，犹相差远甚……

> 我如果要详详细细描写万树园中的一切景物，实在是写之不尽。凡英国国内所有的天然景色，万树园无不皆备……我游玩了六个钟头之后，细心观察，我简直不能找出这座万树园有什么弱点。③

9 月 16 日，马戛尔尼杜门未出，斯当东勋爵和几位随员"一同出门，行至乡村里游览"。斯当东也对这座御花园欣赏不已，"整个花园既有天然的雄伟气概，又有秀丽的人工创造"。"园内的自然产物似乎天造地设地使它生在那里点缀风趣，而人工加工部分看上去似乎没有使用工具而只是人的双手创造"。④ 马戛尔尼、斯当东及其随员饱览热河御花园胜景，他们相关的游记后来在欧洲广为流传，瑞典探险家斯文·赫定正是阅读了这些游记，带着朝圣一般的心情踏上前往热河的旅途，在斯文·赫定的游记《热河：帝王之都》一书中多处引用马戛尔尼等人的作品，并专辟一章介绍马

---

① 参见《帝国掠影——英国访华使团画笔下的清代中国》，第 111 页。
② 秦仲和译《英使谒见乾隆纪实》，第 96 页。
③ 秦仲和译《英使谒见乾隆纪实》，第 165～166 页。
④ 〔英〕斯当东：《英使谒见乾隆纪实》，第 372 页。

戛尔尼在热河觐见乾隆的过程。① 由此不难想象马戛尔尼的热河之行所产生的后续影响。

军事 使团中有多名军官和随行的卫队，涉及海军、步兵、骑兵、炮兵多兵种，他们是职业军人，故在旅途中，对所见所闻有着特有的职业军人的敏感。尽管沿途受到清朝官员和士兵的严密监控，使团成员对沿途所见的军事要塞、城池工事、军队人数、武器装备都做了细致的观察、测算和记录，这一工作显然具有搜集军事情报的性质。朱杰勤先生注意到使团所抱的这一特殊目的，他指出："英使团中的人对于中国的国防军备的情况都特别留心，例如安德逊的《英使访华录》就描述得很详细。1793 年 6 月 7 日使船经过越南托伦港，派了七个人乘快艇去测量海岸，被捕后放回，似乎他们之来，不是为了友好通商，而是带有窥探国家虚实的意图。"② 负责搜集军事情报工作的主要是炮兵队军官兼测量员 H. W. 巴瑞施上尉。

8 月 5 日，英国使团乘船到达大沽口，安德逊随即观测了炮台及其附近水域：

> 这地方只有一个炮台，仅仅是一个方形的塔，看样子与其说是为了保卫之用，不如说是为了装饰。它虽然是很靠近海面而且临视着江口，但是在围墙上一个大炮也没有。
>
> 这一段河面的宽度约 220 码。河水很混浊，和它流入的黄海水色相像。河水深浅不一，有几处深 9 英尺，有些地方 6 英尺，但没有浅于 2 英尺的地方。③

安德逊对沿途所见清军的服装、携带装备、旗帜、队列都做了细致观察，④ 对所经通州、北京的城门、城墙及防御工事和守备军队也有较为准确的描绘。

8 月 5 日，清朝总督、钦差在河岸接见英国特使，一队中国士兵在后面列队欢迎，巴瑞施上尉将其队列由前到后做了记录。⑤

---

① Sven Hedin, *Jehol: City of Emperors*, London: Kegan Paul, Trench, Trubner & Co. Ltd., 1932.

② 朱杰勤：《英国第一次使团来华目的和要求》，《世界历史》1980 年第 3 期。

③ 〔英〕爱尼斯·安德逊：《英国人眼中的大清王朝》，第 50 页。

④ 参见〔英〕爱尼斯·安德逊《英国人眼中的大清王朝》，第 58～59、63、74～75、83～85、106 页。

⑤ 〔英〕斯当东：《英使谒见乾隆纪实》，第 271～272 页。

9 月 5 日，使团到达古北口长城脚下，经过关隘时，巴瑞施对周围的兵站、城堡做了详细的军事调查。① 使团到达古北口长城附近的豁口，得以有机会上城顶去参观，利用这一机会，巴瑞施又对周围的军事工事做了详尽的测量和记录。斯当东对他的测绘工作表示非常满意："从以上巴瑞施上尉所做的详细的调查研究，我们对中国在纪元以前年代的建筑和军事技术可以有一个清楚的认识。整个来说，它表示出当初从事这项巨大工程时政府的决心，表示出动员这么大人力物力的当时社会的高度发展水平，以及完成这项建设的精力和毅力。"②

对北京到热河交通的特殊用途，使团经过七天的旅行亦了如指掌。"北京热河之间的公路，很是平坦，尤其是最后两天所行的路，更为完整可喜，但这条公路并不是御道，御道是和公路平行的，平时严禁人行，只在皇帝出巡之时，御道上才盛陈卤簿。此等帝皇之尊严，世界上恐怕只中国有之。"对沿途的军队人数，他们也有意摸底，"从热河到北京的御道，共长一百三十六英里，所用修路的兵丁有二万三千人之多，每相隔十码远近，就有十人一队在工作。故此御道附近，逐段都有营幕，每一营幕驻兵的人数，由六名至十五名不等"。"据说，皇帝驻跸热河之时，用作护卫的军士，多至十万名以上。"③ 可见，使团利用这一机会又了解到京畿周围的卫戍兵力。

在亚历山大的画作中，不少是军事题材的作品。或画军事工事，如《天津附近的军堡》《兵堡》；或画所见军人，如《鞑靼骑兵》《穿常服的士兵》《士兵肖像》《鞑靼骑兵》《中国军官王文雄》；或画军事器械，如《手持火绳枪的军人》《弓箭部队的官员》《中国海船》。在《鞑靼骑兵》这幅画的说明中，亚历山大如此评价清军骑兵："英国使团见到的所有的骑兵，如同画上画的，都是平庸的，参差不齐的，最不像骑兵的。"④ 这样轻蔑的判断，实际预示着半个世纪后中英交战清军的可怕命运。

人口 中国是一个人口数量巨大的国家，这一点使团成员虽早已知晓，但真正身临其境，看到到处是拥挤的人群，人口众多的确给使团成员留下了难以忘怀的印象。使团进京途中，沿途不断遇到群众围睹，以致安德逊惊

---

① 秦仲和译《英使谒见乾隆纪实》，第 114～115 页。又参见〔英〕斯当东《英使谒见乾隆纪实》，第 346～352 页。

② 〔英〕斯当东：《英使谒见乾隆纪实》，第 352 页。

③ 秦仲和译《英使谒见乾隆纪实》，第 126 页。

④ 刘潞、〔英〕吴芳思编译《帝国掠影——英国访华使团画笔下的清代中国》，第 10 页。

叹，"出来观看这一列接载大使的新奇的航船队伍的人数难于计算；这给我们一个完整的印象是，中华帝国拥有大量的人口。"① 路经天津时，当地官员告诉使团"天津有七十万人口"，斯当东确信这一数字，"从岸上拥挤的大量观众来估计，即使其中包括一些附近外地来的人，但出来看的妇女和小孩甚少，这个数目加估进去，七十万的数字是可能的"。②

北京的人口数量，斯当东估计约300万，他采取的计算办法仍是过去传教士通常使用的老办法——通过目测住房数量估算人口。③ "根据杰美利·卡尔所述耶稣会徒格利马尔第在前一世纪的估计，北京有一千六百万人。另一个传教士的估计小得多，但只鞑靼城就有一百二十五万人。使节团所得到的比较最正确的数字，全北京的人口约三百万人。按照北京的矮房子，实在容纳不下这么多的人。中下级人士住得非常挤，他们的家里除了寝室而外，没有多余的房间。中国的家宅一般都由六七呎高的墙包围起来。家宅之内老少三辈带着妻子小孩都住在一起。一家人住在一间房子里。一间屋子分开几张床，当中用席隔开。全家在一间公共的屋子吃饭。"④ 斯当东所估的这个数字，大大超过了当时北京的实际人数。据后来的研究者统计，清朝乾隆四十六年（1781），京师的城市人口（含内、外城）986978人，周围州县人口1193315人。⑤

尽管北京房屋低矮，人口拥挤，但斯当东对北京的城市管理仍给予了高评："北京居民虽然住得这样挤，但并不影响人们的健康。中国人大部分时间在露天生活，根据天气冷热增减衣服。此地天气干燥，不产生腐败性疾病。纵欲的行为也很少发生。北京人口虽然这样多，但秩序良好，犯法事件很少。同英国古代十家联保制度差不多，在北京每十家中有一家必须对其余九家的行为负责，实际上也就是九家归一家管。城内打更守夜制度严格执行，全城好似一个兵营，人们住在里面享受安全，但也受一点限制。"⑥ 巴罗也基本认同斯当东对北京城市管理的意见，"京城的治安管理非常好，居民的安全和宁静很少受打扰。在每一条横街的尽头，以及街上一定的距离之

---

① 〔英〕爱尼斯·安德逊：《英国人眼中的大清王朝》，第61页。
② 〔英〕斯当东：《英使谒见乾隆纪实》，第278页。
③ 参见〔法〕李明《中国近事报道（1687～1692）》，郭强、龙云、李伟译，大象出版社，2004，第66页。李明估计清初北京的人口数约为巴黎人口的两倍左右，计200万人。
④ 〔英〕斯当东：《英使谒见乾隆纪实》，第330页
⑤ 韩光辉：《北京历史人口地理》，北京大学出版社，1996，第120页。
⑥ 〔英〕斯当东：《英使谒见乾隆纪实》，第330～331页。

内，都有一种横栏，带有岗亭，其中有一个兵丁。很少有不设岗亭的街道。"① 北京街面秩序良好，是使团成员的共识。

地理环境 了解地理环境是使团的一项既定目标。从斯当东的航海日志可以看出，他几乎逐日记录了所经海域海水的深度、海域的经纬度、气候变化等情况，使团甚至以自己的方式命名某些经过的重要地点的名称。当使团抵达舟山群岛，斯当东承认："过去欧洲船只最远只到过舟山。以后这一段约占纬度十度、经度六度的航程，它的具体情况，除了住在沿岸附近的中国人了解一些附近的情况外，对欧洲人来说，是毫无所知的……在舟山找到的两个领航人过去经常在这段海上航行。使节团可以在他们领航之下毫无危险地对这一广大的海面进行一次探查，这个机会是非常宝贵的。"7 月 9 日，使团舰队进入黄海水域，斯当东每天都留有航行日志。7 月 17 日，使团舰队到达登州府湾附近水域，当天看见两个海角，加上前一天望见的一个小岛，"对从南开进渤海的船来说是最初遇到的陆地"，他们于是将这三处分别命名为：马戛尔尼海角、高厄海角、斯当东岛，并准确记录了它们的经纬度。舰队抛锚停泊在大沽口期间，又对周围的地形、水域情况和散布岛屿及经纬度做了详细记录，留下了极有价值的数据。这一带正是第二次鸦片战争英法联军舰队登陆的地点。

从大沽口到北京和从北京到热河这两段路程，使团对沿途的地理环境、山川形势、交通路程、城镇建筑、天气变化都颇为留意，一一逐项记录，甚至还在北京至热河的沿途采集了 67 种植物标本，巴瑞施测量热河的纬度为北纬 41°58′,② 其工作之勤之细，绝非中方所可能想到。

妇女 马戛尔尼使团成员为清一色的男性，在长途旅行中对异性的注意自然成为使团成员的趣闻和调节他们跋涉之苦的甘露。在整个访华过程中，使团成员除了巴罗有过一次吃花酒的"艳遇"外，其他人都未近女色。可以想象，使团弥漫着一股性压抑的气氛，对异性的渴望是使团成员被抑制的欲望，以至任何女性的出现，都会招来大家的眼光。

乍到北京，在欢迎的人群中，使团成员惊喜地发现一些漂亮满族女子进入他们的视野："女子在北京的人丛中很常见，或者漫步在窄街上，或者骑在马背上，跟男子一样叉着双腿。不过她们都是满族人，穿的长缎袍垂及脚

---

① 〔英〕约翰·巴罗：《我看乾隆盛世》，第 73 页。
② 〔英〕斯当东：《英使谒见乾隆纪实》，第 224、232、295～297、385 页。

面……她们的皮肤却明显地比汉人的白皙。汉族女子在北京比在其他地方更严格地被拘束在室内。"① 对满、汉妇女不同社会地位有一清晰的了解。

安德逊根据自己的短暂接触，对中、欧妇女做了比较，他毫不掩饰自己对北京妇女开放、美丽的好感：

> 认为中国妇女是被关在屋子里不准与外人相见的见解，是无甚根据的。会集观看英国使团马车队的大量人群中至少有 1/4 人是妇女，这比例数字大大超过在我们自己国内所遇到的由于观看新奇事物而聚集起来的人群中的妇女的数目……

> 我们在北京旅行时所见的妇女，一般的容貌极为娇嫩，面色是自然的优美，但她们尚不满足于此，因此在面上还擦些化妆品。她们也用些口红，但使用方法与欧洲妇女用唇膏的办法完全不同，她们在她们的嘴唇中央点上深红的一条，毫无隐避其修容之意，这显然增加美容不少。②

在亚历山大的画册中，保有数幅妇女题材的图画。其中有一幅以《贵妇人》为题的作品，画家在这幅画下留有说明：

> 除了用缠脚布把脚缠成三角形，使脚致残这种非自然的习惯外，这位身着长裙的上流社会女子的生活没有什么不适当的。特别是她头部的装饰，常常体现出很好的品味。妇女的头饰一般会用做衣服的绸料制成，尤其是其中绣花的部分，看上去极为漂亮……图中背景是北京西直门附近的花园。③

这幅图画生动、自然，堪称珍宝，即使在同时期中国人的画作中，我们也不易找到与之媲美的类似题材的北京贵妇图画作品，怪不得大型画册《京华遗韵——西方版画中的明清老北京》一书为吸引读者，在封底刊登此画，以之作为广告。④

官场 英国使团由于受到清廷的严密监控，加上语言不通，与普通民众交往、交流的机会甚少。他们只能与为数极少指定陪同的官员交往，在这极

---

① 〔英〕约翰·巴罗：《我看乾隆盛世》，第 72 页。
② 〔英〕爱尼斯·安德逊：《英国人眼中的大清王朝》，第 87 ~ 88 页。
③ 刘潞、〔英〕吴芳思编译《帝国掠影——英国访华使团画笔下的清代中国》，第 137 页。
④ 参见李弘《京华遗韵——西方版画中的明清老北京 (1598 ~ 1902)》，〔英〕马思奇译，新世界出版社，2008。

为有限的人员交往中，他们对清朝多少有了一些由表及里的认识。

初次相会陪同的中国官员，中国官员讲究排场的作风即令斯当东印象深刻：

> 他的官气十足，每次拜会的时候，前面都由一些兵士和仆役高声吆喝肃清道路……中国官员出门都是按照身份携带随从人员。这种排场为的是使一般人民对之肃敬，任何官员独自一个人随便在路上走，将被认为是一件不体面的事。

从款待使团的奢华花费，使团成员也看出了清廷的腐败一面。"中国官员对于吃饭真是过于奢侈了。他们每天吃几顿饭，每顿都有荤菜许多道。空闲的时候，他们就吸烟或者咀嚼槟榔。他们有时把一些香料放进烟内，有时放进一些鸦片。关于历史、戏剧、小说等消遣性质的读物，中国很多，但这些官员们似乎没有欧洲文明社会那种以读书作消遣的风气。他们没事时宁愿闲坐着，也不愿读些有兴趣的书或者做些体力劳动。"[1] 说中国官员缺乏读书习惯，并不合乎实际。但指出其讲究吃喝，则并不为过。马戛尔尼从陪同官员王、乔大人那里获悉使团的消费开支："使节团在北京时，每日费用规定为一千五百两（每两约合英金六先令八便士）。中国的生活程度很低，物价极廉，而使节团一日的费用竟然要一千五百两之巨，真是骇人闻听之事。我们在北京时，虽然一切供应颇有失之奢汰（侈）之嫌，但何至每日要开销至一千五百两之多，这是令人难以置信的。也许是乾隆皇帝为了优待我们，定下了这个极为优裕的数字，而经手人太多，层层剥削，规定的数目与实际的开销相去极远。"[2] 在"康乾盛世"的背后潜藏着的是官场腐败，这是清朝统治的危机。实际上，与英国使团接洽的清廷高官和珅，后来即因贪污腐败而被治罪。

与乔大人、王大人接触不久，马戛尔尼就觉察到满汉官员的矛盾和严重的民族歧视的存在。乔、王在闲谈中，实话实说："他们的皇上是满洲人，所以重用满人，而不十分信任他的汉族子民，因此朝廷有什么大政，有汉人办理，就一定要加派一个满人去插手其间"，征瑞即是一位"愚昧昏暗"且"人格不大好"的钦差大臣。[3] 松筠取代征瑞出任钦差大臣后，马戛尔尼发现

---

① 〔英〕斯当东：《英使谒见乾隆纪实》，第293、292页。

② 秦仲和译《英使谒见乾隆纪实》，第244页。

③ 秦仲和译《英使谒见乾隆纪实》，第42、242页。

一个有趣的现象："乔大人与王大人虽然也都称为'大人'，但他们尽量避免当着松大人的面前来见特使，他们在松大人面前须恭敬待立，没有座位。有一次特使的中国翻译不自觉地当着松大人的面前坐下，马上被他纠正站起来。"满汉官员之间的等级差别如此严重，着实让马戛尔尼对乔、王二位同情，他俩大概算是与马戛尔尼认为"中国朝廷中有几位大员和我们感情很融洽"的官员吧！

如果说满汉矛盾是清朝统治者的软肋，那么对世界知识的无知则是其最大的盲点。斯当东深感中国官员的世界知识普遍都严重匮乏。"除了在广州而外，中国人对一切外国人都感到新奇，但关于这些外国人的国家，他们却并不感兴趣。他们认为自己的国家是'中华'，一切思想概念都出不去本国的范围。""他们的书上很少提到亚洲以外的地区，甚至在他们画得乱七八糟的地图上也找不到亚洲以外的地方。""对于更远的区域，中国政府，如同外国人做生意的中国商人一样，只有一个抽象的概念。其余社会人士对于任何中国范围以外的事物都不感兴趣。"① 遗憾的是，斯当东指出的这些问题，直到40多年后鸦片战争爆发时仍没有任何改观，当远道而来的"英夷"以船坚炮利的优势打开中国东南大门时，朝野上下对英吉利的精确位置却依旧是茫然无知。②

弃婴 太监 在有关北京的描述中，除了景物和官场外，使团报告还特别提到太监和弃婴和两大问题，这显然是他们看到的这个城市最令他们感到难以理解的阴暗面。

马戛尔尼从与劳神父的交谈中，了解到中国信教的人数约有50万人，北京一地就有5000人以上，这些信徒的来源很大一部分来自弃婴。"中国的贫民常因生活困难，将婴儿残害。这种事情，在我们欧洲人看来是伤天害理的，但中国人却处之泰然。"③ 传教士正是利用这一机会，将这些弃婴收为自己的信徒。巴罗因与传教士交谈机会较多，获得了更多这方面的讯息："清廷默认京城的巡街兵丁有责任雇一些人，在清早拖着板车收捡夜间被人抛弃的婴尸。他们不加追究，只是将尸体拉到城外的乱坟冈去，据说不管是死是活，都一扔了之。在这个可怕的乱坟冈边，北京的罗马天主教传教团有人轮

---

① 〔英〕斯当东：《英使谒见乾隆纪实》，第 292～293 页。
② 参见龚缨晏《鸦片战争前中国人对英国的认识》，收入黄时鉴主编《东西文化交流论谭》，上海文艺出版社，1998，第 230～264 页。
③ 秦仲和译《英使谒见乾隆纪实》，第 99～100 页。

流看守，选出最有可能存活的救下，以作将来的信徒，同时也为剩下的那些有可能还活着的做临终洗礼。""根据我们交谈过的传教士所给的数字，取其平均数，我得出的结论是，每天在北京大约有 24 个婴儿被扔到那个乱坟冈……这样算下来的结果，在京城一地每年就有近 9000 弃婴。一般认为此数目相当于帝国其他部分的总和。"① 所提弃婴数目，正如他们所预估的北京人口数量一样，明显有夸大之嫌。

如果说弃婴现象属耳闻的话，太监则是亲见。在圆明园、热河皇家御花园、紫禁城，使团随处都能看到这种"不男不女"的太监。斯当东猛烈地抨击了自己亲见的这种太监现象：

> 宫内侍从人员全部或绝大部分是在性熟期以前被割去生殖机能的人。在一个国家里，只是疯狂的猜忌心理才想到要用戕贼一种性别的主意，使其成为另一种性别的护卫者，并且可以不怀疑，同时也只有无限制滥用权力才能把这种残酷不人道的主意付诸实施……乾隆皇帝的祖父，康熙皇帝，曾放逐了六千名太监到边远少数民族地区，但从那时到现在，太监人数又逐渐增多，北京和圆明园内的宫殿里又充满了这种人了……
>
> 中国人根本不懂外科学，他们连放血都不会，人体解剖是他们所深恶痛绝的。在这种情形下，对于一个英国人来说，简直无法理解他们是怎样进行这种割生殖器的复杂手术的。②

太监是中国皇权制度的附属品，如此非人道现象的长期存在，的确给使团成员上了一堂生动的中国皇权专制的历史课。

除了日记、游记、报告这些文字性的材料记录自己的访华见闻和感受外，使团绘图师亚历山大还留有大量的写实图画，这些画作更为生动、形象地记录了沿途的城镇要塞、山川形势、风土人情、民居建筑。其中涉及北京、热河的风物画大致有三类：（1）建筑画，如《在白河见到的兵站和礼炮》《天津附近的军堡》《圆明园的房子》《北京的皇宫》《牌坊草图》《热河"小布达拉宫"》等；（2）人物画，《乾隆皇帝》《乾隆皇帝侧身坐像》《乔大人》《抽旱烟的乔大人》《中国军官王文雄》《上层社会母子与仆人》等；

---

① 〔英〕约翰·巴罗：《我看乾隆盛世》，第 124、125 页。
② 〔英〕斯当东：《英使谒见乾隆纪实》，第 401 页。

（3）风景画，如《避暑山庄中远眺棒槌山》等。这些图画为使团的"北京经验"增添了新的材料，也给这位地位低微的画师带来了不朽的名声。

使团成员对所经北京、热河等京畿地区的游览虽带有走马观花、浮光掠影的性质，其描述也不免一鳞半爪，或片断素描，但大体反映了他们所见的实景实情，由此引发的观感也具有"经验"的成分。由于使团是一个集体，成员之间能分享所见所闻的材料资源，在使团内部亦形成一种独特的集体记忆，甚或有故事流传，他们在饱览风光迷人的景色后逐渐使直观的印象形成一个鲜活、充实的新的"北京形象"。使团成员对北京的解读不再像传教士那样充满对巍峨的东方帝都羡慕的笔调，而是在细微的观察之中伴随某种文明的批判和超越的审视，这是一个新的转变，它是一个步入近代社会且伴随工业革命崛起的新兴民族对一座浸透着古老文明的大都市的审读。

四　结语

马戛尔尼使团访华在中西关系史上是一个重要转折点，在中英关系史上更是一个新的起点。对英国乃至欧洲来说，都具有极为重要的历史意义。正因其如此重要，研究中英关系史的著名学者普理查德才认定其为早期中英关系发展的"决定性时代"。①

首先，马戛尔尼使团出版的游记、报告，改变了过去主要由传教士传播"中国经验"的做法，开启了非神职人员主导欧洲"中国经验"的新局面。

从明末意大利传教士罗明坚、利玛窦进入中国开创传教士汉学时代，欧洲主要通过在华的传教士传输"中国经验"，了解遥远的东方文明古国——中国。接踵而至的法国传教士虽在18世纪取代意大利掌控了在华传教的主导权，但他们的职业身份并没有改变，他们以基督教的立场解读中国，他们的"中国经验"往往局限在宗教的范围内，带有强烈的宗教色彩。18世纪是"传教士汉学"步入鼎盛的时代。②

马戛尔尼使团游记、报告、画册出版后，很快风行欧洲，刮起了一股新的出版"中国热"。这些读物不具宗教色彩，至少在三方面为欧洲的汉学知

---

① Earl H. Pritchard, *The Crucial Years of Early Anglo – Chinese Relaton*, *1750 – 1800*, Pullman, Washington：Research Studies of the State College of Washington, 1936.

② 有关"传教士汉学"概念及其相关研究，参见张西平《传教士汉学研究》，大象出版社，2005。

识谱系增添了新质。一是因有一批职业科学家、机械师、医师等专业人才参加马戛尔尼使团,他们对中国相关学科知识(如力学、化学、天文、医学等)的评估和中西之间差距的比较,较此前传教士的了解明显有了新的进步。斯当东、巴罗在他们的游记中对中国古代科技、艺术,如印刷、火药、建筑、人文、艺术有大篇幅的评论,① 这些看法实为使团的经验总结。二是因有一批军官和不同兵种的职业军人参加使团,使团无形之中带有军事色彩,他们对所游历之地进行军事考察(如测量山川地形、观测军事工事、调查兵力部署、观察军事武器、考核清军素质),大大推进了对中国实际军事状况的了解。三是因有专业画师和绘图员参加使团,他们创作的近千幅图画为欧洲汉学知识谱系增添了新的篇章。过去曾有传教士画师进入宫廷,为清廷绘画,他们为增进中西美术交流做出了重要贡献。与这些传教士画师服务于中国皇帝不同,亚历山大的创作目的完全是为了满足其了解中国愿望的需要,所以他的画作具有写实、传实的性质,他为西方展现了一幅幅18世纪末中国风情的绚丽画卷,"使欧洲比以前任何时候都更好地了解中国"。②

"有关中国知识的激增也许是使团最为重要的收获。"③ 这些新增的中国知识大大改变了欧洲汉学依附神学的状况,提升了其科学化、专业化和技艺的水平,增添了新的军事色彩,从而使欧洲汉学朝着世俗化和旅行者的方向发展。

其次,马戛尔尼使团的旅行记、报告对中国的现状和实力做了新的评估,强化了其原有的贬华倾向和英国人此前已有的优越感,增强了其向中国殖民开拓的信心。

在英国使团来到中国以前,英国著名哲学家休谟就批评中国:"没有人敢于抵制流行看法的洪流,后辈也没有足够的勇气敢于对祖宗定制、世代相传、大家公认的成规提出异议。这似乎是一个非常自然的理由,能说明为什么这个巨大帝国里科学的进步如此缓慢。"④ 经济学家亚当·斯密也发现:

---

① 参见〔英〕斯当东《英使谒见乾隆纪实》,第392~402页。〔英〕约翰·巴罗:《我看乾隆盛世》,第172~256页。
② 威廉·亚历山大:《1793:英国使团画家笔下的乾隆盛世》,沈弘译,浙江古籍出版社,2006,第37~38页。
③ Earl H. Pritchard, *Anglo - Chinese Relation during Seventeenth and Eighteenth Centuries*, Urban: University of Illinis, 1930, p. 184.
④ 〔英〕休谟:《人性的高贵与悲劣——休谟散文集》,杨适等译,上海三联书店,1988,第48页。

"今日旅行家关于中国耕作、勤劳及人口稠密状态的报告，与 500 年前视察该国的马可·波罗的记述比较，几乎没有什么区别。也许在马可·波罗时代以前好久，中国的财富就已经完全到了该国法律制度所允许的发展程度。各旅行家的报告，虽然有许多相互矛盾的地方，但关于中国劳动工资低廉和劳动者难于赡养家属的记述，则众口一词。"① 敏锐的英国思想家已捕捉到中国在科技、经济方面发展缓慢的信息。

英国使团经过自己的实地考察，大大强化了此前的贬华倾向。马戛尔尼说："种种原因导致政治领域不可思议的现象。自从鞑靼人 150 年前进入中国以来，这个国家在一种削弱的管理状态下逐渐衰落，被内战和叛乱搅得混乱不堪，被几个无价值的竞争者争夺不已。"② 斯当东说："他们中国人对地球和宇宙的关系完全无知，这就使他们无法确定各个地方的经纬度，因此航海技术永远得不到改进。""中国人虽然在特定的几种工业上的技术非常高超，但在工业上和科学上，比起西欧国家来，实在处于极落后的地位。"③巴罗说："在总体上，可以认定中国是现今世界上尚存的、最早达到一定文明程度的国家之一。不过此后，因为朝廷的政策或其他原因，它就停滞不前了。他们在 2000 年前，当全欧洲相对而言可以说还未开化之时，他们就已经有了跟他们目前所有的一样高的文明了。但是从那以后，没有任何方面有任何进展，在许多方面反而倒退。目前，跟欧洲相比，他们可以说是在微不足道的小事上伟大，在举足轻重的大事上渺小。"④ 使团这三位要员对中国现状的评价，彻底修正甚至颠覆了此前 18 世纪欧洲"中国热"所树立的中国形象。对此，美国学者孟德卫（David E. Mungello）如是评论道："早在 1800 年前，中国的衰弱已经渐露端倪。1793 年马戛尔尼使华期间的观察就给出了一个最清晰的影像。"⑤

中国形象的改变并不独是英国使团所有，法国启蒙思想家早已有之，甚至可以说可能是法国人影响了英国人的看法。但对中国实力的评估，却是英国使团此行的一个最大收获。孟德卫甚至认为："虽然马戛尔尼使团

---

① 柳卸林主编《世界名人论中国》，湖北人民出版社，1991，第 371～372 页。

② J. C. Cranmer - Byng, *An Embassy to China: being the Journal Kept by Lord Macartney during his Embassy to the Emperor Ch'ien - lung*, 1793 - 1794, p. 236.

③ 〔英〕斯当东：《英使谒见乾隆纪实》，第 225、498 页。

④ 〔英〕约翰·巴罗：《我看乾隆盛世》，第 255～256 页。

⑤ 〔美〕孟德卫：《1500～1800 中西方的伟大相遇》，江文君等译，新星出版社，2007，第 182 页。

的出使是一次外交失败，但在东印度公司看来，其所获取的信息可以抵偿他们的赞助费用。"① 斯当东在他的报告附录中有十个表，详列了他获得的有关中国土地、人口、国家收入、官员数目及薪俸、英国和其他欧洲各国对华贸易、英国对华贸易、外国从中国运出茶叶统计等统计数据，这些数据充分显示了英国使团对中国了解的精确程度，为英方决策提供了可靠依据。② 巴罗的旅行记从皇城行宫、社会百态、宫廷生活、人文艺术、法律制度、宗教信仰、农村面貌等多方面对其所见所闻做了报道，他的评述虽充满了傲慢和偏见，但也的确展现了中英实力对比的天平已朝着有利于英国的方向倾斜。《马戛尔尼关于中国的考察报告》分风俗与个性、宗教、政府、法律、财富、人口、税收、军事、贸易与商业、艺术与科学、水利、航海、中国语言诸节，对中国的现状做了新的评估。这份内部报告明显增强了英国方面的实力感。"马戛尔尼的伙伴们到达中国时坚信自己比其他欧洲人强，他们回国时又增加了一种新的信念：他们同样也比中国人强。他们看到这个从马可·波罗以来大家都说得天花乱坠的帝国竟是如此的落后。为什么呢？因为它反对进步、反对科学、反对事业精神。相反，他们却发现了自己强大的动力。"③ 英国使团成员普遍认为在航海、科技、军事方面，他们已遥遥领先于中国。

最后，马戛尔尼使团的使华游记为英国发动两次鸦片战争提供了丰富的情报资源和动力因素，成为英国抉择英中关系的重要依据，从这个意义上说，马戛尔尼使团实际开启了中英关系甚至中西近代关系史的序幕。

马戛尔尼使团与后来的中英关系及两次鸦片战争存有密切关系，大致有四条线索可循。一是马戛尔尼使团对沿途风土人情、城市面貌、地理环境的实地考察，填补了此前英国人没有亲身游历北京、热河、天津等地和黄海、渤海海域的空白，其旅行记录自然也就成为后来英国人"中国经验"的主要材料来源。事实上，英国军队在两次鸦片战争的活动区域和入侵北京的路线，正是马戛尔尼使团走过的旧路，使团不啻充当了英军或英法联军的先导。二是马戛尔尼使团掌握了大量中国军事情报，从环绕在英国战舰周围简单、笨重、低矮的中国帆船，他们看出了中国水师与英国海军的明显差距；

---

① 〔美〕孟德卫：《1500～1800 中西方的伟大相遇》，第 187 页。
② 〔英〕斯当东：《英使谒见乾隆纪实》，第 537～555 页。
③ 〔法〕佩雷菲特：《停滞的帝国——两个世界的撞击》，第 628 页。

从粗犷的武将王大人那里，他们获悉了中国军队的步、骑兵人数和诸多军事材料；① 从清军那些翻跟斗、叠罗汉的操练，他们得出其根本无法匹敌以精确瞄准火器为主要训练内容的英军的结论。② 乾隆皇帝为了展示军威，上谕沿途各省督抚排列军队，供使团检阅，没想到这反而给英国使团提供了实际观察清军的绝好机会。据马戛尔尼 12 月 18 日日记载，使团南下后，"自南州府以降，每过一城镇即有极严肃之兵队向吾辈行礼，此军队行礼之事吾于所经各处均遇之"。"然以余观之，此种宽衣大袖之兵，既未受军事教育，而所用军器又不过刀、枪、弓、矢之属，一旦不幸，洋兵长驱而来，此辈果能抵抗与否？尚属一不易置答之疑问也。"③ 英方以为清军缺乏战斗力，不堪一击。依恃其拥有的军事优势，故他们后来胆敢远道而来，悍然发动一场又一场侵略战争。三是使团虽未就扩大两国通商的六项要求与清朝当时达成协议，但他们掌握了中欧之间茶叶贸易较为真实的数据，这为英方后来的决策提供了重要依据，英国发动鸦片战争实为以战争手段达到马戛尔尼使团扩大通商要求的继续。两次鸦片战争所强加给中国的不平等条约，远远超越了马戛尔尼使团当年提出各项要求的范围。四是使团的最小成员小斯当东 1816 年作为阿美士德使团的副使再次访华，以后又当选为英国议会议员，1840 年英国下议院就发动鸦片战争进行辩论时，他是主战的强硬派代表。④

反观中国，这件对英国具有重要历史意义的事件，在中国却是一片空白，几乎没有留下任何影响的痕迹。随着马戛尔尼使团的离去，清朝又恢复原态。英国阵营强大的使团，没有引发清朝深入探究英国的冲动；马戛尔尼使团赠送的科技仪器、军事武器，没有激发起中方研究近代科学的兴趣。一切就像没有发生一样，中国后续的历史没有因此产生任何连锁反应。面对这样一种无奈的结局，戴逸先生只能以"失去了的机会"表达对清朝的遗憾。⑤

---

① 〔英〕斯当东：《英使谒见乾隆纪实》，第 252、506 页。

② 参见威廉·亚历山大《1793：英国使团画家笔下的乾隆盛世——中国人的服饰和习俗图鉴》，第 28、49 页。

③ Helen H. Robbins, *Our First Ambassador to China: An Account of the Life of George Earl of Macaitney*, London: John Murray, 1908, pp. 376 - 377. 参见马戛尔尼《1793 年乾隆英使觐记》，第 215 页。

④ 参见游博青《英人斯当东与鸦片战争前的中英关系》，复旦大学历史地理研究中心《跨越空间的文化——16 ~ 19 世纪中西文化的相遇与调适》，东方出版中心，2010，第 275 ~ 295 页。

⑤ 参见戴逸《失去了的机会——为朱雍著〈不愿打开的中国大门〉一书所写序言》，朱雍《不愿打开的中国大门》，江西人民出版社，1989，第 1 ~ 17 页。

如果说，乾隆"限关自守"政策所发挥的限制性接触这一防范作用，也许还情有可原，但面对军事、科技方面落后的压力无动于衷，没有采取任何积极的应对措施，则反映了清朝自我更新机制的衰竭。由此造成的社会停滞局面，最终让清朝在两次鸦片战争中付出了惨重的代价。

失败的使团与失败的外交*

——嘉庆十年中俄交涉述论

陈开科**

18、19 世纪之交的中俄关系本来风平浪静，但嘉庆十年（1805）却发生了一件意想不到的事情，使中俄关系一下子变得微妙起来。甚至可以说，正是这样一件不为历史学家注意的外交事件为 19 世纪中叶复杂的中俄关系格局的形成埋下了伏笔。这就是戈洛夫金（Ю. А. Головкин）使团访华失败事件。

1803 年 2 月 13 日，俄国商务大臣鲁缅采夫（Н. П. Румянцев）上奏沙皇亚历山大一世，请求向中国派遣使臣，以商谈在广州开展贸易之事。① 是年 11 月 16 日，俄国枢密院以国书形式征求清廷的意见。1804 年 2 月 22 日，清廷回复，同意接待俄国使团。② 但俄方办事缓慢，使团拖到 1805 年 5 月上旬才出发，迟至 1806 年 1 月 2 日才抵达中国边境城市库伦。此后双方在礼仪等问题上唇枪舌剑，以至矛盾不可调和，清廷遂于 2 月初将戈洛夫金使团驱逐出境。毫无疑问，这次外交事件是 19 世纪初中外关系史上最严重的外交事件之一。如果就事论事，它对当时中俄两国的和平关系格局并未产生立竿见影的负面影响，但延伸来看，这桩严重的外交事件对整个 19 世纪特别是 19 世纪中叶的中俄关系格局产生了很大的负面影响。然而，对这样一件影响很大的外交事件，学术界却缺乏深入的研究。

迄今为止，俄、中两国学者对戈洛夫金使团的关注基本上限于资料整理

---

* 本文为作者承担的中国社会科学院近代史研究所重点课题"嘉庆十年——嘉庆朝中俄关系研究"的阶段性成果。

** 中国社会科学院近代史研究所研究员。

① АВПРИ ф. Главный архив, 1 - 7, оп. 6, 1802г. д. № 1, п. 2, л. 2 - 3. Тихвинский С. Л. и Мясников В. С. Русско - Китайские отношения в XIX веке. Материалы и Документы, 1803 - 1807. Т. 1, М. 1995г. с. 42.

② Там же, д. № 1 - а, п. 1, л. 45 - 46. Там же, с. 56.

的层面。就史料来说，有关戈洛夫金使团的俄文史料包括两部分：使团成员陆续出版的日记、回忆录①和相关的档案文献。前者自使团回到圣彼得堡之后，就陆续发表于报刊；至于后者，自19世纪下半叶以降，俄国学者就已开始整理，并取得很大成绩，迄今已将536份相关档案文件全部整理出版，② 奠定了研究该问题的资料基础。与此同时，中国学者也做了不少类似工作，但成就远逊于俄国学者。③ 然而，尽管资料整理工作取得了不菲成绩，但似乎并未对研究该问题产生推动作用。东西方学界至今无人对戈洛夫金使团进行专题研究，大家都只是在一些相关著述中顺便提到或简要介绍它，缺乏深入的分析研究和公正评述。俄国学者如瓦西里耶夫、特鲁谢维奇、巴托尔德、斯拉德科夫斯基、库尔茨、沃斯克列先斯基、米亚斯尼科夫等都过分关注这次外交事件的责任，他们一贯将使团失败的责任全部推到中方身上；④ 欧美学者如郭玫瑰、费正清等则照例将此事纳入"朝贡体系"的框架进行叙述，承认外交事件都是多方因素作用的结果，但叙述简略，且未能利用俄方公布的档案史料；⑤ 中国学者的问题亦在于未能利用俄国公布的大量档案资料对事件进行深入分析，大都只

---

① В. С. , Мясников : Договорными статьями утвердили. Дипломатическая история русско - китайской границы XVII – XX вв. М. , 1996, с. 257 – 258.

② В. Н. , Баснин О посольстве в Китай графа Головкина. М. 1875г. ; Тихвинский С. Л. и Мясников В. С. Русско - Китайские отношения в XIX веке. Материалы и Документы, 1803 – 1807. Т. 1, М. 1995г. с 5 – 22.

③ 《清季外交史料》（嘉庆朝，1~6册，北平故宫博物院，1933）、《清宫粤港澳商贸档案全集》（1~6卷，中国书店，2002）、《故宫俄文史料》（王之相译，《历史研究》编辑部，1964）。王之相将嘉庆年间相关的40多份俄国来档译成中文，但内容却没有超出《十九世纪俄中关系（1803~1807）》（第1卷）［Тихвинский С. Л. и Мясников В. С. Русско - Китайские отношения в XIX веке. Материалы и Документы, 1803 – 1807. Т. 1, М. 1995г. ］的范围。至于故宫所藏的数量可观的汉、满文相关档案史料却至今未能整理出版。

④ Васильев В. П. Открытие Китая. СПБ. 1900г. с. 85 、 86; Трусевич Х. Посольские и торговые сношение России с Китаем (до XIX века) . М. 1882г. ; Бартольд В. В. История изучения Востока в Европе и в России. Л. 1925г. с. 236; Безпрозванных Е. Л. Приамурье в системе Русско - Китайских отношений: XVII - середина XIX в. М. 1983г. ; Сладковский М. И. История торгово - экономических отношений народов России с Китаем (до 1917 г.) . М. . 1974г. ; Курц Б. Г. Русско - Китайские отношения в XVI, XVII и XVIII вв. . Харьков, 1929г; Воскресенский А. Д. Китайские хроники о пребывании И. Ф. Крузенштерна и Ю. Ф. Лисянского в Гуанчжоу. И не распалась связь времен, М, 1993г. с. 151 – 163.

⑤ Quested R. K. I. , *The Expansion of Russia in East Asia 1857 – 1860* , University of Malaya Press, Singapore, 1968, p. 15；费正清主编《剑桥中国晚清史》（上），中国社会科学院历史研究所编译室译，中国社会科学出版社，1983，第345~352页。

是从某个侧面对事件进行蜻蜓点水式的叙述。① 同时，由于资料的局限以及政治意识形态问题的影响，大多数中国学者主要关注中、俄之间几个重要条约，绝大部分涉及早期中俄关系的论著都从《尼布楚条约》开始，中经《恰克图条约》，转瞬即腾跃至 19 世纪中叶。从 18 世纪末到 19 世纪中叶之间半个多世纪的中俄关系几乎成为一个学术研究的断裂带，② 这是很不正常的一种现象。实际上，嘉庆一朝是清代历史的盛衰转折时期，这种转折不仅体现在内政方面，同时也体现在对外关系方面。18、19 世纪之交所发生的三次外交事件（乾隆朝末的马戛尔尼使团，嘉庆朝的戈洛夫金使团、阿美士德使团）本质上反映的应该是同一个问题，即中国开启了外交的保守退让时代，这与内政的盛衰转折是相应的。

基于上述背景，在详细掌握中、俄文档案资料的基础上，笔者试图对戈洛夫金使团访华失败这一外交事件进行相对详尽的叙述，尝试着把 18、19 世纪中俄外交断裂的链条连接起来，不妥之处，敬请专家批评指正！

一 进取与保守： 戈洛夫金使团访华的历史背景及外交使命

实际上，欧洲社会从 15 世纪就已开始发生本质的变化。按照马克思主义唯物史观，经济因素对社会发展起决定作用，当时欧洲社会正是在经济领域发生了一些代表世界未来发展大势的变化。简言之，导致当时欧洲经济领域发生巨大变化的主要有两个相辅相成的因素：重商主义和航海探险及由此引起的地理大发现。

早在 14 世纪时，欧洲一些国家如英国就利用国家力量干预经济特别是商业，实行重商政策。从 1335 年到 1478 年，几位英王均禁止输出金银。崇拜金银及视金银为国家财富已经成为 15 世纪西欧社会的公共观念。③ 正是在这样的拜金主义

---

① 陈复光：《有清一代之中俄关系》，云南崇文印书馆，1947，第 77～78 页；中国社会科学院近代史研究所：《沙俄侵华史》第 2 卷，中国社会科学出版社，2006，第 29 页；蔡鸿生：《俄罗斯馆纪事》，中华书局，2006 年增订版，第 172～196 页；王开玺：《清代外交礼仪的交涉与论争》，人民出版社，2009，第 158～169 页。

② 参见陈博文《中俄外交史》（万有文库本），上海商务印书馆，1929；何汉文：《中俄外交史》，中华书局，1935；王希隆：《中俄关系史略》（1917 年前），甘肃文化出版社，1995；李齐芳：《中俄关系史》，台北：联经出版事业有限公司，2000；明骥：《中俄关系史》（上、下），台北：三民书局，2006。

③ 鲁友章：《重商主义》，商务印书馆，1964，第 28～29 页。

热潮驱使下，欧洲于 15 世纪至 16 世纪初开始了大规模的航海探险，并导致地理大发现。1492 年，哥伦布横渡大西洋，发现西印度群岛；1497 年，达·伽马绕过好望角，发现至印度的新航路。从此，欧洲与世界的关系格局发生了前所未有的变化，这种变化的影响首先表现在经济领域，扩大了世界贸易的范围，"东印度和中国的市场、美洲的殖民地化、对殖民地的贸易、交换资料和一般商品的增加，给予了商业、航海业和工业空前未有的刺激"。① 应该说，这种刺激是相互的。重商政策发展到一定程度，就产生重商主义学说。从 15 世纪至 16 世纪中叶为早期重商主义阶段，注重积累货币财富，因此，早期重商主义又被称作货币主义或货币平衡论。毫无疑问，早期重商主义推动了航海探险及地理大发现，而同时，航海探险扩展了世界市场，又进一步推动西欧社会向晚期重商主义及其政策转变。从 16 世纪下半叶开始，随着商品贸易的进一步发展，货币平衡论让位于贸易平衡论。人们开始认同对外贸易的出超是聚集财富的主要途径。与此对应，国家干预经济表现为国家奖励输出、限制输入，甚至实行关税保护。在这里，有一个问题应该引起我们的特别注意，那就是：重商主义和航海探险及由此引起的地理大发现两个推动西欧社会变化的主要因素共有一个本质的东西，即从过程来说它们都是封建贵族与商人的合作，也即当时尚占统治地位的封建阶级与发展中的资产阶级的合作。② 这种合作具有一种社会文化的进步意义，因为合作的前提是封建贵族必须要突破沦为商人的心理，即封建贵族要从文化上认同商人的身份，这是当时西欧社会最难得的深层的独特的进步表现。西欧社会按照这种发展路向，到 18、19 世纪之交终于酿成社会巨变，使西欧连续发生一系列革命：商业革命、工业革命和资产阶级革命，从而使欧洲终于成功支配世界。

西欧的崛起使世界慢慢连成一个整体，当时西欧的发展趋势实际就是整个世界发展的大势。那么，地连欧亚的俄罗斯帝国和雄踞东亚的中华帝国是如何关联这种世界大势的？

历史上，俄罗斯帝国直到 17 世纪末，尚处于落后的封建社会。从 17 世纪末开始，彼得大帝进行改革，他颁布了 3000 多条法令，开始全面效法西欧。③ 从历史进程看，俄罗斯帝国的欧化过程最值得注意的是其步西欧之后，实践了重商主义和航海探险。俄国的重商主义形成于 17 世纪下半叶，成熟

---

① 卡尔·马克思：《共产党宣言》，《马克思恩格斯全集》第 4 卷，人民出版社，1958，第 467 页。

② 王加丰：《扩张体制与世界市场的开辟》，北京大学出版社，1999，第 4、67、71 页。

③ 〔美〕斯塔夫里阿诺斯：《全球通史》（下），董书慧、王昶、徐正源译，北京大学出版社，2005，第 543 页。

于18世纪初，主要受西欧晚期重商主义的影响，代表人物为波索什科夫（И. Т. Посошков，1652－1726）。他是彼得一世时期最重要的经济理论家，于1721～1724年完成了《贫富论》，集中阐述了重商主义思想。他认为，对外贸易是国家积累财富的主要渠道，主张国家应积极干预、调节和控制对外贸易，实行贸易保护政策。他还呼吁社会敬重商人、鼓励发明并建立手工工场。波索什科夫的重商理论对俄国社会发展的影响很大。[①] 1766年，俄国将法国重商主义者尤斯季的著作《与军人贵族持不同见解的经商贵族、或对贵族经商是否有利于国家的两种见解》译成俄文，尤斯季认为对外贸易能增加国家财富，是"无可非议"的正规事业，贵族应该积极参与。尤斯季的观点得到俄国贵族们的思想认同。从此，俄国贵族"将对外贸易视为国家活动的一种形式"。到18世纪末，俄国"贵族对商业的向往更趋强烈"。[②] 俄国通过贵族参与经商而实现了类似于西欧的那种封建贵族与商人的结合。18世纪下半叶是俄国历史发展的重要关头，开明的叶卡捷琳娜二世支持了两件事情：一是支持成立类似于西欧"东印度公司"的"俄美公司"，许多贵族包括女皇自己都是公司的股东；二是支持俄国海军组织第一次环球航行，进行航海探险。[③] 这表明，18、19世纪之交，俄罗斯帝国开始走上西欧曾经走过的路，其国势也慢慢呈上升趋势。

而古老的中华帝国，就社会发展趋势来看，从15世纪中叶以后就已经与世界大势南辕北辙。虽然事实上，从明中叶开始，资本主义就已萌芽，出现了商业资本，甚至也出现了官员经商的现象，[④] 但整个社会没有经历类似西欧和俄国社会的那种贵族（封建官僚、地主）与商人结合的历史过程。[⑤] 虽然康雍乾时期商业一度繁荣，但直到18、19世纪之交的嘉庆朝，中国社会也一直没有

① 王松亭、张乃和：《从〈贫富论〉看18世纪初俄国的重商主义》，《历史研究》1995年第6期，第137页。

② 〔法〕尤斯季：《与军人贵族持不同见解的经商贵族、或对贵族经商是否有利于国家的两种见解》，圣彼得堡，1766，第10页。转引自 С. Б. 奥孔：《俄美公司》，俞启骧等译，商务印书馆，1982，第7～8页。

③ 参见戴维森、马克鲁申《远洋的召唤》，丁祖永等译，新华出版社，1981。

④ 唐力行：《商人与中国近世社会》，商务印书馆，2006，第22～24页。

⑤ 至戊戌变法时，始有阎志廉在奏折中说："今奉明诏，令裁撤大小官员，胥于矿务局、铁路局、农工商局安排，是亦重商矣。可令各局于接待商人之处，优以礼貌，则向来官商隔绝之习，可以渐除"；"如令各省商民公举一官绅为董事，则情谊相通，而商业之振作将赖乎此"（国家档案局明清档案馆编《戊戌变法档案史料》，中华书局，1958，第410页）。此言表明中国人已意识到官员（贵族）与商人结合的重要性。

出现"重商主义"政策和思潮。① 明清两朝基本上都反对对外贸易，大家都认同国家财富的基础是农业而非商业。商人始终没有地位，王朝的政治利益始终高于商业利益，这既是立国原则，也是对外关系原则。至于航海探险，自古以来，尤其是清朝，中国人一直把"航海"与"朝觐""向化"等朝贡式政治话语联系在一起，② 并多次实行"海禁"。因此，在这样的文化、政治语境下，中国社会基本上不可能出现西欧曾经出现过的航海探险和地理大发现历程。也就是说，18、19 世纪之交的中国社会，尚不知世界的大势，更何谈顺应世界大势。于是，中国社会不可避免地边缘化，国势呈下降趋势。

与此相应，作为社会发展形态外化的对外政策，俄、中两国自然也出现了差异：俄罗斯帝国的对外政策处于积极进攻态势，亚历山大一世西慑欧洲，南望高加索，东顾远东，三面出击；而清王朝的对外政策则呈现为保守退让态势，嘉庆帝左拒右挡，既不出去，也不轻易放人进来。积极进取的俄国为了商业利益而进行环球航行，保守退让的清王朝则专注于稳定国内局势而自闭于世界。戈洛夫金使团正是在这样的背景下派出，也正是在这样的背景下碰壁。

向中国派遣戈洛夫金使团是俄国实施积极外交政策的表现，就其初衷来说，无疑是为了扩展大贵族占有股份的俄美公司在中国及远东地区的商业利益。俄美公司主要活动于堪察加、阿拉斯加及北太平洋沿岸岛屿。这些地区虽然盛产利润丰厚的毛皮，但存在两个大问题：一是气候条件极其恶劣，离俄国腹地极远，交通极不方便，供应艰难；二是毛皮经陆路通过唯一的关口恰克图销往中国，成本很高。而 18、19 世纪之交，已经染指北大平洋地区的英、美商人开始与俄国商人争抢毛皮，直接海运到广州廉价出售，严重影响了俄国在恰克图的贸易利益。为了保证俄美公司的利益，俄国希望也能海运毛皮去广州贸易。为此，1803 年 2 月，商务大臣鲁缅采夫建议派使团与清政府谈判俄中于广州开展贸易的问题。但随着时间的迁延、思虑的成熟，俄国政府给使团提出的任务越来越复杂。11 月，鲁缅采夫上奏，给使团增加了一项任务，即搞清中国政府是否同意另外增设一个陆路通商口岸。③ 1805 年 1

---

① 据王尔敏的意见，中国到 19 世纪末才开始出现重商主义思潮和实践。见王尔敏《商战观念与重商思想》，台北：《中央研究院近代史研究所集刊》第 5 期，1976。另参见李陈顺妍《晚清的重商主义》，台北：《中央研究院近代史研究所集刊》第 3 期，1972。
② 《清宫粤港澳商贸档案全集》卷 6，中国书店，2002，第 3162、3167 页。
③ АВПРИ ф. Главный архив，1－7，оп. 6，1805г. д. № 1－а，п. 22，л. 2. Тихвинский С. Л. и Мясников В. С. Русско－Китайские отношения в ⅩⅨ веке. Материалы и Документы，1803－1807. Т. 1，М. 1995г. с. 93.

月，外交副大臣恰尔托雷斯基（A. A. Чарторыйский）上奏，使团任务又有了变化：（1）将陆界另辟通商口岸具体化为西部的"布赫塔尔玛"；（2）提出"黑龙江通航"的问题。① 7 月 6 日，恰尔托雷斯基给已被任命为大使的戈洛夫金下达训令，使团担负的使命继续累加：（1）不但要在广州开展贸易，还要在黄海（即长江流域）开展贸易；（2）谈判《尼布楚条约》中有争议的边界问题；（3）请中国接待即将到达广州的俄国环球航行的两艘考察船；（4）搜集贸易情报。② 紧接着，沙皇亚历山大一世又给使团颁布了正式的训令，共 19 条，使团的使命又有增加：（1）收集有关黑龙江通航现状、清朝军事力量及商务情况等信息；（2）向黑龙江口、广州派遣商务代办，向北京派遣正式外交代表；（3）到达北京后，对布道团进行整顿；（4）请求派遣专员陪同蒙古喇嘛去西藏朝拜。③ 可见，俄国政府对这次访华使团的要求是越来越高。两天后，即 7 月 8 日，恰尔托雷斯基又写信给戈洛夫金，在本已很复杂的使命里，又追加了一条：说服清朝与俄国结成联盟，允许俄国使者经中国境内访问喀布尔，以共同对付英国的贸易竞争。④ 此后，直到 1806 年 3 月，外交部至少 5 次重申使团的使命，但大致内容没有超出上述范围。

综合而言，俄国政府赋予戈洛夫金使团的外交使命最主要的内容有两个方面。

第一，扩展贸易利益。自 18 世纪中叶以后，中俄贸易基本上集中到北部边境的恰克图，双方商人云集在那里，以货易货，俄国商人用皮毛、呢绒、金属制品等换回中国的宝石、大黄、茶叶、棉织品等货物。⑤ 从 18 世纪下半叶以降，恰克图贸易越来越红火，其贸易额几乎占了俄国与亚洲贸易的 67%。⑥ 俄国政府从中得到一大笔税收：1760 年，俄国从恰克图获得关税 238155 卢布，占俄国关税的 20.4%；1775 年是 453278 卢布，占关税的 38.5%。到 19 世纪初，俄国从恰克图获得的关税突破了 100 万卢布。⑦ 如此可观的贸易利益，对重商的俄国政府具有很大的诱惑力，这也是维持 18 世纪至 19 世纪上

① Там же，л. 9. Там же с. 94.

② Там же，п. 20，л. 174 – 185. Там же с. 173 – 177.

③ Там же，л. 95 – 113. Там же с. 178 – 184.

④ Там же，л. 114 – 118. Там же с. 185 – 187.

⑤ Трусевич Х. Посольские и торговые сношение России с Китаем（до XIX века）. М. 1882г. с. 169 – 198.

⑥ 〔苏〕符·阿·库德里亚夫采夫等：《布里亚特蒙古史》（上），高文德译，中国社会科学院民族研究所社会历史室（征求意见本），1978，第 158 页。

⑦ Трусевич Х. Посольские и торговые сношение России с Китаем（до XIX века）. М. 1882г. с. 213 – 214.

半叶中俄关系和局的主要基础。从当时欧洲的国际关系格局来说，俄国被迫参与反法同盟，身陷战争泥潭。为了获得更多的战争经费，俄国自然要考虑扩大中俄陆路贸易。他们希望在恰克图以西的布赫塔尔玛再开辟一个贸易基地。此外，俄国不但冀望参与广州海路贸易，还要进入长江，甚至想借中国这块跳板，把贸易触角伸到南亚和西亚。俄国之所以如此处心积虑地要扩大与亚洲各国的贸易，其目的除了为参与欧洲争霸筹集经费、为运营不佳的俄美公司摆脱亏损以外，更主要还在于准备与英国进行贸易竞争。

第二，谈判解决中俄边界问题。历史上，俄国一直依靠掠夺土地和人口（即所谓"开拓疆土"和"殖民"）来增强国力，[①] 扩张领土一直是俄国的最高国家利益，边界问题也成为俄国对外交涉的主要问题。自 1689 年中俄签署《尼布楚条约》以来，俄国一直对失去其所侵占的尼布楚一带黑龙江北岸的土地耿耿于怀。从上述文件可以看出，刚开始，俄国政府只是为了稳定堪察加及北美殖民地，希望获得黑龙江的通航权，但事情发展到后来就演变成边界划分了。而且，从 1805 年 7 月 8 日以后的演变来看，领土利益越来越被强调。戈洛夫金为了完成边界谈判的使命，每到一个城镇，都忙于收集有关黑龙江流域中俄边界的相关资料。从 10 月 17 日戈洛夫金给亚历山大一世的奏折可知，所谓边界谈判使命，主要是划定黑龙江左岸及向东至海的乌第河流域土地的归属问题。对此，戈洛夫金提出了边界谈判的方略，包括两部分内容。一是为边界谈判提出了三种策略：上策，尽量争取"沿离乌第河最远的一道山脉，也就是沿尽量靠近黑龙江的那道山脉来划分，备忘录所附的地图上画的就是那道山脉"；中策，"退一步，可以把争议土地作一个平均划分，尽量争取以图呼勒河为自然边界"；下策，"以乌第河的右岸为界"。二是鉴于谈判成功以后，就要具体划界，戈洛夫金认为具体划界不是一件简单的事情，需要实地勘察，因此，建议俄国政府立即组织勘察队，去乌第河流域勘察。[②] 值得注意的是，戈洛夫金所提出的三策中无论哪一策，黑龙江左岸都属于中国。1805 年 12 月 16 日，戈洛夫金致函外交部，明确建议俄国政府承认中国对黑龙江流域的主

---

① См：Ключевский В. О. Курс русской истории. М. 1987г. Т. 1，с. 49－50.

② АВПРИ ф. Главный архив，1－7，оп. 6，1805г. д. № 1－а，п. 25，л. 119－125. Тихвинский С. Л. и Мясников В. С. Русско－Китайские отношения в ХIХ веке. Материалы и Документы，1803－1807. Т. 1，М. 1995г. с. 272－275.

权。① 他认为只有在此前提下，中国才有可能给俄国人在黑龙江的自由通航权。可见，19 世纪初，俄国人自己都认为，黑龙江至海以南的土地都属于中国领土。1806 年 1 月，戈洛夫金已到了库伦，外交部还专门为边界问题发给他一份"关于划界问题的补充训令"。其中说："商务部宣称，黑龙江以南沿岸的所有领土，一直到海，都属于中国；黑龙江以北沿岸的所有领土，一直到海，都属于俄国。"但在土地和贸易利益之间，当时外交部似乎更重视贸易。外交部认为，戈洛夫金有权谈判边界问题，但不能因此损害中俄贸易。② 这说明在 19 世纪初，俄国政府在解决中俄边界问题和扩展中俄贸易问题何者优先方面还未形成一致的意见。直到 19 世纪 40 年代穆拉维约夫（Н. Н. Муравьёв‑Амурский）任东西伯利亚总督后，才明确将领土利益置于贸易利益之上。

事实上，俄国政府酝酿和制定访华使团使命的过程也就是俄国对华政策形成的过程。从这个过程可以看出，整个 19 世纪俄国对华政策的核心内容（贸易和领土利益）在嘉庆十年前后已基本确定。只是由于欧洲事变（反拿破仑战争），也由于当时俄中两国的国力差距尚不十分明显，因而俄国政府所制定的这个对华政策，直到半个世纪之后即第二次鸦片战争时期才找到合适机会得以实现。由于当时中国已被欧洲列强彻底击败，国力已远逊于俄国，故俄国对华政策的核心内容相对嘉庆十年来说，自然得寸进尺。就领土利益来说，俄国多获得了黑龙江以南、乌苏里江以东的大片土地；就贸易来说，俄国商人可以深入中国内地自由贸易，以致传统的俄、中恰克图边境贸易因此失去往日的光环而迅速衰落。

而所有资料都表明，对俄国的这些图谋，清廷一无所知，也没有采取任何措施去获知。当时的清政府根本就没有讨论对俄政策问题。在清廷眼里，戈洛夫金使团不过是一个朝贡使团，根本没有意识到其所负外交使命对确立未来中、俄外交关系格局的重要性，这说明从一开始清廷就对俄国使团的性质认识有误。而清廷的这种误识，实际上又与俄方的做法不无关系。在俄方看来，戈洛夫金使团是一个负有重要使命的正式的外交使团，俄国派遣这个使团是为了实现自己的对华政策。但俄方在跟清廷交涉此事时，却不经意地犯了一个致命错误，那就是俄方特意为这次使团访华所找的理由很不恰当。

---

① Там же，л. 249－284. Там же с. 368－369
② Там же，л. 77－79. Там же с. 408.

俄方在其致清廷的国书中说：俄国"拟派遣钦差使节前往北京，向中国大皇帝陛下宫廷实行聘问，表达我大皇帝陛下已在举国欢庆之中登基亲政，继承列祖列宗世代相传之帝位，并对中国大皇帝陛下之登基继位，致以友谊之祝贺。"① 而事实上，当时亚历山大一世已继位3年，嘉庆则已嗣位7年之久，可见，通告和祝贺双方君主"登基"实在是一个很勉强的名义。非但如此，俄方的这种做法还给了清廷一个明确的信号，即俄方使团仅仅是礼节性的造访。随带礼品前来礼拜，不是"朝贡"是什么？这暗合中国的"天朝体制"。也许，在俄方看来，过早透露使团的真实目的可能会遭到清廷的拒绝，但俄方的这种做法却无意中将自己打扮成了"朝贡使团"，人为地造成了清廷的错觉，为日后使团的失败埋下了伏笔。

二　寒气袭人：　中俄两国在库伦的外交交锋

尽管中俄两国政府从一开始就对戈洛夫金使团的性质认识不一，但对使团却都相当重视。尤其是俄国政府，在组建使团方面可谓殚精竭虑。

首先，谨慎选择大使和使团成员。自1803年2月俄国政府准备派遣访华使团，组建使团一事就成为圣彼得堡街头巷尾热议的话题。贵族们到处活动，希望能被任命为大使，而一般官员则四处托人，希图加入使团。经过长时间地酝酿、甄选，最后，戈洛夫金伯爵被任命为大使。此人虽长期生活在国外，且不懂俄语，但他是叶卡捷琳娜二世特邀回国定居的贵族，身世显赫，曾荣任宫廷侍从、枢密宫（1796年起）、商务院院长（1800～1807）、宫廷总典礼官（1800），二等文官（1804）、国务委员。最关键的，他还是亚历山大一世的宠臣——外交副大臣恰尔托雷斯基的亲戚。可见，戈洛夫金的任命是多种因素综合的结果。经过两年多的遴选，1805年3月20日，亚历山大一世终于确认了使团人员名单。使团根据功能分为外交、骑士、学术、卫队、杂役等若干组，计242人，外加随行的布道团换届成员等，规模空前，史无前例。

其次，提供充足的经费。尽管俄国政府面临欧洲战事，但为了实现新的对华政策，不惜金钱，拨给使团非常充足的经费。使团经费分为年薪（预支两年）、旅差费、起动费、礼品购买费及各类特别支出费等，共计506498卢

---

① 《故宫俄文史料》，王之相译，《历史研究》编辑部，1964，第158页。

布，这在当时是一笔非常可观的费用，大致相当于 18 世纪下半叶恰克图一年的海关税收。经费的充足也证明俄国政府对访华使团的重视。

最后，配备足够的礼品。为了让使团成功访华，俄国政府花重金购买了大量礼品，包括"玻璃制品，计有镜子、桌子、花瓶、灯、长颈玻璃瓶、盘子、酒杯、水杯等，价值 50000 卢布。毛皮，计有貂皮、狐皮、白鼬皮、海狸皮、北极狐皮，据宫内厅估价为 52612 卢布，市场价为 85475 卢布。从皇帝陛下内［库］调拨各种锦缎、丝绸和天鹅绒 795 俄尺，价值 7833［卢布］。从铸币局领取俄国银质纪念章一套，价值 3000 卢布。镶嵌青铜的红木纪念章盒一只，价值 1000 卢布。数学工具若干，价值 4940 卢布。总计 152248 卢布"。[①] 后来根据戈洛夫金的要求，又增加了一些兵器、艺术品。

由此可见，俄国政府非常重视访华使团，这也清楚地表明，从 19 世纪初开始，对华关系已成为俄国对外关系的重心之一，俄国开始成为名副其实的双头鹰。

同样，当时中国清政府虽处于被动位置，但对这次俄国使团的"朝贡"也是非常重视的。1804 年 2 月初，清廷收到俄国枢密院关于派遣访华使团的国书，2 月下旬，嘉庆皇帝以国书的形式回复俄方，表示非常高兴接待俄国使团，并询问使团来访的具体时间。紧接着，库伦办事大臣鉴于没有接待俄国使团的经验，立即行文理藩院，咨询相关接待问题。3 月 10 日，郡王蕴端多尔济等致函伊尔库茨克民事省长卡尔特维林（Н. М. Картвелин），请求及早将俄国使臣官职、使团人数及到达边境的时间等通知清方。[②] 但俄方办事拖沓，直到 8 月 29 日，亚历山大一世才给西伯利亚总督发出指令，要求告诉中方俄国使团访华推迟到 1805 年。[③] 而清库伦办事大臣则迟至 11 月 8 日才得到这个消息。对此，清廷表示理解，理藩院随即于 11 月 17 日回复俄方，同意俄国使团推迟访华。[④] 12 月 11 日，清库伦办事大臣行文卡尔特维林，为便于接待，请求俄方务必将"使臣抵达恰克图时间，以及之前是否尚有其他人员到来、行李辎重数量、随行人员人数等"[⑤] 事先知照。1805 年 2 月 1 日，军机处致函库伦办事大臣，鉴于俄方使团迟迟未见消息，深觉可疑，命库伦

---

① АВПРИ ф. Главный архив，1 – 7，оп. 6，1805г. д. № 1 – а，п. 16，л. 59 – 60. Тихвинский С. Л. и Мясников В. С. Русско – Китайские отношения в ХIХ веке. Материалы и Документы，1803 – 1807. Т. 1，М. 1995г. с. 103.

② Там же，л. 51 – 6. Там же с. 61 – 62.

③ Там же，л. 85. Там же с. 68.

④ Там же，л. 107. Там же с. 79 – 80.

⑤ Там же，л. 120. Там же с. 81

办事大臣静候消息，密切注意俄方动静，但不可主动询问，并谕：如果俄使6、7月到达库伦，那么，将其在皇上万寿之期送达京城；如果俄使于冬季到达库伦，那么，直接将其送往承德避暑山庄觐见。① 然直到3月20日，沙皇才谕令西伯利亚总督，着其告知中方：使团大约于9月达到边境；随行的还有布道团换届人员；因礼品众多，故请清廷准备驭马约150匹等。② 终于等到了有关俄国使团比较确切的消息，库伦办事大臣立即将俄方的要求奏报嘉庆，并就准备马匹及沿途接待护卫事宜提出建议，此外，还特意请求理藩院派两名俄文翻译到库伦帮助接待俄国使团。③ 可见，为接待俄国使团，清廷破天荒多次主动交涉，准备工作也很细致到位。

1805年5月上旬，戈洛夫金使团终于踏上征途。鉴于使团规模过于庞大，内务部遂将使团分为八个分队，间隔出发。由于当时西伯利亚许多地方还没有得到开发，道路荆棘丛生，所以，一路上俄国使团风餐露宿，艰难跋涉，有时还要忍饥挨冻。而且，源于对使团性质的不同认识，中俄双方从使团一出发，就在很多问题上开始了争吵。

（1）换届布道团随行的问题。当时，俄国驻北京布道团是第八届，1794年到京，至嘉庆十年已在北京居住达十一年。按照《恰克图条约》，布道团每十年一换届。在俄方看来，由戈洛夫金使团顺便将第九届布道团带到北京是合情合理的。因此，俄方没有征求清政府的意见就着手筹建新布道团。5月26日，清理藩院函告俄方，同样根据《恰克图条约》的规定：换届布道团应自行前来，不能有他人随同，拒绝同时接待布道团和使团。④ 6月18日，俄枢密院也为布道团的事特意函告清理藩院，请求清廷同时接待使团和换届布道团。6月24日，亚历山大一世下旨给戈洛夫金，命其将此信函递给清理藩院，并将旧布道团回国的费用转交。7月18日，戈洛夫金在莫斯科与符拉基米尔之间碰上西伯利亚的信使，方才知晓清廷的态度。7月19日，戈洛夫金致函恰尔托雷斯基，建议按照清廷的意见办理，以免节外生枝。8月2日，俄枢密院致函清理藩院，同意将布道团与使团分开。⑤ 后来，使团前往库伦，

① ЦГИА Монголии，ф. М－1，д. № 639，л. 23－26. Там же с. 100.
② АВПРИ ф. Главный архив，1－7，оп. 6，1805г. д. № 1－a，п. 20，л. 120－125. Там же с. 112.
③ ЦГИА Монголии，ф. М－1，д. № 639，л. 101－106. Там же с. 135.
④ АВПРИ ф. СПБ，Главный архив，Ⅳ－4，оп. 123，1805－1809гг. д. № 1，л. 266－267. Там же с. 146.
⑤ Там же，Ⅳ－4，оп. 123，1805－1809гг. д. № 1，л. 326. Там же с. 200.

新布道团就留在伊尔库茨克。

（2）缩减使团人员与交付礼品清单问题。4月23日，蕴端多尔济得知俄国使团的人数达242人。他感觉太多，接待难度较大，于是上奏，建议朝廷让俄方缩减使团人数。清廷在收到奏折后，命理藩院调出往昔档案，发现"俄国人曾于顺治十二、十三、十四年，康熙十五、三十二和五十九年，雍正五年派使团来朝，以自产方物为贡"，所有俄国来朝使团人数，"据俄人呈交名单看，从未超过200人。此次前来的使臣、士兵和服役人数超过240人，故应大加缩减"。① 5月26日，嘉庆皇帝下旨，同意库伦的建议，命转告俄方，缩减使团人数。同时，还要求俄方迅速提供礼品清单。这既是朝贡礼制的规定，也便于清廷提前准备相应的回赏礼品。清廷对俄国使团提出的这些要求，在法理上似乎表明了双方的身份和角色正在慢慢转换。俄方开始由主动逐渐化为被动，双方关系的性质也由俄方所追求的平等访问慢慢化为不平等的"朝贡"。但俄地方官似乎没有意识到这个问题，所以，对于清廷所提出的这些要求，伊尔库茨克总督谢利丰托夫（И. Селифонтов）并未觉得有何不妥，遂上奏沙皇，建议按照清廷意见缩减使团成员人数，并提交礼品清单。② 但戈洛夫金却不这么看。9月13日，戈洛夫金从伊尔库茨克致函库伦办事大臣，对清廷的要求提出异议，不但不同意缩减随员，尤其不同意提前告知礼品清单，反而要求在使团到达北京，并在宫廷举行了接待仪式后方可提供礼品及清单。③ 但4天之后即9月17日，戈洛夫金突然转变态度，通知随员，鉴于中国境内道路艰险，同意缩减使团人数。但戈洛夫金的态度，清廷尚不知情。因此，9月25日，蕴端多尔济再次致函戈洛夫金及伊尔库茨克民事省长科尔尼洛夫（А. Н. Корнилов），警告如果俄国使团不满足清方的要求，库伦将拒绝接待它，④ 并随后将此态度禀告嘉庆。由于久未得到俄方的消息，清廷开始不耐。10月7日，嘉庆皇帝用生硬的口气命令库伦办事大臣，如果俄国使团不满足清廷所有要求，不遵守清朝礼仪，就立即坚决将其遣回。⑤ 但清方的强硬态度俄方亦毫不知情。10月8日，戈洛夫金致函蕴端

① ЦГИА Монголии, ф. М－1, д. № 639, л. 128. Там же с. 143.
② АВПРИ ф. СПБ Главный архив, 1－7, оп. 6, 1805г. д. № 1－а, п. 22, л. 113－114. Там же с. 165.
③ Там же, п. 24, л. 74－76. Там же с. 225.
④ Там же, л. 129－130. Там же с. 244－245.
⑤ ЦГИА Монголии, ф. М－1, д. № 639, л. 311－315. Там же с. 256.

多尔济，告知缩减后使团的随员名单，人数已经由 242 人缩减为 159 人，但礼品清单仍未提供。① 10 月 13 日，蕴端多尔济上奏，对俄国使团人数缩减程度仍不满意，且言语中已对戈洛夫金的固执表示恼火。他同时致函戈洛夫金，要求将使团人数缩减至 60～70 人。② 库伦的这封信也导致戈洛夫金的极端不满。10 月 17 日，戈洛夫金上奏沙皇，指责清廷的要求是无理之举，并意识到清廷正将俄国使团当作朝贡使团对待，而这是俄国所不能容忍的。③ 10 月 19 日，戈洛夫金决定派使团一秘巴伊科夫前往库伦，代表大使就缩减使团人员等问题与库伦办事大臣妥商。双方的谈判从 10 月 23 日持续到 11 月 2 日，从事后巴伊科夫的《库伦出差纪录》看，谈判气氛还不错，结果似乎是库伦官员接受了巴伊科夫的劝说，决定让步。④ 但库伦的谈判情况，清廷中枢并不知情，9 月 28 日，军机处向库伦转达嘉庆皇帝的谕旨，要求将俄国使团成员缩减到 40 人，并再次提出提交礼品清单及礼仪问题。⑤ 11 月 5 日，清廷收到戈洛夫金的信函后，对俄国使团的人数限制态度有所松动，因此，军机处又向库伦转达嘉庆皇帝的谕旨，要求俄国使团人数缩减到 100 人以内。对此，戈洛夫金无可奈何，只能尽量将使团人数缩减至 124 人，并与礼品清单等随即通知库伦。11 月 24 日，蕴端多尔济将俄方的态度上奏，请示嘉庆。12 月 2 日，军机处向库伦转达嘉庆谕旨，同意接待缩减后的俄国使团。

（3）俄船突至广州贸易的问题。从俄国外交政策史的角度来看，19 世纪俄国的远东太平洋政策在形成时间上与俄国的对华政策部分重合，背景就是俄美公司在北太平洋沿岸的殖民及贸易问题。1803 年 4 月 8 日，商务大臣鲁缅采夫上奏沙皇，准备组织考察队进行环球航行，以便解决俄美公司在北美地区的殖民与贸易问题，尤其是考察如何参与中国广州的贸易及拓展在日本及其他亚洲北太平洋沿岸地区的贸易。⑥ 但是，按照清朝传统的对外贸易体系，俄国只能在北方进行陆路贸易，至于南方的海路贸易则只针对西欧诸国。当时，俄国为了与英美在南方竞争毛皮贸易市场，挽救经营日益不善的

---

① АВПРИ ф. СПБ Главный архив, 1－7, оп. 6, 1805г. д. № 1－a, п. 25, л. 111－112. Там же с. 256－260.

② Там же, л. 34、41－42. Там же с. 265－268.

③ Там же, л. 96－100. Там же с. 270－272.

④ Там же, л. 238－247. Там же с. 291－297.

⑤ ЦГИА Монголии, ф. М－1, д. № 639, л. 389－394. Там же с. 298－299.

⑥ Нарочницкий А. Л. и. д. Внешняя политика России XIX и начала XX века: Документы Российского Министерства Инастранных Дел, М. 1960г. Т. 1, с. 405.

俄美公司，竟准备借环球航行之机，尝试介入广州的海路贸易。按照计划，戈洛夫金使团先一步到达北京与清政府谈判，之后，进行环球航行的轮船"涅瓦"号和"希望"号再到广州贸易。但事与愿违，两艘俄船竟先行到达广州。嘉庆十年十月二十九日（1805 年 12 月 7 日），清粤海关监督延丰上奏，报告十月初八日、十七日两艘俄船满载毛皮，先后到达广州申请贸易。当时，两广总督那彦成出巡，不在广州。而此时，俄国人为了顺利贸易，情词恭顺，好言请求。再加上英国"留粤大班"杜雷孟德（Drummend）的斡旋、西成行商黎颜裕的承保，延丰便以贯彻皇帝"柔远怀夷"之名义，与巡抚孙玉庭草草商讨后决定准其贸易。① 这消息约在十二月上旬末才为清廷得知，立即引起清廷的震惊。尤其是粤海关监督及一干广东官员竟然在没有得到清廷允许的情况下，擅自允许俄船贸易并让它们顺利离开，嘉庆皇帝大为恼怒，亲自过问，一月之内（嘉庆十年十二月九日至十一年一月九日），军机处三次寄谕两广总督。最后，内阁奉上谕处分了相关官员：原粤海关监督延丰革职，现监督阿克当阿、两广总督吴熊光、广东巡抚孙玉庭等交部议处。② 为此，清理藩院还于 1806 年 1 月 16 日行文俄国枢密院，对俄船违反惯例前往广州贸易一事表示谴责并要求做出解释。③ 5 月 15 日，俄枢密院为了掩盖自己的真实意图，在致清理藩院的信函中，将两艘远洋考察船说成是俄美公司的商务船只，表示希望清廷同意俄中在广州进行贸易，并保证今后不再发生类似事件，态度非常和缓。④ 其实，清廷的激烈反应早在戈洛夫金的预料之中。还在 1805 年 9 月 2 日，戈洛夫金就致函恰尔托雷斯基，认为俄船在使团到达北京之前至广州贸易会严重影响俄清关系，甚至可能关乎访华使团的成败。9 月 13 日，戈洛夫金又把自己的这种担心上奏沙皇。但是，此事究竟在多大程度上影响了清廷对戈洛夫金使团的态度，根据现有资料还不能明确判定。在所有当事人中，只有戈洛夫金自己说使团被逐与克鲁逊施特恩（И. Г. Крузенштерн）的广州之行有因果关系，⑤ 而查清廷专门为俄船事件而发给俄枢密院的信函中，除了申明禁止俄船至广州贸易、指责俄方违反恰

① 《清宫粤港澳商贸档案全集》（六），中国书店，2002 年，第 3613～3617 页。

② 蔡鸿生：《俄罗斯馆纪事》，中华书局，2006 年增订版，第 173 页。

③ АВПРИ ф. СПБ Главный архив，1－7，оп. 6，1805г. д. № 1－а，п. 28，л. 178－179. Тихвинский С. Л. и Мясников В. С. Русско－Китайские отношения в ХIХ веке. Материалы и Документы，1803－1807. Т. 1，М. 1995г. с. 405－406.

④ Там же，л. 190－193. Там же с. 565－567.

⑤ Там же，п. 27，л. 119－121. Там же с. 490－492.

克图贸易条例外，根本没有将之明确与俄国使团的事联系。不过，有一点是明确的，那就是俄方参与南方海路贸易企图的失败与戈洛夫金使团是否先期到达北京没有关系。因为事后清廷在致俄国枢密院的信函中说："即使戈洛夫金先于贵方船只到达北京，向我大皇帝提出颁发恩旨的请求，也绝不会获得准许。"①

至此，中俄双方的这些表面矛盾都顺利得到了解决，俄国使团开始向库伦挺进，而清廷也安排好了沿途接待事宜。嘉庆于十年十月二十四日（1805年12月2日）下旨，命蕴端多尔济和佛尔卿额陪同护送俄国使团至张家口，然后，蕴端多尔济先行至京禀奏，钦差刑部侍郎瑚素通阿则速赴张家口，接待俄使并陪同进京。② 另命直隶总督裘行简为运送使团行李礼品等物准备驮马车辆、修缮道路及办妥一切后勤招待事项，并强调"务须经理周妥，不可稍有缺误"，③ 言辞非常严厉。第二天，嘉庆再谕裘行简，要求妥善解决使团沿途一切供应问题，如车辆必须设有篷席，车里必须垫上好的毡子以御风寒；拉车的骡马必须健壮；宾馆必须重新修缮；并允许动用10余万两银子以备不虞之需等，④ 态度可谓谨慎、认真。随即，直隶总督裘行简详细向嘉庆皇帝汇报了接待准备工作计划。据史料记载，当时清廷的这些准备工作并非纸上谈兵，而是确实落到了实处。1808年9月3日，随同新布道团去北京换届的八等文官波波夫在报告中写道："驿道上到处都设立了接待大使的站点"、"为在张家口和京城设立接待站，国库拨款达6000两银子。此外，从张家口到京城的路上，许多城市和地方的城墙、客馆都经过了修葺，每隔25华里就立有一根用红油漆漆刷一新的里程柱。据中国人说，这些都是在使团滞留库伦期间完成的。"⑤ 显然，米亚斯尼科夫院士认为清廷在俄国使团尚未进入中国境内就已打定主意不准备接待它的结论是没有根据的。⑥

虽然表面矛盾经中俄双方的共同努力都基本上得到了解决，然基于文化差

---

① Там же, оп. 6, 1805г. д. № 1 – а, п. 27, л. 522 – 523. Там же с. 603 – 606.

② 《清代外交史料》（嘉庆朝），北平故宫博物院，1933，第一辑，第33页。

③ 《清代外交史料》（嘉庆朝），第34页上。

④ 《清代外交史料》（嘉庆朝），第34页下。

⑤ АВПРИ ф. СПБ Главный архив, Ⅳ – 4, оп. 3, 1805 – 1809г. д. № 1, л. 204 – 205. Тихвинский С. Л. и Мясников В. С. Русско – Китайские отношения в ⅩⅨ веке. Материалы и Документы 1803 – 1807. Т. 1, М. 1995г. с. 744 – 745.

⑥ Мясников В. С. Договорными статьями утвердили. Дипломатическая история русско – китайской границы ⅩⅦ – ⅩⅩ зв. М. , 1996, с. 248.

异的更加本质性的冲突——礼仪之争在俄国使团到达库伦后便完全暴露出来。在当时中俄双方发生的所有争论中，礼仪之争是最致命的。外交礼仪之争，在很大程度上其实就是文化背景的冲突。自彼得大帝之后，俄国的文化已基本欧化，与雄踞东亚的中国文化在类型上是不一样的，这应该是两国外交礼仪之争的根本原因。从中俄两国交往的历史来看，礼仪之争由来已久。① 因此，戈洛夫金使团遭遇礼仪之争只是历史的一种延续，自在意料之中。唯其遭遇礼仪之争的地点不在京城，而在区区一个边境小镇，这却是当事人未曾料到的。

事实上，对戈洛夫金遭遇礼仪之争的命运，俄国外交部早有预见。1805年7月6日，恰尔托雷斯基在给戈洛夫金的训令中，首先就谈到了礼仪问题。外交部的意思是既然会遭遇礼仪问题，那么，戈洛夫金就一定要在觐见嘉庆之前与清廷协议解决这一问题。外交部的意见有两层意思：其一，历数过去诸使臣经过谈判成功避免侮辱性礼节的例子，要戈洛夫金"努力拒绝不体面的礼仪"；其二，戈洛夫金的努力要遵循一个原则："就是把帝国的尊严同中国人的礼仪协调起来，不要因为礼仪上或称谓上受到某些贬抑就牺牲重大的利益"。② 这后一个意思所表露的俄国政府对待礼仪的软态度，其实就是它一贯的"利益至上"的外交原则，即坚决抵制"不体面"的礼仪但不能影响国家的最高利益。也就是说，只要能达到扩张贸易及领土的目的，区区礼仪之辱完全可以抛诸脑后。这个原则在随后沙皇所颁训令中几乎是赤裸裸地被强调。③ 可惜，俄国政府对待礼仪的这种软态度，操作起来却有相当的难度，对具有浓厚西欧文化背景的戈洛夫金来说更是如此。

同样，根据中俄两国的交往史，清方也认为中俄之间的礼仪问题必须在觐见之前解决。1805年10月7日，军机处向库伦转达嘉庆谕旨，要求俄国"贡使"先在库伦向库伦办事大臣学会觐见皇上时的叩头礼，如果演练合格，经奏报，方准入朝觐见。④ 如果我们对该谕旨进行解读，就会发现，原来俄国人所

---

① 参见〔英〕约·弗·巴德利著《俄国·蒙古·中国》，吴持哲、吴有刚译，商务印书馆，1981；〔法〕加斯东·加恩著《彼得大帝时期的中俄关系史（1689~1730）》，江载华、郑永泰译，商务印书馆，1980；苏联科学院远东研究所编《十七世纪俄中关系》（1~2卷），厦门大学外文系译，商务印书馆，1978。

② АВПРИ ф. СПБ Главный архив, 1 – 7, оп. 6, 1805г. д. № 1 – а, п. 20, л. 174 – 185. Тихвинский С. Л. и Мясников В. С. Русско – Китайские отношения в ХIХ веке. Материалы и Документы, 1803 – 1807. Т. 1, М. 1995г. с. 173 – 178.

③ 亚历山大一世在训令中强调："万一中国人顽固坚持野蛮的礼仪，则绝不应置朕派你前往北京所期待的利益于不顾。"Там же, п. 20, л. 95 – 113. Там же с. 178 – 184.

④ ЦГИА Монголии, ф. М – 1, д. № 639, л. 311 – 315. Там же с. 255 ~ 256.

理解的礼仪在程序上与清廷的实际要求有差别。在俄国人看来，礼仪问题就是使臣觐见皇帝本人时是否行跪拜礼的问题。而根据这道谕旨，所谓礼仪问题在程序上又增加了一层意思，即使臣要在觐见皇帝本人之前，就要先在边境小镇库伦学习和演练礼仪。从事理上来说，如果戈洛夫金愿意在觐见皇帝时行跪拜礼，那么，从未行过跪拜礼的戈洛夫金在库伦学习怎么行礼也不算过分。然而，随后的交涉资料证明，戈洛夫金认为行跪拜礼是一种侮辱，因而从一开始就持抵制态度。而戈洛夫金对待跪拜礼的这种态度又为清库伦办事大臣所悉，从而对库伦办事大臣日后落实嘉庆谕旨的具体操作方式产生了一定影响。而正是双方的固执和误识性互动，最终导致了一场外交悲剧。

10 月 17 日，库伦办事大臣收到嘉庆谕旨，开始向俄方提出礼仪问题，但并未言明先要在库伦学习和演练礼仪。10 月 23 日，戈洛夫金派一秘巴伊科夫先行到达库伦，与清方谈判解决争端。当谈到觐见皇帝要行"叩头礼"时，巴伊科夫满口答应。但库伦办事大臣认为，巴伊科夫地位低下，他的保证不能代表戈洛夫金的意思。因此，11 月 14 日，库伦办事大臣致函戈洛夫金，要求其本人具结保证，觐见皇帝时定行"三跪九拜"大礼。对此，戈洛夫金没有直接表明自己的态度，而是玩起了文字游戏。11 月 19 日，他在致库伦办事大臣的回函中说：'关于我觐见博格德汗的礼仪，凡是我的前辈所遵守过的礼仪，我无疑也一定要遵守，希望此次同样能得到博格德汗对俄国使臣一贯的恩典。"① 此所谓"前辈"所遵守过的"礼仪"，其实就是现在清廷要求他遵行的跪拜礼。为比，戈洛夫金动身前曾专门咨询过俄国外交部档案馆的班蒂什—卡缅斯基（Н. Бантыш - Каменский），并仔细阅读了他编辑的《俄中两国外交文献汇编（1619 ~ 1792）》②，那里面记载着他的那些前辈觐见皇帝时都行了跪拜礼的事实。至于何为"博格德汗对俄国使臣一贯的恩典"，意思不是很明确，可能指康熙皇帝优待俄使伊兹玛依洛夫（Л. В. Измайлов ）的情况。⑤ 显然，戈洛夫金的这种回答，语意含糊，自然

---

① АВПРИ ф. СПБ Главный архив，1 - 7，оп. 6，1805г. д. № 1 - а，п. 25，л. 221 - 222. Тихвинский С. Л. и Мясников В. С. Русско - Китайские отношения в X IX веке. Материалы и Документы，1803 - 1807. Т. 1，М. 1995г. с. 331 - 332.

② Там же，п. 42，л. 629 - 630 Там же с. 306 - 172.

③ 〔法〕加斯东·加恩：《彼得大帝时期的俄中关系史（1689 ~ 1730）》，第 169 页，注 53 "康熙对迫使伊兹玛依洛夫在正式仪式中遵照中国礼节一事表示歉意，在私人会见中他完全免除了这套礼仪"（莫斯科外交部档案，公务日志，1719 ~ 1722 年，12 月 2/13 日，第 89 页）。

无法令中方满意。其间，嘉庆曾一再谕令库伦办事大臣坚决要求俄国使臣于库伦学习和演练跪拜大礼，合格后才准其到京，没有商量余地。

1806 年 1 月 2 日，戈洛夫金率使团到达库伦。1 月 3 日，库伦办事大臣派人通告俄使，为了表示优礼，奉皇上谕旨在库伦为使团赐宴，邀请戈洛夫金及使团成员于次日赴宴。1 月 4 日，戈洛夫金率使团赶到宴会场所，却惊奇地发现，在宴会厅摆着香案，香案前放着三个黄色坐垫。此时，库伦办事大臣要求俄使在入席前仿照清方官员的样子，跪在坐垫上对着香案行三跪九拜之礼，以感谢皇上赐宴的无上恩宠。戈洛夫金以事前未作说明为由，坚决予以拒绝。于是，双方引经据典，唇枪舌剑，展开了一场激烈争论。从俄方的记载看，当时争论的焦点有两个方面，一是戈洛夫金坚称，此前没有人提前告知要他在库伦行跪拜礼。然而，库伦办事大臣却说，日前邀请大使的扎勒固齐已奉命事前通告，并获得一秘巴伊科夫的同意。于是，请出双方当事人当面对质，结果自然是各执一词，无法辨明。二是俄方认为未见皇帝而对香案行跪拜礼，史无例证，是对俄国使者的侮辱。而库伦办事大臣却认为，嘉庆皇帝赐宴俄使，使俄使有机会行跪拜礼，是俄使的莫大荣耀。俄使不但应行礼，而且还要深深感谢皇帝所赐的崇高礼遇。至此，礼仪之争背后的文化冲突已表露无遗。

纵观前后中俄双方交涉的过程，我们确实发现库伦办事大臣没有提前将嘉庆要求俄使在库伦学习和演练礼仪的谕旨内容告知俄使。那么，库伦办事大臣为何要这么做？我们认为可能与库伦办事大臣落实嘉庆谕旨的具体操作方式有关。首先，嘉庆要求俄使在库伦学习和演练礼仪的谕旨是颁给库伦办事大臣的，其中并未要求提前通告俄使，因此，库伦办事大臣只要照办就是，没有必要事前向俄使说明。其次，按照嘉庆谕旨中的原意，如果戈洛夫金在库伦学习和演练跪拜礼仪并且合格，然后才赐宴。演练跪拜礼是赐宴的前提条件。可是，库伦办事大臣在具体操作过程中却稍稍曲解了嘉庆的旨意，反以赐宴为由将演练跪拜礼与宴会结合在一起，演习完礼仪就开宴，顺理成章，这显然是经过深思熟虑的。在库伦办事大臣看来，戈洛夫金一直没有明确答应行"三跪九拜"之礼，因此，估计要俄使在库伦预先学习演练跪拜礼有难度，于是就利用赐宴的机会，以情势迫使戈洛夫金就范。其实，库伦办事大臣的这种操作打算，在俄方的记载里也留下了痕迹。据巴伊科夫的记载，当时，前往邀请大使赴宴的扎勒固齐曾打探大使以何种礼节感谢皇帝陛下赐宴的隆恩，扎勒固齐询问："大使无疑会对博格德汗陛下的如此殊恩表示感谢吧"，一秘回答说。大使一定会起立，举杯口头感谢皇上隆恩。① 也就是说，大使只会"立谢"而不会"跪谢"。对此，库伦办事大臣应该是心领神会的，所以才想法造势压迫戈洛夫金，企图迫其就范。但不管怎样，戈洛夫金对库伦办事大臣的做法无法接受。这就是两种异质文化的冲突，他们互相不能理解对方的行为。

宴席不欢而散后，中俄双方在礼仪问题上又多次交锋，库伦办事大臣甚至擅自警告俄使，不在库伦行礼，使团就有可能被逐。但戈洛夫金的态度也越来越强横：一是拒不接见库伦办事大臣派来谈判的人员；二是声称只有嘉庆皇帝才有权遣返使团，库伦办事大臣无权这样做。同时，戈洛夫金还误认为这种做法只是库伦办事大臣自作主张，不是出于皇帝的旨意，因此，要求派信使进京就此事直接与理藩院谈判。对此，蕴端多尔济、福海忍无可忍，于 1806 年 1 月 11 日致函戈洛夫金，以严厉的口气警告："你们难道想就此回国？你们如不能行三跪九叩之礼，则决不让你们觐见圣上。非我等有意破坏好事，实是你们俄国人蓄意所致。"②这等于明确表示了驱逐使团之意。第二天，戈洛夫金回函，要求库伦办事大臣出示嘉庆要求俄使在库伦行叩头礼的谕旨，并已拟就致清廷的告状信，状告库伦办事大臣破坏礼仪，③ 气焰十分嚣张。1 月 13 日，蕴端多尔济、福海联名上奏，鉴于戈洛夫金拒不行跪拜礼，还言语嚣张，强烈要求降旨驱逐俄国使团。收到库伦奏折后，嘉庆龙颜大怒，1 月 21 日，先降旨给正赶往张家口的瑚素通阿，令其回京官复原职，不必参与接待事务，这表明嘉庆已打定驱逐俄国使团的主意。紧接着颁旨库伦，大意有四：其一，库伦办事大臣应立即宣示，尽管俄使此前狂悖无礼，但如能回心转意，躬行礼仪，那么，仍如前所议，立刻护送使团来京。如其仍不愿行叩头礼，那就马上将其驱逐回国，绝不宽待；其二，在俄使被逐回国的路上，库伦办事大臣应一路照应，就像使团来时一样，不可懈怠，以示仁至义尽；其三，命理藩院立即行文俄国枢密院，申述使团被逐原委，以免戈洛夫金凭一面之词，迷惑俄国政府；其四，为防止俄方恼羞成怒，扰乱边界，命库伦办事大臣密令边境各哨所，密切注意俄方动向。同时，命蕴端多

---

① АВПРИ ф. СПБ Главный архив, 1 – 7, оп. 6, 1805г. д. № 1 – а, п.25, л. 135 – 151. Тихвинский С. Л. и Мясников В. С. Русско – Китайские отношения в X IX веке. Материалы и Документы, 1803 – 1807. Т. 1, М. 1995г. с. 316.

② Там же, п. 26, л. 210 – 212. Там же с. 388 – 390.

③ Там же, п. 26, л. 218 – 219. Там же п. 27, л. 28 – 31. Там же с. 390 – 394.

尔济入京述职,库伦事务由福海、佛尔卿额两人署理,并明示蕴端多尔济在中俄交涉过程中,无任何过失。①

至此,戈洛夫金已是进退维谷。1806 年 1 月 31 日,戈洛夫金致函库伦办事大臣,首次明确保证在向嘉庆递交国书时"行三跪九拜礼",但仍表示不愿在库伦演练这种跪拜礼,还说这是他的最终态度。② 这是实话,觐见皇帝本人时行跪拜礼是其最后底线。这表明,戈洛夫金在礼仪问题上的态度有所软化。然而,在清方看来,此时的礼仪问题已不是觐见时的礼仪问题,而是在库伦学习和演练礼仪的问题了,所以,只要戈洛夫金不同意在库伦演练礼仪,那么,无论什么样的承诺,清廷都不会在意了。所以,接下来,库伦办事大臣也就毫不客气,给了戈洛夫金一个难堪。他们建议戈洛夫金在信函中应补充如下几点:"(1)我等将于觐见前几日按照旧例当着特派御前重臣之面演练跪拜礼;(2)我诚愿行博格德汗陛下及其圣先祖所订之礼仪;(3)我本应在库伦行跪拜礼以谢博格德汗陛下之隆恩,然因未经我国皇帝批准难以成礼;(4)我到库伦后未跪拜,罪在不赦,恳请郡王及昂邦代为奏明圣上,请求宽恕,并请降恩,允我赴京,我在觐见圣颜时定行三跪九叩首之礼。特加盖印鉴,以资保证。"③ 这些所谓"建议",无论内容、语气,都是戈洛夫金所不可接受的。于是,俄国使团库伦被逐的命运终于不可挽回。2月 4 日,戈洛夫金大骂库伦办事大臣,声言俄国大使受到了前所未有的侮辱。然后,无可奈何,只得率领使团,冒着大雪,顶着凛冽的寒风,灰溜溜地打道回国了。

从此,除了边境地区的零星接触、布道团在戈壁滩上的偶尔奔波外,俄国再也没有向中国派遣过官方使团,直至半个世纪之后。

三 雨过天晴: 中俄两国维持外交和局的努力

戈洛夫金虽然被逐,但事情并未结束。中俄两国在边境地区继续进行相关交涉,信使频繁穿梭在库伦与恰克图之间,虽然问题丛生,但双方都存着这样一个共同信念,那就是努力维持中俄两国之间的和局。

---

① ЦГИА Монголии, ф. М - 1, д. № 639, л. 671 - 681. Там же с. 415 - 417.
② АВПРИ ф. СПБ Главный архив, 1 - 7, оп. 6, 1805г. д. № 1 - а, п. 26, л. 240 - 241. Там же с. 430 - 431.
③ Там же, п. 26, л. 243. Там же с. 431 - 432.

戈洛夫金回国后，并没有马上返回圣彼得堡，而是暂留伊尔库茨克，等待俄国政府的指示。期间，戈洛夫金及其手下连续向俄国政府寄发了多封信函和报告，几乎涉及所有当时俄方所关注的中俄关系问题，如俄船广州贸易事件、使团成员对中俄边境贸易的前景预测、解释使团被逐的原因等。在戈洛夫金看来，俄国使团的被逐，过错全在中方。然戈洛夫金的这些信函和报告，直到1806年3月中旬才为俄国政府收阅。为此，沙皇亚历山大一世颁旨于5月2日成立了一个内阁非常委员会，成员有商务大臣鲁缅采夫、陆军大臣维亚兹米季诺夫、内务大臣科丘别伊伯爵、外务副大臣恰尔托雷斯基公爵等，全面评估大使戈洛夫金伯爵所描述的访华使团被逐事件，并制定符合目前国务状况的应对措施。该委员会一共召开了三次会议，委员们详细研究了戈洛夫金和西伯利亚地方官寄来的信函、报告及清理藩院就使团被逐一事给俄国枢密院的信函等资料，最后形成了一个报告。其内容可以简要概括为如下两点。

第一，关于使团被逐一事，委员会认为原因是多方面的，但责任全在中方，并肯定了戈洛夫金不行礼仪的行为。尤其重要的是，主张从文化的角度来审视这次外交事件，认为亚洲国家的风俗与欧洲不一样，"俄国对此不必像对待欧洲宫廷发生的类似事件那样过分予以重视"。这显然是正确的，也正是这种文化的阐释，淡化了这次外交事件给两国关系所带来的阴影。而且委员会还认定，事件发生后，清廷对俄国抱有友好的态度。而这点也非常重要，它很快就成为俄方维持中俄边境和局的出发点。

第二，建议政府让戈洛夫金继续留在西伯利亚，负责完成如下任务：（1）组织人马详细收集西伯利亚及中俄边境的各种情报，并尽快报告；（2）设法通过外交途径解救广州被扣的俄国船只。委员会还特别告诫戈洛夫金，"通信和言谈中要尽量避免导致两帝国间关系突然冷淡的任何表示"，以免影响越来越红火的恰克图贸易。①

基于委员会的建议，沙皇于5月8日降旨，令戈洛夫金暂留西伯利亚，以完成委员会所拟定的各项任务。实际上，戈洛夫金早在谕旨下达之前，就已经开始着手这两项工作了。

早在1805年9月20日，为安置使团缩减人员，戈洛夫金就已倡导组成了一个考察委员会，其任务为："（1）研究西伯利亚以及由此至彼得堡沿途

---

① Там же，п. 27，л. 338–356. Там же с. 551–555.

各省的历史和地理；（2）通过考察结果补充政府向本大使所提供的情报；
（3）视察公益机关和慈善机构；（4）搜集有关农业、工业和商业发展的一切
情况；（5）视察矿山、工厂、冶铁作坊、盐场、工场和手工作坊；（6）视察
可建立企业能够产生利益但鲜为人知的地方；（7）研究纳贡民族的状况及其
管理形式和纳贡办法；（8）最后，搜集各种资料，以期反映西伯利亚全貌，
引起政府对帝国境内这一有趣而尚未加以研究的地区的注意。"① 因此，在短
短两三个月时间内，戈洛夫金就接连向亚历山大一世呈交了许多相关的报
告：关于俄中关系发展前景的报告（1806 年 2 月 19 日）②、关于同清帝国关
系准则的报告和关于西伯利亚发展方案的报告（1806 年 7 月 26 日）③、利用
自身资源完成西伯利亚军事配置的计划报告（1806 年 8 月 1 日）、考察斯塔
诺夫山脉和雅布洛诺夫山脉（同中国分界）的方案和训令、关于保障考察队
补给的报告（1806 年 6 月 5 日）、堪察加半岛和千岛群岛考察队组建方案
（1806 年 4 月 11 日）、千岛群岛考察队的补给方案（1806 年 6 月）④ 等。可
以说，戈洛夫金组织的对当时有争议的中俄边境地区的考察，为半个世纪后
俄国夺占这些地区奠定了史地资料基础。至于解救俄船，戈洛夫金的活动几
乎毫无意义。这个问题实际上有两层意思，一是释放俄船。早在 1806 年 2 月
9 日，两艘俄船就已打道回国，此时尚在印度洋航行，因此，所谓"清廷扣
留俄船"已是假命题；二是能否在广州开展贸易，清廷也早已杜绝。事实
上，戈洛夫金甚至一直没有找到就此事与清廷接触的机会。

理所当然，戈洛夫金使团的被逐，给中俄两国之间的关系蒙上了一层阴
影。事件发生后，两国边境地区局势相对紧张，双方都极力搜集情报，加强
边界巡视，防备对方。在西伯利亚防线司令格拉泽纳普和巡阅使拉夫罗夫将
军的指示下，俄国边防当局自西部的额尔齐斯河诸要塞直到东端的祖鲁海图
哨卡都密切关注中方的动静。尤其是戈洛夫金，利用逗留伊尔库茨克的时
间，深入研究了西伯利亚的军备情况，最后写了一份报告，即前面提到的
《利用自身资源完成西伯利亚军事配置的计划报告》。其内容包括"边境哥萨
克配置计划；伊尔库茨克省民兵的计划；涅尔琴斯克边区地形述略及陛下的
侍从多夫列上校提出的进攻和防御体系；满族人发展的历史述略、当前状况

---

① Там же, п. 24, л. 113 – 114. Там же с. 239 – 240.

② Там же, п. 27, л. 93. Там же с. 477 – 479.

③ Там же, п. 27, л. 487 – 489. Там же с. 614 – 615.

④ Ю. А. Головкин（Биографический очерк）（1），Там же с. 857.

以及他们和俄国关系的历史述略"，① 其中的主旨是建议俄国"采取紧急措施以确保涅尔琴斯克地区及贝加尔湖以东的全部边境不受入侵威胁；如此时同中国政府的争论需要采取更具威胁性的立场，则应采取措施尽快扩大军队数量；如我们同中国继续保持友善关系，则应采取措施，以较小的代价，令其对伊尔库茨克省的军事本系不敢小觑"。据戈洛夫金调查，俄国短期内在俄中边界总共可以动员的兵员达 17745 人。② 与此同时，戈洛夫金还将使团的多夫列上校及总参谋部其他军官派往涅尔琴斯克边区考察边防情况。③ 可见，俄国在处理俄中边界问题时，军事力量的威慑一直是他们依靠的重要手段。同样，中方也特别关注我方边境地区的动静。1806 年 2 月 12 日，鉴于戈洛夫金刚被赶走，怕俄方借此在边界制造事端，嘉庆帝就提醒库伦办事大臣要"密令各卡伦官兵对俄国边界严加关注，预作防范"。④ 5 月 13 日，库伦办事大臣特派贝子宁博多尔济、古纳奇旺达西前往巡视其属下喀尔喀 47 哨卡。4月 2 日，恰克图海关关长瓦尼方季耶夫向戈洛夫金报告，清廷派人巡视买卖城至黑龙江一线卡伦。9 月 27 日，库伦办事大臣命令买卖城扎勒固齐瑞春探听俄方"是否在准备针对我大清的军事行动，各卡伦是否收到新的命令，这些卡伦演练的内容是什么，对待我国哨卡的态度如何，是好是坏"。⑤

不过，值得欣慰的是，尽管中俄两国之间发生了不愉快的事情，双方也都在加强边界防守，但两国都不想因此破坏外交和局。俄国并未因使团遭到驱逐而起边衅，他们正面临复杂的欧洲局势，也需要恰克图稳定增加的税收。而饱受苗事、河槽、吏治困扰的清廷更是不希望边界不宁。因此，双方都抱着息事宁人的态度，在许多问题上协力合作，努力维持双边关系的和局。

（1）俄国帮助中国北方灾区克服粮荒。1806 年 6 月 10 日，外务院驻恰克图特派员伊兹玛伊洛夫报告戈洛夫金，说中国北方各省遭旱灾粮食歉收，清廷命扎勒固齐向我们购买粮食，是否准许，请早做打算。⑥ 12 月 3

---

① АВПРИ ф. СПБ Главный архив, 1 - 7, оп. 6, 1805г. д. № 1 - а, п. 24, л. 147 - 149. Тихвинский С. Л. и Мясников В. С. Русско - Китайские отношения в X IX веке. Материалы и Документы, 1803 - 1807. Т. 1, М. 1995г. с. 617 - 618。

② Там же, п. 43, л. 58 - 59. Там же с. 620.

③ Там же, п. 27, 396 - 398. Там же с. 576 - 577.

④ ЦГИА Монголии, ф. М - 1. д. № 651, л. 29 - 31. Там же с. 449 - 450.

⑤ АВПРИ ф. СПБ Главный архив, 1 - 7, оп. 6, 1805г. д. № 1 - а, п. 27, л. 589. Там же с. 649.

⑥ Там же, л. 405. Там же с. 582 - 583

日，伊兹玛伊洛夫又报告，说从买卖城扎勒固齐那里听到消息，中国北方确实遭受旱灾，山西已经饿死 7000 多人，中国政府正四处筹粮。① 6 月 7 日，清边境官员向俄方提出购买粮食的要求。6 月 19 日，戈洛夫金致函亚历山大一世和恰尔托雷斯基，询问政府对此事的态度。戈洛夫金的意思是，按常理，俄国不能答应这类要求，但在这个特殊时期，如果不答应中方的要求，可能会加剧双方的不信任。同时，担心粮食危机会影响商路的稳定和安全，从而影响恰克图贸易。因此，戈洛夫金主张把粮食卖给清方，并说已通知伊尔库茨克省长，按照"外运粮食虽不禁止，但要略加限制"的原则办理此事。② 可见，俄方的态度还是相当友好的。就当时的情况来说，无论是买方，还是卖方，在这个特殊时期，这种交往本身就说明了双方都具有维持外交"和局"的意图。可惜，当时清廷是否真的向俄方提出了购买粮食的要求以及中俄双方最终是否进行了粮食交易，等等，目前尚缺汉、满文资料的佐证。

（2）中俄双方在新布道团赴北京换届的事情上友好合作。如前所述，由于清政府的坚持，戈洛夫金使团在前往库伦时，新布道团就留在伊尔库茨克。戈洛夫金使团被逐回国后，新布道团的换届问题便提上了日程。1806 年 3 月 2 日，俄枢密院函告清廷，请求友好接待新布道团。③ 1807 年 4 月 25 日，在多次信函往来后，清理藩院终于同意新布道团前往北京换届。④ 5 月 11 日，库伦办事大臣致函伊尔库茨克省长特列斯金（Н. И. Трескин），要求告知新布道团的人员构成及到达边境的具体时间。9 月 11 日，新布道团抵达库伦。库伦办事大臣"紧急传令喀尔喀蒙古土谢图汗和车臣汗所属各部、山左德拜泽布增丹巴呼图克图、苏尼特王、察哈尔固赛昂邦等，令其于库伦至伊缅嘎扎色一线布置官员士兵，护送布道团通过各驿站"。此外，"又行文直隶总督，要求于俄人经过张家口等地时尽力保护"，还友好地答应特列斯金的额外请求，另派人将新布道团的薪俸护送至京。⑤ 10 月 12 日，特列斯金派人送给库伦办事大臣"狐皮各两张、海龙皮各一张、松鼠皮各 200 张"⑥ 等

---

① Там же，л. 606. Там же с. 664.

② Там же，л. 414 – 418. Там же с. 591 ~ 593.

③ Там же，Ⅳ – 4，оп. 123，1805 – 1809г. д. № 1，л. 420 – 422. Там же с. 505.

④ Там же，л. 445 – 446. Там же с. 691 – 692.

⑤ ЦГИА Монголии，ф. М – 1，д. № 663，л. 186 – 188. Там же с. 722 ~ 723.

⑥ Там же，л. 191 – 192. Там же с. 723 – 724.

贵重礼品，以示感谢。10 月 16 日，特列斯金又特意致函库伦，衷心感谢库伦办事大臣在布道团换届事情上的友好合作。随后，旧布道团回国，一路上同样受到优待。可见，清廷通过布道团换届一事，向俄方明确表露了维持中俄关系和局的意图，而俄方对此亦心照不宣。外交和局是需要相互呼应的。

（3）中俄双方都采取措施加强边境事务管理，建构和谐的中俄边界。如此规模宏大的使团被逐，对俄国来说，绝不是什么光彩的事情。然而，如前所说，无论就当时西伯利亚的交通状况，还是所面临的复杂的欧洲局势，都不允许俄国在俄中边界滋生事端。同样，当时清朝内部亦极不稳定，"苗事""教事""海事"，此起彼伏，弄得嘉庆焦头烂额。因此，俄中两国都面临复杂的局势，双方在互相防备的同时，也在努力维持和局。

1806 年 2 月 24 日，外交院驻恰克图特派员伊兹玛伊洛夫命令各边防段长官及界务巡视员：要与边境地带的中国人友好相处，避免卡伦之间发生冲突；各卡伦长官要严密约束手下，避免滋生事端，否则，将严惩不贷。① 2 月 25 日，清库伦办事大臣亦上奏，说已遵旨命各边境卡伦官兵密切注意俄国动向，但绝不能滋生事端，"务须保持原有对俄友好关系"。② 基于此，双方的边兵经常互相帮助、互赠礼品。6 月 8 日，祖鲁海图边境段边务官戈尔布诺夫报告，正在边界巡视的清兵赠予俄方边兵很多礼品。③ 7 月 12 日，在西部格尔必齐河防务段，清、俄二军相遇，相互问候，俄军宰杀一头牲口接济清军，而清军也向俄军赠送礼物若干，还互相请客喝酒，其乐融融。④ 1807 年 8 月 30 日是俄国沙皇的命名日庆典，为此，西伯利亚总督佩斯特尔（И. Б. Пестел）特意选在中俄边境城市恰克图举行大规模庆典活动，并邀请中国买卖城扎勒固齐、商人、边军头目等约 117 人参加了庆典联欢。庆典于晚 7 时开始，恰克图城灯火通明，焰火绚丽多彩。多才多艺的俄国歌手，唱起悠扬的俄国民歌，宾主双方，兴致勃勃，互致祝贺，一段俄中友谊之曲在

---

① АВПРИ，Ф. СПБ，Главный архив，I – 7，оп. 6，1805г. д. № 1 – a，п. 27，л. 127 – 128. Там же с. 496 – 497.

② Там же，л. 132. Там же с. 504.

③ РГАДА ф. Государственный архив，разряд Ⅹ Ⅴ，1806г. д. №30，доп.，л. 67 – 68. Там же с. 580.

④ АВПРИ Ф. СПБ，Главный архив，I – 7，оп. 6，1805г. д. № 1 – a，п. 27，л. 550. Там же с. 600.

这个边境小镇悠扬奏响。① 可见，尽管刚发生了不愉快的事情，但边境的和平气氛甚至超过了以往，且一直保持了半个世纪之久。② 这也正是中俄恰克图贸易在 19 世纪上半叶迅猛发展的基础。

边境的和平需要靠邻邦双方来主动维持，边境的和局对于邻邦来说永远是双赢结果，这是历史的经验。

四　简短的结论

两个世纪过去了，作为历史研究者，现在回过头来再看我们的祖先所走过的路，不由心生无限感慨。19 世纪初一场中俄两国共同努力了差不多四年的外交舞会居然半途而散，无果而终，这不能不令人遗憾。但是，历史又时刻蕴含着出人意料的悖论。谁能想象到，失败的外交事件居然给变幻莫测的邻邦关系抹上了一层甜蜜的色彩。这是历史长河中的一种"异象"，有待于我们来探讨、发现。

（1）宏观地看，戈洛夫金使团的失败绝不是一件孤立的外交事件，而是当时中、俄两国各自外交活动链条中的一环。如前所说，在欧洲开始出现支配世界的趋势时，俄国就已经意识到并开始向西欧学习。所以，俄国不但在国内提倡重商主义，且积极准备进行环球航行，以发展自己的对外贸易。他在向中国派遣使团的同时，也向日本派遣了使团。虽然这两个使团都没有获得成功，但俄国社会发展的上升趋势以及外交的进取态势却势不可挡。反观清朝，整个社会对欧洲支配世界的趋势不闻不问、麻木不仁，重商主义、航海探险等进步思想和事业在帝国境内杳无音信，所以，19 世纪初的清帝国开始由盛转衰，而帝国的外交也开启了保守退让时代。从前康熙朝那种动辄就谈边界划分的雄风远略到嘉庆时已经不再，帝国已经无力像往昔那样让别国自愿恭行天朝礼仪了，唯有举起盾牌挡住外来的挑战者。实际上，当时在华外交碰壁的不只有俄国使团，在 1793～1818 年不到 30 年时间内，英国就有两个使团（马戛尔尼使团和阿美士德使团）铩羽而归。俄国使团虽然失败，但预示着其外交的积极进取，清朝虽然驱逐了俄国使团，但显示了外交的保守退让。戈洛夫金使团被逐事件不过是中俄外交"进取"与"退让"较量的

---

① Там же，Ⅰ－9，оп. 8，1806－1819гг. . д. № 2，л. 38－39. Там же с. 721－722.
② 《故宫俄文史料》，第 207～261 页。

开始，半个世纪之后，清朝终至一败涂地。

（2）俄国使团被逐一事，在当时的欧洲引起了不大不小的波澜。法兰西皇帝拿破仑就曾对此事发表评论。他认为，"使臣应该服从一个国家为其高官定下的礼仪。须知中国人并未请我们向他们派遣使臣，既然我们把使臣派出去了，这就证明，我们是在谋求某种宽恕或某种好处。因此我们要么服从他们的习俗，要么就根本用不着派人去"。这是拿破仑的私人医生奥马拉在自己的回忆录里透露的。奥马拉还说，拿破仑与沙皇亚历山大一世在提尔西特会晤时，曾以自己的这种观点成功影响过亚历山大一世。① 这说明，当时欧洲的上层社会不但知道俄国使团被逐，而且知道被逐的原因是"礼仪之争"。至于责任问题，拿破仑的看法是与当时欧洲社会的发展水平相适应的。当时的欧洲开始出现支配世界的趋势，但还远未达到真正支配世界的程度，古老的中华帝国及其礼仪尚在欧洲势力范围之外，欧洲人还没有感觉到自己的礼仪已足以支配世界。

当然，历史研究需要我们对历史事件做出某种评价。我们认为，任何外交事件都是互动事件，都是各种因素综合作用的结果。单就礼仪之争来看，在当时的国际情势下，清廷要求俄方遵循自己的传统跪拜礼不能说是过分行为，当时欧洲的外交礼节还没有获得代替清帝国"天朝体制"的资格。但从相关资料我们可以看出，俄国使团当时面对的并不是觐见皇帝时是否行跪拜礼的问题，而是在库伦面对一个香案是否要行跪拜礼的问题。在中国人看来，这两个问题本质上是一样的，而且，后一个问题还附带有至高的荣耀。但在俄国人看来，意义却根本不一样。如果说觐见皇帝行跪拜礼事属正常，那么，对着香案跪拜就是侮辱。也就是说，中国人觉得荣耀的事情，俄国人无法理解究竟荣耀在哪里！这就是不同文化背景的人们对同一个问题的不同理解。可见，就深层来看，礼仪之争其实就是文化之争。本来中俄两国在19世纪初尚处于互不知情的状况，② 至于连俄语都不懂的戈洛夫金更是无法理解中华帝国的传统礼仪。所以，就文化意义来说，清廷在库伦赐宴，要求俄使行跪拜礼并非有意为难，也确实是给俄使的恩惠。在那个时代，有资格享受皇帝赐宴的外国人实在不多。但从外交角度来看，这又的确是一种过分行为，这

① Избрант идес и Адам бранд. Записки о русском посольстве в Китай（1692 – 1695）. М. 1967г. с. 352 – 353.

② Quested R. K. I. The Expansion of Russia in East Asia 1857 – 1860. University of Malaya Press, Singapore, 1968, p. 8.

点连清廷自己也有感觉。1806 年 11 月 28 日，嘉庆谕令库伦办事大臣，如果俄国再派使团前来，将不再赐宴，也不需要在库伦行礼，① 即是明证。

（3）这次外交事件无论对俄国还是中国，都具有不可估量的外交意义。在俄国来说，通过这次外交交涉，整个 19 世纪的对华政策的轮廓基本上确定下来。正因为俄国一直拥有明确的对华政策，所以，在 19 世纪中俄外交互动关系中，俄国始终掌握着主动权。而清朝不但没有制定明确的对俄政策，甚至连俄国对华政策的基本内容都没有弄清楚，以致在 19 世纪的中俄交涉中，清朝始终处于被动地位。此外，这次外交事件还使中国失去了一次解决边界问题的有利机会。如前所说，戈洛夫金使团最重要的使命就是与清廷谈判，解决黑龙江及乌第河流域的中俄边界问题。根据当时戈洛夫金制定的三层方略，无论按那层方略办，中国都能保住远东大片土地。遗憾的是，清廷纠缠于礼仪问题，中途驱逐了使团，使中国失去了一次与俄国签订中俄东段边界协定的有利机会。因此，戈洛夫金使团的被逐对俄国来说不过是一次外交战术上的失败，却奠定了日后远东外交战略上的胜利；而对中国来说，充其量不过是一次外交战术上的胜利，却埋下了日后外交战略失败的种子。俄国失败了使团，清朝则失败了外交。由此可见"嘉庆十年"在中俄外交史上的巨大意义。

（4）由于中俄两国各自面临比较艰难的国际国内局势，所以，当这种不愉快的外交事件发生后，两国政府能够冷静地对待，双方主动采取很多措施，尽量维持边界的和局。正是基于这种边界的和局，中俄边境的恰克图贸易也获得了平稳快速的发展。据多方资料证明，恰克图贸易最发达的时期正是 19 世纪上半叶。恰克图贸易的发展不但充实了俄国的国库，还改变了俄国西伯利亚的落后面貌，促进了俄国手工工场的发达。当然，恰克图贸易同样促进了清朝蒙古、山西等地的经济发展。由于中国当时输往恰克图的主要商品是茶叶，所以，恰克图贸易的发展还促进了产茶地区如湖北、福建地方经济的发展。历史经验证明，外交和局带来的一定是双赢局面。

（5）这次外交事件，对中俄文化交流关系也产生了非常重要的影响。19世纪是中俄关系尤其是中俄文化交流关系比较发达的时期，而其中的关键就

---

① ЦГИА Монголии，ф. М－1，д. № 651，л. 471－474. Тихвинский С. Л. и Мясников В. С. Русско－Китайские отношения в ⅩⅨ веке. Материалы и Документы，1803－1807. Т. 1，М. 1995г. с. 662－663.

是比丘林（Я. Бичурин）出任第九届布道团首脑。本来，新布道团的首脑原定为修士大司祭阿颇罗斯（А. Аполлос），[①] 但此人不为戈洛夫金所喜。1805年 10 月 17 日，戈洛夫金直接给东正教事务管理衙门总监戈利岑（А. К. Голицын）写信，要求撤换阿颇罗斯，并极力推荐才干卓著的比丘林担任此职。[②] 由于戈洛夫金等人的推荐，1807 年 4 月 12 日，俄国东正教事务衙门正式任命比丘林为新布道团首脑。[③] 这件事情非常有意义，因为正是比丘林使俄国驻北京布道团脱胎换骨。比丘林到任后，身体力行，严督布道团成员认真学习汉、满语，不遗余力地收集和翻译汉、满典籍，努力把中国文化传入俄国社会，为俄国汉学的民族化和近代化奠定了基础。更为重要的是，由于比丘林的努力，此后俄国驻北京布道团开始有能力履行学馆、商馆、使馆等多重职能，为实现俄国 19 世纪的对华政策立下了汗马功劳。[④]

---

① АВПРИ Ф. СПБ, Главный архив, I－7, оп. 4, 1823г. . д. № 1, п. 15, л. 37－49. Там же с. 139.

② Там же, д. № 1－г, п. 42, л. 692－об. 693. Там же с. 282.

③ Там же, I－5, оп. 4, 1823г. д. № 1, п. 15, ч. 1, л. 246－247. Там же с. 687－688.

④ 参见陈开科《巴拉第与晚清中俄关系》，上海书店，2008。

开先·勤勉·沉练

——论中美关系的拓荒者陈兰彬

王　杰*

以"人生七十古来稀"之古谚比照于近代中国社会，并非夸张。陈兰彬56岁伊始，督课中国第一批官派幼童赴美游学；首任清朝驻美国、日斯巴尼亚（西班牙）、秘鲁公使；承命维护美洲华工、侨民的权益。于"甲子""古稀"岁月使美十年，以其筚路蓝缕之功、勤勉垦荒之风、沉稳老成之态，展示了早期外交家的个性风采。

陈兰彬是晚清走向世界的先驱者，也是中国文化转型时代的过渡人物，他以传统之邦的命官，与时代文明"过招"，其处世治事与欧美文明或不相协调者，乃弱国之尴尬、传统之失衡、过渡之必由。值得揭示的是，囿于赢弱难外交、弱国无外交之屈辱氛围，陈兰彬励志卓行，刚柔樽俎，东西兼济，为开拓中美文化交流所付出的艰辛与建树，堪称楷模，遗产足资鉴取。

幼童留美：开篇中美交流

中美交往，文化先行。1872年，陈兰彬率幼童留美是中美交往的开山之作。从筹备、成行、督课以及回撤的全过程，表现了陈氏不辱使命而又难圆使命的困惑，体现了中美文化早期交流的矛盾与得失，揭示了"中体西用"行时的历史风貌。

幼童留美的促成，不能忽略首倡者容闳的功绩。容闳于留学期间便萌发"以西方之学术，灌输于中国，使中国日趋富强文明之境"② 的报国与救国思

---

* 广东省社会科学院历史与孙中山研究所研究员。
② 容闳：《西学东渐记》，中州古籍出版社，1998，第89页。

84

想。学成归来，便投身于'教育救国"事业。1868 年，清朝与美国签订《蒲安臣条约》，有"中国入美国的大小官学，可享受最惠国人民待遇"之条款，为留学透出了利好消息。1870 年，容闳再次通过丁日昌向曾国藩、李鸿章提出选派幼童留美计划。曾、李联名上奏："访选各省聪颖幼童，每年三十名，四年共一百二十名，分批搭船赴洋，在外国留学，十五年后，按年分批回国。计回华之日，各幼童不过三十上下，年方力强，正可及时报效。"①1871 年，选派幼童留美计划被钦准。陈兰彬出任"幼童出洋肄业局"委员，容闳任副委员，共同主持选派幼童赴美留学事宜。次年，第一批留学生赴美，陈兰彬任中国驻美"肄业局"监督，容闳任副职。

相对于"西学满腹"的容闳而言，陈兰彬可以说是正统"中学"的典型代表。陈兰彬出身书香门第，饱读经世之学，通过传统科举之途，以进士跻身翰林，任职京畿。又有地方历练，先后出入朝廷重臣曾国藩、李鸿章幕府，深得丁日昌、曾国藩等人的赏识。因此，曾国藩、李鸿章、丁日昌三人，都有推荐陈兰彬负幼童留美主责之共识。

首派官费留学生，且是幼童远洋，其掌门人选，无疑是深思熟虑、慎而又慎的。陈兰彬成为首任官派留学生正监督，至少基于以下几点的考虑。

一是陈兰彬才能服众。陈氏曾在丁日昌和曾国藩门下效命，才识有目共睹，因而得到曾国藩和丁日昌的鼎力荐举。曾国藩为出洋事荐举陈兰彬的折奏曰："四品衔刑部主事陈兰彬，经臣于上年正月奏调来直襄办一切，深资臂助。该员苦心孤诣，智深勇沉，历练既久，敛抑才气，而精悍坚卓，不避艰险，实有任重致远之志。……该员生长于粤东，留心兵事，若令延揽将才，于轮船操练事宜，必有裨益。至外国技术之精，为中国所未逮。……江苏抚臣丁日昌屡与臣言，宜博选聪颖子弟，赴泰西各国书院及军政，船政等院，分门学习……使西人擅长之事，中国皆能究知，然后可以徐图自强。且谓携带子弟前赴外国者，如该员陈兰彬及江苏同知容闳辈，皆可胜任等语。……陈兰彬素有远志，每与议及此事，辄复雄心激发，乐与有成。该员系奉旨交臣差遣之员，此次任拟带至江南，于日前操练轮船，将来肄业，西洋各事，必能实力讲求，悉心规划。"②

二是陈兰彬传统"中学"根底深厚，可以减少朝中顽固守旧派反对的阻

---

① 《论幼童出洋肄业曾相联名》，《李鸿章全集·译署函稿·卷一》，第 4061～4062 页。
② 《奏带陈兰彬至江南办理机器片》，《曾国藩全集·奏稿·卷十二》，第 7133 页。

力。李鸿章曾对陈氏的学识人品有过评价："从前曾文正公创办之初，奏派陈荔秋、容纯甫为正副总办，盖以容纯甫熟谙西事，才干较优；荔秋老成端谨，中学较深，欲使相济为公也。"① 又说："容闳为人诚不如荔秋之颠扑不破，但洋学及西国律法探讨颇深。"② 容闳后来的回忆亦称陈氏"为人持恭谦仰，平易近人，品行亦端正无邪"。③ 派遣幼童赴"化外之地"留学，乃前所未有之事，派"中学"根底深厚的陈兰彬主持幼童留学工作，为保证朝廷律令的施行增加了中学的筹码，从而提高了保险系数。

三是陈兰彬有接受新学的远见，不是迂腐不化之辈，易与容闳沟通共事。与陈兰彬共事的李兴锐在致曾国藩函中亦有称誉："荔秋刑部熟悉夷情，宜分任以自节。"④ 从李鸿章光绪三年九月十六日致沈葆桢函称"粤人伍廷芳，精习英国律例及公法，筠仙、荔秋争罗致之"⑤ 一则语录，也可窥视陈兰彬有向慕和尊崇新学的远识。陈氏以不通英语而赏识通人，这无疑饱含着一种仰慕新知和与时俱进的内蕴。

四是陈兰彬有开拓创新的胆识。出使域外，在当时并不是最好的差事，在大多仕途亨通的官员眼中是不屑一顾的。李鸿章对幼童留学事曾如是评说："挑选幼童出洋肄业，固属中华创始之举，抑亦古来未有之事。所有携带幼童委员，联络中外，事体重大，拟之古人出使绝域，虽时地不同，而以数万里之遥，需之二十年之久，非坚忍耐劳，志趣卓绝者，不足以膺是选。查有奏调来江之四品衔刑部候补主事陈兰彬，凤抱伟志，以用世自命，挹其容貌则粥若无能，绝不矜才使气，与之讨论时事，皆能洞烛几微，盖有远略而具内心者。"⑥ 尤需指出的是，陈若缺乏以天下为己任的使命感和开拓精神，则以 56 岁的"高龄"只身出使万里之遥的大洋彼岸，是常人难以抉择的。

1872 年 8 月 11 日，陈兰彬以"出洋肄业局"正监督的身份，率梁敦彦、

---

① 《论出洋肄业学生分别撤留》，《李鸿章全集·译署函稿·卷十二》，第 4543 页。
② 《论派员查办秘鲁华工》，《李鸿章全集·译署函稿·卷二》，第 4126 页。
③ 容闳：《西学东渐记》，中州古籍出版社，1998，第 152～153 页。
④ 中国社会科学院近代史研究所资料室编《曾国藩未刊往来函稿》，岳麓书社，1986，第 350 页。李兴锐（1827～1904），字勉林，湖南浏阳人。曾任天津海关道、东海关道、长芦盐运使、福建按察使、广西布政使、江西巡抚、广东巡抚、闽浙总督、两江总督等。同治年间，与陈兰彬同为曾国藩幕僚。陈氏率第一批幼童自上海赴美，李氏前往送行。
⑤ 《复沈幼丹制军》，《李鸿章全集·朋僚函稿·卷十七》。
⑥ 《幼童出洋肄业事宜折》，《李鸿章全集·奏稿·卷十九》，第 850 页。

詹天佑等首批官费留学幼童由沪启程赴美。按预定计划，第二批于 1873 年 6 月 2 日、第三批于 1874 年 1 月 17 日、第四批于 1875 年相继成行。每批 30 人，四批计 120 人。

陈兰彬肩负重任，全身心投入。从他致挚友李勉林的信中，可以看到他孜孜不倦、"煞费苦心"的身影：数月来，"每日讲书、复书各二次，写字二篇，或作'解'或作'论'，为之订改，复讲圣谕，附以律例。自五点钟起至九点钟寝息，中间遂鲜暇晷矣"。由于未带亲属，又不懂洋文，除督课幼童外，别无所事，未免因孤独、困惑而致身心受折磨，以至"遇事筹思，辄觉心力不足。五旬以外，往往看书不能终卷，写字每多错漏，一夜不寝，次日即疲"。诚然，"此行非有所乐而为之，亦非有所利而为之，第如尝胆枕戈，以期庶几一当"。①

幼童初抵美国，多能依从朝廷既定的规章制度。随着时间的推进，接触了自然科学知识，以及欧美启蒙时期的人文社会科学知识，他们见识日益开阔，对《四书》《五经》和儒学伦理兴趣渐淡，崇尚个人权利、自由、民主等新观念，见到官员也不行跪拜礼，言行举止明显"美化"，大多不愿穿中式服装和留发辫。因文体活动不便，个别人剪掉了辫子，甚至有一些人皈依了基督教。在美国人看来，"如果认为这些聪慧幼童，官费来美留学，仅从工程、数学、科学等领域中已得到满足，而对他身边周遭政治及社会的熏陶影响而无动于衷，这将是不可思议之事"。② 然而，当时在美国文明看来是天经地义的事物和观念，以中国传统观念衡之则是难以被容忍的。生活细节的变化，折射了幼童思想和观念对留学初衷的严重扭曲，容闳与陈兰彬的冲突由此引生。

应该指出，幼童为官派，自然受朝廷规章之约束，陈兰彬等几任监督，可谓"中学"根底较厚的传统士大夫，又"悉夷情"、"有远志"。他们肩负清廷的重责，自然不敢出任何差错，而这在容闳看来却是"胆怯而乏责任心"。③ 他们长期供职于朝廷，深知举足轻重，只要幼童不违背朝廷的律例和留学规章，稍微偏离传统，都还能接受。据 1875 年李鸿章上奏朝廷的奏章，

① 《陈兰彬致李勉林函》（同治十二年六月十二日），《中国公共图书馆古籍文献珍本汇刊·史部·晚清洋务运动事类汇钞》（上册）影印陈荔秋函稿（抄件）。

② "China in the United States," *New York Times*, July 23, 1881. 转引自高宗鲁《容闳与中国幼童留美》，参见吴文莱主编《容闳与中国近代化》，珠海出版社，1999，第 447 页。

③ 容闳：《西学东渐记》，第 153 页。

"叠据陈兰彬等禀称，驻洋各幼童肄业，洋文粗有蹊径，俟其娴熟，即须就性质所近，分门别类，专心研求，以裨实用。该委员等布置督率，悉臻周妥"。① 此时，陈兰彬以留学大局为重，尚且克制忍让，只是"怏怏"而已。② 随着剪辫、入教、不尊服官吏、不习"中学"等事件频发，以及容闳对学生的宽容、对留学规章的忽视和对陈兰彬的不肯让步，加剧了陈兰彬前后几任监督与容闳的矛盾。

　　吴嘉善继任后，发现幼童在行为举止、精神面貌及思想观念等显然"离经叛道"，需严厉整顿，要求更为严格，这使得他与容闳关系的骤然恶化。容闳依然为学生辩护，这在吴嘉善看来无异于益加放任纵容，因之吴氏的忧虑也骤然加重："此等学生，若更令其久居美国，必致其全失爱国之心，他日纵学成回国，非特无益于国家，亦贻害于社会。欲为中国国家谋幸福计，当从速解散留学事务所，撤回留美学生，能早一日施行，即国家早获一日之福。"③ 由此也引发国内保守派对幼童留美事业的怀疑，并大加笔墨上奏朝廷。④ 清政府把剪发和入教看成是对朝廷和祖先的背叛，下令总理衙门"查明洋局劣员，分别参撤，将该学生严加约束，如有私自入教者，即行撤回，仍妥定章程，免滋流弊"。⑤ 吴嘉善随即将入教和剪辫幼童如数遣回，又赴华盛顿，与时任驻美国、西班牙、秘鲁公使的陈兰彬商议撤销"肄业局"事宜——"外洋风俗，流弊多端，学生腹少儒书，德性未坚，尚未究彼技能，实易沾其恶习，即使竭力整饬，亦觉防范难周，亟应将局裁撤。"⑥

　　1880 年春节方过，吴嘉善函告陈兰彬，"自带二三十幼童回华，余事弗管"。李鸿章得悉，立即致电陈兰彬、吴嘉善，极力劝止，同时声明幼童"如真无功效，弗如及早撤局省费"。⑦ 容闳闻讯，急忙寻求美国前总统格兰特（Grant）劝说李鸿章，并说动耶鲁大学校长波特（Porter）、吐依曲尔

---

① 《陈兰彬议办华工片》（光绪元年四月十二日），《李鸿章全集·奏稿·卷二十五》，第1094 页。
② 容闳：《西学东渐记》，第 162 页。
③ 容闳：《西学东渐记》，第 103～104 页。
④ 《光绪六年十一月十六日（1880 年 12 月 17 日）江南道监督察御史李士彬奏》，《洋务运动文献汇编》（五），第 249 页。
⑤ 《光绪七年五月十二日总理各国事务衙门奕䜣等奏》，《中国近代史资料丛刊·洋务运动》（二），第 166 页。
⑥ 《光绪七年二月初六日（1880 年 3 月 5 日）出使美日秘国大臣陈兰彬折》，《洋务运动文献汇编》（二），第 165 页。
⑦ 《论出洋肄业学生分别撤留》，《李鸿章全集·译署函稿·卷十二》，第 4543 页。

（J. H. Twichell）、蓝恩（Lane）等联络教育界知名人士致函美国驻华公使安吉立和总理衙门。然而，局势已经无法挽回。1881 年 6 月，总理衙门认定"该学生以童稚之年远适异匡，路歧丝染，未免见异思迁"，且"已大失该局之初心"，遂"责成该局员亲自管带各童回华，庶免任意逗留，别生枝节"。①

1881 年夏，"肄业局"撤销，留美幼童分三批，全数撤回。至此，幼童留美之伟业凄婉落幕。

陈兰彬基本上自始至终参与了留美幼童的督课，自然成为不可回避的讨论对象。作为先行者，陈氏饱饮非议。作为"幼童留美"事业的首任负责人，了解留美幼童的事宜，又首任驻美国、西班牙、秘鲁公使，对留美幼童的决策具有重要影响，因其赞同"撤回"而为后人诟病，甚至被划为"顽固守旧派"，成为中美文化交往史上颇具争议的人物。

从文化观的角度审视，留美幼童"行"也"中体西用"，"撤"也"中体西用"矣。"中体西用"理念的负面作用，是导致留美计划夭折的主因。曾国藩、李鸿章、丁日昌等开明官员，"采西学"，"制洋器"，创办新式企业和学校，因之与容闳促成幼童留美计划。无疑，"中学"始终处于主导地位，将完全"西学"和"西化"的容闳纳入"为我所用"之范畴。狭隘的留学目的、刻板的留学规章与"生于淮北则为枳"的"美国化"之幼童相互冲突，将容闳（西学）与朝廷（中学）的分歧明显化，而又乏力破解，以致留学计划夭折。"中体西用"的藩篱，导致幼童只能学得西方文明的皮毛，而无法取其精髓。有如入了虎穴而不得虎子。在这个意义上说，清廷有如将西方文明之鲜艳颜色涂于腐朽躯体之表皮而已，既不能脱胎换骨，更解决不了中国"体"与"用"的根本问题，安能强盛焉？事实证明，"中体西用"犹如一把"双刃剑"，既是幼童留美的"催产婆"，又是扼杀幼童于襁褓之中的"刽子手"。平心而论，清政府遣派幼童赴美，既想他们获取西方的先进技术，又不忍看其受西方文明理念的浸润，本属两难，势若骑虎。幼童受西学影响日增，清廷忧虑日多，当这些"质"变突破清政府容忍极限之时，撤回幼童的结局也就板上钉钉了。陈兰彬肩负的正是监督、防范幼童发生"质"变的大任，建议"将局裁撤"，既是忠实职责，又是时势使然，岂是陈氏个

---

① 《光绪七年五月十二日（1881 年 5 月 8 日）总理各国事务衙门奕䜣等奏》，《洋务运动文献汇编》（二），第 116 页。

人之错哉！

毋庸讳言，强化幼童的"中学"教育乃留美教育的应有之义和初衷。这里说的"中学"不应仅仅理解为汉文与典籍，而是中国的文化传统和价值观念，也就是至高无上的"修齐治平"。

陈兰彬同意吴氏撤回幼童，反映了士大夫们不赞同容闳"越出传统圣训"培养幼童的做法。如果分析外因，美国排华潮起、对幼童升学的歧视排斥，① 以及国内守旧派的反对均可视为撤回之成因。

不管成也萧何，败也萧何——是非功过如何？陈兰彬与幼童留美，已经开创中美文化交往的先河！

《使美纪略》：伏笔道器之辩

光绪元年（1875），总理衙门制定出使各国规章，同年 6 月 17 日奏请预储熟悉洋务人才，保举主事陈兰彬及李凤苞、何如璋、徐建寅、许钤身、叶源濬、许景澄、区谔良、徐同善等九员"堪备遴选出使"，清政府接受了这个保举，"均从之"。② 光绪元年十一月十四日（1875 年 12 月 11 日），清廷以京堂军机章京陈兰彬、三品衔同知容闳充出使美国、日斯巴尼亚、秘鲁三国，并决定另设秘鲁、日斯巴尼亚分馆，置金山、嘉里越、古巴各总领事。③

1878 年（光绪四年）陈兰彬正式以驻美、日斯巴尼亚、秘鲁三国公使的身份出使美洲。遵照朝廷定例，他写下《使美纪略》。《使美纪略》大致起于光绪四年正月二十八，止于同年九月初六。所载内容相当广泛，记述陈兰彬一行自京启程赴美，途经各地的概况、风土人情等。既有对美国社会的观察，又有旅美侨工情状、保护"华工"利益之记述，特别是与美国等外交机构和各国首领间的交涉与互动等，成为研究中美关系史的重要史料。

陈兰彬途径香港，亲自试验了西方人发明的电话，又听到西方人还将制造录音设备时，感慨万千，日记中写道：

---

① 容闳回忆道："会有数学生程度已高，予意欲送其入陆海军学校肄业，乃致书美国国务院，求其允准。美国国务院复书，则以极轻蔑之词，简单拒绝予请。其言曰：此间无地可容中国学生也。嗟夫，中国之见轻于美人，其由来也渐矣。"见《西学东渐记》，第164 页。

② 《大清德宗景皇帝实录·卷九》。

③ 《清史稿·职官志》。

（五月）初八……是日，在辅政司署见传话筒，该署距燕尼士避暑处约三里，以手摇筒旁铜拐起号，即对话筒问话毕，旋闻筒旁钟响，以耳向筒，一一回答。询兹何以能然，据言电线能传字，即能传声，厥理甚明，而内中制度未得窥悉也。又言英国已有人做藏话箱，数人分隔说话，对之数万里之远，百十年之久，揭封侧听，口吻宛然于立约遗嘱，诸大端尤为有用，将来制作尽善，当必传布中华。[1]

陈氏有感于新式通信工具之灵便，渴望日后于神州大地推广，"诸大端尤为有用，将来制作尽善，当必传布中华"，可见其反应奇快，且有先见，不拘泥于保守之见。

于简短的日记中，处处流露出陈氏对西方物质文明的赞美之词，"精彩"之画面不时跃然于纸上。6 月 27 日，轮船抵达旧金山，陈兰彬对金门大桥大加赞叹，并对电灯、汽车做了描述：

庭院设新制白气灯四盏，白光如月，芒焰远映，胜煤气灯，且工费所省倍蓰，他日行用，谅必广矣。……其街道宽阔形如棋盘，而以街市街为适中之地，兰意之大尤在东边，各街俱有长行街车，可坐十数人，略同泛湖小艇，而往来迅捷，又有机汽车，不用人力马力，转动消息自能行走。[2]

130 多年前的大洋彼岸，豪华的现代酒店、亮如白昼的电灯、井然有序的街市、方便快捷的交通和干净便捷的自来水设施等，可以令当时任何一个中国人惊叹。陈兰彬作为一位为官 20 多年的朝廷大员，思想的触动是多方面的。或许囿于其政治上太成熟、思想上太审慎，行文中少有激情的议论或比鉴朝政的评语，令人难以捉摸其思维取向。不过，在由哈特福特乘火车前往华盛顿拜见美国总统途中，他还是抑制不住心中的惬意，写下了这样的诗句：

一车率率十车行，方木匀铺铁路平。

---

[1] 陈兰彬：《使美纪略》，见王锡祺撰《小方壶斋舆地丛钞》第 12 帙，西泠印社，2004，第 58 页。

[2] 陈兰彬：《使美纪略》，第 59 页。

八十轮开如电闪，云山着眼未分明。①

而在写给好友的私人函件中，陈氏则"暴露"得更多，"外洋繁华已极，美国尤甚"之用语毫不吝惜。②

陈兰彬格外留意于美国人在科学上的发明，他观赏"农事赛会"，对美国凡牛羊苹果之属培畜得宜，新式农具轻巧便利，大加赞叹，并期待这些利器他日能为我所用"。对美国最盛行的纺织业之技术创造，陈兰彬称许不已，认为美国纺织业的规模化经营无与伦比。美国的风俗习惯自然与中国传统存在很大的差异，但有些习俗也确实吸引了陈兰彬的眼球，比如殡葬，他认为美国葬礼习俗较中国的传统方式更合理更文明。

与先进的科技发明、整洁的街市文明相较，或许陈兰彬"最不熟悉的"还是西洋的政治，来自于"普天之下，莫非王土；率土之滨，莫非王臣"——从来"天下定于一"的国度，陈兰彬一时难以理解美国的所谓言论自由、政治平等。他对美国舆论"凭臆论说"、"恣意言之"，颇感陌生，或许初来乍到，对西方的"自由"尚待认知。

老成持重的笔调，令陈兰彬之《使美纪略》不像郭嵩焘的记录那样顿遭守旧派的攻击——郭嵩焘之《使西纪程》在对西方文明表达公开的热情赞赏之后，曾经遭到奉旨毁版的厄运。

1878 年 6 月 28 日，陈兰彬抵达旧金山，受到广大侨民的热烈欢迎。9 月 5 日，陈氏抵达华盛顿，向海斯总统递交国书，并与国务卿额瓦特、财政部长舍尔曼、内政部长舒尔茨等政要见面。其间情景，日记载之甚详：

> （九月）初三日巳正三刻，与容副使，率通参赞容（增祥）、翻译陈（言善）、蔡（锡勇）俱用行装，并洋员柏立，乘马车先到外部衙门，由正门入。各官旁立点首，行前数十步由升车上楼至第一层，入左边官厅，陈设铺垫，俱极富丽，伊械士并其参赞施华陪叙，片刻起偕等出乘马车，前赴伯理玺大德宫门外下车，伊械士前导（兰彬）先，（闳）后，（增祥）捧国书继之，翻译及洋员随进，至殿右静候。殿长约二丈，阔二丈余，玻璃、窗格、几帘、垫褥，一切蓝色，译称蔚蓝宫。少顷，伯

---

① 《陈兰彬海外诗六十首》（未刊稿），第 39 页。
② 《陈荔秋致李勉林函》，《晚清洋务运动事类汇钞》（上），中华全国图书馆文献缩微复制中心，1999，第 66 页。

理玺大德由殿左上站立，左首随从六员，库务大臣沙文、律政大臣低云氏、兵部大臣麦加拉利、驿务大臣胎努、内部大臣别而、内务参赞大臣罗乍士，皆在左序立。伯理玺大德略一点首，兰彬等点首答之，伯理玺大德趋近与握手，毕，随即朗宣颂词，（增祥）奉上国书，交（兰彬）恭捧，（闳）继用英语宣颂词讫，（兰彬）敬将国书递与伯理玺大德，接受后，转交伊械士，即自展答词，诵毕，复与增祥等各员逐一握手示敬。伊械士又引（兰彬）等与六大臣握手相见，施参赞亦带（增祥）等与各官握手，然后退出。伯理玺大德送至殿前，谕令伊械士陪同过东殿游玩。少顷乃别各大臣等，登车回寓。是日，往返男女观者夹道，即外部及宫殿门外亦拥挤如市。[1]

陈氏对会见美国总统的细节着墨颇多，惜未披露对国家机构、社会制度方面的感慨和思考。但知晓洋务人士以"中体西用"为圭臬的人，便不觉怪。中西文化碰撞交流之初，列强以先进的工业文明创造的坚船利炮逞强于传统农业文明的中国，人们最初赏识的仅仅是西方的器械和技术，"师夷长技以制夷"的思想由是萌生。中西文化交流融合的过程，并不是后人想象的那么简单。中国传统"内圣外王"之文化底蕴厚重，注定了国人对于外来文化的认知必须经历一个艰难痛苦的过程。如果以"道"与"器"之辩证关系论之，陈兰彬盛赞物质文明（器），可以理解为试图通过"器"的新识而促使"道"（制度）的更改，其所揭示的哲理不啻春秋伏笔！

应当指出的是，自中国派出第一批驻外使节，直到清朝末年，绝大多数公使都是具有深厚"国学"功底之士大夫，有着强烈的爱国之心和"忠君"之情。他们对西方的国情、政体和科学技术的发展有了关注；对西方的"议院"制度、经济发展方式、技术发明，尤为注意；自觉不自觉地将之与朝廷的现状进行比照，虽然没有提出改革的呼声，但孰优孰劣，已了然于心，在往后的政治活动中，其影响是不可忽视的。

陈兰彬使美，除了积极维护华人的生命和财产安全，以及为华工争取权益外，同时也了解了美国华人的现实。日记记载了华人开发旧金山的历史：

时地宝初呈，挖金、垦种易于谋生，各国流民闻风趋赴，蚁聚蜂屯。其地又为华、美往来轮船孔道，故不数十年间，屹成巨镇。华民之

来，始犹不多，且半系从别岛转徙至此，间有采金得资者，购布棚做小买卖。自立约通商后，来者始众。今记华民在美共十四、五万，散处各邦乡市，如：曰'沙利坚'、曰'尼华大'、曰'纽约'、曰'衣打货'、曰'满单拿'、曰'乌大'、曰'宾夕温泥'、曰'鲁西安纳'、曰'麻沙朱色土'、曰'纽折而西'、曰'田纳西'、曰'诗加古'、曰'线华娜'、曰'新蕾'、曰'砵仑'等埠，或数百，或三、五千，或万余不等，而皆以金山为出入总口。①

陈兰彬停留旧金山期间，除礼仪拜访美国地方政府和别国使馆之外，倾心关注旧金山华人的生活状况。数次拜访华人会馆，询问华民情况：

> 到各会馆，见铺陈均用华式。缘会馆定章，如不遵我朝正朔而改易洋装者，册不列名，有事投诉，会馆亦不理。昔苏子卿顾连海上而手握汉节，钟义羁囚军府而乐操土风。史亟称之小民糊口，异域能不忘本，亦足嘉矣。②

陈兰彬途中穿越美洲大铁路，其间走访了沿线的华人居住地，了解华人的职业：有挖煤、开路的，有做酒店侍役的，有在面粉厂、纺织厂、轧糖厂打工的，还有从事洗衣、卷烟的，也有开杂货铺的。

由于陈兰彬深入华人基层，接触了社会底层的大量侨民，所收集的材料，可供清政府明了侨民的原生态貌；又可以这些第一手资料照会美国政府，为维护华人权益准备了充分的证据。面对强权与高傲，陈兰彬为保护华侨和维护华侨权益呕心沥血，取得了相当的成效，深得华侨爱戴。乃至时隔40年以后的1921年，《外交部公报》仍载文追忆陈兰彬"为华侨痛苦解除不少，至今称道勿衰"。

从1878年正式出使美国到1881年奉诏回国，陈兰彬既坚守自身的"中学"理念，又努力了解西洋的先进科技、教育、城市建设和政治制度等。他虽对"千尼有第三氏纺织厂"的机器纺织速度和效率赞叹不已，但又指出机器纺织的绸缎仍不如中国人工织出的绸缎"细致光滑"。③

《使美纪略》并非陈氏使美思想和事功的总括，仅是其言行之一小部分

---

① 陈兰彬：《使美纪略》，第6~7页。
② 陈兰彬：《使美纪略》，第8页。
③ 陈兰彬：《使美纪略》，第25~26页。

表述。作为一位 60 开外、已届"耳顺"与"不逾矩"的朝廷大员，面对工业文明与传统农业文明的巨大反差，陈兰彬没有盲目排斥西方文明，而是渴望他日广为"行用"。如是心态之坦露、伏笔于"道""器"之辩，于大多国人对于西方文明尚且疑惧之期，当属理性，更为含蓄。

华工交涉：维护天朝权益

外交并非仅是两国间的良性互动，摩擦甚至交恶，亦为国际关系之常态，尤其是在国力疲弱的晚清之际，更无平等外交可言。19 世纪 70 年代末 80 年代初的中美关系可窥视一斑。驻外使臣只能通过国际法细则以及外交策略与技巧来谈判，以达"不辱国体，以谢皇恩"。华工问题是为中美早期外交上的棘手问题。

作为首任驻美公使，陈兰彬走马上任，就是要直面美国的排华浪潮。他向总理衙门递呈的第一份报告，即是关于在美华侨所受之不公平待遇。根据他的建议，总理衙门迅速在旧金山设立了第一个中国总领事馆，以协助应对当地正在兴起之排华恶浪。

中国人 19 世纪移民美国呈现出三次热潮：40 年代加利福尼亚州的"淘金热"；60 年代修建横贯北美大陆的"铁路热"；70 年代发展加州的"农业热"。

19 世纪 40 年代，美国的淘金热把中国东南沿海珠江三角洲的中国人卷了进去，大批华人走向"新大陆"，他们在开发美国西部和修筑横贯美国大铁路中做出了卓越的贡献。他们在遭受排斥的异乡文化土壤中，以惊人的毅力和忍耐力，奋争于绝境之中，成为美国无法忽视的少数民族之一支。到 19 世纪 70 年代，仅广东籍华人已达十多万人。美国的排华浪潮即始于此时，以加利福尼亚州为甚。

华工为修筑美国横贯东西大铁路流尽了血汗、付出了所有，有如克罗克在铁路竣工庆典时所云："我希望各位不要忘记，我们建设这条铁路之所以提前完工，在很大程度上要归功于那些被称为华人的穷苦和遭受歧视的劳工，归功于他们所表现出的忠诚与勤劳。"① 岂料，铁路完工之日，即是排华浪潮汹涌之时。受经济不景气的刺激，华工由昔日的"筑路英雄"被贬为

① 亚历山大·塞克斯顿：《十九世纪华工在美国筑路的功绩和牺牲》，《世界历史译丛》1979 年第 4 期。

"劣迹斑斑"之"劣等民族"、"大逆不道"之异教徒。排华浪潮如野火惹恶风，迅速蔓延美国。而民主党和共和党两党竞相以排华为竞选口号，以争选票。

巨大的贡献与不平等的社会地位落差悬殊。"自矿金渐竭，轮路告成，羁寄日多，工值日减，遂蓄志把持，妒工肆虐。而各国人皆有领事保护，兵船游巡，不敢逞志，故专向华人，始犹殴辱寻仇，近且扰及寓庐，潜行焚掠；始犹华佣被虐，近且逼勒雇主，不准容留；而又设誓联盟，敛赀谣煽，欲使通国附和，尽逐华人而后已。其党魁复声气广通，诡谋百出。现在该处未结之案约数百起，监押者数百人。"①

中西文化客观上存在较大差异，于西方人眼中，华工"外表特征与众不同，穿着民族服装，保留着梳辫子的习惯，他们的传统习惯都是西方人难以捉摸的。因此，也就容易被当作攻击的靶子。"② 文化习俗的不同，也在一定的文化心理程度催化了华工与美国人之间的矛盾。

美国政客为在竞选中胜出，更是推波助澜，扬言排斥驱逐华工。一时之间，关于华工之种种"劣迹"的报告，充斥于报章杂志，"月来闲往，令随员翻译各处新闻纸，见其谈及华人，必备极丑诋，又凭臆论说，凡可以欺凌华人者，无不恣意言之，甚且谓国政尚由民主，所有设施，官府断不敢不准行。间有持论稍平者，究亦祝少而诅多，各处日报连篇累牍，多系此种语言，令人阅而愤懑"。

1876～1877年美国国会曾调查加州华人问题，适逢加州经济不景气，一些雇主大多愿意雇佣低薪、勤勉、高效的华工。于是白人工人，尤其是刚从欧洲移入之白人，视华工为仇敌。报告甚至谎称白人有被华人压倒的危险，因此要求与中国政府修订《蒲安臣条约》，限制华人赴美。1877年加州政府支持白人专门对付华工的秘密会社，以致袭击华人住宅，杀害华工之恶行时有发生。③

陈兰彬以笔为剑，沉稳地处理了两次影响较大的排华争端。

1. 关于1878年的《国会15乘客法案》

当时，客美华侨计有16万人，其中约有6万人，居住在旧金山地区。是

---

① 陈兰彬：《使美纪略》，第60页。
② 〔美〕麦美玲、迟进之：《金山路漫漫》，崔树芝译，新华出版社，1987，第39页。
③ 〔美〕沈己饶：《海外排华百年史》，中国社会科学出版社，1980，第118页。

年，来自西部和南部各州的国会议员，提议《完全禁止华工赴美之法案》，与东北部少数议员之意见相合，汇总为《国会 15 乘客法案》。

美国国会通过了《国会 15 乘客法案》。该法案规定，无论在中国还是在世界各地，赴美国之任何一船只，中国乘客之人数都不可超过 15 名。此法案不仅是对中国国民的蓄意挑衅和侮辱，还违背了中美之间原有的协定。

在国会等待海斯总统批准之立法期间，陈兰彬奋起反击，运用外交与法律的策略，"以彼之道还施彼身"。陈氏向美总统呈递国书后，上奏朝廷称："美之金山、日之古巴、秘之嘉里约等处华民较多，应设领事等官料理。查美国各邦华人约共十四万众，计金山一带已有六万，大半系佣力谋生"，① "土人及外来洋人积不相能，现未结之案计有二百余起，监禁者三百余人，交涉事件无日无之"，② 竭力呼吁 "不设领事无以保护华民"。③ 据其建议，总理衙门迅速在旧金山设立了第一个中国总领事馆，以应对正在兴起之排华浪潮。④

与议案提交参议院辩论同步，陈兰彬为寻求支持，把精力移向在野一方，动员美国在华商人、传教士支持中国，并与美国政界、学界人士频繁接触，推心磋商。他以绵里藏针之暗示，义正词严地警告国务卿，如果海斯总统核准该法案，他无法预见中国国民对此会有何种反应，或对于在华美人会有何种影响。

功夫不负有心人。陈兰彬说服了耶鲁大学威廉姆斯教授，写了一封请愿书，并由耶鲁大学全体教员联名签署，递交海斯总统，强烈呼吁否决该法案。

正义终于战胜强权。陈兰彬的努力和中美主持正义人士的呼吁，促使海斯总统最终否决了《国会 15 乘客法案》，陈兰彬的辛劳有了报偿。

2. 关于 1880 年的丹佛事件

是年 10 月 31 日，科罗拉多州丹佛市爆发了美国 19 世纪末期第一次有组织的排华暴乱事件。下午 2 点到晚上 10 点，50000 多白人包围了 400 多华人居住之街区，高喊："杀死中国佬！杀死这些混蛋的野蛮人！烧他们的房子！

---

① 刘锦藻：《清续文献通考》，三国商务印书馆影印十通本，第 5598 页。
② 《使美日秘陈兰彬等奏应派驻美中国领事以资保护侨民片》，王彦威辑撰《清季外交史料》，书目文献出版社，1987，卷 14，第 273 页。
③ 赵尔巽：《清史稿》，民国 17 年（1928），清史馆铅印本，第 2564 页。
④ 王彦威辑撰《清季外交史料》卷 14，第 32 页。

把他们赶出去！吊死他们！"全体华工没有反抗，迅速撤离，一人当场被杀，多人受重伤。所有积蓄之财产，毁于一旦。警察姗姗来迟，将所有华人送交监狱，美其名曰："保障他们的生命安全。"

丹佛案发，陈兰彬迅即与美方交涉。同时他派员前往案发地，搜集证据，责令驻旧金山总领事"亲往查察"。旧金山领事傅列秘（F. A. Bee）不敢怠慢，衔命亲赴丹佛，并将案发因由及处理之举措，详加报告。

11 月 5 日，陈兰彬拜会美国国务卿埃瓦茨，提出强烈抗议，要求美国端正态度，惩治暴徒和赔偿华人损失。11 月 10 日陈兰彬发出第一份照会，严正指出事件"情节甚重"："受伤数人，毙命一人，毁坏屋宇物件约值银二三万元。"要求当局"妥速设法善为保护该处华人；地方官严拿不法匪徒，按法惩治；赔偿所失财物。……该处侨寓华人遵通商和约来贵国贸易、工艺，一旦惨遭扰害，致资财散失，难以安生。……秉公核办，以儆效尤而安商旅"。① 12 月 30 日，埃瓦茨复函陈兰彬，对事件所做的回应，除了推诿，便是回避责任。

1881 年 1 月 21 日，陈兰彬又向国务卿送去一份措辞强硬的急件，并附上傅列秘领事洋文报告 2 件，各华人失物清单 1 件，承法司陪审员判词 1 件，各证人当堂口供 1 件，布马来述词 1 件。

1881 年 2 月 25 日，陈兰彬第三次照会美国国务卿，就科罗拉多华人被杀、家产被劫一案，再次敦促美国政府早日解决这桩案系人命财产之事件，并将解决之结果转咨中国政府。

丹佛事件的最后交涉受到清政府主动与美国修约以缓和中美关系的影响，尽管形势不利，陈兰彬依然据理力争，并责成旧金山总领事馆直接与丹佛市政府谈判，要求赔偿。对方最终同意赔偿。陈兰彬不计仕途沉浮，决意为华人伸张正义，维护了华工的正当权益，他的品行也得到侨民的尊重，以至多年后之朝野坊间，仍对首任驻美公使感恩不尽。

大国博弈，外交官只是在现实的基础上，斡旋樽俎，尽力"不辱国体"。19 世纪 80 年代初，中美两国关于华工问题，表象是驻美公使陈兰彬与美国国务卿间的交涉，以至最终妥协和解，深层次的是中美两国政府间的博弈。

晚清第一代外交官，"有力炊米，无力回天"，尤其处于近代屈辱条约体

---

① Notes from the Chinese Legation in the United States to the Department of State, 1868 – 1906. reels 1.

制下的中国，连在本土都无法实现平等外交，更遑论海外？1926 年，英国外交部讨论对华政策时，资深外交官布列特（H. J. Brett）在内部报告中写道："无人能够否认，在过去 80 年间，有关中国与各国签订之全部条约，均是'不平等'条约，即是说，签约时的目标，非常清楚，即为这些国家在中国攫取各项利益与特权，但同时并不给予中国人在这些国家同等之利益与特权。其中，1842 年之《南京条约》与 1858 年之《天津条约》，成为各国在华国际关系体系之基础；而这两个'不平等'条约，是依靠军事力量，强迫中国接受的。此后各国与中国所签订之条约，都是在这两个条约的基础之上，继续巩固与扩大各国在华可享受之利益与特权。事实上，时至今日，各国在华可享受之特权，已远远超出南京与天津条约所规定之范畴"。① 陈兰彬以笔为剑，直斥霸权外交，为清廷争回了颜面，可歌可泣，对中美关系的贡献可圈可点。或在某些个案问题上有所失当，亦非陈氏个人之过错，实乃时代之悲哀。

作为首任驻美公使，展示在世人面前的陈兰彬，完全不是一个抱残守旧、保守专制的顽夫，而是一位富有民族气节、矢志不渝，鞠躬尽瘁以维护华工权益的外交官。在中美关系开拓者的足迹中，他独特的品性与不凡的建树，揭开了中美两国友好交往而又充满坎坷的历程。

---

① 英国档案馆藏，档案号 FO 405/251；4/15/1926；"Memorandum respecting the 'Unequal' Treaties with or relating to China by H. J. Brett"，感谢卿斯美教授提供的资料。

改易天朝体制的初试

——义律融调中西的模式及其趋向

李育民[*]

天朝体制是中华所特有的对外关系制度，包含着丰富的内涵，对互市国实行的广州体制则是其内容之一。作为封建时代特有的对外关系模式，天朝体制有其悠久的历史根源和丰富的文化底蕴，以及深厚的经济基础和现实的政治需要，由此形成一种极为稳定和带有执拗或偏执特性的体系。大清帝国的辉煌历史中，这一体制似如铁案一样不容移易，而当其与西方近代文明发生冲突之后，它开始遭遇了前所未有的危机。鸦片战争前几年，英国向这一体制发起了实质性的挑战，在律劳卑"短兵相接"受挫之后，经过一度的"沉默"，出现了义律融调或"嫁接"中西体制的方式或模式。义律"想找出一种方式，使它既不违背他所奉的训令，同时也能为中国方面所接受"，[①] 渐次提出了颇具"中庸"特色的设想和方案。可以说，这是西方国家改易天朝体制具有实际意义的初次尝试，并取得了相应的成效，亦由此开始了摧毁这一古老而又顽强体制的历程。学术界有关鸦片战争和中外关系的论著，对这几年的中外冲突做过不少探讨，[②] 本文拟在此基础上做进一步的探析，更充分地阐述这一尝试，揭示其在天朝体制衰微过程以及中外关系转型中的特殊意义和启示。

---

[*] 湖南师范大学历史文化学院教授。

① 〔美〕马士：《中华帝国对外关系史》第 1 卷，张汇文等译，商务印书馆，1963，第 179 页。

② 关于义律在鸦片战争前的活动，不少论著做了探讨，并不同程度地涉及本文讨论的内容，如〔美〕马士著《中华帝国对外关系史》第 1 卷（张汇文等译），丁名楠等《帝国主义侵华史》第 1 卷（人民出版社，1973），姚薇元、萧致治《鸦片战争研究》（武汉大学出版社，1984），〔美〕张馨保著《林钦差与鸦片战争》（徐梅芬等译，福建人民出版社，1999），等等。近年吴义雄的《体制与权力：义律与 1834～1839 年的中英关系》（《历史研究》2007 年第 1 期）一文，对以往关注不够的中英交往体制问题做了很有价值的探讨。这是一个极有意义的论题，而有关义律改易天朝体制复杂曲折的具体过程和特点，以及这一方式或模式所揭示的趋向其中的，仍值得进一步讨论。

一 天朝体制遇到的挑战及其强化

义律模式是在天朝体制面临危机，遭遇前所未有的挑战后，为应对新的中外关系格局而进一步强化之后出现的。

作为天朝体制中的重要内容，清帝国与互市国的关系，主要限于所谓"怀之以柔"的通商范围，包括通商地域和通商规则两大内容。在帝国看来，这些互市国与它只有通商关系，不能也无必要有官方交往的关系。而且，双方来往的规则，只能取决于天朝一方，不能依据对方的要求、需要和其他原则。英国人自来华通商以来，逐渐对这些规则产生了不满，也曾对此有所要求，但总体来看，长期处于相安无事的状态。随着资本主义的发展和自由贸易政策的实行，英国改变了对华通商政策，取消了东印度公司的专利权，也由此产生了不同于专利时代的两国官方关系问题。

至迟在 18 世纪下半叶，英国就希望与天朝建立正式的官方关系，1787 年便拟派卡思卡特为赴华特使，因其去世又于几年后派马戛尔尼使华。虽然天朝将它的特使视为"贡使"，但在英国看来，它与中国是两个平等的国家，英王即以这一姿态致书天朝皇帝。如在卡思卡特的委任书中，自称为"奉天承运"的"大不列颠、法兰西及爱尔兰国王"等，称乾隆为"全中国的皇帝乾隆仁兄"。[1] 马戛尔尼所携英王致中国皇帝书仍然如此，其结尾谓："我们的君权亲如手足，愿我们之间的兄弟般的友爱永存。"[2] 称兄道弟是平等国家之间的用语，自然为天朝君主所不容，但乾隆所见到的文书却经过译者改篡，并非原文。改篡后的英国国书被视为藩属国的"表文"，该"表文"不仅没有"兄弟"的字眼，而且完全是属国的口吻，如"此次派的正贡使"，"叫他将表文呈进"，要求"一样施恩典"。又"恳准将所差的人在北京城切近观光，沐浴教化，以便回国时奉扬德政化道"，"求大皇帝加恩他们"等。[3]

这里反映出两种性质不同的对外体制，清帝国的天朝体制是以"天下共

---

[1] 《卡思卡特中校的委任书》（1787 年 11 月 30 日），〔美〕马士：《东印度公司对华贸易编年史：1635～1834 年》第 1、2 卷，区宗华译，中山大学出版社，1991，第 489 页。

[2] 《英王乔治三世致中国皇帝的信》，〔美〕马士：《东印度公司对华贸易编年史：1635～1834 年》第 1、2 卷，第 562 页。

[3] 《英使马戛尔尼来聘案·译出英吉利国表文》，故宫博物院掌故部编《掌故丛编》，中华书局，1990，第 723～724 页。

主"的理念为核心规范，而英国等西方国家则已脱离了相类似的帝国时代，步入了以主权平等为原则的国际秩序。这是两种不同国际交往模式的根本区别，其中所包含的礼仪问题，即所谓"叩头"，曾被不少研究者视为中外来往最基本的障碍，实际上这只是问题的表象。就天朝皇帝而言，虽然这是"天下共主"最重要的象征，但并非不可以变通。即使是朝贡国，只要承认天朝的这一地位，这一礼仪是可以改换的。如安国国王阮光平，"既备列藩封，与督抚大员同系臣子"。① 而按照天朝体制，"以各处藩封，到天朝进贡觐光者，不特陪臣俱行三跪九叩首之礼，即国王亲自来朝，亦同此礼"。② 乾隆五十五年，阮光平赴京觐见，高宗谕令行"抱见请安之礼"，"以昭优异"，而不是行三跪九叩大礼。对天朝而言，"此系逾格施恩"，因"天朝大臣内懋着勋劳者，始能膺此异数，其余虽亲贵大臣，亦所难得"。③

在英国等西方国家拟与中国建立官方关系的初期阶段，亦未拘泥于礼仪。英政在给卡思卡特的训令中要求他到达之后，"依照朝廷上的全部礼仪，尽速谒见，但不要有失你的君主的荣誉，或降低你自己的威严"。④ 马戛尔尼出使时，也收到同样的训令。⑤ 诚然，这是一个模棱两可的训令，既要求按照天朝的礼仪"尽速谒见"，又不能有失"君主的荣誉"。这一训令，实际上留下了遵从天朝礼仪的空间，说明英政府并未明确拒绝这一规矩。马戛尔尼出使天朝失败后，英国又于 1816 年派阿美士德使华，在此问题上给予了同样的训令。⑥ 该使团抵华后，为是否屈从天朝礼仪问题出现了不同意见，阿美士德也"犹疑不决"。⑦

---

① 《高宗纯皇帝实录》卷 1375，乾隆五十六年三月癸巳，《清实录》第 26 册，中华书局，1986，第 458 页。

② 《高宗纯皇帝实录》卷 1432，乾隆五十八年七月己亥，《清实录》第 27 册，第 147 页。

③ 《高宗纯皇帝实录》卷 1346，乾隆五十五年正月辛卯，《清实录》第 26 册，第 11 页。

④ 《给卡思卡特中校的训令》（1787 年 11 月 30 日），〔美〕马士：《东印度公司对华贸易编年史：1635～1834 年》第 1、2 卷，第 481 页。

⑤ 《给马戛尔尼勋爵的训令》（1792 年 9 月 8 日），〔美〕马士：《东印度公司对华贸易编年史：1635～1834 年》第 1、2 卷，第 552 页。

⑥ 《卡斯乐雷勋爵致特使阿美士德勋爵》（1816 年 1 月 1 日），〔美〕马士：《东印度公司对华贸易编年史：1635～1834 年》第 3 卷，第 276 页。

⑦ 使团第三号人物埃利斯赞成屈从，认为"假如为了两膝落地，三跪九叩与屈一膝而九个深鞠躬之间的区别，以致牺牲觐见，我怀疑这个相反的结局所付出的代价太大了"。副使斯当东则不赞成屈从，认为这"将是不合适的，即使因拒绝会招致完全不接受本使团的危险。他不相信"由于屈从的问题而对它的成功就有一点促进，而仅获接见（这不能说是荣耀的接见）本使团，我认为用这种牺牲做代价是太大了"。〔美〕马士：《东印度公司对华贸易编年史：1635～1834 年》第 3 卷，第 259～260 页。

最终，阿美士德"带有一些踌躇地决定不履行叩头"，也就是说没有屈从天朝的礼仪制度。而做出这个决定的原因，并非由于"叩头"与英国礼仪的不同，而是因为涉及英国国家地位的问题。"假如叩头这个仪式只不过是拜见君主的方式，那照着去做就不会存在什么反对"，"但当它是被专横地坚持作为一种承认中国皇帝是天下的主宰，而看作是作为他的藩属的其它君主的责任而要求时，这就表示在任何情况下，都不能令人屈从的，对于它的屈辱，需要加以极慎重的考虑。"① 显然，"叩头"意味着承认天朝是天下的主宰，正是出于不愿意被视为中国的藩属这一考虑，导致他们最后做出这一决断。

英国直接与天朝君主建立官方关系的目标虽然没有实现，但其不愿被视为清帝国的附属国的态度则是明确的，而双方的冲突必然由此而生。东印度公司时代，中英交往主要以广州制度为依凭，没有发生直接的官方接触，彼此尚能相安无事。但自任命第一个商务监督之后，中英之间的官方接触已是不可避免，天朝体制开始遇到了真正的挑战。律劳卑一上任，便提出按照西方模式，在平等基础上建立官方关系的要求。关于这一点，已有学者做了详细的论述，② 不再赘述。需要进一步考察的是，律劳卑之举与双方体制的关系，尤其是对天朝体制的影响。

"律劳卑事件"是天朝体制与西方体制两者矛盾冲突的必然结果，反映中英双方对两种体制的对接缺乏足够的认识和准备，尤其是主动方英国更是采取了一种轻率和矛盾的方针。毋庸讳言，此时的英国政府尚无诉诸战争的考虑，仍打算通过和平方式解决。而英方的要求触及天朝体制某些基本理念，因此，从根本上说，解决的途径应该是在北京，而不是广州。英国下院 1833 年讨论东印度公司专利权取消后的对华方针时，曾随马戛尔尼和阿美士德使华，在东印度公司任过职，堪称英国首屈一指的中国通的斯当东，提出了一个较为实际的方案。他认为，"保护这种贸易，应该与中国缔结条约"。在条约未缔结以前，"就英中关系的现状而言，任何为了保护贸易而任命驻留广东的政府官吏的尝试，都不会对问题的改善产生任何效果，反倒会严重伤害大英帝国的名誉与威严"。他主张应依照俄国的例子，直接向北京派遣使节。③ 但是，该方案未投票便被否决。按照新法案，英政府向中国派出了第一任商务监督律

---

① 〔美〕马士：《东印度公司对华贸易编年史：1635～1834 年》第 3 卷，第 261 页。
② 吴义雄：《体制与权力：义律与 1834～1839 年的中英关系》，《历史研究》2007 年第 1 期。
③ 汉萨德：《议会辩论》第 3 辑，武汉大学历史系鸦片战争研究组编《外国学者论鸦片战争与林则徐》（上册），福建人民出版社，1989，第 126～127 页。

劳卑，并颁予了相关指示，包括英王敕书和外交大臣巴麦尊的训令。

这些指示存在着种种矛盾，为这场冲突埋下了伏笔。例如，英王敕书总的精神，是"用一切方法敦睦中国人的友谊"，要求监督"必须避免任何足以引起中国人民或政府的嫉忌或猜疑的行动、言语或行为，或是激怒他们"，或是"对他们的意见与成见表示嫌恶"；必须"研究用一切可以实行的方法去维持一种友善的谅解"。他们自己既须牢牢记住，也要使一切英国臣民深切了解"遵守中华帝国的法律和习惯的义务"。但同时，又要求"监督须留居广州，并须在广州或在珠江与广州港内，或在本国政府今后所指定的其他地点执行其职务"。① 这一条与现存的广州体制相抵牾，谈不上"敦睦"友谊，"遵守"清帝国法律。巴麦尊的训令也是如此。一方面指示"必须特别小心谨慎，以免激起中国政府的恐惧或触犯它的偏见"。"除了采取那些具有普遍倾向使中国当局相信英国国王真诚希望培养同中国皇帝的最友好关系，以及同中国皇帝一起采取任何有可能促进他们各本国臣民的幸福和兴盛的措施之外，您不应采取任何行动。"另一方面又要求律劳卑抵达后，"应写信给总督，声明您已抵达广州"。②尤其是要求写信给总督，更是为冲突准备了一根"燃烧炸药的信管"。③

此时天朝对互市国在广州通商，已制定了严格的管理制度。两广总督李侍尧于1760年拟订了《防范外夷规条》，④ 翌年初，此规条经军机大臣等议覆、高宗批准，⑤ 成为第一个钦定的防夷章程。其后又"酌量变通"，⑥至1831年，两广总督李鸿宾与海关监督中祥重新修订，会同核议章程八条，为宣宗所批准。⑦ 这些经皇帝谕准的章程，是广东地方官吏处理与互市国关系

① 《中国通讯汇编》，第2页；〔美〕马士：《中华帝国对外关系史》第1卷，第137~138页。
② 《巴麦尊子爵致律劳卑勋爵函》（1834年1月25日），《英国档案有关鸦片战争资料选译》（上册），胡滨译，中华书局，1993，第2页。
③ 〔美〕马士：《中华帝国对外关系史》第1卷，第139页。
④ 《乾隆二十四年英咭唎通商案·李侍尧折》，乾隆二十四年十月二十五日，《史料旬刊》第1册（1~10期），北京图书馆出版社，2008，第649~650页。
⑤ 《高宗纯皇帝实录》卷602，乾隆二十四年十二月戊子，《清实录》第16册，第760~761页。
⑥ 《两广总督李鸿宾、监督中祥疏》，道光十一年二月，梁廷枏等《粤海关志》卷29，夷商四，台北，文海出版社，1975，第2071页。
⑦ 《军机处寄两广总督李鸿宾等英夷屡违禁令必须责令遵守旧章所有酌议防范外夷八条著照所议办理上谕》，道光十一年三月十六日，故宫博物院编印《清代外交史料·道光朝》第4册，1932，第46页。

的法定依据和准则。在天朝君臣看来，中国与这些互市国的关系仅是通商关系，这些章程都是建立在这一理念和原则基础之上的。其中心思想是在"怀柔远人"的恩施中"稽查管束夷人"，即所谓"于柔远恤商之中，寓防微杜渐之道，而中外体统亦觉崇严"；① "严内地之成规，杜外夷之滋事"，"于抚驭绥来之中不失天朝体制"。② 显然，章程所构建的中外体制，不可能是国家之间的官方交往关系，而是天朝以"天下共主"的身份，居高临下的单方面安排。在这种体制中，天朝官员不屑与"外夷"直接打交道，规定"夷人到粤，宜令寓居行商管束稽查"。③ 防夷规章对来粤"夷商"予以种种严格限制，如"夷商不得在粤住冬"、禁止"夷人私带番妇住馆及在省乘坐肩舆"等。这些限制有些不近人情，但却是封建时代所共有的现象。"很多这类同样的规定盛行于欧洲中古世纪的行会，直到十四世纪还盛行于英国，在意大利、法国、法兰德斯（Flanders）和其他各地还盛行到更晚的时期。"④

中外交往中最敏感的文书制度，即一直实际上采行的禀帖制度，直至1831年章程才做了明确规定。内容主要有三：一是"遇有事关紧要必须赴总督衙门禀控者，应将禀词交总商或保商代递，不准夷人擅至城门口自投"。二是改进了以往笼统由行商代递禀帖的规定，增加了在行商故意拦阻，不为代递情况下的处理办法，即"夷人"可自行到城门口投禀，但又予以一定的限制，如"只准一二夷人前往，不准带领多人强行其事"。三是规定了禀帖的投递路径和方式，紧要事务可赴总督衙门禀控，由行商代递；一般的贸易事务，可直接赴海关衙门具禀；一般交涉事务，则照常赴澳门同知、香山县及香山县丞等衙门禀陈。由此可见，只是呈给总督的禀帖须行商代递，而向海关和澳门以及香山县等衙门的禀陈，则可直接呈递。⑤

1834年，来华赴任的第一任商务监督律劳卑要打破的便是这一钦定的制

---

① 《乾隆二十四年英咭利通商案·李侍尧折》，乾隆二十四年十月二十五日，《史料旬刊》第1册（1～10期），第655页。

② 《军机处寄两广总督李鸿宾等夷夷屡违禁令必须责令遵守旧章所有酌议防范外夷八条著照所议办理上谕》，道光十一年三月十六日，《清代外交史料·道光朝》第4册，第46页。

③ 《高宗纯皇帝实录》卷602，乾隆二十四年十二月戊戌，《清实录》第16册，第760页。

④ 〔美〕马士：《中华帝国对外关系史》第1卷，第80页。

⑤ 《两广总督李鸿宾、监督中祥疏》，道光十一年二月，梁廷枏等：《粤海关志》卷29，夷商四，第2078～2079页。

度，他在致巴麦尊函中谓："我最大的目的是，打开维持与总督直接的个人通信"。① 然而当他直接向两广总督致"书"而不是"禀帖"时，"各官皆推辞，不肯转递"。行商拟照惯例"代递"，律劳卑则以自己"系奉国王特命之官，未能俯由商人照会，不能准其代递"。② 律劳卑认为，这些问题不完全是"礼节问题"，"因为它的后果是带来屈辱"。③ 律劳卑采取强横的方式改易天朝体制及其建立中英官方关系的冀图，完全被两广总督所否定而归于失败，这位雄心勃勃的商务监督也因此忧愤而死。

在两种体制的对撞中，律劳卑表现出一种比天朝君臣更为狂妄的自大，在他眼里，天朝是无法对抗大英帝国的。因此，当违反规定闯入省城时，律劳卑洋洋自得，在1834年8月14日致巴麦尊的报告中，以嘲弄清帝国的口气夸耀英国的强盛："虽然有四万名士兵经常驻守在广州，但他们对我没有护照或未经允许登岸一事发布了四道谕令。他们命令我离去，并恳求我启程；然而，尽管发布了所有这些谕令，而且有四万名士兵、法律光辉灿烂，以及雷电般地令人敬畏，但他们仍没有捉拿我并把我押送出珠江。假定有一名中国人或任何其他的人在类似情况下来到白厅，阁下将不会允许他'闲游'，像他们曾经允许我那样。"④ 随后，律劳卑对卢坤在谕帖中称英国王"向来恭顺"所发泄的怒气，更反映出这个殖民帝国的不可一世。⑤

律劳卑事件对中英交往体制产生了重要影响。从中国方面来看，它使得广东当局采取更严厉的应对措施。这一事件已触及天朝体制的核心规范，引起了天朝君臣的极大震动。卢坤奏称，律劳卑所致书信，"系平行款式，混写大英国等字样，卢坤等以体制攸关，申明例禁"。因此，应"将该国买卖，

---

① 广东省文史馆编《鸦片战争与林则徐史料选译》，广东人民出版社，1993，第280页。
② 《无比通告各商等》，道光十四年七月二十二日，佐佐木正哉编《鸦片战争前中英交涉文书》，台北，文海出版社，1967，第8页。
③ 《律劳卑勋爵致巴麦尊子爵函（附函）》（1834年8月17日），《英国档案有关鸦片战争资料选译》（上册），第20页。
④ 《律劳卑勋爵致巴麦尊子爵函》（1834年8月14日），《英国档案有关鸦片战争资料选译》（上册），第14页。
⑤ 律劳卑谓："卢督宪节次谕内擅称，吾君主向来恭顺等因。缘着即诉知：以英国大主权能巍巍，版图洋洋，四方皆有所服。地出广汪，土产丰盛，即大清亦非能比权。有勇猛兵卒，集成火单，所攻皆胜。亦有水师大船，内有带至百二十大炮者，巡弈各洋。并中华之人所未敢驶到各海，亦无不到。故请督宪自问此：吾大君焉有恭顺何人之意耶？"见《无比（律劳卑）书往英国商等》，道光十四年八月初六日（1834年9月8日），佐佐木正哉编《鸦片战争前中英交涉文书》，第17页。

暂行停止，量加惩抑"。宣宗降谕，称赞卢坤"所办尚妥，所见亦是"，要求他"通盘筹画。设法整顿"，"不可于国体有妨，稍事迁就；亦不准令边夷启衅，稍涉张皇"。① 当获悉英国兵船闯入内河，宣宗极为恼火，以卢坤未事先预防革去太子少保和两广总督之职，暂时留任，"戴罪督办"。由于事涉海防，宣宗更为关注，几天未收到奏报，便"甚为悬系"，要求卢坤将各种情况查明上报。② 继又要求"整饬"海防，关口进出稽查要"痛加整顿"，及其如何厘剔弊端，"着即商酌详议，厘定章程"等。③

　　事件虽以挫败律劳卑而结束，但却透露出不可忽视的信息，反映了中外形势的重要变化。经过这一事件，天朝君臣实际上已知悉东印度公司已"散局"，律劳卑"系属夷目，与大班不同"，但没有认真考究这种不同将对天朝带来何种影响。④ 实际上天朝体制正面临着严重的危机，但广东大吏和清廷没有从中感触到这一严峻的事实，为此做相应的体制调整，反而进一步强化了对"外夷"的管理体制。律劳卑病逝后几天，两广总督卢坤谕令"该夷商即日寄信回国，即另派大班来粤经理。天朝贸易等事，系责成洋商管理。该国亦顺择派晓事商人前来，不必仍派夷目监督，至多窒碍"。⑤ 翌年初，两广总督卢坤暨海关监督中祥等上疏，以"时事有今昔之殊"，以及旧有章程"或竟成具文，或渐生流弊"为由，提出增易防范夷人规条。其目的是"肃体制以防逾越，严交结以杜汉奸；谨出入之防，专稽察之责，庶防范益昭详慎"，"俾诸番共沾圣泽，咸凛畏怀。"根据这一精神，卢坤等"率同藩臬两司详加筹议"，"除旧章程无须更议，各条照旧申明晓谕"之外，"尚有应行酌量增易规条"。⑥ 宣宗批准了该章程，并强调，"务须实力奉行，断不可不久又成具文也，勉益加勉"。⑦

　　新订章程基本上重申了以往的规条，但予以强调和进一步具体化，并加强了稽查防范措施，尤其是禀帖问题，针对律劳卑事件，予以前所未有的高

① 《宣宗成皇帝实录》卷255，道光十四年八月庚申，《清实录》第36册，第896~897页。
② 《宣宗成皇帝实录》卷256，道光十四年九月辛未，《清实录》第36册，第906页。
③ 《宣宗成皇帝实录》卷256，道光十四年九月癸酉，《清实录》第36册，第909页。
④ 《宣宗成皇帝实录》卷256，道光十四年九月癸酉，《清实录》第36册，第908页。
⑤ 《卢坤谕洋商等》，佐佐木正哉编《鸦片战争前中英交涉文书》，第31页。
⑥ 《两广总督卢坤、监督中祥疏》，道光十五年正月（1835年2月），梁廷枏等：《粤海关志》卷29，夷商四，第2087~2088页。
⑦ 《宣宗成皇帝实录》卷264，道光十五年三月癸酉（1835年4月11日），《清实录》第37册，第47页。

度重视。章程强调,"夷人具禀事件,应一律由洋商转禀,以肃政体"。并指出,"外夷与中华书不同文,其中间粗识汉字者,亦不通文义,不谙体制,具禀事件,词不达意,每多难解,并妄用书信,混行投递,殊乖政体。且同一夷务或由洋商转禀,或由夷人自禀,办理亦不划一。嗣后凡夷具禀事件,应一概由洋商代为据情转禀,不必自具禀词。"① 章程将此问题上升到"政体"的高度,这是此前所没有的,反映了他们对律劳卑事件的极度敏感。如果说,洪任辉事件促使清帝国颁行了第一个防夷章程,而律劳卑事件则导致了清廷更为严厉的管控,显示了它坚持这一体制的决心。

从英方来看,这一事件以及由此激成的严厉措施,促使它不得不放弃律劳卑的方式。当律劳卑将与天朝抗争情况报告本国政府时,遭到了新任外交大臣威灵顿的指责:"国王陛下并不指望以暴力建立其臣民与中国的通商关系。就如阁下已经接到的所有训令所谆谆强调的那样,(通商关系的建立)要通过其他稳健的手段。"② 接任律劳卑的德庇时于1834年11月10日向侨居中国的英国臣民发出一项通知,将广东当局的"谕帖"视之为"商业通信",认为"这个不适宜的媒介","不符合尊严的所有正确原则,而且背离了理性的一切支配。它将损害他们本国君主的威严,并且使他们的信件必定得不到丝毫重视"。并声明,在目前的情况下,"他们看不到有丝毫机会与广东地方当局开始联系",只有"保持完全沉默,等待国王作出最后决定"。③由于英政府没有发出具体的指示,在面临多种选择的情况下,新任监督采取了"沉默"政策。翌年,德庇时致函巴麦尊说,他另可以采取"两种性质相反的方针"。一是"撤出船只","停止贸易";二是"屈服于当地政府命令","置于行商摆布之下"。但这两种方针均不可取,而"保持静止,不去与广州政府作进一步的谈判,等候国内的指示,这可能产生有利的结果"。④"沉默"政策为随后的罗治臣所承袭,英政府也未发出任何指示,中英双方短时期内相安无事。1836年12月14日接任商务监督的义律,不满足于这种

① 《两广总督卢坤、监督中祥疏》,道光十五年正月(1835年2月),梁廷枏等:《粤海关志》卷29,夷商四,第2098~2099页。

② 《有关中国的信件》第26页,武汉大学历史系鸦片战争研究组编《外国学者论鸦片战争与林则徐》(上册),第144页。

③ 《给英国在华臣民的通知》(1834年11月10日),《英国档案有关鸦片战争资料选译》(上册),第54~55页。

④ 《德庇时致巴麦尊》(1835年1月19日),广东省文史馆编《鸦片战争与林则徐史料选译》,第297~299页。

消极无为的局面，开始打破"沉默"，进行了融调中西体制新方式的尝试。

二 "远职"的首次尝试及收获

清帝国的态度使义律清楚地看到，如果仍坚持律劳卑的路线，肯定行不通。律劳卑死后，以义律的名义发布的告示谓："大清官宪，虽与远国通交，实认是未惯之事，尚且难信。"① 即义律认为清帝国对与西方"通交"及其规则既未认同，又不熟悉，且不相信。因此，需要另辟蹊径，这一新的蹊径便是融调天朝体制和西方体制，而不是坚持西方世界的模式，然后循序渐进、逐步改造这一旧的体制。

当务之急是打开与广东当局联系和对话的通道，而要做到这一点，除了回到原地之外别无他途。就任商务监督那一天，义律便致函巴麦尊，告知他打算采取的方针，谓："为了维护与这个帝国的和平贸易关系，采取尊重惯例特别是不动摇该政府偏见的和解意愿，是既符合英国的宽宏大量又符合在危急中的重大利益的方针。"明确地说，便是"像东印度公司大班们习惯于进行的联系那样"，"与总督重新开始联系的方式"。②他"采取了一种意在从大处着眼小处着手的直接步骤"，③按照东印度公司时代的模式，通过行商给两广总督递上一份言词"恭顺"的禀帖，请求对方的认可和接纳。禀谓："兹十一月初七日，由本国接准公书，内称特派远职总管英国来粤商贾人梢等因。维思今届本国商船陆续云集，进口省城黄埔等处，聚会之人，不下千百，多有不悉大清法度例禁。况无人主治管束，其情既为如此，诚恐有事。万望大人允许远职早日赴省共职。缘此特求准示远职与随带各人来省，因请咨会粤海关部，给领红牌，准由内河进居省城，且本国远通大清盛熙之朝，历久平安，远职奉命遵照，专务恒昭和睦，自应悦然推和，尽心竭力，邀求大人眷顾盛意。禀赴两广总督大人台前，恭候崇禧，兴居迪吉，福履靡既矣。"④

---

① 《义律为示在粤英国众人等》，道光十四年十月初十日（1834年11月10日），佐佐木正哉编《鸦片战争前中英交涉文书》，第42页。

② 《首席监督义律海军上校致巴麦尊子爵函》（1836年12月14日），《英国档案有关鸦片战争资料选译》（上册），第126~127页。

③ 〔美〕马士：《中华帝国对外关系史》第1卷，第177页。

④ 《义律敬禀两广总督》，道光十六年十一月初七日（1836年12月14日），佐佐木正哉编《鸦片战争前中英交涉文书》，第86页。

这份禀帖，可以说是义律为弥合律劳卑造成的裂缝而精心制作的杰作。且不说其中言词谦卑，即以自称"远职"来看，便别具深意。作为一个独立国家的驻外使节，义律以"远职"自称，既显示了有官职的非商人身份，又隐含投天朝之好，冒混"臣属"之意，听起来似乎是天朝治下的远方职官，并迎合了天朝"怀柔远人"之义。此前，律劳卑声称是"大英国"特命"总督贸易人等正监督世袭侯爵"，管理"本国四海属下各地方"来华贸易之人，要求"早日到衙拜会"，① 不仅口气甚大，且毫无"恭顺"之意。义律自称"远职"，且无"大英国"之类的傲词，颇能拉近双方的距离。此外，义律似乎更注重实际，而不在乎文字上的含义，他致函巴麦尊说："我们与其把这一名辞理解为我们的'呈文'一辞所包含的那种观念的明确的意义，或许还不如把它理解为报告的一种郑重形式。"②

义律的第一步收到了预期的效果，使中英关系在数年"沉默"之后取得了重要的突破，即商务监督取代"大班"的职官身份得到了天朝的认可。此前以义律名义在澳门发布的告示谓："粤省大宪即弗认我官职，未与本监督等准有公文来往，事则无何定理可照，实恐与本国商人及内地商民，两为未便之甚。"③宣宗亦谕令两广总督等"即饬洋商，令该散商等寄信回国，另派大班前来，管理贸易事宜，以符旧制"。④ 即"不可再派夷目"，不承认英官方委派的商务监督。邓廷桢未被旧制和皇帝的上谕所束缚，对此采取了积极的态度。他对含混的"远职"之名称不太清楚，但已感到"似系夷目之称，并非大班名目"。他需要了解义律的确切身份，更重要的是弄清他来粤办理何事。在查清了种种疑惑的问题之后，邓廷桢没有拒绝这个"夷目"，而是变通旧制，奏请清廷予以接受。宣宗批准了邓廷桢的建议，于 1837 年 2 月下谕："今该夷既领有公书文凭，派令经管商梢事务，虽与向派大班名目不同，其为钤束则一。著准其依照从前大班来粤章程，至省照料，并饬令粤海关监督，给领红牌进省。以后住澳住省，一切循照旧章，不准逾期逗留，致开盘踞之渐。"⑤

---

① 《无比书两广总督》，道光十四年六月十四日，佐佐木正哉编《鸦片战争前中英交涉文书》，第 2 页。

② 〔美〕马士：《中华帝国对外关系史》第 1 卷，第 177 页。

③ 《义律为示在粤英国众人等》，道光十四年十月初十日（1834 年 11 月 10 日），佐佐木正哉编《鸦片战争前中英交涉文书》，第 42 页。

④ 《宣宗成皇帝实录》卷 256，道光十四年九月癸酉，《清实录》第 36 册，第 909 页。

⑤ 《宣宗成皇帝实录》卷 293，道光十七年正月丙申（1837 年 2 月 22 日），《清实录》第 37 册，第 541 页。

义律的职官身份先后被广东大吏和清廷所接受，具有重要的意义，它标志着中英两国开始建立官方关系，这是清帝国与互市国建立的第一个官方关系。不过，邓廷桢等天朝大吏还不是很习惯这种新的关系，在后来的一道谕帖中，他仍将义律称之为"夷商"。① 而对义律而言，其职官身份被认可，等于在天朝体制中打下了一个楔子，是他融调中西体制的立足点。因此，他即呈禀要求更正，并对这一误称的危害做了详细的解释，谓："窃以是职是商，各有名分，且道光十七年正月十八日钦奉上谕，指明远职特派领事，不管贸易，准即来省料理分内之事各情节，钦遵在案。若远职今不禀明乞将夷商二字删，诚恐将君谕寄回本国，此事一被磨勘，则远职难逃专责。或以远职违体，不遵本国定例，又不顾职守，擅行办理贸易，即坐重罪，未免革职。或又责远职未详明所奉职分，不敢贸易，则不但坐罪于本国，而对大人，亦皆失当也。"他要求"将所抄录寄回之谕，删去夷商二字，免至远职坐罪，则感仁爱无涯"。② 几天后，邓廷桢爽快地应允了义律的要求，"准将前谕内夷商二字删除，以昭核实"。③经过这一"夷商"之辨，天朝已完全接受了义律的"夷目"身份，两国由此建立了天朝体制下的官方关系，为此后关系的进一步拓展打下了不可或缺的基础。这一认定，无疑具有根本性的重要意义，义律在致英国政府函中，便视此为"主要障碍"，对其所产生的影响做了说明。

当然，中英之间的这一官方关系，还不是近代国家之间的正常关系，充其量只是这种关系的萌芽。就天朝君臣的观念和态度而言，他们仍将这一关系置于天朝体制之中，仅视为这一体制范围内的微调。即使如此，这种微调毕竟是破天荒之举，也是对新的中外关系具有积极意义的应对。恪守天朝体制的君臣，为何会做如此变通呢？原因主要有二：一是义律的"恭顺"。这是天朝认可这一关系的基础。如果义律仍如律劳卑般的傲慢，双方的接触便无从谈起。如邓廷桢称赞义律"来禀词意恭顺，尚属晓事，一切自能恪遵"。④ 这也是义律"从大处着眼小处着手"，不惜屈尊称臣以疏通关系的原

① 《邓廷桢谕洋行总商》，道光十七年三月三十日（1837年5月4日），佐佐木正哉编《鸦片战争前中英交涉文书》，第102页。
② 《义律敬禀两广总督》，道光十七年四月二十一日（1837年5月25日），佐佐木正哉编《鸦片战争前中英交涉文书》，第103页。
③ 《邓廷桢谕洋行总商》，道光十七年四月二十八日（1837年6月1日），佐佐木正哉编《鸦片战争前中英交涉文书》，第105页。
④ 《邓廷桢为谕饬查办事》，道光十六年十一月十五日（1837年4月19日），佐佐木正哉编《鸦片战争前中英交涉文书》，第87~88页。

因所在。二是"大班"的真空需要填充。由于东印度公司解散,"大班不来,乏人总摄其事",① 而"该国来船络绎。自应钤束得人。以期绥静"。即从防范夷人的角度而言,恢复正常的管理秩序,也需要对方的配合。如宣宗上谕所言,"该督等正可借此责成该夷小心弹压,不准干预滋事"。也正唯此,清廷及其广东大吏没有将这一关系视为新的国家关系的开端,它仍将其纳入传统体制之内,要求"依照从前大班来粤章程"。并强调,"应密饬该管文武及洋商等,随时认真访察,傥该夷越分妄为,或有勾结汉奸,营私舛法情事,立即驱逐回国,以绝弊源"。②

对义律而言,这只是一个开端,他的目的是由此将这一关系逐渐引向西方体制。在循着旧体制之路打开通道之后,义律开始得寸进尺,实施他的融调中西体制计划。1837 年 4 月,义律上禀邓廷桢,提出了融调中西体制的最初设想,即"仿贵国礼仪,照本国规矩"。他以"钦奉上谕,遵照进省供职"为由,借机告之以英国"规矩",即"有自外国适省供职者,应请谒见上宪"。根据这一"规矩",他要求邓廷桢"准引随带人员禀见,深足庆幸"。③与此同时,义律又禀告邓廷桢,英国"藩属新嘉波"救助"贵国"难民 17名,④ 以此示好。

义律对清廷认可他的身份显得过分乐观,⑤ 甚至觉得清政府会更进一步改变交往方式。他说,"皇帝已经宽厚地欣然承认我的官员身分","也将明智地承认这些反对意见和要求的合理性"。义律自己知道,"不应当以一名外国官员的身份命令中国政府采取一种交往方式",但由此强烈地感到,中国政府出于自己的目的,将很快看到,"目前的交往是不适当的而且效果不好的"。⑥ 或许是由于这种乐观,义律对天朝体制的核心规范有所忽略,这两个

---

① 《邓廷桢为谕饬查办事》,道光十六年十一月十五日(1837 年 4 月 19 日),佐佐木正哉编《鸦片战争前中英交涉文书》,第 87 页。

② 《宣宗成皇帝实录》卷 293,道光十七年正月丙申(1837 年 2 月 22 日),《清实录》第 37册,第 541 页。

③ 《义律敬禀两广总督》,道光十七年三月初八日(1837 年 4 月 12 日),佐佐木正哉编《鸦片战争前中英交涉文书》,第 96 页。

④ 《义律敬禀两广总督》,道光十七年三月初四日(1837 年 4 月 8 日),佐佐木正哉编《鸦片战争前中英交涉文书》,第 96 页。

⑤ 马士认为,"义律永远表现为一个不可救药的乐观主义者",参见〔美〕马士《中华帝国对外关系史》第 1 卷,第 219 页。

⑥ 《义律海军上校致巴麦尊爵士函》(1837 年 4 月 1 日),《英国档案有关鸦片战争资料选译》(上册),第 198~199 页。

禀帖触到了该体制的禁区，遭到邓廷桢的痛斥。问题在于禀帖中的语词没有那么"恭顺"，字里行间透露出西方体制中平等国家关系的用语，诸如"贵国"、"彼此结和推睦"等，且对天朝没有表示尊崇之意。邓廷桢即以天朝上国的口吻训斥道："惟查中外具有纲维名称，久崇体制，钦惟我朝化成久道，四夷宾服，拱奉天朝，固已率土之滨，莫非王臣。"而义律此次禀内，"并不查照旧章，钦叙天朝字样，混以贵国及彼此和睦等字句，率臆禀呈，非特体制有乖，词意亦殊妄诞"。为此，令洋行总商等立即传谕义律，"嗣彼凡有应呈禀件，务须恪循天朝体制，妥为敬谨叙呈，以凭谕饬办理，毋得再涉违制，自蹈愆尤"。并要求"该总商等，如遇该领事及各国夷商赴辕禀事，着先详加查阅，设有似此不遵体制，声叙纰缪者，亦即将禀发换，毋许颟顸代呈，同干重咎"。① 对英国"藩属"救助天朝"难民"之举，邓廷桢仅褒其"恭顺可嘉"。②

显然，邓廷桢仍严格固守天朝体制的藩篱，不容逾越，这是双方关系不可能有本质性突破的根本原因。正义律由于"夷目"身份的被接受和官方关系的沟通，则为其奠立了一定的基础，因此，随后义律又以此为由取得了新的进展。

一是关于禀帖封口问题。由上可知，邓廷桢要求总商转呈该领事的禀帖时，"详加查阅"有无"不遵体制"和"声叙纰缪"的内容。这就意味着义律的禀帖不能封口。禀帖不能封口，是此前的惯例。律劳卑事件之前钦准颁行的防夷章程没有对此做出明确规定，但广东当局为防止禀中出现有悖天朝体制的言辞，往往要事先检查。该事件之后的防夷章程，则规定"应一概由洋商代为据情转禀，不必自具禀词"，虽未明确要求，但为此留下了禀帖不许封口的解释空间。就官方交往而言，这一为维护天朝体面的惯例显然有失妥当，不符这类交往的礼节及规范，义律因此迅速做出反应。他通过行商转达了不同意见，提出了"禀"和"谕"均不宜封口，以及"封谕"，"直行远职"的要求。义律围绕自己的官方身份做文章，谓："远职奉本国特命经管"商务，"而其洋行贸易事件，毫无干涉。如遇赴辕禀事，似难通达洋商。准请代呈，亦难以洋商转行沙送之谕奉行"。他甚至提出，如果仍袭旧例，则"远职无方再行禀陈，而督宪札谕，亦难以申明远职"。他又从体制上陈

① 《邓廷桢为谕饬遵照事》，道光十七年三月十五日（1837 年 4 月 19 日），佐佐木正哉编《鸦片战争前中英交涉文书》，第 97～98 页。

② 《邓廷桢谕洋行总商等》，道光十七年三月初九日（1837 年 4 月 13 日），佐佐木正哉编《鸦片战争前中英交涉文书》，第 97 页。

述理由，表示总督为封疆大宪，"凡有谕饬洋商之情，远职自不能擅驳是非"。他对此事"并不敢毫存违体之心"，"自执己见"。而此要求，仍在天朝体制之内，若准仍以封禀谨呈，"亦似不失方便。如蒙督宪封谕，直行远职，又似不违体制，则宪谕无难申明，而远职自必实心敬服"。而且，他自己也"不可违本国明训"。①

在陈述中，义律吸取了上次的教训，语词恭敬。邓廷桢予以肯定，谓："能知忠敬，不敢毫存违体之心，尚属恭顺"；对其前禀的不恭，则以"甫经来粤，因未谙天朝体制"，未予计较。由于义律以官方身份为据，且"封禀"又未显得有违钦颁章程，邓廷桢即予以允准，谕谓："嗣后遇有禀陈事件，准该领事自行封禀，交总商伍绍荣、卢继光、潘绍光代呈。其禀内事件，及措词如何无难，由本部分别核办。"至于总督谕帖封口和直行之事，邓廷桢以"此系天朝定制，未便更易"，予以否定。② 接谕后，义律对允准其封禀，表示"足感仁明并济，心存柔远"。而对另一要求的拒绝，义律表示"钦荣天朝定制，不敢一时固执，竟致无方禀呈，失于奉行"。但又以"系经奉本国明训"，须"俟远职又奉本国训示，再为禀明"，③ 留下继续交涉的余地。邓廷桢则再次颁谕强调："本部堂遇有饬行事件，向由总商传谕饬遵，系属天朝一定体制，该国仰体威惠，亦断不至妄与更张。着即遵照，以循该领事之职分"。④

二是领事驻省问题。已有学者对此做了较详细的探讨，认为义律"实现了作为外国官员常驻广州的历史性突破"，⑤ 其过程不再赘述。这确实是一个突破，本文拟进一步说明，取得这一突破的基本原因之一，在于义律的身份已不同于东印度公司的"夷商"。义律在禀求这一权利时，谓："缘此禀请大人俯念远职兢兢供职，并非商人可比，若系商人，断不敢禀请。惟系远职倘一迟误事件，则本国有所专责，而且与公事无益。"⑥邓廷桢也正是从这一角

---

① 《义律致洋商函》，道光十七年三月十八日（1837 年 4 月 22 日），佐佐木正哉编《鸦片战争前中英交涉文书》，第 98 页。

② 《义律致总商等》，道光十七年三月二十一日（1837 年 4 月 25 日），佐佐木正哉编《鸦片战争前中英交涉文书》，第 100 页。

③ 《义律敬禀两广总督》，道光十七年三月二十三日（1837 年 4 月 27 日），佐佐木正哉编《鸦片战争前中英交涉文书》，第 100 ~ 101 页。

④ 《邓谕洋行总商》，道光十七年三月二十七日（1837 年 5 月 1 日），佐佐木正哉编《鸦片战争前中英交涉文书》，第 101 页。

⑤ 吴义雄：《体制与权力：义律与 1834 ~ 1839 年的中英关系》，《历史研究》2007 年第 1 期。

⑥ 《义律敬禀两广总督》，道光十七年四月二十一日（1837 年 5 月 25 日），佐佐木正哉编《鸦片战争前中英交涉文书》，第 103 页。

度予以允准，其所颁谕谓："查该领事既职在经管商梢，凡遇若辈滋事，自宜即行认真查办。"而彼所禀，"将来往澳期内，有事黄埔省城，恐限于请领红牌，致有延误，尚属实在情形。自应准令随时遇事，驾坐三板来往，不必请牌"。①

由上可见，由于天朝君臣对义律官方身份的认可，并由此对旧制惯例做了某些变通，中英之间的官方关系也因此粗具雏形，而义律融调中西体制的设想亦获得一定的成功。但是，这种融调又为天朝体制的核心规范所局囿，从前面所述来看，广东大吏对该体制的一再强调，甚至用天朝上国的眼光对彼方禀帖的吹毛求疵等，无不反映他们在毫不动摇地维护"天下共主"的至尊地位。较之伦敦高层和前任，义律对这一核心规范及天朝大吏坚定态度的认识，显然要高出一筹，其采取的方针也更为实际。他目前采取的方针，可以说是在不触动这一核心规范的基础上，逐渐植入西方体制。因此，对于英国政府的训示，他并未完全遵循。他仍采取"禀"的形式，并接受上对下的"谕"，均体现了这一点，且在禀帖中使用迎合大吏们的天朝心理的用语，如在要求"驾所属之三板来往'省城的禀帖中谓，"不但远职感激，而本国亦沾柔远之至意"。② 诸如此类，不一而足。

三 "遵此违彼" 两难中的挫抑

然而，义律的设想与英国政府的意旨却不相枘凿，他很快又遇到了新的难题，陷入了深深的困境之中。他必须在两种体制、两个政府之间协调，取得平衡，既对英国政府有一交代，又能使天朝接受。因此，义律一直在寻找两者之间的融合点和最佳时机。但是，这两种相互抵牾的体制，并不是那么容易融调，在"遵此违彼"的两难中，这一尝试遭到了挫抑。

其中关键之一，是要取得英政府的同意，而英外交大臣巴麦尊却反对他以"禀"的形式与广东大吏联系。从 1836 年 7 月起，巴麦尊便训示义律，"东印度公司的职员们本身是一个商人的团体，他们通过行商与中国官员们联系，也许是很合适的；但是，几位监督是英国国王的官员，他们作为官

① 《邓廷桢谕洋行总商》，道光十七年四月二十八日（1837 年 6 月 1 日），佐佐木正哉编《鸦片战争前中英交涉文书》，第 105 页。
② 《义律敬禀两广总督》，道光十七年四月二十一日（1837 年 5 月 25 日），佐佐木正哉编《鸦片战争前中英交涉文书》，第 103 页。

员，除了与中国政府的官员们联系外，不适于与其他任何人进行联系。"他指示义律只能接受"直接来自总督或通过中国政府的某个负责官员送来的"信件，与中国政府进行书面联系时，"最好不用'禀帖'的名义"。① 要贯彻英国政府的训令，就必须更进一步改易天朝体制。这是一个难题，义律在等待机会，中国的禁烟运动则给他提供了这样一个机会。1837 年 7 月，宣宗降谕两广总督等，命"严饬洋商，传谕该国坐地夷人勒令寄泊趸船尽行归国，勿许托故逗留"。② 广东当局即谕令义律"将各趸船全数勒令回国"，并将此情节上达英国国主。

义律知道此事对广东大吏的重要性，试图借此进一步推进对天朝体制的改造，植入更多的西方规则。他以现存体制无法"尊奉天朝钧谕"为理由，再次要求由广东官方直接传谕。与此前的和缓方式和恳求态度不同，义律单刀直入，直接挑明两种体制的矛盾。他仍在职官身份上做文章，谓：远职"原是职官，并非商人可比"，奉命驻粤，管理本国贸易人船。本应遵奉天朝钧谕，并"剀切传谕商梢人等，恪遵天朝法制，亦不敢稍存别意"。但是，"照本国之法，本无与商人往来文书之理"；而照天朝法例，"凡有外国之人禀奉事件，总须与洋行商人转递转奉"。如果奉遵，便"违反本国之例，则自取重责"。他由此指出问题的症结在于"中外之义理虽同，而法制殊异，是以治理之中，固有遵此违彼之掣肘"。如果是一般"寻常细故，或可权衡迁就"，若需"将情上疏国主，事非寻常，自不敢故违本国定例，方为妥善，无涉罪咎"。另外，现奉钧谕，系"商人转为抄录送来，并无官印官封为凭"，"焉敢抗违本国明例，将此白谕乃无凭之文上疏国王"。以上种种，"可知远职非不遵奉及不肯行，乃力不能为耳"。至于如何解决这一矛盾，义律又从天朝本身寻找依据。他提供了一个颇具说服力的例证，谓："本年间，已有英国水师船只因遇公事，经至闽省递禀。而闽省大宪，并未以该船官系外国之人，谕以不可以内地官员文书来往，乃经谕府协文武官员，将谕抄录盖封官印，传行该巡船官奉领"。既然同是天朝治下，福建有此先例，广东为何不可？由此，义律理所当然地提出，"若将钧谕准照闽省先日谕饬巡船之例，仍一律传谕远职，似合方便，俾可自即恭行上达其情矣。如或不准照

---

① 《巴麦尊子爵致义律海军上校函》（1836 年 7 月 22 日），《英国档案有关鸦片战争资料选译》（上册），第 116 页。

② 《宣宗成皇帝实录》卷 298，道光十七年六月戊午（1837 年 7 月 14 日），《清实录》第 37 册，第 624 页。

此办法，远职实恐不能上疏各情，遂致国主不得闻其在外洋有无违禁贩卖之事"。①

义律所言，虽有要挟之意，但也不无道理。广东大吏所坚持的这些规条，并非不可变通的天朝体制。历代封建王朝虽一再强调"人臣无外交之义"，但作为封疆大吏的总督，负有地方之责，并非没有一定的处置权。乾隆时期，高宗曾批评两广总督福康安，"不必以人臣无外交之义，过于拘执"。② 只要没有触及天朝体制的核心规范，这些大吏有着相当的裁决权，远在京师的君主一般均予以批准。如广东所实行的制度，从乾隆到道光时期颁行的防夷章程，均是由广东大吏提出，奏请钦准的。此前邓廷桢提出认可义律的职官身份等建议获得钦准，义律所举福建之例等，均说明了这一点。后来，宣宗亦谓："只期以情理之直诚，化犬羊之桀骜，但能无伤大体，即无庸过事苛求。"③ 其实，所谓人臣无外交，往往成为地方大使借此为尊和推卸责任的托词。事实上，两广总督也曾与东印度公司的大班见面，律劳卑要求拜会两广总督卢坤时，针对所谓"人臣无外交"，便举出不少明清以来英人拜会总督的例子。如雍正十二年，乾隆十九年、二十四年、五十六年、五十九年，嘉庆十年、十一年、十六年、二十一年，东印度公司列班和英国派来查事列班和大班等"英人多次与督宪会见"，且旧时公司大班，"每年上省，亦多拜候大宪"。由此可知，"其谕内所云人臣无外交等因，实属无实"。④

对于义律要求中所体现的融调两种体制的主张，邓廷桢并不认同，9月28日在答复的谕帖中驳斥道："该国固自有例，抑思外夷之例，能行之天朝之地否，何昧于体制若此。"且义律所举例证，说明采行这一方案无悖于天朝体制，这是邓无法否认的，又鉴于禁烟上谕的严厉，邓廷桢迫切需要英方的配合，因此接受了这一要求。他随即颁谕："惟据称抄传白谕，碍难转达本国，尚属近情，故暂便宜行事。饬行广州府协，札谕该领事，作速遣令各趸船，尽数开行回国，并达知该国王，禁其复出外。"⑤ 翌日，广州府、协便

---

① 引自《邓廷桢谕洋行总商》，道光十七年八月二十九日（1837 年 9 月 28 日），佐佐木正哉编《鸦片战争前中英交涉文书》，第 123 页。
② 《高宗纯皇帝实录》卷 1384，乾隆五十六年八月丁巳，《清实录》第 26 册，第 582 页。
③ 《宣宗成皇帝实录》卷 255，道光十四年八月庚申，《清实录》第 36 册，第 897 页。
④ 《无比（律劳卑）写往英国商等》，道光十四年八月初六日（1834 年 9 月 8 日），佐佐木正哉编《鸦片战争前中英交涉文书》，第 16 页。
⑤ 《邓廷桢谕洋行总商》，道光十七年八月二十九日（1837 年 9 月 28 日），佐佐木正哉编《鸦片战争前中英交涉文书》，第 123 页。

按照总督的饬令，抄录总督、巡抚的谕帖，直接札谕义律。要求义律"即便遵照，迅向尖沙咀等处洋面现泊各趸船，晓以天朝恩威，示以祸福，催令全数开行回国，不得托违。该领事仍速知国王，嗣后严禁趸船复出。并除贸易正项货物商船外，所有一切违禁货物，如鸦片烟泥等类，俱不准贩运重来，俾绝弊源，而昭法制。庶上以体大皇帝溥利无疆之休，下以留众良夷永世通商之路。"并令"将趸船开行回国日期，由洋商禀报查考，切速切速"。①

为了促使广东当局做更大的变通，义律仍以此事为挟持之具，未对鸦片趸船采取措施。11 月 19 日，义律禀告邓廷桢，他已将广州府、协盖印转行钧谕"转递回国，以俾上闻"。但又再次表示，"远职奉派来粤，只能治理正项货物进口贸易之船"，至于口外有无违禁者，国主并未要求"据情闻知"。这种"抗违例禁不法之弊，闻者莫不惊惧注念深矣。远职万望早及设法，以清此海外之弊"。②其时，清廷查问禁烟尤其是驱逐趸船情况，问及"该夷领事是否遵奉，现在趸船曾否开行"，要求"务须确实查明，令其全数回国，无稍逗留。如敢将就了事，日后经朕访闻，或被人纠参，朕惟该督等是问"。③于是，邓廷桢等于 11 月再次谕饬义律，以"嗣经两月之久，该趸船仍泊如故"，责彼"大属抗玩"。谕饬总商"立即传谕该领事义律遵照，务于一月限内，钦遵谕旨，将寄泊外洋各趸船，全数遣令回国"。"倘敢再涉逗留，则是天朝怀柔，已至恩无可加，惟有示以天威，用彰法制。除奏闻大皇帝，货船不准开准开舱，执法以与趸船从事外，该领事职司约束，坐视奸夷恣行不法，至于抗令违旨，难保无庇纵情弊，定行驱逐回国。"④义律复称，"此系远职于奉国王之命，不敢抗违，而大人批不准行。远职无可如何，只得行文本国，上达大臣，待候再奉国命，指示远职呈奉事件，应当如何办理，须至来年，方能敬再陈明。现在大人命下，无由传行，远职实难办理，自应即日示明本国商人等知悉，如遇本国人等有事，远职实不能任责，并不能惟远

---

① 《广州府协谕英吉利领事义律》，道光十七年八月三十日（1837 年 9 月 29 日），佐佐木正哉编《鸦片战争前中英交涉文书》，第 124～125 页。

② 《邓廷桢谕洋行总商》，道光十七年十月二十四日（1837 年 11 月 21 日），佐佐木正哉编《鸦片战争前中英交涉文书》，第 131～132 页。

③ 《宣宗成皇帝实录》卷 301，道光十七年九月戊戌（1837 年 10 月 22 日），《清实录》第 37 册，第 696 页。

④ 《邓廷桢、祁墳谕洋行总商》，道光十七年十月二十三日（1837 年 11 月 20 日），佐佐木正哉编《鸦片战争前中英交涉文书》，第 128 页。

职是问。"① 收到答复后，邓廷桢谕饬义律，谓：英国王"法令严明，向称恭顺，趸船远出戢法，或未必知"。若收到前谕，"定能严申例禁，阻绝以后奸夷"。义律"既奉派经理商梢正项货船，且惟恐其滋事"，而"趸船之营私负国，转可坐视，而不立予驱除耶"。"着即遵谕，将各趸船遣令迅速回国，切勿再任抗延，有干查办为要"。②

但是，义律所关注的是借此机会改易交往体制，而不是天朝急迫的禁烟问题。此时，义律接到巴麦尊措辞严厉训令，斥责他"因何擅将洋商转传，并非官宪径行之谕，遽然奉领"。明确要求他"凡奉大宪之命，本应转行回国，以凭谕内事理，上达国主。是以奉到公文之日为率，嗣后遇有上宪命下，务必求情由官直行，如系洋商转传，断勿奉领"。又要求凡有因事谨呈总督，因非该国职员，"不可即照小官上达同国大官之例，书写'禀文'字样，自此以后，务须改变字式，以昭分别"。③接到训令后，义律回复邓廷桢，谓："本国公文谕饬，非令远职稍有不敬谨之意，实以本国与各外国往来之文，总无与该国官员同行禀文之理也。恭维大人久莅高位，熟悉政务，此情远职焉敢擅出己见，妄请通变，奈系远职经奉阁命办理之事，敢为置之不理耶。缘此恳求每遇大宪命下，可否俯照日前广州府协二宪转行之例，准为常例。嗣后谕饬事件，即由府协宪转传，径行远职奉领，免由洋商转传，难于奉行也。"④

此次回复，是义律态度的一个重要变化。他不仅进一步提出"照日前广州府协二宪转行之例，准为常例"的要求，而且将"敬禀"改为"谨呈"，其口吻已有根本性的不同。这无疑说明，在英政府的压力下，义律陷入了"遵此违彼"的两难之中，立易转变，以致融调两种体制的进程中断。

需要注意的是，在这件转告英政府训令的呈文中，义律提出的要求，包括不能"擅将洋商转传，并非官宪径行之谕，遽然奉领"，以及"凡有因事谨呈大人之件，远职即系别国职员，不可即照小官上达同国大官之例，书写

---

① 《义律谨呈两广总督》，道光十七年十月，佐佐木正哉编《鸦片战争前中英交涉文书》，第 129 页。
② 《邓廷桢谕洋行总商》，道光十七年十月二十四日（1837 年 11 月 21 日），佐佐木正哉编《鸦片战争前中英交涉文书》，第 132 页。
③ 《义律谨呈两广总督》，道光十七年十月二十六日（1837 年 11 月 23 日），佐佐木正哉编《鸦片战争前中英交涉文书》，第 133 页。
④ 《义律谨呈两广总督》，道光十七年十月二十六日（1837 年 11 月 23 日），佐佐木正哉编《鸦片战争前中英交涉文书》，第 133 页。

'禀文'字样"两项。①这里提出了西方国家之间公文来往的规则，即主权国家之间正常来往的规则，如呈文谓："本国与各外国往来之文，总无与该国官员同行禀文之理"。但是，仅此两项则未完全改变旧制，或许是忽略，或是较为关注该两事项，义律没有要求改变清官府致英方公文的形式。他仍提出，"恳求每遇大宪命下，可否俯照日前广州府协二宪转行之例，准为常例。嗣后谕饬事件，即由府协宪转传，径行远职奉领，免由洋商转传，难于奉行"。②谕帖是"清代各衙门长官告晓下属官吏的下行文文种"，③ 而义律对督宪颁行"谕饬"未表示异议。

显然，义律态度的变化，已触及天朝体制的核心规范，两者融通的基础不复存在。邓廷桢为此颇为恼火，未予允准，对其所"呈"也未直接答复。他在有关行欠问题的谕帖中，令总商传谕夷商，谓：关于鸦片趸船遣回本国之事，"昨经勒限该领事，认真钦遵办理，倘仍藐玩不顾，则该领事之逐，固难姑容。而开舱与否，权在天朝，亦视夷众之所自取。总之，本部堂仰体圣慈，谨持国宪，不为苛刻之事，亦不博宽大之名。夷欠必亟予清厘，趸船必从严驱逐"。"立即传谕该夷商等遵照，毋违此谕"。④这里，邓廷桢不仅对其要求未予理睬，且以驱逐义律相威胁。义律与广东当局建立不久的官方关系，遂因英政府的训令和邓廷桢坚守天朝体制的核心规范而中断。随后义律离开广州到澳门。

四 以"官品"理论为依据的新方案及其波折

官方关系中断之后，义律没有失去信心，仍在继续寻求新的途径。他认为"和平建立直接的正式交往不再是不可靠的或难以完成的事情"，因为：第一，清帝国皇帝"已经正式放弃官员们不得在该帝国内居住的原则"，从而消除了"主要的障碍"。第二，义律以公职身份与两广总督"进行直接的密封通信"，已经得到皇帝"最明确的承认"，一件谕旨公开"纠正"了将

① 《义律谨呈两广总督》，道光十七年十月二十六日（1837 年 11 月 23 日），佐佐木正哉编《鸦片战争前中英交涉文书》，第 133 页。

② 《义律谨呈两广总督》，道光十七年十月二十六日（1837 年 11 月 23 日），佐佐木正哉编《鸦片战争前中英交涉文书》，第 133 页。

③ 梁清海等编著《古今公文文种汇释》，四川大学出版社，1992，第 43 页。

④ 《邓廷桢谕总商等》，道光十七年十一月初四日（1837 年 12 月 1 日），佐佐木正哉编《鸦片战争前中英交涉文书》，第 135 页。

他视为商人的"正式错误"。第三，根据义律以官员身份而"必须与此地的清朝官员们进行直接的正式交往"的请求，清政府给予了一些"便利"。第四，"最显著的证明"，是清政府有意把解决所有的争议，甚至包括华人与英人之间的争议，"移交"给义律以其"官员资格承担"。①因此，义律又试图打破僵局，与广东当局重建官方关系。他更明确地提出融通中西体制的主张，并通过对关键问题的新解释，化解双方尤其是英国政府的疑虑，并设想了一个在他看来可以实现两全的新方案。

其时，义律处于两难境地。一方面，作为驻华领事，义律负有管理英国在华商人的使命，而双方关系的中断，却使他无法履行自己的职责。尤其是鸦片贸易的猖狂和中国的禁烟运动，使得情况更为复杂。另一方面，由于双方体制的抵牾，他处在中英政府的夹缝中，既不能违背英国政府的训示，又无法打破天朝的观念。应对周旋之中，不仅难解症结，甚至左右碰壁，两面都不讨好，使得这一关系又难以建立。如他自己所描述的：在目前情形下，"遇事无由陈明，谕下又难传饬"；又担心无法"司理本国商人"，或"猖狂妄为渐生"，"而无辜转受其祸，遂平安之理，难推于永远"，以致"每虑斯情，寝不安席"。②在这种情况下，义律左思右想，颇费了些思考，产生了新的思路，提出了一个在他看来双方都可以接受的两全之法。

1838 年 4 月，义律致函广东当局，更明确地提出了融调中西体制的思想，函中谓："冀或尚有可办之法，而欲于天朝向例及本国谕旨之中，两者无干故违之咎，俾得仍可上达下奉。"关于如何解决巴麦尊反复强调的"禀"字问题？义律从官职品位做文章，提出："以天朝向例，凡四品官员呈上督宪之文，无不用禀字，即俾远职实有凭据，就可详晰疏明本国大臣，俾伊知明实情，亦可免听混谬之语，有碍永平之道。"也就是说，以官职品位为由，可以向英国政府交代。为此，他提出，督宪曾有此谕，"自应详晰疏明本国大臣"，但该谕"原系由洋行商人抄白，转至远职，则无凭疏明"。因此，"仰望督宪可否准饬广州府协二宪，敬将督宪谕示抄录传知"，即由官方正式传知。进一步，义律又提出，"督宪日前奏明大皇帝，曾指明远职系四品官员，则与府协实系同品"。如果"遇事上达"，即需呈于总督，"可否准写呈

---

① 《义律海军上校致巴麦尊子爵函（摘要）》（1837 年 12 月 4 日），《英国档案有关鸦片战争资料选译》（上册），第 244 页。

② 《义律函》，道光十八年三月十二日（1838 年 4 月 6 日），佐佐木正哉编《鸦片战争前中英交涉文书》，第 143 页。

咨府协二宪，将情转疏督宪察夺"。而与广州府往来之文，"则封面特写职衔姓名而已，似无庸称叙禀谕等字"。①

在该函中，义律提出以官品职位为标准确定双方官员来往的方式，姑且称为"官品"理论。这一理论，实际上是近代外交中的对等原则，即同一级别的官员对等往来的原则。需要指出，邓廷桢的奏折并未"指明"义律为四品官员，仅谓："据称：义律即嘛呢，系英咭利国四等职"。② 义律混"四等"为"四品"，其目的在于为其"官品"理论提供依据，其融调中西体制的良苦用心不言而喻。他为自己戴上四品头衔，目的在于把自己置于与府、协同级的地位，为对等往来提供依据。在对等交往的基础上，义律又试图改变公文来往的形式，取消上行文"禀"和下行文"谕"，用另一种上行文和平行文混合的"呈咨"。其中，"呈"作为上行文种，是对总督而言；"咨"作为平行文种，则是对府、协而言。

通过这一"官品"理论，义律在一定程度上打破"谕"、"禀"尤其是后者造成的尴尬，即与同官品的府、协往来，可以避开这一问题。但是，这一官品理论无法彻底解决"谕"的问题，因为总督官品高于他这个"四品"衔的领事，而按照这一理论，总督给他的公文可以用"谕"的形式。因此，义律没有提出将总督所颁"谕帖"改变的要求，仅提出"每遇紧要事件，即由府协二宪将钧谕传知"，即不由洋商转传，而是通过正式的官方渠道。

这就是义律试图将英国体制，也就是西方体制嫁接到天朝体制的设想。在义律看来，解决这一问题需要智慧，或许自认为这一设想是智慧的体现。义律在该信函末尾谓："本国远慕督宪仰体大皇帝高明智慧，德敷内外不易之常道也。"希冀邓廷桢也能有此变通的智慧之意，跃然纸上。这一设想较符合实际，有其可取之处。在清朝尚无任何一点思想准备，且坚持维护天朝体制的境况下，采取适当的变通，而不是全部否定的方法，或许有利于双方关系的逐步正常化。

这一方案走得太远了，被义律赞誉"智量宽洪"的两广总督邓廷桢仍坚守天朝旧例，没有也不可能接受。他批示："天朝怀柔远人，与编氓曾无异

① 《义律函》，道光十八年三月十二日（1838 年 4 月 6 日），佐佐木正哉编《鸦片战争前中英交涉文书》，第 143 页。

② 《两广总督邓廷桢奏报英国派义律来粤管理商人事宜片》，道光十六年十二月十四日，中国第一历史档案馆编《鸦片战争档案史料》第 1 册，天津古籍出版社，1992，第 223 页。

视，惟中外各有限制，定例在所当遵。"夷商"渥荷大皇帝覆载之仁"，至天朝通商，"即应恪守天朝法度"。"向来交涉外夷事件，均由洋商传谕遵办，所请直谕该领事一节，事属创例，碍难准行。"①

随后由于英国印度舰队司令、海军少将马他伦率军舰来华，又促使义律更进一步坚持西方体制，双方的官方关系仍然难以恢复。1838 年 7 月 12 日，马他伦来到澳门，义律根据他的要求，按照西方体制与广东当局接洽。15 日，义律致函马他伦，表示将按照他的要求前往广州沟通，如果两广总督"愿意按女王陛下政府所指示"的方式"接受呈文"，则向彼宣布，并转达马他伦的意愿：如果总督"明确表示愿意以完全平等的身份"对待马他伦的话，马愿意亲自"谒见"他；除非总督"采用完全平等的尊重的信件名称，您将绝不与他进行任何书面通讯"。②29 日，抵达广州的义律向两广总督呈交照会，告知马他伦已经抵达"附近沿海"，希望与总督见面，要求事先做出相关程序的协商，谓："为此，最好事先明确商定交往的方式，以免发生任何误会和困难。为了做到这一点，我要求总督阁下派出官员与我联系。可以向阁下保证，在他们到达的时候，将会受到与他们身份相符的礼遇。"③因未被接收，马他伦则直接照会邓廷桢，告知由印度来粤，再次要求"委员前来，俾本提督面叙，方免吱唔窒碍，而明表大人洞明义理之大道"。④并请关天培"代为递送总督"，"俾可辨明事件，平安驶回"。⑤

这种来往方式，自然为邓廷桢所拒绝。水师提督关天培受命告知马天伦，除了"因天朝禁令，向不准兵船总领入口"之外，特别强调："昨义律到省，忽改旧章，不用禀字，改用快信。我总督大人，是以不肯违例接收。"并责问："未知义律曾将不用禀字一层告知贵总领否？此时汝兵船三只，称泊龙穴，其意何居？想汝国王数万里差汝前来办事，谅汝亦系国中能事之

① 《邓廷桢批牍》，道光十八年四月初四日（1838 年 4 月 27 日），佐佐木正哉编《鸦片战争前中英交涉文书》，第 145～146 页。

② 《义律致马他伦》，1838 年 7 月 15 日，广东省文史馆编《鸦片战争与林则徐史料选译》，第 307 页。

③ 《义律照会两广总督》，1838 年 7 月 29 日，广东省文史馆编《鸦片战争与林则徐史料选译》，第 307 页。

④ 《马他伦敬递两广总督大人》，道光十八年六月十五日（1838 年 8 月 4 日），佐佐木正哉编《鸦片战争前中英交涉文书》，第 149 页。

⑤ 《马他伦致广东水师提督》，道光十八年六月十五日（1838 年 8 月 4 日），佐佐木正哉编《鸦片战争前中英交涉文书》，第 149 页。

人。今若不分曲直，乘一时之兴，恐不是在汝，汝又将何言以对国王也。"①

与此相应，义律则拒绝接收广东各级衙门的谕帖。7月15日，义律收到澳门同知的一道"谕"令，将之退回要求"改正"。② 随后，广州知府致义律一封函件，因"上面写了一个'谕'，即'命令'之意"，义律"不加启封就退回给他，并写了几行字，说明只要改正这一错误"，"将马上奉读"。两广总督也由行商和译员转交义律一份"谕令"，他"同样未加开启便送了回去"，并说明，"女王陛下政府给我下了有关的严厉的命令，我不能违背它们"。③

双方处于僵持状态。但马他伦的来华，以及随后（7月28日）发生的虎门炮轰英船事件，"起了促进英中两国官员直接交往的作用"。④ 与总督的见面虽未实现，但在军方层面，双方进行了超越旧制范围的接触。30日，马他伦致函水师提督关天培，告知来粤目的，谓："本国人民之来此贸易，日前有公司，今已散局，而各散商，自来皆归国家主掌保护。且本国有例，凡有商民在外贸易者，须要国家之师船随时访问，一以查明商人受屈否，一以讯究其民互相生事否。所以嗣后必有水师船只随时来粤，求贵官员和意敬待也。"并告因无北风，"或须数旬"之后"回还"。⑤ 关天培复函，谓："一切尊意甚美，并见细心，予颇允悦。前闻偶尔违和，又闻丧女，予心戚然。因不敢违例，不敢通候，幸勿介怀。外洋水势宽深，风流无碍，如有公事，虽多住几旬无妨也。诸祈保卫身体，一切平安。"⑥ 马他伦与水师提督关天培的信函来往，均没有采用"谕"和"禀"的形式。马天伦致关天培用的平级之间的公文形式"咨"，而关天培致马天伦则是一般的书信形式。离开中国海面前夕，马他伦于9月25日"敬咨"水师提督关天培，以表"告别"之意。函中他对这次交往表示满意，谓："既蒙往来之礼，仰蒙高风不胜，又观尊

---

① 《关天培告知马他伦》，道光十八年六月十五日（1838年8月4日），佐佐木正哉编《鸦片战争前中英交涉文书》，第149～150页。

② 《一八三二年至一八四一年十年中在中国发生的重大事件的回顾（续）》，广东省文史馆编《鸦片战争与林则徐史料选译》，第307页。

③ 《一八三二年至一八四一年十年中在中国发生的重大事件的回顾（续）》，广东省文史馆编《鸦片战争与林则徐史料选译》，第312页。

④ 《一八三二年至一八四一年十年中在中国发生的重大事件的回顾（续）》，广东省文史馆编《鸦片战争与林则徐史料选译》，第307页。

⑤ 《马他伦敬咨广东水师提督》，道光十八年六月初十（1838年7月30日），佐佐木正哉编《鸦片战争前中英交涉文书》，第148页。

⑥ 《关天培致马他伦》，佐佐木正哉编《鸦片战争前中英交涉文书》，第149页。

官各员亲近本船，敦表礼仪"，并"敬送葡萄酒数樽之菲仪"。①

此次平等交往，无疑与炮轰英船事件有关。7 月 28 日，英邮船"孟买"号从香港驶往广州，遭到虎门炮台的轰击，并有兵船驶来上船查问。8 月 5 日，马他伦致函广东水师提督，提出抗议，谓：该船进河时，"被在虎门口防员役借词，以本提督恐驾三板上省，胆敢向该三板放炮拿获。维本提督既系本国特命总督大臣，被伊借词放炮相欺，实与欺负本国主无异。其事须必解明，缘此移会大人，请准委员前来，俾可本提督面叙明白。"②水师提督关天培派三名官员谒见马他伦，并用书面形式声明"提督根本没有批准对'孟买'号实行侮辱性的盘查"，表示"这次事件是对提督本人的侮辱，也是对马他伦爵士的侮辱，所以不能放过它，而非给予惩治不可"。③

马他伦的来华与虎门炮轰事件，使两国水师官员进行了平等意义上的沟通，虽属于军方接触，但无疑可归于官方联系范畴。双方既互致文书，又直接面晤，与以往官员不相往来，以及"人臣无外交"的天朝旧制显然大相径庭。

但是，这种沟通并不具有真正的官方关系的意义，因为英方未能打破与广东最高当局建立直接联系的障碍。义律仍在继续努力，他在回复澳门同知胡承光的信函④中再次解释了英国的外交体制，谓："因前公班衙内，不过商人，其所派来大班等，与洋商等相交无妨。公司散局后，其来粤贸易之人，应归国家主掌，所派来管束者为官员，而不务贸易事，是以由洋商奉谕不便。按英国之例，若非由官员传至印文，不得转致于国内执政大臣。"这一体制由于"奉本国主之谕，以为不合适严禁，领事未敢擅便求改。既奉本国命，焉敢不遵乎"。如何打破两国的外交僵局，义律寄望于两广总督，因为"督宪为制省大臣，亦不难通变达权开川之塞"。而他作为领事，只是"属员"，"不能自专易命变令"，改变英国体制。为此，义律再次提出："凡有敬

---

① 《马他伦敬咨广东水师提督》，道光十八年八月初七日（1838 年 9 月 25 日），广东省文史馆《鸦片战争与林则徐史料选译》，第 316 页。

② 《马他伦敬复广东水师提督》，道光十八年六月十六日（1838 年 8 月 5 日），佐佐木正哉编《鸦片战争前中英交涉文书》，第 150 页。

③ 《一八三二年至一八四一年十年中在中国发生的重大事件的回顾（续）》，广东省文史馆《鸦片战争与林则徐史料选译》，第 310 页。

④ 胡承光在该函中指责义律、马他伦"不循旧章，不用禀字，改用书信"，总督"见有违定例，是以不肯接收"。《澳门军民府胡承光告知英国领事义律等》，道光十八年六月二十一日，佐佐木正哉编《鸦片战争前中英交涉文书》，第 151 页。

陈之文，准用呈上两广总督大人等字；凡有谕下，准饬广州府协二宪抄谕送来，则关碍无妨。"这是一个变通的办法，即将"禀"改为"呈"，"谕"则仍旧，但由具官员身份的"府协"送达。他认为，"如此办理，其事权且准行，亦似未难。想两国互市广东百数十年来，彼此相和，谅大宪亦未必推辞不允许也。"请求胡承光，"代将微见禀明总督大人，领事企望批回"。①

义律的这一方案和说辞，未见胡承光转呈两广总督邓廷桢，而即使转呈也必定是没有结果。天朝大吏的态度是坚定的，在他们看来，现有的交往方式关系到天朝体制的存亡，随后邓廷桢、关天培等在报告此事经过的奏折中谓："中外之防，重莫先于体制。定例贸易事件，均由洋商转禀，不准投递书函，亦总无派官传谕之事。"免用"禀"字，"在臣一字之更，何关轻重。惟若任平行，于疆吏即居然敌体，于天朝体制攸存，岂容迁就"。彼"迹其犬羊之性，究未可以恒情测之"。"以一外夷官目，敢于传书抗礼，图变旧章"，"妄冀与与天朝疆吏平行，太属狂悖"，"谬妄已极"，"桀慢殊甚"。②

接到该奏折后，宣宗对邓廷桢等人对此予以肯定，谕曰："前因嘆咭唎公司散局大班不来，曾经谕令循照旧章，仍派大班前来，以资经理。行之将及两年，何以该国忽有夷船驶入内地，并求呈递事件，免用禀字，又欲派官传谕，种种妄渎，现经该督等将原呈掷还，并密派文武员弁，加以防范。"又谕令邓廷桢等，"酌量相机筹办。总宜外示静镇，内谨修防，以戢夷匪而靖闾阎"。如果"竟借端停留，自当加以兵威，严行驱逐，并停止该国买卖，用昭惩创"。"凡各国非贸易货船，即驱逐出洋，不准停留，以免滋事。"③显然，天朝君臣对此不会有何改变。

五 "官方直接通讯的实现"

按照西方体制建立官方关系的可能性已不存在，义律不愿意就这样放

---

① 《义律敬复澳门军民府胡承光》，道光十八年六月二十四日（1838 年 8 月 13 日），佐佐木正哉编《鸦片战争前中英交涉文书》，第 151 页。

② 《两广总督邓、水师提督关等合折具奏》，佐佐木正哉编《鸦片战争前中英交涉文书》，第 156 ~ 157 页。

③ 《宣宗成皇帝实录》卷 312，道光十八年七月丙寅（1838 年 9 月 15 日），《清实录》第 37 册，第 864 ~ 865 页。

弃，在马他伦离开广东海面之后，他又回到了融调两种体制的轨道。又由于禁烟运动的发展，给他提供了按照这一模式与广东当局重新建立官方关系的时机。义律调整了前述方案，而广东当局也有所变通，中英双方由此实现了"官方直接通讯"。

1838 年 10 月，"为准英艇赴省"，义律又再次"恭禀"两广总督，且"肃此具禀，敬候崇禧"。① 就所见到的文献而言，这是义律在遵照英政府训令停止呈禀之后，第一次采用这一方式与广东当局联系。但邓廷桢没有回复义律的禀帖，随后一段时间，义律也没有与广东当局通讯。

其时，邓廷桢按照朝廷指示厉行禁烟，正在清理鸦片进入内河的通道。而由于禁烟运动的进行，严重地影响了中外贸易，义律深为不安，不愿意这种状态延续下去。他利用这一时机，主动配合禁烟，试图打开僵局，在建立正式的官方关系方面有所进展。1838 年 12 月 23 日义律禀称，鸦片贸易"违禁贩卖，致使停止贸易"。"贻辱国家，不但国体官方俱失，即商民赀本有亏，而客于内地，事事亦无体统，可见全无裨益"。这种情况，"不但内地之不姑宽，即本国亦不肯轻恕。更有夙夜忧虞，抱负不平，急欲早除此等恶习，而实有寤不安席者矣"。正唯如此，他已于十二月初二日限令英国运输鸦片的三板船，于三日内"即行出口"。但至今限满，而各三板船并未遵照开行，"是远职虽欲严其约束，奈无明文所持，甚难措办"。借此理由，义律提出，"惟有恳请大人恩准饬行广州府协二宪盖封官印之谕示谕远职，俾得转为晓谕，使可取信"。并要求"准委员协同远职前往，认真办理"，即委派官员来协助他处理此事。他表示，如果采取这一办法，"倘伊等仍蹈前非，则任凭内地从严惩办，本国不为理论，使伊甘服受咎，而亦未尝怨远职之无先行告诫"。②

当然，义律更关注的是建立正式的官方关系，因此特别说明广东官方出面的重要性，"所请准饬广东府协二宪盖印示谕之处，此并非远职妄求尊贵"，而是为了方便办事。由此义律指出中英建立官方关系的必要性，"若无明谕，遇有似此要事，则远职无权办理。如奉有明谕，则远职自可仰借宪威，而本国上宪及商人，皆可取信。此系奉大宪之命，而为俾犯法之人，知所畏惧"。他知

---

① 《义律恭禀两广总督》，道光一八年九月（1838 年 10 月），佐佐木正哉编《鸦片战争前中英交涉文书》，第 153 页。

② 《义律敬禀两广总督》，道光一八年十一月初七日（1838 年 12 月 23 日），佐佐木正哉编《鸦片战争前中英交涉文书》，第 157～158 页。

道广东当局不可能完全放开，于是提出在重要事情上采取这一方式的要求，谓："但遇寻常细故，自当遵照向规，仍由洋行商传谕。若事非寻常，不得已恳请察核，以俾权宜行事，此乃宜古宜今之论，并非臆度之求。"同时，义律又乘此机会提出了"禀"字问题，要求邓廷桢给他能够向英国政府交代的说明和理由，谓："现恭闻天朝例典，凡有二品官员所用文书，均要书写禀字式样，此款本国尚未曾恭闻，是以远职未敢擅书，故日久未曾禀请大人福安。"而这次因为"事急"，"上忧国体，下虑民生，故不避本国咎责，暂为书写"。因此要求邓廷桢"饬行广州府协，将此禀字缘由示谕远职，俾可将谕寄回本国，俾免为国主咎责"。此后"自可常书禀字，以致公事全妥，内外安和。如此办理，一面忠诚对本国，一面尽职守，以报仁德"。[①] 即由广东当局出具正式公文，说明"禀"字缘由，以取得英国政府的认可。

义律提出的各种要求不无道理，也不过分，显然在如何建立官方关系的问题上，他采取了积极和较为实际的态度。盖印谕帖，不仅是国家间来往，而且也是国内各不同官衙之间来往所需要的。由官方部门府、协与之联系，是近代国家关系的常规，其仅要求限于重要事情，无疑是退而求其次之举。对"禀"字做一合理解释，使英国政府接受而维持两国公文的正常往来，亦在情理之中。在这件禀帖中，义律仍未要求改变"谕"的公文形式，在他看来，这仍是一个难以突破的领域。

此时的邓廷桢需要在禁烟问题上取得成绩，以获得道光的信任，因此对此做了回应，在一定程度上应允了义律的要求。26 日，广州府、协向义律转达了邓廷桢的谕札，谓："禀内声明，不但内地之不姑容，即本国亦不肯轻恕，急欲早除此恶习云云，系为除歹保良起见，尚有分晓，且不以无力自讳其难，未便拘泥成格。""准即如禀饬广州府协，权宜给汝印谕，俾得奉行辞。嗣后事有交涉，仍由总商传谕，不得援此为例。"同时要求"该领事务将该三板，尽数认真谕逐，永不许其复来"。而对于义律关于给予"禀"字官方说明的要求，则谓："至各国呈递天朝官府事件，余俱例用禀牍，此系中外体制攸关，历难逾越。该领事非昧昧者，岂得诿为不知。"至于义律最担心的英国政府的态度，邓廷桢颇不以为然，谓："该国王恭顺有素，尔臣下果能仰体上心，循分恪共，将事必大为所褒嘉，何致非其所事，反以为

---

① 《义律敬禀两广总督》，道光十八年十一月初七日（1838 年 12 月 23 日），佐佐木正哉编《鸦片战争前中英交涉文书》，第 157～158 页。

咎，是又该领事毋庸过虑者矣。"①

该谕仅对给予印谕做了明确答复，且强调"嗣后事有交涉，仍由总商传谕，不得援此为例"，对重要事情由府、协转达的要求未予肯定。因此，义律就这一问题再次禀请，谓："但恐有重大事件，远职具禀，仍求谕饬府协转教遵行。远职办事，非系办目前一时之事，要办长远遵例之事，将来有要事，仍求府协转行教遵，方能办得动之缘故也。为此禀赴两广总督大人台前，察核施行。"至于"禀"字问题，义律只得自作解释，"远职之所以书用禀字，实缘天朝例典，下官有事呈递上官，具用禀字，远职理应遵照同用"。② 这一解释当然是为了向英国政府交待。鉴于义律以此要挟之前事，而禁烟大事也需要英方配合，邓廷桢同意"将来如实有要件，必须该领事随同办理者，自当酌令府协谕饬"。但这是为"除歹保良起见，是以破格允行"。"倘事属寻常，则旧章俱在，应仍由总商传谕，该领事固不得违例妄求"。即使"本部堂权衡在握，亦断难以天朝体制，徇人所请"。③

由此，义律与广东当局恢复了官方关系，用义律的话说，这是"两国之间官方直接通讯的实现"。应该说，这次义律与邓廷桢达成的协议，成为中外交往的新规则，是他所取得的一个最具实质意义的成果，真正从体制上打破了没有官方关系的旧制。1837 年 9 月，邓廷桢也曾允准同样的要求，但只是"暂便宜行事"，即作为一个特例，尚未形成常规性的制度。当时义律乘势要求将此作为"常例"确定下来，则为邓廷桢所未允。现在邓廷桢明确同意"将来"遇有"要件"也可如此办理，无疑是作为"常例"肯定了该方式此后可继续实行。对邓廷桢而言，这是一个非同寻常的变通，不仅改变了自己此前的禁令，且还担承着有违圣旨的风险，④ 用他的话说，是"破格允行"。对于这一点，义律也清楚地看到，目前总督所做出的实质性让步，"已达到了一个官员在未经朝廷明示的情况下，所敢于作出的最大程度"。⑤

---

① 《广州府协谕义律》，道光十八年十一月初十（1838 年 12 月 26 日），佐佐木正哉编《鸦片战争前中英交涉文书》，第 158～159 页。

② 《义律敬禀》，道光十八年十一月十二，佐佐木正哉编《鸦片战争前中英交涉文书》，第 159 页。

③ 《邓廷桢谕洋商》，道光十八年十一月十三日，佐佐木正哉编《鸦片战争前中英交涉文书》，第 160 页。

④ 如前所引，宣宗对义律提出"免用禀字，又欲派官传谕"，斥为"种种妄渎"。

⑤ "Retrospection, or a Review of Public Occurrences in China during the last ten years, from January 1st, 1832, to December 31st, 1841", *The Chinese Repository*, vol. 11, p. 350.

这样，通过邓廷桢的变通和义律对"禀"字的接受，天朝的对外交往体制初步实现了中西结合，两种不同文明的交往规则达成了某种程度的融调。但是，这样做又违背了英国政府的训令，对公文来往的方式，尤其是继续使用"禀"帖等有损"尊严"的做法，他须向巴麦尊做出合理的解释。

当年的最后一天（1838 年 12 月 31 日），义律向外交大臣巴麦尊报告，他已采用"禀帖"的方式"恢复与中国官员的通讯，并负起了与总督大人联系的责任"。① 越二日，义律又就这一做法向巴麦尊详细陈述了理由，主要有：第一，清政府不可能做出让步，"在缺乏真正强迫的必要的时候，指望这个政府同意在这一点上让步是徒劳的"。只有在强迫的情况下，"这种改变将毫无困难地实现，甚至无声无息地实现"。第二，"禀"字的含义是"恭敬地汇报，而非恳求或请愿"，而且"鉴于亚洲各大国所持傲慢语调，这种语言及这个政府的特性，这个政府对对外交往的陌生，还有，最重要的，鉴于它是当地官员甚至三品官员呈文所用的方式"。第三，鉴于现在处于"危机的时刻"，即"贸易已实际上停止，还有别的严重恶果的威胁"，不能"让公务通信继续中断下去"。②

关于接收广东当局的"谕令"问题，义律也做了解释，谓："对这个政府的脾气我已有足够经验，深知如果我以那种托词退回来文，必激起他们那种觉得有辱尊严的难以对付的情绪，其结果必然是傲慢无礼地拒绝一切官方通信，并顽固坚持其对全部贸易采取压迫措施以达其目的的政策。""因此，我决定暂不计较而接收信件"，但"要求他们为明确事情起见，表明他们传达的是总督大人的意见而非他们自己的"。总之，义律认为，"为了明知纯属文字把戏方面的困难而冒失掉完全成功的机会的危险，是不明智的。这种把戏是中国人在谈判中的一个特色，何况我能在不危害未来的和更有利的时机的情况下，妥善对付之"。③

义律所做解释，其中有些符合实情，如清政府不会再让步，情势的严重等，由此说明其必要性，以及完全推行西方体制的不现实性。而关于最敏感

① 《一八三二年至一八四一年十年中在中国发生的重大事件的回顾（续）》，广东省文史馆编《鸦片战争与林则徐史料选译》，第 317 页。
② 《义律致巴麦尊》（1939 年 1 月 2 日），广东省文史馆编《鸦片战争与林则徐史料选译》，第 331 页。
③ 《义律致巴麦尊》（1939 年 1 月 2 日），广东省文史馆编《鸦片战争与林则徐史料选译》，第 332 页。

的"禀"字的解释，则有些牵强附会、混淆概念。"禀"是下对上的公文报告，虽然不是"恳求或请愿"，其内容也含有"恭敬"的意思，但它所体现的不是平行而是下对上的关系，这是清政府坚持这一形式的根本原因所在，也是体现"天下共主"的天朝理念所在。不管是有意还是无意，义律无疑都掩饰了它的基本性质，其意在于取得英国政府的认可。英外务大臣巴麦尊肯定了义律的做法，但同时指示，"不放过利用任何适当的机会，极力要求在您需要写给总督的那些信件的信封上，用一个比'禀'字有较少反对意见的字样作为代替"。① 通过这一成功的尝试，义律对适可而止、循序渐进的方针有了切身的体会。他说："在取得已有的成就之后，我领悟到，克服'给一点东西，他就会得寸进尺'这样一种成见是多么必要。"② 这时的义律，充满信心，认为从此打开了解决这一问题的通道。

六　义律的结局及义律模式的启示

按照义律的设想，中英"两国之间官方直接通讯的实现"，只是推行西方体制的开端。他乐观地认为，"总的来说能令女王陛下政府满意"，"由于准则已得到明确承认及陛下政府的支持"，"今后改善与扩展这种方式，将比创立它要来得容易"。③ 在他看来，坚冰已经打破，剩下的问题便是推进这一进程。然而，义律未能如愿以偿，如同中外禁烟合作协议的终结一样，④ 鸦片冲突的白热化和战争的爆发打断了这一进程。尽管义律对这场酝酿已久的战争起了触媒引发或推波助澜的作用，⑤ 负有不可推卸的责任，但他之前创

---

① 《巴麦尊子爵致义律海军上校函》1839 年 6 月 13 日，《英国档案有关鸦片战争资料选译》（上册），第 326 页。

② 《义律致巴麦尊》（1939 年 1 月 2 日），广东省文史馆编《鸦片战争与林则徐史料选译》，第 333 页。

③ 《义律致巴麦尊》（1939 年 1 月 2 日），广东省文史馆编《鸦片战争与林则徐史料选译》，第 333 页。

④ 在战争爆发之前，义律及广州外侨总商会与广东当局已达成了禁烟的合作协议，而林则徐到广州之后的禁烟运动立即"湮没"这一"成就"，随之而来的冲突和战争"则终结了通过协议解决鸦片走私问题的可能性"。参见吴义雄《邓廷桢与广东禁烟问题》，《近代史研究》2008 年第 5 期。

⑤ 吴义雄认为，鸦片战争前中英之间长期积累的矛盾，在很大程度上因义律之所为，才"经由鸦片这一具体问题爆发出来，在特定时空背景下引发了这场改变历史进程的战争"。见《权力与体制：义律与 1834～1839 年的中英关系》，《历史研究》2007 年第 1 期。

设并实施的融调中西体制的模式，仍有其不可忽视的价值。

鸦片战争爆发后，中英两国的文书往还均采用照会方式，交涉中又明确提出了废除旧的交往体制。巴麦尊致中国宰相书要求："大清通文移往来之经由，则该国家兼其官宪，必须照大英国威仪所宜之尊重，即与该官交通相待，按照成化各国之体制，兹乃大英国所催讨也。"① 琦善开始拒绝，谓："天朝体制不能另辟一境，致坏成规"，"文檄往还一节，查贸易本系商人之事，既出两相情愿，官长可不过问。即使以后贵国由官员经理，亦只须与商人交涉，本无所用官员文檄。"② 最后终于应允："公文不用禀谕一节。其书写禀帖、谕帖者，本系历久成规，即他国官国官员亦然，今即据请存体面，虽系体制攸关，然称谕者，不见增荣，称禀者，不见受辱，况交易系与商人经手，官员不必过问。其余正事文书，本属无多，即不用禀谕，亦尚可行。"③ 虽然"谕"、"禀"已被天朝弃用，但如后面所谈到的，其所包含的天朝精神却仍在继续产生影响和作用。

义律自己由于对天朝体制的通融，以及在鸦片战争爆发之后的交涉中仍在某种程度上体现了这一精神，他自己受到了英国政府的免职处罚，结束了在中国的使命，也终结了融调中西体制的尝试。他所践履的模式对旧制的"破格"非常有限，仍是以天朝体制和清政府为主导，鸦片战争爆发之后又仍在某种程度上容受这一体制，因此不可避免地遭到英国政府的指责。不久，巴麦尊便批评义律，"在你和中国钦差的通信里面，关于你在和他们交涉中要以完全平等地位自居一点，并没有充分记住我的训令的精神，诚然，中国钦差来文中的大意，是有礼貌的，也是无可非难的；但是在他照会的某些部分中，他却擅用了一种口吻，在你这方面是不应该默然放过的；因为这样就一定会使他产生一种意象，以为你已经默认了这些段文字中所隐含着的中国方面的妄自尊大"。他特地从琦善的照会中摘出"所含有的中国方面的妄自尊大"的字句，并将他认为"可以非议的句节"画线标识出来，指责义律没有将之退回要求删除，或在复文中没有"直截了当地驳斥"。他表示，

---

① 《巴麦尊照会大清国钦命宰相》，道光二十年七月己酉（1840 年 8 月 18 日），文庆等：《筹办夷务始末·道光朝》卷 12，故宫博物院影印本，1929~1930，第 34~35 页。

② 《为照会事》，道光二十年七月己酉（1840 年 8 月 18 日），文庆等：《筹办夷务始末·道光朝》卷 12，第 39 页。

③ 《琦善照会》，道光二十年十一月十八日，佐佐木正哉编《鸦片战争之研究》（资料篇），台北，文海出版社，1983，第 30~31 页。

"我对于这一点相当重视，因为世人皆知，在中国，那些表面上只关系到形式的事情，却都被认为有实质上的重要性"。

巴麦尊所摘，包括琦善照会中含有"恭顺"、"恳乞皇恩"、"乞恩通商"、"仰邀恩准"、"情词恭顺"、"仰蒙圣恩"、"钦遵谕旨"、"回粤听候办理"、"大非恭敬之道"等词，以及"普天之下，何莫非大皇帝之子民"之类的句子。此外，义律致琦善照会的复文，亦谓：决定"谨遵"中国钦差所传达的"大皇帝的旨意"，前往广州。在巴麦尊看来，义律"前来中国，是遵从和奉行你本国君主的命令，而不能允许任何中国官员以出自中国皇帝的命令来知照你"。因此，他批评义律"在他和中国人的交往中，是有意按照一项谬误原则行事的；并且在容忍和默从于他们的骄矜自大方面，也有意持着过分的斯文态度，而且还仿效他们的处事方式"。尤其是在有"武力支持"的情况下，更不应该。巴麦尊对义律"谨遵""大皇帝的旨意"尤为愤慨，强调说义律已背离了"所奉指示"，"决不应该把你同意于这次迁移，称作是谨遵大皇帝的旨意，尤其是在中国钦差已经把这次的移往广州说成是一道必须钦遵的大皇帝的谕旨之后"，①

试图通过融调、嫁接的方式改变天朝体制，在相当程度上尊重这一体制，反映了义律的对华态度较为平和。无可否认，义律也曾主张使用武力威胁手段，如1837年12月，当两广总督对他提出的两全之法"始终不为所动"时，他"向外交大臣预示必须使用武力以争取平等待遇的可能性"，②说："我抱有一个想法，即阁下根据女王陛下的命令写一封信给北京内阁，并由一艘军舰送往白河口，将立即获得皇帝的一道命令，在这一点上作出让步。"③又说："为了保护英国的利益起见，在这些海域中的某个地方立即派驻一支很小的海军部队是极为必要的。"④不过，义律与极力主张武力手段的强硬派有着一定的区别。在战争期间的交涉中，他采取了较为和缓的方针，以至引起了英国政府的强烈不满。交涉中，义律没有完全遵从外交大臣巴麦尊的训令，最大限度地从中国攫取各种权益。研究鸦片战争的中外学者，注

---

① 《巴麦尊子爵致驻华全权公使函》（1841年1月9日），〔美〕马士：《中华帝国对外关系史》第1卷，第716～719页。
② 〔美〕马士：《中华帝国对外关系史》第1卷，第179～180页。
③ 《义律海军上校致巴麦尊子爵函》（1837年12月4日），《英国档案有关鸦片战争资料选译》（上册），第244页。
④ 《义律海军上校致巴麦尊子爵函》（1837年12月7日），《英国档案有关鸦片战争资料选译》（上册），第246页。

意并揭示了义律的这一倾向。或认为，将义律所拟的议和条件《善定事宜》与巴麦尊的《条约草案》相比较，认为"前者更对中国有利。义律完全违背了巴麦尊训令"。① 或认为，在所拟条约草案中，"义律大量削减了英国政府训令中的条款，尽量采纳琦善的要求"。②

正由于此，巴麦尊严厉指责义律，谓："我必须向你表示，我对你交涉的结果，极其失望，对你进行交涉的方法，也不赞同。""我逐条地告诉过你英国政府的要求是什么，我命令你争取到这些，而你却照着你自己的方法做去了。你已经违背了和忽视了你的训令；你本来可以用，却故意不用那支交由你支配的兵力；并且你没有任何充分的必要就接受了同你奉命所要争取的差得很远的条件。""在你的整个处理过程中，你似乎已经把我的训令当成可以完全不必顾及的废纸，而你却完全任意依照你自己的幻想，处理你的国家的利益。""竟已屈从于中国方面的取决权，这样就势必至于要听凭大皇帝签署随便什么样子的条约了。"③巴麦尊还具体列举了义律在谈判中的种种让步，如关于赔款，"你已经同意了比应付鸦片持有人的款项少得多的一笔数目，并且你已经同意把它的支付延展在这样长的一段时期中，每笔摊付额又这样小，以致它会不必由中国政府支付，而以对我们的货物增税的形式，来由我们的商人清偿。""曾经告诉过你要去要求远征军经费的偿付，以及所欠香港商人债款的偿付；你似乎哪一项也没有要求过。"巴麦尊批评他没有"充分使用那支派去的兵力"，"就接受了这不适当的条件"。④ 甚至不涉政事的英女王也于 1841 年 4 月 13 日说："如果不是由于查理·义律的那种不可思议的奇怪举动，我们所要的一切或许已经到手了……他完全不遵守给他的训令，却尝试着去取得他能够取得的最低条件。"⑤ 义律自己曾辩解说，"如此太多的人指责我太关照中国人。但是我必须澄清，为了维护英国彻底的荣誉和实实在在的利益，我们一直都更加关照这个无助的、友好的民族"。⑥

---

① 茅海建：《天朝的崩溃：鸦片战争再研究》，三联书店，1995，第 217 页。
② 〔日〕佐佐木正哉：《论所谓〈穿鼻条约草案〉》，李少军译，武汉大学历史系鸦片战争研究组编《外国学者论鸦片战争与林则徐》（上册），第 172 页。
③ 《巴麦尊子爵致皇家海军义律大佐函》（1841 年 4 月 21 日），〔美〕马士：《中华帝国对外关系史》第 1 卷，第 727~728 页。
④ 《巴麦尊子爵致皇家海军义律大佐函》（1841 年 4 月 21 日），〔美〕马士：《中华帝国对外关系史》第 1 卷，第 728 页。
⑤ 〔美〕马士：《中华帝国对外关系史》第 1 卷，第 307 页。
⑥ 〔美〕特拉维斯·黑尼斯三世等：《一个帝国的沉迷和另一个帝国的堕落》，周辉荣译，三联书店，2005，第 150 页。

在胁迫清政府签约问题上，义律的看法也与巴麦尊等不同，他认为，"从实际观点上着眼，可以毫不夸张的说，同广州政府和人民维持和平的商业关系，比同皇帝缔结一项和约，对于我们是更加重要的"。即使要签约，"在目前的情况下，我们所能同（中国）朝廷缔结的最有利的和约，将是一件包含条款数目最少的条约"。义律心目中的条约，不是由英方强制签订的，而是"中国人企求一项条约，而条约已成为必要或适宜的"。其内容不应超过两个条款，即"割让香港"，以及"许给我们以商业和其他方面的权益，包括以后许给其他国家的任何权利"两项。在他看来，"我们在这些海岸上的实力地位以及大量勒逼而成的贸易，必会不久就引起这种企求条约的意向，然后，再在一种概括基础上作稳妥而有利的谈判，便会切实可行了，而这种概括的基础，当我们强迫他们接受一项条约时，则必定是谈不到的。"①显然，义律牟取在华权益的方式，含有较多的顺其自然的成分，而较少予取予夺的强权意识。

这种思想主张及其相应约作为，也就注定了义律的在华命运。1841 年 4 月底，英国政府免去了义律约全权公使之职。免职前夕，巴麦尊在私函中告知其原因，即前面所述，主要是没有按照他的训令进行交涉，以及没有维护作为英国代表的平等地位。

义律的结局，虽然不可避免，但他在融调中西体制尝试中所体现的思路，却为后来的历史发展所印证。进入近代，西方列强不断诉诸战争或威胁，以强力推行它们的文明体制，也未能一蹴而就。天朝体制没有因一次战争，一个条约便销声匿迹。即以中外交往体制而论，鸦片战争之后，中外交往的规则也不是一次便确定下来，而是经历了多次交涉，且仍含有天朝体制的痕迹。第一批条约做了大概的规定，如《南京条约》载："议定英国住中国之总管大员，与大清大臣无论京内、京外者，有文书来往，用照会字样；英国属员，用申陈字样；大臣批覆用札行字样；两国属员往来，必当平行照会。若两国商贾上达官宪，不在议内，仍用禀明字样为著。"② 在清朝公文中，"申陈"属于上行文，"札行"则属于下行文。可见，虽然在官员交往中取消了"谕"和"禀"，代之的却是相类性质的公文文种。随后列强仍在继

---

① 《查理·义律致奥克兰勋爵（印度总督）函》（1841 年 6 月 21 日），〔美〕马士：《中华帝国对外关系史》第 1 卷，第 742、744 ~ 745 页。

② 《江宁条约》，道光二十二年七月二十四日（1842 年 8 月 29 日），王铁崖编《中外旧约章汇编》第 1 册，三联书店，1957，第 32 页。

续争取这方面的权利，第二次鸦片战争签订的各国《天津条约》，又做了更详细具体的规定，在此方面有进一步的发展。关于领事制度，仍重申了上述的基本规定，还明确规定了双方相对应的官职，如"领事官、署领事官与道台同品；副领事官、署副领事官及翻译官与知府同品。视公务应需，衙署相见，会晤文移，均用平礼"。① 另外，领事的文移范围也更为明确具体。

其后，因交往礼仪仍存在不少龃龉，英国利用马嘉利案在《烟台条约》中规定："现因两国官员往来会晤以及文移往返一切事例，京外尚有未协之处，自宜明定章程，免启争论，兹议应由总理衙门照会各国驻京大臣，请其会同商订礼节条款，总期中国官员看待驻居中国各口等处外国官员之意与泰西各与国交际情形无异，且与各国看待在外之中国官员相同。"② 在商议中，列强主张，各国领事与外省官宪的公文往来，"无论品级孰大孰小，概用'文移'二字，则不至有相属之意"。总理衙门不同意，提出："若督抚与领事等官，未便概用'文移'二字。但体制果无大碍，自应设法通融。现拟遇有寻常公务，领事即可照旧'照会'道台，由道台转申督抚，督抚即可照旧札行道台，由道台'照会'领事，可省彼此逐行文件。若事关紧要，彼此无论品级大小，概用'照会'往来。"这一主张为各国所接受。③

这一原则的确定，反映了清政府的基本态度，既承认中外平等相待，又维护天朝的等级制度。其仅通融"事关紧要"事项"彼此概用照会"，不"概用'文移'二字"，则"隐示别乎平行之意"。④ 这一原则和前述双方官职对应的规定，显然在某种程度上体现了邓廷桢和义律时的做法。不过，从整个近代的趋势来看，清政府在不断退让，天朝体制在逐渐消退。即如张之洞所言："领事职分较卑，外洋官制，视为杂役，去彼国有职掌之地方官远甚，去中国督抚亦自远甚。中国相处，格外从谦，向用札，彼用申陈。至光绪六年新章，始免申陈，互用照会，已属谦而又谦。"⑤清政府坚守良久的皇

---

① 中英《天津条约》，咸丰八年五月十六日（1858 年 6 月 26 日），王铁崖编《中外旧约章汇编》第 1 册，第 97 页。

② 《烟台条约》，光绪二年七月二十六日（1876 年 9 月 13 日），王铁崖编《中外旧约章汇篇》第 1 册，第 348 页。

③ 《中外往来仪式节略·总理衙门致英国公使照会节录》，光绪六年十月十一日（1880 年 11 月 13 日），王铁崖编《中外旧约章汇篇》第 1 册，第 377 页。

④ 徐宗亮编《通商约章类纂》卷 18，光绪十二年，第 31 页。

⑤ 《粤督张之洞致总署督抚将军例不先拜领事电》，光绪十五年四月十三日，王彦威辑撰《清季外交史料》卷 80，书目文献出版社，1987，第 16~17 页。

帝觐见仪式，也最终完全被放弃。《辛丑条约》附件规定："总之，无论如何，中国优礼诸国使臣，断不至与彼此两国平行礼制有所不同"，① 对此做了一个了结。

鸦片战争前历史条件下所出现的义律模式，提供的历史思考并不限于那短暂的数年，它给我们留下了发人深思的启示。以现在的眼光和历史演变的规律来看，代表高一级文明的西方体制，取代代表落后文明的天朝体制，其必然性和合理性毋庸讳言。但用什么方式实现这一递嬗，用强制手段抑或和平协商，用武力抑或智慧，却也是一个可以辨析是非的问题。律劳卑的方式或模式，无疑属于前者，其强横无理的做派，已有学者做了详细的分析。② 这一模式的逻辑发展，无疑是采用战争手段解决分歧和争议。义律的模式属于后者，是一种避免极端手段的有益尝试，在某种意义上或许是一个更值得考虑的较佳选项。他的目标是要采取"符合英国官员应该以和当地同等官员平等进行交往的原则这一方式"，但又担心，"除非把事情闹到极端，要从这个政府中取得这一地位是不可能的"。③ 这或许也是他主张融调中西体制的思想基础。其实，传统与近代的混合性，是一个不分民族、不论时代而长久存在的共通现象。不同文明的相交和嬗递，尤其是涉及体制的层面，矛盾冲突在所难免，势必经历一个转折或过渡时期，不可能一蹴而就。即使是试图这样做的律劳卑也承认，"不能认为按国王陛下的政府在文明国中定下的通常形式对待这样的国民是很短时间内能做到的"。④ 从鸦片战争之后的近代历史来看，"以夷变夏"所导引的制度变迁，确实经历了漫长的过程，这正是两种体制博弈和融调的过程。因此，尽管或许是由于义律对中国人的好感⑤而采取了一种较为温和的方式，也无须考究

---

① 《辛丑各国和约》附件十九，光绪二十七年七月二十五日（1901 年 9 月 7 日），王铁崖编《中外旧约章汇编》第 1 册，第 1024 页。

② 吴义雄：《体制与权力：义律与 1834～1839 年的中英关系》，《历史研究》2007 年第 1 期。

③ 《义律致巴麦尊》（1939 年 1 月 2 日），广东省文史馆编《鸦片战争与林则徐史料选译》，第 331 页。

④ 《律劳卑勋爵致巴麦尊子爵》，武汉大学历史系鸦片战争组编《外国学者论鸦片战争与林则徐》（上册），第 140～141 页。

⑤ 义律说："我确信，中国人对欧洲人的良好信义有高度信任，也因为我相信，在许多重要方面他们是地球上最公道、最通情达理的人民。一切为了公正（而且没有别人比他们更能清楚理解他们在那种名义下接受的现实），我深信他们为了相互的便利，能够理智地从我们手中接受它，而视实行它的方式为无足轻重。"见《中国通信汇编》，广东省文史馆编《鸦片战争与林则徐史料选译》，第 335 页。

他的动机是否高尚，但历史已经以它行进的路径显示了这一模式长久存在的客观事实。从这个意义上讲，义律所致力于的方式或模式，正揭示了其后两种体制演变的趋向。这种趋向，对于我们探讨文明冲突、社会转型等的话题，提供了可资参考的启示。

赫德与北洋海军： 购买军舰

张振鹍[*]

北洋海军中有许多洋员，对其建设发挥过各种影响；赫德是晚清最大的洋员，他对北洋海军的建设也多有影响，但不是在军中，而是在军外。

他的影响起于代购舰艇。

第一批四艘炮艇

清政府决定建立新式海军，购买船舰，是由于台湾遭受日本侵略的刺激。

1874 年 5 月发生日本大军越海入侵台湾之役，事定后总理衙门总结道："伏查上年日本兵扰台湾，正恃铁甲船为自雄之具。彼时各疆臣因防务未集，骤难用兵，均以彼有此船、中国无此船为可虑之尤。自台事就绪，而揣度日本情势未能一日忘我，不能不预为之备，于是有海防之议"，文中提出 "请备船炮各节。"[①] 购买船炮事由此发轫。

日本侵台一开始就引起中国海关总税务司赫德的关注，他立即电告海关驻伦敦办事处税务司金登干："日本入侵台湾，外事纠纷在孕育中。"[②] 9 月 1

---

* 中国社会科学院近代史研究所研究员。

① 光绪元年六月二十三日（1875 年 7 月 25 日）总理衙门奕䜣等奏折。见中国史学会主编《洋务运动》（二），上海人民出版社，第 337 页。

② 1874 年 5 月 19 日赫德致金登干电第 3 号。见 Chen Xiafei and Han Rongfang ed. *Archives of China's Imperial Maritime Customs*： *Confidential Correspondence between Robert Hart and James Duncan Campell*，1874 - 1907，Foreign Languages Press，1992 .（中译本：中国第二历史档案馆、中国社会科学院近代史研究所合编《中国海关密档——赫德、金登干函电汇编（1874～1907）》，中华书局，1995）。以下简称 Archives（海关密档）。Telegraphs，1874 - 1907（电报，1874～1907）。引文一般采用中译本译文，必要时核对英文原文，有改动。以下同。

日又告："日中问题前景险恶。"① 10 月 19 日再告："日本公使两星期后离北京，战争几乎确定无疑。"② "这时他深信，如果要使中国免于被鲨鱼般的外国人所吞食，他就必须担起军火商的角色，并以此为他自己和海关赢得声誉。"③ 他函电交驰，要金登干向他提供购买各种枪炮弹药"特别是炮艇"的估价单。④ 金登干马上全力展开调查，汇集多种相关资讯，迅速向他报告，其中特别提到"到目前为止，最大的炮舰前炮为二十六吨半，迫切建议采用"；⑤ 数位权威人士都"倾向于造几艘非装甲、载重炮的'坚定号'级（staunch class）快艇"。⑥ 这种装"二十六吨半"炮的"坚定号"级炮艇受到赫德的垂青。

其间赫德又屡屡到总理衙门"议及购买船炮各事"，⑦ 向奕䜣等说明"新式洋枪及铁炮船购到可资海防之用"，⑧ 并据金登干提供的资讯开列新式枪炮价单给他们。⑨ 奕䜣等经"详细询究"，决定照赫德所议，"量力先行购办"，并"责令该总税务司经理"。⑩ 他们还把赫德所议各事随时函告

---

① 1874 年 9 月 1 日赫致金电第 9 号。Archives（海关密档），Telegraphs（电报）第 38 号。

② 1874 年 10 月 19 日（中译本作 10 月 9 日，误）赫致金电第 13 号。同上，第 58 号。

③ Stanley F. Wright, *Hart and the Chinese Customs*, p. 466. WM. Mullan & Son Ltd., 1950. 译文参阅〔英〕魏尔特《赫德与中国海关》（下册），陆琢成等译，厦门大学出版社，1993，第 45 页。

④ 1874 年 10 月 19 日（中译本作 10 月 9 日，误）赫致金电第 13 号。同上，第 58 号。又 1874 年 10 月 2 日赫致金函（不编号）。见 Archives（海关密档），Letters（信函）第 95 号；10 月 19 日（中译本作 10 月 9 日，误）赫致金电第 13 号，见 Archives（海关密档），Telegraphs（电报）第 58 号。

⑤ 1874 年 10 月 31 日金致赫电第 51 号，见 Archives（海关密档），Telegraphs（电报）第 64 号。

⑥ 1874 年 11 月 17 日金致赫电第 56 号。同上，第 71 号。"坚定号"炮艇是英国阿姆斯特朗厂（Armstrong & Co.）当时刚推出的一种载重炮的小型炮艇，主要用于海岸防御，它的出现在海军界引起轰动。见 Wright 前引书，第 466 ~ 467 页和姜鸣《中国近代海军史事日志（1860 ~ 1911)）》（三联书店，1994）第 41 页说第一艘"坚定号"炮艇 1867 年下水。

⑦ 光绪元年四月初二日（1875 年 5 月 6 日）总理衙门奕䜣等奏折。见《洋务运动》（二），第 335 页。

⑧ 同治十三年九月初九日（1874 年 10 月 18 日）李鸿章致总衙门函《论购枪弹船炮》。见吴汝纶编《李文忠公全集·译署函稿》卷 2，第 50 ~ 51 页。下文简称《译署函稿》。

⑨ 同治十三年十一月初四日（1874 年 12 月 12 日）李鸿章致总理衙门函《复议购办枪炮铁船》、光绪元年三月二十二日（1875 年 4 月 27 日）函《议购船炮》。见《译署函稿》卷 2，第 60 页；卷 3，第 6 页。

⑩ 光绪元年四月初二日（1875 年 5 月 6 日）总理衙门奕䜣等奏折。见《洋务运动》（二），第 335 页。

直隶总督北洋大臣李鸿章，嘱他"考核斟酌购办"。① 李回复总理衙门：赫德所推荐的那种"载巨炮于浅水处行驶足制铁甲船"的小轮船，即水炮台，"又名蚊子船"，"较陆地炮台更为灵活"，"守海口最为得利"，"若购得十只，分布南北洋紧要各口，足壮声威而资保障"。他认为，此事由"总税司经办当较洋行为可靠"，而"用赫总税司所说英人金姓经手，该税司意图见好，自必能得好货"。② 1875 年初（同治十三年"腊杪"），李由保定晋京，总理衙门与他"面订"春天令赫德去天津"熟商定议""蚊子船炮位等件"。③

4 月底，赫德如期到天津，李"连日接晤"，与之"逐细讨论"；他考虑到英国阿姆斯特朗厂"所制巨炮如二十六吨半者，食子五百三十六磅，三十八吨者食子八百磅，口径十一二寸，皆可击穿铁甲十余寸，各国争购致之，而中国各省尚无此项重炮，是不可不亟为订购"，即与赫德议定《购办船炮章程》，规定"先购办载三十八吨炮之船二只，载二十六吨半炮之船二只"；所有这些炮船，都由阿姆斯特朗厂"一手并办"；所订立合同，由"住英国之金税务司向该商详细商订"，"金税务司应将所订立之合同照录一份，先送至中国备查"。④ 此《章程》订立后一个月，5 月 30 日（四月二十六日）李鸿章被朝廷派任"督办北洋海防"（沈葆桢任两江总督兼办理通商大臣，"督办南洋海防"），赫德经办由英购船启动了北洋海军的建设。

6 月 22 日，赫德致电金登干："已发去公文，授权你从阿姆斯特朗厂购买四艘轮船，两艘载二十六吨半大炮，两艘载三十八吨大炮；钱已交银行。去阿姆斯特朗公司，请他们准备合同草稿、规格说明、设计图样等，准备 7 月 30 日开始，届时公文可到。轮船纵然是'坚定'型的，也必须是优秀的

---

① 同治十三年十一月初四日（1874 年 12 月 12 日）李鸿章致总理衙门函《复议购办枪炮铁船》，见《译署函稿》卷 2，第 60 页。

② 同治十三年八月二十一日（1874 年 10 月 1 日）李鸿章致总理衙门函《论购办西洋枪弹船炮》，见《译署函稿》卷 2，第 48 ~ 49 页；九月初九日函《论购枪弹船炮》，见《译署函稿》卷 2，第 50 ~ 51 页。

③ 光绪元年三月二十二日（1875 年 4 月 26 日）李鸿章致总理衙门函《议购船炮》，见《译署函稿》卷 3，第 6 ~ 8 页；光绪元年六月二十三日总理衙门奕䜣等奏折，见《洋务运动》（二），第 337 页。

④ 李鸿章致总理衙门函《议购船炮》，附《与赫总税司议定购办船炮章程》，见《译署函稿》卷 3，第 6 ~ 14 页；光绪元年六月二十三日总理衙门奕䜣等奏折，见《洋务运动》（二），第 337 页。

行海船，能在恶劣天气以大炮作战"。①8月17日，金登干收到该公文，此时购船合同草稿已拟好；20日他与阿厂签订正式合同。合同内容落实赫德与李鸿章议定的《购办船炮章程》，主要是向阿厂订购载26.5吨炮之船和载38吨炮之船各两只，前者8个月（1876年4月20日）造成，后者13个月（1876年9月20日）竣工，都"总体上保留'坚定'型"。②

炮舰正在建造中，赫德就开始考虑造成后由英国送来中国的问题以及如何教中国人使用舰上的大炮，特别是使用水压机等问题。他估计，为了随每条舰出航，并在舰上留用两年，每条舰上需要一名深通航海技术及炮术知识的海军军官，一名轮机长（教官），一名炮手（教官），一两名能保证大炮机械正常运转的技工。1876年新年刚过，他就写信把这些想法告诉金登干，要他"留意用最好的方法物色这些人员"，并问他：阿姆斯特朗公司能否为每艘舰派两名技工，或允许在它们厂里为每艘舰培训二人。还提出三个问题要他"电复"：（1）你能安排送出这些船吗？（2）你能聘到这些教官和技工并派他们随船出航吗？（3）每条船上四五名人员的年薪总额约整数多少？③接着又发电报问他："船只送出时能不能挂英国旗？要挂中国旗须履行什么手续？"要他"与当局商量并准确回答"，并嘱他"采取最好的方法雇用船上水手，送出船只"。④同时告诫他"要对那四只船和四门大炮仔细查看、检验"，⑤以保证质量。

金登干奉命唯谨，为准备将炮舰送到中国做了许多安排。其中有一个挂什么旗的问题较费周折。照常理，炮舰既为中国所订购，当然应挂中国国旗，初时赫德就是这样指示金登干的。⑥金认为挂中国旗或挂英国旗都可以。

---

① 1875年6月22日赫致金电第10号，见Archives（海关密档），Telegraphs（电报）第119号。《赫德、金登干年表》1875年7月22日条说，这一天赫"传达总理衙门之命，授权金登干在英国购阿姆斯特朗厂制造的炮舰"。Archives，Vol. Ⅳ，p. 536。（海关密档，1，第679页）此7月22日疑为6月22日之误。1876年3月21日，中国海关总司署总理文案葛德立（Cartwright）函告金登干，总理衙门已任命他为购船委员。此任命后来得到英国官方同意。见Archives（海关密档），Letters（信函）第261号及其注1；Telegraphs（电报）第188号。

② 1875年8月21日金致赫电第47号，见Archives（海关密档），Telegraphs（电报）第138号；1876年3月31日金致赫函A/67号，Archives（海关密档），Letters（信函）第250号。

③ 1876年1月17日赫致金函（不编号），见Archives（海关密档），Letters（信函）第230号。

④ 1876年3月20日赫致金电第25号，见Archives（海关密档），Telegraphs（电报）第182号。

⑤ 1876年3月27日赫致金函（不编号），见Archives（海关密档），Letters（信函）第248号。

⑥ 1876年3月16日赫致金电第27号："船上要挂中国旗。"见Archives（海关密档），Telegraphs（电报）第188号。

但很快他就从各方面了解到，挂中国旗如出现一些问题难以解决，最终在赫德认可下决定炮舰来华途中不挂中国旗，挂英国旗。①

1876 年五六月，两艘较小的炮舰（载 26.5 吨炮者）相继竣工。6 月 8 日正式试航及检验，金登干亲往参加，他认为"一切都达到了最满意的程度。"② 此时他已按希腊文头两个字母的名称将这两只小炮舰分别命名为"阿尔法"（Alpha）、"贝塔"（Beta），选聘了英国皇家海军退役军官拉普里曼达吉（La Primandage）和汉密尔顿（Blair Hamilton）分任两舰舰长（管带）。[第二位舰长金登干原想聘请一位现役军官伯纳斯（Berners）担任，但英海军部不许现役军官受聘。③] 中国订购的头两只炮艇即由他们两人分头驾驶来华。

6 月 19 日，"阿尔法"和"贝塔"离开阿姆斯特朗厂所在地、英格兰北部的造船业中心纽卡斯尔（Newcastle），22 日到达南部的普利茅斯（Plymouth）；24 日离开普利茅斯，驶向大西洋，劈波斩浪奔向中国：两地金登干都有赶到送行。④ 此后在两舰的航途中金不断以电报向赫德报告其行止：7 月 2 日航抵直布罗陀；10 日到达马耳他；23 日报抵塞得港；8 月 1 日抵亚丁，在此"被强大季风所阻"一个月，9 月 4 日才得离开；19 日到达加勒（Galle），22 日离开；10 月 3 日、4 日，"贝塔"、"阿尔法"先后到达新加坡；⑤ 11 月 8 日到上海；11 月 20 日、21 日抵达天津，赫德亲自去"迎接并接收它们"，"验

① 1876 年 3 月 23 日金致赫电第 82 号；3 月 30 日电第 84 号；4 月 5 日电第 86 号；4 月 13 日电第 87 号；6 月 5 日电第 94 号。4 月 15 日赫致金电第 29 号，分别见 Archives（海关密档），Telegraphs（电报）第 183、186、189、191、193、200 号。参见 3 月 31 日金致赫函 A/67 号，4 月 7 日金致赫函 A/69 号，分别见 Archives（海关密档），Letters（信函）第 250 号，253 号。

② 1876 年 6 月 14 日金致赫电第 95 号，第 96 号；5 月 5 日金致赫函 A/73 号，6 月 7 日金致赫函 A/77 号，6 月 15 日金致赫函 A/78 号。见 Archives（海关密档），Telegraphs（电报）第 201、202 号；Letters（信函）第 259、265、266 号。

③ 1876 年 4 月 7 日金致赫函 A/68 号，4 月 13 日金致赫电第 87 号。见 Archives（海关密档），Letters（信函）第 253 号，Telegraphs（电报）第 191 号。

④ 1876 年 6 月 30 日金致赫函 A/79 号。见 Archives（海关密档），Letters（信函）第 269 号。李鸿章奏报光绪二年"闰五月初三日自英国开驶"（光绪二年十月二十日奏折附片，见《洋务运动》（二），第 345 页），此处说的是 6 月 24 日从普利茅斯出发。

⑤ 1876 年 7 月 2 日金致赫电第 99 号，7 月 11 日电第 102 号，7 月 23 日电第 105 号，8 月 2 日电第 108 号，9 月 4 日电第 113 号，9 月 5 日电第 114 号，9 月 19 日电第 119 号，9 月 24 日电第 120 号，10 月 15 日电第 139 号。见 Archives（海关密档），Telegraphs（电报）第 206、209、213、216、225、226、232、233、241 号。10 月 13 日金致赫函 A/94 号，见 Archives（海关密档），Letters（信函）第 292 号。

明呈交"李鸿章处"查收"。①

11 月 27～28 日，李鸿章"督同"赫德等将炮船驶到大沽海口，"亲加演试"后，给予很高评价："所有炮位、轮机、器具等件均属精致灵捷"，其 26.5 吨之炮"运炮装子全用水力机器，实系近时新式，堪为海口战守利器"。他将"阿尔法"正式命名为"龙骧"，派补用游击张成管驾；"贝塔"命名为"虎威"，派补用千总邱宝仁管驾；命令他们"会同英国原来弁兵"乘坐原炮艇驶赴福州船厂，"在那里悬挂中国旗"，并就近配齐舰上的管轮、管炮、舵勇、水手等；"仍由赫德议明每船暂留英人教习三名"，其他英国船员一律解雇回国。② 至此，这两只炮艇真正归于中国人掌握之中。

赫德购舰第一炮打响，他马上发电报、写信告知金登干，表示"感谢你和造船厂家"，"总理衙门要我感谢你所做的一切操劳"。他希望第三、第四艘快些到来。③

这两艘较大的炮艇（载 38 吨大炮）拖期于 1877 年初建成，金登干按希腊文第三、第四个字母的名称分别命名为"伽马"（Gamma）、"德尔塔"（Delta），选聘了琅威理（William Lang）、庆（Laurence Qing）分任两舰管带。与前两舰的管带都是英国皇家海军的退役军官不同，这两人都是英海军的现役军官，"都是顶尖人材，在海军部很得宠"，"他们的任命都得到海军部的允准"。④ 1 月 24 日两

---

① 1876 年 11 月 17 日赫德致金登干函 Z/38 号，12 月 3 日赫致金函（不编号）；见 Archives（海关档案），Letters（信函）第 300 号、303 号。12 月 13 日赫致金电第 40 号，见 Telegraphs（电报）第 250 号；光绪十年十月二十日李鸿章奏折附片，见《洋务运动》（二），第 345 页。

② 1876 年 12 月 3 日赫致金函（不编号）；12 月 4 日赫致金电第 40 号，见 Archives（海关密档），Letters（信函）第 303 号，Telegraphs（电报）第 250 号。光绪二年十月二十日李鸿章奏折附片，见《洋务运动》（二），第 345～346 页。金登干称赞赫德说："我强烈地觉得，在两艘炮艇改挂中国旗之前，您邀请李鸿章登舰正式视察，是很得策的"。1877 年 2 月 16 日金致赫函 Z/49 号，见 Arch.ves（海关密档），Letters（信函）第 326 号。后福建巡抚丁日昌在澎湖阅看"龙骧"、"虎威"二舰，称其"转运灵便，费又不多，胜于前此福建所购之蚊船不啻十倍"。光绪三年五月初四（1877 年 6 月 14 日）丁奏折，见《洋务运动》（二），第 371 页。

③ 1876 年 12 月 4 日赫致金电第 40 号，见 Archives（海关密档），Telegraphs（电报）第 250 号；12 月 14 日赫致金函（不编号），见 Archives（海关密档），Letters（信函）第 305 号。

④ 1877 年 1 月 23 日金致赫电第 144 号；1 月 19 日金致赫函 Z/47 号；2 月 9 日金致赫函 A/107 号；2 月 16 日金致赫函 Z/49 号。见 Archives（海关密档），Telegraphs（电报）第 263 号，Letters（信函）第 316、324、326 号。金在 2 月 9 日函中有云："英国海军部撤销了不许现役军官带出'阿尔法'和'贝塔'的决定，以显示他们对这两艘船（'伽马'和'德尔塔'）的重要性的赞赏。"中译本对这句话前半句的意思译反了。

舰正式试航，"非常令人满意"，"《泰晤士报》做了充分报道"，并"刊载长篇文章称赞其优点"。这时中国首任驻英公使郭嵩焘刚到任，他表示非常想看看这两艘炮艇。金登干为比做了安排。2月10日，两舰驶离纽卡斯尔，冒着极恶劣的天气通过英吉利海峡，13日到达英格兰南部的军港朴次茅斯（Portsmouth）。17日郭嵩焘在这里视察了炮艇，并高兴地在"伽马"号上亲自发射了大炮，表示祝贺。次日两舰抵普利茅斯。①

2月28日，"伽马"、"德尔塔"两舰自普利茅斯启碇驶向中国，3月7日抵直布罗陀，16日到达马耳他，4月初抵埃及，4日离开苏伊士运河，12日抵亚丁，5月3日到锡兰（加勒），5月20日到新加坡，然后经香港到福州，6月25日在福州正式移交给中国当局。②两舰分别正式被命名为"飞霆"、"策电"，经船政大臣吴赞诚选派管驾，募配舵勇、水手，督饬各官弁认真操练。

约一年后，1878年4月30日（光绪四年三月二十八日），吴赞诚令此两舰与"龙骧"、"虎威"一起北上，由直隶候补道许钤身督押，于6月20日驶抵天津海口。30日李鸿章亲去大沽，7月1日和2日两日督同许钤身、张成等对两舰"逐细勘验"，认定"其轮机、器具等件均尚精致灵捷，演试大炮亦有准头"；随后令其"驶出沽口洋面，往返两时，顺水逆风，每点钟约行二十一里有奇，若开满轮力，速率当可略加"。此两舰较"龙骧"、"虎威"炮位更大，李鸿章察看后提出："该船巨炮实足制铁甲，守护海口最为得力，必应及时添置。"③

---

① 1877年2月4日金致赫电第145号，2月14日电第146号，2月23日电第147号。见Archives（海关密档），Telegraphs（电报）第264号，265号，267号。2月2日金致赫函A/105号，2月4日函（不编号），2月22日函A/108号。见Archives（海关密档），Letters（信函）第320号，第322号，第328号。

② 1877年3月3日金致赫电第148号；3月16日电第151号；4月2日电第155号；4月3日电第156号；4月14日电第157号；4月25日电第159号；5月5日电第161号；5月22日电第164号；6月4日赫致金电第55号；6月28日电第58号。见Archives（海关密档），Telegraphs（电报）第268号、273号、278号、279号、281号、285号、288号、294号、297号、303号。4月2日金致赫电说两舰"预定5月27日抵香港"，6月4日赫致金电说"已抵达"香港，实际到香港日期不详。当时赫德正在香港，他看到这两艘船有些状况很不好，决定不让他们开往天津，而开到福州移交。见1877年7月1日赫致金函Z/7号，Letters（信函）第362号。

③ 李鸿章光绪四年四月二十四日（1878年5月25日）致总理衙门函《论英使密商购四蚊船》，五月二十一日（6月21日）函《论购船》。见《译署函稿》卷7，第39～40页，卷8，第7页；光绪四年六月十七日（1878年7月16日）李鸿章奏折附片，见《洋务运动》（二），第382～383页。

第二批四艘炮艇

这次添置不是为北洋，而是为南洋。

原来李鸿章为北洋订购四只新式炮艇，搅动了两江总督、南洋大臣沈葆桢的心，他不甘落后，向李"函商分拨"，用来"固江防"。李当然不舍得给他，便以"船少不敷调拨"回绝。总理衙门介入此事，"亦谓此项船只无论各海口难资分布，即咽喉要区、根本重地尚恐不敷"，必须进一步"添置"。① 所谓添置就是增购，而增购仍需赫德。

此时赫德已去欧洲，② 李鸿章指示天津海关税务司德璀琳致电赫德、金登干，要他们"就近确询英厂现时船炮价目有无低昂"。由此启动了第二批购舰活动。

1878 年 7 月 8 日，总税务司署（此时裴式楷代行总税务司职）致电金登干，询问"在目前情况下""阿尔法"级及"伽马"级炮艇的实价，"可能要订购四艘"。③ 30 日金回电报价，并说"最近的技术改良，使承造者得以按照以上价格提供比以前已提供的四艘更安全、更快速的舰只和更具威力的大炮"。8 月 17 日总税务司署电金："李（鸿章）要再订购四艘'伽马'级船，请立即准备合同"，待船款汇出后签订，"各船应于明春造好驶出"。20日又电，已奉到指示，"合同现在即可签订"。29 日金登干与阿姆斯特朗厂签订定购四艘"伽马"级炮艇（即载 38 吨炮之船）的合同。合同规定第二年（1879）4 月炮艇造成。④

合同刚签订，对方（承造商）就"强烈要求"延长交货期两个月，以便充分考虑并实现改进。此要求报李鸿章，得到他的同意。10 月 15 日，金登干电总税务司署，要代理总税务司裴式楷亲去天津向李鸿章报告以下情况：

---

① 光绪四年六月十七日李鸿章奏折附片；光绪五年十月十六日（1879 年 11 月 29 日）李鸿章奏折。见《洋务运动》（二），第 383 页，第 418 页。

② 1878 年 2 月 21 日赫向清政府请假一年回欧洲，3 月 2 日离北京去上海，14 日离上海，先去巴黎参加万国博览会，后又去德国，最后到英国。1879 年 5 月 5 日回到上海。

③ 1878 年 7 月 8 日赫致金电第 80 号，见 Archives（海关密档），Telegraphs（电报）第 382号。按，赫德不在中国期间，要总税务司署仍用"赫致金电报"编号给金发电报，用"金致赫电报"编号收金的来电（冠以"总税务司第×号"发给代行总税务司职的江海关税务司裴式楷）。以下各注同此。

④ 1878 年 7 月 30 日金致赫电第 229 号（总税务司第 6 号）（此电实为总税务司赫德通过金登干所发）；8 月 17 日赫致金电第 84 号，8 月 20 日赫致金电第 85 号；8 月 29 日金致赫电第 233 号。见 Archives（海关密档），Telegraphs（电报）第 388、391、393、395 号。

四艘新炮艇将与原"伽马"号略有不同，但将优于原"伽马"号，"新大炮优于旧大炮，新大炮重量较轻而炮筒较长，所发炮弹较小而耗用炸药较多，命中目标更准，穿透力更大。新炮艇和新大炮将是海上最好的"。11月9日总税务司署电告赫德，订购炮艇合同已读给李鸿章听，总体上已获其批准；炮艇1879年秋初到天津即可，无须催促，"船和炮都要是最好的。"① 李鸿章所重视的是这四艘炮艇的建造要保证质量，不必赶时间。

1879年五六月，四舰相继完工，按希腊文第五至第八个字母名称分别被命名为"艾普西隆"（Epsilon）、"泽塔"（Zeta）、"伊塔"（Ita）、"西塔"（Sita）。7月8日起开始正式试航，经英国海军部官员的检验并获通过。此前金登干已选聘琅威理为四舰的总指挥，保罗（Paul）、沃克（Walker）、贝尔（Bell）为各舰管带：这些英国海军军官的任职都得到海军部的允准。与此同时，四舰的所有军官和水手都已选定，驶交中国的准备工作已全部完成。②

7月18～19日，四舰经最后整顿，驶离纽卡斯尔，22日到达朴次茅斯。24日中国新任驻英公使曾纪泽正式视察后，25日驶抵普利茅斯。30日离开普利茅斯来中国，舰上仍挂英国旗。③ 沿途经过直布罗陀（8月5日）、马耳他（8月12日）、塞得港（8月22日）、亚丁（8月31日）、加勒、新加坡、马尼拉、香港，于11月11日到天津。④

---

① 1878年9月24日赫致金电第90号；10月15日金致赫电第237号（此电实为赫通过金发给裴式楷的）；11月9日赫致金电第94号。见 Archives（海关密档），Telegraphs（电报）第403、405、409号。

② 1879年5月6日金致赫电第251号；5月10日金致赫电第253号；6月18日金致赫电第258号；6月25日金致赫电第259号；7月15日金致赫电第260号；5月16日金致赫函A/160号；6月25日金致赫函A/164号；7月11日金致赫函A/165号；8月1日金致赫函稿（不编号）。分别见 Archives（海关密档），Telegraphs（电报）第430、433、442、443、444号；Letters（信函）第587、595、597、602号。

③ 1879年7月17日金致赫函稿（不编号），7月25日金致赫电第263号，7月26日电第264号，7月31日电第265号。见 Archives（海关密档），Letters（信函）第599号；Telegraphs（电报）第447号、第448号、第449号。清政府方面（总理衙门、李鸿章）原主张此四舰挂中国旗，由中国人驾驶来中国，赫德、金登干以"安全"等为由做了相反的安排。参阅1879年4月25日金致赫函A/157号，8月1日金致赫函稿（不编号）。见 Archives（海关密档），Letters（信函）第583、602号。关于此四舰由建造到驶来中国的过程及其特点等，参见 Wright 前引书，第474～475页。

④ 1879年8月6日金致赫电第267号，8月16日电第268号；8月15日金致赫函A/168号，8月22日函A/169号，9月17日函A/5号，12月9日赫致金电第114号。见 Archives（海关密档），Telegraphs（电报）第451、453、474号；参见 Telegraphs（电报）第450号（8月5日金致赫电第266号）；Letters（信函）第606、607、616号。

当四舰正在由英来华途中时，沈葆桢已拟定其正式名称为"镇东"、"镇西"、"镇南"、"镇北"，并预定福建船政局赴英留学艺成回国的刘步蟾、林泰曾、何心川及于未出洋学生中选一人分任四船管带。① 四舰到津八天后，11 月 19 日，李鸿章亲往大沽，督同津海关道郑藻如，道员许钤身以及税务司德璀琳、赫德等逐项查验，认定其"轮机炮位器具船式均尚精坚灵捷，驶出洋面，演试大炮，药力加多，亦有准头，与前购三十八吨炮船大致相同"。② 此时他不再提此四舰系为南洋"代购"的事，而另有了打算。12 月 11 日他上奏折提出他的打算：已购到的蚊船八只，明年（1880 年）春天"拟饬调龙骧、虎威、飞霆、策电四船赴南洋归沈葆桢调遣，即留镇北、镇南、镇西、镇东四船在津沽由臣督饬道员许钤身、提督丁汝昌会督管带各员认真操练，并令时常出洋赴东、奉交界之大连湾与沿海口岸驻泊逡巡，以壮声威"。③ 他以新换旧，把新到的四"镇"舰留归自己，原来的龙、虎、飞、策四船则给了南洋。

第三批三艘炮艇

李鸿章在奏折中再次确认"蚊子船防守海岸最为得力，赫德所购尤各国罕有之新式，价目稍昂而功用自别"。要求继续添购给各地方，"广东、台湾海口至少须各有二只，浙江宁波、山东烟台海口至少须各有一只"。他请朝廷敕下有关各省督抚"迅速照议筹办"，"径请总理衙门转饬赫德，克期定购，明年（六年）秋冬即可来华"。④ 总理衙门回应说，他们对购买船炮各事"均不熟悉"，所以两次购船都是"函商李鸿章与赫德定购，并由该大臣验收"；现在如果让广东、福建、浙江、山东各督抚自行订购，不如直接由

---

① 光绪五年七月二十八日（1879 年 9 月 14 日）沈葆桢奏折附片，见《洋务运动》（二），第 406~407 页。

② 光绪五年十月十六日（1879 年 11 月 29 日）李鸿章奏折，见《洋务运动》（二），第 419 页。此时碰巧法国海军舰长福禄诺带船到津，李鸿章"邀其随赴大沽勘验新船。伊力言此船保护海岸在浅水与铁甲船交战可期制胜，若在海中打仗，殊无把握"光绪五年十月十七日（1879 年 11 月 30 日），致总理衙门函《统筹南北海防》，见《洋务运动》（三），第 300 页。

③ 光绪五年十月二十八日（1879 年 12 月 11 日）李鸿章奏折，见《洋务运动》（二），第 423 页。

④ 光绪五年十月二十八日（1879 年 12 月 11 日）李鸿章奏折，见《洋务运动》（二），第 423~424 页。

李鸿章一手经理，较为周妥。他们要求皇帝"饬下李鸿章，将广东各省海口应行购备蚊子船，仍令赫德代为订办。购船款项，由各该省分筹解交李鸿章备用。将来各船购到时，并由该大臣验收，分布各海口"。① 上谕当即命有关各督抚"迅速筹办"。

各省对此反应不一。闽浙总督何璟、山东巡抚周恒祺都表示愿筹款购办；② 两广总督刘坤一则以种种理由拒绝向外国订购，声称要"自行仿造"木壳蚊子船。③ 但不久他调任两江，裕宽署两广总督，又决定请李鸿章"代购蚊船一只"。④

此时总理衙门提出"由李鸿章先行定购蚊船四只，以备分布闽省海口"之议；⑤ 而李鸿章一心想购买原来英国为土耳其制造的两只八角台铁甲舰，为筹措经费，要求"暂缓购置"福建的四只蚊船等。⑥ 李鸿章似乎一时不知道该通过赫德订购多少炮艇，直到 1880 年 5 月才决定为山东订购两艘艾普西隆型舰，为广东订购一艘。赫德即将此决定电告金登干，要他与阿姆斯特朗厂签订合同，请其立即开工赶造。⑦

---

① 光绪五年十一月十三日（1879 年 12 月 25 日）总理衙门奕䜣等奏折附片，见《洋务运动》（二），第 427 页。

② 光绪五年十二月初九日（1880 年 1 月 20 日）何璟等奏，见《洋务运动》（二），第 436～437 页；十二月初十日（1880 年 1 月 21 日）周恒祺奏，见《洋务运动》（二），第 437 页。

③ 光绪五年十二月初四日（1880 年 1 月 15 日）刘坤一奏，见《洋务运动》（二），第 432～434 页。

④ 光绪七年八月二十日（1881 年 10 月 12 日）李鸿章奏，见《洋务运动》（二），第 516～517 页。光绪六年六月二十日（1880 年 7 月 26 日）两广总督张树声奏，同上见《洋务运动》（二），第 456～457 页。张树声继裕宽任两广总督。

⑤ 光绪六年正月二十八日（1880 年 3 月 8 日）总理衙门奕䜣等奏，见《洋务运动》（二），第 438～439 页。

⑥ 光绪六年二月十九日（1880 年 3 月 29 日）李鸿章奏，见《洋务运动》（二），第 439～442 页。

⑦ 1879 年 12 月 26 日赫致金电第 115 号说，"李建议政府再购买 8 艘艾普西隆型炮舰，但我还没有得到授权"。1880 年 3 月 18 日赫致金电第 122 号说，"李承诺下周可得到再定造 5 艘艾普西隆型炮舰的授权和购舰款项"。4 月 10 日赫致金电第 124 号问，"如 5 月前定造 5 艘艾普西隆型炮船，造价多少？"5 月 5 日赫致金电第 122 号（原文如此）说已被授权为山东建造两艘艾普西隆型炮艇；5 月 11 日赫致金电第 125 号说为广东建造一艘。见 Archives（海关密档），Telegraphs（电报）第 479、501、507、523、526 号。李鸿章光绪七年八月二十日（1881 年 10 月 12 日）奏中追述说"于六年三四月间节次饬（赫德）照新式机器、炮位、家具、药弹，克期定造三只，与英商阿摩士庄先立详细合同"，见《洋务运动》（二），第 516～517 页。他称赫德所说的"艾普西隆型舰"为"镇北等新式蚊子炮船"。

1880年5月22日金登干与阿厂签订两项合同，分别规定该厂为山东建造两艘炮舰，为广东建造一艘，1881年1月31日建成。①

但"由于罢工"及气候恶劣，建造炮舰的期限拖延了，1881年4月才完工。4月22日举行了第一艘炮舰的第一次初步测试；4月27～29日三天，三艘炮舰相继试航成功，中方验收。② 金登干接续前8只炮舰的命名办法，按第9、10、11个希腊文字母名称分别命名为"约（yao）塔（Iota）"、"卡帕（kappa）"、"拉姆达（Lambda）"，随即准备驶来中国。

这三艘炮艇由英来华，采用了与前两批不同的方式，这个新方式是金登干在三炮艇刚开始建造不久就提出的。1880年9月，他考虑到以"商业方式"送出舰只可能节省费用，便向大英火轮船公司（Peninsular & Oriental Steam Navigation co.）探询能否接受把三艘炮艇驶回中国的任务。公司经理向他推荐了罗斯船长（Ross），说此人"在签订合同的条件下率领船只出航，是完全可以信得过的"。③ 金即就与罗斯订立合同，由罗斯承包将三艘舰送到中国这一新办法向赫德请示；赫报告李鸿章，得到李的同意后，又就罗斯手下水手的付费等问题与金进行了讨论，最后于1881年1月12日电告金，由"罗斯带出炮舰，挂英国国旗"。④

5月18日，三只炮舰在罗斯带领下离开纽卡斯尔，21日抵达普利茅斯；24日由普利茅斯起航，直驶马耳他（29日到达）。⑤ 然后"一路全速行进，

① 1880年5月22日金致赫电第318号。参见5月21日金致赫函A/197，见Archives（海关密档），Telegraphs（电报）第528号；Letters（信函）第681号。

② 1880年12月20日金致赫电第38号；1881年2月16日金致赫电第48号（代丁汝昌致李鸿章）；1881年4月28日（金致赫？）函Z/150；5月6日金致赫函Z/151；6月6日金致赫函A/247。见Archives（海关密档），Telegraphs（电报）第605、620号；Letters（信函）第811、812、834号。

③ 1880年9月10日金致赫函A/213号，9月17日金致赫函A/214号。见Archives（海关密档），信函（Letters）第725、726号。

④ 1880年9月17日金致赫电第19号，10月22日赫致金电第15号，11月6日金致赫电第30号，11月10日金致赫电第32号，11月20日赫致金电第18号，11月29日金致电第35号，12月8日赫致金电第20号，1881年1月12日赫致金电第23号。见Archives（海关密档），Telegraphs（电报）第577、590、594、596、598、600、604、614号。

⑤ 1881年5月24日金致赫电第58号，6月5日金致赫电第60号。见Archives（海关密档），Telegraphs（电报）第636、639号。早在1880年7月2日，金致赫函（A/205号）中就已提到，为"减少航行费"，"这一次，我们这几艘新造的艾普西隆型船无须到普茨茅斯接受检查，它们可以从普利茅斯直驶马尔他，不在直布罗陀停留"。见Letters（信函）第697号。中译本此处译为"几艘新造好的埃普西隆型船"，误，当时建造这三艘炮艇的合同刚签订（5月22日）了40天，离"造好"还远得很。

任何地方都不停歇，"经塞得港（6月11日）、苏伊士运河（13日），抵亚丁（20日）、加勒（7月4日），7月23日抵香港。① 其中一艘"拉姆达"于7月25日（光绪七年六月三十日）驶抵广州，两广总督张树声派人前往验收，后又亲往查验，确认该船"工料坚固，机器灵捷，所载大炮亦属精良"，即正式命名为"海镜清"，派尽先都司陈良杰管带。②

另两艘（"约塔"、"卡帕"）于8月11日（七月十七日）驶抵大沽，李鸿章派水师营务处道员许钤身会同刘步蟾、洋员哥嘉（Cocker）、德璀琳验收，后又亲往查勘，其"轮机、炮位、船式均尚精坚利用，与前购各船相同"。即正式命名为"镇中"、"镇边"，分别选派曾经出洋学习的都司衔尽先守备林永升、叶祖珪为管带，将使之参与北洋要隘的防护。③

第四批两艘巡洋舰

大体与购买这三艘炮舰同时，又有订购两艘"快船兼碰船"即巡洋舰的活动。

向清政府推荐巡洋舰，源于金登干。1879年6月15日他利用恰克图电报路线发了一封长电给赫德，内云："机密。目前海军一般人的意见正在反对铁甲舰，炮术的进步越来越对铁甲舰不利。阿姆斯特朗公司已设计出一种新的非装甲巡洋舰，时速15节，排水量1200吨，吃水15英尺，机器由水下舱板掩蔽，煤堆保护。装备两门能穿透现在海上任何铁甲舰的25吨新型后膛炮，一门安装在舰首，一门在舰尾，均依垂直轴转动，可向首尾和舷侧目标射击；此外还有小炮和鱼雷装置。全舰水手70人。建造时间15个月。全部造价约90000英镑。以上各数字都只是估计的近似值。此种巡洋舰可望被

① 1881年8月8日赫致金函 A/35号。见 Archives（海关密档），Letters（信函）第847号。1881年6月16日金致赫电第62号，6月20日金致赫电第64号，7月7日金致赫电第65号；见 Telegraphs（电报）第641、644、646号。

② 光绪七年闰七月初二日（1881年8月26日）张树声奏，见《洋务运动》（二），第512～514页。20天后，张树声又奏报，一年多以前刘坤一提出的广东"自行仿造"的"木壳蚊船"已造成，取名"海东雄"。闰七月二十二日（9月15日）奏，见《洋务运动》（二），第514～515页。由英国开往广州的炮舰是"拉姆达"，据1881年3月11日金致赫函 A/233号，8月20日赫致金函 Z/55号，9月2日函 Z/56号，见 Archives（海关密档），Letters（信函）第793、853、857号。

③ 光绪七年八月二十日（1881年10月12日）李鸿章奏，见《洋务运动》（二），第516～518页。

证明优于现有各种巡洋舰，就像那些按（希腊文）字母顺序命名的炮舰优于其他炮舰一样，它将成为那些字母炮舰的重要补充。您的理想是从炮舰级扩展到巡洋舰级，如果中国政府先于他国政府予以采纳，您将再一次在海军科学上取得领先地位"。① 过了 5 天，他又写信（A/163 号函）给赫德，说明拍发此电的原委，并进一步鼓吹这种巡洋舰。信上说："随函附上乔治·伦道尔（George Rendel）先生一份令人感兴趣的备忘录，里面谈的是为利用大炮威力的进步而设计的一种新型舰只。这件事很重要，我想起了您对铁甲舰等等的看法，就认为应该在最近经恰克图线路发给您的电报中提出来。推出这些新船，并不是要用以取代炮舰，而是作炮舰的辅助。它们是炮舰建造中显示出来的智慧和远见的自然报偿或成果。它们的构思来自相同的普遍原理——坚信大炮的进步，坚信大炮必定战胜装甲，而装甲是两种类型的舰只的基础。中国人不应继续满足于主要是用于防御目的的炮舰，他们迟早必须以用于进攻目的的舰只来支持炮舰。这些巡洋舰就是用于进攻目的的，而炮舰是用于防御目的的。我把这一信息发送给您，目的是，当铁甲舰问题再一次提到您的面前时，您就可以劝阻中国人不要把钱浪费在这上面，建议他们为特殊目的拥有特殊舰只，不要想以一种舰做太多的事"。信最后说，伦道尔已私下给他看了这种新型舰只的图样，许诺将复制一份给他。② 又过了 5 天，他又以 A/164 号函告赫德，他将于下周得到此图样。③ 他在 10 天之内连发三封信函，集中起来就是一个意思：推荐阿姆斯特朗公司设计的一种新巡洋舰，用以阻止中国购买铁甲舰。这完全迎合了赫德的想法和主张。赫德接到那封电报和 A/163 号函后，于 8 月 12 日复信中要他就这种"新巡洋舰"告诉斯徒尔特·伦道尔（Stuart Rendel，阿姆斯特朗公司主管军火部的工程师），"我很可能需要两艘这种舰只"。④

此时清政府内正议论订购铁甲舰，结果却是照赫德的建议决定订购巡洋舰。

清政府自 1875 年议办海防，有关官员多认为应购买铁甲舰。由于种种原因（主要是经费不足），议论数年而迟迟未能实现。但他们仍不甘心，如李

---

① 1879 年 6 月 15 日金致赫电第 257 号。见 Archives（海关密档），Telegraphs（电报）第 439 号。

② 1879 年 6 月 20 日金致赫函 A/163 号。见 Archives（海关密档），Letters（信函）第 593 号。参阅 9 月 26 日金致赫函 Z/92 号，见 Archives（海关密档），Letters（信函），第 618 号。

③ 1979 年 6 月 25 日金致赫函 A/164 号。见 Archives（海关密档），Letters（信函），第 595 号。

④ 1879 年 8 月 12 日赫致金函 A/2 号。见 Archives（海关密档），Letters（信函），第 605 号

鸿章所说，"欲求自强，仍非破除成见，定购铁甲不可"。①1879年，李鸿章想购买两艘现成的土耳其铁甲舰未成功，又以北洋经费尚有存款百万，想先购一艘铁甲舰"以立始基而壮声势"，函嘱驻德公使李凤苞在英法各厂访求新式。但总理衙门以李"专顾一口为疑"，"不以购一铁甲为然"，要他"另购他项战舰"。正巧他接到李凤苞9月25日来信，信中一面说"今日各国纷议停造铁甲，如可缓办，尤为合算"，（这与前引金登干6月15日致赫德电头一句话可互为印证）；一面说"既有铁甲，应同时并举四事"，四事中"尤要者一为快船：若铁甲无快船辅佐，则孤注而已"，因此应"赶造"及"由洋厂定造"快船。他认为李凤苞"自系在洋博访群议，斟酌时势以立言"，"所言甚有次第"，极为赞赏。李凤苞如此推荐快船，使他想到"赫德原议碰船未知是何形制"，便乘"艾普西隆"等四只炮舰到津之机，嘱德璀琳函请赫德速来天津详询。11月25日赫德到津，他与赫密商办法，赫"亦以先购快船，再办铁甲为是"。赫当即送给他"英厂寄来的新式快船碰船图式"，其节略中说明此种"船长二百英尺，宽三十英尺，吃水十五尺，每半时（应为每点钟）行十五海里，新式机器，首尾各置二十五吨大炮一尊，左右各新炮数尊，并带水雷小轮船一只，船头水线下暗设坚固冲锋，可碰敌船。若订两只，需银六十五万两，后年夏间工成来华，据云可保追赶碰坏极好之铁甲船"。（这正是6月15日金登干给赫德的电报所介绍的情况。）他又咨询驻天津的法国海军军官，确认"近来西洋铁木船新式船头多设冲锋，以备战时添一碰船之力"。由此得出结论，赫德推介的"此项快船，既载大炮，又有冲锋，行驶果如此迅速，实属合用"。船既得用，事不可缓，即授权赫德电告金登干与阿姆斯特朗厂订办，先订购两只，赶速动工，约于1881年春夏间到华。②这种"快船兼碰船"就是金登干最早推荐的新巡洋舰，也叫撞碰巡洋舰或撞碰船。

12月1日赫德致电金登干"已被授权订购两艘你A/164号函提到的舰

① 光绪五年十月二十八日（1879年12月11日）李鸿章奏折，见《洋务运动》（二），第421页。此前不久，他曾写道："海防需用铁甲船，此议发于前数年，幼丹（沈葆桢）、雨生（丁日昌）、春帆（吴赞诚）持之甚力，鸿章何敢独违众议？"光绪五年七月十七日（1879年9月3日）致总理衙门函《议赫德海防条陈》，见《译署函稿》，卷9，第37~38页。

② 这一段叙述及引文皆据光绪五年十月二十八日（1879年12月11日）李鸿章奏折及同月十七日（1879年11月30日）李致总理衙门函《统筹南北海防》，见《洋务运动》（二），第420~424页；《洋务运动》（三），第298~300页。

只……请安排立即开始（建造）。"① 12 月 9 日再电："参阅你的 A/164 号函。已被授权订购的两艘快速撞碰巡洋舰在海上航行时速必须达到 15 节，船首配有特别强有力的撞角。估价约 160000 英镑，第一期三分之一付款将于 4 月间交给我汇去，第二期（三分之一付款）10 月汇去，余额完工时汇去。要求阿姆斯特朗立即开工，不要等第一期三分之一付款。需要的两艘姐妹舰是伦道尔 7 月 4 日函寄设计图的那种类型的。签订合同要慎重。提供最优的那种强固、快速、重装备的撞碰巡洋舰。必须 1881 年春离英"。②

12 月 18 日金电告赫，"撞碰巡洋舰合同已签字"。合同规定两舰在 1881 年 3 月 25 日前建成。③

赫德对订购这两艘巡洋舰极其重视，在给金登干发去 12 月 9 日的电报后，他又接连写信千叮咛万嘱咐，要厂家建造这两艘舰艇一定要符合要求。12 月 10 日信中写道："特别要牢记这一点，它们在整整一英里的平静水面上试航时时速必须超过 15 海里，以保证在正常的气候下出海时时速至少能达到 15 节。（they must go more than fifteen nautical miles an hour when tried in quiet water at the measured mile, so as to ensure a speed of at least fifteen knots at sea in ordinary weather）……我们期望这些船非常坚固，舰首的撞角设计非常适于撞击，这样我们就可以靠它们撞毁普通的铁甲舰；我还要加上一条，这些船自身不致伤损。李中堂也会赞成这一条，但他好像很凶狠，他说，只要真能撞沉一艘铁甲舰，这一条并不十分重要。你知道，李中堂对鱼雷兴趣很大，因此你当能理解他为什么那样强调鱼雷艇的速度，而每只巡洋舰都要和鱼雷艇相配合。……李期望的是航速能达到 17 或 18 节的鱼雷艇。"④ 12 月 21 日函中写道："我在这里已经使他们暂缓购置铁甲舰，而把目标放在新型的巡洋舰上。……希望阿姆斯特朗公司尽最大的努力为我们造好现在定购的两艘巡洋舰，主要的两点是舰体非常坚实，航速非常快；要使李鸿章高兴就

---

① 赫致金电第 113 号。见 Archives（海关密档），Telegraphs（电报）第 473 号。此电日期原文作"（1879 年）12 月 9 日收到"，无发电日期。据 1879 年 12 月 15 日金致赫电第 284 号，为 12 月 1 日赫自天津发，12 月 8 日金收到。见 Archives（海关密档），Telegraphs（电报）第 475 号。此电原文开头为"your A164 two authorized"。中译本译作"你在 A/164 函中提到的，已订购两艘"，有误。

② 1879 年 12 月 9 日赫致金电第 114 号，见 Archives（海关密档），Telegraphs（电报）第 474 号。

③ 1879 年 12 月 18 日金致赫电第 286 号，见 Archives（海关密档），Telegraphs（电报）第 477 号。1880 年 12 月 17 日金致赫函 A/223 号，见 Archives（海关密档），Letters（信函）第 759 号。

④ 1879 年 12 月 10 日赫致金函 A/6 号。见 Archives（海关密档），Letters（信函）第 640 号。着重号是原有的。

必须特别注意鱼雷艇（这是他的兴趣所在）。……阿姆斯特朗公司必须给我们提供 1400 吨的巡洋舰，能够携带的最好最快的那种鱼雷艇。最最重要的是，这些巡洋舰在测试时航速必须超过 15 节。"① 1880 年 2 月 1 日函问："那两只大轮船进展得怎么样？希望阿公司精巧地造下去，给我们造出两艘'一流船'。……切记它们的航速必须超过 15 节，必须能以撞角撞沉任何东西。"②

清政府对这两艘撞碰巡洋舰抱着很大的期待，想早点得到手。订购合同签订不到半年，赫德就开始要求英厂提前造成，原因主要是中俄关系紧张，使他担心这两舰的建造可能受到阻挠而造成不能驶来中国。

合同刚签订，发生了崇厚弪与俄国订立《里瓦几亚条约》不当而被拘禁并定罪的事，俄国引此为借口，对中国实行威胁，1880 年 4 月 17 日金电告赫："海军上将布塔科夫（Buttakof）统率的 15 艘俄战舰奉命驶往中国海域。"③ 6 月 1 日赫函问金："阿公司能否比合同规定的日期提前造成那些巡洋舰而不加价？明春将有行动，所以最好在俄国或日本（向英国）提出停造这些船的要求之前使它们离开英国。"④ 9 月 18 日电金："勿外传。催促阿姆斯特朗（1881 年）1 月间将那些船准备好。预计（1881 年）3 月或之前会有战争，如果舰船 1 月间不能驶离，必定会在英国或途中别的地方被扣留。勿让人们注意这些船。"⑤ 此外，他还通过阿姆斯特朗公司派驻中国（上海）的代理人布里奇福德（Bridgeford）催公司尽量加快造舰过程。金登干就此与阿厂进行交涉，并亲自去纽卡斯尔的造船厂了解造船进度。阿厂方面一再申明，巡洋舰的建造不可能提前，其原因正如那三艘炮舰的建造拖期一样（两艘巡洋舰和三艘炮舰基本上是同时建造的），即严重的工人罢工和气候恶劣；又说三艘炮舰（"小船"）要比合同规定完工时间超过 6 周，两艘巡洋舰（"大船"）要超过 9 周才能装备完毕可以出航。赫德对此表示"惊愕"，但又说"我们期望这些船在合同规定的完成期后两周内离开英国"。不再要求提前造成了。与此同时，阿厂又通过布里奇福

---

① 1879 年 12 月 21 日赫致金函 Z/11 号。见 Archives（海关密档），Letters（信函）第 643 号。着重号是原有的。

② 1880 年 2 月 1 日赫致金函 Z/12 号。见 Archives（海关密档），Letters（信函）第 653 号。着重号是原有的。1880 年 4 月 26 日赫致金函 A/12 号又提出那两艘在建的撞碰船航速必须达到 16 节，"少一英寸李鸿章都不会接受"，"16 节确实是必要条件"。见 Archives（海关密档），Letters（信函），第 673 号。

③ 1880 年 4 月 17 日金致赫电第 308 号。见 Archives（海关密档），Telegraphs（电报）第 509 号。

④ 1880 年 6 月 1 日赫致金函 A/18 号。Archives（海关密档），Letters（信函）第 688 号。

⑤ 1880 年 9 月 18 日赫致金电第 12 号。Archives（海关密档），Telegraphs（电报）第 578 号。

德告诉李鸿章和赫德，"第一艘巡洋舰预期可提前一个月，第二艘可准时完成"。金登干也向赫德电转了这个信息，他估计这只是该厂给布的"一种策略性的回答"，是"给李（鸿章）的一颗定心丸"。他提醒赫德，不要把合同上规定的船造好可以进行试航的日期看作交货或离英的日期，"竣工的日期不等于驶离英国的日期"，竣工后"尚需七周来进行试航和装备"。赫德把这一点报告李鸿章，李"感到失望"。1881 年 1 月 28 日赫写信给金登干，要他电告撞碰船准备启程来华的日期。从 2 月起，金登干开始向赫报告两艘巡洋舰的具体消息：2 月 16 日电，"如顺利而且天气好，第一艘巡洋舰约 4 月中交货，第二艘 5 月中"。4 月 5 日电，"巡洋舰 5 月底可启航"，但"一切都难确定"。4 月 29 日电，"第一艘巡洋舰两三周可准备好正式测试，第二艘巡洋舰再晚一两周"。6 月 5 日电，"第一艘巡洋舰正要进行试航"。6 月 20 日电，"巡洋舰测试因天气受阻"。这时三艘炮舰已离英来华，而巡洋舰总无确期，赫德不耐烦了，6 月 25 日电问金登干，"两艘巡洋舰何时启航？"7 月 5 日电，"巡洋舰延误，李（鸿章）忿怒，日益不能忍受。务请立即把两舰派出。如再拖延，恐将下令不予接收。至关重要"。7 月 7 日金电赫说，"巡洋舰很可能本月 13 日开始正式检验，很可能检验三周后启航"。7 月 13 日赫又电责问，"两艘巡洋舰是否永不启航？"7 月 21 日再电问，"巡洋舰到底何时启航？每拖延一天都极其危险。绝对必须立即派出"。他的焦躁不安达到极点。①

---

① 这大半段的叙述，综合了以下各件：1880 年 9 月 26 日金致赫电第 20 号，9 月 29 日电第 22 号，10 月 27 日电第 28 号，12 月 20 日电第 38 号，12 月 21 日电第 39 号，1881 年 1 月 12 日赫致金电第 23 号，2 月 16 日金致赫电第 48 号，同日金致赫政（James Hart）转赫德电（不编号），4 月 5 日金致赫电第 54 号，4 月 29 日电第 56 号，6 月 5 日电第 60 号，6 月 20 日电第 64 号，6 月 25 日赫致金电第 31 号，7 月 5 日电第 33 号，7 月 7 日金致赫电第 65 号，7 月 13 日赫致金电第 34 号，7 月 21 日电第 35 号；1880 年 7 月 30 日金致赫函 A/209 号，9 月 24 日函 A/215 号，10 月 1 日函 A/216 号，11 月 12 日函 A/220 号，12 月 8 日赫致金函第 A/24 号，12 月 10 日金致赫函 Z/130 号，12 月 17 日函 A/223 号及 Z/131 号，12 月 24 日函 A/224 号及 Z/132 号，12 月 31 日函 Z/133 号，1881 年 1 月 21 日函 Z/136 号，1 月 24 日赫致金函 Z/40 号，2 月 18 日金致赫函 A/230 号，2 月 25 日函 A/231 号，3 月 18 日函 Z/142 号，3 月 25 日函 A/234 号，4 月 1 日函 A/235 号，4 月 8 日函 Z/147 号，4 月 16 日函 A/31 号，4 月 28 日函 Z/150 号，5 月 12 日函 A/238 号，5 月 15 日赫致金函 Z/49 号，5 月 20 日金致赫函 A/241 号，6 月 10 日函 A/245 号，6 月 17 日函 A/246 号，6 月 19 日函 Z/159 号，7 月 8 日函 A/248 号，7 月 9 日赫致金函 Z/53 号，7 月 13 日金致赫函 Z/161 号。见 Archives（海关密档），Telegraphs（电报）第 581、583、589、605、606、614、620、621、629、632、639、644、645、648、646、649、653 号；Letters（信函）第 709、729、731、747、754、756、759、760、761、762、764、770、771、784、788、794、796、800、803、806、811、814、817、819、828、831、833、837、838、839 号。

恰在此时，两艘撞碰巡洋舰终于造成了，7 月 14 日和 15 日两日进行了航速和射击测试，时速 16 节，"一切都令人满意"。18 日金电赫，"全体船员下周上船，船将尽快启航"。①

在中国向阿姆斯特朗方面提出超越合同规定的日期，提前造成两艘撞碰巡洋舰的要求时，阿方提出了改变合同一个条款的要求。合同原有一条规定，"每艘撞碰船上必须带一条鱼雷艇"，这是李鸿章的本意。1880 年 9 月，乔治·伦道尔代表阿厂向金登干提出将此改为"每艘舰上装配两艘带杆状鱼雷的小汽艇"（two steam cutters with spar torpedoes），最新的鱼雷艇则另行单独提供。他从鱼雷艇的发展进步等方面向金阐述了这样做的必要性，希望金做主，同意做此改变。金不敢答应，但表示可向赫德请示。赫据此与李鸿章商量后，同意取消每船带一条鱼雷艇，改为"每艘巡洋舰提供两艘适合发射杆状鱼雷的小汽艇"。②

两巡洋舰还在建造中，李鸿章就考虑和布置了接收的事，他为两舰起名为"超勇"、"扬威"，决定了建成时由英来华的办法。他总结头两批炮舰（蚊炮船）皆"系赫德、金登干由英国雇觅水师弁兵包送来华"的经验，认为那"不特需费较多，且沿途风涛沙线情形，驾驶要诀，以及洋面如何操练，机器如何使用，中国弁兵均未曾亲历周知"，完全不符合中国"造就将材之道"；决定此两舰由中国"自派妥员前往英厂考察验收，并选带弁兵、水手续往管驾，添募洋弁数名一同讲求所得，各处洋面随时习练"，以期"回华后驾轻就熟，可期得力"。他选派督操北洋炮船记名提督丁汝昌、总教习洋员葛雷森（W. H. Clayson）二人总理两船事宜，督同管驾林泰曾、章斯（师）敦（S. J. Johnstone）、邓世昌及弁兵、舵水人等 200 余人，于光绪六年十一月初（1880 年 12 月初）航海去沪，丁、葛"先于月内搭船赴英料理一切，其余员弁水手等先在吴淞官轮船操练，俟丁汝昌等查看船成，预寄电信到沪，即令驾驶招商局轮船出洋，驰往英伦升换中国龙旗，管带来华"。他还咨会总理衙门及驻英公使曾纪泽、驻德公使李凤苞互相照料，嘱赫德转饬

---

① 1881 年 7 月 18 日金致赫电第 67 号，7 月 22 日金致赫函 A/251 号。见 Archives（海关密档），Telegraphs（电报）第 651 号；Letters（信函）第 842 号。

② 1880 年 9 月 24 日金致赫函 A/215 号，10 月 1 日函 A/216 号，10 月 15 日函 A/217 号，10 月 23 日赫致金函 A/21 号、A/22 号，11 月 5 日金致赫函 A/219 号，10 月 13 日金致赫电第 26 号，10 月 25 日电第 17 号。见 Archives（海关密档），Letters（信函）第 729、731、737、740、741、744 号；Telegraphs（电报）第 589、592 号。

金登干随时与丁汝昌等会商筹备一切。① 1880 年 12 月 8 日赫德致函金登干，转述李鸿章的安排，并对他有所嘱托："私人信件，暂时保密。我们将派出我们自己的中国水手到英国，把那两艘撞碰船带回。葛雷森和丁提督先去。当他们确知撞碰船何时可准备好启程时，就打电报给上海方面，然后章师敦带着水手们搭乘招商局的一艘轮船前往英国。他们将径往纽卡斯尔，如果可能，上巡洋舰一两天后即离港回国。我们想悄悄地进行，不张扬。水手们都是很优秀的人，他们和中国商船的旗帜在欧洲水域出现将使人们大吃一惊！你要帮助葛雷森和丁，两位都是很好的人。"②

1881 年 2 月 10 日，丁汝昌、葛雷森到伦敦，与金登干相见。14 日，三人一起到纽卡斯尔，视察了正在建造中的两艘巡洋舰（和三艘炮舰）。因预计两舰可于 4 月中旬至 5 月中旬建成交货，即发电通知在上海的"弁兵、舵水人等"于 5 月底前抵英。③ 随后，丁汝昌到伦敦等地进行参观，④ 会见了英国一些政要。⑤ 又访问了德国柏林，去什切青观看了刚开始为清政府建造的

---

① 光绪六年十一月二十六日（1880 年 12 月 27 日）李鸿章奏折附片，见《洋务运动》（二），第 468～469 页。1881 年 1 月 15 赫致金电第 23 号，"通知阿姆斯特朗厂，两艘巡洋舰要一起造好……同时交货。巡洋舰由中国水手带出，挂中国旗航行"。见 Archives（海关密档），Telegraphs（电报）第 614 号。

② 1880 年 12 月 8 日赫致金函 A/24 号。见 Archives（海关密档），Letters（信函）第 754 号。从 1880 年 7 月起，金、赫已在讨论为两艘巡洋舰命名事：金提出用黄道十二宫来命名，赫认为两舰分别命名为"白羊座"和"金牛座"最为合适。见 1880 年 7 月 2 日金致赫函 Z/113 号，10 月 23 日赫致金函 A/22 号。见 Archives（海关密档），Letters（信函），第 699、741 号。由于李鸿章很快就起了"超勇"、"扬威"之名，赫、金起的名字胎死腹中。

③ 1881 年 2 月 16 日金致赫电第 48 号（代丁提督致李中堂），同日金致赫政转赫德电（不编号）及金致赫致电（代葛雷森致章师敦）（不编号）；2 月 11 日金致赫函 Z/138 号，2 月 18 日金致赫函 A/230 号。见 Archives（海关密档），Telegraphs（电报）第 620、621、622 号；Letters（信函）第 781、784 号。以前炮艇由英来华曾投保，这两艘巡洋舰金登干仍主张上保险，李鸿章反对上保险，最后照李的主张未上保险。1881 年 3 月 11 日金致赫函 A/233 号，5 月 14 日函 A/33 号，6 月 11 日函 A/34 号，6 月 17 日函 A/246 号，7 月 8 日函 A/248 号，8 月 8 日函 A/35 号；5 月 9 日赫致金电第 28 号，6 月 1 日金致赫电第 60 号，7 月 13 日电第 66 号。见 Letters（信函）第 793、816、829、831、837、847 号；Telegraphs（电报）第 635、638、650 号。

④ 1881 年 3 月 11 日金致赫函 A/233 号，3 月 25 日函 A/234 号，4 月 1 日函 Z/144 号，7 月 13 日函 Z/161 号等。见 Archives（海关密档），Letters（信函）第 793、796、798、839 号等。

⑤ 1881 年 2 月 25 日金致赫函 A/231 号，4 月 22 日函 A/237 号等。见 Archives（海关密档），Letters（信函）第 787、808 号等。

铁甲舰和克虏伯工厂；① 访问了意大利（那不勒斯）、法国（巴黎）。

　　4月24日，招商局轮船"海镜"号载着接收两艘巡洋舰的中国海员到达纽卡斯尔。② 由于两舰尚未竣工，一时还不能接收，金登干就向英国外交部申请并获准使用阿姆斯特朗厂对面一个小岛，"海镜"号的船员可登陆岛上并进行操练。5月4日，丁汝昌登上"海镜"号与全体船员见面；金登干在场，他见证了"这些人看上去确实非常好"。③ 6月8日，丁汝昌、葛雷森又到纽卡斯尔，在"海镜"号上留住了多日。④ 7月末，中国船员登上两艘巡洋舰。⑤ 8月2日中国正式接收两舰，3日在驻英公使曾纪泽参加下，舰上举行升中国旗仪式，曾"亲引龙旗悬挂升炮如仪"。⑥

　　8月9日，两舰离开纽卡斯尔驶往普利茅斯。此期间丁汝昌与金登干一起去伦敦，对英国外交部、陆军部、海军部、贸易部、港务局等进行了告别拜访，然后到普利茅斯与巡洋舰会合。⑦ 17日，葛雷森带领"超勇"、章师敦带领"扬威"离开普利茅斯，经直布罗陀（22日）直驶塞得港（8月31日、9月5日先后抵达），过苏伊士运河、红海东行，经加勒（9月30日）、新加坡（10月8~10日），10月15日到香港，然后缓慢地沿海岸北上，在广州、福州、上海"停靠炫耀"，又经过烟台，11月17日抵大沽。⑧

---

① 1881年4月22日金致赫函Z/149号，6月11日赫致金函Z/51号，8月19日金致赫函Z/163号。见 Archives（海关密档），Letters（信函）第807、830、851号。

② 1881年4月28日金致赫信稿Z/150号。见 Archives（海关密档），Letters（信函）第811号。

③ 1881年5月6日金致赫函Z/151号。见 Archives（海关密档），Letters（信函）第812号。

④ 1881年6月10日金致赫函A/245号，6月17日函A/246号，6月19日函Z/159号。见 Archives（海关密档），Letters（信函）第828、831、833号。

⑤ 前文引1881年7月18日金致赫电说"全体船员下周上船"，应指"海镜"号船员上两巡洋舰。7月18日为星期一，'下周'应为7月25~31日的一周。

⑥ 1881年7月28日金致赫信稿A/253号，8月4日函A/254号。见同前，第845号，第846号。参7月31日金致赫电第69号。Archives（海关密档），Telegraphs（电报）第654号；光绪七年十月十一（1881年12月2日）李鸿章订购快船来华折。见《李文公全集·奏》卷42，页17。

⑦ 1881年8月9日金致赫电第70号；8月10日金致赫函A/255号。分别见 Archives（海关密档），Telegraphs（电报）第656号，Letters（信函）第849号。

⑧ 1881年8月17日金致赫电第72号，8月24日电第74号，9月6日电第75号，9月14日电第77号，10月1日电第79号，10月2日电第80号，10月10日电第81号；9月2日金致赫函Z/165号，9月9日函A/258号，9月16日函A/259号，9月23日函Z/167号，9月30日函Z/168号，10月16日赫致金函Z/58号，10月21日金致赫函A/260号，10月30日赫致金函Z/60号，11月6日函A/38号。见 Archives（海关密档），Telegraphs（电报）第659、661、663、656、669、670、671号；Letters（信函）第856、859、861、862、863、868、871、874、876号。

"超勇"、"扬威"平安驶抵大沽，标志着这两只巡洋舰的定购最终完成。从 1879 年 12 月金登干与阿姆斯特朗厂签订定购合同到此时，已过了整整 23 个月；在这期间，前一时段，两舰在阿厂建造拖期，使李鸿章非常不满；后一时段，两舰（未上保险）由中国水手从英国安全驶回使他大为高兴。① 11 月 22 日，他督同署津海关道周馥，水师营务处道员马建忠、黄瑞兰等驶往大沽，次日"出口验收，船炮机器制法均甚精坚，与原订合同相符"。② 接着更乘舰试航，赴旅顺口。据赫德记述："李视察了两艘巡洋舰。他不是只登上船巡视一番，而是几乎没有预先通知就启程径往旅顺港。途中两舰在北直隶湾遇到了一场那里 11 月很出名的可怕的雹雪袭击，它们却像碰上好天气一样行进，由此证明它们是非常好的海船。返航途中（航程为 172 英里）李在'超勇'上，全程其平均时速都在 15 节以上。现在可以认为，两舰的速度及其作为海船的优良性能都是毫无问题的了。"③

"超勇"、"扬威"到大沽，也标志着赫德购舰使命的完成。李鸿章去大沽验收两舰 10 天后（12 月 2 日）上奏折，以赫德先后承购"蚊船"（炮艇）、"碰快船"（巡洋舰）有功，请赏头品顶戴。此后赫、李之间又多次谈到购舰（不只巡洋舰，还有铁甲舰）的事，都没有成议。事实上，李鸿章购舰已转向德国，不再看重英国，当然再也用不着赫德了。

自 1875 年总理衙门令赫德与李鸿章商议购船以来，6 年多时间里，赫德（通过金登干）经手在英国先后定购了炮艇 11 艘，其中 6 艘归入北洋，巡洋舰两艘全归北洋，这是近代中国海军建设史上的大事。初时赫德对炮艇的性能有所夸大，但他经办此事是认真的，所购舰艇在当时也属先进，特别是其"大小三倍于炮艇"的巡洋舰，当时的业内人士认为那是"非常重要的船，世界上再没有像它们那样的其他船了"。④ 这些舰艇成为正起步的中国海军的重要力量。当"镇中"、"镇边"刚到中国时，李鸿章就提出一个设想，"将来应令新（'镇中'、'镇边'）旧（'镇北'等 4 船）各船一起驶往金州之旅顺口驻泊，与新购之碰快船两只（'超勇'、'扬威'）合为一小枝水师，随

---

① 1881 年 10 月 30 日赫致金函 Z/60 号。见 Archives（海关密档），Letters（信函）第 874 号。
② 光绪七年十月十一日（1881 年 12 月 2 日）李鸿章《订购快船来华折》。《李文忠公全集·奏》卷 42，第 17 页。
③ 1881 年 12 月 4 日赫致金函 Z/64 号，Archives（海关密档），Letters（信函）第 887 号。
④ 1880 年 11 月 12 日金致赫函 A/220 号，1881 年 3 月 25 日函 Z/144 号。见 Archives（海关密档），Letters（信函）第 747、798 号。

时会操，轮替出巡，防护北洋要隘"。① 这样"一小枝水师"，几乎就是后来的北洋海军的雏形，至少可说是北洋海军的第一块基石。为北洋海军的建设打下第一块基石，赫德是出了力的。

---

① 光绪七年八月二十日〔1881 年 10 月 12 日〕李鸿章奏，见《洋务运动》（二），第 816 ~ 818 页。

161

鄚玖、 鄚天赐与河仙政权 （港口国）*

李庆新**

17 世纪中叶，中国正处于改朝换代的持续动乱中，大批不满清朝统治的民众迁往海外，从东北亚的朝鲜、日本，到东南亚的安南、柬埔寨、暹罗，乃至马来半岛、印尼和菲律宾群岛，都有流亡华人的身影。政治性移民成为 17 世纪华人向海外流动的重要特征。

康熙十年（1671），广东雷州海康人鄚玖移居到真腊，在河仙地区建立起以华人为主体、颇有影响的政权，拥有自己的军队，自署官吏，自主外交，以及独立自主的经济；另外向越南阮主称藩，成为其"朝贡体系"的成员。其子鄚天赐继位，以明朝制度与文化为榜样，建孔庙，立义学，习诗书，兼容本土各民族文化和欧洲宗教文化，建构起一个文质彬彬、具有浓郁中华色彩的海上"衣冠文物之邦"，并在军事与外交上左右中南半岛国际政局，对近世越、柬等国历史发展产生重要影响。

关于鄚氏及河仙政权，越南古籍郑怀德的《嘉定城通志》，武世营的《河仙镇叶镇鄚氏家谱》皆有记录，另外《大南寔录》、嗣德《大南一统志》、黎贵惇《抚边杂录》以及清朝的《清实录》、《清朝文献通考》等文献也有零散记载。20 世纪 50 年代以后，法国学者 E. Gaspardone、Maybon，加拿大学者 William E. Willmott 和日本学者藤原利一郎对鄚氏在河仙的建树及对外关系进行了有益的探讨。50 年代末 60 年代初，著名华侨史专家陈荆和在越南顺化大学任教，收集到一些珍贵的文献与考古资料，对鄚氏家谱及其世系做了系统的整理与研究。70 年代以后，台湾学者郑瑞明等相继发表了多篇

---

* 本文系 2008 年国家社会科学基金项目"17～18 世纪华人南渡与越南社会"（08BZ052）的阶段性成果。

** 广东省社会科学院历史与孙中山研究所研究员。

有价值的成果。① 1996 年，中州古籍出版社出版了郑州大学戴可来教授等校注的《嘉定城通志》，《河仙镇叶镇鄚氏家谱》，将这些珍贵的越南汉籍介绍到中国，为研究鄚氏政权提供了诸多方便。

近年笔者曾多次前往越南河仙和广东雷州，对莫（鄚）氏家族史事进行调查，在河仙鄚公祠及鄚氏家族墓地、雷州东岭村莫氏宗祠发现一批新的碑刻、族谱资料，具有很高的史料价值。现结合前人研究成果与相关资料，对莫氏家族兴起、鄚玖南渡、鄚氏父子与河仙政权兴衰做进一步的探究与思考，以就教于学界高贤。

一　半岛望族：　莫氏家族的兴起

（一）莫氏迁雷

雷州位于广东西部雷州半岛，北与大陆相连，东、西、南面皆临大海，与海南隔海相望。从雷州半岛、海南岛以西到越南之间的北部湾，又称东京湾，面积约 13 万平方公里。这一区域沿海多港口，岛屿星罗棋布，地处华南对东南亚海上交通之要冲，历史上是一片交往频繁的国际海域，构成了紧密相连的环北部湾海上贸易体。据中国史书记载，雷州往西"通安南诸蕃国路"，往东"泛海通恩州并淮浙、福建等"，故为闽浙及广东商人常到之处。② 唐代典籍《元和郡县图志》称："徐闻县，本汉旧县也，属合浦郡。……汉置左右侯官，在县南七里，积货物于此，备其所求，与交易有利，故

---

①　藤原利一郎：《鄚玖事迹考》《史窗》1954 年第 5、6 号；氏著《广南王阮氏ご华侨——特に阮氏の对华侨方针について》，《东洋史研究》第 10 卷第 5 期，1949。陈荆和：《河仙鄚氏世系考》，台北《华冈学报》1969 年第 5 期；武世营撰、陈荆和注释《河仙镇叶镇鄚氏家谱注释》，《台大文史哲学报》1955 年第 7 期；郑瑞明：《清代越南的华侨》，台湾师范大学历史研究所专刊，1976；氏著《十八世纪后半中南半岛的华侨——河仙鄚天赐与暹罗郑昭的关系及清廷的态度》，台湾师范大学历史研究所、历史学会编《历史学报》1978 年第 6 期。另外，法国学者 Maybon 的《安南近代史》（Histoire moderne du I'ays d'An - nam），加拿大学者 William E. Willmott 的《柬埔寨的中国人》（The Chinese in Cambodia，Vancouver Canada：University of British Columbia，1967），张文和的《越南华侨史话》（台湾黎明文化事业股份有限公司，1975）和吕士朋的《盛清时期的中越经济关系——兼述华人对南圻的开发》［台北中研院近代史研究所编《近代中国初期历史研讨会论文集》（下册），1989］等亦有述及。
②　乐史：《太平寰宇记》卷 159《岭南道·雷州》。

谚曰：'欲拔贫，诣徐闻'。"① 20 世纪 40 年代，法国著名东方学家 G. 赛代斯（Georges Coedès）就指出，有史以来，在马来半岛及其延伸出去的各岛屿所构成的天然屏障，由中国海、暹罗湾和爪哇海组成了一个名副其实的地中海，因而有学者把环北部湾海域称为"小地中海"。②

雷州在秦代属象郡。南朝梁武帝时分合浦置合州，隋大业二年废合州，以海康县属合浦郡。唐武德四年复置南合州，领海康、隋康（后改遂溪）、铁杷、椹川四县。贞观八年改东合州为雷州，天宝元年改为海康郡，乾元元年复为雷州。宋元因之。明代雷州领海康、遂溪、徐闻三县，海康为附郭县，设厢二，乡二，其中延德乡管第一、二、四、五、六都，共五都；延和乡管第七、九、十、十一、十二都，亦五都。③ 清初，厢改为隅，设隅二，乡二，都十；乡下设社二十，村十三，黎郭社为其中之一。康熙二十六年，那和社、官山社合并为官和社，海康县共有社十九个。④

明清时期，莫氏居住在黎郭社的黎郭村和东岭村。嘉庆《雷州府志》记载黎郭社包括四个村："黎郭村，城西二十里，莫姓世居；平源村，城西十五里，黄姓世居；调爽村，城西十二里，陈姓世居；东岭村，城西二十里，莫氏世居。"⑤ 嘉庆《海康县志·疆域志》"黎郭社"条与《府志》同。黎郭村莫氏有长房，东岭村莫氏有次房、三房、四房、五房、六房、七房。

据东岭莫氏宗祠内保存的多方碑刻记载，莫氏原籍福建，始祖莫与于元朝初年为侍御，因直言被贬为雷州府经历，此后，世居海瀦。⑥ 黎郭莫氏《长房一椿》莫汝骧序言谓："我开基始祖系出福建漳州府龙溪人，以赐进士

---

① 李吉甫撰、缪荃孙辑《元和郡县图志阙卷逸文》卷 3《岭南道·雷州》，中华书局，1983；彭定求等编《全唐诗》卷 877《徐闻谚》，中华书局，1960。

② G. 赛代斯（Georges Coedès）：《东南亚的印度化国家》，蔡华、杨葆筠译，商务印书馆，2008，第 14 页。G. 赛代斯（Georges Coedès），过去误译为戈岱司或柯代司。2008 年 3 月，澳大利亚国立大学、广西社会科学院在广西南宁举办了名为"小地中海：北部湾的历史与未来"（"A Small Mediterranean Sea: Gulf of Tongking through History"）的国际学术研讨会，可见"小地中海"已经受到国际学界的关注。

③ 黄佐：《广东通志》卷 15《舆地志·坊都》，香港，大东图书公司，1977。

④ 郑俊：《海康县志》卷上《舆地志》，海南出版社，2001。

⑤ 雷学海修、陈昌齐纂《雷州府志》卷 2《地理志》，嘉庆十六年刊本。

⑥ 王弘海：《海康莫氏族祠记》（万历辛卯年，1591），王弘海：《莫氏嗣宗祠记》（万历丙申年，1596），柯时复：《莫公亚崖祠田跋》（万历二十五年，1597），何复亨：《莫公亚崖祠田记》（万历二十八年，1600），叶修：《海康莫氏族祠记》（万历壬寅年，1602），莫天然：《莫氏世祖祠自叙》（万历辛丑年，1601）等，今存东岭莫氏宗祠。

官都察院掌院、左都御史，谥忠直，讳与公，自元宰雷州，嗣后世居。"① 东岭《莫氏族谱》有一篇署名明南礼部尚书王弘诲所撰《东岭莫氏世系族谱序》也称："莫氏之先闽产也。"② 然据嘉庆《雷州府志·职官志》"经历"条记载，元代雷州经历仅见元璧、郭思诚、樊益峻三人，并无莫与；唯路教授学录有莫以道。③ 不知是否即莫与？也许是族谱记载有误？

莫与为公认的莫氏入雷始祖，卒葬白沙冯村坡，墓今存。黎郭莫氏《长房一椿》"钜鹿郡太始祖一世莫与"条谓："公享阳寿八十有四岁……公、妣俱葬海康县塘尾社冯村干杖山石冢，坐甲向庚。"关于莫与以下数世，东岭和黎郭两村《莫氏族谱》记述有出入。黎郭莫氏《长房一椿》记载莫与传下两个儿子，长子先知，次子先觉，是为二世。先知生3男：谦、中、京来，为三世。谦传下卿，为四世，明辛卯科举人。《长房一椿》对先觉所传没有记录，然谓："公系始祖与公次子，先知公之胞弟也……分居东岭村。"这说明莫氏很早就分居黎郭、东岭两村，分别发展。

东岭《莫氏族谱》则记载，莫与生一子先觉，为二世，并没有提及"胞兄"莫先知。先觉生3男：知命、如命、如义，为三世。数传至八世愈良，生7男，分7房。莫氏九世次房华，三房幼卒，四房柔，五房裕，六房嵩，七房易。其中六房嵩生4子：隐贤、隐性、隐义、隐智，为十世。传至十一世，东岭莫氏不仅富甲一方，拥有大量田产与财富，而且科甲鼎盛，成为雷州半岛的望族。

黎郭、东岭《莫氏族谱》对本族祖先记述不同，据称是因为祖先兄弟有过不愉快，但具体情形不详。按黎郭莫氏《长房一椿》所记莫卿的世次（四世）推算，该谱对莫卿以上的祖先世系记载并不准确，必有遗漏。今东岭村莫氏宗祠保存有一方题名"奕世衣冠"碑，莫卿世次为"九世"，由他获取功名的明成化七年逆推，莫氏始祖入雷大概在元朝大德年间，比较合乎

---

① 黎郭莫氏《长房一椿》，全名《广东雷州海康县黎郭社黎郭村莫公历代宗公万世系谱》，共三册，版本不可辨识。篇首有"大明万历十八年岁次庚寅上浣六房十三世祖原任江西建昌府副府"莫行状和"大青乾隆四十一年岁次丙申正月望五日六房十八世裔孙龙腾"莫汝襄所撰序言。

② 《东岭莫氏世系族谱序》，东岭《莫氏族谱》谓明万历三十年南礼部尚书王弘诲撰，收录于《族谱》卷首。东岭《莫氏族谱》始修于道光十八年，此后，同治八年、光绪二十四年、宣统三年、民国16年、民国29年、1955年、1968年、1979年、1986年、1993年、2001年均有续修。雷学海修、陈昌齐纂《雷州府志》卷9《职官志》，嘉庆十六年刊本。

③ 雷学海修、陈昌齐纂《雷州府志》卷9《职官志》，嘉庆十六年刊本。

实际。

《长房一椿》记载长房莫中为三世祖，也不准确。如果莫中与莫卿为父子，世次无遗漏，莫中当为长房八世。族谱说他为"府学岁贡生，任交趾北街巡检"。① 此处应该是指明成祖时。永乐四年，明成祖派朱能、沐晟、张辅等征安南，"郡县其地"，置交趾布政司，划 17 府 157 县，此后至宣德二年弃交趾，其间从广东、广西等临近省份选拔大批府县官吏，莫中可能因此在交趾任职。

（二）明代莫氏人才兴盛

莫氏在科举功名上的成绩引人瞩目，首先应该是长房八世莫中为贡生，任交趾北街巡检。长房九世莫卿由举人而任知县，是雷州莫氏家族史上划时代的荣耀大事。莫卿，成化七年辛卯科举人。康熙《福建通志》《长泰县志》记载，弘治五年，莫卿任长泰县知县。②

黎郭村莫氏大宗祠有"一鹗"、"钟秀"两题刻，明代所建。"一鹗"题刻有"癸酉科举人莫□□"等字。"癸酉科"应该是正德癸酉科，说明正德八年长房仍有人中举。另有"巡按广东监察御史高公"、"提督"、"广东布政司分司"、"正德乙亥"、"癸酉科举人莫□□"等字。其中，正德乙亥为正德十年。据嘉靖《广东通志》记载，"巡按广东监察御史高公"当为高公韶，四川内江人，乙丑进士。③ 莫氏获得高公韶等广东高官的题名激扬，说明成化、正德年间莫门在地方拥有相当势力和影响力。

嘉靖以后，一些莫门才俊获取功名，进入官场，甚至在京师担任职务，其中四房表现最为出色。东岭莫氏宗祠内保存有万历辛丑年（二十九年，

---

① 黎郭莫氏《长房一椿》"三世祖"条。
② 金铉、郑开极纂修《福建通志》卷 27《职官志》，北京图书馆古籍珍本丛刊，书目文献出版社，1990；王钰修、叶先登等纂《长泰县志》卷 7《职官志》，国家图书馆藏清代孤本方志选，线装书局，2001。雷州白沙镇"山里宫"有《冯婷序言》碑刻，叙述明英宗时雷州府海四都徙闽村民冯仁义之女冯婷，"天资聪颖，识医理，关照庶民，为凡解厄"；复建百草药亭于村前，供乡民歇息、饮茶、解疾，乡民尊其为"仙女"。一日，入山采药，狂风大雨，乡民遍寻不见；传言已经仙化，皇天敕封"天曹圣娘"。题名"知县莫卿"、"倡建人莫卿"、"首事"陈年修等六人，及"大明皇朝宪宗皇帝癸巳年仲春吉旦竖立"。《序言》语涉怪诞，不合逻辑，当为后人托莫卿之名所作。黎郭村莫氏大宗祠保存有 1997 年所立"钟秀"石牌匾，并刻有铭文，据说是弘治壬子泰和知府黄瑜为莫卿所立牌坊，民国时扩拆街道遗失，"今为保存先祖殊荣而仿制"。
③ 黄佐：《广东通志》卷 10《职官表》下，嘉靖三十六年刊本。

1601）莫天然撰《莫氏世祖祠自叙》，记述莫氏"科第禅续，勋业赫奕"的事迹：

> 余莫氏，其先闽人。始祖讳与，元初为侍御，以言事谪幕海康，即东岭家焉，世为海康人。传二世讳先觉公，任学录；八世讳甫公，任学正；俱以贡举显。九世讳卿公，由乡荐为邑令；十世讳惠公，任监丞；讳彦南公，任学正；俱以岁荐。则余□行也，十一世仲兄讳天赋，登嘉靖壬戌进士，历任广西宪副；从兄讳侣，贡选司教；十二世仲兄之子尔先，领万历戊子乡荐。□其科第禅续，勋业赫奕，所自来矣。

东岭村莫氏宗祠"奕世衣冠"牌坊，记录了十二世以前莫氏功名题名。右为"科甲"，题名 4 人：

> 始祖莫与，进士，仕□。
> 九世莫卿，举人，仕县□□。
> 十一世莫天赋，进士，历□副。
> 十二世莫尔先，举人。

左为"贡监"、"岁贡"，题名 8 人：

> 二世莫先觉，贡士，仕学□。
> 八世莫甫，监生，仕学正。
> 九世莫惠，监生，仕监丞。
> 九世莫南彦，贡士，仕教谕。
> 十一世莫侣，贡士，选司教。
> 十二世莫□，监生，奉差礼部正使。
> 十二世莫汝翰，选贡，仕宁远县令。
> □□□莫若敏，监生，仕光禄署丞。

《莫氏世祖祠自叙》所述与"奕世衣冠"牌坊科举题名略有出入，前者所记十世莫惠公、彦南公，后者作九世，且"彦南公"作"南彦公"，未知孰是。不过，可以肯定的是，莫氏九世以后获得科举功名的人明显增多了，以四房十一世莫天赋、莫天然兄弟最出名。

莫天赋，字子翼，禀性介直。嘉靖己酉（1549）领乡荐，即励志节，不苟同于流俗。嘉靖壬戌（1562）登进士第，除福建莆田令，当时海疆不靖，地方动荡，天赋招辑流移，收拾残局，一方获安。郭棐《粤大记》谓：

> 时疮痍甫起，而流移转食者数千人。天赋抚摩劳来，民争扶携以返。方贼屯城中，诸恶少匿山谷，结队横行，攫金裭衣，即里闬熟识弗少贷。后府幕辈迹得数十人，因而株连累系。天赋密白于郡守易道谈，榜谕诸村落，诸幕官始敛手，相戒勿敢犯。诸生褴褕短衣，不能为礼，则给之冠服金。田父苦楚掠后无耕具，则为之分牛种。讼省镵赎，罪捐胥靡，逊尔孚心，道路无梗，即卓茂之密，鲁恭之中年，不过也。[1]

莫天赋在莆田政绩斐然，万历三年（1575）擢南刑部主事，莆田仕民攀送者数百人。后来泗上孙谋为令，亦有善政，民众为之谣曰："昔有海康，今有泗上。"[2] 其去而见思如此。清代《雷州府志》说："治行大振，莆人思之，祀诸祠。"[3]

随后，天赋晋升南刑部郎中，决断唯慎。出守大理，访问贫苦疾病，力为兴革。"捐无名之差役，减额派之矿金，获苏者数百命。又赈饥恤老，兴学育才。时有召杜之歌，立德政碑以纪其绩。"万历四年，升广西右江道副使，未任而卒于家。莫天赋为官皆有佳政，受到时人好评，"雷之士夫称有学有守者，必推重公"。[4] 郭棐《粤大记》把他列为"循良懋德"的地方官。

莫天赋之弟天然，字子有，别号亚崖，族中称"亚崖公"。郡庠生，饱读诗书，乐义好施。丙申岁（万历二十四年，1596），雷州"侵且疫，君捐谷至三百石赈之。又从士大夫鸠金掩西郊外，益义闻邻封"。[5]

雷州离省城广州千余里，每岁大比，"青衿每苦崎岖而弗克赴，而县额制有数，不得过请，即有不羁者，以间关而却步也"。莫天然遂捐金100两置学田，"岁收租入官，以资科举费"；后又增捐西厅田计值108两以益之。雷州府学将此事报府县，得到整饬雷廉兵备分巡海北兼管珠池带管分守海北海南道广东布政司右参政兼按察司佥事董某、整饬广州兵巡海道带

---

① 郭棐：《粤大记》卷20《献征类》，黄国声、邓中贵点校，中山大学出版社，1998，第615页。

② 郭棐：《粤大记》卷20《献征类》，第615页。

③ 雷学海修、陈昌齐纂《雷州府志》卷6《人物志》，嘉庆十七年刊本。

④ 郭棐：《粤大记》卷20《献征类》，第615页。

⑤ 何复亨：《莫公亚崖祠田记》（万历二十八年），今存东岭莫氏宗祠。何复亨，海康知县。

管提学道右参议按察司金事刘某的批示表彰，官府于府学宫明伦堂立碑勒石记其事。①

莫天然以兄长在朝为官，更因为"富而好行其德"，在地方拥有很高威望。南礼部尚书、海南人王弘诲称其"以经术起家，为博士弟子，有令誉"。② 同乡举人柯时复对莫天赋尤为赞赏，谓："莫氏为吾雷望族……富厚累世，衣冠赫奕不绝，而丹崖公（莫天赋）为名进士，功业灿焉。弟亚崖公诵诗书，抱独行，君子之德是称。"③ 今莫氏宗祠正堂墙壁尚镶嵌有明代所立莫天然78岁时阴刻石板坐像，人像高一尺七寸；而整块古石刻高二尺三寸，广二尺。坐像上方有柯时复书《莫亚崖像赞》：

> 而体般般，而容奋奋。匪纵匪拘，追先民意，即丘壑姿，实廊庙器。屡致千金，力树一义。笃行韦恩，利垂百世。争日月光，无涯之智，寿至镀铿。终归于教，行尽像存，寿曷有既。

坐像两侧有明南礼部尚书、海南人王弘诲赠联："清斋客到邀中散，高枕人闲拟上皇。"④

万历年间，雷州莫氏势力达到顶点。据东岭《莫氏族谱》记载，明末莫氏有功名的人物多为四房莫元赋、莫天然传下。如十二世莫尔先，莫天赋之子，举顺天乡试，"卓荦有大度，不愧父风云"。⑤ 十三世莫若昂，贡生，广西桂林府临桂县训导。十四世莫鄜，贡生，南雄、始兴县训导。另外十三世莫若醇，则为莫钰之子，北京国子监生。

---

① 余元岳：《雷州府儒学鼎建真儒官捐置助两学科举田碑记》，万历三十八年，载梁成元纂修、陈景菜续修《海康县续志》卷41《金石志》，民国27年刊本。

② 王弘诲：《海康莫氏族祠记》（万历辛卯年），今存东岭莫氏宗祠。王弘诲，字绍传，琼州定安人，晚明粤籍名宦。史载他"博观群书，日记千言"。弱冠登嘉靖辛酉解元，乙丑成进士，选庶吉士。时海瑞以极谏忤世宗，廷杖濒危，极力调护。寻改编修，充会试同考官。张居正专权，作《火树篇》、《春雪歌》讥之。历春坊谕德，掌南京翰林院事。琼州士人每赴雷阳考试，有渡琼海之险，奏以海南兵备兼提学考校，琼南十四学诸生人皆称便。擢国子祭酒，加太子宾客、吏部左侍郎充会试副总裁。品藻精核，登录极一时之选，拜南京礼部尚书。上疏请建储御讲等六事。致仕，为闾里重望，有《尚友堂稿》、《南溟奇甸》、《天池草》传世。（郝玉麟修、鲁曾煜等纂《广东通志》卷46《人物志》，雍正九年刊本。）

③ 柯时复：《莫公亚崖祠田跋》（万历二十五年），今存东岭莫氏宗祠。

④ 莫天然78岁石刻坐像及柯时复《莫亚崖像赞》，今存东岭莫氏宗祠。

⑤ 郭棐：《粤大记》卷20《献征类》，第615页。

（三）莫氏大、小宗祠的创建

与其他大族一样，明朝莫氏开始利用正统的宗族礼仪，规范家族制度，建设莫家祠堂。据莫氏后裔介绍，成化年间长房莫卿倡建莫氏宗祠，奉祀入雷始祖莫与，据说是莫卿按照长泰县署建筑布局而造。莫天然《莫氏世祖祠自叙》提到："先世遗祠，厄于兵燹"，大概指此。2004 年，雷州市文化局推荐莫氏宗祠申报广东省文物保护单位，也采取莫卿始创宗祠的说法。①

按照中国传统宗族制度，莫卿创建的莫氏祠堂是莫氏大宗祠，后毁于兵火。20 世纪 90 年代黎郭村莫氏在黎郭小学内重修"莫氏大宗祠"，焕然一新，原貌荡然无存，然每年清明祭祀一次"莫与公"的习惯没有改变。

东岭莫氏宗祠是万历年间四房莫天然所创建的"世族祠"，祀七世祖瑛、八世祖愈良及以下诸祖考，为莫氏小宗祠。万历二十八年（1600）海康知县何复亨撰《莫公亚崖祠田记》，称莫天然"治大、小二宗祠，宫巍然，槛□然，屏障烨然，尽心力而□已……"②

宗祠内现存明代碑刻显示，莫氏小宗祠创建时间大约在万历辛卯年（十九年，1591）或稍前。万历辛丑年（二十九年，1601），莫天然撰《莫氏世祖祠自叙》记述东岭莫氏来历、世系及获取功名的重要人物，对创建莫氏宗祠记述尤详，有几点值得注意。

一是东岭莫氏将七世祖瑛、八世兰轩公作为本支"起家之祖"，建立起一个支派祭祀系统。在雷州莫氏宗族系统中，属于小宗。

二是按照传统"家礼"，东岭莫氏建立起规范化祭祀礼仪制度，包括烝尝、轮祭，"荐则四时，祭则仲春。望日二公居中，其诸祖考，列配左右"。

三是与祭祀礼仪相配套，建立族田、义庄等，以资助学生，救济贫困。王弘海《海康莫氏族祠记》亦记莫天赋捐田 40 亩为祭田，岁入租谷 100 石以供祀事。而将该祭田为义庄，"以赡族之不任举炀者、不掩胫者，与不任委禽而结褵者、醮者、槽者、不能具赢粮者，习举子业而未克自振者"。③

四是建立起具有相当规模的宗祠，作为族内祭祀、集会、子弟学习之所。

---

① 《东岭莫氏宗祠》，第五批广东省文物保护单位推荐材料，雷州市文化局，2004 年 7 月 10 日。

② 何复亨：《莫公亚崖祠田记》，万历二十六年，今存东岭莫氏宗祠。

③ 王弘海：《海康莫氏族祠记》，万历十九年，今存东岭莫氏宗祠。

2004 年，雷州市文化局推荐莫氏宗祠申报广东省文物保护单位，获得批准，祠堂保护状况良好。正门上额书"莫氏宗祠"，背面书"丕承其烈"。祠堂内保存着明、清、民国时期碑刻 11 方，刻有"源远流芳"的石匾等。据测定，宗祠为四进四合院式石砖木结构，硬山顶。全祠有房间 12 间，面宽 20.85 米，进深 66.3 米，占地面积 1382 平方米，进与进之间有天井，进进纵深，全采用砖石料、铁力木、杉木等材料，朴实雅典，具有独特的明代建筑风格。①

清代以后，莫氏一些分支还建立各自的小宗祠，例如东岭村二房莫氏建立起"华公次祠"。东岭六房到十三世时出现了一个重要人物鄚（莫）玖，后来迁居县城的六房莫氏在䝿絮东巷建立"中山公馆"（东岭馆），祭祀鄚（莫）玖。黎郭村莫氏大宗祠旁有"斯高公祠"，亦为一莫氏小宗祠。

二　鄚玖南渡及其经略河仙

明清易代之际，南明政权在清军追打下节节败退，大批贵族、官员、民众向东南逃亡，有些远走东南亚和日本。绍武政权、永历政权与清军在东南沿海进行反复的争夺，利用沿海岛屿众多、在大陆和海上与清军展开周旋，并与台湾明郑政权相呼应。特别是广东雷州半岛至北部湾一带，地连海南、安南，海通南洋，是台湾之外另一个抗清基地，清朝称其为"西贼"。直到康熙二十年（1681），清军才攻陷龙门。明郑灭亡，粤西抗清势力才放弃抵抗，撤退到东南亚一带。

清初长期战乱，加上海禁与"迁海"，给沿海地区社会经济带来深重的灾难，民众流离失所，不少人辗转到南海诸国，另觅安居谋生之所。正如明史大家谢国桢先生所言："明社既屋，郑成功氏犹据闽海，金、厦之交，不时出没于沿海地区。……郑氏既退守海隅，清廷乃用黄梧密陈灭贼五策，迁山东、江苏、浙江、福建、广东五省沿海四十里以内居民置之内地，坚壁清野，与郑氏禁绝往来，寸舨不许之海，沿海居民尽室流离，颇罹其害。"②

持续多年动荡，雷州莫氏恐怕不能不受影响。2008 年 12 月，笔者在湛

①　《东岭莫氏宗祠》，第五批广东省文物保护单位推荐材料。
②　谢国桢：《清初东南沿海迁界补考》，《明清之际党社运动考》附录三，辽宁教育出版社，1998，第 227 页。

江市博物馆陈志坚馆长、东岭村委会莫吴林主任带领下前往飞鹅岭莫氏墓地考察，发现明代莫氏墓有 13 座，年代从景泰元年至万历己亥年（万历二十七年）。万历己亥墓就是莫天然墓，今已倒塌，"莫亚涯公佳城"石匾碑刻横卧地面。清代莫氏墓 4 座（道光 2 座，咸丰 2 座）。明万历己亥年至道光以前，未发现有莫氏墓。明后期显赫一时的雷州半岛大族，从家族墓葬上看，明末以后几乎完全消失，"断代"如斯，原因何在？明末清初战乱、"迁海"中莫氏是否像粤西其他地区那样衰微不振，以至于"尽室流离"？传世的莫氏家谱无一言提及，现今莫氏族人对于这段家族史也不知所以，完全失忆。笔者认为鄚玖南渡海外当与清初多年动荡尤其是迁海历史背景大有关联，飞鹅岭莫氏墓地蕴藏着重要的历史信息，相关问题以后再做进一步研究。

据越南河仙旧部武世营撰《河仙镇叶镇鄚氏家谱》（下称《鄚氏家谱》）称，鄚玖因"不堪胡虏侵扰之乱"，"越海南投真腊国为客"。[①] 郑怀德《嘉定城通志》说："不服大清初政，留发南投于高蛮国南荣府。"[②] 可见鄚玖是因为不服清朝统治，南渡重洋，寻求安身立命之所，最终定居柬埔寨。

鄚玖属东岭村莫氏六房，其十世祖隐性，生六男：士京、士及、士荣、士先、士元、士彬。士元生二男，长子汝恩，次子汝冠，为十一世。汝冠生一男，仕平，为十二世，生子一，名绍原，为十三世。东岭《莫氏族谱》云："绍原，移居安南，任河仙镇侯。男一，君赐，河仙镇侯。"又云："绍原，安南河仙镇侯，妣蔡氏，男一女一。"[③] 这里绍原即鄚玖，君赐即鄚玖之子鄚天赐。鄚玖之女名金定，适吴川陈上川之子陈大定。

据《鄚氏家谱》记载：鄚玖（即莫绍原）生于明永历九年（顺治十二

---

① 武世营撰、陈荆和注释《河仙镇叶镇鄚氏家谱注释》，《台大文史哲学报》1955 年第 7 期，第 83 页。河仙《鄚氏家谱》作者为鄚氏旧臣、河仙镇从镇该队营德侯武世营，号慎微；撰年为嘉隆十七年六月十九日。按嘉隆十五年（嘉庆二十一年，1816），嘉隆帝曾命河仙镇叶镇、鄚玖之曾孙鄚公榆访求河仙事迹，编辑以进，登为信史。（《大南实录正编第一纪》卷 58）武世营编辑《鄚氏家谱》，当遵鄚公榆之命而作。陈荆和先生校注之河仙《鄚氏家谱》，为法国汉学家马司伯乐（Henri Maspero）旧藏抄本，马氏去世后藏巴黎亚洲学会。2001 年 1 月，笔者前往河仙鄚公庙调研，管庙人出示《鄚门宗谱》，有数十页，封面破烂，第 2 页竖排写着三行繁体汉字："勅赐七叶藩翰，鄚门宗谱，耳孙 子钦奉录。"子钦为河仙鄚氏六世孙，鄚伯坪之子。今河仙鄚氏墓地尚有其墓。《鄚门宗谱》或为新本，或录武世营《鄚氏家谱》。

② 郑怀德：《嘉定城通志》卷 3《疆域志·河仙镇》，收入《岭南摭怪等史料三种》，戴可来、杨保筠校注，中州古籍出版社，1996，第 151 页。

③ 东岭《莫氏族谱》。

年）乙未五月初八日，阳历 1655 年 6 月 11 日，此为东岭莫谱所无。

关于郑玖南投的时间，《郑氏家谱》作辛亥年（1671，康熙十年），即莫玖 17 岁那一年。加拿大学者 William E. willmott 则认为郑玖来到柬埔寨的时间是 1675 年，那一年他 17 岁。① 而《嘉定城通志》则作"大清康熙十九年"（1680），前后相差 9 年。陈荆和、戴可来先生都认为《家谱》所载比较可靠，辛亥年莫玖确实是 17 岁，而《通志》所谓"大清康熙十九年明亡……"，意义含混不清，当以《家谱》所载为是。② 此说可从。

郑玖最初抵达南荣（Phnom penh），即今柬埔寨金边，位于湄公河（Mekong River）与洞里萨河（Tonle – sap）汇合点，同时是湄公河下游前江（Tien – giang）、后江（Hau – giang）的分流点，此地古代为诸国商人船舶凑集、贸易兴盛的重要商业都市。根据日本学者岩生成一研究，17 世纪中叶南荣已经有日本人、中国人和其他国家的人定居；锁国以后，日本人的居留地很快消亡，中国人的居留地则继续存在。③

郑玖在真腊获得官府的信任，出入乌顿（Oudong）王宫，获得国王的重用。《郑氏家谱》称郑玖"乡居而有宠，国王信用焉，凡商贾诸事咸委公理"。④ 不久，郑玖以财物赂贿国王宠妃及幸臣，求治悱坎地，招徕四方商旅，资益国利，国王悦而许之，署为"屋牙"。⑤ 屋牙，柬埔寨语 OKnà 之音译，意为镇守或地方长官，相当于府尹、太守之类官职。悱坎，Man Kham 的音译，即河仙，以所居地相传有仙人出没河上，因名河仙，俗称竹幡城，又称铜柱镇，犹汉言芳城也。陈荆和先生考证，在高棉语中，"方"、"芳"、"幡"，皆作 Băm 或 Pam、Pɛam，意为港口；西方人称之为 Can Cao，Cancar，Ponthiamas，故河仙又称"港口国"。

河仙地邻柴末，位于下柬埔寨西南沿海，与暹罗接界，民夷杂居，地理位置十分重要。《嘉定城通志》谓河仙"南接永清镇，西界暹罗国，西南临海，东望嘉定城，北界高蛮国。……又得永济河疏通江洋，船舶聚会，水陆

① William E. Willmott, *The Chinese in Cambodia*, p. 6.
② 戴可来：《〈嘉定通志〉、〈郑氏家谱〉中所见 17～19 世纪初叶的南圻华侨史迹》，收入《岭南摭怪等史料三种》，第 251、303 页。
③ 岩生成一：《南洋日本町の研究》第三章，岩波书店，1966。
④ 武世营撰、陈荆和注释《河仙镇叶镇郑氏家谱注释》，《台大文史哲学报》1955 年第 7 期，第 83 页。
⑤ 武世营撰、陈荆和注释《河仙镇叶镇郑氏家谱注释》，《台大文史哲学报》1955 年第 7 期，第 33～34 页。

便利，真形胜之地也"。① 嘉隆九年（嘉庆十六年，1811）阮朝宋福玩、杨文珠所著《暹罗国路程集录》，叙述河仙"多庯市，各色民居稠密，唐人商舟其所聚"。② 16 世纪初，葡萄牙派往中国的第一位使者皮列士在他的《东方志》一书中写道："离开暹罗，沿海岸往中国的道路上，有柬埔寨国，他沿此道与占婆接境。"③河仙正位于暹罗与占婆的海上交通线上。皮列士继续说："柬埔寨的国土上有许多河流，河上有很多船只。"④河仙境内有山地、平原，河仙大江分三脉自北向南汇流成深潭，再流入大海，河仙镇就在深潭西岸的河畔，因而水路交通方便，形成天然海港。

《嘉定城通志》记载，鄚玖求治河仙，是因为"见其国柴末府华民、唐人、高蛮、阇闰诸国凑集，开赌博场，征课，谓之'花枝'"。"又得坑银，骤以致富。招越南流民于富国、陇棋、芹渤、溱涳、沥架、哥毛等处，立七村社"。⑤这里的富国，即富国岛。陇棋，柬埔寨之白马。芹渤，柬埔寨之唝�一带。溱涳，柬埔寨之云壤港。沥架，即迪石，属建江省。哥毛，即金瓯，属明海省。七村社的范围，大体相当于今天从磅逊湾至金瓯角 200 公里沿海地区。

河仙与暹罗接壤。暹罗恃强凌弱，侵凌真腊。1679 年（康熙十八年）前后，暹罗以援助柬埔寨正王匿嗡秋为借口，发兵东侵，河仙无法抵挡暹罗战舰，鄚玖为暹罗兵所获，执送至暹罗，在万岁山海津侨居了一段时间。1688 年（康熙二十七年），鄚玖乘暹罗内乱携从人逃到隆奇，稍后妻子裴氏禀诞下儿子天赐。1700 年（康熙三十九年）前后，鄚玖重新回到河仙，"四方商旅远闻太公仁声德泽，皆慕来归"。⑥ 从此鄚玖再没有离开河仙。

（一）召集各国流民，发展农商

鄚玖重回河仙后，注意召集流民，发展农业，在税收上减轻农民负担，

① 郑怀德：《嘉定城通志》卷 3《疆域志·河仙镇》，收入《岭南摭怪等史料三种》，第 166～167 页。
② 宋福玩、杨文珠：《暹罗国路程集录》"涯海水程"，陈荆和注释，香港中文大学新亚书院研究所东南亚研究室刊，1966，第 38 页。
③ 多默·皮列士：《东方志——从红海到中国》，何高济译，江苏教育出版社，2005，第 82～83 页。
④ 多默·皮列士：《东方志——从红海到中国》，第 83 页。
⑤ 郑怀德：《嘉定城通志》卷 3《疆域志·河仙镇》，收入《岭南摭怪等史料三种》，第 151 页。
⑥ 武世营撰、陈荆和注释《河仙镇叶镇鄚氏家谱注释》，《台大文史哲学报》1955 年第 7 期，第 87～88 页。

把境内土地分配给本地民众，提供农耕用具，开垦荒地，兴修水利，使大片森林荒地得到开发，成为肥沃富庶的农耕区。史载河仙"旧为绵獠旷地，华民流徙，聚成仙乡村落，唐人、高绵、阇间，现今稠密。"陇奇江，"为莫玖初年南来，作高绵屋牙辰，开荒占据，招集华人、唐人、高绵人、阇间人，会成村市之地。"①

18 世纪中叶曾经游历越南的法国人波微（Pierre Poivre）说：

> 从马来之陆地及岛屿可北抵一小邦，其名为 Cancar（即港口），海图则称为 Ponthamas。……曾有一中国人（即郑玖）抱着其国人天性之慎重及机警，乘其商船屡访其地。他看到此地比诸其故乡远为肥沃而被弃于荒废，甚为惋惜，乃决意予以开发。依其计划，他招致数目可观之华人及邻近诸邦之农民，并获得临近最有力王侯之保护及其所派卫兵，而开发经营此地。……他以纯然赠与方式将土地分给农民，未曾向人民强制赋役或征取营业税等税款……他还购买为开发土地所需之所有农具以颁发农民，其领域已成为勤勉之人民安居乐业之处……不久，森林被伐开，荒土变成良田，从河川所引之运河四通于田间，而丰裕之收成予农民以充足之粮食，且为殷盛商业之货物。②

在河仙屏山（Binh San）东湖（Ho Dong）郑玖庙（忠义祠），有绍治六年（道光二十六年，1846）阮曩宪的《募建本祠（忠义祠）小引》，记述郑令公忠义祠第二次重修经过，其中写道："（令公）雷州府人也，值大明屋社，携家南投，开拓河仙，改存宽恤，四方商旅，航海而来。其粤省府人笃于桑梓之议，以故相率而归者为最多。后归命于朝，授总兵。"③ 这里的"粤省府人"就是广东省雷州府人。明朝灭亡后，不少雷州人因乡谊到河仙谋生，并受到郑玖的重用。

明清之际迁入河仙的华人不少属于不服清朝统治的中国移民，不同程度具有明朝意识，他们聚居的村社被称为"明香社"。20 世纪 60 年代初，越南考古院院长张宝林在河仙屏山郑氏家族及有关人士墓地收集到 1712～1933 年的墓碑文 45 通。据分析，其墓主可考的属籍分为 4 种，明末遗民（或其第

---

① 郑怀德：《嘉定城通志》卷 2《山川志》，收入《岭南摭怪等史料三种》，第 110 页。
② Voyage d' un philosoph, par Pierre Poivre, Yerdon, 1763, pp. 67 - 73. 转引自武世营撰、陈荆和注释《河仙镇叶镇郑氏家谱注释》，《台大文史哲学报》1955 年第 7 期，第 85 页。
③ 2004 年 1 月笔者于郑公庙所录。

二代）11 人，越南人 5 人，明香人 3 人，清朝人 2 人，可见河仙早期华人以明末遗民（或其第二代）、明香人占大多数（见表 1）。①

表 1　河仙屏山鄚氏家族可考墓主属籍

人口属籍	墓　主
明末遗民（或其第二代）	鄚玖、莫忠定、孝肃夫人阮氏（鄚天赐夫人）、莫邦第夫妇、陈克蝗夫妇、该簿五戎大将军汉阳侯徐公夫妇、五戎该奇琦阳侯徐有勇、慈真夫人（鄚子潢夫人）。
明香人	鄚天赐、子潢及其后裔、昭武大将军该奇机智侯陈机（陈大力，陈上川之子）。
越南人	阮文肃、宋智府（医官）、阮有（一真居士）、张惠德、昭武大将军该奇直谅侯阮公。
清朝人	谢璋、慈信恭人吴氏（鄚天赐侧室）。

直到 18 世纪 70 年代，河仙地区仍有越南所明香社、明香属，龙川县明香社。后来迁入的中国商民，越南人称之为"唐人"，以与"明香人"相区分。"唐人"人数更多，分布更广，不过他们居住的唐人六庸、所、土古、属，多带"明"字，大概是强调对"明朝"的认同与传承，如明渤大庸、明渤新庸、明渤奇树庸（旧名木荙棋）、明渤鲈溪所（旧名沥越处）、明渤土丘土古（旧名林土古）。②

（二）游历菲岛、吧城，学习欧人施政及自强之法

河仙地区南濒暹罗湾，扼中南半岛海上交通之要冲，海洋贸易历来比较活跃，古代为扶南国（后为柬埔寨）主要出海口。资料显示，鄚玖利用河仙的山海之利，大力发展对外贸易，扩充实力，"招徕海外诸国，帆樯连络而来"。

鄚玖曾经到菲律宾、巴达维亚（Batavia）考察，学习西班牙、荷兰等欧洲国家的管治制度和自强自卫方法。法国人波微说："他曾旅行菲律宾及巴达维亚，从欧洲人学习最佳的施政方策及自强自卫之方法。无几，商业上之利润容许他筑起堡垒，凿掘城壕并装备炮队。如此防卫设施确保其境内安

---

① 陈荆和：《河仙鄚氏世系考》，台北《华冈学报》1969 年第 5 期，第 179 ~ 218 页。

② 郑怀德：《嘉定城通志》卷 3《疆域志·河仙镇》，收入《岭南摭怪等史料三种》，第 167 ~ 168 页。

宁，并对周围蛮民不逞之企图保障其地位。"①

（三）称藩于阮氏

在鄚玖时代，高棉王室的长期内讧和国势的持续衰败，使之成为中南半岛两个大国广南和暹罗争夺与蚕食的对象。长期处在暹罗威胁之下的河仙在鄚玖经营下虽然拥有很强实力，但生存空间有限，境土安全得不到高绵的保护，更无法独力抵挡暹罗的攻击。正如法国人波微所指出，"该邦为虐政不时残害人民之暹罗、毫无固定政制之高绵及为封建法度不断战战兢兢之马来人乡国所环绕，于内于外均不易维持泰安，致使此块美丽之河山于近 50 年来任其荒毁，几不见人烟"。②

为了找到一个能够提供保护、足以抗衡外敌（如暹罗）的靠山，鄚玖把眼光投向广南阮氏。阮氏自 17 世纪初以后坚定不移地推行"南进"政策，不断向占城扩张，到康熙三十二年（1693），终于吞并了占城，并把下一个目标落实到下柬埔寨。阮氏同时"广招流民"，安置他们到新开拓的疆土和人烟稀少地区，给予各种优惠，华人迁入者最众。17 世纪末 18 世纪初，阮氏派陈上川等经略东浦，占据湄公河口一带。康熙三十九年（1700），阮将阮有镜、陈上川并肩击退暹罗高棉联军，占领南荣，正王匿嗡秋请降，修职贡，下柬埔寨处在动荡之中。

谋士苏某对鄚玖说："高绵素性浇薄，长于狡诈，少忠厚，非久依之势，不若南投大越，叩关称臣，以结盘根之地，万一有故，倚为亟援之助。"鄚玖同意。戊子十七年（康熙四十七年，1708）八月，乃修船只，派下属张求、李舍赍玉帛表文入越称臣。

阮主正虎视高棉，对鄚玖自动投送厚礼，自然喜出望外，嘉其忠诚，许为属国，名其镇为河仙，以鄚玖为河仙镇总兵（或作统兵）玖玉侯。辛卯二十年（康熙五十年，1711）四月，鄚玖诣阙谢恩。③

---

① Voyage d, urn philosoph, par Pierre Poivre, Yerdon, 1763, pp. 67 – 73. 转引自武世营撰、陈荆和注释《河仙镇叶镇鄚氏家谱注释》，《台大文史哲学报》1955 年第 7 期，第 85 页。
② Voyage d, urn philosoph, par Pierre Poivre, Yerdon, 1763, pp. 67 – 73. 转引自武世营撰、陈荆和注释《河仙镇叶镇鄚氏家谱注释》，《台大文史哲学报》1955 年第 7 期，第 85 页。
③ 《大南寔录前编》卷 8，显宗戊子七年八月，横滨有邻堂出版，昭和三十六年。鄚玖的故乡海康世代相传，鄚玖未到安南时，曾到高山（飞鹅山）祖坟，见一石联，上书"宫内一枝花"。后移居河仙，逢安南公主抛绣球招亲，为鄚玖所得；朝中贤士出一联曰："朝中三尺剑"，鄚玖即以"宫内一枝花"对之，安南始封他为河仙镇侯。

鄚玖以真腊臣属身份投靠广南阮氏，但阮氏尚无力在河仙建立实际统治，乃委任鄚玖担任河仙总兵，许其自治，所以鄚玖虽归附阮氏，并接受阮主封赠，但拥有自己的军队，在本地置属佐之职，具幕府之所，筑建城郭，壮大营廨，保持相当程度的自主权，因而有西方学者把河仙称为"一个有海港的繁荣公国"。鄚氏与阮氏建立更加密切的关系是在其后的鄚天赐时代。

鄚玖归附阮氏对越南、柬埔寨历史发展具有深远影响，从此柬埔寨实际上失去湄公河口南岸大片疆土，而阮氏不费一兵一卒便把势力范围扩大到下柬埔寨，奠定近世越南、柬埔寨在湄公河下游地区的边界。

三 鄚天赐与河仙的黄金时代

鄚天赐，字士麟，号树德轩，是鄚玖唯一的儿子。据说庚辰年（康熙三十九年，1700）他的母亲裴氏禀——边和镇一位越南妇女——在隆奇生产他的时候，有"异祥先兆"：江中"倏然涌现七尺全身佛像，光芒激射水面"；当地僧人惊异不已，连忙告知鄚玖，谓为"国出贤人之兆，其福无量无边"。鄚玖派人迎起，百计不能动，乃于江岸建祠祀之。①《嘉定城通志》也说鄚天赐"少年明敏聪慧，读书过目成诵，时称菩萨出世云"。②

《大南一统志》"河仙省寺观"条注云："在河洲县。鄚玖居河仙，暹兵来侵，走下隆奇，妻裴氏有娠，于三月初七日夜生天赐。所居江中，豪光照耀，迹之，获七尺金身，光射水底。明旦扶起，千军之力不能举，遂于江岸建祠祀之。"③鄚天赐诞生之祥兆当然无稽，不过生于忧患则属无疑。由于鄚母为越南妇女，所以西方人称鄚天赐为"一个中国混血儿商人"。

肃宗孝宁皇帝（即阮主阮福澍）十一年乙卯五月二十七日（雍正十三年，1735 年 7 月 17 日），鄚玖去世，终年 81 岁，鄚天赐告哀于阮氏。《河仙十咏》自序称："乙卯（雍正十三年，1735）夏，予缵承先绪……"④可见阮

---

① 武世营撰、陈荆和注释《河仙镇叶镇鄚氏家谱注释》，《台大文史哲学报》1955 年第 7 期，第 86～87 页。

② 郑怀德：《嘉定城通志》卷 2《山川志·河仙镇》，收入《岭南摭怪等史料三种》，第 110 页。

③ 《大南一统志》卷 16《河仙省·寺观》。

④ 黎贵惇：《抚边杂录》卷 5，第 172a 页。

主为了笼络郑天赐，很快就给他封官晋爵。《郑氏家谱》云："昔公名天锡，自十八岁辰，凡丧祭之事，竭孝敬之诚，人民咸感戴焉。遂奉表诣阙奏陈，先皇帝念此河仙一方雄镇，乃国家之保障，敕诰赠先太公为开镇上柱国大将军，诰命我公世袭总兵大都督，并颁红色蟒袍及印绶。"①

《嘉定城通志》则谓："丙辰十二年（黎懿尊永元年，大清乾隆元年，1736）春二月，钦颁天赐继袭，爰升为钦差都督琮德侯。赐龙牌船三艘，免其船货税例，递年出洋，采富贵物，诣京上进。又恩赐开铸钱局一炉。"② 郑天赐开铸货币名"安法元宝"，分"大宝"、"小宝"两种。丁福保《历代古钱图说》谓："安法元宝，顺化肃宗福澍丙辰十一年（即清乾隆元年）以后河仙镇都督郑天赐在河仙镇所铸。"③ 开铸时间及郑天赐之名皆误。

郑天赐继任河仙都督，正三品，获赐龙牌船，开铸钱局，这是郑玖没有享受过的恩宠（郑玖生前为河仙总兵，上柱国、大都督等为其去世后追封）。

郑天赐继承父亲创造的基业，利用时机，发展经济，扩充实力，推进制度与文化建设。在阮氏尚无能力完全吞并下柬埔寨，及柬埔寨因王室内讧、强邻暹罗虎视眈眈而自身难保的国际形势下，郑天赐周旋于阮氏、高棉与暹罗之间，河仙发展进入黄金时代。

（一）"服物制度仿佛前代"

18 世纪的河仙政权，清朝视之为安南、暹罗的属国，名"港口国"，而称郑天赐为国王。《清朝文献通考》谓：

> 港口国，在西南海口，安南、暹罗属国也。王郑（应为鄚）姓，今王名天锡。其沿革世次不可考。国中多崇山，所辖第才数百里，有城以木为之，宫室与中国无异，自王居以下皆用砖瓦……④

清朝其他文献则称郑天赐为"河仙镇目"或"土官"。⑤

① 武世营撰、陈荆和注释《河仙镇叶镇郑氏家谱注释》，《台大文史哲学报》1955 年第 7 期，第 91 页。
② 郑怀德：《嘉定城通志》卷 3《疆域志·河仙镇》，收入《岭南摭怪等史料三种》，第 152 页。
③ 丁福保：《历代古钱图说》，上海书店出版社，1986，第 228 页。"郑天赐"当为"鄚天赐"之误。
④ 《清朝文献通考》卷 297《四裔考五·港口》，商务印书馆，1936，第 7463 页。
⑤ 《清高宗实录》卷 817，乾隆三十三年八月甲戌，中华书局，1986，第 1069～1071 页。

在郑天赐时代，河仙名义上归属高棉，又向广南称臣，然而自置幕府，自建军队，自定经济政策（税收、铸币），拥有相当大的自治权力和主权，在中南半岛国际关系上地位非常特殊。而阮氏对待河仙镇显然有别于境内其他营镇。17世纪40年代阮氏所设诸营，包括原属柬埔寨的镇边、藩镇、龙湖三营，皆设镇守、该簿、记录等官统治，由阮主直接委任；而河仙镇则由都督治理，郑氏世袭，河仙镇成为事实上的"国中之国"。

由于史料缺乏，关于河仙政权的具体建制已难得其详。不过，郑氏父子及其追随者大多为"明香人"。河仙政权制度文化以明朝为榜样，具有"明朝"特色，应是可以肯定的。《清朝文献通考》谓：

> 港口国……宫室与中国无异，自王居以下皆用砖瓦，服物制度仿佛前代。王蓄发，戴网巾纱帽，身衣蟒袍，腰围角带，以革华为履；民衣长领广袖，有丧皆衣白，平居以杂色为之。……其风俗重文学，好诗书。国中建有孔子庙，王与国人皆敬礼之。有义学，选国人子弟之秀者，及贫不能修脯者弦诵。其中汉人有僦居其地而能句读晓文义者，则延以为师，子弟皆彬彬如也。①

从上文可以看出，河仙政权"服物制度仿佛前代"，不仅包括宫室制度、服食器用，而且科举教育，国中有孔子庙，有义学，皆仿效明朝，确实是个文质彬彬、具有浓郁中华文明色彩的海上"衣冠文物之邦"。

河仙政权在郑天赐时代达到了鼎盛。在父亲经营的基础上，郑天赐建立起规模宏大、长达560多丈的长方形府城。府城枕山面海，内分设文武衙署，列军寨；置使馆公库，建关帝殿、三宝寺、郑公祠、会同庙。区划街市，海夷杂居，为海陬一大都会。具体情形如下：

> 河仙镇署坐乾向巽，以屏山为后护，苏州为前案，溟海堑其南，东湖壕其前。三面土垒，自杨渚至右门，长百五十二丈半；右门至左门，百五十三丈半；左门至船厂出东湖，三百八丈半。各高四尺，厚七尺。壕广十尺。中为公署，望宫又当署前，左右布列军寨。前庭津石桥，左接使馆，右公库。叶镇营于五虎山之麓。望宫外左，镇市聚焉。公署之左关帝殿，署后三宝寺，寺左郑公祠。镇市东瞰湖津，津

---

① 《清朝文献通考》卷297《四裔考五·港口》，第7463页。

起鱼寨。公库之北会同庙，庙北躺船厂，纵横区划，界以大路。关帝殿左为钓桥铺，津头板挢跨海接大金屿。钓桥铺东为旧市铺，又东为祖师市铺继之。①

（二）延揽北国人才，传承中华文化

在郑天赐时代，中国东南沿海迁入河仙的华人越来越多，主要是因为河仙政权的大力延揽。《大南寔录》谓："〔郑天赐〕招徕四方文学之士，开招英阁，日与讲论唱和，有《河仙十咏》，风流才韵，一方称重，自是河仙始知学焉。"② 郑天赐开招英阁，这是一个"用来罗致儒教中优秀人物和英勇战士"的"学术机构'，被聘请来的儒士最著名的有 18 位，号称"十八英"。

据《抚边杂录》《嘉定城通志》《大南寔录》记载，郑氏招徕的名士大部分来自中国广东、福建、浙江，也有部分来自越南本地，还有僧人道士。现将这些名士列表如表 2。③

表 2　郑天赐延揽名士录

《抚边杂录》 （30 人）	北国（中国）（24人）	朱璞、吴之翰、李长人（仁）、单秉驭、王昶得、路逢吉、徐叶斐、林维则、徐铉、林其然、陈惟德、徐登基、冯玉崇、陈伯发、黄奇珍、周景扬、陈瑞凤、陈自兰、陈跃渊、陈鸣夏、陈演泗、孙文珍、孙天瑞、孙季茂
	南国（顺广以南）（6 人）	郑莲山、潘天广、陈仪、陈祯、邓明本、莫朝亘

① 郑怀德：《嘉定城通志》卷 6《城池志》，收入《岭南撷怪等史料三种》，第 152、225～226 页。
② 《大南列传前编》卷 6《郑天锡传》。
③ 《大南列传前编》卷 6《郑天锡传》；黎贵惇：《抚边杂录》卷 5，景兴三十七年（1772），第 171a 页；郑怀德：《嘉定城通志》卷 3《疆域志·河仙镇》，收入《岭南撷怪等史料三种》，第 152 页。另外，在河仙郑天锡庙墙上有多首与郑天锡诗并列的题名诗，可能是当时的唱和诗，也可能是后人题诗。作者有些是河仙官员，如河仙按察阮琼、调遣官阮居贞；有些是"后学"、"后生"，如后生黄瑞源、后学陈廷先、阮晨、阮晨宪、陈廷光、黎光铿、林子□。

续表

《嘉定城通志》（36 人）	福建（15 人）	朱瑾、陈鸣夏、周景阳、吴之翰、李仁长、陈维德、陈跃渊、陈自南、徐铉、林维则、谢璋、单秉驭、王得路、徐叶斐、徐登基
	广东（13 人）	林其然、孙天瑞、梁华峰、孙文珍、路逢吉、汤玉崇、余锡纯、陈瑞风、卢兆莹、陈涉泗、王昶、黄奇珍、陈伯发
	阮氏肇丰府（4 人）	潘大广、阮仪、陈顽、邓明本
	嘉定府（2 人）	郑莲山、黎伯平
	归仁府（1 人）	释氏黄龙和尚
	福建道士（1 人）	苏寅
《大南寔录》（31 人）	清人	朱瑾、陈自香等 25 人
	国人	郑莲山、莫朝旦等 6 人

表 2 所记姓名及数字有出入，原因当为抄录笔误或版本不同，如朱璞当即朱瑾，李长人（仁）当即李仁长，徐铉当即徐铉等。另外《抚边杂录》《大南寔录前编》所记皆为《河仙十咏》中与鄚天赐唱和之人，《嘉定城通志》则不限于此，故人数较多。

清人罗天尺《五山之林》所记"番官赠银"故事，谓"安南国河仙镇有莫姓者，父本中国人，为番官"，就是指鄚天赐。鄚天赐"少年能诗，酷嗜词翰"，自署"文章自本中原气，事业留为异国香"。华人至安南贸易，"乞粤人诗歌以献"。一日，于内苑宴请至河仙贸易者，谈论诗词，问佘语山先生，贸者答曰："人间福人，父子祖孙，登甲乙榜，齐眉四代，年跻九十，健步豪吟。"次问顺德儒士梁仲鸾，答曰："与佘公有云泥隔，年七十，贫而无子。"鄚天赐闻而太息，谓："君反日，愿以相闻。"稍后特遣番官四人送珍贵沙木一具赠仲鸾，其市值 200 余金，以赡余年。乾隆壬戌年（乾隆七年，1742），罗天尺遇梁仲鸾于广州海幢寺，谈论及此，仲鸾为诵《谢赠檑诗》；罗天尺叹曰："外国番官，有此怜才好义之士，人可以地限哉"。[①] 由此可见，鄚天赐自幼喜好诗歌，有文才，而且关心故乡，与粤中文人关系尤为密切。

丙辰年（乾隆元年，1736），越东（一作粤东）陈某航海至河仙，天赐

---

① 罗天尺：《五山志林》卷 2《识今》，林子雄点校《清代广东笔记五种》，广东人民出版社，2006，第 57～58 页。

待之为上宾。"每花晨月夕，吟咏不辍"；在陈某倡导下，天赐与北国朱璞、南国郑莲山等名士31人，以"河仙十景"相属和，得诗320篇。及陈某返回广东，汇成一册，名《河仙十咏》，遥寄天赐。丁巳（乾隆二年，1737）季夏，天赐为之做序，谓"是知山川得先君风化之行，增其壮丽；复得诸名士品题，益滋灵秀。此诗不独为海国生色，亦可当河仙志乘云"，自署"莫城莫天赐士麟氏自序于树德轩"。①

《河仙十咏》篇目包括："金屿拦涛"、"屏山迭翠"、"萧寺晨钟"（一作"萧寺晓钟"）、"江城夜鼓"（一作"江城暮鼓"）、"石洞吞云"、"珠岩落鹭"、"东湖印月"、"南浦澄波"、"鹿峙村居"、"鲈溪渔泊"（一作"鲈溪闲钓"）。② 该书体现了河仙"诗国"风范，实属难得，景兴末北朝顺化镇协镇抚黎贵惇说："不可谓海外无文章也！"③

（三）尊重各国宗教信仰

郑氏父子对各国宗教与民间信仰持宽容态度。在河仙，不仅流行中国传统的佛教，而且有关帝、本头公等民间信仰。著名的敕教三宝寺，建于18世纪二三十年代，位于方城街连池村328号，原址为郑玖初来河仙时的住地。《嘉定城通志》记载："三宝寺在镇署之后，梵宫洞启，象法恢张。统兵郑玖初时所建。嗣以其母蔡夫人，年逾八旬，依闾望切，自雷州航海而来，公留侍养焉。夫人素慕佛，日致虔敬，以浴佛日夫人入寺供养，瞻拜之顷，忽于佛前坐化，公丧葬以礼。既于屏山成坟，复范铜为像，祀于其寺，今像存焉。"④《郑氏家谱》也说："先是，太公渡蛮后，太婆婆思子日切，自雷州越海来省太公，遂留供养。无何，太婆婆入三宝寺殿谒礼，金身俨然于佛前，静坐而化，因铸宝像，起龛而奉于三宝寺，今遗像是也。"⑤ 今寺内供奉着郑母神位，上书："河仙郑镇国 前古造寺 老母太婆婆神主灵位 孝子郑天

---

① 黎贵惇：《抚边杂录》卷5，第172a页。
② 《大南列传前编》卷6《郑天赐传》；黎贵惇：《抚边杂录》卷5，景兴三十七年（1772），第170a页。关于《河仙十咏》，参见越南学者 Dong Ho, Van Hoc Ha Tien, Nha Xuat Ban Van Nghe, Thanh Pho Ho Chi Minh, 1999 和拙作《"海上明朝"：郑氏河仙政权（"港口国"）的中华特色》，《学术月刊》2008年第10期。
③ 黎贵惇：《抚边杂录》卷5，景兴三十七年（1772），第170a页。
④ 郑怀德：《嘉定城通志》卷3《疆域志·河仙镇》，收入《岭南摭怪等史料三种》，第226页。
⑤ 武世营撰、陈荆和注释《河仙镇叶镇郑氏家谱注释》，《台大文史哲学报》1955年第7期，第92页。

玖 鄚天赐。"

入清以后，中国禅宗临济宗在顺化以南各省广为流传，并形成"了观宗"等宗派，临济宗第三十三世、原籍广东程乡的元韶禅师在其中起了重要作用。三宝寺禅法属临济宗，现寺内供奉临济宗三十五至四十代禅师牌位，其中三十五代1人，三十六代2人，三十七代有先智藏、先觉海净，三十八代有明通海慧、明真觉岸、明武一圣、明□弘□，三十九代如可□□、如□福□、如德永□，四十世讳红职福恩和等，对研究禅宗在河仙传播有史料价值。寺庙后有鄚母墓地，以及该寺和尚、尼姑墓地。

15世纪以降，随着欧洲人向海外扩张，天主教迅速在东方传播。葡萄牙人、西班牙人在中南半岛贸易的同时，教会也屡次自马六甲派遣传教士到安南及柬埔寨传教。1765年，缅甸进攻暹罗，随后破其京都阿瑜陀耶，巴黎外方传教会所设学堂 Seminaire de Saint Joseph 的所有学员在学堂长 Kerherve 神父率领下向"港口"（河仙）转移，同年11月底到达；承鄚天赐的帮助，在离河仙西北15公里的 Hon Dat 建立新学堂。1769年10月陈太之乱，该学堂及教堂被毁，Pigneau 和 Morvan 两位神父撤回印度 Pondichery。1775年复来河仙，重开学堂和教堂。[1] 1776年，鄚氏把百多禄（Eveque d'Adran）主教请到河仙，选择最好的土地供其安居，"以新教来维系那些新建村庄的秩序"，河仙成为传播福音的新区。

河仙文化确实取得引人瞩目的成就，《清朝文献通考》的作者颇为赞赏："臣等谨按：诸番之于中华，皆海为之限，港口、东埔寨去粤东止七千里，在诸番中为最近。观其宫室、婚姻、吉凶之制，略与中国同，而建文庙，设义学，俾国人皆知璇诵，以自附于中华之礼教，是则圣人之道大与。"[2] 法国学者保尔·布德也说："在鄚玖的努力下河仙不但已变成一片可居地，而且还是一个令人喜爱的地方。鄚天锡又进一步地把它改造成一个文化中心"。[3]

（四）发展对中国、马来半岛、印尼群岛的贸易

河仙地区地处热带，物产丰富，渔农副业生产颇有特色。《嘉定城通志》

---

[1] 宋福玩、杨文珠：《暹罗国路程集录》"涯海水程"，第115页。
[2] 《清朝文献通考》卷297《四裔考五·港口》，第7463页。引文中"东埔寨"当为"柬埔寨"之误。
[3] 保尔·布德：《阮朝的征占南圻和中国移民的作用》，《南洋问题资料译丛》1957年第4期。

记载：坚江县坚定土地宜种芋、黄麦、甘蔗；清江二总，并旱田。旱田四月秧，六月稼，九月获。芋三月艺，七月收。黄麦五月莳，八月收。甘蔗三月插，七月收。龙川县龙水、广川二总，并晚田。晚田五月秧，八月稼，十一月收。

河仙的其他土产还有龙涎香，有海参（有乌白两类，一年得 5 万余斤），多大鱼、海鳖、玳瑁、蚌蛤、虾米、咸鱼、海镜、象耳螺之利。①

河仙矿产资源丰富，郑玖初到河仙"得坑银，骤以致富"。②另外真森山出矿砂，"其苗甚旺，尚在封国，朝廷未事开铸。"③

河仙河海相通。水域地带，日常交通、军事作战、对外贸易多赖舟楫，造船业随之发展起来。18 世纪 30 ~ 70 年代，河仙对外贸易相当繁盛，有"小广州"称号。史书记载：河仙大铺"皆琼公旧时经营，胡同穿贯，店舍络绎，华民、唐人、高棉、阇囮类聚以居，洋舶江船往来如织，海陬之一都会也"。④ 澳洲学者李塔娜（L. Tana）、美国学者范岱克（Paul A. Van Dyke）研究显示，18 世纪中期的河仙是东南亚大陆一个重要的港口，它形成的网络覆盖了湄公河三角洲的巴萨河流域、柬埔寨内陆地区、马来半岛的东部沿海地带、廖内—林加群岛以及巨港—邦加地区。⑤

河仙与中国的贸易主要集中在广东。两地海上往来水程约7300 里，顺风不用两个月。罗天尺《五山之林》记述郑天赐常于内苑接待前来做生意的中国商人。⑥ 睿尊孝定皇帝丙戌三年（乾隆三十二年，1767），缅甸战事起，清朝关注事态发展。两广总督李侍尧向曾经出使暹罗的使臣、船户及通事了解情况，然后上奏朝廷，称广州到河仙"自广东虎门开船，至安南港口地名河仙港，计水程七千三百里。该处系安南管辖，有土官莫姓驻扎。又自河仙镇

① 郑怀德：《嘉定城通志》卷 5《物产志》，卷 2《山川志·河仙镇》，收入《岭南摭怪等史料三种》，第 186 ~ 190、109 页。"总"，阮氏县属基层组织。《嘉定城通志》卷 3《疆域志》："总，聚束也，合也。乡居分散，聚而合之，以隶于县也。"（第 132 页）

② 郑怀德：《嘉定城通志》卷 3《疆域志·河仙镇》，收入《岭南摭怪等史料三种》，第 151 页。

③ 郑怀德：《嘉定城通志》卷 5《物产志》，卷 2《山川志·河仙镇》，收入《岭南摭怪等史料三种》，第 186 ~ 190、109 页。

④ 郑怀德：《嘉定城通志》卷 6《城池志》，收入《岭南摭怪等史料三种》，第 152、225 ~ 226 页。

⑤ 李塔娜、范岱克：《18 世纪的东南亚水域：新资料与新观点》，梁志明主编《亚太研究论丛》第 3 辑，北京大学出版社，2006，第 190 ~ 209 页。

⑥ 罗天尺：《五山志林》卷 2《识今》，林子雄点校《清代广东笔记五种》，第 57 ~ 58 页。

至占泽问地方，计水程一千六百余里。统计自广东虎门至暹罗，共一万三百余里。九月中旬，北风顺利，即可开行。如遇好风半月可到；风帆不顺，约须四十余日。……兹查本港商船，于九月中旬自粤前往安南港口贸易，计到彼日期正系十一月……"① 可见河仙不仅是中国商船常到之地，而且是广东至暹罗海上航路必经港口。

范岱克指出，18 世纪中期每年往来于广州与东南亚的 30 艘左右的帆船中，有 85%～90% 是广州驶往河仙与交趾支那（广南会安）的，而这些帆船主要属于广东十三行行商颜氏、叶氏、蔡氏、邱氏、潘氏和陈氏。在河仙与广州的贸易中，输出物品主要有稻米、锡、藤条、西米、各种涂料等。②

稻米是河仙及周边地区的主要农产品，大量出口中国缺粮省份广东。藤条细薄、韧性好、没有异味，是茶叶包装的上佳材料，主要用于茶叶包装，而且这些材料在卸货后还可以作为藤制品的原材料出售，具有多重价值。西米则是很好的防碎材料，可用于瓷器等易碎品的长途运输，而且与藤条一样具有多重价值，卸货后可以作为食品出售。西米在广东人的饮食中很受欢迎。

锡是一种低熔点柔软金属，有良好的可塑性、延展性，可以用于制造合金；锡因其密闭性和无毒性，在储物方面得到广泛的应用，如密封得当，茶叶可在锡器中保持十年不变质，因此在清代中国茶叶包装与运输中（包括外销）特别受欢迎；同时锡还是海船很好的压舱物。因此，锡的行情在贸易中心广州很受经营茶叶生意的行商们的关注。河仙是锡的重要供应地，但河仙并不产锡。河仙出口的锡，主要由海外市场如巨港、邦加等转贩而来。邦加地区大部分锡矿销往巴达维亚，也有相当一部分锡矿在得到巨港素旦的默许后运往河仙，或者被邦加的华人走私运到河仙，最后销往广州。邦加锡矿的开采热为河仙锡贸易提供了重要的资源保证。

范岱克在荷兰、瑞典、丹麦等国东印度公司档案中的"广州记录"发现，大量锡的进口与河仙有关。1758～1774 年广州从东南亚港口进口的锡有 79935 担，其中河仙进口 24688 担，占总量的 30% 强，数量仅次于巨港（47468 担）。1769 年，广州从河仙进口锡 6000 担；1774 年，一艘从河仙来

---

① 《清高宗实录》卷 791，第 711～712 页。
② 李塔娜、范岱克：《18 世纪的东南亚水域：新资料与新观点》，梁志明主编《亚太研究论丛》第 3 辑，第 190～209 页。

广州的帆船运载锡 1400 担，还有其他两艘运载的也是锡，估计当年运到广州的锡有 5000 担。18 世纪 70 年代，巨量的锡源源不断从河仙运往广州，以至于只是河仙船到来的消息也会引起广州锡价的下跌。可以说，这一时期河仙是销往中国的锡的贸易中心。[①]

四 河仙的对外关系

（一）河仙与高棉的关系

郑玖是以高棉官员身份莅临河仙、统治一方的，但是他后来投靠安南阮氏，自然引起高棉的怨恨。郑天赐继位，河仙变得更加强大，独立性更强。衰弱兼内讧的高棉多次出兵争夺河仙，都被河仙军队打败，后者还反攻到柴末，占领该地。而阮氏也支持河仙，高棉从此不敢打河仙的主意。《嘉定城通志》记载："昔高绵人以郑氏占据彼地，故积怨，屡来争夺，又于世宗乙未（己未，1739）二年，高蛮匪盆称兵来侵河仙，郑琮遂北至柴末府，日夜鏖战，人不暇时。辰郑侯妻阮氏纠兵妇煮饭分给，军得宿饱，遂并力攻破盆兵。以捷奏，朝廷深加奖赏，特进琮都督将军，赐红袍、金幞头全副，封阮氏为夫人。从此高绵不敢南顾河仙矣。"[②]

河仙臣属广南，使原属高棉的嘉定与河仙之间的湄公河三角洲地带成为阮氏扩张的对象。雍正十一年（1733），阮军攻占嘉定西部的美湫和沙沥，即后来的定祥省。乾隆四年（1739），高棉战败，被迫将嘉定以南至湄公河的整块土地割让给阮氏。乾隆十二年（1747），高棉王安东为获得阮氏承认，把茶荣、巴色（塑庄）献给阮氏。18 世纪 50 年代，高棉继续内讧，失败一方反而求助于河仙，句郑氏称臣。

乙亥十八年（乾隆二十年，1755），阮氏因为高棉拒命，发兵讨之，其王匪螉源（即高棉王吉哲塔五世，1749~1754 年在位）投奔河仙。郑天赐居中斡旋，代为题奏，句阮主表达高棉愿"贡献"土地之意，换取阮氏退兵。阮氏接受郑天赐的调亭，同意退兵。

---

① 李塔娜、范岱克：《18 世纪的东南亚水域：新资料与新观点》，梁志明主编《亚太研究论丛》第 3 辑，第 190~209 页。
② 郑怀德：《嘉定城通志》卷 2《疆域志·山川镇》，收入《岭南摭怪等史料三种》，第 106 页。

丁丑二十年（乾隆二十二年，1757），高棉国发生内讧，匿馨杀权监国事匿润，匿润子匿蟛蟥出走投靠河仙，求为郑天赐的养子。阮主发兵攻匿馨，高棉王位虚悬，天赐又一次为匿蟛蟥陈奏，阮主乃封匿蟛蟥为高蛮国王（即帕乌迭二世，1758～1775年在位）并护卫他回国复位。结果匿蟛蟥把真森（今柬埔寨茶胶）、柴末、灵琼、芹渤（今柬埔寨贡布一带）、溙涘（今柬埔寨云壤港）五府土地献给天赐，"谢其卵翼成就之德"。天赐将五府土地悉数献于阮府，阮主嘉奖天赐的忠诚，钦颁准许五府归河仙镇管辖，河仙地盘得以扩大。[①] 18世纪下半叶，整个湄公河三角洲都纳入阮氏版图。

（二）河仙与清朝、暹罗的关系

河仙毕竟地域狭小，且与对高棉也有领土野心的暹罗为邻，实际上是在夹缝中求生存。在郑玖时代，由于郑玖抱有反清意识，南渡后以明朝遗民自居，郑玖甚至派人把老母亲从故乡接引到河仙，终老异域。没有迹象表明这一时期的河仙与清朝有任何官方的关系。但是，到郑天赐执政时，河仙对清朝的态度有所改变，与清朝两广当局的交往明显增多，以便争取清朝在外围上的支持。

睿尊孝定皇帝丙戌三年（乾隆三十一年，1766）三月，缅甸侵犯暹罗，破其都城，掳走疯王与王子昭督多；疯王第三子昭侈腔潜逃高棉，第二子昭翠（即诏萃）逃到河仙，阿瑜陀耶王朝覆灭，长期与清朝保持密切关系的暹罗面临灭国命运，打乱了清朝在东南亚的朝贡体系。清朝传谕两广总督李侍尧等密切注视事态发展，但并不想直接介入。次年闰七月辛酉，李侍尧奏复，称已遵照谕旨拟就照会暹罗王之文，差派熟悉水路的左翼镇标中营游击许全待命，搭附商船，前往河仙查探，或交"莫土目"（即郑天赐），或至占泽问交夷目普兰，由他们其中一位赍投暹王。[②]

许全何时出海前往河仙，史书没有记载，但是从两广总督李侍尧的奏折中可知，两广督府递送给暹王的咨文已经送到河仙，暹罗派出贡使丕雅嵩统呵沛前往广东，不过许全在海上患病亡故。

《清实录》记录了乾隆三十三年（1768）八月甲戌高宗与军机大臣等的谈

---

① 郑怀德：《嘉定城通志》卷3《疆域志·河仙镇》，收入《岭南摭怪等史料三种》，第153页。

② 《清高宗实录》卷791，第711～712页。

话，内容涉及清朝与暹罗新王郑昭（即甘恩敕）的关系。可以看出，缅甸侵暹及郑昭即暹王位后，郑昭和鄚天赐都向清朝派出使臣，郑昭主要向清朝请封，希望获得承认；鄚天赐则向清朝回复关于缅暹战事的咨询，并呈献海外各国形势图文。两广总督李侍尧接待了两方使臣，并将初步处置意见上奏朝廷。

暹罗是中国传统的藩属国，对清朝十分恭顺，所以对缅甸颠覆阿瑜陀耶王朝，清朝非常关注。乾隆皇帝对郑昭乘乱自立相当反感，认为他是个"负恩潜窃之人"，并认为李侍尧仅仅将郑昭的表文原文掷还、叫陈美回国时转达清朝的严厉斥责做得还不够，达不到慑服外邦的效果，应该另给回文，申明大义，使之知道天朝礼教广被，褒贬一秉大公。所以乾隆令军机大臣重新起草谕旨，谴责郑昭所为，令其改过自新，效忠旧主，兴灭继绝。这当然是清朝单方面的意愿，不可能实现。与对郑昭的严厉态度截然相反，清朝对"河仙镇目"鄚天赐则恩勉有加，不仅郑重"回文"，而且给予奖赏。[①]

其后清朝继续关注暹罗事态发展，而河仙成为主要信息源。乾隆三十三年（1768）十月戊辰，高宗谕军机大臣等，要求两广督臣李侍尧再派人到河仙镇，"向莫士麟访问暹罗近日确情，令其详晰呈复，速行奏闻"。李侍尧随即派署左镇游击郑瑞等于11月在虎门搭商船前往河仙。一个多月后，高宗不见回奏，再次询问军机大臣，认为是李侍尧等"不以为事"，办事不力。其实是海程遥远，广东往返河仙皆靠季风，官员没那么快抵达。[②]

乾隆三十四年（1769）七月，两广当局遵照谕旨派蔡汉乘搭商船前往河仙，打探暹罗军情。同年秋，清朝决定对缅甸侵略暹罗进行干预，派兵入缅，"恐逆酋窜入暹罗，因欲传谕该国一体邀截擒拿。第以暹罗既为甘恩敕所占，其人系彼国乱臣，不必可彼传檄。旋经李侍尧奏称，河仙镇目莫士麟恭顺晓事，地与暹罗毗连，曾允其另檄，莫士麟留心防缉。"[③] 清朝视郑昭为叛逆，而把鄚天赐当作同盟。

郑昭与鄚天赐同为广东人。暹罗首都（阿瑜陀耶）被缅甸攻破后，郑昭率领民众抗击缅军。据《昭披耶宋加禄传》称：丙戌三年（乾隆三十二年，1767）郑昭谋攻尖竹汶（Chantaburi），曾主动向鄚天赐求援。[④] 这条史料说

---

① 《清高宗实录》卷817，乾隆三十三年八月甲戌，第1069～1071页。
② 《清高宗实录》卷820，乾隆三十三年十月戊辰，第1136～1137页。
③ 《清高宗实录》卷849，乾隆三十四年十二月丁卯，第371～372页。
④ 郑瑞明：《十八世纪后半叶中南半岛的华侨——河仙鄚天赐与暹罗郑昭的关系及清廷的态度》，台北《师大历史学报》1978年第6期。

明鄚天赐与郑昭曾经有过一段合作经历。由于暹罗、越南史书没有更多的记载，后事如何不得而知。不过可以肯定，这两位华人首领合作时间不长。河仙方面的史料称郑昭为人"机巧险恶"，篡夺王位。鄚天赐心怀戒备，颇不齿郑昭为人，曾设计诱捕郑昭，以助暹罗王孙昭翠返国，恢复阿瑜陀耶王朝，但没有成功。

郑、鄚彼此心存芥蒂，不久演变成势不两立之态。清朝明确反对郑昭而支持河仙，而且鄚天赐也获悉阮主有意干预暹罗政局，乃于景兴三十年（乾隆三十四年，1769）以光复暹罗王室为名，会合原暹罗将领，再向郑昭发动攻势。

景兴三十年（1769），鄚天赐派妹婿胜水队该队、丑才侯陈文方率水陆大军5万北伐暹罗，"时战舰、战船旌旗联络十余里，兵次暹泽汶地面，扎起屯栅，以观其变"；郑昭派3000兵来援泽汶，陈文方纵兵冲杀，暹军大败，退守各水陆要害关隘，不敢应战。文方复用昭华约书招彼来降，使之作内应，但暹民畏郑昭悍暴，不敢起事。河仙军队驻扎在泽汶两个月余，不服水土，疫疠流行，戍卒死者日以百数，陈文方病重，鄚天赐乃派属臣持檄召文方回师。陈文方出师时镇兵5万，归镇仅存万余，河仙损兵折将，颇伤元气。郑昭闻河仙撤回军队，派军追至泽汶，见河仙军队早有防备，遂罢。① 为防备暹军，鄚天赐复派五戍奇才侯代镇守，病亡。继以德业侯往戍，并巡哨古公、古骨、寅坎诸海岛。

关于这一战事，清朝文献也有提及。《清高宗实录》谓乾隆三十四年（1769）七月两广督臣李侍尧奏："今河仙镇目莫士麟发兵夺取占泽（即真奔），又会合暹罗各夷目，征讨甘恩敕。"② 应即此事。

鄚天赐不甘失败，复请求清朝"檄谕花肚番"（即缅甸），"恢复暹国，以谢前愆"。清朝对河仙进攻暹罗不反对也不支持，但对"檄谕花肚番"一事，则断然拒绝。③ 清朝不想过多介入暹罗内政，尤其缅甸对暹罗怀有野心，不可依靠，假使缅甸与郑昭狼狈为奸，无异于引寇入室，不仅河仙无法控制，而且对河仙本身也是很大威胁。事实证明，清朝的担忧是有道理的。不

---

① 武世营撰、陈荆和注释《河仙镇叶镇鄚氏家谱注释》，《台大文史哲学报》1955 年第 7 期，第 104 页。原书陈文方北伐暹罗作景兴三年，误。另外《大南寔录》、《嘉定城通志》对此事也有记载，不过都认为起因于防备缅甸乘胜东侵，不确。
② 《清高宗实录》卷 839，第 217～218 页。
③ 《清高宗实录》卷 864，第 587～589 页。

久，郑昭亲自提兵攻打河仙，嘉定阮军不发兵救援，城陷，郑天赐流亡嘉定，最后命运反而为郑昭所掌握，称雄一时的郑氏政权从此一去不复返。

五　河仙争战与郑氏落破

郑天赐时代的中南半岛并不和平。到 18 世纪 60 年代，河仙境内战事不断，耗损国力，而且西山阮氏政权崛起之后，嘉定动荡，河仙失守。辛卯七年（乾隆三十六年，1771）暹罗占领河仙，郑天赐颠沛流离，后来在暹罗自杀。阮朝嘉隆帝统一全越后，很快在河仙建立正规的行政建制。郑氏后继者皆不得力，淡出历史舞台。

（一）潮人起事

己丑五年（乾隆三十四年，1769）二月，暹罗王郑昭发兵攻击高棉匿螉蟀，护送伪王匿螉嫩复国，屡战不克，掳其国民而还。受高棉局势煽动，潮州流人陈大聚众于白马山，打家劫舍，勾结郑族人郑崇、郑宽，密谋于六月十三日夜袭河仙镇。事发，天赐伏兵擒之，追剿其党于香山寺（俗名厨柴香），陈大逃往暹罗真奔。不久，高棉蛮民 900 余人密谋叛乱，天赐又发兵平之。

同年，潮州海盗霍然在仙暹边境的古公岛拉帮结派，结寨占据，劫掠南来北往的商客和海滨民众。霍然颇通武艺，善用大头铁镟射断帆缭，或身拥藤牌飞过商船，横行海上，党徒甚众，图谋袭取河仙。郑天赐先发制人，派该队康成侯率精锐员军，暗行围捕。霍然突围，被多枪刺杀，余党解散。

庚寅七年（乾隆三十五年，1770）七月，逃军范簏在涬口、芹渤召集匪类，与阁闬荣离麻芦、高蛮屋牙口嵇纠结同伙 800 余人，水陆并进，袭击河仙镇城，其中贼船 15 艘攻入河仙港，至翠屏山；镇兵与贼众激战，刺杀范簏于江中，擒芦、口嵇而斩之。

河仙内乱接二连三当为暹罗王郑昭暗中指使，泽汶一役与境内潮人等起事大伤河仙元气，河仙兵食虚耗，民心骚动，在重大变局面前，已显难以自保之态势。郑天赐上疏自劾，阮主好言宽慰，并命嘉定帅府："凡河仙有事警报，速当策应。"[①] 然而嘉定长官贪得无厌，诸多索求，郑天赐穷于应付。

---

① 郑怀德：《嘉定城通志》卷 3《疆域志·河仙镇》，收入《岭南摭怪等史料三种》，第 155 页。

《郑氏家谱》说："自此以往事事多衰，公居常忧思之。而〔嘉定〕五营来护之牧长索求屡次，公竭用诚意动之，不吝财贿之奉，然溪壑之欲，何厌之有？各怀怨忌。"①

（二）暹罗占领河仙与郑门罹难

缅甸人攻破大城后，王子昭翠逃到河仙，郑天赐待之以王礼。随后郑氏发起讨伐暹罗新王郑昭的战争，仙暹处于敌对状态。郑昭成功击退河仙的攻击，随即筹划攻打河仙，擒拿昭氏王孙，以根除后患。

辛卯七年（乾隆三十六年，1771），河仙得报，暹罗拟乘机破六坤之余威，点检兵甲，刻日进攻河仙。郑天赐急忙向嘉定求援，但调遣官魁科侯宋文魁、绵长侯以前年河仙虚报边警，劳师费饷，需待暹兵压境实信，始调兵应剿。九月，郑昭亲率水陆精兵 2 万，在逃到暹罗的潮人陈大带领下向河仙进发。十月初三日，兵至河仙镇城。

时河仙镇虽然粮饷充足，战具甚备，但军兵仅 1000 余人。天赐急派人往龙湖屯营应急，分拨将士，保护城郭；以公子溶督左道拒敌，公子湘督战舰防守海关。暹兵占据苏州山，以大炮攻城，并布下三重包围圈。初十夜，五虎山火药库爆炸，城中震动。十三夜，一队暹兵从城后江口攻入城内，内外夹攻，并以西洋石机铳扫射，河仙士兵伤亡惨重。天赐督兵巷战，三更城陷，天赐督残兵犹死战，誓以殉社稷。该队德业侯强抱天赐登舟，循江城水路逃出；天赐之子协镇郑子潢、胜水郑子湘、参将郑子溶率水兵突围，由海路退走坚江，过镇江停驻。由于河仙地处沿海地带，非舟楫不能救济，故天赐之子女妾婢 10 余人及民众溺死践踏而死者，不计其数。

十五日，天赐船到朱笃江，暹将昭科联（即陈联）尾追而至，乘朱笃关吏不防，闯关追杀居民六七百户。天赐再退走前江新洲道，龙湖营留守该奇敬慎侯宋福洽前来接应；暹兵不熟悉路径，为龙湖营兵所败，昭科联逃回河仙。龙湖营兵复败暹兵于后江，暹兵死伤惨重，不敢向前推进。

郑昭在河仙大获全胜，以昭科联留守河仙，自己亲率大军 6 万转攻高棉，其王匿螉蟫奔八膻龙窟，丕雅新以匿螉嫩为国王。暹兵屯驻南荣，有窥视嘉定之意。

---

① 武世营撰、陈荆和注释《河仙镇叶镇郑氏家谱注释》，《台大文史哲学报》1955 年第 7 期，第 104 页。

同年十一月，天赐至嘉定，历陈河仙失守缘由，上表受罪。十二月，有诏宽免天赐之罪，令赐钱粮，拣拨兵弁，回镇江驻扎，招抚流亡，以图退敌。

壬辰八年（乾隆三十七年，1772）二月，阮氏将统率魁科侯降职为该队，绵长侯召回京师，以处分他们阻兵不援，导致河仙失陷之过。六月，阮军发五营兵10万进攻南荣，大破暹兵，郑昭退往河仙，匿蟒蟑复辟。郑昭以登基未久，根基未固，担心国内变故，致书天赐以求和，不报，乃留昭科联按守河仙，掳郑天赐子女并昭翠回望阁城（曼谷）。阮主派内侍持诏书慰劳郑天赐，又命五营官派给嘉定民丁3000人，炮3000口，由天赐控制，以图雪耻。郑天赐移驻镇江，流民渐归。①

癸巳九年（乾隆三十八年，1773）二月，有诏命郑天赐遣使往暹罗，"阳求和好，阴探虚实"。郑天赐派舍人郑秀奉文书币帛入暹求和，不再自称高棉王。丕雅新大喜曰："前日天厌汝主久泰，故我得而胜之，然汝主自知悔过，我亦怜而听之。"乃命大库官复书，放还郑天赐第四妾和四岁小女，并对郑秀说："汝归当致告我哀恤之意，而今而后当重修邻国事大之体，和好为上，我即命陈联收兵回国，交还河仙与汝主，汝慎记之。"郑秀回，天赐奏明阮主。暹罗召回陈联。兵火之后，河仙城墙庐舍毁坏，民人流散，已成一片荒土。郑天赐不胜悲伤，仍驻镇江，委协镇郑子潢回河仙收拾残局。②

对郑天赐的打击远没有结束。癸巳九年春，西山阮文岳、阮文惠的军队迅速壮大。乙未年（乾隆四十年，1775）十二月北朝郑氏乘机攻打富春，陷之，阮福映逃往嘉定，群臣尊为大元帅。郑天赐率诸子入觐，被封为特进国老都督郡公，又封郑子潢为营，郑子淌为胜水钦差该奇，郑子溶为钦差参将该奇，各回镇江道按守。

其后局势仍然动荡，郑天赐时在镇江、河仙之间，"每以手乏兵权，坐视国难，常捶胸啮齿，愤耻长叹"。③ 郑天赐始终对阮主忠贞不二，是阮氏政

---

① 武世营撰、陈荆和注释《河仙镇叶镇郑氏家谱注释》，《台大文史哲学报》1955年第7期，第106~107页。

② 武世营撰、陈荆和注释《河仙镇叶镇郑氏家谱注释》，《台大文史哲学报》1955年第7期，第109页。原谱阮主诏命郑天赐遣使暹罗时间为景兴三十二年，郑秀作郑秀，皆误。

③ 郑怀德：《嘉定城通志》卷3《疆域志·河仙镇》，收入《岭南摭怪等史料三种》，第150页。

权的坚定支持者。1776 年 6 月 5 日，神父 Pigneau 从 Cancao（港口，即河仙）寄给巴黎外方传教会的信函中指出："本年贼党南移以来，此地（南圻）充满了五百以上之盗贼，任意抢掠居民，几至无剩一物，加之，看情势贼党将来向港口太守挑战。彼时仅以两三千之卫兵怎样防守？不过港口太守以为与其投降贼党而失忠其君，宁愿守节而死。"[1] 7 月 26 日，Pigneau 从 Cancao 发出的另一函指出："此地太守（指郑天赐）不但为其所辖诸地之君主，且为在广南及高棉最有势力之人物，目前支持广南王（指阮福映）之首要人物即是他，他必定使国王复位。"[2]

丁酉十三年（乾隆四十二年，1777），阮福映转战于镇江、龙川。西山军打听到郑天赐在坚江，派人持文书劝降。天赐曰："我臣事南天已二世矣，心如铁石，虽死不改，岂志安肯与汝贼辈作逆天之事乎！"九月，郑天赐逃到富国岛，流民从之，小舟万余，再转移到与河仙、暹罗接界的罗腔。暹王郑昭此时派通言阿摩与高棉王子蝲蛴乘海艚四艘来迎，以示友好。郑天赐经泽氵至暹国，入北溅关，大宴三日。继而乘御船入大城，郑昭于金殿迎接，笑曰："昔以失和而相伤，今以诚好而相结，幸勿念旧恶。"乃大开筵席，以王侯规格招待。不久，阮氏皇亲春郡公等亦至暹罗。

同年，阮军统帅杜清仁收复嘉定，尊阮福映为天下大元帅，命旧保护征为使臣，参谋庄为副，奉国书入暹，修邻国之好，同时打听春郡公与郑天赐的消息，请他们早日归国，共谋消灭西山大计。

不久，杜清仁派属将掌升镇守河仙。阮军战船巡视海域，遇到暹王郑昭派往广东做生意的商船经过，以为是奸船，加以剿杀，暹商死亡 50 余，1 人走遗。庚子三年（乾隆四十五年，1780）六月，暹王郑昭接到王商在河仙洋分被阮军劫杀的谍报，甚怒，将阮府使臣拘禁。其时西山闻知阮氏与暹罗通好，担心暹罗为阮氏外援，乃行反间计，派队慎携密书至高棉，书内谓若杜清仁战船到日，郑天赐等宜里应外合，攻取望阁城。队慎至石桥，为蝲蛴所获，查出密书，转呈暹王。郑昭大怒，将天赐等逮捕审问，皇太弟不堪鞭背之痛，诬称有之，参将郑子溶力辩被杀。十月初五日，郑天赐服毒自杀，享年 70 余岁。郑昭下令将河仙流民全部驱逐到荒原远地。二十四日，春郡公

---

[1] 武世营撰、陈荆和注释《河仙镇叶镇郑氏家谱注释》，《台大文史哲学报》1955 年第 7 期，第 112 页注。

[2] 武世营撰、陈荆和注释《河仙镇叶镇郑氏家谱注释》，《台大文史哲学报》1955 年第 7 期，第 112 页注。

并鄚门子孙门眷 36 人，东山使臣（即杜清仁的使臣）2 人，该奇穆、副奇净及士兵 17 人，同时遇害。天赐庶子子洊、子浚、子添因为年幼，暹官高罗歆吓（高棉人）见而怜之，藏匿幸免于难；其孙公柄、公榆、公栖、公材尚在孩提，混杂在流放到边远地区的华人之中，亦得免。[①]

（三）暹罗、阮氏对河仙的争夺

鄚天赐等遇害不久，郑昭因杀戮无辜，民不聊生，群盗四起。壬寅五年（乾隆四十七年，1782）正月，暹罗大将丕雅冤产兄弟发动兵变，囚禁郑昭，并迎质知（原名通銮）归国，诛郑昭；质知登上暹罗王位，史称拉玛一世，建立曼谷王朝，亦名却克里三朝。

曼谷王朝初建，暹王即下令召回被郑昭流放的河仙难民，发给银米，管理如旧；又派挞齿多提水兵入河仙。癸卯年（乾隆四十八年，1783）二月，西山阮文惠、阮文侣复提兵攻嘉定，破阮主福映于牛渚。阮主经三埠、粟江至美湫，命尊室谷、和义道调遣陈挺（清人）回芹蒢侦探敌情。谷、挺素不和，谷杀挺，挺党总兵陈兴、林旭（俱为清人）遂入据河仙，袭杀前来收兵的阮金品及办理军需的太长公主（世宗第七女）。阮主震怒，亲自率兵船讨伐，陈兴、林旭溃走，阮主收复河仙。

甲辰年（乾隆四十九年，1784），暹将挞齿多邀阮主福映往暹罗，福映乃往暹罗，驻跸望阁城外龙邱，鄚门子孙俱召回恩养。七月，阮主借暹兵回师越地，抗击西山军，鄚天赐之庶子子洊从侍，时年 16 岁，阮主封子洊为参将理正侯。阮军克查温，命子洊守之，不久移镇镇江。其年冬，阮军失利，阮主败退至镇江，子洊派船三艘迎接，至土朱屿（Poulo Panjang），阮主复派子洊奉国书入暹。乙巳夏（乾隆五十年，1785），阮主再次逃到暹罗。

河仙是阮氏属土，但在暹罗实际控制之下，暹罗对河仙镇官的委任无疑处于主导地位。不过阮主也寻找既能够体现己方利益而又能为暹罗接受的人选，充任河仙镇守一职。鄚氏自然是阮、暹双方皆能接受的最佳人选。《大南寔录》记载，丁未（1787）秋阮主至嘉定，以子洊留守河仙；子洊献石

---

① 武世营撰、陈荆和注释《河仙镇叶镇鄚氏家谱注释》，《台大文史哲学报》1955 年第 7 期，第 119 页。关于鄚氏等罹害，郑怀德：《嘉定城通志》卷 3《疆域志·河仙镇》，"春郡公与我国使臣及琼郡公子孙门眷共五十三人，皆遇害"。（戴可来、杨保筠校注《岭南摭怪等史料三种》，第 160 页）

机、鸟铳三百杆以助兵用。戊申（1788）年夏，子淓卒，赠特进辅国上将军、锦衣卫掌卫事，都督掌奇。遣人吴魔为钦差，暂管河仙镇务该奇。[①] 陈荆和先生认为，郑子淓留守河仙及吴魔暂管河仙镇务皆系暹罗所差遣。其时南圻全境尚为西山控制，阮主戊申年八月始入嘉定，丁未秋似无暇顾及河仙。而子淓生长于暹罗，受暹罗王恩顾，暹王乘阮氏声威未固，派子淓镇守河仙，以收河仙为附庸。此外，子淓卒，以吴魔暂管河仙镇务，也是暹罗所差遣。[②]

陈先生的分析是正确的，不过有一点不可忽略，就是子淓卒后，阮主主动向暹王提出让公柄等回河仙，"世袭父职"。《郑氏家谱》谓：

> 辰暹罗命我参将子淓及该活回守河仙，以为御驾犄角之势。辰兵器不足，子淓差该活递石机、鸟铳三百杆来奉御前，以助军器。无何参将子淓病卒，上闻之，命谕赠掌奇理正侯，遂命该簿孝入暹买硫磺，因修国事叙河仙事致于暹王曰："故臣参将子淓乃郑门嫡孙承重，今已没矣，当许公柄辈皆归河仙，世袭父职。"二王如命召公柄、公榆、公材入殿颁赐衣服金银等物，并作香木椁，装我先父及参将子溶、掌水养骸骨，并许我先公长女、次女同归河仙。[③]

这段文字系《郑氏家谱》的"外文"，为郑公榆奉嘉隆帝之命而做。阮主提出以郑公榆镇守河仙，一方面是因为只有他郑家双方都能接受，另一方面也是为了与暹罗争夺郑氏，让郑氏"世袭"河仙镇守，显示阮氏才是郑门真正的"宗主"。同年，阮军定嘉定，暹王送郑公柄回居河仙。

河仙屡经兵燹，人民流亡，昔日繁华荡然无存。阮主加公柄为留守柄正侯，驻龙川道。大概因为郑公柄没有到位（即镇守河仙），暹罗致书公柄，有所谴责，公柄惧，表请拜觐。阮主谕慰曰："尔忠爱一念，有乃祖风，我岂不识？第自河仙失守，尔一门眷属于暹焉，依虽无大恩，亦是小惠。今姑隐忍从之，复还河仙，待事平之后，自有处置，亦不必入觐，或细人因此谗间，更增嫌隙也。"[④] 公柄表忠于阮氏，但阮主不愿使矛盾公开化，吩咐他暂

---

① 《大南列传前编》卷6《郑天赐传》。
② 武世营撰、陈荆和注释《河仙镇叶镇郑氏家谱注释》，《台大文史哲学报》1955年第7期，第131页。
③ 武世营撰、陈荆和注释《河仙镇叶镇郑氏家谱注释》，《台大文史哲学报》1955年第7期，第131页。
④ 《大南寔录正编第一纪》卷5，世祖十二年五月。

时隐忍，以免得罪暹罗。不久，公柄病死，阮主差派他官分管龙川、坚江二道，河仙镇官仍然空缺。①

己未年（嘉庆四年，1799），暹罗送天赐之庶子子添及子添侄公榆回河仙。子添随即前往嘉定，拜见阮主，授钦差统兵该奇。及公柄没，授子添河仙钦差镇守、该奇添禄侯。阮主虽然授予他河仙镇守官职，但同时采取了一些值得玩味的措施。例如嘉隆十年（嘉庆十七年，1812）"除河仙商粟之禁"，就是因为鄚子添镇守河仙时，阮氏将龙川、坚江二道隶永清，又限定河仙岁籴粟止万斛，奸商者有罪。② 显然，由于子添为暹罗所派遣，阮氏有意设置一些障碍，限制河仙。

嘉隆元年（嘉庆七年，1802），阮军连陷归仁、升龙，西山政权灭亡，南北越归于统一，阮福映在富春称帝，着手对境内军镇与地方建制进行整改。潘叔直《国朝大南纪（嘉隆朝）》记载："癸亥二年（嘉庆八年）春正月，以左军悦郡公为嘉定总镇官，总掌边和、潘安、定祥、永清镇军民庶务，其后又有河仙为附镇。"同书又记：该年五月，改筑京城富春，"改营为镇，以州统县，总正府总社村，镇以下府官兼理县辖。"嘉定领边和、潘安、定祥、永清、河仙。③ 河仙开始真正纳入越南版图。

嘉隆四年（嘉庆十一年，1806），阮帝念拓土功臣，升鄚子添钦差掌奇，领河仙镇如故。令招徕民众，蠲免赋税；龙川、坚江两道民租庸隶从永镇营供纳。嘉隆六年（嘉庆十三年，1808），授公榆该队，遣子添出使暹罗，以公榆权领镇务。

如前所述，阮主曾做出鄚氏"世袭"河仙镇守的承诺，换言之，暹罗允许河仙归还阮朝，但条件是长官必须由河仙旧主鄚氏世袭，人选必须得到暹罗的认可。嘉隆八年（嘉庆十五年，1810），子添卒，公榆"以事下议"，黎进讲权领镇事。所谓"以事下议"，《大南寔录》说："公榆以都统制潘文赵之妾卖与暹人，乃命该队吴依俨参论，黎进讲权领镇事。"即把犯事的鄚公榆停职查办。对于这一重大人事变动，嘉隆帝命嘉定城臣报告暹罗，暹王表示反对。嘉隆帝命有司答复，表明河仙为阮朝疆土，设官之事，无须考虑暹王意见。更重要的是，阮朝强调河仙不是"圭田采邑，不可援为世业"。这

① 郑怀德：《嘉定城通志》卷3《疆域志·河仙镇》，收入《岭南撷怪等史料三种》，第165页。
② 《大南寔录正编第一纪》卷42，嘉隆十年二月。
③ 潘叔直辑《国事遗编》上集，香港中文大学新亚研究所东南亚研究室，1965，第23、27页。

就改变了以往"郑氏世袭"的惯例，河仙不再是郑氏世业，当然也不是郑氏祖宗时代可以左右地区政局的"港口国"。

阮朝对河仙的统治取得实质性进展。嘉隆九年（嘉庆十六年，1811），阮帝往河仙派遣得力重臣，抽调吏员，补充军队，开始河仙的重建与治理。正月，以嘉定城总镇钦差掌振武军、仁郡公阮文仁，钦差户部尚书协总镇臣安全侯郑怀德，权差钦差该队严正侯吴依俨，参论知礼侯黎进福按守河仙镇，革除花枝、阿翻、猪膏三项旧税，蠲免河仙镇辖下地区商艖、商舟箕 税课，以期重振河仙经济。九月，阮朝以永清镇守、善政侯阮文善为河仙镇守，记录会理侯阮德会为叶镇，参论珠光侯杨文珠为参叶，准颁铜章紫泥行事，龙川、坚江二道从镇依旧。十月，出使暹罗的宋福玩、杨文珠在《暹罗国路程集录》上称河仙镇"有京官镇守，多各色民所居，店市稠密，唐人商舟其 所驻。……唐人、阇巴及花娘有铺市所居"。① 可见河仙经济有所恢复，民人稍聚。

由于战乱凋敝，吏兵缺额，阮朝从藩安、边和、永清、安祥四镇抽调左、右二丞司20员，充补河仙二丞司；再拨给四镇奇兵200名，差6艘，隶从留戍，差使公务，巡捕海匪，准6个月一番更代。然而阮文善未至病死，阮德会、杨文珠争权夺利，不能安辑地方，嘉定帅臣将两人停职审查，另派水军钦差掌奇瑞云侯阮福瑞代行政务，绥抚居民，巡防盗贼。

嘉隆十年（嘉庆十七年，1812）二月，"解除河仙商粟之禁……贸易流通，民皆便之"。又将龙川、坚江二道复归河仙管领。八月，升坚江道该奇教化侯张福教为河仙镇守，定祥镇记录明得侯裴文明为叶镇。裴氏整顿官衙军寨，招辑流民商贾，设立学校，开垦荒地，经划街市，分别次序，使华民、唐人、高蛮、阇囵以类相从。政从宽简而不扰民，"其政务始稍有条绪可观矣"。②《大南寔录》亦谓："［嘉隆十年］帝以河仙为要闻，二人（指张福教、裴文明）熟知边情，故遣之教等至镇。政尚宽简，不事烦扰。整军寨，招流民，设学舍，垦荒地。经画街市，区别汉人、清人、腊人、阇婆人，使以类聚。河仙遂复为南陲一都会云。"③ 嘉隆十二年（嘉庆十九年，1814）六月，复以丁卯解元、吏部侍郎高辉耀为河仙督学。④

嘉隆十二年，以郑公榆充如暹乙副使。嘉隆十五年（嘉庆二十二年，

---

① 宋福玩、杨文珠：《暹罗国路程集录》"涯海水程"，第67页。
② 郑怀德：《嘉定城通志》卷3《疆域志·河仙镇》，收入《岭南摭怪等史料三种》，第166页。
③ 《大南列传正编第一纪》卷42，嘉隆十年二月；卷43，嘉隆十年八月。
④ 潘叔直辑《国事遗编》上集，香港中文大学新亚研究所东南亚研究室，1965，第83页。

1817）正月，阮帝以郑公榆为河仙镇叶镇。嘉隆十七年（嘉庆二十四年，1819），升榆成侯为河仙镇镇守。

圣祖明命十年（道光十年，1830），郑公榆以老病休致。明命十一年，以公材为河仙守管守。明命一四年夏，黎文傀据潘安城起事，公榆、公材及其子侯熺、侯燿俱受伪职。寻觉，敕命逮送至京鞫问，公榆、公材病死，侯熺、侯燿下狱。不久两人获释，侯燿使暹不回；侯熺往义安上道侦探，不达而还，下狱死。

六　海国流芳：　河仙郑公庙及郑门墓地

郑氏父子在河仙开疆拓二，建立起以华人为主体、颇有影响的政权——"港口国"，对湄公河下游地区开发做出重要贡献，后归属阮氏，受到阮廷的肯定以及民众特别是华侨的推崇。肃宗孝宁皇帝（即阮主阮福澍）十一年乙卯五月二十七日（雍正十三年，1735 年 7 月 17 日），郑玖去世，"远近民居闻之哀痛，若丧考妣"。[①] 阮福澍诰封郑玖为开镇上柱国大将军毅武公，并颁发"七叶藩翰"作为郑氏姓氏族谱，赐"天、子、公、侯、伯、子、男"七字为子孙辈序，"金、木、水、火、土"五字为子孙名字偏旁。

郑天赐始终对阮主忠贞不贰，连北朝黎贵惇也称赞他是"忠义人也"。河仙恢复后，阮主对郑玖、郑天赐累加封赠，其子孙加官晋爵。嘉隆八年（嘉庆十五年，1810），阮帝准许他门各带该队职衔，主持郑统兵（玖）、郑郡公（天赐）之祭祀，并拨给洒夫、守墓军 53 人。寻命公栖从镇公务，嘉隆十年（嘉庆十七年，1812）春，召公榆、公材等至京，复其家 50 人徭役。[②]

嘉隆十七年（嘉庆二十四年，1819），建郑玖庙（忠义祠）于河仙屏山东湖（Ho Dong）旁，俗称陵山（Nui lang），祀武毅公（郑玖）、国公（天赐）、理正侯（子注），守墓士卒仍 53 人，春秋两祭，并赐蜂岸一所，许郑氏子孙世收其税，以为香火之资。[③]

---

① 武世营撰、陈荆和注释《河仙镇叶镇郑氏家谱注释》，《台大文史哲学报》1955 年第 7 期，第 91 页。

② 郑怀德：《嘉定城通志》卷三《疆域志·河仙镇》，收入《岭南摭怪等史料三种》，第 165 页；《大南列传前编》卷 6《郑天赐传》。

③ 武世营撰、陈荆和注释《河仙镇叶镇郑氏家谱注释》，《台大文史哲学报》1955 年第 7 期，第 132 页。

明命三年（道光二年，1822），阮圣祖念郑氏"有功于国"，追封郑玖为树功顺义中等神，天赐为达义之神，子浟为忠义之神，准河仙美德社依旧奉事。嗣德元年（道光二十七年，1847），以郑天赐曾孙郑文烽为队长，使监天赐祀事。① 绍治六年（道光二十六年，1846）迁其庙于城西。每逢农历五月初八日郑玖诞辰，五月二十七日郑玖逝世之日，河仙都有大规模的祭祀缅怀先贤活动。

20世纪80年代，越南官方重修郑玖庙，加以保护。② 现庙保护安好，正门上方大书"郑公庙"，大殿后为拜殿，正中安放郑玖、郑天赐、郑子浟、郑子潢、郑子溶的牌位。庙内有多块阮朝封赠、地方村社、华人会馆和民间供奉的牌匾，另有后人所题联句，表彰郑氏开拓功勋与河仙文风：

> 雷州声闻威风壮，仙水初开德泽同。
> 一门忠义家声重，七叶藩翰国崇荣。
> 口碑载道勋劳大，云阁传名宠誉深。
> 棚城荣戟英雄略，文献弦歌士者风。
> 河仙自古称诗伯，嘉定如今法将才。
> 忠干未曝登天日，义气先传越史书。
> 开镇元勋一境藩翰资护卫，杀身大义百年朝野共哀荣。

屏山成为河仙最著名的胜地，除了风景秀丽外，还因为这里有一个郑氏墓地，长眠着郑氏历代故人。河仙还保留有多处与郑氏密切关系的庙宇、寺院、会馆等，如敕教三宝寺、关帝庙、本头公庙、雷琼会馆等，见证着郑氏与早期华人开发河仙的历史。

---

① 《大南列传前编》卷6《郑天赐传》。
② 1989年，越南文化部将郑玖庙列为国家重点保护单位。

朝鲜末期以来在韩华侨社会角色的变迁

吴在环*

绪 论

对于中韩关系来说，无论是朝鲜把中国作为文化传来的源头进行自发尊奉的观点，还是中国对朝鲜施与了恩惠的说法，如此等等，尽可以从诸多的视角来审视，但不管是怎样的观点，如何的表述，对于两国间关系的密切性都予以了一致的认证。①

韩国和中国的关系中，在韩华侨的意义随着时代的变迁，也在不断发生着变化。最近半个世纪以来，韩国和中国在朝鲜战争以后的冷战时期是互相仇视的敌对国。随着中国改革开放政策的实行，两国的关系有所回转，相互间的贸易日渐活跃，但此时仅仅限于经济的合作伙伴关系。可是自从进入 21 世纪至今，中韩两国却在短短的几年内突飞猛进的发展成战略伙伴关系，这种变化实在是过于迅速，换句话说，生于当代的我们尽管在努力地适应，但是不得不承认两国间相互的认识已经远远滞后于两国关系的发展。

就历史上中国人取得成功的事例来说，无论是皇帝统治时期，还是开放以前的共产党当政时期，中国人在国外取得成功的几率都要远远高于国内，这是因为中国的社会官僚意识形态有着强大惯性，这种惯性严重地压抑了民众经济活动的能力和活性。②

在这样的背景下，本文将研究的时间限定在从清末到 2010 年这一历史阶段，对在韩华侨概念的形成和变迁以及在韩华侨对韩国国家认识的变化进行

---

* 鲜文大学历史学系教授。

① 柏杨：《中国人史纲》，山西人民出版社，2009，第 479 页。

② 원경주옮김，≪중국인 이야기≫，프리미북스，1997，第 11 页（韩文）；Sterling Seagrave, *Lords of The Rim*.

深入的考察。

清末由于国际形势的变化，传统的韩中关系，也就是以义理为中心的政治外交关系逐渐褪色，近代中国受到西方帝国主义列强的影响，领土扩张的野心开始膨胀，甚至出现了像袁世凯这样对晚清朝廷表面上保持着本分的忠诚，实际上把经营朝鲜作为积累自己政治资本的野心家。微妙的是，正是在这一历史时期，中国的华侨开始在朝鲜社会真正地扎下根基，近代朝鲜华侨的发展史也同样无法回避这一历史时期对在韩华侨最初的形成所具有的重要意义。

对清末至今的在韩华侨进行研究并概括在韩华侨的社会经济发展和变化趋向的著作《没有中国城的国家》已经出版，书中内容比较全面地反映了在韩华侨随着东亚局势和韩半岛政治经济局面的变化，在韩国经济发展的过程中所扮演的角色和发挥的作用。①

《中央日报》连载的《华侨》② 站在华侨自身的立场上，对华侨社会的变化进行了比较客观的评价，在这一点上，尽管只是当事人对当时处境和情况的回忆和记录，但也是可以作为重要的历史资料予以认证的。

近来关于华侨这一词的意义，韩国的定义似乎出现了某些十分有趣的谬误。这些定义在现在的情况下是十分偏颇和不全面的，却恰恰有力地证明了本文在上文中所提到的观点，即生于当代的我们尽管在努力适应，但是不得不承认两国间相互的认识已经远远滞后于两国关系的发展。在上文所述的在韩华侨的定义中，在韩华侨多指来自台湾的中国人。这在几年前，即1980～1990 年，还算是符合逻辑的。然而现在华侨的概念依然将来自中国大陆的在韩工作的劳动者以及比劳动者数量更多的留学生排除在外，是否合理。这是一个值得我们深思的问题，由此不难看出，对于在韩华侨的研究，我们还有很长的路要走。

当今的韩国，"华侨"的含义一方面指的是在韩中建交以前，来自台湾的中国人，另一方面也指韩中建交后来韩的，来自中国大陆的中国人。然而滞后的华侨概念造成了对华侨的认识误区，这就如同我们的认识跟不上两国关系发展变化的速度一样，在这一点上不难看出在华侨的概念问题上，我们

---

① 원경주옮김，《중국인 이야기》，프리미북스（《没有中国城的国家》）三星经济研究所，2004（韩文）。

② 秦裕光：《华侨》，1979 年 1 月 17 日～1979 年 12 月 15 日。

的认识没有跟上实际情况的变化。

本文本来试图将在韩华侨的研究限定在一定的历史范畴之内，将时间范围设定在从朝鲜末期（中国的清末）到 21 世纪初叶来进行研究，所以在本文的后半部分中，将韩中建交以后来自大陆的中国人也放在了华侨概念的范畴之内。

1. 朝鲜末期韩国华侨概况

在韩华侨的历史是从朝鲜末期 1882 年壬午兵变①时期，吴长庆率领清军 3000 名乘坐 3 艘军舰和 3 艘招商局商船到达京畿道南阳州湾时开始的。吴长庆的船中有 30 名清朝的商人。本来这些商人担负着为清军提供补给品的任务，但是随着军队驻屯时间的延长，他们开始了在朝鲜的商业活动。两年后虽然日本和清朝签订了《天津条约》迫使清军退出了朝鲜，但吴长庆在驻屯期间就已经与朝鲜缔结了对清国商人十分有利的不平等条约《朝清商民水陆贸易章程》。在《朝清商民水陆贸易章程》中规定了朝鲜作为属国，清朝可以设立租界地，汉城的商业开放等条款，并对帮助清国商人的商务委员赋予了治外法权。清国的商人正是依靠这一条约，才在朝鲜社会扎下了根。当时的清国商人对吴长庆是十分感激的。后来为了纪念他还建造了祠堂，首尔华侨最密集的居住区延禧洞还存有吴武壮公祠，时至今日对他的追慕和祭祀活动还在进行。

与 1883 年已经增加到 82 名华商的规模相比，1884 年朝鲜的华商数目达到了 520 名。在吴长庆之后继续对清国商人进行扶持的是袁世凯。最初，23 岁的袁世凯是作为吴长庆的幕僚来到朝鲜的，他在甲申政变时期支持事大派、镇压开化派，因此受到日本的强烈排斥，四处碰壁，不得已而回国。然而通过壬午兵变后，"上国"声威笼罩整个朝鲜，中国驻军与"顾问"人员，享有至高无上声誉与特殊的权利，朝鲜亦心悦诚服的接受指导，甚至对宗主权强化所引起的压力或苦难也不敢稍露怨言。② 的经历，袁世凯 1885 年作为兴宣大院君的护送责任者有了第二次来朝鲜的可能。依靠李鸿章的推荐升任

---

① 壬午兵变，是 1882 年发生在朝鲜王朝的一次政变。在朝鲜朝野事大党和开化党的政治角逐过程中各自主动邀请中国和日本军队进驻朝鲜，引发了后来的甲午战争（1894），结果使中国丧失了宗主权，造成了日本对朝鲜实际占领的事实。壬午兵变后，朝鲜开始了近代化改革，设立内外衙门，训练新军。清朝为加强对朝鲜的控制，与朝鲜签订一系列条约，在朝鲜获得了领事裁判权和海关监管权，并在仁川、元山、釜山等港口城市设立了清国租界。

② 林明德：《袁世凯与朝鲜》（台北中研院近代史研究所专刊 26），1970，第 40 页。

"上国"的朝鲜总理交涉通商事宜一职，直到1894年他不断地干涉朝鲜的内政，把朝鲜作为自己政治实验的舞台，像在自家后花园一样肆无忌惮的以铁腕拨弄朝鲜王廷。①

正是袁世凯对朝鲜小国朝野进行操纵的经历，才有了后来骗取国民革命果实的狡猾，逆流称帝的野心，以及其称帝的短命的中华帝国。可以说这前后的过程是有紧密联系的。

袁世凯为了炫耀自己的权势提出了比吴长庆更有效的帮助清国商人的方案。那就是通过对朝鲜政府施加压力，要求不仅清国的租借地和汉城，甚至朝鲜的内陆也要全面通商，让清国的警察来保护清国的商人，清国商人可以不通过海关，直接在朝鲜沿岸的所有港口，没有任何制约地进行商品交易。

到了清末，朝鲜和中国东方式的传统宗藩关系已经日渐模糊，《朝清商民水陆贸易章程》这一条约可以确定是近代条约，是中国可以操纵朝鲜的法律根据。② 只不过就像朝鲜和中国的东方式的传统关系一样，是朝鲜本身"难能可贵的"自愿，还是对清国霸权不得已的屈服？对这个问题的回答是必要的，下面本文将就这个问题简略地阐述一下。

当时朝鲜迎清军入境可以看作是为了应对日本侵略朝鲜的野心，利用韩中传统宗藩关系义理的一种战略。③ 在当时的情况下，袁世凯"凡与所谓宗主权稍有关系者，袁氏无不积极加以干涉"的所作所为，尤其是对朝鲜内政的干涉，非但不能改善两国的关系，更多的是造成了两国间无法弥补的裂痕。袁世凯在朝鲜的行动其实是由于所受教育的影响及其对西方和国际关系的认知有着很大的局限性造成的，他滥用"朝鲜总理交涉通商事宜"的职权，以表现对清朝的忠心，实际上是想把经营朝鲜作为自己试验政治野心的舞台，是为了积累政治资本才摆出了"宗主权强化"的强硬姿态。④

不得不说这个中国对朝鲜数百年持续下来的传统政策，为年轻的袁世凯放恣个人政治野心和进入清政府权力核心提供了机会，同时也让清政府的外交政策蒙受了巨大的损失，其实这种与本身实力不相符的强横不仅引起了朝鲜朝野的嫌清氛围，更让日本看透了清政府的腐败和无能。在把台湾沦为殖民地的过程中，日本只要找到借口，就敢和清政府进行正面的武力较量的秘

① 申福龙：《清韩论》，集文堂（韩文），第24页。
② 《袁世凯与朝鲜》，第384页。
③ 《袁世凯与朝鲜》，第387页。
④ 《袁世凯与朝鲜》，第388~389页。

密也正缘于此。可以说 1894 年的甲午战争直接导致了"清帝国的基业因而发生根本动摇,中国亦到了革命剧变的时代"的结果。对袁世凯来说,朝鲜或许是窃取民国革命胜利果实、复辟称帝政治手腕的试验场,但对于"大国"清朝来说,对朝鲜的宗主权强化,直接导致了日清甲午战争的爆发,成为他"一败涂地"的开始。①

对于朝鲜和中国持续的东方式传统关系的事实,前人已经有过详实的研究和整理。只不过对其中的意义解释起来,两国稍有不同罢了。在中国看来,"朝鲜国王及其臣民心目中大都没有否认或怀疑中国宗主地位的思想,因此,中国没有感到进一步表示宗主权的必要。"② 朝鲜对中国的朝拜,中国中心本位的一般性的解释虽说已经难能可贵,但是站在朝鲜的立场上对中国的"事大"是以开放的心胸来接受先进的技术和学术,其作为窗口的意义反而更为重要。时至今日,日本学者将之称为韩国人具有的国际化标准,这应该是站在比较客观的角度进行的定义。③

然而,当时朝鲜的华商在吴长庆和袁世凯的长期保护下得到了迅速发展的机会。与中国相比,比较质朴的朝鲜社会经济状况,给他们提供了极大的助力。他们在朝鲜商业的发展可以毫不夸张地说是遇到了一个千载难逢的机遇。在朝鲜社会中,"大国"④ 的威望,不论是在街头的商肆还是在贸易的往来,无不彰显其中。这不仅是华商发展的机会,对华侨来说当然也是一个好机会。

---

① 《袁世凯与朝鲜》,第 397 页。
② 《袁世凯与朝鲜》,第 381~332 页。
③ 日本学界研究韩半岛问题的权威人士小此木政夫提出了"事大主义是韩国令人惊讶的发展动力"这一观点,在引发责难的同时,一部分值得肯定的理论也被接受。他将日本学者蔑视朝鲜的用语事大主义(笔者注:特别是朝鲜对中国的事大)作为前提,认为朝鲜的事大主义是朝鲜的外交战略,是国家构成的基本模式,朝鲜时代的国际标准是中国,事大主义是根据国际标准形成的定义。18 世纪以后,虽然国际标准不再是中国,但即便是与日本合并,中国的标准仍然很固执。进入 21 世纪以来,只有融入国际标准才可能获得成功的机遇。与此相比,日本原来就具有锁国的倾向,最近的年轻人也在回避外国。与韩国的通讯业很早就选择国际标准相比,日本由于在标准上的执着反而被孤立了。仁川机场已经成为符合国际标准的机场,而日本的成田机场与之相比仍然是一个国内机场。(《朝鲜日报》2010 年 1 月 28 日)。
④ 笔者的小学时代在 20 世纪 60 年代,韩国仍然有"매국놈(大国鬼)","왜놈(倭鬼)"的词汇。这些词语是出生于袁世凯在韩的朝鲜末期的、在日本统治时期渡过青少年时代的笔者的外祖母经常使用的话。那时的"왜놈(倭鬼)"指的是占领朝鲜的狡猾的坏蛋的意思。"매국놈(大国鬼)"指的是无视自身的境况,没有内涵、趾高气扬、说话随便的人。这两个词语也可以理解为对韩国周边的日本和中国所起作用的戏谑和调侃。

不管怎么说，自从仁川租界设定后开始，华商的数量开始迅速增加，1883 年仁川府内的华商还不超过 48 名，一年后，租界刚设立，华商就立即达到了 235 名，增加了将近 5 倍。截止到 1890 年，已经有接近 1000 名华商在仁川活动。

他们发挥自己的商业天赋将食品和杂货等商品进口朝鲜，将朝鲜的砂金等商品出口清国，通过进出口业务开始把持商业的主导权。在清馆中占有一席之地的巨商和分散在朝鲜全国的华商们维持着密切的商业往来。不仅如此，以后每年往来的数千名苦力，也要通过仁川集散，使仁川在事实上成为朝鲜华商的商业基地，和汉城一起，开始逐渐形成两大华侨势力圈。

租界设定的前后，仁川华商的活动日渐活跃，不仅仁川港，并且作为汉城的小港口的麻浦渡口也会有清国船舶的进出。这些船主要是往来于山东省的烟台、俚岛、威海卫、石岛等地的贩运船。朝鲜政府最初对清国船在麻浦内航是持拒绝态度的。1884 年才允许 200 吨以下的船舶在仁川港完税后，进入麻浦。根据当时的资料，这一决定下达以后，仅 1884 年，就有 35 艘贩运船 1 万 3000 石的货物在仁川港和麻浦港装卸。①

依靠袁世凯的手腕和力量，朝鲜的华商利用人际关系网，从袁世凯在任开始到 1920 年止，中国广东省高要县出生的华商谭贾森创办的同顺泰公司已经崭露头角，并协助袁世凯推行宗主权强化的对朝政策，在商业领域的扩张取得了极大的成功。② 1885 年，对朝鲜进口的主导权主要取决于谁能迅速供应英国的廉价棉布，日本商人摸不透华商的人际关系网，当然也不可能与华商进行竞争。

从 1885 年到 1894 年，这一时期的朝鲜进口总量，对比其中清国和日本的比例，华商的繁荣便可以从这些数据中明确地体现出来。1885 年从日本的进口总量占到 81%，清国才占到 19%；1892 年日本占到 55%，清国占 45%；即便是发生战争的 1894 年，日本的总量也只占到 61%，清国仍占有 35% 的进口份额。③

2. 日本帝国主义占领时期在韩华侨的发展

为了经商出入国境的人，按照清国的法律是要被逮捕的，而选择到海外

---

① 秦裕光：《华侨七·中华会馆》，《中央日报》1979 年 9 月 25 日。
② 《没有中国城的国家》，第 22～23 页。
③ 崔柳吉：《韩国の贸易动向 1877～1911 年》，《アジア 经济》15 卷 1 号，第 80 页。

的国家生活，也同样要面对或是来自于当地居民的，或是来自于西方殖民者的，或是来自于当地政府的对生命和财产威胁。于是他们开始在当地经营来自家乡的共同体的组织，虽然最初是为了葬礼和祭祀，但是随着海外居住的中国人的增多，根据不同的血缘、地缘、神缘业缘、物缘等关系，逐渐的发展成为各式各样的帮会。①

在中国认识到可以利用华侨来促进自身发展之前，从中国向海外输出的华侨的境况是十分悲惨的。他们从踏出国门侨居海外开始，就已经接受了可能再也回不去的现实。② 在中国的土地上被推出生存竞争圈的他们在世界其他地区的命运具有两种类型。其中之一是如同 21 世纪中国生产的廉价产品提高了全世界人民的消费和生活水平一样，中国当时的海外移民潮所释放的能量，极大地舒缓了资本主义国家劳动力短缺的危机，然而，即便是如此，他们所受到的待遇无论在本国还是当地，都是十分悲惨的。

无论去哪一个国家他们都会成为当地居民无法比肩的经验丰富的熟练工人。到 19 世纪末，中国向海外输出了 500 多万这样的产业工人。③ 这尽管可以说明中国劳动力的优秀，在中国国内高人口密度下的竞争使他们积累了丰富的生存经验，但也可以说明他们移民地域的生存条件，要比中国好上许多。

他们出国前要必须负担到达海外目的地所需要的全部手续费，交通费，食宿费等。苦力出国的费用一般是由负责运送的海外资本家和经纪人垫付的。于是他们的命运就被决定了，苦力被巨额的借贷利息困住了人生的自由，只能沦落为和奴隶没有什么区别的会说话的劳动工具。④

这样看来，来朝鲜的中国苦力由于所需要的交通费用和食宿费用相对较少，与去其他地方要负担的巨额费用相比，只要支付很少的费用就可以，因此人身买卖的残酷现象也相对较少，他们还是可以通过自身的劳动和勤俭，挣到钱寄回国内的。

表 1 是从 1847 年到 1873 年，中国向其他国家输送苦力的情况统计。尽管对美洲的苦力输出最为频繁，人员数量也最多，但到达美洲的比率也才不过 35.73%。

---

① 《华侨的历史》，火药库（韩文），2007，第 128 页。
② 《华侨的历史》，第 171 页。
③ 《华侨的历史》，第 45 页。
④ 《华侨的历史》，第 46 页。

表1　1847～1873 年中国输送苦力情况统计①

目的地	输送（次）	船载人员（名）	海上死亡者数（名）	海上死亡率（%）
古　巴	31	14952	5509	36.48
秘　鲁	26	11471	4036	35.18
美　国	4	2523	1620	64.26
圭亚那	15	1445	433	30
巴拿马	2	752	168	22.34

　　19 世纪 60 年代，中国开始推行洋务运动，由于华侨所拥有的资本以及出于学习西方语言和技术的需要，清政府才开始重视华侨的作用。由于政治的需要，中国历史上才出现了"华侨"的一词，到了这一时期，在苦力召集和输出的过程中所盛行的绑架、胁迫、诈骗等不法行为才被禁止。②

　　在韩的华侨社会从根本上与东亚的政治外交有着直接的关联并深受其变化的影响。1894 年甲午战争结束以后，朝鲜和清国的外交在长达 5 年的时间里处于完全断绝的状态。继袁世凯之后，清国的朝鲜商务委员兼总领事唐绍仪赴任，唐绍仪在任期间尽管一直竭力保护华商的权益，但是朝鲜政府不断地催促和要求清政府以缔结新约来取代 1882 年签订的不平等条约《朝清商民水陆贸易章程》。这一时期，由于朝鲜商人和日本商人，以及华商间不断爆发的冲突，华商利益受到侵害的事件也接二连三地发生。清国没有办法，只好与朝鲜政府重新缔结《中韩通商条约》，到了 1899 年，朝鲜和清国的条约得以缔结。该条约规定，华商的内陆商业行为被予以禁止，犯罪者要依据朝鲜的法律予以惩办，华商在交易中也要服从朝鲜海关税率的规定。由此，华商在朝鲜国内的所享有的特权，也就是所谓的大国臣民的优惠，被彻底地取消了。

　　虽然经历了与朝鲜官民的摩擦，无法避免的初期阵痛，华侨的势力作为华商集团中耀眼而活跃的主要力量，还是一年一个新台阶的逐渐发展壮大起来。尤其是 1884 年，日本政府背后操纵的甲申政变失败以后，日本在朝鲜的影响力急剧萎缩，华商势力和在经济基础上占有优势的日本商人相比反而获

----

　　① 《华侨的历史》，第 48 页。
　　② 《华侨的历史》，第 175 页。

得了压倒性的成长。1890 年，仁川港的面貌，就是当时华商在仁川、釜山、元山等通商口岸的商战中，与日本商人展开针锋相对竞争的真实反映。

壬午兵变以后到清日甲午战争（1984 年）以前，在仁川、釜山、元山三个通商口岸，如果对日清两国的贸易量进行比较，就会发现这样一个现象，1885 年三个港口贸易量的 82% 被日本人占有，清国占有的份额不超过 18%，而 7 年以后的 1892 年，清国的贸易占有量上升至 45%，日本回落为 55%，此时两国的贸易量几乎站在了对等的位置上。从中也不难看出华商势力的迅速扩张。与之竞争的日本人在其观察报告书中也提到了这一点。例如 1891 年出版的信夫淳平的著作《韩半岛》中就写到"仁川的贸易，大体上出口权被日本取得，而进口权则掌握在清商的手中"。1893 年回忆自己在朝鲜一生的日本人末永纯一郎这样写道："大部分商权已被清国人占有，这是实情。"①

在大约不过十年的短暂时间内，华侨就取得了朝鲜商权，原因何在？清国当时巨大的影响力可以说是一个重要的原因。② 华侨秦裕光就承认清国的影响力为华侨的发展提供了巨大的助力。可是如果华商毫无竞争力，只是依靠清政府的庇护，也不可能得到这种程度的发展，在这一点上，秦裕光把日本占领时期华侨在韩势力的拓展情况作为例证提了出来。

通过当时中华会馆占地买入的过程中所引发的李范晋事件③来看，汉城华商这种大国百姓的威势到了怎样的程度，也就一目了然了。

这种不合理的上国百姓的威势，给华商的发展提供了很大的帮助，同时也在朝鲜人的记忆中留下了怨恨。尽管中国人在朝鲜社会的各个领域显示了

---

① 秦裕光：《华侨九·掌柜》，《⊃央日报》1979 年 9 月 27 日。
② 秦裕光：《华侨九·掌柜》，《⊃央日报》1979 年 9 月 27 日。
③ 清驻朝商务委员（总领事级）陈树棠在 1883 年上任之初为搬迁临时办公室，将汉城南部骆洞一带的土地购买下来。在买断过程中，所有人李氏三兄弟的范祖、范大已经将地卖出，作为兄长的范晋却拒绝卖地。这三兄弟是前任朝鲜国刑曹判书的子弟，范晋还是身为正言的三品官吏。在胁迫和恐吓无效后，中华会馆董事熊廷汉动员 30 余名华商将其绑架，对其殴打并强迫其写下退上的自认书。李氏兄弟出身于朝鲜末期最为显赫的家族，其父李景夏在朝鲜深得大院君的信任并掌握了警察权，权倾朝野，李景夏任训练大将兼左捕盗大将、禁卫大将、刑曹判书等职，还历任汉城府判尹、刑曹判书、江华府留守、御营大将等职位。李景夏在大院君时代，以捕盗大将的身份，在位于骆洞的自家宅院里审问犯人，捕杀天主教徒，当时人人惧怕他，给他起了个外号叫作骆洞阎罗。还经常用"掉进骆洞"一词进行诅咒。李景夏的儿子李范晋等三兄弟并排居住的房子就是父亲李景夏生活过的，现今是明洞中国大使馆的所在地。

卓越的竞争力，得到了快速的成长，但日本统治朝鲜时期，韩国的一部分文学作品对华侨进行了十分否定地描写，有的文学作品甚至认为"华侨是吸食朝鲜人血液的吸血鬼"。① 日本统治时期的朝鲜，对华侨的戒备心理，经过万宝山事件，达到了极致，几乎引发了灾难性的后果。

尽管如此，华侨本身所具备的敏锐的商业眼光和坚韧的承受力在其发展过程中所起到的作用也是不可忽视的。秦裕光对华商的商业天赋和才干进行了如下地概括和强调。

第一，是资本和经营的分离。被叫作财东的资本家对经营不做任何干涉，将实际的业务经营权全部交给总经理，是财东出钱，总经理进行智力投资的合作方式。不仅是贸易商、织物商、杂货商等韩国华商的店铺都具有这样奇特的合资组织形式。出资者一般为 2～3 名或 4～5 名，投入资本最多的财东大部分滞留在中国，所以实际的经营权掌握在叫作掌柜的管理人手中。韩国人常常把掌柜一词用作中国人的代称，实际上掌柜是管理人或店铺主人的意思。掌柜与其说是被雇佣的高级白领，不如说是把劳力作为资本进行投资的财东更为恰当。因为他们只参与分红，但是没有额外的薪水。掌柜下面设有外柜（负责涉外及交易），管赈（负责财会），伙计（职员），学徒（见习职员）等职员，对于负责具体业务的伙计一般以年薪的方式支付薪水。

包括职员录用在内的全部经营权都掌握在掌柜手中，当时雇用30～40人以上的大商会，其店员几乎全部是从本国家乡附近招募的。根据业务的成绩和商会的收益，还会给店员多少支付一些奖金，有时候会以休假的形式给店员提供回乡省亲的机会，华商会为了刺激职员的积极性从很早就开始实施各种奖励制度。

正因为如此，华商的店铺无论规模大小，都实现了以最小的投入，谋求最大利润的良性经营组织形态。

第二，这种合理的经营形态形成的根本前提，是通过华侨特有的信用交易来完成资金和商品的运转，这也是促使华商得以发展的最为核心的动力。华商们在交易的过程中树立了最基本的规则，用今天的话说就是"信用第一主义"。信用就是华商迅速发展成功并在日本帝国统治下得以持续增长的基础。

对于华商来说，"信用"一词含有很多意思，不仅仅是遵守约定和契约，

---

① 《华侨的历史》，第 254 页。

还有不为一时的暴利所诱惑，通过最大限度地提供服务来保持与客户间长期优待关系的引申义。信用交易是华商经营的基本精神。当时来到朝鲜的华商和中国上海、香港等地的批发商之间的交易也是完全的信用交易。交易的时候并不直接结算，而是在每年 1 回或是每年 2 ~ 3 回的精算期内进行一次性清算。因此就算遇上了不景气的时段，华商们也不会受到太大的冲击，货款不需要马上支付，也没有必要面临高额利息的压迫。这样的信用交易方式为企业的发展提供了最为重要的安定因素，再加上初期华商中比较大的商店，大部分拥有中国和日本等地的总店或分店作为财政后盾。

第三，华侨在商业经营上最大的特征之一就是自治行会制度的发达。对此秦裕光以新义州为例进行了说明，最初，在中国人的商店开张不过两年的 1909 年，10 余户的华商聚集起来组织了商人行会，当时并没有驻朝鲜清国领事的协议，完全是自发的组织。当时的新义州，与华商相比，尽管日商的数量要多出数倍，但这样的商人组合却是初次诞生。1909 年新义州华商的商会组合在成立后不久就正式被命名为商务总会，后来又改为中华商会。

中华商会的会员从新义州开始，逐渐向外发展，1920 年的时候，会员商店的数量已增长至 120 余户。这时的中华商会并不像今天的组合一样，只是单纯的协议体。它不仅负责会员的产业，同时还负责圈内所有和华侨生活相关的事务安排。主要的业务有商业争议的调解和裁判，商业发展与便利的服务，会员委托的财产整理，小学校的经营，房屋和居住人的调查，搬迁和生死相关的事物，慈善事业，与本国行政机构的联络等，事实上甚至就连领事业务也处理。

会费征收的方法也十分合理。根据会员不同的经济实力，制定了会费缴纳制度。商会分为最高 12 元至最低 1 元的 8 个交费等级，对进入不了 8 等的小商贩则实行会费减免的制度。

以上三点是对华商竞争力的分析。① 朝鲜末期，具有这样天生的商业才能和坚韧耐力的华侨，在清国政府的积极帮助下，迎来了大力发展的一个黄金时期。甲午战争以后，就算是逐渐强大的日本不间断的对其打压和牵制，也未能阻断华商在朝鲜的进出和持续的发展。那么支撑华商成功发展的原因究竟是什么呢？

日本人神夫淳平将其原因归结为以下 10 条：（1）商业资本丰厚；（2）

---

① 秦裕光：《华侨八·李范晋事件》，《中央日报》1979 年 9 月 26 日。

信用交易多；（3）不受高利的支配；（4）重视商道；（5）进口商品的原价低廉；（6）投机性的商业少；（7）商业上的联络有一惯性；（8）忍耐力强；（9）非生产型的消费少；等等。①

朝鲜华商首先独占了棉布的中介贸易，为以后的发展夯实了基础。1885～1905年，朝鲜的全部进口商品中，棉布占了60%的份额。朝鲜末期进口贸易的主导权取决于谁能够以低廉的价格将英国产的棉制品适时的投入到朝鲜的市场上。日本虽然以政治实力做贸易的后盾，但是华商却通过自身的相互协作赢得了胜利。客观的背景条件是英国棉布的倒卖商，已经被上海的华商掌握。所以与朝鲜华商的直接进口相比，日本商人必须在日本的通商口岸将上海的英国棉布买下来，然后再出口到朝鲜，这样的价格根本无法和华商竞争。直到日本直接生产棉布，然后出口到朝鲜，才逐渐改变了这种状况。截止到1894年，一直是英国产棉布占据着大部分的进口份额，从1894到1904年，日本产和英国产的进口份额各占一半。② 直到日本占领朝鲜的1910年，局面才开始变得对华商极为不利。因为1910年以后，日本产棉布全面的占领了朝鲜棉布市场。

以棉布为主要贸易种类的朝鲜华商面对贸易的危机，果断地以绸缎和麻布取代棉布，凭借更换贸易商品的办法来进行应对。由于绸缎是中国十分具有竞争力的传统商品，朝鲜中国产绸缎的进口额如果以1903年100万元为基准来看的话，则1917年增加200%，1919年增加676%，其急剧增长的趋势是显而易见的。③截止到1960年，朝鲜仍必须严守儒家礼法三年守孝的礼制。而麻布正是丧服的衣料，而且由于良好的透气和通风效果，在炎热的夏天，朝鲜人也会把麻衣当作常服来穿。因此朝鲜的麻布需求量非常大，1912～1927年，朝鲜的麻布生产只能满足市场需求量的60%，剩下的40%只能依赖从中国进口，当时中国出口麻布的关键条件，正是朝鲜所具有的。④

即便是在日本对中国商品进行强行打压的恶劣环境下，华商通过新贸易商品的开发和适应，维持了华侨在朝鲜经济的持续性发展。华侨人口从1906年的3661名增长至1936年的65273名，呈现出爆发性增长的趋势。他们的居住地区也从初期的以开放口岸为主，逐渐深入内陆，甚至进入了朝鲜东海

---

① 神夫淳平：《韩半岛》，东京堂书店，1901，第53～54页。
② 《没有中国城的国家》，第28页。
③ 《没有中国城的国家》，第34页。
④ 《没有中国城的国家》，第36页。

海面的郁陵岛。华侨的产业从中华饮食业开始，逐步扩散到饮食业所必需的饮食材料供给业，高粱酒制造业，必要的农产品供给业，甚至是理发所等领域。20 世纪 20 年代为了躲避中国的内战，移居朝鲜的中国劳动者越来越多。21 世纪出现的非法滞留现象，其实早在那时就已经出现了，甚至成为当时朝鲜的社会问题。1926 年朝鲜总督府向各个道的警察部下达了调查中国劳动者数量的指示。调查结果显示，工厂劳动者 15%，农渔业从事者 23%，矿山劳动者 4%，土木建筑劳动者 29%，其他 29%，总人数达到了 27766 名。①

当时的《东亚日报》甚至以《中国人的职业侵夺》为标题刊登了社论。感叹被日本人夺走职业还可以说是没办法的事情，但是被比朝鲜人处境更艰难的中国人抢走职业，实在是令人难以接受。因为其原因既不是武器也不是强权，而是信用和勤勉。② 虽然这是一篇针对殖民地朝鲜民众进行思想启蒙的社论，但同时也可以看作是对以信用和勤勉为基础的中国人竞争力的有力证明。

另外，秦光裕的著作对当时情况的回忆也可以证明这一点。借秦光裕的话来说，华侨们都是只身来到朝鲜的，就算是日本占领时期也是这样。这足以说明华侨具有其他民族无法相比的强悍的生存能力。根据日本统治时期朝鲜总督府的统计，1907 年在朝鲜的 7902 名华侨中，有 98% 即 7744 名是男性，女性只有 158 名。这种男女性别的巨大悬差，就算在韩定居华侨剧增的 20 世纪 20 年代，得到一定缓解，但女性也只不过刚刚超过男性的 10% 而已。到了 1922 年，韩国的 30826 名华侨中，与 27623 男性相比女性只有 3203 名，他们大多单身、空手而来，平时省吃俭用地攒钱。特别是地方行商和劳动者，他们或者一天三顿只吃一个饼，或者在路边的摊点买粗劣的食品充饥，却将收入的 2/3 储存起来。

华侨的成功和日渐昌盛的商业活动，在当时的朝鲜社会也得到了极大的敬重。1920 年京城的以《中国人的特长》为标题的新闻中，极力赞扬了华侨的勤俭与勤劳，鼓励朝鲜人向中国人学习，就极好地说明了这一点。这篇新闻纪实的内容简单概括如下。

　　即便是国家贫弱，社会结构却依然坚实，这就是中国人。究竟是什么原因使他们能够做到这一点呢？不得不说，中国国民的勤俭和勤劳似乎是根植在灵魂上的，因为勤俭和勤劳，他们就算失去了政治主权的时

---

① 《东亚日报》1926 年 12 月 9 日。
② 《东亚日报》1924 年 9 月 22 日。

候，凭借经济实力的成长，社会的价值体系依然可以得到确立。中国的国家虽然贫弱，但是流传到今天的悠久传承，并不是一个偶然，而是以勤俭和勤劳为前提的社会经济基础非常坚实的原因。这正是中国人的伟大，在这一点上，朝鲜人需要向中国人学习的地方有很多，我们要知道，为了赚取很小的利润，中国人能够很好的忍受作为一个人来说难以忍受的痛苦。中国人流淌的汗水和他们肮脏的面孔就是直接造就坚实社会的最大的原因。朝鲜人真正要学习的就是中国人的勤俭和勤劳。①

这篇社论透露出一个信息，那就是来韩国的苦力与世界上其他地区相比，是移居最安全，风险最小的。利用朝鲜末期就已经确立的合法地位，到韩国定居可以说是最为安全的途径。日本统治时代，无论是日本人还是韩国人，都不得不承认与中国苦力相比，自身不具备与之竞争的能力，也很好地说明了在韩华侨在朝鲜社会得到到了一定承认和某种程度地尊重。

众所周知，1920 年的中国是军阀混战的时代。北京政府亦不过是北京的地方军阀，清国灭亡后，袁世凯称帝不久旋即倒台，地方派系政权交迭起伏。虽然中国的政局动荡，国力疲弱，但在韩华侨却人人都值得尊重是事实，并且这些是要通过非常细微的观察才能发现的。这足以说明朝鲜社会对华人华侨的关注和重视。还有一点就是包括东南亚在内，世界各国都有清末输出的华侨，尤其是苦力，虽然也有勤勉优秀的好评，但是也有很多对华人苦力十分否定的描述。只有在韩国，华人苦力的能力才得到了朝鲜社会的承认和肯定，以此看来，与世界其他地区对华人苦力的蔑视相比，朝鲜社会对华人苦力还是给予了相当的尊重和实事求是的评价。

然而当时吞并并统治韩国的日本，却制定了限制华商活动的法案。首先，日本帝国主义对华侨产业的支柱——绸缎进口业开始予以限制。1924 年 7 月 31 日，第 24 号关于丝织品关税的法律开始实行，即对中国产的绸缎附加 100% 的高关税。将这个法律实行前后一年（1923.8 ~ 1924.7 和 1924.8 ~ 1925.7）的绸缎贸易情况进行比较，得出以下结果，前一年中国绸缎的进口总额为 486 万元，而后一年则跌落为 1 万元。丝织品因为高关税减少的进口份额中，中国产的绸缎占了 80%。针对占有朝鲜麻布市场 40% 的中国产麻布，日本出台了朝鲜麻布生产的奖励政策，结果与 1920 年相比，1930 年麻

---

① 秦裕光：《华侨九·掌柜》，《中央日报》1979 年 9 月 27 日。

布的进口缩减了一半。就这样，依赖于进口中国产丝绸和麻布的朝鲜华商的经济急剧衰退。①

日本帝国主义无法忍受韩国人和中国人之间取长补短、相互信赖的关系，开始了用心险恶的离间活动。最具代表性的事件就是万宝山事件。

1931 年 7 月 1 日在吉林省万宝山三性堡开荒的过程中，朝鲜人和中国人之间发生了冲突。7 月 2 日早晨和傍晚的新闻为了迎合日本统治者的意图，刊登了极具煽动性的"急迫的同胞安危"等内容。从 7 月 2 日开始，日本帝国的警察利用高效的情报战术挑拨唆使单纯的朝鲜百姓，引发了排华事件。在仁川感到生命受到威胁的华侨逃到仁川商务总会和华工协会躲藏，在汉城到中国总领事馆躲藏的华侨达到了 4280 名。②

从仁川开始引发的全国性的排华事件在平壤达到了高潮。1930 年，华侨数量为 67794 名，到 1931 年则锐减为 6778 名。当时流亡中国的朝鲜民族独立运动的领导者和在朝鲜及日本的中国领导者通过各自的努力得知了这一事件的真相是日本所施的离间计。③ 最初，这一事件对韩中两国间的民族感情造成了无法弥补的伤害。在此事件被揭发后，两国都采取了贤明克制的对策，尽量减少对两国民族关系造成损害，使两个国家的关系重新恢复了融洽，达成了谅解，进而共同抵制日本对东亚的侵略，在抵抗日本侵略的过程中，这一事件反而成为加强两民族间纽带的一个崭新的契机。

这一事件发生两个月后，日本挑起满洲事变，并以此为侵略的借口，扶植了伪满洲国。由此不难看出，万宝山事件其实就是日本帝国为了铺平侵略的道路故意设计的。虽然两个国家很快识破了日本的奸计，但从这一事件开始，直到日本投降、韩国光复的 1945 年的这一段时期，正是朝鲜华侨的衰退时期，可以说，这一事件是朝鲜华侨进入衰退期的标志和转折点。

朝鲜末期韩国的华侨最初移民时，由于享有上国百姓的特权，所以在此基础上得以迅速成长。而甲午战争后，被卷入了日本殖民地体制，受到了打击，进入 20 世纪以来，华商享有的治外法权等特权，也被取缔。

3. 二次大战以后到 20 世纪 70 年代在韩华侨经济实力的快速增长

二次世界大战结束以后，韩国于 1945 年终于摆脱了日本侵略的魔爪，得

---

① 《没有中国城的国家》，第 47～48 页。
② 朴永锡：《万宝山事件对朝鲜的影响（韩文）》，首尔《亚细亚学报》，1970，第 140～143 页。
③ 朴永锡：《万宝山事件对朝鲜的影响》，第 149 页。

到解放，华侨也从日本帝国主义殖民时期的敌对国国民待遇中解脱出来，对进行自由的经济活动充满了期待。

然而中国国内激烈的国共内战，形成了持续而巨大的政治漩涡，无论哪一种立场都在强迫中国人不得不做出选择。韩国的美军对中国人给予了非常友好的待遇，如果有谁希望回国，他们会尽自己所能的提供各种帮助。但是获悉国共内战情况的华侨并不希望回国，到 1946 年，只有 1500 名华侨归国。① 为了躲避内战和摆脱经济的穷困，从山东等地来韩国的中国人反而更多。不仅如此，甚至还有从朝鲜来韩国的中国华侨。

1945 年日本帝国主义者战败撤退后，华侨的数量大约是 12000 名，1949 年末增加到了 20000 名，准确地说从中国和朝鲜有将近 8000 名华侨流入韩国。② 二战以后，韩国和中华民国的协作关系非常紧密，当时生活在韩国的华侨都被称为一等国民。这是美国军政厅和韩国国内亲中的政治家对华侨友好的最有力的证据。③ 而且在二次世界大战后，因为中华民国政府在联合国享有战胜国的地位，所以不论美国军政厅还是韩国政府都给了韩国华侨极高的社会地位，这一时期也是华侨在韩国受到最高礼遇的时期。

在这样的良好条件下，华侨再次发挥了他们极具天赋的商业才华。战争结束后，韩国处于和韩鲜的经济被完全切断，机械零件的筹措十分困难，生活必需品的生产几乎陷于停顿状态，需求大于供给，陷入了一个长期的物资严重短缺的时代。因此从香港、澳门等地的物资进口业务，也就蕴含了巨大的利润空间。由于韩国的贸易商无法和香港、澳门等地的华侨关系网取得联系，与中国的贸易就完全落在了在韩华侨的手中。

华侨从 1946 年就开始了贸易，中国人将日军留下的战时物资，用帆船运往仁川的时候，美国军政厅还没来得及准备关于贸易的法律，然而从中国来的贸易货船却一天比一天多。为了增加收入，海关税率实行了不论种类一律收取 10% 关税的低税率制度。1946 年 8 月 1 日又对贸易实行了免税制。到 1947 年 8 月共对 15 名华侨实行了免税政策。④ 这个时期的进口商品主要以生胶、线呢、新闻用纸、织物类等为主。

此后香港政府许可了对韩贸易，香港的华商开始积极参与到利润极大的

---

① 《没有中国城的国家》，第 56 页。
② 韩中文化协会：《在韩国华侨概况》，1949，第 60~61 页。
③ 《没有中国城的国家》，第 59 页。
④ 《没有中国城的国家》，第 60 页。

对韩贸易中。从 1947 年开始，大型贸易货船开始进入釜山和群山。香港的华商需要在正统的韩国华侨的帮助下，了解韩国国内的情况，刚开始时，他们依靠韩国国内华侨的情报来扩大贸易的规模。一段时间过去以后，最初因为资金不足，满足于提供信息的来自山东省的韩国华商也逐渐从提供信息的业务中摆脱出来，开始成立独立的贸易公司。

二战以前，华侨贸易商只有 7 个，至 1949 年 4 月，就发展到了 36 个，这足以说明问题。二战以后的最初几年，韩国与中国的贸易中，华侨的就占到了 80% 的比重，韩国人只占 20%。① 当然正规贸易以外，地下贸易也十分盛行。在美国军政厅 3 年间处罚的多达 623 件地下贸易中，华侨占了 20%，当时不到韩国人口 1% 的华侨将地下贸易做到如此程度，可见当时地下贸易是多么盛行。②

然而随着冷战的开始，资本主义和社会主义两大阵营的对峙，华侨在贸易上的好光景并没有维持多久。1950 年朝鲜战争的爆发，使华侨的贸易不得不进入全面停滞的状态。其实在这之前华侨贸易就面临着中断的危机，准确地说，新中国的成立就给华侨贸易造成了第一次大冲击。华侨贸易需要在中国大陆进口物资，然后在韩国销售。而新中国的成立则意味着华侨贸易的货源被中断了。

1948 年 8 月，韩国新政府成立，美国军政时期对中国的贸易路线，开始转向日本。朝鲜战争中，中国参战以后，中国出产的物资就再也无法找到货源了，华商进口的货源地也就只剩下台湾了，但由于两地产业结构十分相似，贸易量反而非常少。

不仅如此，韩国人开始正式投身于贸易，韩国政府的贸易政策，也逐渐地向有利于韩国贸易商的方向倾斜。像二战以后，以美国军政厅为后盾的华商贸易的好光景，一去不复返了。

也就是说，华侨将中国产的物资进口到韩国的美好贸易时代，此时已经落下帷幕。20 世纪 60～70 年代的韩国华侨主要以中国饮食店为命脉，只能勉强维持自身的经济地位。主要以炸酱面为标志品牌的中华料理店成为这个时期华侨产业的象征。

华侨所具备的商业才能，使他们在二战后，贸易进入韩国人的视野之前，就将韩中贸易的中国业务掌握在手。在韩华侨如果没有政治的制约和战

---

① 朝鲜银行调查部：《1949 经济年鉴 Ⅱ》，第 56～71 页。
② 《没有中国城的国家》，第 63 页。

乱的影响，只要自由的贸易能够得到保障，无论是朝鲜末期还是日本侵略时期，正如我们所看到的，他们就像具有坚韧生命力的杂草一样，任何时候都具备繁盛的底气。如果说人类社会中的经济活动，像活着的生物体一样具有自身的生命力。那么在韩华侨自身所具备地这种至高的生命力和竞争力，就是展现在我们面前的一个生动实例。

二战后，对在韩华侨的经济发展来说，具有重要意义的一件事就是对"敌产家屋"的处理。日本人败退以后，韩国华侨将所谓的"敌产家屋"大部分抢先占据下来，然后再向美国军政厅购买，改造以后，用来开办饮食店。华侨在这样的国际关系和经济动向中所显现出来的机敏和能量，刺激了韩国社会，并诱发了以后以法律手段对华侨地产所有权进行制约的可能。

华侨具备的能力，在农业上也表现得非常活跃。二战以后，华侨不仅在商业贸易领域崭露头角，并且在韩国的农业发展上，也起到了很重要的作用。当时韩国人的农业主要以自给自足的水稻种植为主，而华侨却在大城市周边种植城市所需要的作物，并且以能卖高价的经济作物为主，体现了经济农业的先进性。其中白菜、葱、黄瓜、芹菜等是华侨主要栽培的作物。从日本统治时期开始，华侨就开始通过栽培蔬菜来提高收益。战后，随着中国饮食店越来越多，为了供给饮食材料，同时也为了给不断增多的城市人口供给蔬菜，开始了高收益作物的栽培。

在农业领域，同样是在韩国人想到之前抓住机会，显示了华侨提前攻占市场的机敏。其中与韩国农民以水田为主的农业相比，华侨农业主要以旱田为主。显然这是将自己家乡的农业作业方法直接嫁接到了韩国。从朝鲜末期到日本统治时期，再到战后，华侨总是能够以精明的眼光在韩国抓住时机进行高附加值作物的栽培进而取得成功。①

二战后，获得了从中国大陆向韩国进口物资机会的华侨，在朝鲜战争爆发后经济重新跌入低谷，在从战争的废墟中重新站起，实现经济复兴的20世纪60～70年代，韩国的华侨凭借所谓的"中华料理"② 再次开启了经济恢

---

① 秦裕光，《华侨农民》：《中央日报》1979年10月3日。

② 从朝鲜末期开始到日本侵略时期，在韩华侨的饮食店被称之为"清料理"20世纪60～70年代改称为"中华料理"，到了90年代由于韩中贸易的开始，又重新改为"中国料理"。这些名称的改换直接反映了华侨来韩的各个历史时期中国的政治境况。即，清末华侨的饮食店，将中华民国和台湾认知为祖国时期华侨所开的饮食店，最后华侨将中华人民共和国认定为自己故乡的认识的转变，都清晰地从食品店名称的变化中透露了出来。

复进程。

20 世纪 60～70 年代，当时的韩国正处于经济的高速成长时期，社会呈现出一片繁荣昌盛的气象。本来韩国人除了旅行，是不会"在外就餐"的，要想在韩国找到"在外就餐"的现象是很困难的一件事。在中国在街上简单的花钱吃顿饭有悠久的传统，这与韩国是截然不同的。

特别是所有的东西都如韩国人喜欢的那样，处理地又快又好，只要点菜，就马上会按照顾客的要求制作出的"中华料理"，既好吃又让人感到新奇，与传统的韩国饮食相比非常有特色。正好随着韩国社会经济的发展，人们具有一定消费能力，在外吃顿饭也成为可能，与家里经常吃的以白米饭为主的饮食相比，非常新鲜，价格适中的"中华料理"也就被韩国人接受了。

在这以前，饮食行业是最不可能形成产业化的一个领域。可以说是在韩华侨首先抢占了韩国饮食产业的先机。1958 年华侨经营的饮食店有 1702 家，1964 年 2307 家，20 世纪 60 年代后期达到了 3500～4000 家。然而就在华侨饮食业蒸蒸日上时，却发生了迫使其不得不再次转入衰弱的事情。针对日渐增多的华侨饮食店，韩国的税务部门认为，华侨在生意上已经很兴隆，于是给他们增加了各种税务负担。华侨饮食店的兴隆，其实是在于华侨的勤勉和节约，以及合理经营的原因。然而韩国税务部门的打算却是想要通过税收来制约华侨日渐膨胀的次食业。

不仅是税金的增加，这个时期还出现了牵制"中华料理"的其他竞争者，在"中华料理"店中工作的韩国青少年，开始接手学习"中华料理"，并逐渐开始经营"中华料理"店。从朝鲜末期和日本侵占时期开始，"中华料理"店的厨师和服务员都是华侨子弟，一般也只雇佣华侨，来传授技术和经营方式。但是进入新时期后，随着韩国经济的发展，韩国社会的子女教育也越来越热。迎合韩国社会发展的大趋势，华侨也将子女送入"上一级"学校，甚至上大学也变得越来越普遍。

此时的华侨子弟，从"中华料理"店做厨师和服务员的人群中彻底消失了，他们或者在韩国或者去台湾，几乎全部进了大学校园。当然能够受"中华料理"店雇佣的华人也越来越少。韩国经济的发展使华侨变得富裕，华侨子弟再也不像以前那样去做厨师和服务员了，没有办法，进到首尔的农村少年接替了这个位置的，他们没过多久就接手了厨师的职位，成为华侨"中华料理"的有力竞争者。

华侨饮食店的数量，从 1972 年的 2454 家、1980 年的 1721 家、1990 年

1460 家，到 1999 年的 680 家。逐年递减，这是一个主要原因。① 现在韩国的"中华料理"店，几乎都是由韩国人经营的。华侨经营的中华料理材料商，即酱油制造商、食油工厂、粉条工厂、白干工厂等也逐渐衰落。1972 年华商经营的粉条工厂和白干工厂各 7 家，酱油厂和食油厂 9 家。到了 1990 年这些企业就基本上消失了，只剩下两家粉条工厂，从台湾和香港进口调料和其他中华料理材料的杂货店，1973 年还有 319 家，1982 年 160 家，1990 年 113 家，到了 1999 年就骤减为 26 家。②

4.20 世纪 90 年代以后在韩华侨的美洲移民现象以及在韩华人结构的变化

韩国华侨人口的减少是从 1970 年初开始的。1972 年华侨的数量为 32989 名，到 1982 年减少为 28717 名。到 1992 年为 22563 名。③ 2002 年以后尽管没有特别减少，但这主要是因为和韩国人结婚的华侨觉得没有必要移民第三国，所以才留在了韩国。

从 1990 年开始，来自台湾的华侨逐渐减少。取而代之的是 1992 年韩中建交后从中国大陆陆续来韩各种劳动者和留学生。

如果仅仅将在韩华侨人口急剧减少的原因归结为韩国的税务部门针对华侨过高的税率，或者韩国人开始进入华侨的饮食行业，则是不可取的。

得出这种结论可能是不了解华侨的心理所致。华侨的理念中有向更好的地方生活的心理倾向，了解这一点需要非常细心的观察。例如在韩华侨也有向着人口密度少而且生存竞争率低的地方不断移动的特点。这是不容忽视的。

随着韩国社会的经济水平不断提高，海外旅行和海外交流的活动日渐活跃，华侨也开始放眼于世界。经过了 20 世纪 60 年代的经济复兴，70～80 年代的韩国经济开始了跳跃式的增长，韩国社会的富裕程度也带动了华侨的富裕。当然在 90 年代韩国人大举到国外旅游时，在韩华侨也会一起到国外旅游，他们在国外旅游中增长了见识，韩国人开始试着移民到美国，以开辟新生活根据地的行为，开拓了他们的视野。他们也开始凭借以往积累的财富不断地向美国、加拿大、澳大利亚等地移民。现在在韩华侨的生活舞台不仅在

---

① 《没有中国城的国家》，第 86 页。
② 《没有中国城的国家》，第 87 页。
③ 《没有中国城的国家》，第 90 页。

韩国,地球上任何一个地方,只要有韩国人密集居住的地方,他们都会跟随而去。在韩华侨能在美国纽约和旧金山、洛杉矶等韩国人密集的地方深深地扎下根基也不是偶然的。他们在韩国居住期间和韩国人结婚成为夫妇的有很多,到了日本或者美国后,一般会扎根于有很多韩国人居住的地方,同时运用韩语和当地语言,成功地经营饮食业,就这样他们在相应的地区以韩国人社会为依托,在当地牢牢地打下了生存的根基。

前面提到了1990年以后来自台湾的华侨逐渐移民到第三国家,而与其相反的是,1992年韩中建交以来,从中国大陆陆续涌来了各种劳动者和留学生。2002年由中国政府支持的汉城中国侨民协会正式诞生。尽管以前来自台湾的华侨对于护照或者签证方面保留着其他的想法,但随着改革开放以后中国国力的持续增长,特别是进入21世纪以后,中国的地位在国际上迅速攀升,极大地改变了来自台湾华侨对待中国国籍的心态。

1990年以后,在韩国"中华料理"的招牌渐渐消失,而"中国料理"逐渐取而代之。这种情况,在1992年与台湾"断交",并与中国邦交正常化之后,表现得更为明显。与台湾"建交"期间,华侨所从事的"中华料理"行业,现在大部分被韩国人或者少数在韩的"新一代中国人"经营的"中国料理"所替代。在20世纪90年代还依旧并存的"中华料理"跟"中国料理"的牌子,到了2000年之后则完全变成了"中国料理"。即2010年代,韩国的"中华料理"的牌子就根本找不到了,已经全部换成"中国料理"的牌子了。

接踵而来的是,韩国华侨从1990年开始大量地向美国、加拿大、澳大利亚等地移民。

与其说韩国人学会了中华料理将韩国华侨挤出这一行业,不如说韩国经济令人瞩目的快速增长过程中,韩国人不断地向更高的社会阶层移动的欲求也同样反映在华侨身上,同时华侨的子女们本身不想继承祖业去经营"中华料理"店也是韩国华侨减少的一个重要原因。

韩国华侨大多数移民前往的地区并不是美国华人最多的洛杉矶唐人街而是高丽街,他们在美国也是和韩国人共同生活在一起。1986年,年移民到美国的原韩国华侨经营的饮食店达到1300家,与韩国华侨的饮食店相比,数量变得更多。①

---

① 朴恩璟:《韩国华侨의种族性》,韩国研究院,第277~286页。《没有中国城的国家》,第91页。

1980 年初，住在美国主要地区的韩国华侨创立了韩华联谊会。1996 年美国 9 个洲的韩华联谊会代表聚在一起共同创立了美洲韩华联谊会总会，从此美洲韩华联谊会总会正式成立。2002 年他们制作了全美韩华通讯录，还以年轻的韩国华侨为对象召开了关于韩国华侨历史和来历的研讨会。①

在韩生活过的韩国华侨移民到了其他国家，尽管对韩国政府有些心灰意冷，但是他们依然怀念祖先经历的磨难和奋斗，以及自己曾经生活过的那份情感。由于他们在韩国长期生活的经历，不少华侨娶了韩国人为妻，或者母亲就是韩国人，有着一份割舍不断的血缘和亲情。这是一个不容忽视的原因。此外，虽然韩国只处于一隅之地的南半段，但在全世界的经济和贸易活动中起到了重要作用，其贡献已经得到了世界的认证，这种认证实际上在某种意义上说也是韩国华侨对韩国难以割舍的理由。

结　论

朝鲜后期华侨在韩国的认识中，很明显是在"上国"官吏的帮助下开始发展商业，利用"上国"的威势得到了在朝鲜社会定位的机会。虽然与经济上的实际利益相比，朝鲜更重视东方的义理，但在和中国保持宗藩外交关系的时代，清政府对经济利益的公然侵夺，不仅在东亚的政治外交中使处于核心地位朝鲜向日本倾斜，甚至为清王朝的覆灭埋下了伏笔。

尽管事实上得到了袁世凯的大力支持，但是华商的勤俭节约精神还是让朝鲜人和日本人自叹弗如，在商业手腕上朝鲜人和日本人都不是其对手。高密度人口环境下生存竞争的磨练，造就了华侨极强的生存竞争力。来到韩国后，他们的才能得到了可以自由发挥的一片天地。华侨每个人的勤勉和才能可以说反映了当时历史的真实的侧面，他们具有创造性的才能和坚韧的品格尽管可行性是值得商榷的，但不能被引导成为一个国家发展的力量，是令人惋惜的事情。

日本统治时期的韩国华侨，总体来说既有商业才能，又有农业技术以及勤勉和不屈的奋斗精神。这是和朝鲜末期倚仗大国威势进行发展是截然不同的。在农业领域，华侨在韩国人想到之前，就机敏地抢先占领了城市经济作物的供给市场。

---

① 《没有中国城的国家》，第 93 页；韩国中华总商会，www. kcci. or. kr。

　　第二次世界大战以后，在韩国居住的华侨产生了对韩国的十分片面的认识，即他们产生了比韩国人更优越的意识。其实是因为当时他们背后有中华民国做后盾，而中华民国是二战战胜国，并且是联合国安理会的常任理事国。

　　20世纪60～80年代是韩国在全世界范围内经济增长最快的时期，韩国社会充满繁荣的景象。在这种情况下，韩国华侨打破了韩国人一直维持的农业社会的饮食习惯，从中不难看出华侨适应韩国经济发展现实，通过特色饮食文化抓住商业机遇的智慧。

　　随着韩国社会的富裕，华侨也逐渐富裕起来。80～90年代韩国人大举到国外旅游，在韩华侨也加入其中，他们在国外旅游过程中增长了见识，韩国人开始试着移民到美国开辟新生活根据地的行为，开拓了他们的视野。他们也跟着韩国人的移民潮，向着更适合生存的地域移动。在这个过程中，韩国华侨虽然离开了韩国，但是并没有远离韩国人群和韩国文化，即便是在新的移民地区，他们仍然使用韩国的语言，与韩国的海外移民生活在一起，依存于海外的韩国人社会，并在当地成立了海外韩国华侨联谊会。也就是说，在韩华侨虽然离开了韩国，但并没有离开韩国人的社会。

"朴定阳事件" 与中朝之间的外交纷争

张礼恒[*]

"朴定阳事件"是清代中朝关系的转折点。它是朝鲜政府对清代 200 多年中朝臣属关系的抗争，对奉行于东亚地区千年之久的宗藩体制的挑战，而这种来自东亚内部的挑战有着欧美列强外部挑战所无法比拟的意义，昭示了倡行千年之久的宗藩体制行将退出历史的舞台。对于这一在中朝早期关系史上具有重大意义的事件，国内外学术界虽多有研究，[①] 但对其意义的挖掘、影响进程的重要细节的辨析尚有不足，本文拟在广泛运用中外史料的基础上，对此事件进行全面探析。

一　朝鲜自主意识的萌生

1882 年《朝美修好通商条约》的签订，既是清政府对朝干预政策的实施，也是朝鲜政府抗拒清政府干预政策的开始。在此之前，清政府固守朝贡体制的传统，对朝鲜的内政外交"向不过问"，中朝两国之间维持着一种相对松散而又稳定的国家关系。从 19 世纪 80 年代开始，面对东西方列强的强大攻势，清政府从维护传统起见，更为巩固边疆安全考虑，逐渐改变传统习

---

*　聊城大学历史文化学院教授。

①　与此相关的成果主要有：〔韩〕李瑄根《韩国近代史》，台湾书店，1967；〔美〕泰勒·丹涅特：《美国人在东亚》，商务印书馆，1962；林明德：《袁世凯与朝鲜》，台北中研院近代史所，1984；王明星：《韩国近代外交与中国（1861~1910 年）》，中国社会科学出版社，1998；曹中屏：《朝鲜近代史（1863~1919）》，东方出版社，1993。侯宜杰：《袁世凯全传》，当代中国出版社，1994；蔡晓燕：《"朴定阳事件"与中朝宗藩关系的变化》，图书出版社，2008。此外，还有陈红民、蔡晓燕、谢世诚等在《历史研究》（2008 年第 2 期）、《钦州师范高等专科学校学报》（2003 年第 1 期）、《江苏社会科学》（2006 年第 6 期）等发表的 10 余篇论文。

惯，对朝鲜的内政外交由过去的不干涉，变为渐趋严密的掌控。此期的中朝关系已非传统意义上的宗藩关系。《朝美修好通商条约》就是在清政府推行"以夷制夷"策略的大背景下签订的。清政府据此成功地将欧美列强引入朝鲜，创造性地实现了中国古代治国传统与近代均势理论的结合，初步达到了借助于欧美国家的力量牵制日俄的目的，较为完整地保持了对朝鲜问题的决定权，维护了在朝鲜的宗主国地位。

该条约签订后，朝鲜又相继与英国、德国等国签约。美国等欧美国家相继派出驻朝使领，国际准则开始通行于朝鲜这个"隐士之国"。同年 11 月 2 日，幼学高颖闻上书国王李熙，提出"目下急务"七条，其中第一条就是"派遣使价于欧西各邦，先坦国风物土，以伸友谊，次请精娴各艺教师，使我八域上下，学习新务，野无遗贤，是昭代开明之一道"。① 此事尽管没能即刻付诸实施，却体现了朝鲜开国后自主意识的觉醒，埋下了 5 年后"朴定阳事件"的伏笔。在此后的时间里，朝鲜政府经过观察、对比，发觉日本、俄国、英国皆非善类，或有领土要求，或有更大企图，都非值得信赖、依靠的对象，只有大洋彼岸的美国与众不同。于是，朝鲜便把美国视为摆脱清朝掌控、谋求独立自主的靠山、保护伞。美国作为后起的大国，出于全球争霸战略的考虑，亟待打破东亚地区的原有格局，彰显美国影响的存在。朝鲜谋求独立的企图恰好给了美国插手东亚国际事务的良机。1883 年 5 月 13 日，福特（H. Foote）成为美国首位驻朝公使。由此，美国成为近代第一个向朝鲜派驻公使的西方国家。同年 7 月，受国王李熙的派遣，闵泳翊作为全权大臣，率领由开化党骨干洪英植、徐光范、边燧等组成的外交使团来到美国，受到总统以及美国国民的热烈欢迎。从此以后，两个利益不同的国家，按照各取所得的原则，进行着亲密接触。美国人德尼被朝鲜聘为顾问；1884 年 1 月 14 日，美国人厚礼节被朝鲜聘为驻纽约总领事。② 1887 年 9 月 9 日，美国人米孙被委任为襄办事务；③ 9 月 12 日，"美国医士敖兰以医进官，升参判，每持议背华自主，昨派为驻美参赞"。④ 此外，还有大批美国人涉足朝鲜的教育界、医疗卫生领域，灌输"自由"、"民主"、"平等"、"博爱"等观念。福久（Foreign）在担任美国驻朝代理公使期间，屡次三番地鼓动朝鲜派使出国驻

---

① 〔韩〕李光麟、慎镛厦编著《韩国文化史》（近代篇），〔韩国〕一志社，1984，第 436 页。
② 〔韩〕高丽大学亚细亚问题研究所编《旧韩国外交文书》第 10 卷〔美案 1〕，第 30 页。
③ 《旧韩国外交文书》第 10 卷〔美案 1〕，第 314 页。
④ 戴逸、顾廷龙主编《李鸿章全集》（22）《电报二》，安徽教育出版社，2008，第 240 页。

扎。他说:"韩贫弱不能自主,时受制于中国。各国每派代理公使及领事等官,亦隐不以敌体之国相待。若韩能派公使全权分赴各国,各国亦必派直正公使驻扎朝鲜。各有权势,遇事牵制,中国自不敢以属邦视之。"① 美国的支持与唆使,加速了朝鲜现代民族意识的觉醒,直接促成了朝鲜自主外交的践行。

1885 年之后,清政府对朝鲜内政外交事务的干预愈益明显,国王之父大院君李昰应先是被囚禁在保定府后又被释放回国,淮军将领吴长庆又长期率兵驻扎朝鲜,袁世凯取代陈树棠,进驻汉城,监守朝鲜。与此同时,朝鲜政府摆脱清政府干预的决心也渐趋增强,反清抗清的行动也逐渐升级。国王李熙自 1887 年 5 月以来,就将派出使臣视为头等大事,精心策划,周密部署,坚持派出使臣。史称:韩王"由四月至今,庶政皆废,无日不以派使为事。韩廷诸老成皆不以为然,独(朴)泳翊与德尼力主此事,又唆美俄使请之,王益自信,不可复挽矣"。② 7 月 14 日,国王李熙在美国顾问德尼、③ 美国驻朝公使福久的怂恿下,任命闵泳骏为驻日办理公使,朴定阳为驻美全权公使,沈相孚(后因病改为赵臣熙)为驻英、法、德、俄、义(意大利)五国全权公使,目的是借助东西方列强的承认,"须派公使分往各国,乃能全自主体面",④ 迫使清政府放弃对朝鲜的全面干预政策。朝鲜政府采取了先斩后奏的策略,8 月 2 日,先派闵泳骏赴任,⑤ 8 月 11 日方照会袁世凯,借以试探清政府的态度。⑥ 9 月 16 日,又在清廷毫不知晓的情况下,由交涉通商事务代理督办大臣朴周阳照会美国驻朝公使丹时漠(H. Dinsmore),"特派协办内务府事朴定阳作为钦差全权大臣,前往贵国,驻扎京城,妥办交涉事宜,行将不日登程"。当天还通知担任朝鲜驻纽约总领事的美国人厚礼节做好接洽工作,"待其抵达,与同周旋"。⑦ 9 月 23 日,国王李熙颁布国书,正式任

① 台北中研院近代史研究所编《清季中日韩关系史料》第 4 卷,1972,第 2361 页。
② 《清季中日韩关系史料》第 4 卷,第 2361~2362 页。
③ "德尼失宠无聊,知中国又不助以弄权,遂翻然附韩王自主之意,献策设谋,屡以派使为请,其用心盖与福久同也。韩王闻策已深嘉纳。"参见《清季中日韩关系史料》第 4 卷,第 2361 页。
④ 《李鸿章全集》(22)《电报二》,第 231 页。
⑤ 受清廷压力,闵泳骏到达日本后不久,即奉旨召回,代理者为金嘉镇。据清朝驻日公使黎庶昌报称,金嘉镇任职期间,拒不遵守李鸿章所订"三端","遇万不可少之过节,仅投一刺,迄未登堂,偶遇于他处,其情形亦甚可恶,则冥顽竟过于朴定阳矣"。《李鸿章全集》(34)《信函六》,第 231 页。
⑥ 《旧韩国外交文书》第 8 卷[清案 1],第 367 页。
⑦ 《旧韩国外交文书》第 13 卷[美案 1],第 316 页。

命朴定阳为驻美全权大臣，内称："朕知此臣忠勤综详，堪任是职，用特备书，着该大臣躬亲进呈，尚冀大伯理玺天德推诚相信，从优接待，准其随时入觐，代达朕之衷曲，得以益加亲睦，共享升平焉。"① 清政府闻讯，大为恼怒，认定此事非同寻常。国际公法明文规定，只有独立自主的主权国家才有资格进行外交活动，附属国无外交之权。朝鲜政府遣使出洋，无疑是在昭告世界，朝鲜为一独立平等之国。况且，朝鲜所派使臣为全权公使，而当时清政府所派公使，职衔为二等使节。朝鲜使节位居清廷使节之上，摆脱中朝宗藩体制桎梏之意不言自明。

清政府深知，倘若坐视不管，任其发展，中朝之间延续数百年之久的宗藩关系将会就此结束，苦心经营的对朝策略将会付诸东流。李鸿章当即做出判断，"朝鲜近藩，略如宋鲁，履霜坚冰，其渐当警"，② 并意识到此前的失策。他说："其初狃于金嘉镇之在倭，适当徐、黎相代之交，因其人微，不足措意，自觉去来任便，遂聂骎欲以大使尝试于欧美两洲。"③ 为维护中朝宗藩体制计，更为"保藩固边"战略计，阻挠朝鲜使臣赴欧美就任自然也就成为清政府的必然选择。

二 朴定阳使团的艰难起航

根据清廷和李鸿章的指示，具体负责朝鲜事务的袁世凯采取了两项措施，阻挠朝鲜派出使臣赴欧美就任。大致说来，袁世凯所采取的措施，其一是争取国际社会的支持，营造一个有利于中国的外部环境；其二是设置重重障碍，坚持中朝宗藩关系的原则不动摇。

英国、德国对于朝鲜遣派使臣一事持否定意见。"巨文岛事件"结束后，英国尽管没能实现永久占有朝鲜领土的目的，但它巧妙地借用了国际社会的各种矛盾，迫使俄国政府做出了永不占取朝鲜土地的承诺，维持了朝鲜半岛的原有秩序。英国政府深知，欲求远东利益不受侵犯，中国力量是重要一极，中国扮演着抵御俄国、日本染指朝鲜半岛的重要角色，客观上维护了英国的远东利益。倘若削弱中国在朝鲜半岛的影响力，必定是俄国、日本甚至

① 《旧韩国外交文书》第13卷［英案1］，第317页。
② 《李鸿章全集》（34）《信函六》，第332页。
③ 《李鸿章全集》（34）《信函六》，第357页。

美国对朝鲜半岛的大举进攻。与此相伴的必然是英国在东北亚地区的大撤退，这将极大地影响英国的全球战略。正是基于中国在朝鲜半岛地位的重要性，加之试图与中国结盟的考虑，英国政府始终或明或暗地承认着中朝宗藩关系的存在。因而，当朝鲜决意派出使臣驻扎俄美日等国之时，富有多年殖民经验的英国政府深谙此中奥秘，此道闸门一旦打开，长存中朝两国之间的宗藩体制必将崩溃，中国对朝鲜的影响力势必大为减弱，朝鲜半岛目前的均衡态势自然会被打破，英国人的担心将会变成现实。为此，当袁世凯前来咨询意见时，英国驻朝总领事威妥玛表现出了罕见的热情，极力唆使中国阻止朝鲜使臣出国。威妥玛当面质问袁世凯，朝鲜派全权大臣出国，大伤中国体面，"何不禁止"。并表示，西方各国对于朝鲜的这一举动均不赞成，"中国宜禁其派往"。否则，从此以后，西方各国将以独立自主国家对待朝鲜，将不再承认中国在朝鲜的宗主权，朝鲜将会变成第二个安南。威妥玛最后提醒袁世凯，在事关国家体面问题上，中国应当旗帜鲜明地亮明自己的态度，公开阻止朝鲜遣使出国。①

英国人的公开支持，增强了清政府阻挠朝鲜派出使臣赴任的信心。9 月18 日，袁世凯递交照会，严厉质问朴周阳、领议政沈舜泽，"韩交涉大端，向与本大臣先商，近闻分派全权赴各国，并未预商即将前往。且各国并无朝鲜商民贸易，何故派往，徒益债累？该员往办何事？有何意见？望即知照韩政府查报"。② 单从照会的内容来看，清政府并不反对朝鲜派出使臣远赴欧美，反对的只是朝鲜政府违犯宗藩体制，未加请示，擅自行动。这样一来，清政府就既阻绝了西方各国干预的口实，又行使了宗主国的权力，表明了中朝两国特殊关系的存在。在此后的数天内，清政府、李鸿章、袁世凯屡次指斥朝鲜违背传统，明令要求朝鲜国王李熙停止遣使出国，否则后果难料。清政府的这一连串举措，确实起到了一些敲山震虎的作用。国王李熙一度表现出了疑怯之情，加之"诸大臣均力谏派使为大误，王颇恐动"，事情似乎在向清政府期待的方向转化。袁世凯乐观地认为，"韩交涉大端之权，亦可渐入中国，并可折群小妄议之心"。③

---

① 《李鸿章全集》（22）《电报二》，第 243 页。

② 《沈舜泽照复袁世凯》，光绪十三年八月初六日，《礼部奏朝鲜派使西国先行请示案》，台北中研院近代史所藏《驻朝鲜使馆档——袁世凯》，全宗：01 ~ 41，宗号 – 册号：016 – 01。

③ 《李鸿章全集》（22）《电报二》，第 243 页。

但是，清政府尤其是袁士凯显然是低估了朝鲜政府谋求自主的决心。国王李熙深知，朝鲜欲自主，必须结交西洋，摆脱清廷，"清素畏洋，我派使结洋，清必畏我。北洋电必虚吓，计断无虑"，只要坚持派使出洋，"清无奈何"。① 9月22日，沈舜泽在照会中机敏地回答了袁世凯的质问。他称道，朝鲜历来恪守"备文咨报"的惯例，从朝美立约到与西洋各国签约，无不如此。此即"交涉大端之先商者"之明证。朝鲜与美英德诸国所订条约既经咨报，现朝鲜按照条约规定，"派遣使臣驻扎京城，商办交际事宜"，则不能视为擅自行动。更何况，朝鲜本无遣使出洋之打算，只因"近日各国之请愈切，本国念及友谊，重违其请，乃派定欧美各国使臣，姑以塞西人之请"。② 沈舜泽在此采用以子之矛刺子之盾之策，宣达了朝鲜派遣使臣出国的正当性。

此后，面对来自清廷的压力，国王李熙采取了折中的办法，暂停派出驻欧洲五国使节赵臣熙，但坚持要驻美公使朴定阳赴任。9月23日，清政府发布谕旨，通告朝鲜政府，"中国已允韩与各国通商，今派使亦同一律，但必须先行请示，俟允准后，再分赴各国，方合体制。现在自仍以停止派赴为正办，留请示一层为转圜地步"。③ 当晚9点30分，袁世凯接到圣旨。9点45分，照会朝鲜交涉通商事务衙门。10点，袁世凯派陈同书面见沈舜泽，宣读圣旨。

朝鲜政府对清政府的通告置若罔闻，当晚即按原定计划派全权公使朴定阳一行启程赴美。待木已成舟之后，朝鲜于9月24日早上6点派朴齐纯通知袁世凯，称朴定阳一行在接到清廷谕旨前已经出发。朝鲜政府这种"先派后咨"的做法令袁世凯异常愤怒，并很快查明了事实真相：23日午夜时分，朴定阳就在王宫，知道清廷反对派出使臣，国王李熙仍命令其出城等候，以决进止。凌晨3点多，赴美使团一行悄悄离开汉城，朴定阳暂住汉城南门外，参赞官等人赶赴仁川。袁世凯随即召见沈舜泽，责令朝鲜政府即刻追回并严惩朴定阳。

在袁世凯的高压下，国王李熙发生动摇。德尼等外国人与部分朝鲜官员则连夜入宫密议，鼓舞国王。他们认为，"华要虚体面，我可应之。姑使人

---

① （清）王彦威编《清季外交史料》（二）卷73，书目文献出版社，1987，第2页。

② 《沈舜泽照复袁世凯》，光绪十三年八月初六日，《礼部奏朝鲜派使西国先行请示案》，宗号－册号：016－01。

③ 《李鸿章全集》（22）《电报二》，第245页。

奏请，华恐失和他国，断无不允之理，我不过稍迟再派何妨"。国王李熙接受了此种建议，先是电令朴定阳暂缓赴美。9 月 24 日下午 4 点 30 分，朴定阳返回汉城。继而派礼宾寺主簿尹奎燮于 9 月 29 日乘船前往北京，奏请清廷，以符旧制。最后打出"美国牌"，求请美国出面斡旋。9 月 28 日，美国驻朝公使丹时漠照会袁世凯，对清廷阻挠朴定阳赴美一事，提出强烈抗议。照会内称："韩全权赴美，已由外署照知，不久即往。乃于将行时，你奉贵政府命干预此事，故中止。余甚惊讶，是否乞示。韩与美订约是李中堂代办，约内各节彼此早知，准互相派使。何前韩派倭使无不允，是华待美异于倭，非和好意。"① 随后，美国驻华公使田贝（Charese Denby）向总理衙门递交照会，转达美国外交部的诘责抗议。照会称："接准本国外部来电内称，中国有阻止朝鲜国遣使驻美之事，本国甚为诧异，心颇惜之，嘱本大臣转知贵署等因，相应照会贵王大臣查照可也。"②

美国的干预，改变了清政府的态度。10 月 1 日，总理衙门电示李鸿章，"韩与各国立约，均有派使互驻之条"。"既有条约在前，亦安能请旨罢斥。况前议韩使与中使来往用属国体制，彼已钦遵交涉大端先行呈核一议，谅彼亦无他说。该国此举患在不自量力，然却系照约行事，劝止之或冀转圜，强禁之必添枝节，应俟其奏到日，请旨开示，较为得体。"③ 此电文一改往日的强硬口吻，不再坚持请示、批准的程序原则，为体面收场留足了余地。究其原因，是朝鲜打出的"美国牌"收到了奇效。

既然无法改变朝鲜遣使赴日美等国的事实，清政府只好在枝节方面大加修补。早在 9 月 13 日，针对朝鲜擅自派出闵泳骏赴日本就任一事，总理衙门就接受了袁世凯的提议，通告清政府各驻外公使，"朝鲜现派使分驻各国，如与中国使臣往来，应令用呈文、衔帖，我用朱笔照会，以符属国体制"。其用意是以不平等对待来挫败朝鲜争取与中国平等的企图，显示中朝两国在名分、地位上的不对等，突出中朝两国宗藩关系的固有存在。用袁世凯的话来说，就是"韩欲以派使示自主于天下，华亦以不得平行示属邦于各国"。④此电文由李鸿章直接转达给朝鲜政府，明确要求："朝鲜派往之员与中国驻扎大臣公事交涉应用呈文，往来用衔帖；中国钦使遇有公事，行文朝鲜

① 《李鸿章全集》（22）《电报二》，第 247 页。
② 《清季中日韩关系史料》第 4 卷，第 1277、2367 页。
③ 《李鸿章全集》（22）《电报二》，第 249 页。
④ 《李鸿章全集》（22）《电报二》，第 238～239 页。

驻使用朱笔照会，以符向章本例。"① 10 月 2 日，袁世凯进宫与国王李熙协商派驻各国公使的等级问题。按照国际公法的准则，《外交等级条例》明确规定，使节分为三个等级：一等是大使和教皇派遣的特使或使节；二等是各国所派的特使或公使；三等是代办。② 袁世凯称，中国现派往世界各国的公使"皆系二等"，如果朝鲜派出的使臣为"全权"，定会形成上国使臣低于属邦使臣的局面，这既违背了宗藩体制的惯例，又给中朝两国使臣的交往带来不必要的麻烦。为此，袁世凯要求朝鲜所派驻外公使"勿用全权字样，照西例应列三等"，以维护清政府驻外使节的"体面"。③ 孰料，朝鲜政府拒不接受。国王李熙称，此前派出的驻外使节皆以"全权公使"的身份照会各国，如果此时突然变"全权公使"为"驻办公使"，职衔由二等降为三等，势必会引起各国政府的不满与疑虑。因而，清政府所提要求实难办到。④

清政府眼见阻止朝鲜派出使臣已是难以改变，只好退而求其次，再做补充规定，以示限制。10 月 19 日，清政府颁布上谕，用"朝廷代为区画，殊属非计"作为台阶，对朝鲜坚持自主外交表示了无可奈何的同意，但对朝鲜提出了两项具体要求："派驻之后，体制交涉务归两全。所有派往各国之员与中国往来均用属邦体制"；"派使各国，应派为驻扎某国分使，勿用'全权'字样，庶与万国公法三等公使定章相合，而与中国分驻各国钦差分际无碍"。⑤ 朝鲜政府对于第二条要求表示了不满，强烈要求废止，坚持用"全权大臣"名义派出使臣。10 月 22 日，朝鲜交涉通商事务督办大臣赵秉式面见袁世凯，转达国王李熙的圣意。赵秉式称，朝鲜政府最初向外界公布的是"钦差全权大臣"，"今忽改减，必贻笑天下"。不仅如此，强令改变公使的等级，与清政府口称"允我自主"的说法自相矛盾，势必会引起世界各国对清政府的非议。10 月 24 日，李鸿章电告袁世凯，表达了对朝鲜使臣全权等级问题的处理意见。他认为，"因中国所派各国驻使均无'全权'字样，韩为华属，竟派全权，实于体制不合，转致贻笑各国，即韩王自问于心亦有未

① 《朝鲜署理督办交涉通商事务朴照复袁世凯》，光绪十三年八月初一日，《礼部奏朝鲜派使西国先行请示案》，宗号 – 册号：016 – 01。
② 王绳祖：《国际关系史》第 2 卷，世界知识出版社，1996，第 14 页。
③ 《旧韩国外交文书》第 8 卷［清案 1］，第 382 页。
④ 王彦威编《清季外交史料》（二）卷 73，第 4 页。
⑤ 《李鸿章全集》（22）《电报二》，第 257 页。

安，使尚未行，但于国书内改去二字，并无不便。可嘱外署暂勿复文，俟礼部传谕到日，请国王三思妥酌办理，毋贻后悔"。① 李鸿章用和缓的语气，表达了明确的意见，朝鲜驻外使臣必须去掉"全权"二字，宗藩体制的传统必须维护。否则，朝鲜将承担由此引起的一切后果。

主意已决的朝鲜政府并不为李鸿章的电文所折服，依旧坚持要以全权大臣的名义派出驻外公使。11 月 8 日，国王李熙致函袁世凯，详细而又委婉地表述了派出全权大臣驻扎欧美的缘由。国王李熙认为，使臣等级的高低应以派往国家的大小、强弱为标准。此前派往日本的使臣之所以冠以"办理公使"的职衔，就是因为朝鲜与"日本幅势相敌"。泰西诸国，无论是疆域，还是国际地位，都远远高出朝鲜 10 倍以上，如果仍旧派出"办理公使"前往驻扎，显然与所交涉的对象、承办的业务是极不相称的。更重要的是，欧美必然会由此更加轻侮朝鲜。如果此种预见一旦变成事实，受到轻侮、怠慢的就不仅仅是朝鲜一国了，因为朝鲜是中国的属邦，中国是朝鲜的宗主国，中国的国威自然也会受到损害。正是基于此种考虑，朝鲜才坚持派出全权大臣驻扎欧美。目前让朝鲜政府左右为难的是，统理衙门公布全权大臣驻扎欧美各国于前，上国指令改全权为三等于后。倘若坚持前议，必然大违天朝上国圣意。如果遵从上国旨意，出尔反尔，势必又会引起各国猜疑，"失信于天下，益启各国轻侮之心，而重贻强邻窥伺之志，小邦之辱，亦天朝之忧也"。经权衡再三，还请天朝垂恩，准允属邦"仍准派全权公使，拟即饬该使前往"。②

朝鲜的坚持，迫使清政府再度退让。11 月 9 日，清廷颁布上谕："派驻之后，体制交涉务归两全，所有派往各国之员，与中国往来均用属邦体制。其未尽事宜，仍著李鸿章随时通问筹商，务臻妥洽。"③ 该上谕绝口不谈"全权"改为三等一事，实际上等于默认了朝鲜驻扎欧美等国大臣之全权公使身份，仅仅是用含混的话语，对朝鲜使臣在欧美的行动做了原则性的规定。李鸿章深知该上谕缺乏可操作性，加之驻美公使张荫桓的提议，④ 他特地为朝

---

① 《李鸿章全集》（22）《电报二》，第 259 页。
② 《李鸿章全集》（22）《电报二》，第 263 ~ 264 页。
③ （清）王彦威编《清季外交史料》（二）卷 73，第 4 页。
④ 11 月 7 日，驻美公使张荫桓电示总理衙门："朝使至友邦，应由华使挈晤外部，此西例也，非争虚文。恐日诱导，则大损。北洋应否补咨预杜要结，并令具报职名。乞酌。"（清）王彦威编《清季外交史料》（二）卷 73，第 24 页。

鲜外出使臣订立了三条规则，史称"三端"："一、韩使初至各国，应先赴中国使馆具报，请由中国钦差挈同赴外部，以后即不拘定。一、遇有朝会公宴、酬酢交际，韩国应随中国钦差之后。一、交涉大事关系紧要者，韩使应先密商中国钦差核示。此皆属邦分内应行之体制，与各国无干，各国不能过问。"并电令袁世凯先行"转达国王，务饬使臣遵办。"①

国王李熙对此面从心违。11 月 10 日，赵秉式等面见袁世凯，转达国王之意，表示坚决照办，并提议由李鸿章先电告"各中国钦差，遇事指教照料一切，视同一室"。② 11 月 11 日，李鸿章分别电告中国驻外公使，"已电朝王，朝使初至各国，应先赴我使馆具报，请由华使挈同赴外部，后即不拘。遇朝会公宴，应随华使后，交涉大事先商请华使核示，韩均遵允，并求遇事指教、照料，视同一家"。③

至此，朝鲜政府排除了滑政府设置的种种障碍，为朴定阳出使美国、赵臣熙出使欧洲五国扫清了道路。

三　一波三折的抗争与惩处

1887 年 11 月 12 日，朴定阳一行 8 人④于 16 日乘坐美国军舰"奥西比"号，开始了赴美就任的航程。12 月 28 日，到达美国旧金山。在此，朴定阳向美国记者柯顺详细披露了滑政府干涉朝鲜内政，阻挠朝鲜派出使臣驻扎美国的内幕。⑤ 1888 年 1 月 9 日，朴定阳一行到达华盛顿。朝鲜使团到来之前，中国驻美公使张荫桓亲赴美国外交部，面见国务卿柏夏（Bayard），商定朝鲜使团递交国书的有关事宜，声明"韩为中属，美与立约亦承中意，务推爱

---

① （清）吴汝纶编《李文忠公全书·译署函稿》卷 9，第 6~7 页。
② 《朝鲜督办交涉通商事务赵秉式照复袁世凯》，光绪十三年九月二十八日，《礼部奏朝鲜派使西国先行请示案》，宗号－册号：016－01。
③ 《李鸿章全集》（22）《电报二》，第 267 页。
④ 关于朴定阳使团人数问题，现存史料有两种记载，一为 6 人说。"高丽公使朴定阳搭乘该船来美，并随员共六人，内有一美国人名亚伦，充当参赞"。见《金山洋文日报访事人与高丽公使问答》，光绪十三年十一月十六日，《朴定阳违章》，宗号－册号：016－02。一为 8 人说。"全权大臣朴定阳、参赞官李完用、书记官李夏荣、李商在、翻译官李采渊、随员姜进熙、李宪用"，外加美国人亚伦参赞。《李鸿章电告袁世凯》，光绪十四年二月十五日，《朴定阳违章》，宗号－册号：016－02。
⑤ 《金山洋文日报访事人与高丽公使问答》，光绪十三年十一月十六日，《朴定阳违章》，宗号－册号：016－02。

相待"。① 柏夏对此断然拒绝。② 他声明，"美国因不熟悉清、韩两国的关系，所以同以独立国之待遇对待两国，并认为驻美两国使臣亦依国际惯例，为代表自己政府之独立官员"。③ 美国政府的支持，激化了中朝之间的矛盾。朴定阳到华盛顿的当天并没有直接到清使馆报到。张荫桓当即派参赞彭光誉、徐寿朋前往会见，以确定双方公使会晤的时间，商讨向美国递交国书的具体事宜。不料，朴定阳竟以身体不适为由，拒绝会见，只派其随从转告彭光誉、徐寿朋，与清政府使节往来，愿意遵守"衔帖、呈文、朱批照会"式样，至于清政府所订三条规则，因未接到朝廷旨令，本使臣未便执行。④ 清政府闻讯后，指斥朴定阳"竟将定章视为弁髦，称为未奉明文"，"不但辱命，竟违命矣"，⑤ 电令袁世凯从速处理此事。袁世凯在 13 日、14 日、15 日三天内四次照会朝鲜政府，并面见国王李熙，对朝鲜政府出尔反尔的做法提出强烈抗议。李熙则称在朴定阳出国前已经将三条规则告之，并答应电告朴定阳遵守。而事实上，朴定阳在当天就径赴美国国务院，拜见了国务卿柏夏，确定五天后单独拜谒美国总统克利夫兰并递交国书。

朝鲜政府继续采取拖延战术，对袁世凯的四次照会均不予以理睬。直到 17 日，朝鲜政府才同意电令朴定阳按三条规则行动，"查前此议准三端曾经饬知派赴美全权朴遵照，未知该使到美何不详慎，致多枝节。适聆之下，实所不安，已饬发电赴美全权朴，饬即遵照前议办理"。⑥ 而就在当天，朴定阳

① （清）王彦威编《清季外交史料》（二）卷 74，第 20 页。
② 关于美国政府对张荫桓所请的态度问题，中朝两国史料记载有差异。据张荫桓称，美国政府同意并接受中国政府的请求。"臣于该使员朴定阳初抵美境，即照会美外部，以属国遣使当挈同该使来晤；至该使递国书，则请外部照例带领。旋准。外部复定相见之期。"《袁世凯照会朝鲜交涉通商事务督办赵秉式》，光绪十四年三月十七日，《朴定阳违章》，宗号-册号：016-02。"本大臣照会美外部时业已声明，如美廷设有斥退国书之意，则外部照复岂能如是圆到？外部答本大臣之言，又岂能如是切当？"《袁世凯致函李鸿章》，光绪十四年三月十九日，《朝派美使卷》，宗号-册号：016-03。"该使员（朴定阳——引者注）初抵美境，本大臣（张荫桓——引者注）与〔美〕外部往来照复问答，均极切当周妥，美廷绝无意见。该使所称查探物情及美廷有意斥退国书之说，果何所见闻？有无证据？"《袁世凯照会朝鲜领议政沈舜泽》，光绪十四年六月初九日，《朴定阳违章》，宗号-册号：016-02。
③ （韩）李瑄根：《韩国近代史》，第 339 页。
④ 《李鸿章全集》（22）《电报二》，第 293 页。
⑤ 《旧韩国外交文书》第 8 卷［清案 1］，第 398 页。
⑥ 《李鸿章全集》（22）《电报二》，第 295 页。

已经完成了正式向克利夫兰总统递交国书的使命。同一天，袁世凯照会赵秉式，内称：赴英德俄意法五国全权公使赵臣熙已经前往欧洲，"应虑该使赵或亦另有见闻，复违定章，亢属不成事体"。为防止"朴定阳事件"的再度发生，特此照会贵督办，望贵督办即刻"电饬该使赵，复详照恪遵三端，先后至各国京都时，即先往中国钦差大臣处，商办一切，免致又有歧异，而违定章"。① 赵秉式当即承诺，将派参赞官李容泰赶赴香港，与赵臣熙会合，转达清廷旨意，务令其严格按"三端"行动。②

执料，三天后朝鲜政府再度变卦。1月20日，郑秉夏奉国王李熙之命，向袁世凯提出，为保全朝鲜体面，请废止清政府所订规则的"第一端"。他认为，"先谒华使请挈往一靖，殊失韩国体"，欧美未必肯接受朝鲜使臣所递交的国书，因其必将以不平等之国对待朝鲜，这就是朴定阳绕过中国驻美公使直接向美国总统递交国书的缘由。目前，欧洲五国全权公使赵臣熙已到香港，即将前往欧洲，如果继续强令要求其遵照三条规则行事，势难做到，故"请婉恳宪台俯允，删其第一端，以全韩国体"。③

清政府对朝鲜政府的公然背叛，大为恼怒，认为"三端既经议定，岂容轻易更张"，"朴不先见华使则太悖谬，显违体制"，坚持要求严惩责任者，以儆效尤。1月28日，袁世凯照会赵秉式，转达清政府旨意，"该使违章，究竟系何缘由，即祈从速回音"。④ 朝鲜政府一方面将责任全部推到朴定阳身上，借以开脱国王李熙之责；另一方面又以使臣在外，情况不明，"待该使反命之日，敝政府当示谕警"相答复，敷衍塞责，借以保护朴定阳。最后亮出底牌，以美国打压清政府。1月30日，赵秉式照会袁世凯，为朴定阳开脱罪责。他说："据朴使电启弥，前定三端本不敢违，惟至美后，查探物情，则美廷有意斥退国书，故冒罪违章，姑全使命，待回请罪"。⑤ 袁世凯拒绝接收照会。2月4日，李鸿章致电袁世凯，内称："朴（定阳）使不遵前定三端先见华钦差商办，乃云查探物情，美廷将斥退国书，显系造言抵赖，如果有斥退国书之意，张大臣（驻美公使张荫桓——引者注）岂不闻知而曲谅耶？

---

① 《袁世凯照会朝鲜交涉通商事务督办赵秉式》，光绪十三年十二月初五日，《中韩关系关系议定之三端》，宗号－册号：016～10。
② 《朝鲜交涉通商事务督办大臣赵秉式照会袁世凯》，光绪十三年十二月十四日，《朴定阳违章》，宗号－册号：016－02。
③ 《李鸿章全集》（22）《电稿二》，第295页。
④ 《旧韩国外交文书》第8卷［清案1］，第422页。
⑤ 《李鸿章全集》（22）《电稿二》，第298页。

韩政府外署辄敢以自违奏章无稽小人之言转复，殊属胆玩。"①

"朴定阳事件"原本就是经过朝鲜国王李熙与群臣们精心设计、周密部署的一次争取自主外交的尝试，发起的一次向宗藩体制的挑战。由于自身力量的弱小，加之多年来形成的心理弱势，朝鲜政府在清政府的震慑下，唯有小心辩白，求请宽恕。2月6日，沈舜泽致函袁世凯，首先表白在朴定阳出国前已经饬令其严格按照清廷所定"三端"行事，朴定阳在美国的一系列行为"实属惊悚"，言外之意，朴定阳的行为与朝鲜国王和政府无关。继而对朴定阳的所作所为进行了谴责，认为无论遇到何种难处，朴定阳都不应抛开中国驻美公使独立行事，更不应该"托病未往，言语支吾"，置国王的饬令于不顾，纯属"滋形谬妄"。最后，再三表示歉意与不安，保证待朴定阳回国后，一旦查明事实真相，定当严惩，"以重体制为要"。② 同一天，赵秉式照会袁世凯，除重复沈舜泽信函的内容外，也表达了惩办朴定阳的决心，"该使谬妄之实，涯俟自见，容俟该使返命之日，应由敝政府再行查核施谴，尚乞贵总理特赐涵谅为感"。③ 朝鲜政府的表态，让清政府心理上得到了些许安慰，加之朴定阳远在万里之外的美洲大陆，一时也难以奈何。李鸿章认为，"似未便因此小事遽与决裂"。④ 至此，"朴定阳事件"暂告一个段落。

事实上，清政府对"朴定阳事件"的追讨始终没有停止。尤其是当《伦敦日报》、俄国报纸详细报道了"朴定阳事件"的事实经过之后，⑤ 袁世凯深感责任重大，遂加快了调查的步伐。调查是从朴定阳所言"未奉明文"开

---

① 《旧韩国外交文书》（第8卷），第423页。

② 1888年2月6日，朝鲜领议政沈舜泽致函袁世凯，内称："敬复者：前承函示，以赴美全权朴违章一事，奉傅相第二次来电诘问，各节均已聆悉。查前议三端已于赴美使臣启行之前，饬令遵办，业经国王咨请傅相转奏在案，未知该使至美为何托词不遵，致此诘问，实属惊悚。且念设遇难处，尤当先谒张大臣商请妥议，乃竟托病未往，言词支吾，滋形谬妄，甚非国王前饬唯事恭谨之本意也。国王闻此愧惜，深为不安，敝政府实忧，无以自暴，以解中朝之惑也。所有该使违章之罪并应议处，而现在本人出疆，无以施谴，拟俟调回到国，再行议处，以重体制为要。尚求将此事情委曲转报，感幸不尽。"《朝鲜领议政沈舜泽致函袁世凯》，光绪十三年十二月二十五日，《朴定阳违章》，宗号-册号：016-02。

③ 《李鸿章全集》（22）《电报二》，第298页。

④ 《李鸿章全集》（34）《信函六》，第368页。

⑤ 1888年3月6日，李鸿章致函驻美公使张荫桓称："此案始末，既经《伦敦日报》详刊，续由尊处检示报馆照刊，布告两洲，咸使闻知，欲盖弥彰，亦足儆矣。"《李鸿章全集》（34）《信函六》，第327页。1888年5月25日，李鸿章电复驻俄德和奥公使洪钧："俄报载高丽遣使，原为声明自主之案，使天下皆知，非复中国属国，其实情不过如此。"《李鸿章全集》（34）《信函六》，第362页。

始的。"未奉明文"是朴定阳敢于抛开清政府驻美使馆独立行事的最好托词，也是朴定阳蔑视三条规则的最大挡箭牌。因而，只要弄清"未奉明文"的事实真相，朴定阳及国王李熙的谎言便不攻自破，朝鲜政府反清自立的野心昭然若揭，对朴定阳的严惩、对朝鲜政府的惩戒也就顺理成章。

7月16日，袁世凯照会赵秉式，对朴定阳所称"未奉明文"一事展开新一轮次的调查。在照会中，袁世凯详细陈述了限制朝鲜驻外公使的三项规则出台的过程、三项规则传达到朝鲜的经过、朝鲜国王李熙对此的态度、朴定阳出国前对此的认识，并附上所有与此相关的奏折、上谕、朝鲜国王咨文、往来照会以及朴定阳在美国与张荫桓交谈的全部记录。最后得出的结论就是：朴定阳出国前后已经完全知晓中国政府的三项规则，其所谓的"未奉明文"，纯属"辞托狡展，必由韩廷授意"。① 袁世凯说：1887年11月9日，李鸿章奏朝廷之命，在保定府"酌拟三端"并上奏朝廷，作为与朝鲜国王筹商派使各国未尽事宜的指导性意见。11日，清廷批准。李鸿章遂电告袁世凯，"先照知外署转达国王，务饬使臣遵办"。② 朝鲜国王李熙对此深表赞同，先是指派朴定阳、赵臣熙"来请指教，极称感谢"。③ 后又于12月4日，发布咨文称："即于本月抄饬驻美全权朴定阳，驻英、德、俄、意、法全权赵臣熙先后前往泰西，各敬厥职，至贵大臣遵旨妥筹三端，悉心筹划，既周且详"，"希即查照，转奏施行"。④ 上述事实证明，对于李鸿章制定的三项规则，朝鲜国王李熙不仅知情，并且同意，所订"三端"是中朝两国协商的结果。朴定阳、赵臣熙出国前不仅清楚"三端"内容，而且通晓朝鲜政府对于"三端"的肯定态度。到达美国后，中国驻美使馆参赞徐寿朋、彭光誉，随员李春官于1888年1月11日，在朴定阳下榻处当面向他重申过"三端"内容及中朝两国政府的态度。因此，朴定阳在美国宣称的"船期忙迫，未奉我政府公牍，有难径行"⑤ 的说法纯粹是自欺欺人之举。在照会的最后，袁世凯责令朝鲜政府回答："该使官究于何月何日奉到外署明文，仰即具复"，⑥以此作为下一步追讨责任的依据。

---

① （清）王彦威编《清季外交史料》（二）卷74，第21页。
② 《李鸿章全集》（22）《电报二》，第264页。
③ 《李鸿章全集》（22）《电报二》，第266页。
④ 《旧韩国外交文书》第8卷［清案1］，第467页。
⑤ 朴定阳：《从宦日记》，《朴定阳集》第3册，首尔，亚细亚文化社，1984，第641页。
⑥ 《旧韩国外交文书》第8卷［清案1］，第467页。

7月17日，袁世凯两次照会赵秉式，要求朝鲜政府"迅速逐细查明，据实风情复，以凭转详"，对朴定阳所言与事实不符之处做出合理答复。在照会中，袁世凯在驳斥朴定阳言论的同时，将矛头指向了朝鲜政府。他认为，朝鲜政府与朴定阳在有关"三端"问题上的解释、决策自相矛盾、漏洞百出。其一，朴定阳称，接到政府饬遵"三端"电令的时间为1888年1月16日，此时距离朴定阳一行1887年11月16日启程前往美国已经过去了2个月之久。而朝鲜政府在1888年2月6日致袁世凯的函文中却说，"前议三端，已于赴美使臣启行之前饬令遵办，业经国王咨请转奏"。一方说，出国两个月之后才接到政府的指令；另一方称，出国前已经通知使臣遵行。答案只有一个，"韩政府之言实，则朴使之言虚矣；若朴使之言实，则韩政府之言虚矣"。其二，朴定阳致电朝鲜政府，"自认冒罪违章"；在答复袁世凯的追问时则称，到达美国两个月之后才接到政府的指令。如果事实真如朴定阳所说，那么又何来"自认冒罪违章"呢？他究竟"冒"的何"罪"？"违"的啥"章"？其三，朝鲜政府一方面指斥朴定阳在美国的一系列行为"违章"；另一方面又"欲变通前议"，试图修改中朝两国业已达成的协议。其四，朴定阳以"美廷有意及退国书"为由，置"由华使挈往外部"之规定于不顾，径直前往美国外交部，单独向美国总统递交国书。而事实并非如此，美国政府早已赞同"三端"之中的第一端，同意按中国所提方案接待朝鲜公使。其五，即使确如朴定阳所称"未奉明文"，他在美国的所作所为也是违法之举。《万国公法》明确规定，只有头等公使才有"代君行权"之权力。朴定阳本属二等全权公使之列，他既不请示政府，又无国王授权，就擅自改变"三端"规定，显然是越职行事。为此，袁世凯再次要求朝鲜政府，迅速查明朴定阳赴美日期、所言依据，从实报来。①

7月20日，赵秉式两次照会袁世凯，回答了袁世凯的追问。他认为，朴定阳在美国的言行确有自相矛盾之处，"该使既自认冒罪孽违章，而其呈复张大臣，乃以奉到电饬日字执定为证，自归歧异，无庸更核"。至于朴定阳这样做的依据，赵秉式以事实不清为由聊作回答。他说："本督办诚难悬揣臆对，俟诘明该使，再行详复，实合事理。"② 在有关朴定阳何时起程的问题上，赵秉式用模棱两可的语言，做了极为策略性的解释。他说："至起行日

---

① 《旧韩国外交文书》第8卷［清案1］，第470~472页。
② 《旧韩国外交文书》第8卷［清案1］，第472页。

期，或因该使主辞朝而言，贵总理（袁世凯——引者注）所报，以其开船为据，致有此不符欤!"① 对赵秉式此段话可以解释为：在起程日期的理解上，袁世凯与朴定阳存在着分歧。袁世凯把乘船离开朝鲜的那一天当作朴定阳赴美上任的日期；朴定阳则将拜别国王（即所谓的"辞朝"）的那一天作为赴美起程的日期。正是因为对起程日期的理解不同，才导致了双方歧义的发生。至此，清政府及李鸿章、袁世凯对"朴定阳事件"的问究再次无功而返。

随着朴定阳即将回国的消息传出，中朝两国在"朴定阳事件"上的角力再度上演。1888 年 9 月 6 日，袁世凯电告李鸿章称，朝鲜政府委派金思辙为驻美使馆参赞，起程前往美国，"闻金至美即调朴定阳回任"。② 这是现存史料中，最早提到朴定阳回国的记载。10 月 21 日，李鸿章电告袁世凯，继续诘问朝鲜政府，"照案应计期函询。朴如何，详复"。③ 29 日，赵秉稷在照会中表示："该使非久将回国，拟面询事实，彻底查究，仍将缕细情形详复贵总理。"④

11 月 1 日，袁世凯照会赵秉稷，查探朴定阳归国的行程。照会内称："贵函所开该使朴定阳匪久回国一语，未识该使已否由美启行，约计何时可抵韩境。尚望明白详复，至为祷盼。"⑤ 朝鲜政府对此以沉默相对。11 月 6 日，袁世凯再度照会赵秉稷，内称："祈将该使朴定阳已否由美启行，约计何时抵韩境，明白详复各节，至今未接示复，殊为盼切。"⑥

朝鲜政府继续采用延宕之法，大打太极拳。11 月 9 日，赵秉稷照会袁世凯，内称："查向据驻美朴［定阳］使来［信脱?］，闻有身病，将匪久回国而已。其已否启行，何时抵境，姑未可的对。如有确报，当即仰布，尚祈涵亮。"⑦ 10 日，袁世凯对赵秉稷的照会内容进行了全面痛斥。他认为，朴定阳身为朝鲜驻美全权公使，绝无不经请示、未经许可擅自离职之理。贵代理督

① 《旧韩国外交文书》第 8 卷［清案 1］，第 473 页。
② 《李鸿章全集》（22）《电报二》，第 371 页。
③ 《李鸿章全集》（22）《电报二》，第 397 页。
④ 《旧韩国外交文书》第 8 卷［清案 1］，第 490 页。
⑤ 《袁世凯照会赵秉稷》，光绪十四年九月二十八日，《朝驻美使朴定阳请假返国卷》，宗号 - 册号：016 - 04。
⑥ 《袁世凯照会赵秉稷》，光绪十四年十月初三日，《朝驻美使朴定阳请假返国卷》，宗号 - 册号：016 - 04。
⑦ 《旧韩国外交文书》第 8 卷［清案 1］，第 493 页。

办置一般外交常识于不顾，竟然在 9 日的照会中称朴定阳"已否启行，何时抵境，姑未可的对"，这纯粹是愚蠢无知之见，掩耳盗铃之举。照会中所说，朴定阳归国日期难以确定尚有可原，难道朴定阳何时启程离开美国也不能确定吗？"已否启行，未可的对，实未免依违之词，非本总理之所愿闻"。① 11 月 13 日，沈舜泽、赵秉稷分别照会袁世凯，明确告知"驻美使臣朴定阳来信，该使病甚，恳求回国。昨已发电，允其速回，谅当不日由美启行，来月内可抵敝境也"。②

此后，袁世凯便陷入了苦苦等待之中。1889 年 1 月 8 日，袁世凯分别致函沈舜泽、赵秉稷，郑重提出："驻美使朴定阳是否已抵韩境？该使前届电禀各节，是否已彻底查究？均望迅速详示，以凭转报。"③ 1 月 12 日，沈舜泽复函，内称"使臣朴定阳由美启发已久，逾期未回，正悬望间，得便船来信，早于去月十七日（1888 年 12 月 19 日——引者注）行至日本东京，病势添尤，不得已中留调理，病间自当言旋"。④ 1 月 15 日，赵秉稷也做了近似的回答。⑤ 然而，事实并非如此。据张荫桓奏报，朴定阳于 1888 年 11 月 19 日离开美国，启程回国，书记官李夏荣代行馆务，随员姜进熙协办。⑥ 临行前，朴定阳"竟未向使馆（清朝驻美使馆——引者注）修谒"。⑦ 另据朴定阳《从宦日记》记载，朴定阳滞留东京是奉命行事，纯粹是朝鲜政府的决定。在朴定阳到达日本之前，朝鲜政府就电令朝鲜驻日本公使金嘉镇，"驻美公使已为发行向横滨云，到即见之，姑留调病"。12 月 19 日，朴定阳到达日本，随即由朝鲜驻日本使馆人员安排静养。21 日，代理公使金嘉镇电告朝鲜政府，"朴使十七日来到，故以姑留之事传命事也"。⑧ 朴定阳本人也清楚，朝鲜政府之所以命其逗留日本，就是为了躲避清政府的追讨。他在日记中写

① 《袁世凯照会赵秉稷》，光绪十四年十月初七日，《朝驻美使朴定阳请假返国卷》，宗号－册号：016－04。
② 《朝鲜领议政沈舜泽照会袁世凯》，《朝鲜交涉通商事务署理督办赵秉稷照会袁世凯》，光绪十四年十月十日，《朝驻美使朴定阳请假返国卷》，宗号－册号：016－04。
③ 《袁世凯照会朝鲜交涉通商事务署理督办赵秉稷》，光绪十四年十二月初七日，《朝驻美使朴定阳请假返回卷》，宗号－册号：016－04。
④ 《朝鲜领议政沈舜泽复袁世凯函》，光绪十四年十二月十一日，《朝驻美使朴定阳请假返回卷》，宗号－册号：016－04。
⑤ 《旧韩国外交文书》第 8 卷［清案 1］，第 510 页。
⑥ 《旧韩国外交文书》第 8 卷［清案 1］，第 522 页。
⑦ 《李鸿章全集》（34）《信函六》，第 493 页。
⑧ 朴定阳：《从宦日记》，《朴定阳集》第 3 册，第 718 页。

道:"此留住于日本,虽未详知,似缘丁亥冬外署督办赵秉式与清馆袁总理谈办时,以我电中有'查探物情'等说云云。其后袁总理屡有照会于外署云,则似缘此事也。"①

事实的确如此。朴定阳在美国的一系列所作所为,虽不敢说完全是奉旨而为,但至少是事先征得了朝鲜政府的首肯、同意,因此,朝鲜政府才是"朴定阳事件"的幕后主角。李鸿章、袁世凯尽管已经断定,但苦于缺乏足够的证据而已。袁世凯曾说过:"该使临行时,凯以续立三端详细解喻,何得以未奉明文托词狡展,此必由韩廷授意为之。"② 李鸿章则断言,"朝鲜三端之约,韩王知无可通融,牧于所遣两使隐授以阳奉阴违,希冀临时抵赖"。③ 作为事件的主谋,朝鲜政府清楚地知道,"朴定阳事件"不啻是一次捅天之举,清政府对此绝不会善罢甘休。一旦朴定阳回国,谎言被揭穿,后果更是无法预料。朝鲜政府只能用拖延的方法,延迟朴定阳回国的日期,以应对袁世凯的屡次催促。

此后,袁世凯又分别于 1889 年 2 月 21 日、3 月 2 日、3 月 22 日,三次照会沈舜泽、赵秉稷,表达彻底调查"朴定阳事件"的意志。照会中,袁世凯称道:"查驻美朴[定阳]使,回至日本中留调病之由,已经函告在案。该使病尚未差,归期稍延,一俟到境查询彻究,再行布复可也。"④ 朝鲜政府依旧不做回答。4 月 6 日,李鸿章明确指示袁世凯,"俟朴定阳到后,即催令查询彻究"。⑤

至此,虽有袁世凯这个原告,但由于被告朴定阳迟迟不出庭,朝鲜政府又拒绝承担连带责任,遂使得清政府对"朴定阳事件"的追讨再度陷入停顿之中。

4 月 29 日,据赵秉稷报称,"朴定阳已至釜山,不久来汉"。此时离朴定阳到达东京已经过去了整整 100 天。朴定阳在朝鲜的出现,意味着中朝两国到了最后摊牌的时刻。朝鲜政府经过一番密谋,对朴定阳不仅不予惩处,反而授予其外署督办的重任,借以彰显朝鲜争取独立自主的决心。袁世凯对此

---

① 朴定阳:《从宦日记》,《朴定阳集》第 3 册,第 719 页。

② 《李鸿章全集》(22)《电报二》,第 293 页。

③ 《李鸿章全集》(34)《信函六》,第 529 页。

④ 《旧韩国外交文书》第 8 卷[清案 1],第 528 页。

⑤ 《李鸿章致函袁世凯》,光绪十五年三月初七日,《朝驻美使朴定阳请假返回卷》,宗号 –册号:016 – 04。

做了深刻的剖析。他说："韩王欲俟朴回即授职外督办，以彰自主之权。如华严诘，先支吾，不得已则暂定罪，而暗唆美使诘，可仍赦回充当督办云。惟查朴回如听之，不但大损国体，且赵臣熙仍在香港，必即行而重违三端，所妨尤大。凯拟俟朴回即具文坚持严诘，料其必难支吾。朴如惩办，赵自中止。"4 月 30 日，李鸿章回电，对袁世凯的分析大加赞赏，"驳赵语甚有劲。俟朴回即具文坚持严诘，看其如何办法"。①

正当袁世凯严阵以待时，却迟迟不见朴定阳露面。而事实上，朴定阳已经于 1889 年 6 月悄悄抵达汉城，过着昼伏夜行的生活。据袁世凯 8 月 1 日电告，"闻前使美之朴定阳近移匿城南门外，韩王时密令其夜入京，黎明复出"。② 8 月 20 日，朝鲜报纸登载一则消息："驻扎美国全权大臣朴定阳、书记官李夏荣、李商在人来。"袁世凯随即照会朝鲜交涉通商事务督办大臣闵种默，历数自朴定阳违章以来中朝两国冗长的交涉情况，谴责朝鲜政府有意纵容包庇犯罪之臣，肆意亵渎天朝尊威，致使事情过去了两年之久，迟迟没有定论。在照会的最后，袁世凯要求朝鲜政府切实履行诺言，"迅将前准各案逐一查核，分别究办"。③ 24 日，袁世凯再次照会闵种默，催促严惩朴定阳，"以重要公而全体制"。面对袁世凯的步步紧逼，国王李熙急忙召集群臣，寻找最佳应对方案。美国人德尼谏言，"如听华罪朴，韩即非自主国，各国必不接交国使。必须即授朴显职以示各国，华必无可如何。此皆袁某一人作祟，尤无足虑"。国王李熙对此"疑忌不决"，遂召大臣朴齐纯、郑秉夏、赵秉稷等人赶赴汉城，入宫密议，"令见凯周旋窥探"。赵秉稷面见袁世凯，恳求"朴事含糊了结，毋深究"。闵种默则称，"华既允韩立约自主，即不应制以三端，朴不得已违章，可勿究"。新任朝鲜驻天津委员金明圭、朴齐纯等也相继登门游说，为朴定阳开脱罪责，冀盼清政府网开一面，免于追究。然而，袁世凯毫不妥协，"坚持罪朴，以杜后效"。④ 27 日，袁世凯第三次照会闵种默，责问朝鲜政府"一味诿延支吾"的缘由，敦促朝鲜政府从速处理。⑤

---

① 《李鸿章全集》（22）《电报二》，第 473 页。
② 《旧韩国外交文书》第 8 卷［清案 1］，第 585 页。
③ 《袁世凯照会朝鲜交涉通商事务督办闵种默》，光绪十五年七月二十四日，《朝驻美使朴定阳请假返回卷》，宗号 - 册号：016 - 04。
④ 《李鸿章全集》（22）《电报二》，第 521 页。
⑤ 《旧韩国外交文书》第 8 卷［清案 1］，第 585 ~ 587 页。

28 日，袁世凯第四次照会闵种默，在指斥朴定阳违章的同时，将矛头指向朝鲜政府："该使朴定阳抗违定章为一事，而捏报漫称又为一事，是一案而两事者也。其既抗违，即应于其复命后，属诸司按律议处，不过片时可以判决；其既捏报，即应于其到汉后，一再研究，得其确情，不过一二日可以明晰。乃事经九日，本总理复早经照会，而该使仍安然自处，未置吏议，尚复成何事体？又经两次函称，而贵督办，惟以絮烦审重为推延支吾之词，本总理诚所不解。岂贵督办犹疑多端，顾惜有在，不肯一秉至公，分别查究，而欲敷衍了事乎？"① 在此后的日子里，国王李熙陆续派出大臣上门求情，试图弱化袁世凯的意志，放弃对朴定阳的问责。据袁世凯 8 月 30 日电告，"连日韩臣来谒，俱托病拒见。郑秉夏逐日来，昨守候至夜深，继称有王命，不见不回云。凯恐绝太甚，因招见，反复告以朴案关中东大局，不可听小人妄谋，致遗后悔，语甚详切。郑深然之，驰入告王，王似可绝朴结案"。②

8 月 31 日，袁世凯向朝鲜政府递交了最后通牒式的照会，限令朝鲜政府速做决断。照会中写道："朴定阳违章拒命一案，迄今十二日，迭经函催，并随时派人面催，而贵衙门惟逐日推拖，不即具覆，本总理愈不可解。查此案关碍大局，事务綦重，贵衙门如是玩忽，几同聋哑，纵不顾贵衙门之体，亦不顾全国之体乎？本总理今惟有以一语相询，此案照会贵衙门，究竟复与不复，即望明示，以便转报可也。"③

受袁世凯最后通牒式照会的刺激，朝鲜政府一反常态，不再以沉默对待，也不再以支吾相敷衍。9 月 3 日，闵种默照会袁世凯，正面回答了朴定阳"违章"的缘由，亮明了朝鲜政府的观点，道出了自主外交、争取独立平等的真实意图。照会中写道：朴定阳径直前往美国国务院是"遵依万国公例"，"而若先往他使馆，是轻视该国外部"。按照《万国公法》之规定，作为一个独立自主国家的公使，完全有权前往所在国之外交部，而不需要他国公使陪同。否则，即是轻慢他国，违背国际交往之"公例"。言外之意，朴定阳在美国的所作所为完全正当，清政府在该问题上的纠缠纯属无理取闹。摆脱清政府干预，谋求独立自主之意不言自明。台湾学者林明德曾对该照会

---

① 《袁世凯照会朝鲜交涉通商事务督办闵种默》，光绪十五年八月初三日，《朝驻美使朴定阳请假返回卷》，宗号－册号：016－04。

② 《李鸿章全集》（22）《电报二》，第 523 页。

③ 《旧韩国外交文书》第 8 卷［清案 1］，第 589 页。

做过高度评价。他说，该照会"词意虽然和缓，而畅言朝鲜派使的自主立场，不啻为一篇重要的自主宣言"。①

朝鲜政府的公开抗命，直令袁世凯始料不及。9月5日，袁世凯照会闵种默，责令朝鲜政府，"即查照前届各照会，暨该使所陈确据确证，何以见其实非故违，容有可原，一并从速详复"。② 然而，朝鲜政府并没有照办，而是指派官员前来转达国王李熙的立场。当天，郑秉夏向袁世凯表示，"王意如办朴，各国必不与韩往来，损辱匪细"，③ 对朴定阳不予追究之意，不言而喻。

朝鲜政府的决意抵抗，不仅令袁世凯头痛万分，而且也让远在天津的直隶总督兼北洋大臣李鸿章一筹莫展。除频频致电为袁世凯鼓劲加油外，李鸿章也只能抛出大而无当的拖延战术。9月5日，李鸿章电告袁世凯，"有此一驳，彼能转圜，甚妙，否则勿催复。若复无理，仍须掷回，宁拖勿结"。④ 对"朴定阳事件"的处理再度搁浅。

正当中朝两国僵持不下之际，却突然传来朴定阳担任高官的消息。1889年12月4日，袁世凯电告李鸿章，"顷见韩抄报，王拜朴定阳为都承旨兼副提学"。5日，李鸿章回电指示袁世凯，"今忽授朴显职，汝自应备文诘政府，并请谒王面陈。如托故不见，再代拟咨稿候核办。至请旨斥责似不必"。⑤ 袁世凯当即照会沈舜泽，责令朝鲜政府"迅将朴定阳所以除授之故，在贵政府意果何居？何为至此？明白见复"，否则将直入王宫，向国王李熙"面陈一切"。⑥ 8日，领议政沈舜泽不得已，用委婉的语言，拒绝了袁世凯的要求。他称道："朴定阳授官一事不过循例而授，实非别有起见，恐不必致为诧讶也。近日寒事总至，国王有问寝之忧，未便接见，以此涵谅为荷。"⑦ 袁世凯对于此种答复自然是不予接受，12月25日，入宫面见国王李熙，质问朝鲜政府授显职于朴定阳意欲何为，催逼惩治朴定阳事。交谈中，袁世凯反复逼

① 林明德：《袁世凯与朝鲜》，台北中研院近代史研究所，1984，第166页。
② 《旧韩国外交文书》第8卷［清案1］，第592~595页。
③ 《李鸿章全集》（22）《电报二》，第526页。
④ 《李鸿章全集》（22）《电报二》，第527页。
⑤ 《李鸿章全集》（22）《电报二》，第561页。
⑥ 《袁世凯照会朝鲜领议政沈舜泽》，光绪十五年十一月十三日，《朝驻美使朴定阳请假返回卷》，宗号－册号：016－04。
⑦ 《朝鲜领议政沈舜泽照会袁世凯》，光绪十五年十一月十四日，《朝驻美使朴定阳请假返国卷》，宗号－册号：016－04。

问："究竟殿下办定阳否？"国王李熙始终不予正面回答，只是恳请袁世凯设法"周旋了事"，"求为免究"。外加"宦者迭请止，王似不能自便"，袁世凯担心"恐失和，亦未便再三渎，因辞出"。① 26 日，李鸿章电告袁世凯，透露了处理"朴定阳事件"底线："若轻办示惩，或订明使欧者仍遵奏章办理，自易了结"。②

洪在羲作为闵妃的救命恩人于 12 月 25 日、26 日深夜连续拜访袁世凯。在对朴定阳的惩办问题上，洪在羲提出了两种方案，一是"密治罪不登朝报"；二是"自宫密授朴末衔，令诣宫而密阻之，即以违召罪罢其职，含浑登报，使人不能指为违章罪，而自中国视为已加惩"。第二天，袁世凯即电告李鸿章，详细禀报了与洪在羲交谈的情况，提出了处理"朴定阳事件"的基本思路。电报内称："妃、王坚志蓄谋，寝食不忘者惟在不令赵（驻欧洲五国公使赵臣熙——引者注）遵奏章，全自主体。近日洪来亦迭云，妃、王拟请凯续设法恳改三端，令赵赴任，尤可涣释前嫌，再不听人谗谤。凯答以须先妥结朴案，始可仰探宪意，设法周旋，此时不能遽议等语。如知华必欲责赵遵章，势将显朴以劝赵，而朴案愈难措手，拟诱其先革朴职，次令政府复文认错，再相机请示遵办。"李鸿章对袁世凯所提方案深表赞同，态度干脆明断，"三端奏章无可改。先停朴职，政府复文章认错再说。"③

面对来自各方的压力，国王李熙决定以暂免朴定阳任职相对抗，"称即先罢朴官，再徐办罪"。④ 事后，朴定阳以身体有病为由，主动辞职。沈舜泽遂向袁世凯报称，已将"驻美公使朴禀于殿下，施以罢职之典"。⑤ 袁世凯总算是在与朝鲜政府的斗智斗法中取得了一个回合的胜利。

事情至此并没有结束。受"朴定阳事件"的影响，赵臣熙作为朝鲜驻欧洲五国全权公使，自出发后就一直以患病为由，逗留香港，等待、观望对朴定阳的处理结果。清政府的高压政策，朝鲜政府的暂时妥协，让赵臣熙深切感受到了仕途的险恶，赴欧就任的艰难。1890 年 2 月初，赵臣熙"因国信未

---

① 《李鸿章全集》（22）《电报二》，第 566 页。

② 《李鸿章全集》（22）《电报二》，第 566 页。

③ 《李鸿章全集》（22）《电报二》，第 567 页。

④ 《李鸿章全集》（22）《电报二》，第 561 页。

⑤ 《朝鲜领议政沈舜泽照复袁世凯》，光绪十六年七月二十二日，《朝驻美使朴定阳请假返国卷》，宗号 - 册号：016 - 04。

立，朴案久悬"，擅自回到了朝鲜。袁世凯断定国王李熙必定还会另外派人代行其职。① 事情果然如此。国王李熙采取了两项措施来应对这一突发问题。一是任命新的驻欧洲五国公使；二是严惩赵臣熙。2 月 1 日，即赵臣熙回国的当天晚上，国王李熙发布敕令，擢升朴齐纯为"内署协办，兼办五国使事"，并于次日将此任命"登报刊布"。袁世凯认为，在赵臣熙尚未回到汉城销差的情况下，国王李熙匆忙做出此项任命，"无非掩耳盗铃，欲顾虚体面"而已，至于将来派使西行，必然要另外择人充任。② 2 月 5 日，国王李熙以"窜配罪"，将赵臣熙从仁川直接发配。

随着朝鲜政府人事调动的新变化，中朝两国在遣使问题、惩治朴定阳问题上再起波澜。朝鲜政府除坚持继续派出使臣外，还提出了更高的要求，即废弃原订三项规则，独立自主地行施外交权。2 月 15 日夜，新任朝鲜驻欧洲五国公使朴齐纯来到袁世凯的住处，传递朝鲜政府的新指示，请求袁世凯"设法求改三端"。袁世凯深感此事事关重大，遂于第二天电告李鸿章，"韩如降派，可否酌改三端之处，乞密核示，以便因应"。对于袁世凯所请示的问题，李鸿章也不敢擅作主张，便于当天电请总理衙门，"前定三端可否酌改，望示复"。③

遗憾的是，全面负责清朝外交事务的总理衙门并没有对此做出明确的答复，李鸿章遂以模棱两可的语言电复袁世凯。其大意是：如果此次朝鲜政府保证将驻外使节由全权公使降为三等代办，"前议三端究应如何酌改，仍不失上国体制，庶与前奉谕旨筹商妥协之意相符，未便一概抹煞。俟朴再来询，先与妥议电复核办"。④

正当清政府举棋不定之际，朝鲜政府却加快了公关步伐。1890 年 2 月 28 日，洪在羲面见袁世凯，转达了国王李熙的三点意见：（1）毋治朴定阳罪，并就此结案；（2）图改三端；（3）令朴齐纯即往，"并欲骗凯求宪自改三端"。袁世凯遂对其进行了严厉的斥责，指斥朝鲜政府"反复多端，不成事体，并告洪此后不准再来见"。⑤ 29 日，袁世凯致电李鸿章，通报了与洪在羲交谈的情况。可惜的是，李鸿章没有对此做出任何表示，只是将袁世凯的

---

① 《李鸿章全集》（23）《电报三》，第 8 页。
② 《李鸿章全集》（23）《电报三》，第 10 页。
③ 《李鸿章全集》（23）《电报三》，第 14 页。
④ 《李鸿章全集》（23）《电报三》，第 17 页。
⑤ 《李鸿章全集》（23）《电报三》，第 21 页。

来电转寄总理衙门。此事表明，李鸿章、清政府在朝鲜政府遣派使臣、惩治朴定阳问题上已是心力交瘁，对掌控朝鲜局势已是渐失信心。清廷及李鸿章的妥协退让，严重挫伤了袁世凯的积极性，使其萌生了激流勇退的念头，①但均遭婉拒。②

在此后的数月间，由于朝鲜政府忙于争夺关税自主权，外加赵太妃病逝后，闵妃掌控大权，国王李熙"受制已久，不能自振"，③ 续遣使臣出国问题、惩治朴定阳问题被暂时搁置下来。直到8月，中朝两国才重拾惩治朴定阳问题。据袁世凯8月3日电告，朝鲜政府报纸登载："因朴定阳谓有身病，番口不进，其在事礼岂容若是，施以罢职之典。"袁世凯认为，罢免朴定阳官职虽有可取之处，"惟其罪目含糊"，与清政府坚持的"非办不结"的原则还有相当大的差距，遂决定"俟再来商，拟嘱其由政府照复前来"④，再做裁决。9月2日，郑秉夏登门拜访袁世凯，转达朝鲜政府的意见："拟不饬政府照复，或派外署督办来告已办朴定阳罪，请据此结案。"袁世凯坚称"无此例案，必须照复，乃可核结"。⑤ 9月4日，鉴于"朴定阳事件"久拖不结，袁世凯致电李鸿章，提出了区别对待朝鲜政府与朴定阳的处理方案。他主张，朝鲜政府虽然在朴定阳违章案件中负有不可推卸的责任，但尚能迷途知返，裁撤了朴定阳的官职，"该政府既引咎惩治，姑免深究"。朴定阳"违章罪重"，百般狡赖，绝无悔过之意，实属万难宽恕。对于此等顽冥不化之人，朝鲜政府永远不得再授予其从事外交及其他方面的重任，"庶杜其不日超迁及派充外督办之渐"。⑥ 李鸿章对此表示赞同。

袁世凯这一极具灵活性与策略性的方案，加速了"朴定阳事件"的处理进程。9月5日，朝鲜政府照会袁世凯，态度较为鲜明地指斥朴定阳违章行事，确认了对朴定阳的罢职决定，主动承担了引发中朝外交纠纷的责任。照会内称："该使何得竟自擅造，并谓有身病不进谒张大臣妥商办理，其在事体，岂容若是，已启由殿下施以罢职之典。惟本政府约束无素，至生歧议，

---

① 早在1888年8月，袁世凯就以莅韩三年届满为由，请求派员更换。《李鸿章全集》（34）《信函六》，第402页。
② 《李鸿章全集》（23）《电报三》，第37页。
③ 《李鸿章全集》（23）《电报三》，第76页。
④ 《李鸿章全集》（23）《电报三》，第87页。
⑤ 《李鸿章全集》（23）《电报三》，第88页。
⑥ 《李鸿章全集》（23）《电报三》，第89页。

殊切悚愧，相应照复贵总理，请烦查照转禀北洋大臣鉴核可也。"①

单从照会内容来看，朝鲜政府一改往日的倔强，表现出了前所未有的坦诚与主动，这确是一大进步。其变化之快，不仅让袁世凯，且也让李鸿章、清政府始料不及，一时不知如何答复。本来，李鸿章在接到袁世凯电告后，即上奏朝廷，请求决断，但朝廷却迟迟拿不出意见，导致了此后的被动，致使中朝两国围绕着朴定阳的起用问题上再生波折。

9月16日，袁世凯电告李鸿章，近日朝鲜政府公报登载，"前后罢散人并分拣仍任前职"，"前五国使赵臣熙亦释放"。袁世凯由此判定，刚刚被罢免的朴定阳肯定会官复原职，"韩人见华接复后无异议，意可结案，故叙用朴"②。李鸿章闻讯，勃然大怒，当即电令袁世凯，"如即起用朴应不准结，即探确电知"。袁世凯岂敢怠慢，遂于17日电告李鸿章，据查朴定阳确实已被重新起用，"惟朝报中有言，前后罢散人并分拣任前职，未载定阳姓名，此固韩人狡黠故智，预为抵赖地步"。为此，袁世凯提议，"拟即具文先诘该政府，以分拣罢散人内有无定阳，待其复告再驳诘，倘其不复，即仍拖宕"。③ 李鸿章对此深表赞同，"定阳即照所拟妥办"。

面对这种复杂的局势，袁世凯自知人微言轻，"难动其听"，遂向李鸿章求援，"至必须韩如何办方可结案，伏乞筹示，庶有遵循，预为结束地步"。事已至此，李鸿章也难有何妙计，除电示袁世凯据理驳斥外，还要拒绝接收朝鲜照会，以示强硬。9月23日，李鸿章电告袁世凯，"前定三端系韩王咨请转奏，朴故违教，自应酌予惩处。该政府任厅饰词，谓有可原，显为赵使预留地步。且朝鲜为中国属邦，天下皆知，此系我两国商定体例，与各国无干，何谓轻视美国，违背公例。汝应即逐层驳诘，送还照复，不便存案转呈"。④

然而，袁世凯的强烈抗议并没有产生任何作用，闵妃主持之下的朝鲜政府依旧我行我素。9月29日，朝鲜政府发布公告，任命朴定阳为"同敦宁兼同义禁"，后又授予户部曹判一职。据袁世凯查实，"同敦为戚族例授散秩，而同义职如右金吾，虽亦散秩，位甚清显"。朝鲜政府再次玩弄了清政府。盛怒之下，袁世凯提议，"姑听之，待韩政府续复文来，仍斥不收，借复拖

① 《李鸿章全集》（23）《电报三》，第90页。
② 《李鸿章全集》（23）《电报三》，第94页。
③ 《李鸿章全集》（23）《电报三》，第94页。
④ 《李鸿章全集》（23）《电报三》，第96页。

宕"。李鸿章对此完全赞同，"朴定阳既兼除显秩，待韩政府续复文来，应驳斥借拖宕，否则朴案允结，亚使必将启行矣"。① 11 月 1 日，袁世凯照会沈舜泽，表达了愤怒之情。照会内称："该朴使前赴美国抗违中朝定章，逆拒国王命令，案情重大"，"今亥朴使待罪未治，复授户曹判书，未审贵政府果何意见。如以违章拒命为无罪，即不应施以罢职；如以违章拒命为有罪，则仅施罢职已属曲宥，即不应复行录用。贵政府赏罚黜陟，量有权衡。该朴使宜罚而赏，既黜旋陟，是明示以为人臣者之可以抗逆，而抗逆者不惟不加之罪且复荣以显秩，既非教忠之道，亦非政体所宜，恐非中朝所愿闻。想贵政府必不出此。兹忽前后谬异若是，惟贵政府图之"。② 愤怒、拖延，成了清政府唯一的方策，除此之外，鲜有建树。

正当中朝两国僵持不下之际，赵太妃的突然去世，为中朝两国赢得了短暂的缓冲时间，"朴定阳事件"的处理被暂时搁置下来。赵太妃葬礼期间，朝鲜政府一反常态，恪守藩属之礼，先是派出告讣使前往北京，继而依照旧例高规格地接待了敕使续昌一行。然而，表面上的一团和气，毕竟难以掩饰两国间业已存在的尖锐对立。据袁世凯 11 月 29 日奏报，赵太妃葬礼期间，朝鲜政府的所作所为招致了各国的诟病，"自钦使去后，各国人均谓韩的系华属，王甚病之"。对于朝鲜政府这一举动，欧美人士一语中的，"到现在为止，朝鲜在几次大事件的表现，以西欧式之国际法来讲，在结论均证明其为伟大的独立国家，但西元一八九〇年因赵大妃之葬礼，清国派遣敕使来韩时，却暴露了惊人的事实"，"韩国人对中国人的感觉，绝非一种政治性的屈服，而是一种宗教的敬意"。③ 美国人李仙得乘机鼓噪，授意国王李熙"改三端首节以欧洲使速行，冀可掩羞"。国王李熙深以为然，准备派大臣卞元圭携带咨文赶赴天津，"商求改派使首端"。

面对朝鲜政府的主动进攻，李鸿章仍然拿不出切实有效的措施，只能是被动应付。12 月 3 日，李鸿章上奏总理衙门，认定朝鲜政府"请改首端，自因被人怂恿欧使速行起见"。为此，他主张，待卞元圭到达天津后，再与其反复驳论，但"无论如何酌改，总以无碍属邦体制为是"。④

① 《李鸿章全集》（23）《电报三》 第 99 页。
② 《袁世凯照会朝鲜领议政沈舜泽》，光绪十六年九月十九日，《朝驻美使朴定阳请假返国卷》，宗号－册号：016－04。
③ （韩）李瑄根：《韩国近代史》，第 342 页。
④ 《李鸿章全集》（23）《电报三》，第 126 页。

与清政府恰恰相反，朝鲜政府按照既定方案，为争取独立自主的外交权而全力以赴。12月23日晚，新任汉城府判尹卞元圭离开汉城，于1891年2月2日到达天津，见到了李鸿章。会谈的结果却让卞元圭大失所望。李鸿章对卞元圭大加训斥，断然表示，"贵国君臣以自主二字横亘胸中，遂招外人疑议。谨守侯度已三百年，一旦欲幡然改变，列邦知礼义者必不谓然，中朝亦断无姑容之理"。"咨稿内载明内治外交向由自主，中朝已经准许，贵大臣代为筹商等语，全非事实，意存挟制，糊涂已极，断难转奏，亦未便接收此咨。"① 第一次会谈遂草草收场。2月22日，双方举行第二次会谈，李鸿章之幕僚罗丰禄提出了一个折中方案：朝鲜"改咨请派三等公使，归华节制，则挈同一端可改"。按照国际公法规定，即使朝鲜派出了三等公使，其独立自主之国的资格仍然不被各国承认，这与朝鲜政府梦寐以求的愿望相距甚远。因而，卞元圭不敢自作主张，答应"电禀函达"，请求国王裁决。后因"迄无回信，遂径辞归"。② 3月27日，卞元圭回到汉城，连夜入宫，向国王李熙汇报天津一行的情形。③至此，朝鲜政府修改"三端"，争取自主外交权的努力再次受挫。

然而，朝鲜政府并没有就此罢休，再将公关重心放到袁世凯身上。卞元圭于4月1日、3日，连拜见袁世凯，求请袁世凯代为斡旋。此次所提方案与前次相比略有不同，"王拟仍派全权，暂往聘，嗣后改派三等往驻"，"俟宪允后再备文送津，节制愿遵办"，但关键之处没有变，仍然坚持以全权公使派驻各国。袁世凯表示，李鸿章的主旨"重在改三等"，即使代为求请，也"恐难邀允"④。5月3日，国王李熙召见袁世凯，恳请袁世凯代求李鸿章，"允其不降使号之请"。袁世凯委婉地表示了拒绝。他认为，让朝鲜改全权为三等这是朝廷的旨意，李鸿章也无权更改。从此以后，国王李熙眼见求请无望，改变无门，遂将派使出国一事搁置下来。

四 "体面"的收场

中朝两国围绕遣派使臣出使欧洲而展开的交涉刚刚结束，在惩治朴定阳

---

① 《李鸿章致函袁世凯》，光绪十七年三月初四日到，《中韩关系议定之三端》，宗号－册号：016～10。
② 《李鸿章全集》（23）《电报三》，第164页。
③ 《李鸿章全集》（23）《电报三》，第165页。
④ 《李鸿章全集》（23）《电报三》，第167页。

问题上中朝两国再起波澜。自 1890 年 11 月以后，由于中朝两国交涉的中心转移到了遣使出国问题上，"朴定阳事件"被暂放一边。随着袁世凯回国省亲，"朴定阳事件"再次被提到了中朝两国的议事日程上。1891 年 9 月 25日，袁世凯接到其弟袁世承由河南老家发来的电报，"职母乳破气喘，眠食俱差，盼即回"，27 日以母亲病重为由，向李鸿章提出"派员暂代两月，赏假回籍，年内仍必赶回"① 的吂请。李鸿章深知"一时实无妥员可派接替"，经与总理衙门紧急磋商，先是批复："袁世凯请假两月可照准，即饬该道酌派员代理"，后又"赏假百日，假满即行回差。"② 李鸿章并一再提醒袁世凯，在向继任者交代清楚任务之前，万不可"躁急起程"。③ 遵照指示，袁世凯推荐了唐绍仪作为自己的临时代理。10 月 5 日，袁世凯照会闵种默，内称："是月二十六日，接奉总理各国事务衙门王大臣、文华殿大学士李商同电开：袁道因母病请假两个月，可照准暂给假归，另委该署襄办兼龙山通商事务知府衔候选同知直隶州知州唐直牧绍仪代理各等因。奉此。本总理定于本月初六日，交卸本署事件，相应备文照会贵督办，请烦查照施行。"④ 由此可知，袁世凯将于 10 月 8 日与唐绍仪完成交接。10 月 10 日，唐绍仪以清朝代理交涉通商事宜的名义照会闵种默，"本府已于本月初六日（10 月 8日——引者注）接代本署事件'。⑤

袁世凯离开朝鲜不久，朝鲜政府便公布了关于朴定阳的任命决定，"朴定阳事件"再次浮上水面。10 月 20 日，唐绍仪电告李鸿章，"朴定阳罢职后，韩廷屡有起用之意"，"本日见韩报，朴定阳除授户曹判书"。⑥ 朝鲜政府的此项任命明显带有双重用意，其一是公开挑战清政府的权威；其二是彰显其争取自主外交权的决心与意志。李鸿章对于朝鲜政府的反复无常、公开挑衅极为恼怒，当即电示唐绍仪，"查明果确，应诘问韩政府"。⑦ 唐绍仪不敢怠慢，先是派人面询沈舜泽，证实朴定阳所授官职确有其事，遂于 21 日照会闵种默，表示了强烈抗议。照会中，唐绍仪严肃地指出，朴定阳前赴美国，抗违中朝定章，逆拒国王命令，案情重大，朝鲜政府既经宣布将其罢

---

① 《李鸿章全集》（23）《电报三》，第 218 页。
② 《李鸿章全集》（14）《奏议十四》，第 401 页。
③ 《李鸿章全集》（23）《电报三》，第 219 页。
④ 《旧韩国外交文书》第 9 卷［清案 2］，第 65 页。
⑤ 《旧韩国外交文书》第 9 卷［清案 2］，第 67 页。
⑥ 《李鸿章全集》（23）《电报三》，第 228 页。
⑦ 《李鸿章全集》（23）《电报三》，第 229 页。

职，清朝谕旨也明令规定，"朴定阳既系罢职待罪之人，嗣后如再录用，宜即禀闻"。孰料朝鲜政府竟然出尔反尔，在未经请示、未得首肯的情况下，重新起用朴定阳，且授予重要官职，不知朝鲜政府究竟出于何种考虑。总之，朝鲜政府在处理"朴定阳事件"中，"前后谬异"，自相矛盾。① 10 月 26日，闵种默对唐绍仪的谴责、质问进行了辩解。他认为，前此对朴定阳施以罢职，与此次授予户曹判书并不矛盾，"给以简职，事无甚关"，仅仅是贯彻了"先惩后叙"的用人原则而已，"并非敝政府显秩奖用之意"，万望"上国厚待敝邦，不至有所见责于敝政府"，还望贵代理转达敝邦之意，祈请北洋大臣李鸿章，"核夺准许"。② 此后，该稿经过数度修改，唐绍仪方勉强答应代达。李鸿章意识到，事已至此，如果再继续拖延下去，无益于中朝两国关系的修补、改善，遂同意就此上报朝廷。10 月 27 日，李鸿章电告唐绍仪，"朴定阳前者抗违定章，案关重大，议定褫职示惩，本不应再行起用。惟据韩政府述称，给以简职，无甚关系，中朝厚待属藩，或不苛责。倘仍委以重任，或朴定阳敢于播弄生事，复蹈故辙，该员随时密查具报，定即请旨严办"。③ 细细研读，此电文给人以色厉内荏之感。事实上，李鸿章在电文的前一部分中，已经同意了朝鲜政府的提法，将朴定阳新授户部判曹一职视为"无甚关系"的"简职"。至于电文的后半部分内容，则更多的是设定了限制范围，表明了一种态度而已，为此后摆脱尴尬境地，"体面"地收场留足了空间。

　　11 月 22 日，唐绍仪照会朝鲜政府，完整地转达了李鸿章的批示。④ 朝鲜政府对于此种裁决大为满意。12 月 9 日，沈舜泽照会唐绍仪，对李鸿章的提议深表谢意，表示"中朝宽容，感悚交挚，相应遵照施行"。⑤ 12 月 11 日，唐绍仪照会闵种默，转达了清政府对"朴定阳事件"做出的最终判决："本衙门查朴定阳前充使臣，遇事播弄，抗违定章，案情甚重，迭经诘责，始议定罢职示惩。此次起用，虽曰给以简职，仍恐复蹈故辙，应请贵大臣，转饬唐丞，知照朝鲜政府，朴定阳虽准起用，不得委以重任，并不准再充使臣之

---

①　《旧韩国外交文书》第 9 卷［清案 2］，第 69 页。

②　《旧韩国外交文书》第 9 卷［清案 2］，第 69 页。

③　《李鸿章电示唐绍仪》，光绪十七年九月二十五日，《朝驻美使朴定阳请假返国卷》，宗号－册号：016 － 04。

④　《旧韩国外交文书》第 9 卷［清案 2］，第 72 页。

⑤　《朝鲜领议政沈舜泽照会唐绍仪》，光绪十七年十一月初九日，《朝鲜驻美使朴定阳请假返国卷》，宗号－册号：016 － 04。

职，庶足以惩前失，而戢后患。"① 12 月 14 日，沈舜泽照会唐绍仪，对于清廷的最终裁决表示接受。②

沸沸扬扬的"朴定阳事件"至此落下了帷幕。

五 结语

从 1887 年 9 月到 1891 年 12 月，中朝两国围绕着"朴定阳事件"，进行了长达 4 年之久的反复交涉。清政府在阻止朴定阳出国、遵守三条规则、惩治朴定阳三个环节上，设置了重重障碍，百般阻挠。然而，所有这一切努力都化为泡影，最后只得以"不得委以重任"、"不准再充使臣之职"为台阶，尴尬收场。清政府在这场旷日持久交涉中的唯一收获，就是中断了朝鲜政府遣使驻扎欧洲的计划，勉强维护了宗主国的体面。朝鲜政府在"朴定阳事件"的处理过程中，显示出灵活的外交艺术与坚定不移的自主信念，充分利用开国后的国际形势，调动一切有利因素，据理力争，不仅巧妙地摆脱了清政府的纠缠，派出了自己的使臣，首次以独立自主的形象出现在世界外交舞台上，而且顶住了清政府的强大压力，妥善地保护了朴定阳，使之免遭惩罚并委以重任，从而成功地挫败了清政府企图阻挠朝鲜开展独立自主外交的企图，捍卫了朝鲜的主权与尊严。

一叶知秋，倘若将"朴定阳事件"放置在有清一代中朝两国 200 多年的关系史上看，它也仅仅是沧海一粟，无关宏旨，但若将其搁置在 19 世纪 80 年代后的背景下考察，"朴定阳事件"则具有非比寻常的价值与意义。它是朝鲜政府对 200 多年中朝臣属关系的抗争，对奉行东亚地区千年之久的宗藩体制的挑战，而这种来自东亚内部的挑战有着欧美列强外部挑战所无法比拟的意义，昭示了倡行千年之久的宗藩体制行将退出历史的舞台。朝鲜政府在"朴定阳事件"中，敢于公开对清政府说"不"，这是自清代中朝宗藩关系确立 200 多年以来的第一次，集中反映了欧风美雨洗礼下朝鲜增强了自主意识，宣达了朝鲜政府谋求国家独立自主的坚强决心，体现了朝鲜政府对清政府全面干预政策的强烈排斥与憎恶。"朴定阳事件"作为一个信号，事实上宣告了 19 世纪 80 年代后清政府全面干预朝鲜内政外交政策的失败。

① 《旧韩国外交文书》第 9 卷［清案 2］，第 76～77 页。
② 《朝鲜领议政沈舜泽照会唐绍仪》，光绪十七年十一月十四日，《朝鲜驻美使朴定阳请假返国卷》，宗号－册号：016－04。

台湾学者对晚清外交思想的研究

张玉法[*]

一 前言

中国社会科学院近代史研究所从成立到现在六十年，中研院近代史研究所从成立到现在五十五年，此次来参加北京近史所为庆祝成立六十年所举行的研讨会，想到台北近史所成立之初所内同仁研究晚清外交史的情形，特写一篇短文作为纪念。

台湾地区学者开始研究晚清外交史，始于 1950 年代中期。当时中研院近代史研究所（以下简称近史所）接收了晚清总理各国事务衙门档案。近史所的研究人员如黄嘉谟、李国祁、吕实强、王尔敏、李恩涵、王玺、赵中孚、王树槐、林明德、王家俭等，在整理外交档案的过程中，开始研究晚清外交史；约在同时，王尔敏、李国祁等也从事外交思想史的研究。

近史所的研究人员当时所做的晚清外交史和晚清外交思想史的研究，从世界史学史的观点来看可以说是独步的，但西方学者对近史所所做的外交史研究有些批评，认为研究晚清外交，不能只用总理各国事务衙门档案，必须参考世界各有关国家的档案。在此前后，近史所开始购买世界各有关国家的外交档案微卷，所购到者以英、美、日、德等国者为多。有些国家的档案并不开放。

对晚清外交思想史的研究，受到资料的限制较少，通常只用中文资料已足。总理各国事务衙门档案中，有丰富的外交思想史资料，而在整理总理各国事务衙门档案的同时，近史所也编印《近代中国对西方和列强认识资料汇编》，这对晚清外交思想史的研究颇有推动作用。本文仅以王尔敏的综合研究和王家俭、李国祁的个案研究为例，对晚清外交思想史研究的成果略做说明。

---

* 中研院近代史研究所兼任研究员。

二　综合研究

对晚清外交思想史做综合研究而最深入者为王尔敏。王尔敏专研究中国近代思想史，撰写和发表的论文甚多，先后汇集成两本专书出版，一为《晚清政治思想史论》①，一为《中国近代思想史论》②。前书有两篇重要论文，一为《道咸两朝中国朝野之外交知识》，一为《晚清外交思想的形成》；后书亦有两篇重要论文，一为《十九世纪中国士大夫对中西关系的理解及衍生之新观念》，一为《近代中国知识分子应变之自觉》。从这四篇论文看来，王尔敏的研究范围甚广，所引证的示例人物多达数十位，有官，有绅，有商，也有报界人物。读这四篇文章可以对晚清七十年的外交思想有较为全面的了解。

四篇文章的脉络，可以分三方面说明：（1）对世界大势的认识；（2）制夷与款夷之方；（3）谋求收回已丧失的主权。就对世界大势的认识来说，有两种不同的看法，一个看法是从中国历史并以中国为中心来了解，如1892年项藻馨有言云："故就天下大势而论，为春秋时一大战国，德比之于燕，奥比之于楚，义比之于晋，法比之于齐，俄比之于秦，五方并峙，约纵连横，其堂堂上国，居正朔而大一统者，其惟我中华乎？……合纵则德、奥、义固，而俄、法无以伺其隙；连横则俄、法亦固，而德、奥、义无以狡其谋。"③ 另一个看法是就当时世界的情势来了解，如1897年前后徐勤有言云："方今中外大启，万国杂沓，环球而国者五十余，聚群而居者有十五万万。凡所以强国体、开民智、通异域、审外情者，莫不竞相群效，不遗余力，而新政、新艺、新学、新理、新例、新法之事，曾日出而不穷。故知识之未开也，则学校以教之；人才之乏绝也，则科举以求之；上下之隔膜也，则议院以通之；商务之不盛也，则互市以广之；诸国之不通也，则使臣以通之；山川之阻塞也，则铁路以至之；河海之辽远也，则轮舶以达之；掌故之未审也，则翻译以明之；地形之未谙也，则地学会以参之；时事之未知也，则馆报以周之；物产之未识也，则博物馆以考之；器械之未精也，则工艺厂以成

---

① 1969年作者自印，台北学生书局总经销。
② 1977年作者自印，台北华世书局总经销。
③ 王尔敏：《中国近代思想史论》，第76~77页。

之；兵力之未足也，则兵籍以厚之。所以济千古之奇局、御大地之奇变、守自主之大权、定均势之要义、享同沾之利益、齐平等之公法也。"①

在制夷与款夷方面，多以"制夷"二字以涵之。盖当时中国外患孔急，国力不振，所求者为如何制夷，使中国立于不败；如需以交涉方式行之，以用何种手段为宜。提出来的办法凡三：即以民制夷、以商制夷、以夷制夷。以民制夷的方式有二，一为发动群众反夷，作为外交后盾；二为引诱助夷之汉奸，使为我用。关于前者，如1848年粤督徐广缙云："无事则安民以抚夷，有事则用民以防夷。"又如1859年钦差大臣胜保云："为今之计，惟有用民制夷之一法。"② 用民制夷的想法得自鸦片战争期间英军二百多名为三元里乡民数千人围攻事件。③ 其后南京条约开五口通商，广州人民拒绝英人入城，耆英任两广总督（1844~1848）后，即构煽人民使与英人为难，作为外交后盾。福建巡抚徐继畬（1847~1851）也曾利用民情，迫使居于福州城内的英人迁走。④ 关于后者，姚莹曾谓："夷虽猖獗，皆由所在奸民所勾引，广东、厦门、宁波，本洋商所聚，通市已久，无赖之徒，素食夷利，故为之用。"故当时方东树等人主张放纵奸民，使抢掠英人赀财，或以爵禄诱致奸民，以为内应，或阴使奸民坐探夷情。⑤ 以商制夷的方式有四：（1）开放各国通商，以满足其通商要求，并使其互为牵制。（2）发展中国工商业，使中国商人与外商争胜。（3）遇有中外冲突时，以停止贸易为要挟，以迫使外人就范。（4）中外交涉，以中国商人透过外国商人，与外国官员沟通。就第一点来说，1872年直隶总督李鸿章在奏书中曾说明世界各国来华通商大势，其言云："窃维欧洲诸国，百十年来，由印度而南洋，由南洋而东北，闯入中国边界腹地，凡史前之所未载，亘古之所未通，无不款关而求互市。我皇上如天之度，概与立约通商，以牢笼之。"⑥ 与各国立约通商可使其互相牵制，李鸿章在致应宝时函中提到："日本来中国通商，乃意中事。中国已开关纳客，无论远近强弱之客，均要接待，无例可以拒阻，然未始不为西洋多树一敌。"⑦ 当日本欲独霸朝鲜时，李鸿章向朝鲜大臣李裕元建议："为今之计，

① 王尔敏：《中国近代思想史论》，第398页。
② 王尔敏：《中国近代思想史论》，第62页。
③ 郭廷以：《近代中国史纲》，香港中文大学出版社，1979，第68页。
④ 王尔敏：《晚清政治思想史论》，第176页。
⑤ 王尔敏：《晚清政治思想史论》，第177页。
⑥ 王尔敏：《晚清政治思想史论》，第192页。
⑦ 王尔敏：《晚清政治思想史论》，第209页。

似宜用以敌制敌之策，次第与泰西各国通商，借以牵制日本。……以朝鲜之力制日本，或虞其不足，以继与西人通商制日本，则绰乎有余。"① 就第二点来说，发展中国工商业以与外商竞争，王尔敏另有《商战观念与重商思想》一文深入讨论②，兹不多引。值得注意的事，"商战"一词，早在 1862 年两江总督曾国藩在复毛鸿宾函中，即已提到"今之西洋以商战二字为国"③。关于第三点，遇有中外冲突时，以停止贸易为要挟，迫使其就范，两广总督邓廷桢（1835～1840）、林则徐（1840）、徐广缙（1848～1852）、叶名琛（1852～1858），以及两江总督何桂清（1857～1860）、江苏巡抚薛焕（1860～1862）等，都曾利用此套手法。④ 徐广缙曾谓："察夷人之所系恋者，唯在贸易，则所以钤制之者，亦唯在贸易。"⑤ 就第四点来说，中外交涉，以中国商人透过外国商人与外国有关官员沟通，如 1858 年英法联军入广州城时，巡抚柏贵遣使与英国议和，据云，除伍崇曜外，尚有绅商易兰、俞文诏、梁纶枢三人。⑥ 以夷制夷的方式有三：（1）师夷之长技；（2）与诸夷合纵连横；（3）以西人之法律观念与西人争。所谓师夷之长技，就是学习西人制船造炮、用船用炮等技术以戓胜西人。师夷之长技，魏源言之最早，他不仅认为西洋船炮当急求学习，就是西洋火轮船、火轮车、火轮机（即蒸汽机）、铁路、运渠、防波堤，皆中国所无，亦中国所当法。⑦ 魏源以后，官绅论师夷之长技者颇多，如 1874 年提督周传盛有论云："轮船电报之速，瞬息逾千万里；炮弹所到，无坚不摧；水陆城关，渺无限制。"⑧ 关于师夷之长技的情形，1899 年浙江候选县丞车善丞有论云："道光年间，许泰西各国通商，迄今数十载，风气一新。凡轮船、电报、机器、铁路诸政均已设局管理，风行海内，拓千古未有之奇。"⑨ 又 1892 年拔贡胡家鼎亦有论云："自中国与泰西通商以来，见外洋机器迅速便利，几夺造化之功，而又能独出心裁，别开生面，由是制造百物、讲求武备，非效法西人不能善其事，非取材西土不能利

---

① 王尔敏：《晚清政治思想史论》，第 209 页。
② 王尔敏：《中国近代思想史论》，第 233～379 页。
③ 王尔敏：《晚清政治思想史论》，第 66 页。
④ 王尔敏：《晚清政治思想史论》，第 178 页；有关职衔及任官时间，见郭廷以《近代中国史事日志》（1963 年作者自印）第二册附录《主要督抚表》。
⑤ 王尔敏：《晚清政治思想史论》，第 205 页。
⑥ 王尔敏：《晚清政治思想史论》，第 179 页。
⑦ 王尔敏：《晚清政治思想史论》，第 174～175 页。
⑧ 王尔敏：《中国近代思想史论》，第 387～388 页。
⑨ 王尔敏：《晚清政治思想史论》，第 393 页。

其器，亦古今未有之创局也。"① 与诸夷合纵连横，在道咸两朝，言论最多。魏源主张，制英夷必须通好诸夷，他的策略是"调夷之仇国以攻夷"。时人为了对抗英国，不仅拟联合美、法、俄，而且拟利用廓尔喀、缅甸、越南去与英属印度为敌。② 所谓以西人法律观念与西人争，就是利用西方各国的法律和万国公法的原理原则与西方各国办交涉。鸦片战争前夕，当林则徐收缴英人鸦片之时，坚持英商具结，如有挟带，船货没官，人即正法，致使鸦片之禁，陷于僵局。魏源批评林"其令过严"，并谓："必以化内之法绳之，其求之也过详矣！"③ 鸦片战后，魏源撰《海国图志》时，即将美国医生伯驾（Peter Parker）所译《西国律例》收入，可谓为注意西方法律最早的人。④ 到1860年代，冯桂芬著文，认为列国相交，有如中国春秋时期，有理可循，不像战国时期之无理无信。其言云："今之海外诸夷，一春秋列国也，不特形势同，即风气亦相近焉！势力相高，而言必称理，谲诈相尚，而口必道信……大侵小、强凌弱，而必有其借口之端，不闻有不论理、不论信如战国时事者。"⑤ 再其后到戊戌时期，唐才常有论云："盖彼既见中国鲜通公法者，遇有案件不能据理力争，至其律例若何，尤属茫如。故得任其悖谬，而莫如之何。愚意中国急宜设公法科与泰西律例之学，考究其所准情行法之要，相为应付，则彼虽傲狠，亦不能显违情法矣！"⑥ 谭嗣同亦有论云："每逢换约之年，渐改订约中之大有损害者，援万国公法，只许海口及边口通商，不得阑入腹地。……如不见许，即我通商与彼国之轮船，亦当阑入彼之腹地。……仿各国之例，加重洋货进口之税，如不见许，即我向彼国进口税，亦当视他国而独轻矣！"⑦

　　主权之收回，为晚清官绅对国家主权有所觉醒后所企求者。订立丧失主权之条约起于战败或兵威，中国既与世界各国订约通商，即应与各国平等，因此而思收回早年所失之主权。在所失的主权中，中国最急于收回者，为领事裁判权、划设租界权和关税自主权。主张废除领事裁判权者，在1880年代先后有王韬、黄遵宪等人。王韬认为外人通商、传教，尽可使其自由往来，

---

① 王尔敏：《晚清政治思想史论》，第395页。
② 王尔敏：《晚清政治思想史论》，第179~180页。
③ 王尔敏：《晚清政治思想史论》，第173页。
④ 王尔敏：《晚清政治思想史论》，第174页。
⑤ 王尔敏：《晚清政治思想史论》，第192页。
⑥ 王尔敏：《晚清政治思想史论》，第197~198页。
⑦ 王尔敏：《晚清政治思想史论》，第22页。

惟外人来华，必须受中国法律管辖，所有特权必须废除。黄遵宪也认为领事裁判权对中国危害甚大，应该废除。主张废除划设租界权者，在1880年代有曾纪泽；主张关税自主权者，在1880~1890年代有郑观应。① 戊戌时期，汪康年除注意到划设租界权、领事裁判权、关税自主权外，尚注意到外人在中国之内河航行权以及外币在中国之流通。②

三　个案研究

对晚清外交思想做个案研究者，此处仅以王家俭、李国祁为例做一说明。王家俭以治海防史著名，他对晚清外交思想的研究成果，可以他的硕士论文《魏源对西方的认识及其海防思想》③ 为代表。李国祁以研究洋务运动和闽浙台地区著名，在清外交思想方面的著作有《张之洞的外交政策》④。

前述王尔敏的综合研究，对晚清的重要外交思想，多已涉及。王家俭对魏源的研究、李国祁对张之洞的研究，在特殊议题上甚为深入。就外交思想而言，无论魏源，还是张之洞，其外交思想，均不出王尔敏所讨论。魏源（1794~1857），湖南邵阳人，早年在江苏布政使贺长龄幕从事《皇朝经世文编》的编辑工作。鸦片战争时期，曾在两江总督裕谦幕（1840~1841）。战后考取进士，曾任东台知县、高邮知州。魏源的外交思想，没有以民制夷一项，于以夷制夷和以商制夷则反复言之。关于以商制夷，魏源的看法主要有两点：（1）听各国互市以款夷：魏氏认为外人之来华贸易乃是贪图中国的湖丝茶黄之利，而中国正可利用贸易，以便对夷加以羁縻和操纵。（2）持鸦片初约以通市：与英人交涉，主要是互市和禁烟两大问题。魏氏认为前者属于通常事务，后者属于特殊情形，二者可以分别处理，而不必混为一谈。因为互市不仅于夷有益，而且对我有利；鸦片则是仅利于夷而有害于我的非法贸易，我自有权禁止。⑤ 关于以夷制夷，魏氏所重视的有两方面，即师夷之长技以制夷和以夷攻夷。关于师夷之长技，魏氏强调两点：（1）师夷之船炮：魏氏认为夷攻我全凭海战，一入内陆则人少不能敌我。据研究，1840年8

---

① 王尔敏：《中国近代思想史论》，第29~30页。
② 王尔敏：《晚清政治思想史论》，第196~197页。
③ 1964年台湾大学文学院印行。
④ 1970年中研院近代史研究所出版。
⑤ 王家俭：《魏源对西方的认识及其海防思想》，第84~85页。

月，英军封锁直隶湾，所用者仅为备有大炮 180 门之兵舰 5 只及汽船 1 只；封锁扬子江口所用者仅为备有大炮 38 门之兵船 2 只；封锁宁波所用者仅为 46 门大炮之兵船 2 只；封锁厦门所用者仅为备有 74 门大炮之兵船 1 只；封锁广州所用者仅为备有 102 门大炮之兵船 4 只及汽船 1 只；英舰总共不过 16 艘，而中国海港之门户已完全被阻塞。在这种情形下，中国必须师夷之船炮。如何得到船炮？魏氏最初的意见是"造炮不如购炮，造舟不如买舟"，因为"夷器精妙"。后来他改变主意，认定国家百年大计，船炮仍以自制为宜。他主张于广东虎门外之沙角、大角二处置造船厂一、火器局一，仿钦天监夷官之例，行取佛兰西（法）、弥利坚（美）二国各来夷目一、二人，分携西洋工匠至粤司造船械，并延西洋舵师（司机、水手、炮手），司教行船旋炮之法。他并认为官设船局仅限粤东一地已足，不必再于福建、上海、宁波、天津等处分设，因为"专设一地则技易精，纷设则不能尽精"。但对民间仿设则主张不设限制。（2）师夷练兵之法：厂局既设，船炮既备，必须将旧有的军队，特别是水师，彻底改组。魏氏所拟师夷练兵办法是挑选壮丁（宜于江北之徐州、寿春，浙江之金华、处州，江西之赣州，广东之潮州、惠州，福建之漳州、泉州，以及北五省各地挑选；江南之苏州、松江、太仓，以及浙江之杭州、嘉兴、湖州之民，习于文弱，练不出精兵）、增其军饷、加强训练。他并建议于闽、浙二省武试中试增水师一科，以选拔能制造船炮、驾船用炮之人才。[1] 至于以夷攻夷，魏氏建议联合美、法、俄、廓尔喀、暹罗、越南等国，分别由南印、北印及新加坡三处，进攻英国在远东最庞大的殖民地印度。魏氏认为弥利坚与佛兰西为英国之敌，与中国利害一致，而俄与英在中亚有冲突，廓尔喀受英攻击时曾向中国求援。[2]

张之洞（1837~1909），直隶南皮人，进士。历任四川学政（1873~1874）、詹事府洗马、左庶子（1876~1880）、山西巡抚（1882~1884）、两广总督（1884~1889）、湖广总督（1889~1907）、署两江总督（1894~1896，1902~1903）、军机大臣（1907~1909）等。张之洞的外交思想，基本上不出以夷制夷的范围。张之洞所处的时代比魏源晚 40 年，当时已很少谈以民制夷、以商制夷、以夷制夷，但张之洞所提出的几个外交主张，包括远交近攻、守在四夷、联结强援、势力均衡和门户开放，都是行以夷制夷之

---

① 王家俭：《魏源对西方的认识及其海防思想》，第 74~82、117 页。

② 王家俭：《魏源对西方的认识及其海防思想》，第 113~115 页。

事。李国祁将张之洞的外交思想分为两个时期：在 1870 年代的中俄伊犁交涉和中日牡丹社事件交涉前后、1880 年代的中法战争前后、1890 年代的中日甲午战争前后，不出以夷制夷的范围；在 1900 年八国联军前后，张之洞提出了"势力均衡"的构想。①

张之洞参与外交问题的讨论，始于中俄伊犁交涉和中日牡丹社事件交涉，当时张之洞供职詹事府，以敢言著称，曾于 1875～1880 年间先后上折11 封，畅论对日俄之因应。他认为应以对日本商务让步的方式，迅速结束中日冲突，以免日、俄联合，中国背腹受敌（李鸿章则认为日本是中国心腹大患）。② 张之意是联日制俄。中法越南战争爆发前后，时张之洞任两广总督，提出"守四境不如守四夷"的口号（与李鸿章经营朝鲜的政策相似），主张由滇、粤进攻越南，支持刘永福抗法，必要时可立刘永福为越南王，以替代软弱无能、不听调度的越南阮氏王朝。张之洞此时争取主动，与法人在藩属越南相周旋。所用的策略是守在四夷和远交近攻。③ 在中日甲午战争前后，时张之洞任湖广总督，主张广结强援，对付日本。他谋求联合英、俄、法等国，对付日本。他在 1895 年 2 月 28 日致总署及北洋大臣李鸿章请代奏的电报中说："无论英、俄、法、德、美，何国此时能助我水师攻战，则我必胜、倭必蹙；中国自可许以重利。"张之洞所许的重利是将台湾押给英国，并割西藏边地予英国，新疆数城予俄国，云南边地予法国。在广结强援的过程中，张之洞初时主张结英，失败之后又主张结俄、法，俄、德、法干涉还辽之后，又希望英、俄、法共同出面，保护台湾。法国一度动心，但为德国所尼。④ 在外交主张上，甲午战后，张之洞一度附和李鸿章的看法，主张联俄制日，但到 1897 年俄国的与国德国以教案为由强占胶澳后，他不敢再引俄国为援，怕俄国乘机敲索，主张迅速在教案方面对德让步，并以福建沿海一岛屿予德（代替胶澳），以报其干涉还辽之功。张之所以如此，怕各国援例以教案为由占领中国土地。张之洞此时不仅不主张联俄，且主张中、英、日结盟，以防止俄、德、法联合宰制中国，但不主张与俄决裂。1898 年 1 月 2 日正式奏请清廷与英、日联交，奏中有云："羁縻英、倭（日）、俄、德、法稍有所忌；结交俄国，则英所求亦不能奢。"但总署不赞同张之洞的意见。李

---

① 李国祁：《张之洞的外交政策》，第 37 页。
② 李国祁：《张之洞的外交政策》，第 41、45～46 页。
③ 李国祁：《张之洞的外交政策》，第 53、55～56、59 页。
④ 李国祁：《张之洞的外交政策》，第 70～72、76、77、82～91 页。

国祁的解释是，甲午战后的联俄外交，已使中国丧失许多权益，若再回头联英、日，是从一个陷阱跳入另一个陷阱。[①] 1900 年八国联军之役，俄国占领中国东北，张之洞认为俄据东北，日必力争，英亦思染指，势必引起英、日、俄三国在中国东北之冲突，如此非仅攻天津之俄兵全撤，即英、日兵亦必分枝移往东北，可使攻津稍缓，北京转危为安。但事情并未发生。八国联军结束后，中国与俄国谈判俄国自东北撤兵问题，在草订撤兵条约时，俄人谋尽占东北利权，如满蒙及新疆等地矿路权非经俄允不得让他国或他国人，如非经俄允中国不得在东北自行造路。1901 年 2 月 24 日张之洞电请清廷力拒俄约，与各国从长密议。两日后张之洞密电上海日领事小田切，要求日本政府邀约英、德、美诸国以公论向俄国力阻。但各国均不愿因此与俄国决裂，英、美甚至认为其门户开放政策不适用于东三省。此期间，张之洞主张东三省开放给各国通商，使不为俄人所独占。到 1902 年 4 月 8 日中俄始签东三省撤兵条约。[②] 张之洞对东北所用的是均势外交。均势外交，早在鸦片战争以后已用之，中国因中英鸦片战争失败，开五口通商，但五口允许各国通商，并不由英国独占，俾各国能互相牵制。到 1900 年以后，由于前此所用的以夷制夷政策已失效，而英、美又发表中国门户开放宣言，中国顺势而为，广泛运用均势外交。张之洞一直认为，使东三省门户开放，是他所首倡。

四　结论

由王尔敏、王家俭、李国祁诸人的研究，可以了解晚清外交思想的主流是以夷制夷。无论购造夷人之船炮、研究夷人之法律、与世界各国立约通商、诱使强国于中国受到别国侵略时援助中国，还是列强在中国划分势力范围、中国被迫全面接受中国门户开放政策，基本上都不出以夷制夷的范围。但由于此范围过于广大，在鸦片战争时期由魏源提出后，以后在不同的时期、处理不同的中外交涉事件，都有不同的名目。1840～1860 年代所用者，有师夷长技以制夷、以夷制夷等名目；1870～1880 年代所用者，有远交近攻、守在四夷、联结强援等名目；1900 年代所用者，有门户开放、势力均衡

---

① 李国祁：《张之洞的外交政策》，第 95～106 页。
② 李国祁：《张之洞的外交政策》，第 281～330 页。

等名目。其中有些曾获得一时之效，如1895年三国干涉还辽、1900年后中国免于被瓜分，但由于中国国力不振，以夷制夷常为夷所制。所有重要国家几乎都在中国寻求本国的利益，有时予中国少助而获多益，有时更是乘中国之危而伺机敲索，使中国时时处于"前有虎后有狼"之困境。

戊戌时期的学术与政治

——以康有为"两考"引发的不同反响为中心

贾小叶*

《新学伪经考》与《孔子改制考》（以下简称"两考"）的本质即依托今文经学的"孔子改制""三世"说等理论宣传其变法改制、民权平等思想。以往的研究在谈及时人对"康学"的态度时，往往"两考"混一而论，没有作必要的区分。事实上，"两考"虽同为康有为思想体系的重要组成部分，但由于其问世的时空条件不同、内容侧重点不同，问世后所引发的反响也不尽相同。本文不揣简陋，尝试对此一问题进行探讨，比较不同群体在"两考"问题上的态度异同，分析其中的原因，进而揭示戊戌时期学术与政治的复杂关系。

一

1891 年，康有为的《新学伪经考》问世。该书的主旨，康有为如是说：

> 始作伪乱圣制者自刘歆；布行伪经篡孔统者成于郑玄。阅二千年岁、月、日、时之绵暧，聚百、千、万、亿衿缨之问学，统二十朝王者礼乐制度之崇严，咸奉伪经为圣法……凡后世所指目为汉学者，皆贾、马、许、郑之学，乃新学，非汉学也；即宋人所尊述之经，乃多伪经，非孔子之经也。[①]

*　中国社会科学院近代史研究所副研究员。

① 康有为：《新学伪经考》，姜义华编校《康有为全集》第 1 册，上海古籍出版社，1987，第 572、573 页。

此书康有为本意并不在于烦琐的考证，而在于借助朴学考据的方法证明古文经传之《周礼》《左传》《毛诗》等为刘歆伪作；为弥缝作伪痕迹，其于一切古书多所羼乱；刘歆作伪为助新莽篡权，故淹没了孔子的微言大义。康氏此说为其利用今文经学阐释孔子微言大义埋下了伏笔。

该书的问世曾引起时人的关注，并遭到驳难，甚而至于毁版。其中，最为激烈的攻击莫过于1894年给事中余联沅的奏劾。① 不过，关于余联沅奏劾《新学伪经考》，其动因颇为复杂。有研究指出，余奏之出台，"其一是受人之托（包括贿赂），其二是配合攻击李氏兄弟。事实上二者兼而有之，又以前者为主。"② 前者是指张乔芬因"同人团练局"与康有为结怨而请托言官劾之；后者指甲午战后，李鸿章、李瀚章兄弟成为言官指责的对象，康有为之事正好出自李瀚章的辖区之内，故而奏劾康有为可以配合攻击李氏兄弟。既然有如此来头，那么"余奏"就说明不了太多有关《新学伪经考》的问题，应另当别论。

然而，尚有不少读者对《新学伪经考》做出评论，而且多有批评。朱一新大概是康门弟子之外最早阅读《新学伪经考》者。1890年，《新学伪经考》尚未完稿，康有为便就教于曾主讲广雅书院的朱一新。初读之下，朱一新复函康有为③，提出自己的不同看法。他既不同意将六经视为刘歆伪作，

---

① 余奏称："广东南海县举人叟祖诒，以诡辩之才肆狂瞽之谈，以六经皆新莽时刘歆所伪撰，著有《新学伪经考》一书，刊行海内，腾其簧鼓，煽惑后进，号召生徒以致浮薄之士靡然向风，从游甚重。康祖诒自号长素，以为长于素王，而其徒亦遂各以超回、轶赐为号……康祖诒乃逞其狂吠　僭号长素，且力翻成案以痛诋前人，似此荒谬绝伦，诚圣贤之蟊贼、古今之巨蠹……康祖诒之非圣无法、惑世诬民，较之华士、少正卯，有其过之无不及也，如此人者，岂可容于圣明之世？若不及早遏炽焰而障狂澜，恐其说一行，为害伊于胡底，于士习、文教大有关系。"（见苏舆编《翼教丛编》，上海书店出版社，2002，第25页）关于此奏，《翼教丛编》收入时误为《安晓峰侍御请禁毁〈新学伪经考〉片》。经孔祥吉先生考订，知为余联沅所奏。见孔先生《安维峻弹劾〈新学伪经考〉辨误》，《光明日报》1986年11月19日，第3版。《新学伪经考》因此奏遭遇了自行毁版的命运。
② 张勇：《也谈〈新学伪经考〉的影响——兼及戊戌时期的学术之争》，《近代史研究》1999年第3期，第268页。
③ 朱一新与康有为关涉《新学伪经考》的通信共计8通，这里所引用的是朱初读该书后的复函；而后来朱复康的信并丰仅针对《新学伪经考》。为了让朱一新更多地了解自己的思想体系，康有为在接到朱一新对其《新学伪经考》批评的信后，曾将其"门人功课"送朱看阅。因此，在阅读了"门人功课"后，朱的评价可以说是对包括"孔子改制"等思想在内的"康学"的整体评价。对于朱、康通信的时间与内容的考证，参见张勇《也谈〈新学伪经考〉的影响——兼及戊戌时期的学术之争》，《近代史研究》1999年第3期。

"以为伪《周官》、《左传》可也，伪《毛诗》不可也；伪《左传》之羼乱者可也，伪其书不可也"；也不同意以春秋大义附会其他经典："通三统者《春秋》之旨，非所论于《诗》、《书》、《易》、《礼》、《论语》、《孝经》也。孔子作《春秋》，变周文，从殷质，为百王大法。素王改制，言各有当，七十子口耳相传，不敢著于竹帛，圣贤之慎如此。《诗》、《书》、《礼》、《乐》，先王遗典，使皆以一家私说羼于其中，则孔子亦一刘歆耳。"①　在朱一新看来，康有为遍伪六经，乃是"知伪《尚书》之说数见不鲜，无以鼓动一世，遂推而遍及于六经。嘻！其甚已"②。他还对康有为使用《史记》时，于"合己说者则取之，不合者则伪之"的做法提出批评："足下不用《史记》则已，用《史记》而忽引之为证，忽斥之为伪，意为进退，初无确据，是则足下之《史记》，非古来相传之《史记》矣。"③　应当说，朱一新的这番评论没有超越学术批评的范围。光绪十八年二月十六日（1892 年 3 月 14 日）俞樾阅读《新学伪经考》后在日记中写道："其书力攻古文之伪，故凡后出之《毛诗》、《左传》皆以为伪，并因《说文》有籀古亦排摈之。其所论似正，然亦一家之说。且以诸伪经皆刘歆所造，故目之曰新学，以歆固新莽国师也。然此究谁见其执笔而书乎？又凡古书有与己意不合者，皆以为刘歆窜入，亦未免武断矣。"④　俞樾是当时的古文经大家，但其"治《春秋》颇右公羊氏"⑤，曾撰有《春秋公羊传评议》。但与康有为"不惜曲解证据"以附会其微言大义的治经方法不同，俞樾治经是以考据方式探求义理，微言大义必须经由考据而来。因此，对于《新学伪经考》，俞樾虽承认"其所论似正"，然"亦一家之说"，更无法认同其"凡古书有与己意不合者，皆以为刘歆窜入"的武断做法。洪良品读过《新学伪经考》后致书梁启超，表达了他的看法："在贵师明智超识，何尝不知《史》、《汉》有来历，不同杜撰，特歆于魏默深《诗、书古微》之冒称绝学，欲于二千年后特标一帜，而无如二千年以上事实，见于史策者昭昭，因见近儒解经不通，则必借口刘歆窜入，因附会《王莽传》、《西京杂记》、《史通》诸书，以入其罪，然后经典可以

---

①　朱一新：《朱侍御答康有为第二书》，见苏舆编《翼教丛编》，上海书店出版社，2002，第2、5 页。

②　朱一新：《朱侍御答康有为第三书》，见苏舆编《翼教丛编》，第 7 页。

③　朱一新：《朱侍御答康有为第三书》，见苏舆编《翼教丛编》，第 7 页。

④　俞樾：《俞曲园先生日记残稿》，转引自蔡乐苏、张勇等著《戊戌变法史述论稿》，清华大学出版社，2001，第 202 页。

⑤　章太炎：《俞先生传》，《章太炎全集》（四），上海人民出版社，1985，第 211 页。

肆其抨击。"洪氏同样批评了康在对待《史记》时，于"有合己意者，则曰铁案不可动摇；有不合己意者，则以为刘歆所窜入"的做法。① 就政见而言，康有为后来的变法主张，朱一新、俞樾与洪良品等人未必认可，但此时，他们对于《新学伪经考》的评价都是从传统学术批评的角度进行的，没有掺杂太多的政治因素，也没有任何新旧之争的痕迹。这与下述戊戌时期那些与康有为政见一致者对《新学伪经考》的态度没有太大的出入。

宋恕曾有"驳长孺《伪经考》语"，孙宝瑄听后认为"极确"②。宋恕所驳者，乃康有为所说秦始皇焚书并未厄及六经之说，认为"秦既不许天下挟《诗》、《书》，断无其朝廷复设博士教人以《诗》、《书》之理……长孺云：秦欲愚天下，非欲自愚。若自焚其朝廷所藏者，是自愚也。不知秦为治皆本法家，无取《诗》、《书》之义。是在秦为废物，何必藏之。且长孺云：吏即博士，使天下学者往受业。然则秦非仅不自愚，并不欲愚人矣。与焚书之旨相反，此何解耶？"③ 宋恕驳康说，旨在指出刘歆作伪的不足信。孙宝瑄本人也对"康学"中的很多武断之论提出批评。他不信刘歆作伪，认为"歆以一人而造《周官》，造《书》，造《毛诗》，造《尔雅》，造彝鼎古字，且编窜诸书，无所不至，试问有此精力否？且造之何益？若云取名托诸他人，则无名，以媚莽，《周官》一书足矣，《诗》、《书》、《尔雅》将谁媚耶？……若云诸书皆出其手，则攻之适以尊之，歆果圣人也。"④ 对宋恕驳康之论，孙宝瑄当时认为"极确"，后有所修正，认为秦焚书的确未及"博士所职者"，但"萧何入秦，收丞相御史律令图书，亦未收博士所职者。及后咸阳一炬，而完书毕竟无存矣。坏壁所得古书，非刘歆伪造无疑"。对孙宝瑄的这一见解，章太炎"亦以为然"⑤。章太炎也曾作《新学伪经考》驳议数条，但并未公开。宋、孙、章三人交密，维新期间一度同住沪上，经常一起纵论古今，"作竟日谈"。在其后的戊戌变法中，他们都是康有为的同志，可谓政见一致。在学术上，三人虽"所从入之学派"有所不同，章太炎"从许、郑入"，宋恕"从三王入仲任、文中、阳明"，孙宝瑄"从洛、闽入"⑥，但都主治古

<hr />

① 洪良品：《洪右丞给谏答梁卓超论学书》，见苏舆编《翼教丛编》，第18、19页。
② 孙宝瑄：《忘山庐日记》，上海古籍出版社，1983，第154页。
③ 孙宝瑄：《忘山庐日记》，第154页。
④ 孙宝瑄：《忘山庐日记》，第153页。
⑤ 孙宝瑄：《忘山庐日记》，第232页。
⑥ 《致饮冰子书》（1899年9月23日），《宋恕集》，中华书局，1993，第603页。

文经典，与康有为的治学路数有所不同。因此，当看到康有为将古文经传统统说成刘歆作伪且证据不足时，他们的批评自在情理之中。

更为重要的是，对康有为《新学伪经考》提出批评的，不仅来自于宋恕、章太炎等研治古文经典者，而且来自那些与康有为同治今文经者。皮锡瑞与康有为一样学主今文，但皮之治经力求凿实，反对空疏。因此，他批评刘逢禄、魏源等人经说的武断，认为"以此说经，圣人之书无完肤矣，以臆说为微言，以穿凿为大义，此真经学之蟊贼!"① 1894 年，他读过《新学伪经考》后，评论道："谓《周礼》等书皆刘歆作，恐刘歆无此大本领，既信《史记》，又以《史记》为刘歆私窜，更不可据。"② 唐才常同样学主今文，但与"康学"的宗旨"也微有不合之处"。在唐才常看来，"《周官》、《左氏》为姬氏一朝掌故，而公、谷、大小戴、三家《诗》乃圣人改制之书"③，这与康有为之遍伪古文经传已然不同。谭嗣同对康有为否定古文经的武断也"不敢苟同"，认为"孔子作《春秋》，其微言大义，《公羊》固得其真传，顾托词隐晦，虽何休为之解诂，亦难尽晓。至于左氏之书，则不尽合经，疑后人有所附益，然其叙事详，且皆可稽。苟说经而弃是书，则何由知其本事，而孔子之施其褒贬，亦何由察其深意，此章实斋所谓'道不可以空诠也'"④。黄遵宪是康梁变法路上的亲密伴侣，康梁在维新路上的很多困难都由他代为排解，但这并不意味着黄遵宪信服"新学伪经"说，他曾直言不讳地对梁启超说："《公羊》改制之说吾信之。谓六经皆孔子自作，尧、舜之圣，为孔子托辞，吾不信也。"⑤ 即使康有为的弟子梁启超、陈千秋"亦时时病其师之武断"。在梁启超看来，书中"谓《史记》、《楚辞》经刘歆羼入者数十条，出土之钟鼎彝器，皆刘歆私铸埋藏以欺后世，此实谓事理之万不可通者，而有为必力持之。实则其主张之要点，并不必借重于此等枝词强辩而始成立，而有为以好博好异之故，往往不惜抹杀证据或曲解证据，以犯科学家之大忌"⑥。

---

① 皮锡瑞：《师伏堂日记》，癸巳年六月十二日，转引自吴仰湘《通经致用一代师——皮锡瑞生平和思想研究》，岳麓书院，2002，第226页。
② 皮名振：《皮鹿门年谱》，商务印书馆，1939，第27页。
③ 唐才常：《上欧阳中鹄书》，《唐才常集》，中华书局，1980，第238页。
④ 谭嗣同：《致唐才常》，蔡尚思、方行编《谭嗣同全集》增订本（下），中华书局，1981，第528页。
⑤ 黄遵宪：《致梁启超书》，《黄遵宪集》（下），天津人民出版社，2003，第487页。
⑥ 梁启超：《清代学术概论》，《饮冰室合集·专集》之三十四，中华书局，1989，第56～57页。

今文、古文有着不同的家法，但从上述各人对于《新学伪经考》近乎相似的批判中，我们看到的却是康有为经说中存在的问题与不足：考证疏漏、结论武断。而造成这一弊端的原因有二：

其一，"凿空说经"可谓是今文家的传统。复活于嘉道之际的今文经学存在着学术研究与经世致用两种路向，前者注重考据，后者则为了发掘微言大义常常会出现对经典的过度诠释，甚至以"六经注我"。康有为即属于后者，而且较之前辈今文经家走得更远，正如章太炎所谓"其说本刘逢禄、宋翔凤诸家，然尤恣肆"①，以至于唐才常等今文经学家也无法认同其视《左传》为伪经的做法。因此，上述诸家从学术研究严谨性的角度对《新学伪经考》提出批评，应当说切中要害。

其二，与康有为"好博好异"、固执自信的性格不无关系。对于《新学伪经考》中存在的问题，康有为并非不知。梁启超、陈千秋曾以弟子的身份参与了《新学伪经考》的著述，二人不仅认识到其中的问题，还向乃师提出修改建议，但"卒莫能夺"。对此，梁启超如是说："实则此书大体皆精当，其可议处乃在小节目……有为之为人也，万事纯任主观，自信力极强，而持之极毅。其对于客观的事实，或竟蔑视，或必欲强之以从我。其在事业上也有然，其在学问上也亦有然。其所以自成家数崛起一时者以此，其所以不能立健实之基础者亦以此。读《新学伪经考》而可见也。"② 如此看来，如果不是康有为过度自信、喜博好异的话，《新学伪经考》的不足会大有改观。

上述分析表明，在对待《新学伪经考》的问题上，时人的态度没有太大的差异，基本上都是将之置于学术研究的脉络中加以评判，批评其考证疏漏、结论武断及"六经注我"的治学态度，可谓抓住了《新学伪经考》的病灶。从中我们看不出任何新旧之争的痕迹，这与《新学伪经考》本身重在否定古文经传而没有牵涉太多微言大义有关。正如谭嗣同所说，《新学伪经考》于"扫除乾嘉以来愚谬之士习，厥功伟；而发明二千年幽蔀之经学，其德宏"，"然而于其微言大义，悉未有闻"。③ 另一方面，这也与《新学伪经考》问世较早有关。尽管《新学伪经考》所牵涉的微言大义较少，但它毕竟是康有为思想体系的一部分，如果对照日后康有为的言行，还是很容易看出其中的关联

---

① 《太炎先生自定年谱》，光绪二十二年（1896），二十九岁，《近代史资料》1957 年第 1 期，第 116 页。
② 《清代学术概论》，《饮冰室合集·专集》之三十四，第 57 页。
③ 谭嗣同：《壮飞楼治事十篇》，《谭嗣同全集》，第 445 页。

的。但由于该书问世较早（1891 年），此时维新运动尚未露出端倪，康有为也籍籍无名，其可供世人参阅的资料少之又少。因此，读者既无其他有关康有为的思想资源可供挖掘、参照，在面对《新学伪经考》时，便无法做出像日后对照了《孔子改制考》那样的解读，只能将其视为学术著作加以评说。加之当时的康有为不过是广东的一名举人而已，尽管《新学伪经考》中的很多论断都"离经叛道"，但人微言轻，它所引发的反响远没有后来的《孔子改制考》那样大。

二

1898 年《孔子改制考》刊出。① 如果说《新学伪经考》意在破的话，《孔子改制考》则重在立，即通过将孔子打造成一个"托古改制"的圣人，为其变法维新张本。梁启超对《孔子改制考》的主旨做了精当的概括："六经皆孔子所作，昔人言孔子删述者误也。孔子盖立一宗旨而凭之进退古人，去取古籍。孔子改制，恒托于古。尧舜者，孔子所托也，其人有无不可知……又不惟孔子而已，周秦诸子罔不改制，罔不托古。"然而康有为所说的"改制"却不同于此前公羊学家的改制，而是"一种政治革命、社会改造的意味"，"喜言'通三统'：'三统'者，谓夏、商、周三代不同，当随因革也。喜言'张三世'：'三世'者，谓据乱世、升平世、太平世，愈改而愈进也"。② 而且，在康有为看来，"孔子改制"不过立大纲而已，其后尽可由其门徒充实内容。这便为康有为的"托古改制"并任意参照西方学说提供了依据。

《孔子改制考》问世之际，正值各地维新运动进入高潮之时，其鲜明的改制主旨触动了反对变法者敏感的神经。他们因之心急如焚，于是攻击《孔子改制考》不遗余力。康有为之学术因与政治的结合而遭到更为激烈的批判。文悌弹劾康有为说："阅其著作，以变法为宗，而尤堪骇诧者，托词孔子改制，谓孔子作《春秋》，西狩获麟，为受命之符，以《春秋》变周为孔子当一代王者，明似推崇孔教，实则自申其改制之义……由是奴才乃知康有为之学术正如《汉书·严助传》所谓'以《春秋》为苏秦纵横者'耳。"③

---

① 关于《孔子改制考》刊出时间，有 1897、1898 年两种说法。本文采用汤志钧先生所考订的"《孔子改制考》应于丁酉付梓，而刊出则在戊戌"。见汤志钧《近代经学与政治》，中华书局，2000，第 180 页。

② 梁启超：《清代学术概论》，《饮冰室合集·专集》之三十四，第 57 页。

③ 文悌：《文仲恭侍御严劾康有为折》，见苏舆编《翼教丛编》，第 29、33 页。

令文悌不安的，与其说是康有为的经说荒谬，不如说是其"托词孔子改制"，自申"改制之义"。更何况其自申之义又是西方的民权、平等诸说！因此，如若康有为的学术仅仅停留在学术层面，文悌"犹以为方今时事孔棘，求才未可一格"，但当康之学术显然与政治结合到一起，"其谈治术则专主西学，欲将中国数千年相承大经大法一扫刮绝，事事时时以师法日本为长策"时，其对康有为的宽容便走到了极限。叶德辉攻击说："康有为隐以改复原教之路德自命，欲删订六经，而先作《伪经考》，欲搅乱朝政，而又作《改制考》，其貌则孔也，其实则夷也。"① 他由《孔子改制考》反观《新学伪经考》才发现，其中的谬误原来不仅仅在于结论的武断与考证的疏漏，"以《周礼》为刘歆伪撰……以为'新学'、'伪经'之证。其本旨只欲黜君权、伸民力，以快其恣睢之志，以发摅其叱诧傺侘不遇之悲。而其言之谬妄，则固自知之也，于是借一用《周礼》之王莽、附王莽之刘歆，以痛诋之"。② 叶德辉的如此心得，如若不是"两考"并读是无法做出的。因此，他所攻击的公羊学不是汉代之公羊学，而是康有为之公羊学，因为"今之公羊学，又非汉之公羊学也。汉之公羊学尊汉，今之公羊学尊夷"。③ 其实早在叶德辉之前，朱一新对"康学"就有过与叶相似的认识。朱一新去世较早（1894 年），没有机会看到《孔子改制考》。但当他看过康有为"门人功课"之后，即对"康学"有了整体的了解。也同样是联系了"新学伪经"与"孔子改制"说之后，朱一新才对"康学"有了如下心得："今托于素王改制之文，以便其推行新法之实，无论改制出于纬书，未可尽信，即圣人果有是言，亦欲质文递嬗，复三代圣王之旧制耳，而岂用夷变夏之谓哉？……而凡古书之与吾说相戾者，一皆诋为伪造，夫然后可以惟吾欲为，虽圣人不得不俯首而听吾驱策。噫！足下之用意则勤矣，然其所以为说者亦已甚矣。"④ 无论文悌还是叶德辉、朱一新，他们都认为康有为是借"素王改制"以行己说、"用夷变夏"，而且担心这种变革终将导致儒家文化的渐灭，故而攻击、规劝，不遗余力。对此，朱一新说得很清楚："彼戎翟者，无君臣，无父子，无兄弟，无夫妇，是乃义理之变也。将以我圣经贤传为平淡不足法，而必以其变者为新奇乎？有义理而后有制度，戎翟之制度，戎翟之义理所由寓也，义理殊斯风俗殊，风俗殊斯制度

---

① 叶德辉：《叶吏部与刘先瑞、黄郁文两生书》，见苏舆编《翼教丛编》，第 164 页。
② 叶德辉：《叶吏部〈輶轩今语〉评》，见苏舆编《翼教丛编》，第 77 页。
③ 叶德辉：《叶吏部与石醉六书》，见苏舆编《翼教丛编》，第 163 页。
④ 朱一新：《朱侍御答康有为第四书》，见苏舆编《翼教丛编》，第 9 页。

殊。今不揣其本而漫云改制，制则改矣，将毋义理亦与之俱改乎？"①

其实，包裹在《孔子改制考》经学外衣下的康氏变法思想和取径，不仅令文悌、叶德辉等人惶恐，即使曾经支持过康有为的帝师翁同龢及那些一度参与变法维新的官绅也同样无法接受。这一点从他们与康有为的关系离合中可以见及。光绪二十年五月（1894 年 6 月），翁同龢阅读了《新学伪经考》，并在初二日（6 月 5 日）的日记中评论说："看康长素（祖诒，广东举人，名士）《新学伪经考》，以为刘歆古文无一不伪，窜乱六经，而郑康成以下皆为所惑云云。真说经家一野狐也，惊诧不已。"② 尽管翁同龢"惊诧不已"，但"说经家一野狐"也还是将其放在经学研究的脉络中加以评说的。因此，《新学伪经考》并没有影响其日后对康有为变法活动的支持，甚至在余联沅奏劾《新学伪经考》一事上，翁还同意出面为康"周旋一切"③。但当看到《孔子改制考》后，翁的态度发生了极大的转变。据翁同龢戊戌日记四月初七日（5 月 26 日）记曰："上命臣索康有为所进书，令再写一份递进，臣对与康不往来。上问何也，对以此人居心叵测。曰前此何以不说，对臣近见其《孔子改制考》知之。"次日，"上又问康书，臣对如昨。上发怒诘责，臣对传总署令进。上不允，必欲臣诣张荫桓传知。臣曰张某日日进见，何不面谕，上仍不允。退乃传知张君"。④ 从这一番君臣较量中，我们看到的是翁同龢对康有为前后态度的转变，而转变的关键是《孔子改制考》。

张之洞与康有为的关系颇为复杂，这种复杂性来自于康有为既主变法，又治今文经学，而且其今文经学是要指导现实变法的。甲午战后，受空前高涨的民族危机的刺激，国人多言变法，身为湖广总督的张之洞对此同样表现出极高的热情，并成为很多维新人士投靠的对象；而张之洞也积极援引维新派。张之洞与康有为因此走到了一起，尽管后来的史实证明康有为之变法绝非张之洞之变法可比。1895 年，康有为南下筹办上海强学会，得到张之洞的极高礼遇，康有为回忆说二人"隔日张宴，申旦高谈，共开强学，窃附同心"。⑤ 吴德潇曾致函汪康年，也说："康君自金陵来同寓，昨夜同公度往访，

---

① 朱一新：《朱侍御答康有为第四书》，见苏舆编《翼教丛编》，第 11 页。
② 陈义杰整理《翁同龢日记》第 5 册，中华书局，1986，第 2696 页。
③ 参见茅海建《从甲午到戊戌：康有为〈我史〉鉴注》，生活·读书·新知三联书店，2009，第 41 页。
④ 《翁同龢日记》第 6 册，第 3128 页。
⑤ 康有为：《与张之洞书》，中国史学会主编《中国近代史料丛刊·戊戌变法》（二），上海人民出版社，1957，第 522 页。

略谈刻许。南师极倾倒之。"① 蔡元培日后忆及张之洞对康有为的评价，说：光绪二十一年"赴南京访张香涛氏，适康长素之房师余诚格氏在座。张氏盛称康氏才高，学博，胆大，识精，许为杰出之人才"。② 这些都说明，尽管张之洞不认同今文经学，与康有为"论学不合"，但此时的康、张关系并没有受到学术上今、古文不同的影响。其实，对于今文经学，张之洞并非绝对的排斥。这一点，从张之洞后来针对《湘学报》中的"揭素王改制之义"所发表的评论中可以见及。光绪二十三年七月，张之洞曾致电湖南学政江标，称：

> 《湘学报》卷首，即有素王改制云云，嗣后又复两见。此说乃近日公羊家新说，创始于四川廖平，而大盛于广东康有为。其说过奇，甚骇人听。窃思孔子新周王鲁、为汉制作，乃汉代经生附会增出之说，传文并无此语，先儒已多议之。然犹仅就春秋本经言。近日廖康之说，乃竟谓六经皆孔子所自造，唐虞夏商周一切制度事实，皆孔子所定治世之法，托名于二帝三王，此所谓素王改制也，是圣人僭妄而又作伪，似不近理。《湘学报》所谓改制，或未必如廖康之怪，特议论与之相涉，恐有流弊。且湘报系阁下主持刊播，宗师立教，为学校准的，与私家著述不同，窃恐或为世人指摘，不无过虑。方今时局多艰、横议渐作，似尤以发明为下不倍之义为亟。不揣冒昧奉商，可否以后于湘报中陈此义。如报馆主笔之人，有精思奥义易致骇俗者，似可藏之箧衍、存诸私集，勿入报章，则此报更易风行矣。③

由此可见，张之洞固然不喜公羊家言，但如果这一学说只是"私家著述"、不与现实政治结合的话，他还是可以容忍的。而这也比较符合嘉道以降出现的汉宋兼容、古今并治的学术趋向。正因如此，尽管康有为的《新学伪经考》问世在先，但这却没有影响张之洞与康有为的合作。然而，康有为的今文经说是注定要和现实政治结合的，这也注定了康、张合作不能长久。1895 年年底，《强学报》因采用孔子纪年为张之洞责令停刊。《强学报》采用"孔子纪年"意味着康有为的今文经说不再是"私家著述"，已超出张之

---

① 上海图书馆编《汪康年师友书札》，上海古籍出版社，1986，第 381 页。
② 蔡元培：《自写年谱》，高平叔编《蔡元培全集》第 7 卷，中华书局，1989，第 280 页。
③ 许同莘：《张文襄公年谱》卷六，商务印书馆，1946，第 116 页。

洞的容忍限度。而当《孔子改制考》问世后，康有为学术为政治服务的用意暴露无遗，张之洞撰著《劝学篇》"暗攻康梁"就不足为奇了。在张之洞看来，"民权之说，无一益而有百害"，"使民权之说一倡，愚民必喜，乱民必作，纪纲不行，大乱四起"。①

陈宝箴对康有为今文经说的态度，可以说比张之洞更为宽容。这并非因为陈宝箴认同康有为的今文经说，而是因为在民族危机的刺激下，他有着颇为强烈的变法愿望。因此康有为变法之激越与卓识一度令陈宝箴刮目相看："近来屡传康有为在京呈请代奏折稿，识略既多超卓，议论亦颇宏通，于古今治乱之原、中西政教之大，类能苦心探讨、阐发详尽，而意气激昂慷慨，为人所不肯为，言人所不敢言，似不可谓非一时奇士。"② 然而，陈宝箴之变法与康有为之变法同样不可混一而论。就变法的路数而言，熟谙晚清史的陈寅恪曾如是说："当时之言变法者，盖有不同之二源，未可混一论之也"，其一为"南海康先生治今文公羊之学，傅会孔子改制以言变法"；另一则为张之洞、郭嵩焘等"历验事务欲借镜西国以变神州旧法者"。他强调指出，其"先祖先君"的变法源流属于后者而不同于康有为："先祖先君见义乌朱鼎甫先生一新《无邪堂答问》驳斥南海公羊春秋之说，深以为然。据是可知余家之主变法，其思想源流之所在矣。"③ 就变法的内容而言，康有为所大肆宣扬的民权、平等之说，也非陈宝箴所能接受。因此当《孔子改制考》成为众矢之的时，陈宝箴的宽容走到了极限，在奏请康有为自行毁版的同时，指出：

> 意其所以召毁之由，或即其生平才性之纵横、志气之激烈有以致之，及徐考其所以然，则皆由于康有为平日所著《孔子改制考》一书。此书大指推本《春秋公羊传》及董仲舒《春秋繁露》，近今倡此说者为四川廖平，而康有为益为之推衍考证……其著为此书，据一端之异说，征引西汉以前诸子百家，旁搜曲证，济之以才辩，以自成其一家之言，其失尚不过穿凿附会。而会当中弱西强，黔首坐困，意有所激，流为偏宕之辞，遂不觉其伤理而害道。其徒和之，持之愈坚，失之愈远，嚣然自命，号为"康学"，而民权、平等之说炽矣。甚或逞其横议，几若不

---

① 张之洞：《劝学篇》，苑书义等主编《张之洞全集》第12册，河北人民出版社，1998，第9715页。

② 陈宝箴：《请厘正学术造就人材折》，《陈宝箴集》（上），中华书局，2003，第778页。

③ 陈寅恪：《寒柳堂集》，上海古籍出版社，1980，第149页。

知有君臣父子之大防。《改制》一编，遂为举世所忿疾，其指斥尤厉者拟为孟氏之辟杨墨，而康有为为众射之的，非无自而然也。①

在陈宝箴看来，就学术研究而言，《孔子改制考》的弊端"尚不过穿凿附会"。但当其与现实政治相结合，"意有所激，流为偏宕之辞"后，"遂不觉其伤理而害道"，"民权、平等之说炽"，甚而至于"不知有君臣父子之大防"。此中，尽管陈宝箴于"厘正学术之中，仍寓保全人才之意"②，但其与康有为的分野已经跃然纸上，只是他的言辞较之张之洞稍显平和而已。

孙家鼐也曾与维新派一道推动过变法运动，但当康有为的今文经说显然成了其现实变法的理论武器时，他的态度非常明确：

> 臣观康有为著述，有《中西学门径七种》一书。其第六种"幼学通议"一条，言小学教法，深合乎古人《学记》中立教之意，最为美善。其第四种、第五种"春秋界说"、"孟子界说"，言公羊之学，及《孔子改制考》第八卷中"孔子制法称王"一篇，杂引谶纬之书，影响附会，必证实孔子改制称王而后已。言《春秋》既作，周统遂亡，此时王者即是孔子。无论孔子至圣，断无此僭乱之心，即是后人有此推尊，亦何必以此事反复征引教化天下乎？方今圣人在上，奋发有为。康有为必欲以衰周之事行之今时，窃恐以此为教，人人存改制之心，人人谓素王可作。是学堂之设，本以教育人才，而转以蛊惑民志，是导天下于乱也。履霜坚冰，臣窃惧之。皇上命臣节制各省学堂，一旦犯上作乱之人，即起于学堂之中，臣何能当此重咎？臣以为康有为书中凡有关孔子改制称王字样，宜明降谕旨，亟令删除，实于风俗人心大有关系。③

在孙家鼐看来，当"圣人在上奋发有为"之际，康有为却"欲以衰周之事，行之今时"，其流弊必然是"人人存改制之心，人人谓素王可作"。孙家鼐可谓抓住了康有为"孔子改制"的真实用意，无法逾越"纲常名教"的他自然会对康有为的"人品、心术"产生怀疑。其后，在议复陈宝箴关于康有

---

① 陈宝箴：《请厘正学术造就人材折》，《陈宝箴集》（上），第780页。
② 王先谦：《虚受堂书札》卷1，沈云龙主编《中国近代史料丛刊初编》(69)，台北，文海出版社，1971，第40页。
③ 孙家鼐奏《译书局编纂各书宜由管学大臣进呈并禁止悖谬之书折》，《京师大学堂档案选集》，北京大学出版社，2001，第46页。

为及《孔子改制考》的奏折时，再次指出：

> 查陈宝箴所奏，意在销毁康有为《孔子改制考》之书，兼寓保全康有为之意。臣谨将康有为书中最为悖谬之语，节录于后，请皇上留心阅看。
>
> 其书有云：异哉王义之不明也，贯三才之谓王，天下归往谓之王；天下不归往，民皆散而去之，谓之匹夫。又云：以势力把持羁民，谓之霸，残贼民者谓之民贼。夫王不王，专视民之聚散向背，非谓其黄屋左纛，威权无上也。又云：今中国四万万人，执民权者二十余朝，问人归往孔子乎，抑归往嬴政、杨广乎？又云：天下义礼制度皆从孔子，皆不归往嬴政、杨广，而归往大成之殿。有归往之实，即有归王之实，乃其固然。又云：于素王则攻其僭悖，于民贼则许以贯三才之名，何其舛哉。
>
> 其书中所称嬴政、杨广民贼，臣诚不知其何指。黄屋左纛乃人君之威仪。天下所尊抑，康有为必欲轻视之，而以教主为尊，臣又不知其何心。人臣忠君爱国，惟有宣布朝廷盛德，乃其书屡言民不归往，散而去之，臣又不知其何心。臣观湖广总督张之洞著有《劝学篇》，书中所论皆与康有为之书相反，盖深恐康有为之书煽惑人心，欲救而正之，其用心亦良苦矣……今陈宝箴请将康有为《孔子改制考》一书销毁，理合依陈宝箴所奏，将全书一律销毁，以定民志而遏乱萌。①

从孙家鼐所节录的"悖谬之语"及其对张之洞《劝学篇》的赞许中，我们可以看出，他不满康有为的不仅是其"孔子改制称王"所透露出的野心，而且包括康所宣传的民权、平等等变法理念。

由此可见，《孔子改制考》遭遇了远比《新学伪经考》更大的非议与攻难。这其中的关键在于学术与现实政治的结合。与《新学伪经考》问世时相比，此时的康有为已不是偏居一隅的地方举人，而是光绪帝身边的近臣、维新变法的倡导者、新政决策的参与者，其地位与影响力已非昔日可比。因此，当《孔子改制考》问世后，便引发了极大的关注。而《孔子改制考》鲜明的改制主旨与"民权""平等"之说一下子触动了反对变法者敏感的神经，引发了反对派激烈的批判，其批判的重点与其说是康有为的今文经说，不如

---

① 孙家鼐：《孙协揆议陈中丞折说帖》，见苏舆编《翼教丛编》，第38~39页。

说是其背后的变法思想。当康有为的学术与政见遭到反对派的激烈攻击时，那些曾经倡导变法但又与康有为之变法不同路向、不同内涵的人们，便起而对其学术与政见提出批评，亮明态度，以便与康有为划清界限。这便是张之洞、陈宝箴等人批判《孔子改制考》的缘由。当然，康有为自身的性格缺陷、彼此之间的利益争夺也是影响康有为与上述诸人关系的重要因素，对此将另文论述。

耐人寻味的是，宋恕等支持康有为变法者对于《孔子改制考》的态度不仅与张之洞等人不同，而且与其几年前对《新学伪经考》的态度相比亦有变化。不但主治今文经之皮锡瑞、谭嗣同、唐才常等人认同康有为的"孔子改制"及"三世"说，即使那些主治古文经者，也对康有为《孔子改制考》表示了理解、宽容甚至认同。宋恕不服《新学伪经考》，但随着《孔子改制考》的问世，其对康有为的态度便发生了极大的变化，不仅"前疑冰释"，而且对康佩服得"五体投地"："戊春见更生《孔子改制考》，始服更生之能师圣，始知更生能行污身救世之行，而前疑冰释。《新学伪经考》，仆不甚服。见《开制度局、十二局、民政局》一长折，则益信更生真刻不忘民，确为尼山嫡派。"① 鉴于康有为"新学伪经"的武断，宋恕不服《新学伪经考》自在情理之中。但为什么主治古文经的宋恕在看到《孔子改制考》这一重在阐发今文经学微言大义的著作后，却更加佩服康有为了呢？此中的关键在于二人有着共同的变法理想，而《孔子改制考》寄寓的正是康有为的这一理想。宋恕因此"始服更生之能师圣"，说明他不但不反对"孔子改制"说，而且相信"圣人"改制，赞同康有为"师圣"改制。宋恕因读懂了康有为《孔子改制考》的真意与深意而能忽略其考证之疏，佩服其变法之志。因此，当看到孙宝瑄日记中驳《孔子改制考》的言论后，宋恕虽"颇谓然"，但"既而曰：子以考古贬长素甚善，然长素非立言之人，乃立功之人。自中日战后，能转移天下之人心风俗者，赖有长素焉。何也？梁卓如以《时务报》震天下，使士大夫议论一变，卓如之功；而亲为长素弟子，亦长素功也。八比废，能令天下人多读书，五百年积弊豁然祛除，而此诏降于长素召见后，亦长素功也。长素考古虽疏，然有大功于世，未可厚非也"。②孙宝瑄听后"亦敬服其说"。事实上，孙宝瑄本人对于《孔子改制考》的态度也与宋大致

① 宋恕：《致饮冰子书》，《宋恕集》（上），第 602 页。
② 孙宝瑄：《忘山庐日记》，第 220 页。

相同。他批评康有为"新学伪经"的武断，但却信从"孔子改制"、公羊"三世说"。他在日记中对《孔子改制考》的很多论断都表示肯定，对于康有为所说的诸子改制，孙记曰："余谓：制者，法也。古人不肯空论理，而必定法，使可遵行。是以谓诸子皆有改制之意，其说极善。惟书中所列诸家，亦有并非立意改制，如原壤、晏婴、邹衍之类，乃皆牵强附会，目为改制创教，以曲圆其说，则颇沿作时文之陋习也。考古之学贵精确，其似是而非者，奚必援据以贻笑耶！"又云："推孔子为新王，为素王，以春秋当一代，谓以殷变夏，以周变殷，以春秋变周，皆有至理，不可易者也。所未解者，必以《六经》皆孔子自撰作而非述，抑何意耶？""夫创法改制，皆圣人分内事，惟杜撰古事，诬蔑古人，圣人所不为。"① 可见，孙宝瑄之于"康学"有所驳也有所不驳，所不驳者正是"孔子改制"甚至"诸子改制"之类的内容。同样，章太炎对《孔子改制考》也表示了一定的宽容，不仅没有批驳，反而对康有为的"孔子改制""通三统""张三世"等不无认同。尽管后来的章太炎成为一个颇为纯粹的古文经学家，与康有为截然对立，但在维新期间及此前此后的一段时间内，他虽主治古文，却经常援引今文经学的观点。如在收入《诂经精舍课艺》的文字中，章太炎对今文经学的某些观点不但不排斥，有时且加援用，认为"《左氏》可通于《公羊》"②；他发表于《时务报》上的《论学会大有益于黄人亟宜保护》一文也有"通三统""大一统"等今文家言；在《膏兰室札记·孝经本夏法说》及《春秋左传读》中，也有赞同"孔子改制"的言论。这些都已经为以前的研究者所揭出。③ 而章太炎本人对其与今文学家的这种共识，也直言不讳。1899 年，他因政变受牵连避地台湾，谈及与康有为的学术异同，说："余自顾学术，尚未若给谏（指朱一新，引者注）之墨宋，所与工部论辩者，特左氏、公羊门户师法之间耳。致于黜周王鲁、改制革命，则未尝少异也（余绅绎周秦、西汉诸书，知左氏大义与此数语吻合），况旋乾转坤以成既济之业乎？"④ 正是"黜周王鲁、改

---

① 孙宝瑄：《忘山庐日记》，第 215、217、224 页。

② 汤志钧编《章太炎年谱长编》，中华书局，1979，第 19 页。

③ 汤志钧：《近代经学与政治》，第 250 页；张勇：《戊戌时期章太炎与康有为经学思想的歧异》，《历史研究》1994 年第 3 期，第 26 页；刘巍：《从援今文义说古文经到铸古文经学为史学》，《中国社会科学院近代史研究所青年学术论坛》（2003 年卷），社会科学文献出版社，2005，第 531 页。

④ 《康氏复书》，原载 1899 年 1 月 11 日《台湾日日新报》，见《章太炎旅台文录》，《中国文化研究集刊》第 1 辑，复旦大学出版社，1984，第 357 页。

制革命，则未尝少异"的共识成了章太炎与康有为合作的学术思想基础。因此，对于具有鲜明经世目的的"康学"，章太炎便有了更多的同情与理解，晚年论及清代今文经学，他如是说："至于康有为以《公羊》应用，则是另一回事，非研究学问也。"① 尽管完全抹杀"康学"的学术价值有些武断，但对其以《公羊》经世的评判可谓知言。

由此可见，在戊戌时期，"孔子改制"与公羊"三世说"等今文经学理论不仅得到了治今文经者的阐发，而且得到部分治古文经者的理解、宽容乃至认同。何以如此？其中的关键在于这一理论有着便于服务现实变法需要的"微言大义"。对此，皮锡瑞如是说："孔子改制，西汉旧说，近人多举此为冒子，此亦有故。中国重君权，尊国制，猝言变革，人必骇怪，故必先言孔子改制，以为大圣人有此微言大义，然后能持其说……既言变法，不能不举《公羊》改制之义。"② 孙宝瑄也正是从今人之变法看到了公羊家的可贵："今人皆悟民主之善、平等之美，遂疑古贤帝王所说道义、所立法度，多有未当，于是敢于非圣人。自据乱、升平、太平三世之说兴，而后知古人有多少苦衷，各因其时，不得已也。《春秋》公羊家之所以可贵。"③

如此看来，在日益严重的民族危机的激荡下，分属今、古文不同学术领域的维新人士，却共享着今文经学"孔子改制"的变法理论，这其中所透露出的是戊戌时期学术与政治之间的复杂关系。

三

谈及学术与政治的关系，贺麟如此说："学术与政治的关系，也可以说是'体'与'用'的关系。学术是'体'，政治是'用'。学术不能够推动政治，学术就无'用'，政治不能够培养学术，政治就无'体'……政治是学术的由知而行，由理想而事实，由小规模而大规模，由少数人的探讨研究到大多数人的身体力行。政治没有学术作体，就是没有灵魂的躯壳，学术没有政治作用，就是少数人支离空疏的玩物。"④ 贺麟深受儒学的熏陶，其一生

---

① 章太炎：《清代学术之系统》，马勇编《章太炎讲演集》，河北大学出版社，2004，第104页。
② 皮锡瑞：《师伏堂未刊日记》（戊戌年四月初七日），《湖南历史资料》1959年第1期，第116页。
③ 孙宝瑄：《忘山庐日记》，第153页。
④ 贺麟：《学术与政治》，《当代评论》第1卷第16期，1941年10月20日，第231页。

都在为儒学的现代转换殚精竭虑，其对学术与政治关系的见解正是用西学改造儒学的产物。"学术为体，政治为用"，这一看似传统的论断，在本质上更接近于西方文化。因为，贺麟强调学术与政治密切关系的一个重要前提是学术的独立自由，而学术独立自由正是西方文化的传统。在儒家文化中，学术与政治的关系非常紧密，"通经致用""内圣外王"等价值取向所彰显的正是学术与政治的亲密关系，从政成为绝大多数学者的理想追求，"学而优则仕"则又成功地架起了由学术通往政治的桥梁。在学术与政治的亲密关系中，如果说先秦时期的"百家争鸣"尚在一定程度上反映出当时的学术独立的话，那么随着儒学独尊地位的确立，主流学术便失去了原有的独立，沦为政治意识形态的诠释工具。当社会需要变革时，学者也只能从已有的经典中阐发微言大义，寻求理论支持，学术在与政治的关系中发生了扭曲。然而传统学术发展到清代，在各种因素的交互作用下，乾嘉汉学一度出现了学术脱离政治的趋向，不过这并非西方式的学术独立。而且，在世变的催促下，在学术致用传统的作用下，嘉道以降的学术便开始由乾嘉汉学的脱离国计民生、琐碎无用转向经世致用。不过，乾嘉汉学对嘉道以降的学术研究也产生着极其重要的影响，表现为学术在发挥致用功能的同时，也不能无视学术自身的严肃与规范。这在今文经学的研究中体现得最为清晰。而康有为的"两考"正是在这两种学术传统同时作用的背景下写成的，时人对"两考"的评价也是在学术与政治两个向度上展开的。

清嘉道以降，一方面，在世变的催促下，清代学术逐渐由考据向经世倾斜，经世思潮勃然而兴，而今文经学所具有的与政治密切相关的特性恰好迎合了这一潮流；另一方面，从学术演变的内在因素来看，乾嘉汉学积弊日深，在学术反思中，为弥补朴学考据"义理"的缺失，一些学者开始从今文经中寻找儒学的微言大义，今文经学应运而兴。① 谈及清学分裂的原因，梁启超认为"有发于学派之自身者，有由环境变化所促成者"，前者指学术演变的内在因素，后者指经世思潮的影响。② 两者共同促成了今文经学的复兴。也正因如此，清代的今文经学一直存在着学术研究与经世致用的双重路向。前者以颇为严密的考据为基础，体现的是乾嘉考据传统在今文经领域的延伸。而在戊戌之前，这一路向上的今文经学研究曾获得了士林的广泛认可。

---

① 罗检秋：《从清代汉宋关系看今文经学的兴起》，《近代史研究》2004年第1期，第45页。
② 梁启超：《清代学术概论》，《饮冰室合集·专集》之三十四，第51页。

这一点，从阮元的《皇清经解》收录了庄存与、孔广森、刘逢禄的今文经学成果，及王先谦的《皇清经解续编》收录了陈奂、陈立、俞樾等人的《公羊学》研究成果中可以见及。然而，学术与政治的结合毕竟是公羊学的主题。虽然在经历了乾嘉考据学风的长期浸润之后，那些意在经世的今文经家也不能无视考据的重要性，但为了政治实践的需要，他们的学术见解又往往无法避免"凿空说经"的弊端。清代今文经学肇端于常州学派，为了发掘孔子寄托于《春秋》中的旨意，他们常常离开历史事实说经，其最核心的观点是，《春秋》乃孔子所撰，是经世之书；《公羊传》提出"通三统""张三世"之义，因此《春秋》大义存于《公羊传》；《春秋》并非记事之史，而是为万世制法的经世之书。于是，《春秋》便由史学性格转向义理性格，这为公羊学凿空说经大开方便之门。之后，他们不仅以微言说《春秋》，还以微言说六经。较早将公羊学的微言推向其他儒家经典的是宋翔凤。他在《论语述何》中将"三统说"推衍到和《公羊传》毫不相干的《论语》上。之后戴望进一步将宋翔凤的观点推衍到六经。① 如果说庄存与、刘逢禄等人的今文经说尚属考证严密的话，那么其后的龚自珍、魏源等人已经由公羊学迈向变法论，以学术为政治所用，而康有为的今文经学理论更是直接为其变法张本。学术为政治服务的主旨使得龚、魏、康有为的学术外衣捉襟见肘。因此，他们的今文经学研究在学术层面便引发了时人的批评。晚清名士李慈铭就魏源的《古微堂外集》发表评论说："自道光以来，经学之书充栋，诸儒考订之密，无以复加。于是一二心思才智之士，苦其繁富，又自知必不能过之，乃创为西汉之说。"② 朱一新批评嘉道以降的今文经家说："公羊家多非常可怪之论，西汉大师自有所受，要非心知其意，鲜不以为悖理伤教。故为此学者，稍不谨慎，流弊滋多。近儒惟陈卓人深明家法，亦不过为穿凿。若刘申受、宋于庭、龚定盦、戴子高之徒，蔓衍支离，不可究诘。凡群经略与公羊相类者，无不旁通而曲畅之。即绝不相类者，亦无不锻炼而傅合之。舍康庄大道而盘旋于蚁封之上，凭臆妄造以诬圣人，二千年来经学之厄，盖未有甚于此者也。"③

---

① 关于清代常州学派今文经学的演变，参见彭明辉《晚清的经世史学》，台北，麦田出版社，2002，第74页。

② 徐珂：《清稗类钞》第8册，中华书局，1986，第3825页。

③ 朱一新：《无邪堂答问》卷1，第24页，见《拙盦丛稿》，沈云龙主编《近代中国史资料丛刊》（28），台北，文海出版社　1968，第67～68页。

与龚、魏相比，康有为的今文经说走得更远。① 在强烈的经世目的驱使下，为了现实变法的需要，他虽套用了今文经学理论，却"既不尽依公羊典范，更不秉承今文家法。他惟取能合用其说者"②，合己说者则取之，不合者则伪之。这种对经典的随意取舍、过度阐释，已非此前的今文经学家可比。正因如此，无论主治古文的章太炎、宋恕，还是主治今文的皮锡瑞、唐才常，都从学术的角度对《新学伪经考》提出批评。然而，康有为之经说毕竟"非与考据家争长短"，而重在思想阐发、为其政治上的变法提供依据。而且，与此前的今文经学家基本上是在传统中寻求阐释经典、发掘微言大义的学术思想资源不同，康有为则不仅利用传统的资源，还大量吸取了西学养分。于是，康有为传统的学术外衣之下包裹的竟是西方的民主政治主张。这是康有为所处的时代使然。康有为的时代已非传统的封建时代可比，甚至与龚、魏所处的时代已然不同，此时的中国社会已经引进了西方资本主义的经济与技术，它要求相应的制度变革。但是康有为等人又对西方的思想文化一知半解，于是只能利用传统的思想资源——今文经学来打造其变法理论。这在《孔子改制考》中反映得最为充分。然而，今文经学毕竟是儒家文化的一脉，用其解释传统的社会变革尚不免附会，若用其阐发近代的社会变革，其牵强与附会更加明显。这是康有为的局限。问题的关键在于，时人对康有为的解读也在学术与政治之间转换。如果说他们对《新学伪经考》的评论尚是放在清代今文经学研究的脉络里展开的话，当康之今文经说与维新变法的政治实践相结合、刊出《孔子改制考》时，时人的评判标准便由学术转向了政治。

康有为今文经说的考证疏漏、结论武断是人所共知的，即使康门弟子也不讳言。重要的是，当康有为的今文经说与现实的政治变革纠结在一起、要为现实的变法服务时，学术本身的疏漏与严谨已经无关紧要，不再是大家批评的重心。于是，时人对于《孔子改制考》的评价已然与《新学伪经考》不同，政见取代学术成为更重要的评价标准。与康有为政见不同者，借攻击康有为的今文经说而反对其政治上的变法，并使得原本不太森严的今、古文壁垒日渐森严；与康有为政见相同者，虽仍对其学术上的武断与附会提出批

---

① 关于"康学"的经世精神，刘巍的《〈教学通议〉与康有为的早期经学路向及其转向》有着深入的研究，见《中国社会科学院近代史研究所青年学术论坛》（2004年卷）。

② 汪荣祖：《康章合论》，见氏著《从传统中求变——晚清思想史研究》，百花洲文艺出版社，2002，第361页。

评，但更多的是因政见一致而理解、认同其"孔子改制"与"三世说"等变法理论，学术的"致用"压倒"求真"。正是在晚清民族危机日益急迫的特殊时空下，"经世致用"压倒学术求真，才有古文经家对《孔子改制考》予以理解、宽容乃至认同的一幕。章太炎一度与康门弟子走向决裂，尽管其自称与康有为论学"如冰炭"，但是，当我们放眼于维新变法时期章太炎自身的学术及其与康门师徒的关系时，却发现除却短暂的冲突之外，他们基本上能够存异求同。关于此期章太炎在学术上力图援引今文经释古文经的倾向前文已经论及，这里略就其对康有为的态度作一分析。① 1897 年初，"章梁冲突"发生后，章太炎一度极其愤怒，曾致函孙诒让与谭献等师友，表示："《新学伪经考》，前已有驳议数十条，近杜门谢客，将次第续成之。"② 然而，公然驳难《新学伪经考》其实并非章太炎的本意，只不过是感情冲动下的愤怒之举。冷静之后，他还是理智地接受了师友的建议，将驳议搁置不提。其实，为了共同的变法理想，章太炎完全可以对"康学"给以宽容。这从其戊戌政变后的言行中可以见及。戊戌之后，今、古文的分野日渐森严，章太炎在学术上已然成了古文经的捍卫者。但因与康有为的政见一致，当他在学术上批评时人的"今文经说"时，对康有为这一今文经学的"集大成者"却网开一面，并对那些借攻击康有为之经说以反对其变法的做法表示鄙夷。光绪二十五年八月（1899 年 10 月），面对守旧派借驳斥康有为经说以否定变法的言论，章太炎撰《〈翼教丛编〉书后》为康辩护："是书驳康氏经说，未尝不中綮要，而必牵涉政变以为言，则自成其瘕宥而已……且经说之是非，与其行事，固不必同。"在章看来，康有为在变法时"不失为忠于所事"，故质问："彼与康氏反唇者，其处心果何如耶?③""经说之是非，与其行事，固不必同"一语是理解章太炎与康门师徒关系的密钥。章太炎固然不认同康有为之经说，但对其行事的首肯使得章不可能公然驳难康之经说，更不可能因论学不合而走向决裂，更何况此时的章太炎还时常援引今文经说入其古文经中！同年十一月，章太炎作《今古文辨义》，仍然没有公然驳斥康有为，而明言是反驳廖平之说；且由于该文内容与康有为相关，特意在文末

---

① 关于章太炎与康有为在学术与政治上的异同，汤志钧先生在其《近代经学与政治》中有所涉及，参见该书第 260～263 页。

② 谭献：《复堂日记》，范旭仑、牟晓朋整理《钱基博跋记》，河北教育出版社，2001，第 415 页。

③ 章太炎：《翼教丛编书后》，《章太炎政论选集》，中华书局，1977，第 96 页。

声明："若夫经术文奸之士，借攻击廖士以攻击政党者，则井之鼃，吾弗敢知焉。"① 这些都表明，为了变法的政治目标，章太炎对康有为的学术给予了极大的包容，甚至于他自己也力图从古文经中发掘出今文家"黜周王鲁、改制革命"的思想内涵，以助其政治变法的需要。对这种因政见一致而宽容其学术的态度，章太炎也毫不隐晦，在"自述其治学功夫与志向"时谈及今文经学，曾如是说："清世《公羊》之学，初不过一二人之好奇，康有为倡改制，虽不经，犹无大害，其最谬者，在依据纬书，视《春秋》经如预言，则流弊非至掩史实逞妄说不止。"② 在章太炎看来，"康有为倡改制，虽不经，犹无大害"，但在反对变法者看来康有为以今文经学"倡为改制"却贻害无穷。双方的结论虽相反，但思考问题的思路却是相同的，即都是以政治为标准来评判学术。

孙诒让与章太炎交密，因此对康门弟子驱逐章太炎一事打抱不平。但当章太炎以驳斥《新学伪经考》一事咨询他时，他却并没有因此支持章太炎，相反致函章氏说："是当哗世三数年，荀卿有言，狂生者不胥时而落，安用辩难？其自熏劳也。"③ 就孙诒让而言，他与康有为论学同样"如冰炭"，但他却反对章太炎公然驳难康学，个中原因是他对康有为变法主张的认同，担心公开驳难将不利于变法大局。对孙氏此中的深意，宋恕如是说："先生为古文经学大师，尤精治《周礼》，今文经学领袖岭表某氏攻许、郑甚力，于《周礼》直斥为刘子骏伪作。然先生不以此而迁怒反对，极表同情于其所持改制立宪之政论。"④ 孙诒让在维新变法失败后，论及康门师徒时，也说："康氏学术之谬，数年前弟即深斥之。去年致章枚叔孝廉书，亦曾及之。然其七八上书，则深钦佩其洞中中土之症结。于卓如则甚佩服其变法通议之剀切详明，不敢以其主张康学之执拗而薄之。此薄海之公论，非不佞之臆论也。"⑤ 可见，在学术与政治之间，孙诒让更看重后者，因此尽管不认同康有为的学术，但却尊重康有为的变法主张与实践，为了政治变法而主张对康之学术示以宽容。

---

① 章太炎：《今古文辨义》，《章太炎政论选集》，第 115 页。
② 诸祖耿：《记本师章公自述治学之功夫及志向》，《制言》半月刊第 25 期，1936 年 9 月，第 6 页。
③ 章太炎：《瑞安孙先生伤辞》，《章太炎全集》，第 224 页。
④ 宋恕：《又寄挽籀顾先生》，《宋恕集》，第 477 页。
⑤ 《汪康年师友书札》第 2 册，第 1474 页。

同样，宋恕、孙宝瑄对康有为的态度也经历了由不满其学术、做派到钦服其变法之志的转变。《新学伪经考》问世后，宋、孙都对康有为学术之武断提出异议；"章梁冲突"发生后，宋恕与孙宝瑄都表示了对康门弟子的不满，宋恕为之致函章太炎，称："别怅时馆之事，恕与孙君中玙、胡君中巽等大为执事不平，极望别树正旗，摧彼骄敌。今得胡、童两君同声相应，实天之未绝斯文，恕虽久怠，岂愿自外！"① 但当《孔子改制考》问世后，孙、宋对康有为的态度发生巨大转变，这同样反映了在那个特定的历史条件下，政治共识压倒学术歧异的事实。这一事实即使是同治今文经者，也同样存在。清代今文经家之间的公羊学理论，往往是同中有异，即使同为主张变法的今文经家，其今文经说的内容也不尽相同。但在维新变法的大局之下，学术上的歧异显得微不足道。唐才常曾致函乃师欧阳中鹄，对其与康有为学术、政治的异同如是说："授业于素王改制讲之有年，初非附会康门。去年办《湘学报》时，即极力昌明此恉，至六、七月间，始与桂孙同往书肆购得《新学伪经考》阅之。今年三月始读所谓《改制考》、《董氏学》两书。其宗旨微有不合处，初不敢苟同……至其拜服南海五体投地，乃因历次上书，言人所不能言，足愧尽天下之尸居无气而窃位欺君者，故不觉以当代一人推之。"②

从不同人群对《新学伪经考》与《孔子改制考》的态度异同中我们看到的是：就康有为个人而言，当戊戌时期，中国的社会经济已经迈出了学习西方的步伐，并要求在政治上实行相应的变革。但此时的康有为因没有足够的西学储备，无法运用西方的思想体系来倡导变法，于是只能在现有的儒家思想中寻找可资利用的资源，以今文经说附会西方的思想元素宣传变法。由此产生的牵强与附会、武断与疏漏显而易见。在学术与政治之间，康有为因政治上的变法需要，牺牲了学术上的严谨与求真，此乃宋恕所说的"能行污身救世之行"。就宋恕等人而言，他们虽与康有为的学术主张不无分歧，并因此对《新学伪经考》提出批评，但当《孔子改制考》暴露出康有为借学术以致用的目的后，共同的政治追求使他们在学术上存异求同，虽对康之学术武断与疏漏不乏批评，但更多的是宽容与理解，甚至于共同分享其"孔子改制"的变法理论。就那些反对康有为变法者而言，学术经世的传统他们能够

---

① 宋恕：《复章枚叔书》，《宋恕集》（上），第572页。
② 唐才常：《上欧阳中鹄书》，《唐才常集》，第238页。

认同，今文经学研究他们可以容忍，但当传统的今文经学注入了西方民权等政治理念之后，他们的容忍便达到了极限。从他们对《新学伪经考》与《孔子改制考》的不同态度中，我们看到，尽管"康学"在学术上有这样那样的不足，但他们对其托古改制的实质看得都很清楚，他们反对"康学"的真正目标是其中的民权平等与托古改制。可以说，变法的支持者因政见与康有为一致而容忍其学术，反对者则因政见与康有为不同而对其学术大张挞伐，由此所反映出的正是戊戌时期学术与政治关系的常态。

戊戌年张荫桓密荐康有为史实考证

马忠文 *

虽然戊戌变法中翁同龢向光绪皇帝"举荐"康有为的说法十分盛行，但仍有学者指出，真正的荐康者并非翁氏，而是康有为的同乡、户部左侍郎、总理衙门大臣张荫桓（号樵野）。民初学者黄濬认为，"南海（康有为）来京，主樵野"，"康南海之得进于德宗，实樵野所密荐"。① 何炳棣也认为："荫桓引有为戮力改革，实隐然为变法之领袖，非荫桓之先启沃君心，则变法之计不能遽入。"② 到了 20 世纪 90 年代，随着张氏戊戌日记稿本的披露，王贵忱、苏晨、李吉奎、范耀登等学者再次提到张荫桓与"荐康"的重要关系。③ 然而由于种种原因，学界对张氏荐康的具体史实均缺乏细致的爬梳和考订。为此，笔者不揣简陋，现综合各种官方和私家文献对该问题予以全面的探索。

张荫桓、 翁同龢与高燮曾荐康的关系

比较充分的证据表明，甲午战争后康有为来京主要联络的大员是张荫

　＊　中国社会科学院近代史研究所副研究员。
　①　见《花随人圣盦摭忆》，上海古籍出版社，1983，第 466 页。
　②　参见何炳棣《张荫桓事迹》，《清华学报》第 13 卷第 1 期（1943 年 3 月），第 185～210 页。除了材料的局限，该文有关张、康关系的基本观点至今仍具有代表性和典型性。
　③　相关研究论著主要有：王贵忱《张荫桓其人其著》（《学术研究》1993 年第 6 期）、《张荫桓戊戌日记后记》（《新疆大学学报》1998 年第 3 期）；苏晨《张荫桓与戊戌变法之谜》，《东方文化》1994 年第 3 期；范耀登《张荫桓与戊戌维新》，《汕头大学学报》1992 年第 4 期；李吉奎《张荫桓与戊戌变法》，收入王晓秋主编《戊戌维新与近代中国的改革——戊戌维新一百周年国际学术讨论会论文集》，社会科学文献出版社，2000；马忠文《张荫桓与戊戌维新》，收入王晓秋、尚小明主编《戊戌维新与清末新政——晚清改革史研究》，北京大学出版社，1998。

桓，他与帝师翁同龢的关系其实相当疏远；康氏虽有攀附帝师的热望，但翁氏对他却始终敬而远之。戊戌年的情况也是如此。

康有为戊戌年在北京的活动是其一生中最重要的一段历史，与近代政治关系也最大。康氏自光绪二十一年八月南还，直到光绪二十三年丁酉十月再返北京，约有两年时间。此间他主要在粤从事授学、办报活动。丁酉冬胶州湾事件前后，康氏再次经沪抵达北京。

康有为向工部递上条陈（《第五书》）请求代递的时间，约是丁酉年十一月初。据康年谱，上书遭到工部堂官拒递后，他曾与杨锐、王鹏运、高燮曾（理臣）等商议对策。因上书无望，遂有南归的念头，并投书翁同龢以告归。十月十八日准备出发时，翁氏忽然来留行。翌日，给事中高燮曾奏荐请召见，并加卿衔出洋，翁氏在光绪帝面前力称之，奉旨交总理衙门议。[①] 这是康氏本恩对翁氏"举荐"自己最经典的说法，看上去似乎合情合理。其实，这段叙述掩盖了"谋主"张荫桓的幕后活动，有些情节并不可信。

茅海建先生认为康有为丁酉十月来京后多次与李鸿章（合肥）商议巴西移民事宜，并推测康"可能通过于式枚之介"得以与李鸿章建立了联系。[②] 笔者以为此论值得讨论。康与张荫桓同乡同里，早已建立起深厚的私谊，况且，张还是总署的实权人物，康此行无疑是奔张而来的，"屡与商议"者应是樵野，不可能是合肥。[③] 同样，对康氏上书活动帮助最大的也是张荫桓。

张氏在政变后流放途中曾对押解官员谈起康的上书活动："兹祸之起，康有为固非罪魁，实翁常熟酿成之……时欲上书，央我介绍，常熟允见，及康往而辞焉。余讶以问翁，翁应曰：此天下奇才也，吾无以位置之，是以不敢见。后竟奏荐朝廷，拟召见。"[④] 张氏此论难免有诿过的嫌疑，但是，也说明在援引康氏问题上，翁氏绝非局外之人。张氏透露了一个重要的细节：张曾介绍康往见翁同龢。康欲见翁，尚需张氏从中介绍，表明翁、康之间确实

---

① 楼宇烈整理《康南海自编年谱（外二种）》，中华书局，1992，第34页。康有为自订年谱有多种版本，本文均据此版本。

② 参见茅海建《巴西招募华工与康有为移民巴西计划之初步考证》，《史林》2007年第5期。

③ 康、李之间似乎没有发生过什么私人联系。赵炳麟称："鸿章自罢直督，以大学士居京师。上为其熟外交，命在总理衙门行走。康有为屡投刺鸿章言变法，鸿章勿为礼。及新政行，鸿章复嘲之。"见《光绪大事汇鉴》（收入《赵伯岩集》，1922年刊本）卷9，第25页。

④ 王庆保、曹景郕：《驿舍探幽录》，《戊戌变法》丛刊，第1册，神州国光社，1953，第492页。

比较隔膜，绝不像康自言的那么亲近。康年谱中记述被工部拒绝后与杨锐、王鹏运等京官商议上书对策事甚详，独不言经张荫桓介绍拜访翁氏这个环节，这是有意隐讳。

既然翁氏拒绝见康，又如何与康氏进用难脱干系？为何张荫桓在政变后敢将责任全部推到翁氏身上？这需要从御史高燮曾荐康有为入弭兵会之事说起。高氏疏荐是康有为变法活动中至关重要的环节。本来通过工部堂官代递条陈是康氏上书的合法途径，在这条路被切断的情况下，康氏调整了策略：一方面，在京、沪大量刊印散布《第五书》，扩大宣传，制造舆论，引起士林的关注与声援；另一方面得到一些京官的支持，另辟蹊径，运动言官上疏保荐。十一月十九日兵科给事中高燮曾附片举荐康有为，就是康氏积极运动的结果。在这份《请令主事康有为相机入弭兵会片》中，高氏云：

> 臣闻西洋有弭兵会，聚集之所在瑞士国，其大旨以排纷解难，修好息民为务，各国王公大臣及文士著有声望者，皆准入会。如两国因事争论，未经开战之先，可请会中人公断调处，立意甚善。臣见工部主事康有为，学问淹长，才气豪迈，熟谙西法，具有肝胆，若令相机入弭兵会中，遇事维持，于将来中外交涉为难处，不无裨益。可否特予召对，观其所长，饬令总理各国事务衙门厚给资斧，以游历为名，照会各国使臣，用示郑重。现在时事艰难，日甚一日，外洋狡谋已露，正宜破格用人为自存计。所谓请自隗始者，不必待其自荐也。附片具陈，伏乞圣鉴，谨奏。①

观高氏此片，其主旨是请朝廷"破格用人"，"特予召对"康有为，并派其入瑞士弭兵会"遇事维持"，以消外患。该片与同时递上的《请密与德国订立盟约不必牵连教案折》及《李秉衡不宜废弃片》②是相辅相成的，都是针对陷于困境中的中德胶州湾交涉而言的。现已证明，荐康之片实为康自己所拟，由杨锐介绍，交高氏递上者，系康氏按照京城里的潜规则——"买都老爷上折子"的结果。③入弭兵会不过是托词，"特予召对"才是康氏真正的目的。此时康的目标已经不只是上书皇帝，而是要争取面圣建言。这反映

---

① 黄明同、吴熙钊主编《康有为早期遗稿述评》，中山大学出版社，1988，第263页。
② 《军机大臣奏为给事中高燮曾请密与德国订立盟约不必牵连教案等折及谕旨原折片恭呈慈览事》，光绪二十三年，清史工程网，录副奏折，编号03-5732-059。
③ 参见马忠文《高燮曾疏荐康有为原因探析——兼论戊戌维新前后康、梁的政治贿赂策略与活动》，《学术交流》1998年第1期。

出胶州湾危机时康有为急于进用的心态。

康年谱称，高燮曾疏荐前一日，翁同龢曾到南海会馆挽留即将出京的康氏。这个细节通常被视为翁氏"荐康"的重要表征。数年前孔祥吉、村田雄二郎两位先生通过对翁氏日记原稿的考察，发现十一月十八日这天的日记内容确有改动，原稿有半页被裁去，现在看到的是重新缮贴的。他们认为，这是翁氏在政变后为避祸对日记所做的删改，目的是为了隐去这天清晨到南海会馆访康的情节；① 茅海建教授在最新研究中也重申此论，认为翁氏挽留康有为确有其事，为康氏政治活动之大转折。② 笔者以为，这天翁氏到南海会馆挽留过康氏的说法不可信。

一个不可回避的问题是，康有为此时正在积极进取，怎会萌发南归的念头？而恰恰又在贿买高氏疏荐之前？尽管康年谱将翁之"挽留"与次日高燮曾"奏荐"的发生描述的那么自然，暗示着一定的因果关系，但是，当我们得知康氏于幕后策划高燮曾疏荐的真相，就可判断此时他绝不会有南归的决定。因此，所谓翁氏前去挽留的情节自然是靠不住的。对此，台湾学者黄彰健曾指出，翁氏前去留康的情节是宣统三年在日本影印的《明夷阁诗集》所收《怀翁常熟去国》诗中首次披露的，而此诗系康在政变后补作的。③ 后来康有为也曾多次提及这个情节。可以断言，这个出典于"萧何月下追韩信"的感人故事，应是康氏政变后杜撰的。

相反，在高燮曾疏荐前夕康氏拜访翁被拒绝倒是确实发生过的事情。翁氏拒康，不仅有张荫桓提供的证据，翁同龢日记也有反映。政变后康有为逃亡香港，戊戌年八月二十一日在接受《中国邮报》（*China Mail*，又称《德臣西报》）记者的采访时称："我由湖北人御史高燮曾所荐，翁同龢及礼部尚书李端棻亦留意于我，有谓翁守旧党，实非也，实翁、李二臣屡欲荐我在皇上左右以备顾问。"④ 这篇谈话稍后被上海《新闻报》所转载，九月初四日翁氏在常熟家中看到报道，他在日记中写道："《新闻报》等本皆荒谬，今日所刊康逆语，谓余论荐，尤奇，想我拒绝，欲计倾我耶?!"⑤ 这里的"想我拒

---

① 参见孔祥吉、村田雄二郎《〈翁文恭公日记〉稿本与刊本之比较——兼论翁同龢对日记的删改》，《历史研究》2004 年第 3 期

② 参见茅海建《〈我史〉鉴注》，三联书店，2009，第 221～224 页。

③ 参见氏著《戊戌变法史研究》，台北中研院历史语言研究所专刊，1970，第 149 页。

④ 这里引用的是《申报》转载的康氏谈话内容，译文应与《新闻报》大致相同。

⑤ 陈义杰整理《翁同龢日记》第 6 册，中华书局，1998，第 3167 页。

绝"是与张荫桓提到的"及隶往而辞焉",均与高氏疏荐的语境相关,说的应是一回事。

康有为拜访翁氏遭拒的情节,现存翁氏日记不见记载。据孔祥吉、村田先生研究,这年十一月翁氏日记只有十八、十九日这两天有改动。① 而康有为编造翁氏来访的故事,时间不早不晚,恰恰放在十八日这天,似非偶然,说明这天翁、康之间确实发生过联系。况且,康氏年谱稿本这天的原始记载也曾流露过对翁的一丝不满。② 所以,康氏在十八日这天往见翁氏遭拒的可能性非常大。

既然十八日翁氏访康之事纯属乌有,则翁氏重新缮日记当别有原因。笔者以为,翁氏删改日记,重点非十八日这天的内容,似乎是十九日的内容。据翁万戈先生提供的翁日记原稿复印件,翁同龢重缮的半页文字,既有十八日的,也十九日的。现将重缮内容标为黑体:

> 十八日。晴,风止,大寒。早入,外折一,见起三刻,明发,一李秉衡开缺,自请却未提;一裕禄授川督,裕长等调任。论胶事,上述慈谕看照会稿甚屈,以责诸臣不能整饬,坐致此辱。臣愧悔无他,因陈各国合谋图我,德今日所亢,后日即翻,此非口舌所能了也,词多激愤,同列讶之,余实不敢不倾吐也。散时尚早,小憩出城,赴总署发罗氏电,令洞察英德合谋状。南洋电。催信隆租船案,将船姑放。英德勾通情状已露,裕朗西电,英谋大连湾。窦使照会云,德有利益英当均沾特未揭破胶口耳。遣人告海靖,余等即往,伊推却云有要事不能候,然则变卦显然也。写荣侄信,小山信。贡物共三百三十四两,交立君。

> 十九日。稍和。子密销假,步犹弱。电信二,许、杨。发电二,罗大臣。明一,王鹏运、高燮曾皆论胶事,片二。见起四刻,辰正散。张君与余同办一事,而忽合忽离,每至彼馆则偃卧谈笑,余所不喻也。未正赴总署,荫道午楼昌到,晤于署。陈名远递青溪矿事说帖,到署求

---

① 参见孔祥吉、村田雄二郎《〈翁文恭公日记〉稿本与刊本之比较——兼论翁同龢对日记的删改》,《历史研究》2004 年第 3 期

② 现藏中国国家博物馆的康有为《我史》(自编年谱)手稿"既谒常熟"旁原添"常熟烘谬"四字,后又删去。参见茅海建《〈我史〉鉴注》,第 221 页。笔者以为,康氏在此处添加文字的斟酌反复,流露出其内心的矛盾。"烘谬"一词意在指责,似是对访翁遭拒之事有感而发的。

见，未见。晚归。高御史燮曾保康有为入瑞典弭兵会，交总署酌核办理。①

通过比较可以发现，十八日所记多为中德交涉事宜。当时，光绪帝转述慈禧对胶案交涉的不满，责备诸臣（主要指翁、张）不能整饬；翁氏辩称各国合谋图我，与德谈判，旋议旋翻，实非口舌所能了，且语气激愤。十九日的记载则较为简单，从辰正散值到未正赴署，几个时辰没有任何记载。值得注意的是，"张君与余同办一事，而忽合忽离，每至彼馆则偃卧谈笑，余所不喻也"一句显得十分突兀，从语境上分析，前后并无关联，"到彼馆"一说更是无从谈起。相反，这句话与前一天军机召对奏报中德交涉情况时的语境倒是十分吻合。笔者以为，这句话，本应是翁氏在十八日汇报中德交涉情况时说的，责难张氏，多少有推脱责任的意味，故"同列讶之"。翁氏在重缮日记时，将原来十八日的这段内容后移到了十九日，用以弥补十九日删去的内容。这样做的目的只有一个，那就是掩盖军机大臣召见时他对高氏疏荐康有为建议的积极促动。

据军机处《随手登记档》，十九日高燮曾《请令主事康有为相机入弭兵会片》下注"随事递上，次日发下归箍"②。可知光绪帝这天一早见到高燮曾的折片后，并未直接批复，而是枢臣召见时复将高片带上，君臣共同商议后才令总署"酌核办理"的。③ 交片谕旨称："本日给事中高燮曾奏请令康有为相机入西洋弭兵会等语，军机大臣面奉谕旨：总理各国事务衙门酌核办理。钦此。相应传知贵衙门钦遵可也。"④ 这天枢臣召对长达四刻之久，翁同龢身兼枢译，尤有发言权，并面奉谕旨传知总署"钦遵"。可见，翁氏对此事有所推动是肯定的。但并非出于主动。因为在军机见起前，光绪帝先召见了张荫桓。⑤ 当时对德交涉已陷入僵局，君臣皆束手无策，派人参加弭兵会不失为一种可以尝试的办法。光绪帝在召见枢臣时令将高片交总署酌办，当与张氏奏言有直接关系。

翁同龢拒绝在私宅会晤康氏，却在公堂之上支持高燮曾荐康，这二者看

---

① 翁同龢日记原稿复印件由翁万戈、翁以钧先生提供，特此致谢。
② 清史工程网，军机处随手登记档，编号 03 - 0293 - 2 - 1223 - 307。
③ 中国第一历史档案馆编《光绪宣统两朝上谕档》，第 23 册，广西师范大学出版社，1996，第 325 页。
④ 中国第一历史档案馆编《光绪宣统两朝上谕档》，第 23 册，第 325 页。
⑤ 《京报（邸抄）》第 111 册，全国图书馆文献缩微复制中心，2003，第 392 页。

起来矛盾，其实并不难理解。凭着丰富的官场经验，翁氏知道高燮曾疏荐是康操纵的，且有张荫桓的暗中支持，尤其是张氏在召对时对派员参加弭兵会已有铺陈，得到了皇帝的支持。既符合圣意，又迎合同僚，且无徇私之嫌，这便是翁同龢在拒康后，仍然支持将高燮曾折片交总署处理的全部理由。翁氏此举与其说支持康有为，不如说是支持张荫桓。如果推断不误的话，翁同龢十九日日记中删去的内容可能还有散值后向张荫桓通报消息的情形。政变后张氏称翁"竟（将康）奏荐朝廷，拟召见"，虽然有些夸大其词，但他们二人在支持高片交由总署办理方面彼此有过默契，应该无须怀疑。

　　总之，在高燮曾荐康一事上，张荫桓是真正的幕后操纵者。由言官疏荐康有为，并以参加弭兵会为名目，这样的谋划，不可能没有张的参与。高氏选择在十九日这天递折，也非偶然，这天是户部值日，张荫桓有可能被召见（事实上确实如此）。军机大臣翁同龢所做的不过是秉承上意，顺水推舟，对总署办理高氏折片表现出支持的姿态而已。而且，高氏折片与其他奏疏一样，当时还被进呈给慈禧御览。① 所以，很难说翁氏对高氏荐康的奏片有多么主动的支持。然而，当总署的酌核办理改变了康有为的政治命运，并成为引发政治风暴的导火索时，翁氏支持康氏的责任便凸显出来，这是翁事先无法预料到的，更何况他又参与了后来一系列进呈康书的活动。于是，删改十九日这天日记，便成为翁氏后来推脱责任的必然选择。

总署对高燮曾折片的特殊 "办理"

　　康氏为高所拟附片，入弭兵会只是借口，核心目标是获得破格召见的机会，表达政见；而光绪帝的出发点则是考虑派人入弭兵会以解决中德纠纷，二者侧重点本不相同。高燮曾的折片交由总署办理后，拖了整整三个月后才复奏。总署对高片的办理过程，康氏年谱有详细说明，但不可尽信。

　　康年谱称，高燮曾奏荐片上，翁同龢在皇帝前力称之，奉旨交总理衙门议。而许应骙阻之于恭邸，翁氏再持之，恭邸乃谓"待臣等见之乃奏闻"，奉旨令王大臣问话。戊戌正月初三日总是王大臣传见康氏问话。次日召见枢臣，翁以康言入奏，光绪再命召见，恭邸谓请令其条陈所见，若可采取，乃

① 《军机大臣奏为给寻中高燮曾请密与德国订立盟约不必牵连教案等折及谕旨原折片恭呈慈览事》，光绪二十三年，清史工程网，录副奏折，编号03 - 5732 - 059。

令召见。于是，皇帝乃令康条陈所见，并进呈《日本变法考》《俄彼得变政记》等变法书籍。① 张氏在政变后对这段历史也有回忆：

> 时欲上书，央我介绍，常熟允见……后竟奏荐朝廷，拟召见。恭邸建议曰：额外主事保举召见，非例也，不可无已，先传至总理衙门一谈，果其言可用，破例亦可，否则作罢论。众曰：诺，此年前冬间事也。年节伊迩，各署多冗，无暇及此，今年正月初三日，庆邸率合肥、翁常熟及余，公见康于总署，语未终，余以有事去，不知作何究竟。未几，康上条陈，朝廷发交总署核议……而康自此获上矣。②

参照康、张的记述，可知总理衙门在讨论高氏附片时，许应骙对于"破格召见"一节明显反对，最后，由恭王出面调解，建议先传至总理衙门一谈，果其言可用，破例亦可，否则作罢。显然，传见康氏是总署大臣讨论高片时的折中办法，而不是恭王在军机召见时向光绪帝提出的建议。康氏年谱中声称令总署传见是"奉旨"，这与事实不符。

戊戌年正月初三日，总署大臣传见康有为。翁日记记云："传康有为到署，高谈时局，以变法为主，立制度局、新政局、练民兵、开铁路、广借洋债数大端，狂甚。"③ 张荫桓记云："约康长素来见。合肥、常熟、仲山见之，余与荣相续出，晤长素高论。荣相先散，余回西堂料理问答。"④ "高论"一语足见张对康氏的欣赏和器重。这次会晤中，恭王、庆王因其地位显赫，没有出席，康年谱与张氏回忆说庆王出席，均系误忆。张氏在谈话开始后，才出来加入，传见未结束前又与荣禄"先散"，意在避嫌；而许应骙则拒绝参加。

康年谱称，初四日清晨召见枢臣时，"翁以吾言入奏，上命召见，恭邸谓请令其条陈所见，若可采取，乃令召见，上乃令条陈所见，并进呈《日本变法考》《俄彼得变政记》"。这些说法与情理不符。初三日参加传见的五位

---

① 楼宇烈整理《康南海自编年谱（外二种）》，第 34～37 页。另外，梁启超在《戊戌政变记》中也有类似的描述，《戊戌变法》丛刊，第 1 册，第 250～251 页。
② 王庆保、曹景郕：《驿舍探幽录》，《戊戌变法》丛刊，第 1 册，第 492 页。
③ 《翁同龢日记》第 6 册，第 3086 页。汤志钧先生认为，"狂甚"二字，在行之最下端，又挤又小，是后来添加上的。参见汤志钧《翁同龢与戊戌变法》，收入《戊戌变法史论》，群联出版社 1955 年版，第 111 页。
④ 任青、马忠文整理《张荫桓日记》，上海书店出版社，2004，第 507 页。

总署大臣中只有翁同龢是枢臣，当时总署虽传见了康氏，尚未对此事做出可否，也没有对高折做出最后的处理结果，在此情况下，翁同龢怎会在次日军机召见时主动向皇帝汇报问话情况？这不符合处理公务的惯例。

同样，康氏的变法条陈已是本人递到总署请求代递的，并非年谱中所说是光绪令其"条陈所见"的。总署传见后，康氏在短短数日内，以总署谈话内容为基础，参诸未上达的《第五书》，草成一份统筹全局、尽变旧法的条陈《外衅危逼，分割洊至，宜及时发愤，大誓臣工，开制度新政局折》（后称《上清帝第六书》）。正月初八日，他将此折缮就后递到总理衙门，"恳请代为具奏"。显然，这是得到张荫桓允准的。据张氏日记，初七日晚，他与康有为、军机章京凌福彭（润台）、总署章京关以镛（咏琴）同桌聚饮，深夜才回寓。① 这次聚饮，应与康呈递《第六书》有关。

从 20 世纪 80 年代发现的《杰士上书汇录》所收该折的行文格式看，《第六书》采用的是司员请求堂官代呈的格式，条陈起首行文格式为："具呈。工部主事康有为为外衅危迫……以存国祚，呈请代奏事。"结尾句为"伏惟代奏皇上圣鉴。谨呈。"这完全符合康有为当时的身份和清代公文惯例。② 但是，政变后康氏刊行的《戊戌奏稿》中，他将这件奏折改称为《应诏统筹全局折》，与年谱一样，自称是"奉旨"条陈所见，格式也改为有奏折权的官员上折的格式。该折起首行文格式改成："奏为应诏陈言，乞统筹全局以救危立国，恭折仰祈圣鉴事。"结尾句改为："伏乞皇上圣鉴。谨呈。"③ 这种改动非同小可，康氏利用"奉旨"的障眼法，将总署大臣代递条陈、在职权范围内所做的积极推动作用巧妙掩盖起来了。

康有为《第六书》在二月十九日终于被总理衙门代呈。④ 从时间上看，总署复奏已在高氏疏荐康有为整整三个月之后。之所以拖了三个月，除了拖沓低效的衙门办事效率，许应骙的阻挠应是主要因素。而且，此折可能是在无法继续拖延的情况下不得不递上的。⑤ 这个奏折清楚地说明，将康传入总署问话与代奏条陈均非出自"圣裁"，而是总署大臣办理高氏折片时提出的

① 《张荫桓日记》，第 508 页。
② 黄明同、吴熙钊主编《康有为早期遗稿述评》，第 263、271 页。
③ 《戊戌变法》丛刊，第 2 册，第 197、202 页。
④ 黄明同、吴熙钊主编《康有为早期遗稿述评》，第 263 页。
⑤ 笔者推测，总署对高燮曾折片的回复之所以拖了三个月，可能与当时复奏时间不能超过三个月的硬性规定有关，可惜迄今未见清代制度有过明确成文规定，姑存此论。

两种议案。换言之，在《第六书》上达之前，光绪帝并不知道总署传见康氏之事，也不知道康将《第六书》递到总署请求代递之事。康年谱所谓"奉旨传见"和"奉旨条陈所见"是为了混淆视听，掩盖不可告人的内幕。

从总署的代奏折看，总署对高片的"酌核办理"显得非同寻常。此时胶案谈判即将达成协议，高片中请派康入弭兵会的核心建议早在被总署传见前已经被否决了①，"特予召见"也化为泡影，但总署却以高氏称康"学问淹长""熟谙西法"为由，先将康传至总理衙门问话，听其阐述改革主张，然后又将其自行递至总署"恳请代奏"的条陈（《第六书》）代呈皇帝。② 如此看似节外生枝的"办理"，与高氏原片的旨趣已大相径庭。显然，总署在三个月之内，逐渐将事态的发展引向了非常有利于康氏的一面，给了康有为千载难逢的机会，使其通过合法途径达到了上书目的。这主要是张荫桓幕后推动的结果。

丁酉、戊戌之际入值总理衙门的王大臣是恭亲王奕䜣、庆亲王奕劻、大学士李鸿章、户部尚书翁同龢、兵部尚书荣禄、礼部尚书许应骙、左都御史廖寿恒及张荫桓八人。张氏虽官居末秩，却因长期供职总署，且勇于任事，实际上成为总署的当家人物。凭借张氏在总署的优势地位，将事态引向有利于康有为的方面并不是件困难的事。最为巧妙的是，代呈《第六书》被作为"办理"高片的最后结果；对高片的复奏折同时又是代呈康氏条陈的代奏折，这使总理衙门代呈工部主事的条陈变得名正而言顺，真可谓匠心独运。毫无疑问，这些都是张、康精心策划的。

将康有为《第六书》作为办理高燮曾奏片的最终结果进呈御前，或许是翁同龢事先所未能料到的。但是，自从光绪帝将高片交由总署酌核办理之日起，翁同龢便与此事难脱干系。在甲午战后的朝局中，翁氏以帝师之尊，隐操政柄，办事干练的张荫桓则积极结纳，为翁出谋划策，成为"甲午至戊戌的幕后大人物"③。翁、张之间虽偶有分歧，但总体上保持着密切合作的态势，这在胶旅交涉前后的朝局中尤为明显。在张氏积极援引康有为的过程中，翁同龢不仅是知情者，在办理公务的层面，也是谨慎的支持者。以致戊

---

① 据张元济戊戌年正月初二日致汪大燮、汪诒年信函中说，"弭兵会亦已罢论，惟高位者，颇能为所歆动耳。"见《汪康年师友书札》第2册，上海古籍出版社，1986，第1723页。"高位者"主要指张荫桓而言。

② 黄明同、吴熙钊主编《康有为早期遗稿述评》，第263页。

③ 黄濬：《花随人圣盦摭忆》，第466页。

戌年初就有张、翁引康变法的传言。① 但是，翁、康之间从未有过私人交谊，戊戌年春更是如此。② 因此，就事实的层面来说，翁同龢没有荐过康，真正向皇帝密荐康氏的是张荫桓。

张荫桓 "私以康有为进"

康氏年谱称戊戌年二月十九日《第六书》上达前翁同龢已向光绪帝举荐过康，而且皇帝屡欲"召见"康氏，这是不可能的。光绪帝对康氏及其政治主张的重视应该是看到《第六书》之后的事情，如果没有《第六书》先入为主，任何人的举荐恐怕都是徒劳的。光绪帝见到《第六书》，当即下旨令总署妥议具奏。此后，康有为越来越受到皇帝的赏识，并开始频繁进呈变法书籍。

根据清宫档案以及《杰士上书汇录》所收折片抄件，康氏《第六书》上达后，又陆续向总理衙门呈递新的变法条陈与书籍。二月二十日，也就是《第六书》呈递皇帝的第二天，康有为将早已抄缮好的《俄大彼得变政记》一书及《为译撰〈俄彼得变政记〉成书，可考由弱致强之故，呈请代奏折》（又称《上清帝第七书》）送到总署请求代递。二月二十七日又将《俄胁割旅大，覆亡在即，乞密联英日，坚拒勿许折》递至总署。三月初三日总理衙门将上述二折一书同时进呈皇帝。三月二十日康氏复将《日本变政记》《泰西新史揽要》《列国变通兴盛记》三书及《译撰〈日本变政考〉成书，乞采鉴变法以御侮图存折》《请照经济科例推行生童岁试片》交到总署。三月二十三日翁同龢在枢臣见起时，将此三种变法书籍及康氏折片一并呈到御前。③

---

① 苏继祖《清廷戊戌朝变记》记云："当康去冬来京上书时，守旧之大员于元旦密告恭邸曰：康有为所事，闻是翁、张所引，将树朋党以诱皇上变法者，急宜防备之。"这则记载属于事后追忆，可信性有待确证。不过，至少反映出张、翁行动的一致性引起一些同僚的注意，所指应为处理高折之事。见《戊戌变法》丛刊，第 1 册，第 332 页。

② 钱仲联在《梦苕盦诗话》中说 "人谓公荐举南海，有才胜臣十倍之语，实不尽然。政变以前，金门姑丈在京师，公即诫以不可近南海，谓其心术不正。此事姑丈亲为予言之。外间所传，不免捕风捉影。今公日记俱在，可覆按也。"转引自钱仲联主编《清诗纪事》第 16 册，江苏古籍出版社，1989，第 11312～11313 页。钱仲联之祖母乃翁同龢之姊，其姑丈俞钟銮（字金门）又是翁的外甥，戊戌年春曾到京参加会试。这条口碑材料可信性极高，说明翁对康大有戒心。

③ 康氏《自编年谱》中所记呈递条陈和变法书籍的具体时间多有误讹之处，以上均以档案材料为据。可参见孔祥吉《康有为变法奏章辑考》（北京图书馆出版社，2008）及茅海建《〈我史〉鉴注》二书。

短短一个月中，康有为连续三次向总署递条陈和书籍，其数量一次比一次多，总署代呈一次比一次及时，基本上没有拖延。如果说《第六书》由总署以复奏高燮曾附片的形式递上还算名正言顺的话，后来这些书折由总署代呈则无正当的名目，显然违背了定制。康氏年谱中自称这些条陈和变法书籍都是"奉旨"而上的，可是，根据《杰士上书汇录》所收总署代奏折，均为其自行递至总署、"恳请代为具奏"者。既是"自行"呈递，又怎能顺利到达御前？这与张荫桓的秘密活动有关。

张荫桓在戊戌年春朝局中的地位十分特殊，他对光绪帝的影响力似乎超过翁同龢。时论称"南海张侍郎曾使外洋，晓然于欧美富强之机，每为皇上讲述，上喜闻之，不时召见"。"启诱圣聪，多赖其力"。① 政变后梁启超也说："（张）久游西国，皇上屡问以西法新政。"② 王照称，"张荫桓蒙眷最隆，虽不入枢府，而朝夕不时得参密沴，权在军机大臣以上"，"是时德宗亲信之臣，以张荫桓为第一"。③ 张氏对光绪帝的影响如此之大，以至于在接待德国亲王访华接待礼仪安排等问题上，他完全听信于张荫桓，导致慈禧和军机大臣们的不满。

据张荫桓日记，仅戊戌年正月至四月间，先后于正月初九、二十一、二十九日，二月初七日，三月初二、初十、十四、十七、十八、二十八日，闰三月初十、十二日，总计13次单独被光绪帝召见，仅三月就被单独召见6次，康氏的变法书籍主要是在三月内进呈的。大学士徐桐在闰三月二十七日纠参张荫桓时，别有用心地指责张氏"屡蒙召对，于敷陈时事必有耸动圣听之处"，④ 暗示有"蛊惑"皇帝的嫌疑。抛开守旧的倾向不言，徐桐的这一判断并非无因，康有为越来越受到皇帝赏识即与张氏屡蒙"独对"直接相关。

近人郭则沄在《十朝诗乘》中写道："时德宗惩甲午之败，谋自强，张樵野密进康所著书，上惊赏，戊戌改制由此。"⑤ 在《庚子诗鉴》亦云："康

---

① 苏继祖：《清廷戊戌朝变记》，《戊戌变法》丛刊，第1册，第331页。
② 梁启超：《戊戌政变记》，《戊戌变法》丛刊，第1册，第283页。
③ 王照：《礼部代递奏稿》按语，《戊戌变法》丛刊，第2册，第356、355页。
④ 徐桐：《奏为特参户部侍郎张荫桓贪奸误国事》，清史工程网，录副奏折，档号03－5359－082。
⑤ 郭则沄：《十朝诗乘》，收入张彭寅主编《民国诗话丛编》第4册，上海书店出版社，2002，第752页。

有为初规变法，所著及封奏皆由张樵野侍郎代进。"① 郭则沄之父郭曾炘（号春榆）戊戌年以礼部郎中充军机章京，故上述说法自属局内人之论。祁景颐《张樵野侍郎之与当时朝局》亦记云："德宗立意维新……召见时（张）私有所陈，兼进新学书籍。如粤南海之进身，外传翁文恭所保，其实由于侍郎密奏也。"②景颐为祁世长之孙、李鸿藻外孙，出身世家，久居京师，这番言论也不同于游谈无根的传闻野记。他明确肯定举荐康有为的不是翁同龢，而是张荫桓。时人魏元旷称"康有为居京，日夜于侍郎张荫桓宅图之，张荫桓私以康有为进"③。一个"私"字可谓道尽玄机，也是后来张荫桓不见容于慈禧的根本原因。

查张荫桓戊戌日记，张氏在三月初二、初十、十四、十七、十八日，五次被单独召见，每次独对逾时。从张日记的简略记载看，君臣二人所谈主要是对俄、德交涉，以及德国亲王访华接待仪节诸事宜。不过，当时光绪帝正为康之主张所吸引，总署对《第六书》尚未复议，他们的话题不会不涉及康有为的。否则就无法解释张氏屡蒙召见与康氏频频上书、总署违例代呈之间存在的有机联系。例如，三月初二日张荫桓被召见，第二天总署即将康氏早已交来的书籍、条陈呈上；三月十七、十八日张氏连续两次被召见后，康有为即于三月二十日异乎寻常地将三部变法书籍和一折一片同时递至总署，三月二十三日翁同龢在枢臣召对时将其呈送皇帝。如果不是张氏在召见时的介绍，以及光绪帝的特意过问，康有为递至总署的书籍恐怕很难及时上达。将光绪帝过问后的进呈视为"奉旨"，似乎也不无理由，但是，这与一般所说的"奉旨"并非一回事。康氏反复强调"奉旨"之说，正是为了掩盖张荫桓独对时推介的内情。无论如何，这是无法公之于众的秘密。此外，康氏在三月中旬后大规模通过总署向皇帝进书，可能与总署大臣许应骙生病请假有关。许氏于三月十四日请假十日，二十四日又续假五日，到二十八日才销假。④ 因为没有阻挠，康氏的书折才得由总署顺利代呈。

张荫桓向皇帝推荐康有为著作的情况，从《日本国志》一书进呈过程也能得到证明。戊戌年春被呈送光绪帝的第一部变法书籍并非康氏之著述，而

---

① 龙顾山人（郭则沄）：《庚子诗鉴》，《中和》月刊第 1 卷第 1 期，第 54～55 页。
② 祁景颐：《䜱䜪亭随笔》，原载民国年间《青鹤》杂志，收入章伯锋、顾亚主编《近代稗海》第 13 辑，四川人民出版社，1988，第 124 页。
③ 魏元旷：《坚冰志》，《戊戌变法》丛刊，第 4 册，第 312 页。
④ 《京报（邸抄）》第 115 册，第 279、489、577 页。

是黄遵宪的《日本国志》。正月二十三日，翁同龢日记记云："上向臣索黄遵宪《日本国志》，臣对未洽，颇致诘难，并论外人入觐，将以舆马入禁门，上意谓可曲从，臣谓不待请而先予，恐亦非礼也。"二十四日又记："是日以《日本国志》两部进呈。"① 深居禁城的皇帝突然宣取《日本国志》，似与张的进言有关。查正月二十一日张氏日记云："蒙召对，问德亲王来华事，跪对两刻余。"② 黄氏书籍应是这天被介绍给皇帝的，③ 当然，允诺外使觐见时"以舆马入禁门"也是张的建议。在年轻皇帝趋新若渴的时候，张氏在召对时先后推荐黄、康的新学著作，以这种特殊的形式实现了对二人的"密荐"。

在张荫桓暗中向皇帝积极推介康氏的过程中，翁同龢对张、康的密切合作完全知情，只是他未能有幸成为一位真正的局外人。因为身兼枢、译，翁氏不可推卸地成为奉命宣取康氏书籍的传旨者与代呈者。开始，翁不仅代转了《日本国志》，也多次代转了康有为的条陈和书籍，这些活动均属办理公务，翁氏并未推辞。然而，到了四月初，朝局动荡，翁同龢、张荫桓因内政外交危机受到中外官员的严厉参劾；特别是光绪帝受张荫桓、康有为影响表现出的改革倾向引起慈禧不满时，一生沉浮宦海的翁同龢开始退缩自保，主动疏远张、康，甚至更不惜冒犯皇帝，拒绝代呈康书。

四月初七、初八日光绪帝在枢臣见起时，连续两次令翁向康有为索书（第二次进呈《日本变政考》），④ 但遭到翁的拒绝。翁氏日记初七日记云："上命臣索康有为所进书，令再写一份递进。臣对：与康不往来。上问：何也？对以此人居心叵测。曰：前此何以不说？对：臣近见其《孔子改制考》知之。"初八日又记："上又问康书，臣对如昨，上发怒诘责。臣对：传总署令进，上不允，必欲臣诣张荫桓传知，臣曰：张某日日进见，何不面谕？上仍不允，退乃传知张君，张正在园寓也。"⑤ 翁氏以"与康不往来"为由，两次拒绝向康索书，并提议"传总署令进"，试图与张、康划清界限。翁氏这里已经暗示出张与进呈康氏书籍之间的神秘关系了。四月二十四日，光绪帝欲于宫中接见外国使臣，翁以为不可，又遭到皇帝诘责。光绪帝又以张荫

---

① 《翁同龢日记》第6册，第3193页。

② 《张荫桓日记》，第511页。

③ 甲午战后张荫桓为黄遵宪在朝中奥援，并向光绪帝保荐过黄氏。参见马忠文《黄遵宪、张荫桓关系考论》，《学术研究》2002年第9期。

④ 关于戊戌年《日本变政考》的呈递情况，参见王晓秋《近代中日启示录》，北京出版社，1987，第194～198页。

⑤ 《翁同龢日记》，第6册，第3128页。

桓被劾，疑翁、张有隙，欲翁推重力保张氏，不料，翁同龢"据理力陈，不敢阿附。"① 翁的态度令光绪帝大为失望。有论者以为几天后翁氏开缺出于光绪帝之意，与此多少也有关联。

翁氏开缺后，光绪又令军机大臣兼总署大臣廖寿恒专门负责向康传话并转呈书籍与条陈，京中讥其为"廖苏拉"。② 康年谱记云，"甚至有谓康狗者。廖避之"③。其实，廖、翁均为奉旨办理公务，并不牵掣政见新旧及私人交谊。后来翁同龢删改日记时，对于屡次代呈康书的情况，未有丝毫改动，即为明证。然而，在不明就里的局外人看来，频繁转递康氏书籍，不啻是支持康氏的力证。

在两三个月的时间里，康有为通过张荫桓，牢牢把握住了光绪帝的思想动态，不断进呈变法书籍和条陈，建言献策，逐步赢得了年轻皇帝的信任。同时，又联络其他官员上书言事，营造变法声势。四月十八日，在康有为策划下，御史杨深秀上疏请定国是而明赏罚，称"非明降谕旨，着定国是，宣布维新之意，痛斥守旧之弊，无以定趋向而革旧俗"④。四月二十日，康又代内阁学士徐致靖草折，再次请明定国是，大意与杨折同。二十三日经慈禧太后同意，光绪帝终于宣布明定国是，实行变法。二十五日，徐致靖再次上疏，奏请召见康有为、黄遵宪、谭嗣同、张元济、梁启超等人。疏上，光绪帝谕令在京的康有为、张元济预备召见。至此，康有为与张荫桓煞费苦心的政治运作，在几个月内终于结出了累累硕果。

对于"徐学士荐备顾问"之事，康氏在年谱中表示出乎意外，⑤ 这是故作姿态。梁鼎芬在政变后揭露徐氏保荐是康幕后策划的产物，保折由康、梁二人所拟。⑥ 张荫桓已披露，杨深秀、宋伯鲁、徐致靖均受康氏重金馈赠而支持其政治活动。⑦ 这种非局内人无法洞悉的秘辛，恐怕不能说是张氏无端编造的，正说明张荫桓也是参与核心机密的"康党"主脑人物。金钱操纵下

---

① 《翁同龢日记》，第 6 册，第 3128 页。

② 苏继祖：《清廷戊戌朝变记》，《戊戌变法》丛刊，第 1 册，第 335 页。

③ 楼宇烈整理《康南海自编年谱（外二种）》，第 50 页。其实，康于四月二十八日被召见后授总理衙门章京，总署大臣代其转呈条陈和书籍已符规制。

④ 《山东道监察御史杨深秀折》，国家档案局明清档案馆编《戊戌变法档案史料》，中华书局，1959，第 2 页。

⑤ 楼宇烈整理《康南海自编年谱（外二种）》，第 41 页。

⑥ 梁鼎芬：《康有为事实》，见汤志钧《乘桴新获——从戊戌到辛亥》，第 66 页。

⑦ 王庆保、曹景郕：《驿舍探幽录》，《戊戌变法》丛刊，第 1 册，第 492 页。

的政治活动在清季官场并不鲜见，不过，也不能因为牵涉变法就对其视而不见。

总之，在当时等级森严的专制体制下，康有为这位资历浅显的额外六品主事，终于冲破种种阻隔，得到皇帝的格外赏识，这在清代历史上可谓绝无仅有，故时人感叹"以小臣而受殊知，实古今未有之奇遇也"①。康氏在短时间内迅速"发达"起来，完全是因为在张荫桓引领下，沿着"秘密"捷径，走入光绪帝的视线之内。对此，清史专家萧一山曾言："有为受知于帝由于同和，其向用变法则由于荫桓，所谓徐致靖、杨深秀、高燮曾、李端棻等推荐，皆系官样文章，其奏疏全出梁任公手，观《梁任公先生年谱稿》可以知之。惟诸当事人所亲记，如翁，如康，如梁，均只言其一面，实际暗中为之运用者，皆张荫桓，而荫桓之名竟不彰，殊可惜耳。②

其实，"受知于帝"和"向用变法"是很难分开的，这是前贤面对疑案难得定见，不得不做的调和之论。

对于翁、张与康氏进用关系的认识，台湾学者高阳更可谓独具慧眼。在高阳看来，翁同龢是醇谨之士，与康有为气味本不相投，无可交往；且翁氏居官，素持明哲保身之道，故翁不可能"荐康"，荐康的只有张荫桓。然则，翁同龢"荐康"之说何来？有两点原因："一则是后党如荣禄等人，有意散播流言，因康有为与张荫桓同乡交密，而翁倚张为左右手，故此种流言，易为人所信。再则康有为刻意攀附翁同龢以自高身价，其《自编年谱》中，虚构与翁交往的情形，实不值一哂。"③高阳注意到了康、张、翁三人之间的彼此关系，并提出所谓翁氏"荐康"说与政敌陷害有关，这样的史识恐不能以小说家言待之。可惜，他的判断并未引起史学家的足够重视。

---

① 引自佚名密札，参见孔祥吉《百日维新密札考释》，收入《戊戌维新运动新探》，湖南人民出版社，1988，第79~80页。
② 参见萧一山《清代通史》，中华书局1987年影印本，第4册，第2102页。
③ 参见高阳《翁同龢传》，中国友谊出版公司，1999，第280~281、307页。

张之洞与杨锐的关系[*]

——兼谈孔祥吉发现的"百日维新密札"作者

茅海建[**]

张之洞与杨锐之间的亲密关系，当时就为人所熟知。梁启超在《戊戌政变记》中撰《杨锐传》，对此有相当具体的述说，后来的史家多引用之。李宗侗教授曾发表两文，披露杨锐给张之洞密信两件，以说明张、杨关系之详情。[①] 我曾作《戊戌年徐桐荐张之洞及杨锐、刘光第之密谋》，对张、杨关系进行过考察，也暗暗自以为是。但是，当我看到中国社会科学院近代史研究所图书馆藏"张之洞档案"中的相关文件时，仍不免大为吃惊。

无论是张之洞还是杨锐，生前都没有直接说明两人关系之详情，时人与后人的记载，除了李宗侗两文外，皆缺乏具体的事例。然我在档案中所看到的，绝大多数是张、杨亲笔所写的原件。触摩于斯，亦不免神思往矣，感到了两人之间的那种情感。

我见到的张之洞文件，多是其亲笔所写电报原稿。由于这批电报原稿虽注明月、日，甚至标明发报的时辰，但无具体年份，原整理者因对其内容不清楚，而大多贴错年份，在档案中分存各处，十分散乱。很可能因为如此，这些电报过去没有被人系统利用过。我见到的杨锐文件，数量很少，其中与我所关心的从甲午至戊戌时期有关的，只有 8 封电报（其中 2 电与他人联名）及 2 封密信。杨锐的密信无日期、无署名，而其中最重要的一封，已由孔祥吉教授发表，但将其作者误为李鸿藻之子李焜瀛（符曾）。

---

    * 本项研究获上海市重点学科项目（编号：B405）资助。

   ** 华东师范大学历史系教授。

   ① 《杨叔峤光绪戊戌年致张文襄函跋》，（台北）《大陆杂志》第 19 卷第 5 期（1959 年 9 月 15 日出版）；《杨锐致张文襄密函跋——高阳李氏所藏文献跋之一》，（台北）《大陆杂志》第 22 卷第 4 期（1961 年 2 月 28 日出版）。

本文以发表史料为主，介绍张之洞与杨锐的关系以及从甲午到戊戌期间的清朝政治内情。

一　杨锐是张之洞的 "坐京"

梁启超在《杨锐传》中称：

> 张有子在京师，而京师事不托之子，而托之君（杨锐），张于京师消息，一切借君，有所考察，皆托之于君，书电络绎，盖为张第一亲厚之弟子，而举其经济特科，而君之旅费，亦张所供养也。①

梁是根据他与杨锐的交往，写下这段话的，稍有不完备之处；但大体说明了杨锐在京的任务——办理张之洞的交代事件，主要是探听政治情报。②李宗侗称：

> 杨锐"后至北京遂担任文襄（张之洞）的'坐京'。坐京者，等于民国初年之各省驻京办事处，不过后者为公开挂牌之办事处，而前者为秘密的，各省督抚皆有之。'坐省'为府县派驻省城的人，见于雍正朱批谕旨，则'坐京'一名称亦必甚早。'坐省'、'坐京'皆指其人而言，并无机关，其职务以向省中报告京中政府的动态为主。文襄的坐京现可知者，除杨叔峤外，尚有黄仲弢绍基，吴菊农敬修，皆文襄倕婿，张黄楼彬则其侄也。"③

李宗侗是晚清重臣李鸿藻之孙、李焜瀛之子，对清代掌故极为熟悉。他称杨锐是张之洞的"坐京"之一，是看到了杨写给张的密信。

---

① 梁启超：《戊戌政变记》，清铅印本，《续修四库全书》，上海古籍出版社，1995，第446册，第259页。

② 张之洞之子张权，字君立，光绪二十一年进京参加会试，曾与康有为等人发起强学会，此后离京返回武昌，光绪二十四年再次进京参加会试，中进士，签分户部。他中间有一段时间不在北京，且比杨小五岁，政治经验和京内高层之关系也不如杨；张之洞依赖杨锐，主要是张权不在京；而到了百日维新时期，张之洞与张权的电报往来十分密切，交给张权办理的事务，并不少于杨锐。除了张权外，张之洞也有大量电报给其侄张检、张彬，委托其办事。参见拙文《"张之洞档案"阅读笔记之一：戊戌变法期间张之洞之子张权、侄张检、张彬的京中密信》，《中华文史论丛》2010年第3期。

③ 《杨叔峤光绪戊戌年致张文襄函跋》，《大陆杂志》第19卷第5期。"绍基"，即为"绍箕"。

张之洞的大量亲笔电报，可以坐实以上两人的说法。

张之洞任四川学政时发现杨锐后，对其一直很关心，包括其个人生活与仕途。"张之洞档案"中存有一些两人早期交往的电报，其中有一纸，张在上亲笔写了两封电报：

> 京。温州馆，翰林黄仲韬：立候回电。春榜有名士熟人？速电示。四川杨锐中否？洞。
>
> 车：请将榜中直系及熟人电示。杨叔峤住何处？洞。①

"黄仲韬"，即黄仲弢，张之洞一般写作"韬"，翰林院侍讲黄绍箕。"车"，似为刘恩溥，张之洞的清流同党，住在京城车辇店胡同，时任工部给事中。该纸上仅署"四月十二日亥刻发"，未署年份，很可能发于光绪十二年（1886）。② 另有一件张的亲笔电报：

> 京。伏魔寺，杨叔峤：大喜奉贺。速来。勿过七月。记名有何熟人。（新编加九马）③

原件记"六月十四日申刻发"，未记年份。原整理者将之归入光绪十三年，似为误。从内容来看，该电似发于光绪十五年，是年杨锐考中内阁中书。光绪十六年三月，杨锐参加庚寅恩科会试，忽闻其母病逝，立即出京，经河南、陕西于五月回到家乡。④ 八月十二日，杨锐有一电给张之洞的幕中，说明情况。⑤

---

① 两电写于一纸上，四月十二日亥刻发，《张文襄公电稿墨迹》第 1 函第 1 册，所藏档号：甲 182～219。又，本文所引'张之洞档案'，皆藏于中国社会科学院近代史研究所图书馆，以下不再说明，仅注档号。

② 杨锐于光绪十一年中举，此后可参加的各科会试为：光绪十二年（丙戌科）、光绪十五年（己丑科）、光绪十六年（庚寅恩科）、光绪十八年（壬辰科）、光绪二十年（甲午恩科）……其中光绪十六年三月其母病故，杨参加会试后，接唁电即回，并未参加以后的复试与殿试。光绪二十一年以后，张之洞知杨锐在京地址，不会发问。我推断该电发于光绪十二年，主要证据有二：一是电文中称"四川杨锐"，即黄绍箕对杨锐尚不熟悉，可见此电不会晚于光绪十五年，此年杨锐考中内阁中书；二是《张文襄公电稿墨迹》由张的幕僚许同莘所编，许亦将该电文编入第 1 册，并推断该电发于光绪十二年。

③ 《张之洞存来往电稿原件》第 5 函，所藏档号：甲 182－376。"新编加九马"，指约定的电码。

④ 《赵凤昌藏札》第 5 册，北京图书馆出版社，2009，第 271～273 页。

⑤ 杨锐电称："电谨悉。葬在春。兄往隆昌，归即复。锐禀。"（"杨中翰来电"，光绪十六年八月十二日酉发，十三申到，抄本《张之洞电稿》第 4 册，"四川来电"，中国社会科学院经济研究所图书馆藏）从电文来看，此前张之洞幕中亦有一电给杨锐，但未见。

十月二十二日，张之洞发电杨锐：

> 函悉。葬事腊、正月能办否？事毕盼即日来鄂。两湖书院请足下当
> 分教。明年二月即须开课，一切调考及筹定院规诸事，待商甚殷，务望
> 早来。令兄想无大病，如能偕来尤佳。即电复。洞。养。①

此时杨锐已守制，张之洞发电邀其出任两湖书院分教习，这是地位和待
遇都很高的职位。杨锐此后于光绪十六年十一月、十七年二月、三月三次发
电，说明其行程。② 光绪十七年，杨锐在张之洞幕中，"张之洞档案"存有他
与廖平、钱保塘、王秉恩之间的电报。③

光绪二十一年三月，杨锐再到北京（详见后节），从此之后，杨以居京
为主。光绪二十二年秋，杨以举人、内阁额外中书报考总理衙门章京，张闻
讯后，即于八月二十一日（1896 年 9 月 27 日）发电：

> 京。乔：密。闻考取总署章京。欣贺。何时可传到？示慰。

---

① "致四川百川通专足送绵竹县城小西街杨叔峤"，光绪十六年十月二十二日发，赵德馨主编
《张之洞全集》第 8 册，武汉出版社，2008，第 77 页。"令兄"，似指杨锐的长兄杨聪。

② "杨中翰来电：明正事毕，即来。锐禀。"（光绪十六年十一月初三日巳刻发，申刻到）
"四川杨中翰来电：聪病未痊，锐十九行。"（光绪十七年二月十二日亥刻发，十三日申刻
到）"四川杨中翰来电：赐费只领，已上船，即行。锐禀。歌。"（光绪十七年三月初九
日申刻发，戌刻到）以上见《张之洞存四川来电稿·光绪十五年至十七年》，《张之洞存
各处来电稿》，所藏档号：甲 182－415。

③ "四川廖进士致杨中翰电：书五十册，玉宾寄。请速汇二百金。平。"光绪十七年十一月初
二日午刻发，未刻到。"四川廖进士致杨中翰电：汇领。书初十交岑秋寄矣。父病重，余百
金千急速寄。平。"光绪十七年十一月二十日酉刻发，戌刻到。（以上两电见《张之洞存四
川来电稿·光绪十五年至十七年》，《张之洞存各处来电稿》，所藏档号：甲 182－415）"致
成都纯化街王家试馆廖季平：汇寄纂书银三百两，希查收。书速寄。洞。"（该件原无日期，
很可能与下引杨锐的电报同时发送。）"杨中翰致成都会府东街钟公馆前大足县钱：铁江夫
子鉴：张香帅在鄂省新建两湖书院，分经、史、理、文四门，每门请分教一位。闻吾师拟
乞病，不知确否？如果欲回里，拟奉请来鄂分教经学，修火共八百金。香帅命转达切盼惠
临，并速赐电复。杨锐叩。效。"光绪十七年十一月十九日发。（以上两电见抄本《张之洞
电稿》第 4 册，"四川来电"，中国社会科学院经济研究所图书馆藏。武汉版《张之洞全
集》录此两电，年份误为光绪十六年，钱保塘误为钱江）"成都钱复杨中翰电：乞病，未能
遽允，请先禀香帅。俟函详。塘复。"光绪十七年十一月二十日申刻发，酉刻到。（《张之洞
存四川来电稿·光绪十五年至十七年》，《张之洞存各处来电稿》，所藏档号：甲 182－415）
此外，还另有一封杨锐亲笔的简短电文，其时间难以确定："广州。王雪澄：洪疏讹传，彦
臣乞致慰。锐。"（《张之洞存来往电稿原件》第 1 函，所藏档号：甲 182－372）

钝。马。①

"乔",是张之洞对杨锐号叔峤的简写,张后期电报皆以该字代表杨锐。"钝",杨锐字钝叔,此是张后期发给杨电报的专用自署。② 张发给不同的人电报使用不同的自署。总理衙门章京一职,由京中各衙门司官考补。考中后即记名,遇有章京额缺空出后,按记名顺序传补,即张电文中的"传到"。光绪二十二年总理衙门章京考试,是晚清规模最大也是最后一次,共分两次,先是各部院的初试,然后送总理衙门参加正式考试;其汉章京的考试日期是八月二十九日,带领引见的日期是十月初三日。此次考中者共计100名,杨锐名不在前。③ "传到"按惯例还须等上数年。张之洞于八月二十一日即发报,很可能是听到杨在内阁初试中式获送考的消息而误解,其关切之心由此可见。光绪二十三年二月十五日(1897年3月17日),国子监祭酒、南书房行走张百熙上奏保举杨锐,获旨军机处记名。④ 不知此中是否有张之洞的暗中操作。光绪二十三年七月十九日(1897年8月16日),张之洞发电杨锐:

> 京。乔:阅致肖岩信,有拟捐同知之说,万万不可。足下誉望甚矣,纶阁清华,译署机要。若会典馆保候补侍读,总署数年例保,可至郎中,京官外官头头是道。万勿左计。钝。效。⑤

---

① 八月二十一日午刻发,《张之洞电稿》光绪二十五年二月至八月,所藏档号:甲182 – 457。原整理者有误,从内容判断,该电发于光绪二十二年。

② 可注意张之洞先前给杨锐的电报,抬头写"杨叔峤",自署为"壶"。此中的变化,可能发生于光绪二十一年年底。

③ 参见李文杰《总理衙门章京的考选》,论文,未刊稿。

④ 张百熙该折是一残件,可见部分记录,保举刑部候补主事乔树枏、内阁额外中书杨锐、甘肃西宁道联魁、前台湾道顾肇熙。(《军机处档》,137330,台北故宫博物院文献馆藏)张的保折称杨锐:"记名总理衙门章京、内阁额外中书杨锐,四川绵竹人。博学多通,有猷有守。少岁受知于前四川学政今两湖督臣张之洞。该督臣自外任山西巡抚,洊升两广总督及两江、两湖总督任内,杨锐皆在其幕中,办理文案,事无巨细,悉与筹商。平日讲求经济,于书无所不窥。洎厕硕果幕僚,谙练既深,性尤忠爱。前年倭事吃紧之际,该员毅然渡海来京供职,足具其不避艰危。"特别强调了杨与张之洞的关系。从军机处存记档册中可知,杨锐奉旨为军机处记名。(《军机处簿册》第58号第1盒,中国第一历史档案馆藏)

⑤ 《张之洞电稿》光绪二十五年二月至八月,七月十九日午刻发。所藏档号:甲182 – 457。原整理者有误,从内容判断,该电发于光绪二十三年。

"肖岩"是杨锐之四弟杨悦的号,光绪二十二年以湖北试用府经历由张之洞札委为湖北缫丝局监工。[①] 他长期在湖北当差。"同知"是知府的佐贰官,"纶阁"指内阁,"译署"指总理衙门。杨锐因长期任内阁候补中书,闲散无事,有意加捐地方官衔,另谋发展。且杨于光绪二十二年充会典馆协修官,二十三年充纂修官,直至二十四年初,即张发此电的半年之后,方以"会典馆书成过半,奏保以侍读遇缺即补,并赏加四品衔"[②];总署章京一职须传到两年后才可以例保,杨尚未传到,保至"郎中"官职,将不知何年;然张之洞为打消其念,却描绘了"京官外官头头是道"的美好前景。至于杨锐的生活费,"张之洞档案"中有一封日期为"十二月二十七日"的电报:

> 京。乔:帅赐三百金,由百川电汇,系作春季用。悦。[③]

"帅"指张之洞,"悦"可能就是杨悦。这一封电报经过张之洞,其中的"系"字,是张的亲笔。虽从内容来看,还分不清该电具体年份,但用"乔"字,当在光绪二十一年年底之后。从后节所引杨锐于光绪二十二年正月初二日给张之洞的密电来看,此电似发于光绪二十一年。每月银100两的数字,也使在京城百价腾贵中生活的杨锐,绝无衣食之忧。

从张之洞亲笔电报来看,他交给杨锐办理的事务是多种多样的。光绪二十一年四月十一日(1895年5月5日),张之洞发电:

> 京。伏魔寺,杨叔峤:蒸电悉。王爵堂在法甚得力,外部一切向王倾吐,立派兵轮赴台;并为我画策,告以虽批准,法可作不算等语。是法绝无厌王意,惟虑龚忌挠沮,来电早已料及,乃龚使果于日内亦赴法。顷王电,龚多疑忌,不令参赞庆常帮王办事,致令外部生疑,停议两日。现已电奏,请总署电法及龚。足下来电所言,必是龚造言毁阻,希冀王去法,则助华之说散。无非别有成见,恐和局翻动而已。试思法果厌王,肯与商密谋乎?请转致少宰,勿堕龚计,力为主持,万勿令王

---

① 赵德馨主编《张之洞全集》第5册,第482页。杨悦每月薪水银三十两。
② 《杨锐履历单》,《清代官员履历档案全编》第6册,华东师范大学出版社,1997,第488页。
③ 《张之洞电稿》光绪二十五年十月至十二月,十二月二十七日丑发。所藏档号:甲182-457。

离法，至祷。法兵若出，虽换约亦能更改，俄亦如此说也。壶。真。①

此电发于甲午战争后期，《马关条约》已签，尚未互换，"三国干涉还辽"亦在紧锣密鼓中。"王爵堂"，王之春，字爵棠，湖北布政使，光绪二十年底赴俄国致唁并贺新主登位，此时正在法国。他是张之洞下属，关系密切，正执行张之洞的外交指令，与法国政府进行秘密外交。②"张之洞档案"留有大量的两人往来电报。③"龚"，龚照瑗，驻英公使，兼任驻法、意大利、比利时公使。他是李鸿章的亲信。"庆常"，驻法参赞，当时没有专任驻法公使，由庆常代理。"少宰"，一般指吏部侍郎，此处似指廖寿恒。④张之洞为

---

① 光绪二十一年四月十一日申刻发。《张文襄公电稿墨迹》第 1 函第 6 册。所藏档号：甲182 - 218。原件首页右上角有注："不抄电册"。"伏魔寺"，位于京城宣武门南绳匠胡同，大学士李鸿藻亦住在该胡同。

② 光绪二十一年四月初三日，张之洞发电胡燏棻："天津东征粮台胡：急。密。兹有电奏一件，万分紧要，必须秘密。天津奸细太多，恐漏泄，只可用尊处密电本寄呈。请照录，专差飞速递送呈总署。切祷。洞。""总署：前洋报言法、德、俄阻倭割地，适王使之春抵法，特电嘱与外部密商，探其所欲，告以必有酬谢。顷接复电云：奉艳电，属密商外部。春当浼勘界西友往商，西以事可商，不须酬谢。问奉旨否，春以洞意浼。再往，据复：'俄、法联系水师，兵力已厚，自可协倭减约，俄已不许辽东，法应续阻台湾，倭未必遽从，法、俄拟约德合力诘责，无虑英人袖手。此事至密，告华政府勿稍泄漏，恐不利于华……外部尚未晤谈，一切不能尽商，须有旨方便登答……'王之春警敏捷，亦有决断，长于应对，龚使较为和缓，且现不在法国。可否请旨密饬王之春就近切托外部，嘱其力阻倭割台辽，并探其所欲，许以厚谢。一面延宕，力托各国展换约，庶可挽回……"（光绪二十一年四月初三日戌刻发，《张之洞电稿》光绪二十一年，所藏档号：甲182 - 482）初六日，张之洞再电："初三日电奏计已进呈。顷王使之春江电云：'顷赴外部，约言……随问奉旨否，对未，但不便再商等语……'仍恳朝廷熟筹全局，一面饬总署迅速与各公使商，一面电许、龚两使迅与俄德英商，电三使迅与法商，或有转机……"（四月初六日子刻发，《张之洞电稿》光绪二十一至二十二年，所藏档号：甲182 - 483）初七日，张之洞收到电旨："总署来电：密。奉旨：'张之洞电奏已悉，着即派王之春将来电所言各节速与法外部切实商办。如有头绪，即电复。此旨由张之洞转电。钦此。'阳。"（光绪二十一年四月初七日酉刻发，亥刻到，《张之洞存各处来电》，第 30 函，乙未第 12 册，所藏档号：甲182 - 132）张之洞收到此电旨后，即刻转发给龚照瑗、王之春。（四月初七日亥刻发，《张之洞电稿》光绪二十一年四月，所藏档号：甲182 - 481）此后，张之洞又将王之春的电报及自己的意见发给总理衙门大臣汪鸣銮，请其转呈总署代奏。（四月初九日申刻发，出处同上）

③ 王之春此时与张之洞有很多电报往来，已有数件发表，可参见《张之洞全集》第 8 册，第 302、309、312 ~ 314 页。

④ 此时总理衙门大臣中，徐用仪为吏部左侍郎，并为军机大臣；廖寿恒为吏部右侍郎，然许用仪与孙毓汶一党，与张之洞无甚关系；直至六月初十日，廖寿恒改仓场侍郎，汪鸣銮由工部左侍郎改吏部右侍郎。而"张之洞档案"中有一条签记："汪柳门司徒住京都东安门内南池子中间箭厂胡同东头路北"，该条贴在光绪二十一年四月初九日电报之后。（《张之洞电稿》光绪二十一至二十二年，所藏档号：甲182 - 483）

阻止马关条约的批准，命杨锐去找总理衙门大臣廖寿恒，以让王之春继续留在法国；在此之后，张又命其幕僚恽祖祈发电其同乡军机大臣、总理衙门大臣翁同龢，他本人则发电总理衙门大臣汪鸣銮，以让龚离开法国。① 是年五月初七日（5月30日），张发电：

> 京。伏魔寺，杨叔峤：济宁请假派署，必有故。确情速示。致节函阅悉。所云发出公阅之件，系老秦之笔，指何人。壶。阳。②

"济宁"，军机大臣、兵部尚书孙毓汶，山东济宁人，咸丰六年榜眼。光绪十年"甲申易枢"，慈禧太后尽罢以恭亲王领衔的军机处，孙毓汶入值军机处，背靠醇亲王奕譞，外联李鸿章，在军机处渐成势力，柄政近十年。他是清流党最为敌视的政客。光绪二十年甲午战争起，在清流党兴起的风浪中，恭亲王、李鸿藻、翁同龢重入军机处，孙乃不安于位。光绪二十一年四月十九日，他连续请假。五月初四日，又请假一个月，光绪帝批准，其兵部尚书由徐桐署理。此即张电中"请假派署"一事。张之洞看出孙有可能下台，故请杨锐查明底细。③ 光绪二十二年十月初六日（1896年11月10日），张发电：

> 京。乔：记名大喜。欣贺。马恩培升鄂臬，闻人言，其漕运迟误处分甚重。此时曾否到京？究竟有何处分？务速确查电复。钝。④

---

① 光绪二十一年四月十三日，恽祖祈发电翁同龢："京都。户部，翁：急。密。南洋得王使电知，龚、王往法外部，王之要语及恳法实力相助办法，龚不令翻译言，意在散保台之局。龚本自党，似应请旨饬龚回英乞援，专以法事交王，以免掣肘。事机至急，祈造膝面陈速办。祁禀。元。"（四月十三日午刻发，《张之洞电稿》光绪二十一年四月，所藏档号：甲182-481；抄件又见《张之洞电稿》丙编，乙未年第五十二册，所藏档号：甲182-90）光绪二十一年四月十八日，张之洞发电汪鸣銮："京。南池子箭厂胡同，汪侍郎：急。密。龚有意延宕，俟至换约，然此时尚有一钱生机，龚必欲将台湾送脱，不知是何居心。惟望由总署催其速回英。叩祷。洞。啸。"（光绪二十一年四月十八日戌刻发；《张文襄公电稿墨迹》第1函第6册，所藏档号：甲182-218）

② 五月初七日巳刻发，《张之洞存来往电稿原件》第5函，所藏档号：甲182-376。原件右上角有注："此件不抄入电册"。原整理者将之归入光绪十三年，误。"节函"，指给梁鼎芬函。

③ 孙毓汶后于闰五月初四日以病请求开缺，光绪帝给假一个月，六月初四日再以病请求开缺，光绪帝批准。

④ 十日初六日戌刻发，《张之洞电稿》光绪二十四年九月至十月，所藏档号：甲182-455。该件由张之洞幕僚起草，张亲笔改。删去了台头"绳匠胡同杨叔峤"，改为"乔"。原整理者有误，从"记名"和马恩培任职两事来看，该电发于光绪二十二年。

"记名"指杨考中总理衙门章京后记名一事。"鄂臬",湖北按察使,张让杨查一下新派官员的来历。同年十一月二十日(12 月 24 日),张又发电:

> 京。乔:转交黄公度。彼族误听传言,致阻乘槎,深为怅闷。译署必另筹位置。祈示。洞。号。①

"黄公度",黄遵宪。"译署",总理衙门。黄于光绪二十二年十月由总理衙门派为驻德国公使,然为德所拒。张之洞闻讯后通过杨锐来安慰黄。② 光绪二十三年正月初三日(1897 年 2 月 4 日)、二月二十日(3 月 22 日)和三月十一日(4 月 12 日),张发给杨三电:

> 京。乔:徐菊人太史,素所佩仰,如愿游鄂,必当位置一席。惟两湖、经心久已请定,到时自有办法。壶。江。③
> 京。乔:密。徐菊人太史现想在京,鄂省两湖、经心各书院(各书院)去腊久已订妥,星海皆知。前电言徐君来必有位置者,谓请至署内,由敝处送修金耳,并无他席也。望婉商。如不来鄂,亦当每年寄送干修六百金,似可省跋涉之费。如愿来,亦照此局面。祈与仲韬商酌,速复。钝。号。④
> 京。乔:密。徐菊人如愿来鄂一游,亦甚好,不必阻,但言明非书院耳。望即复。洪(右丞)给谏干修事,已告督销局刘道,照旧支给,付其家属,刘已允。钝。真。⑤

"徐菊人",徐世昌,时任翰林院编修,光绪二十二年十一月丁母忧,张之洞欲笼络之,每年送干修六百两。"星海",梁鼎芬,张之洞大幕僚。从电文中来看,徐世昌欲入两湖或经心书院,但位席已满,只能"请至署中"。

---

① 十一月廿日酉刻发,《张文襄公电稿墨迹》第 2 函第 11 册,所藏档号:甲 182－219。原件无年份,根据其内容,该电发于光绪二十二年。
② 张之洞与黄遵宪的关系,可参见拙文《"张之洞档案"阅读笔记之四:张之洞与〈时务报〉、〈昌言报〉——兼论张之洞与黄遵宪的关系》,即将发表。
③ 正月初三日己刻发,《张文襄公电稿墨迹》第 2 函第 11 册,所藏档号:甲 182－219。原件无年份,据徐世昌经历,当发于光绪二十三年。
④ 二月二十日午刻发,《张之洞电稿》光绪二十四年一月至八月,所藏档号:甲 182－455。原整理者有误,原件无年份,据徐世昌经历,当发于光绪二十三年。括号内为原稿衍字。
⑤ 三月十一日巳刻发,《张之洞电稿》光绪二十五年三月至四月,所藏档号:甲 182－456。原整理者有误,原件无年份,据徐世昌经历,当发于光绪二十三年。括号内原删去。

张请杨锐与黄绍箕商酌办理。"洪右臣",洪良品,时任户科给事中,张之洞也予以笼络,例送干修。六月初五日(7月4日),张之洞又发电:

> 京。乔:徐菊人回京否?何时来鄂?仲韬高取,欣盼。高阳步履渐好否?钝。歌。①

由此电可知,徐世昌曾答应赴武昌一行(后未行)。"仲韬高取",指黄绍箕考差一事。六月十二日,即此电的七天后,黄被派为湖北乡试正考官。"高阳",李鸿藻(1820~1897),字兰孙,直隶高阳人,咸丰二年进士,同治帝师傅,清流党领袖。张之洞本是清流出身,对其十分敬重。现存"张之洞档案"亲笔电报中,可以看出他对李鸿藻的身体极为关注,随时准备送医送药。② 而就在此电的十天之后,六月十五日,李鸿藻在家中去世。光绪二十三年七月十七日(1897年8月14日),张之洞发一长电给杨锐:

> 致京。乔:欧阳栋、朱道濂两人,勾串陈季同,擅将湖南常宁县铅矿,私与法国商戴马德立约:全归该法商承买,矿归我开,开出售与法商;每一百零五斤为一石,每石定价一两二钱,无论提银若干,永不准长价;每年必须交付法商五万石,永远不能缺数,不准封禁,不准售与他人。并将湖南全省之矿,统归此法商。并未奉湖南院、司、局札文。法领事已画押。经仆查知,咨湘抚及南洋查办,勒令将此约销毁。湖南亦查知不合,饬此两人赴沪废约。陈季同因仆揭破系伊所为,责之甚严,稍惧,允将此约作废。领事尚未议妥。此事万分可骇可怪。查开铅矿、银矿之费,全在开采,不在提炼,更不在销售;其难亦在开采,不在提炼、销售。今我出开矿之费,彼收贱价之矿,有害无利。贪图洋商重贿,听陈季同诡谋,遂将湖南全省地利卖与法人。彼约定三个月开办,幸查出尚早,若迟一月,不可救矣。此事湘人应怒欧、朱而感仆,何以反为欧、朱缓颊,不可解。仆只欲将此约勒废,保全湖南,至此人应惩究与否,听之湘抚,绝不过问也。论理此三人应置重典,然今日岂

---

① 六月初五日辰刻发,《张之洞电稿》光绪三十年六至七月,所藏档号:甲182-470。原整理者有误,根据内容,此电发于光绪二十三年。据原稿,"仲韬高取",由"仲韬考差闻甚高"改;"高阳步履渐好否",由"高阳病愈否"改。

② 参见拙文《"张之洞档案"阅读笔记之六:戊戌前后诸政事及张之洞的礼单》,即将发表。

能办到哉？望转致前途。钝。谏。①

陈季同曾任清朝驻法国、比利时使馆翻译，写有多种法文著述，在法国小有文名。他与欧阳栋、朱道濂擅与上海华利公司戴马德所立合约一事，张之洞有信函及咨文给陈宝箴；陈即将欧、朱严办，并令废约。② 此时张发电给杨锐，关键在于最后一句"望转致前途"，即在京中作一铺垫。"前途"当是京中某高官，惜不知其人是谁。③ 杨锐是他们两人之间的联络渠道。"张之洞档案"中还有一封电报署日期为四月初五日：

京。乔：江孝通至今未到，究系何日出京。即复。钝。歌。④

"江孝通"，江逢辰，广东归善（今惠州）人。他是张之洞的"广雅"弟子，光绪十八年中进士，分发户部。此一类平常事件，张都让杨去查明。

从以上电文来看，李宗侗将"坐京"比作"驻京办事处"，还是蛮恰当的。杨锐的工作性质，确实如此。

---

① 七月十六日酉刻发，《张之洞存来往电稿原件》第14函，所藏档号：甲182-385。原件无年份，根据内容，该电发于光绪二十三年。

② 此事件的详细情节可参见《张之洞全集》第6册，第30~31页；第12册，第70~71页；汪叔子等编《陈宝箴集》上册，中华书局，2003，第620~621页；中册，中华书局，2005，第1077~1087页。关于前任驻法使馆翻译陈季同，张之洞致陈宝箴函称："……至所列见议陈季同者，其人著名荒唐，罪恶极大极多，海内海外皆知。前经薛叔耘星使参办，尤非善类。戴玛德与陈季同相比久矣，不可不防。上年陈、戴同赴汉口，变幻招摇，意欲揽办湖北矿务，动辄许以重贿，其许贿动以数十万计。经弟饬江汉关查传禁止，旋即循去……""薛叔耘星使"，指清朝驻英公使薛福成。

③ "前途"似为当时的官场用语，指掌事、掌权之官员。如，光绪二十一年四月十九日张之洞发电："京。立。谏电悉。洋款已借妥，昨日奉旨，银已提到一半矣。和局已成，巨款放债，断无如此重利。速告前途，如愿借，息须再减，亦无扣。至多九九扣，每万扣一百两。天、源两号作保，每家可保五六十万至百万，已与沪上两号言明矣。即作为票商传借，不提官借可也。但须确有是事，不可为他人空言愚弄。百川、日升乃西商，断不管此等事，此间未与议过，何以知其肯保。各节均速询复。壶。啸。"（四月十九日丑刻发，《张之洞电稿》光绪二十一年四月，所藏档号：甲182-481）此电的内容是张之洞署理两江时办理借款，以供战争及善后之用。"立"，似为张君立，即张之洞之子张权。从该电内容来看，此处的"前途"或有可能是指总税务司赫德。而从杨锐在京城中的关系而言，"前途"有可能指徐桐。

④ 《张之洞电稿》光绪二十五年三月至四月，所藏档号：甲182-456。这一封电报未说明具体年份，但我所张自署为"钝"的电报，在光绪二十二年之后，此电似发于光绪二十二、三年。

二 光绪二十一年三月至二十二年正月杨锐给
张之洞的密电及光绪二十二年正月
给张之洞的密信

　　然杨锐最重要的工作，是在京中向张之洞提供政治情报，具体的情况又是如何呢？

　　我在"张之洞档案"中，一共发现了杨锐给张之洞的电报 7 封（其中一封与沈曾植联名）及杨锐代发的沈曾植电报 1 封，张之洞给杨锐的电报 1 封，时间是从光绪二十一年三月至二十二年正月。

　　光绪二十一年三月初四日（1895 年 3 月 29 日），即甲午战争最为困难、李鸿章正在马关议约时，杨锐来到北京。[①] 杨此行奉署理两江总督张之洞之命，以探京中秘情；也有可能是为了参加乙未科的会试。[②] 但从他的情报工作来看，关注点甚多，花费的心思也多，若真参加会试也无情绪，自无好的结局。

　　光绪二十一年三月二十三日（1895 年 4 月 17 日），杨锐发电南京张之洞：

> 和约有交停一层，鉴帅、伊、宋皆在停。内子口税减三成，为各国均沾。津、威驻兵，每年供饷百万。所有尾约，如不实力奉行，兵即永远不撤。廿天后烟台画押，方定局。此事孙、徐及李经方专主，庆、翁、廖、汪且有异议。翰林、译署公呈争最力。闻英、俄不允割地。英使昨已面责城北。内意颇悔，约似可废。赫德云：合肥十七已故。锐禀。渼。[③]

[①] 光绪二十一年三月初二日，北京发电张之洞："张家湾人已来，俟商有成说，即刻电闻。送卷价，条已贴，七属共六十余人，连本家约需不及百金。请饬百川照付。叔峤来否？柳。萧。"（京，三月初二日戌刻发，初三日申刻到，《张之洞存来往电稿原件》第 14 函，所藏档号：甲 182－385）三月初八日，又发电："卷价已送。叔峤初四。余遵办，续达。柳。阳。"（京，三月初八日午刻发，申刻到，出处同上）

[②] 按照科试的规定，贡院会试三场的时间是三月初八日入场，初十日出场；十一日入场，十三日出场；十四日入场，十六日出场。杨锐此次是否入场，未见记载。

[③] 京，三月二十三日酉刻发，二十五日子刻到；《张之洞存来往电稿原件》第 14 函，所藏档号：甲 182－385。抄件又见《张之洞存各处来电》第 29 函，乙未第 11 册，所藏档号：甲 182－131。

杨锐发电之日，正是李鸿章与伊藤博文签订《马关条约》的日子，此电向张之洞透露了条约的内容及京中之政情。以该电的文字对照李鸿章给清廷的电报及《马关条约》的条款，杨锐的情报不太及时与准确，且有一些理解上的错误。①"孙"，军机大臣孙毓汶；"徐"，军机大臣徐用仪；"庆"，庆亲王奕劻；"翁"，军机大臣翁同龢；"廖"，总理衙门大臣廖寿恒；"汪"，总理衙门大臣汪鸣銮；政治高层对《马关条约》有着两种不同的意见。翰林院官员、总理衙门官员此时正酝酿着发起多起联名上书，并引发了后来公车们的上书。②"城北"，指徐姓，此处似指徐用仪。"内意颇悔"，似指光绪帝。杨锐此电的基本倾向是主张废约的。三月二十六日（4月20日），杨再发电：

> 薇帅电，台民忠义，求不属倭。昨廖少宰召见，请俟李回，据实告彼，以冀免割，上深以为怒，肯告，且坚持力争，并备恶战。设局制造兼逼商，各口在内，铁路未闻，洋税免减。缴械、交俘二层，文、沈云甚确而秘。炮台专指前敌。英、俄阻割地，系传闻。赂以拒倭，未闻此策。廷议请废约，庶僚甚多，难望得力。大殿避客，高阳未见。锐。宥。③

① "鉴帅"，山东巡抚李秉衡，号鉴堂。"伊"，盛京将军伊克唐阿。"宋"，毅军统领、四川提督宋庆，此时率部驻守辽东，为"帮办军务"。《马关条约》第九款规定了双方各交还战俘，然电文中"鉴帅、伊、宋皆在俘"一语，意甚不清，从字面上理解，李秉衡、伊克唐阿、宋庆将作为"战俘"（即战犯）交给日本，很可能是杨锐对"俘"一字的误解。"内子口税减三成"，为日方最初条约，子口税"输纳每百值二抵代税"，经谈判后，《马关条约》中所未有。"津、威驻兵，每年供饷百万。所有尾约，如不实力奉行，兵即永远不撤"一段，日方原要求在奉天（沈阳）、威海驻兵，并要求清朝支付费用，经谈判后，《马关条约》及《另约》改为威海一处驻兵，每年兵费50万，直至赔款交清、中日通商条约订立。"廿天后烟台画押，方定局"，指条约经两国皇帝批准后，于四月十四日在烟台互换，并非为"画押"，杨锐对国际条约批准的程序不了解。"合肥"，李鸿章，称其"十七已故"，指其二月二十八日在马关被枪击案，当是一则不确的消息。杨锐只是听到传闻，未必亲听赫德说。
② 其中三月二十九日翰林院代奏编修李桂林等条陈署名达83人，四月初六日总理衙门代奏章京舒文等条陈署名达56人，详情可参见拙文《"公车上书"考证补》，《近代史研究》2005年第3、4期；《史料的主观解读与史家的价值判断》，《近代史研究》2007年第5期。
③ 光绪二十一年三月二十六日酉刻发，二十七日申刻到；《张之洞存来往电稿原件》第14函，所藏档号：甲182-385。抄件见《张之洞存各处来电》第29函，乙未第11册，所藏档号：甲182-131。"薇帅"，台湾巡抚唐景崧，字维卿。"廖少宰"，廖寿恒。"李"，李鸿章。"告彼"，指告诉日本方面。"文"，文廷式，此时是翁同龢门下的主要人物，清流健将。"沈"，总理衙门章京沈曾植，颇得翁同龢、张荫桓人的信任，在京城中有较大的影响力。"大殿"，似指徐桐。

杨锐此电仍是报告北京的政情与《马关条约》的条款,许多内容是答复张之洞的。此中对张最重要的情节,当是"英、俄阻割地",即正在进行的三国干涉还辽,杨锐仅听到传闻,未能确定;而"贿以拒倭",指当时同意给予俄、法等国的一些利益,以助清朝拒绝《马关条约》,杨锐未听到朝廷有此决策。张之洞由此而命王之春在法国进行交涉,许以酬谢(详见前节)。杨亦知张倾向于废约,为此报告,主张废约的多为下级"庶僚",高层或避客或不见。三月二十七日(4月21日),李鸿章签订的《马关条约》已送到北京,杨锐代发总理衙门章京沈曾植一电:

> 啸使密告,俄决不许倭割辽。德减司密电,德力邀俄、法出议,约不可遽批定,皆三五日回音。秘不告,云恐英闻。愚见废约为上;次则宜具凌侮无理、势难守约各情,请英、法、俄、德、美五国公断。可否以此上陈,请钧裁。植电,锐代。①

沈曾植请求张之洞出面上奏:上策为废约,其次请五国公断。四月初二日(4月26日),张之洞发一长电电给杨锐:

> 和约除割台湾、辽之旅顺等处外,一、赔款二万万,一年内交一万万,余六年内交清,加息五厘。一、通商条内,添沙市、重庆、苏、杭四处;又,口岸城邑,日本臣民任便往来,从事商业、工艺制造;又,将各机器任便制造;又,倭在内地制造之货,完税不完厘;又,进出口货暂存行栈,勿庸输纳税钞;又,倭轮驶入以上各口。一、威海刘公岛抵押,驻兵数千,每年供兵费五十万两;如和约不实力奉行,兵即永远不撤。一、中日联合备战守,确有此条,大略是经营中国制造军火局及运兵铁路。看此各条,割台湾尚是小事矣。何人议论最中肯?有动听者

---

① 光绪二十一年三月二十七日酉刻发,二十八日辰刻到,《张之洞存来往电稿原件》第14函,所藏档号:甲182-385。抄件见《张之洞存各处来电》第29函,乙未第11册,所藏档号:甲182-131。此电中似有错字,该抄件在"啸使"之"啸"字、"德减司密电"的"减司"两字上皆有记号,说明可能有误。该电后有请转发沈曾植给唐景崧之电:"京电请转薇帅:德法俄并阻批准,约英,尤惜台,有质台之议。枢不受也,诏:合肥有画押以后,劝即属倭,台或不从,与中无涉之语。然则台能自保不累中矣。庇英自立,以保民为词守口,聘英将巡海,乞英船。土意自缉,事当有济,不必骤怒。倭袭彭慎举胜可无守。植。感。""倭袭彭慎举胜可无守"一句,"彭慎"、"胜可"上有记号,即疑为错字。

否？有转机否？要人有力争者否？速示。名心叩。沃。①

张之洞的这一道密电，明显是指使杨锐在京发动更大的拒约上奏、上书的热潮，联系到此时京城的官员上奏与"公车上书"，可见其背后的推手。四月初八日（5月2日），杨锐又发电：

> 昨诏许使，密商俄，许以利益，不知有济否？公电奏，悉交李斟酌，多格不行。锐。阳。②

"许使"，驻俄兼驻德公使许景澄，此时在圣彼得堡。"许以利益"，即前电中的"贿以拒倭"。杨锐还弥，张之洞的电报皆交给李鸿章斟酌。查此时军机处、总理衙门与李鸿章之间的电报，杨的说法并不属实。也就在杨发电的这一天，光绪帝批准了《马关条约》。四月十二日（5月6日），沈曾植与杨锐联名发电：

> 三国扼倭，将成战事。倭谋自免，必画分中之策，以啖欧人。事变方生，诸老梦梦。公能详陈此情否？洋报电呈，寻而不断，必得共。植、锐。真。③

此时离《马关条约》在烟台换约只有两天，沈曾植、杨锐请求张之洞再度出面上奏，以能作最后的努力。④ 四月十七日（5月11日），杨锐再发电：

> 昨戌刻换约。辽旅全还。法保护台，尚有曲折，须许界务、商务利益，方有济。性恶通。内乞视言官，尤忿三国助华，搅散和局，恐以鼓

---

① 光绪二十一年四月初二日巳刻发，《张之洞存各处电稿原件》，第13函，所藏档号：甲182-384。该年注明"未抄入簿子"。同日，张之洞给北京的"米"发了内容相同的电报，只在"割台湾尚是小事矣'之后，仅一句"诸公但争台，何也？"

② 光绪二十一年四月初八日巳刻发，酉刻到，《张之洞存来往电稿原件》，第20函，所藏档号：甲182-391。抄件见《张之洞存各处来电》，第30函，第12册，所藏档号：甲182-132。"哨"字当为误，原文如此。

③ 光绪二十一年四月十二日酉刻发，十四日未刻到，《张之洞存来往电稿原件》，第20函，所藏档号：甲182-391。抄件见《张之洞存各处来电》，第30函，第13册，所藏档号：甲182-132。

④ 关于此时的杨、沈关系，孔祥吉教授曾著一文予以说明，并披露杨锐给沈曾植密信一件，考证该信写于四月十四日，惜未说明该信真迹之藏处。（《关于杨锐的历史评价》，《史学月刊》1989年第4期；又收入《晚清史探微》，巴蜀书社，2001，第108~110页）

动各国为谏。前电请公勿争，即是此意。文请假，沈力孤，无大效。公呈未递，承问感悚。月底出京。锐禀。哨。①

"文"为文廷式，"沈"为沈曾植。杨锐已感到无力来阻止《马关条约》了，于是，他请张之洞不要再争，其拟定的"公呈"（即联名上书）也未递交。

甲午战争结束后，光绪二十一年六月二十六日（1895 年 8 月 16 日），杨锐发电张之洞：

> 公奏陈九事，上均嘉纳，钞呈西佛。铁路一条，交督办处。余须会议。恭、李惟不以陪都为然。翁并称赞。钱入枢，系慈意。译署电皖，起吴廷芬入都。云阁假将满，请促早回，内意甚盼其来。钝。有。②

此电的主要内容是关于张之洞关于战后改革的奏折，兼及报告朝廷政情。③ 光绪二十二年正月初二日（1896 年 2 月 14 日），杨又发电：

> 节喜遥贺。赐费感谢。甘处遵送五十金，丁馆询石再禀。现议汇丰借款，八九扣，六厘五费，太吃亏，不日定局。芸子前订奥款，可否电闻，或有补救。钝。萧。④

这一封电报主要是贺节，并报告交办之事。"赐费感谢"一语，很可能

---

① 光绪二十一年四月十七日酉刻发，十八日未刻到，《张之洞存来往电稿原件》第 20 函，所藏档号：甲 182 - 391。

② 光绪二十一年六月二十六日午刻发，二十九日午刻到；《张之洞存来往电稿原件》第 14 函，所藏档号：甲 182 - 385。"西佛"，慈禧太后。"恭"，恭亲王奕䜣。"李"，李鸿藻。"钱"，钱应溥。六月十六日，慈禧太后、光绪帝罢免徐用仪后，以钱为军机大臣。"吴廷芬"，前任总理衙门大臣，入都后再任总理衙门大臣。"云阁"，文廷式。

③ 光绪二十一年闰五月二十七日，甲午战争刚结束，张之洞上奏战后改革方案，提出了练陆军、治海军、造铁路、设枪炮厂、开学堂、讲商务、讲求工政、派游历各国、预备巡幸之所（建陪都）九条建策。（《张之洞全集》第 3 册，第 256~262 页）

④ 京，正月初二日戌刻发，初三日巳刻到；《张之洞存来往电稿原件》第 14 函，所藏档号：甲 182 - 385。"芸子"，宋育仁，前任清朝驻英国使馆参赞，与张之洞关系密切。此外，"张之洞档案"中还有一电可以注意："依将军来电：前月奉上一函，托杨内翰叔峤带呈，计已得达。函末借用出洋学生王迴澜一节，兹因奉省练军尚未举办，恐尊处用人较急，请暂缓衍行。奉准后，再行奉电商借。阿。麻。"（光绪二十一年十二月初六日申刻发，亥刻到，自盛京来，《张之洞存各处来电》，所藏档号：甲 182 - 134，乙未，第 25 册）发电者为盛京将军依克唐阿。由此可知，光绪二十一年十一月杨锐还去过盛京，也有可能回过南京。

即是对杨悦前电的回复（参见前节）。

除了以上这些电报之外，"张之洞档案"中还羼入了李景铭所收藏的《张文襄公家藏手札·家属类》一册。[①] 该折册中所粘贴的第5件，共有三纸，无抬头，无署名，也无日期，旁有签条"此三纸系杨锐号叔峤所写"。此是杨锐给张之洞的密信。

该信由杨锐自分段落，中有缺页，以下照录其内容：

> 前数日，旨赏内监挈披入内三人，恭邸、高阳及合肥也。高阳公素荷慈知，上眷亦好，与邸尤浃洽。此近事之可喜者。闻其每晨入内时，饮烧酒一、二盏。初到直庐，论事最劲直，同列相戒勿与争。迨面奏下，则和易近人，可以商榷矣。内珰辈呼为戆李。然举朝均谅其。无他，不施机械，不似虞山之动辄荆棘也。
>
> 合肥去后，商约交张荫桓办。言路诸臣深虑其不妥，然无敢论之者，以近日传言慈意将召济宁复出，为订商约故也。此事果有，必合肥与李连英所为。渠日盼翻朝局，其党昌言谤及圣躬，有'望之不似人君'语。真可发指。
>
> 王文韶复奏盛宣怀事，洗刷净尽，且痛加赏誉，谓商、电各局非伊
> （下有缺页）
>
> ……去，亦怨之次骨，而合肥、济宁又内通珰寺，日谋所以撼之，宜其重干佛怒也。不特逐出讲帷，此后尚恐别有风波。虞山一生尚巧，乃卒以巧误。可畏哉。
>
> 十二日，佛驾幸颐和园。上十五往请安，十七始回。缘十六日赏内外大臣在湖听戏故也。（十七日再赏饭，并派恩佑带领诸臣遍游颐和园）近来两宫礼意甚浃。五日一请安，必晨出晚回，侍膳，听戏，然折奏往往有积压数日不批者，渐不如去年听政之勤也。恭邸于十二日即随往湖，每日赏戏及看烟火，廿后始得归。其所住之园，佛派人先为供张，为立两庑，服物器具，皆须先过目，然后赏用，以黄龙袱罩之。恭邸先有病，在假中，其子瀛贝勒苦劝无出，并求荣禄力阻。恭邸告之曰：佛为我安置如此，虽欲不止，其可得乎？其去也，携花炮值二万金者以往。故近来诸事禀承佛意，无异于醇邸在时也。

---

① 参见拙文《"张之洞档案"阅读笔记之一：戊戌变法期间张之洞之子张权、侄张检、张彬的京中密信》。

合肥使俄，系出慈命。邵友濂不愿往。公电到，恭邸曰："不知皇上敢向太后说否？"高阳曰："有何不敢说？不说，如何办法？"胡侍御景桂、丁编修立钧折，请饬勿带李经方、罗丰禄、马建忠数人。其日有旨赏李经述三品衔，随侍其父前往，盖为沮经方故也。合肥以此与高阳忿争。十三日再折，仍请带李经方去，有云"马关之约，系奉朝命，无知之徒，妄生谤议"；并"臣有难言之隐"等语。旨莫能夺也。渠谢出使及伊子三品衔恩，又十三日递折，均未召见。十六日，慈圣召见园中，赏铜器十二件。十八日请训，上乃召见。张侍讲百熙有疏纠之，留中。

该信所言是光绪二十二年正月前后的朝中政事，揭示了甲午战后的政情变化，由此可知该信写于光绪二十二年正月十八日之后。以下注明其背景。该信虽有缺页，仍依其次序按节介绍。

该信第一节谈李鸿藻之近况。杨锐深知张、李之关系，此处对李亦多言好话，称其"素荷慈知，上眷亦好，与邸（恭亲王）尤浃洽"。"内珰"，指太监，珰为汉代宦官帽子上的装饰物，借指太监，下称"珰寺"亦同。"虞山"，指翁同龢，常熟城西有虞山。

该信第二节谈李鸿章使俄后，由张荫桓与日本谈判商约等事。光绪二十一年十二月二十七日（1896 年 2 月 10 日），清廷下达三道谕旨，派李鸿章出使俄国，祝贺俄国沙皇加冕，并派前湖南巡抚邵友濂为副使；原由李鸿章主持与日本的商约谈判，改派户部侍郎张荫桓。① "济宁"，孙毓汶，前节已述，他于光绪二十一年六月以病获退。杨锐指出，张荫桓本是言路（主要是清流）的攻击对象，然闻慈禧太后有意召回孙毓汶主持对日商约谈判而罢手。杨锐还指出，若孙毓汶果能复出，必是李鸿章与李连英的合谋。

该信第三节谈盛宣怀事。盛本是李鸿章的亲信，主持招商局和电报局。

---

① 光绪二十一年十二月二十七日，"谕军机大臣等：明年四月为俄君加冕之期，着派一等肃毅伯、文华殿大学士李鸿章前往俄国致贺，以重邦交。又谕：大学士李鸿章现在出差，尚书衔户部左侍郎张荫桓着作为全权大臣，与日本使臣林董妥议通商事宜。又谕，电寄廖寿丰等：明年四月初为俄君加冕之期，已派李鸿章为正使，前往致贺。前任巡抚邵友濂，熟于俄事，着即授为副使，以辅其行。该前抚接奉此旨，即日驰赴上海，俟李鸿章到后，一同启轮。途长期迫，不可耽延。其由籍起程日期，并即迅速电复。此旨着廖寿丰传谕知之。如邵友濂现在上海，即着张之洞传谕知之。"（《清实录》第 56 册，中华书局，1987 年，第 1007 页）

甲午战败后，李鸿章失势，盛亦开始寻找新的靠山，与王文韶、张之洞、刘坤一等重要疆吏拉关系。此节内容虽有中断，但可看出新任直隶总督、北洋大臣王文韶对盛之维护。① "商"，招商局，"电"，电报局。

该信第四节也只是一半，但从内容中仍可看出，是报告慈禧太后下令撤毓庆宫（上书房）之事。"佛"，慈禧太后。翁同龢为光绪帝的师傅，每日在上书房与光绪帝单独会见，督办军务处大臣荣禄对此十分怨恨。光绪二十年十月初八日，慈禧太后第一次下令撤书房，后经光绪帝派恭亲王等人说项，只撤满文及洋文书房，保留汉文书房。光绪二十二年正月十三日（1896 年 2 月 25 日），慈禧太后第二次撤书房。是日翁同龢在日记中称：

> 懋勤殿首领传旨曰二房撤。余问长撤耶抑暂撤也？答曰长撤。余入见时，奏此事想懿旨所传，上领之。②

慈禧太后此次行动，是有预谋的。③ 杨锐又称："不特退出讲幄，此后尚恐别有风波"，即很可能有对翁更为不利的事件发生。杨锐的这一说法，或许另有听闻。④

该信第五节谈慈禧太后在甲午战后再度享乐欢宴，朝廷政务懈怠等情事。"醇邸在时"，指醇亲王奕譞当政之时，即孙毓汶秉政时期，政务大坏。甲午战争期间，恭亲王、翁同龢、李鸿藻重入军机，燃起了朝野的许多希

---

① 先是盛宣怀为言路所攻"招权纳贿"，旨命李秉衡查明。李秉衡复奏称：盛管理招商、电报两局，有舞弊行为。光绪二十一年十一月十八日再旨命王文韶"详细确查"。王文韶的复奏为盛宣怀开脱了全部罪名，并将上奏内容抄给盛宣怀。（《清实录》第 56 册，第 969～970 页；夏东元：《盛宣怀年谱长编》下册，上海交通大学出版社，2004，第 503～504 页）

② 陈义杰整理《翁同龢日记》第 5 册，中华书局，2006，第 2878 页。懋勤殿首领，系管理上书房事务的太监。

③ 参见拙著《从甲午到戊戌：康有为〈我史〉鉴注》，生活·读书·新知三联书店，2009，第 119～121、165～167 页。

④ 李宗侗在《我的先世与外家》一文中称："……另一件与此相类的事情，就是撤消毓庆宫书房的事，据说那一次孝钦的原意不止撤消书房，并且将翁文恭驱逐回籍，如戊戌年的情形一样。这是听见我父亲说的，这件事发生的时期，荣文忠（禄）恰好奉命到东陵去，他回来以后就来看我祖父，恰好我祖父病了，不能到客厅去，就在卧房接见他，我父亲就陪着他进去侍立在旁边，所以听见他们俩的谈话。文忠说：'这件事情太便宜了常熟，四哥为什么帮助他说话？'因我祖父同文忠是盟兄弟，所以称他为四哥。我祖父就回答说：'无论如何常熟总是一个多年的老臣，我觉得对老臣不应该如此，所以我帮他说话。'文忠就叹息说：'四哥真是君子人也！'这是听我父亲亲口说的。"（台北：《传记文学》第 5 卷第 4 期，1964 年）

望。杨锐在此信中表示了失望的情绪。相类似的说法，当时还有一些。①

该信第六节谈到李鸿章之出使俄国及其朝廷处理此事之内情。杨锐对此报告甚详，我又查到若干相关的文献及档案，可以验证其情报的准确程度：前节已述，光绪二十一年十二月二十七日旨命李鸿章出使俄国，邵友濂为副使。李鸿章当日上奏请辞，次日旨命驳回。②邵奉旨后，以病推辞，由署理两江总督张之洞代为电奏，清廷只能同意。③"公电到"一语，即指张之洞此电，也可证明此信确实是写给张之洞的。十二月二十九日李鸿章上奏谢恩折，附片请以其子李经方随行：

> 臣以衰年远使异域，仰蒙朝廷轸念，特命臣子李经述随侍前往……臣子李经述随任读书多年，谨饬自爱，向未学习洋务，此次随臣前往，于臣起居动履自能尽心侍奉，惟于应接外事只可借资历练。臣子李经方幼曾兼

---

① 吴樵于光绪二十二年正月二十五写信给汪康年称："三、常熟近甚危，廿日撤去毓庆宫，疑太夫人与本宫甚和睦，盖所谓以计取也。晦若见一二次，甚凄感也。合肥使俄，并游历英、法、德、美四国……李经方有人劾，不令往。合肥疏必须为佐，且言有不能言之隐云云……五、恭邸在母左右，恩遇非常，专设大、小厨，所用器具均用黄龙袱，皆亲过目，以是期于尽瘁，与第三条意同而实别，闻近颇病而不敢言……六、政府惟高阳持正，余均如前。常熟结主甚深，第三条非上意，而官僚多不合。"二月二十一日信又称："上为太上赌债所窘，内府已空，在户部索十万以偿，计臣不敢问"；"闻上自园请安回，途间更衣数十次，天颜憔悴，更甚于前"；"闻恭邸病危甚"；"自毓庆撤后，盘游无度，太上每谓之曰：咱们天下自做乎，抑教姓翁的做？""常熟曰内皇皇自危（伯唐言），恐将来获咎，必更甚芸阁。"汪大燮于光绪二十二年二月十九日给汪康年信中称："京中事乱不可言，自毓庆宫撤后，盘游无度，赌钱放烟火，在户部提十万金为赌资，欲假洋款千万修淀园各山……将来大局固不可问，而京师目前之急危又过之，可怕之至。以目前事观之，不至于滴血不止，方圆之地，将尽为肉林血海也。常熟、高阳恐皆不能久，率皆用合肥濒行遗言，恭邸曾谏不听，有不出之志而已。先赏假半月，后又半月，又半月又不许回邸，而令在园养病，是软圈禁也。"（《汪康年师友书札》第1册，上海古籍出版社，1986，第466~467、480~481、728页）"晦若"，于式枚。"伯唐"，汪大燮。"芸阁"，文廷式。

② 《李鸿章全集》第16册，安徽教育出版社，2008，第77页；《清实录》第56册，第1009页。该谕旨称："李鸿章奏吁恳收回成命一折。李鸿章耆年远涉，本深眷念，惟赴俄致贺，应派威望重臣，方能胜任。该大学士务当仰体朝廷慎重邦交之意，勉效驰驱，以副委任，毋得固辞。"

③ 张之洞奉旨后，于十二月二十八日，转电上海关道黄祖络，交邵友濂。邵友濂奉旨后，当日发电张之洞，称言："各国从不派副使，恐入宫班次，反在小国之下，殊伤国体；且贱躯患病未痊，万难就道。"张之洞随即将该电转发给总理衙门。光绪二十二年正月初二日，清廷电旨张之洞："电悉。邵友濂病既未痊。即着毋庸赴俄。着张之洞传谕知之。"（《张之洞存来往电稿原件》第5函，所藏档号：甲182-376；抄件见《张之洞电稿》甲编第11函，第52册，所藏档号：甲182-45；又见《清实录》第57册，第2页）

习西国语言文字，嗣充驻英参赞，游历法、德、美各邦，旋充出使日本大臣……合无吁恳天恩，俯念臣老朽多病，准令李经方一并随行……再，马关之役，势处万难，所有办理各事，皆臣相机酌夺请旨遵行，实非李经方所能为力。局外不察，横腾谤议，应邀圣明洞鉴……①

当日光绪帝并无相关的谕旨下发。光绪二十二年正月初九日（1896 年 2 月 21 日），清廷明发谕旨：

大学士李鸿章奉使遄行，精神强固。惟年逾七旬，远涉重洋，朝廷良深廑系。伊子李经述著赏给三品衔。随侍前往。以示优眷。②

正月十三日，李鸿章上奏随带人员于式枚等十人、洋员参赞柯乐德等五人，附片请颁布精美礼品：

俄、德、法、英四国交谊辑睦，均应有钦颁礼物，由臣赍往致其国君。拟请颁发内库古瓷器、古铜器、玉器各件，以期精美而持久，亦示隆重。可否请旨饬下内务府每样各备四分，臣定于正月二十日出京，并祈克日交臣只领。③

光绪帝当日下谕批准。④ 十四日，御史胡景桂上奏"道员马建忠、武（伍）廷方（芳）请勿令随李鸿章出洋片"，光绪帝下旨"存"，并将该片送慈禧太后。⑤ 十八日，翰林院侍读张百熙上奏"请旨切责李鸿章不准携其子经方为随员折"，光绪帝下旨"存"，并送慈禧太后。由此两相对照，可以看出，杨锐的情报是相当准确的，尽管在一些细部仍稍有误。

光绪二十二年杨锐给张之洞的密信，除了以上一信外，李宗侗教授于 1961 年在《大陆杂志》上另发表了一件，并在杂志封面上影印其中一页。⑥ 李宗侗

---

① 《李鸿章全集》第 16 册，第 78 页。
② 《清实录》第 57 册，第 7 页。
③ 《李鸿章全集》第 16 册，第 81 ~ 82 页。李鸿章所带随员为：于式枚、塔克什纳、罗丰禄、联芳、林怡游、薛邦和、柏斌、麦信坚、张柳、洪翼昌。
④ 《清实录》第 57 册，第 9 页。
⑤ 军机处《随手档》、《上谕档》，光绪二十二年正月十四日。胡景桂的情报不准，李鸿章随员中没有马建忠、伍廷芳。
⑥ 《杨锐致张文襄密函跋——高阳李氏所藏文献跋之一》，（台北）《大陆杂志》第 22 卷第 4 期（1961 年 2 月 28 日出版）。

根据笔迹，认定该信是杨锐所写，并根据该信的内容，认定写于光绪二十二年九月或是另又羼入一残件。① 对于李宗侗称该信作者是杨锐的判断，孔祥吉曾表示怀疑，我可举"张之洞档案"为李说之证。李宗侗发表的该信称：

> ……园则以所儆庵（张荫桓为之供具，合肥得处分，颇咎之），内监导之遍游各处，意望得其厚犒……
>
> 徐用仪到署，行过棋盘街，有人以洋枪轰击不中……

此为李鸿章游园获咎、徐用仪被枪击两事。"张之洞档案"中有张亲笔所写的电报：

> 京。乔：合肥为游览议处，其中有何情节？慈眷、上眷如何？徐被枪伤后系何故？即复。钝。感。②

这是张之洞读到杨锐密信后的反应。至于杨锐该密信的内容，李宗侗已写了很好的跋文，我即不再另述。

三 戊戌变法期间张之洞给杨锐下达的指令

戊戌变法期间，张之洞给杨锐发去了大量的电报，交办了许多事件。从这些亲笔电文中，可以看到杨锐的工作，可以看到张之洞的目光所在，同时也可以曲折地察觉出戊戌变法中的许多细节与内情。

光绪二十三年十月，德国以教士被杀为借口，强占了胶州湾（今青岛），清朝上下一片震惊。清朝派翁同龢、张荫桓与德国交涉，德国提出了交涉条款六条。十一月十六日（1897 年 12 月 9 日），张之洞发电杨锐：

> 京。乔：急。德索六款，惟承办山东全省铁路一条最毒，详见德

---

① 李宗侗称："此札原至少系六页或更多，购时已佚其一……"即称其发表的该信，至少前缺一页，发表者为 5 页，影印者当是其第 4 页。李宗侗又称："按前数页多光绪二十二年八、九月间事，故谓此札必写于九月或更迟者。至于第九、十两条皆三、四月间事，疑是此页系另一札而混入前札者。""第九、十两条"当属第 5 页，然该页未影印，我难以判断。但杨锐密报皆是近事，不会相隔数月之久，李宗侗的怀疑似可成立。若是如此，杨锐于光绪二十二年给张之洞的密信，至少存世有 3 件，尽管皆为不全。

② 光绪二十二年九月二十八日寅刻发，《张文襄公电稿墨迹》第 2 函第 11 册，所藏档号：甲 182 – 219。

报，意在占据山东全省，逼畿辅，压扼清淮，引狼入室，不可为国矣。日来闻总署议如何？此条允否？能稍驳改否？圣意如何，当道有何议论，速示。闻条陈甚多，其人为谁？何人最切要？均速电复。加急字乃速。钝。咸。①

张之洞此时负责修建芦汉铁路，对铁路事务极为关注。他最为反对的是德国修建从青岛到济南的胶济路。在给杨锐的电报中，除了打探消息外，还提出了他的希望"能稍驳改否？"他也听说了京内人士的条陈，急于了解情况。在当时的条陈中，又以康有为的"外衅危迫宜及时发愤革旧图新呈"（即"上清帝第五书"）最能打动人心，在京城中甚有影响，杨锐也相当赞赏，在给汪康年的信中称：

> 长素条陈，透切时弊，昨因高理臣给谏奏请派其出洋入万国弭兵会，亦近事之差强人意者。②

杨可能也向张之洞报告了此情，而张于光绪二十四年正月二十六日（1898 年 2 月 16 日）发电，明确说明了他与康的分歧：

> 急。京。乔：康长素与仆有隙，意甚险恶。凡敝处议论举动，务望秘之，不可告康。切祷。③

"意甚险恶"，用词已是相当严厉。此是后话。光绪二十三年十二月初九日（1898 年 1 月 1 日），张之洞发电杨锐：

> 京。乔：德教案已结复翻，闻以曹州逐教士借口，恐终成巨祸。诸

---

① 十一月十六日卯刻发，《张之洞电稿》光绪二十五年十月至十二月，所藏档号：甲 182 – 457。原整理者有误，根据内容，该电发于光绪二十三年。就在张之洞发此电后不久，他又发电其侄张彬："京。楼：急。胶州事德所索六款，现议如何？是否全允？所允何条？内山东铁路最不好，允否？速确探电复。壶。谏。"（十一月十六日酉刻发，《张之洞电稿》光绪二十五年十月至十二月。所藏档号：甲 182 – 457。原整理者有误，根据内容，该电发于光绪二十三年。

② 致汪康年，光绪二十三年十一月二十六日，《汪康年师友书札》第 3 册，上海古籍出版社，1987，第 2408 页。又，康有为称，其有三折交杨锐分交王鹏运、高曾蠁上奏；梁启超称，高蠁曾上奏保康，杨锐起到重要作用，可见杨与康关系甚近。参见拙文《"张之洞档案"阅读笔记之一：戊戌变法期间张之洞之子张权、之侄张检、张彬的京中密信》。

③ 光绪二十四年正月二十六日午刻发，《张文襄公电稿墨迹》第 2 函第 10 册，所藏档号：甲 182 – 219）

当道议论如何，群僚有何高见善策？速示。钝。佳。①

十二月初五日曹州教案发生，张闻讯后要求杨锐查明此时清朝与德国的谈判情况。十二月二十六日（1898年1月18日），张又发电杨：

> 京。乔：急。读有电曷胜焦愤。挟借款之议者，此时将此款借我还东洋耶？抑挟从前所借之债耶？长江各口不准擅租，语未解，有派兵船入江护商之意否？速明示。转达乙盦、黄楼，以后来电勿书名。钝。宥。②

"有电"，即杨锐于二十五日发给张之洞的电报，从张复电内容来看，是当时英、俄迫清朝借款事件。英国通过借款要求在长江流域占有优势地位，张对英国具体条件不明，特别是英舰是否即入长江，要求杨查明复电。"乙盦"，沈曾植，"黄楼"，张之洞之侄张彬，张之洞为安全及保密起见，要求来电不署名。

除了德国在山东修建的胶济路，江苏特用道容闳此时要求修建津镇铁路，对芦汉铁路更有利益上的冲击，张之洞等人决心阻止。③ 光绪二十四年正月初五日（1898年1月26日），张之洞发电杨锐：

> 京。乔：急。闻德造山东铁路，已允许。又闻容闳报效百万，请造清江至天津铁路，亦准行，必系洋股，惶骇万分。德路接容闳路，两年可成，德陆军长驱，一日而至永定门。京城危矣。两事皆京城确电，惟不知德路究系如何允法。祈设法速谏阻。中国存亡所关在此矣。切祷。务望即复。钝。歌。④

此电的最为关键之语为"祈设法速谏阻"，即让杨锐发动奏折攻势，阻止容闳的计划。此电发出后不久，张之洞又于正月初九日（1月30日）再发电杨：

---

① 十二月初九日亥发，《张之洞电稿》光绪二十五年十月至十二月，所藏档号：甲182 - 457。原整理者有误，根据内容，该电发于光绪二十三年。
② 十二月二十六日亥刻发，《张之洞电稿》光绪二十五年十月至十二月，所藏档号：甲182 - 457。原整理者有误，根据内容，该电发于光绪二十三年。
③ 相关的研究，可参见张海荣《津镇铁路与芦汉铁路之争：甲午战后中国政治的个案研究》，北京大学硕士学位论文，2008年。
④ 正月初五日亥刻发，《张之洞电稿》光绪二十五年正月，所藏档号：甲182 - 456。原整理者有误，根据内容，该电发于光绪二十四年。

京。乔；急。庚电悉。德路造至济南，与我路接，确已议允。容阊
铁路，自清江经济南至津，正与德路接。容报效百万，要地有人主持。
容名为华商，实系洋股。外国华工多商少，断无巨赀，更无事前报效百
万之理。且在美华商财严归洋人保护，与洋股无异，且铁路股票转卖，
各国洋人皆有，容路即洋路也。路近款足，两年必成。德路一年必成，
胶州到京止一千四百里，德路接容路，陆军长驱，一日可抵京城，不及
战，并不及迁矣。总署意欲以容路阻德路，实以容路引德路耳。皆百万
作祟也。芦汉路至速须五年，且容路成，西路废矣。容路成，中国危亡
即在目前。广雅昨有电奏切谏，不知动听否？必有多人迅速力阻方好。
焦急。切盼。钝。佳。①

"庚电"，即杨锐于初八日的复电，张之洞此电再次说明容阊主持的津浦
路与德国将建的胶济路的关系，实际上是开出杨锐作文的主题。根据张之洞
"必有多人迅速力阻"的指令，杨锐在京城中也有所行动。张之洞之侄张彬
于光绪二十四年正月的密信称：杨锐"又言，前闻容铁路可不办，近又闻虽
南北电阻，仍无益，定拟举办。伊拟一文，尚未脱稿，成时觅人陈达，但恐
当道之计甚坚，无能挽回了。"② 杨锐虽遵令"设法速谏阻"而"拟一文"，
也准备觅台谏以"陈达"，但已感到"无能挽回"。

也就在光绪二十三年底，杨锐与刘光第商议，拟调张之洞入京主持朝
政。在他们的密谋下，体仁阁大学士、管理吏部事务徐桐于光绪二十四年三
月二十九日（1898 年 4 月 19 日）上奏，"请调张之洞来京面询事宜"。经慈
禧太后批准后，光绪帝于闰三月初三日（4 月 23 日）发出电旨，命张之洞
"来京陛见"。③ 由于杨锐此前并没有说明其活动，张之洞也不明底里，收到

---

① 该电共两纸，分贴于两处：《张之洞电稿》光绪二十五年正月、光绪二十五年三月至四
月，正月初九日午刻发，所藏档号：甲 182－456。原整理者有误，根据内容，该电发于
光绪二十四年。"要地有人主持"之后，张之洞删去原写"已允准，但尚未降旨耳"一
句；"中国危亡即在目前"之后，张又删去原写"欲限制德路，不如令总公司接造，尚可
设法推缓"一句。该电是张之洞亲笔，电中有"广雅昨有电奏切谏"一句，"广雅"是
张之洞本人，张如此行文，是因属密电，泄露仍不显作者。
② 参见拙文《"张之洞档案"阅读笔记之一：戊戌变法期间张之洞之子张权、侄张检、张彬
的京中密信》。
③ 参见拙文《戊戌年张之洞召京与沙市事件的处理》，《中华文史论丛》2002 年第 1 辑
（总第 69 辑）；《戊戌年徐桐荐张之洞及杨锐、刘光第之密谋》，《中华文史论丛》2007
年第 4 期。

电旨后，一头雾水，于闰三月初五日（4 月 25 日）发电给杨锐：

> 急。京。乔：此次入觐，两宫意若何？政府有何议论？速示。仆衰病不堪，所言必不能行，且亦不能尽言，此行于时局毫无益处。瞻觐后即乞罢矣。钝。歌。①

电文中的"衰病不堪"，当然不是真话；但张之洞却因此感到危机，并准备觐见后以病乞休，退出政坛。第二天，闰三月初六日（4 月 26 日），张之洞再次发电杨锐和张彬：

> 急。京。楼、乔：闻徐相奏请召仆入京，接待德王，怪极，原奏究何措施，务速确询详示。复电务加急字，不然须四、五日方到。壶。（乔。钝）②

直到此时，张之洞还不知徐桐奏折的内容及清廷调其入京的用意。闰三月二十三日（5 月 13 日），张又发电给杨锐和张彬：

> 急。京。乔、楼：《申报》言鉴园有事，恐不确。速电复。回电加急字，寄金陵、上海两处。李木斋因其父事，与仆有隙，故造谣倾轧。祈广为布告，万勿信。仆今晚驻芜湖。钝。漾。③

"鉴园"，系奕䜣在北京后海南岸小翔凤胡同另建的别邸，此处指奕䜣，此时已病重，即《申报》所言"有事"。"李木斋"，李盛铎，时任江南道监察御史；其父李明墀，曾任福建、湖南巡抚。电文中"造谣倾轧"一语，似指杨锐来电中的内容。然张之洞于闰三月二十五日到达上海，即接电旨，命

---

① 闰三月初五日戊刻发，《张之洞电稿》光绪二十五年三月至四月，所藏档号：甲 182 - 456。原整理者有误，根据内容，该电发于光绪二十四年。与此同时，张之洞另发电给张彬，命其了解情况，并办理前站事务。（闰三月初五日戊刻发，出处同上）

② 许同莘编《张文襄公电稿墨迹》第 2 函第 11 册，光绪二十四年闰三月初六日亥刻发。所藏档号：甲 182 - 219。该电同时写上"楼""乔"，说明该电同时发给两人。电文中"乔。钝"的字样，说明另给杨锐电文中自署有所不同。

③ 《张之洞电稿》光绪二十五年三月至四月，闰三月二十三日未刻发。所藏档号：甲 182 - 466。原整理者有误，根据内容，该电发于光绪二十四年。该电在"乔"上画圈，似不像删去，而是发给杨锐、张彬两人的，电文是给杨锐的，若改发给张彬，还须改"仆"、"钝"等字。闰三月二十五日，张之洞发电给张彬，确定租房等事，并让其转送杨锐阅。（闰三月二十五日酉刻发，出处同上）

其折回湖北处理沙市事件。闰三月二十六日（5月16日），张之洞发电张彬：

> 急。京。楼：昨在沪奉电旨，因沙市事，饬令折回，俟此案办竣，地方安静，再行来京。接鄂电，沙市现已无事，谭已屡奏。我到京于时局无益，回鄂甚愿，沪上有要事，两三天后即回鄂。日来都下系何情形，鉴园病如何？速复。并告韬、峤诸君。复电加急字寄沪。壶。宥。①

张之洞命张彬将此电内容告诉黄绍箕、杨锐。而黄绍箕、杨锐、张彬立即回电：

> 电悉，即告韬、峤。既奉旨，祈速回鄂，迟必有谣言。回鄂日期速电奏。事毕速请旨，令来京否？势成骑虎，能来方好。法因粤西教案要梧州。德王昨觐见，动静未闻。鉴园病痊。韬、峤、楼。宥。②

这是一份罕见的杨锐等人发回的电报。从电文来看，黄绍箕、杨锐已掌握阻张入京的内部原因，故让其尽快电奏回鄂日期，以防止"谣言"。至四月初四日（5月23日），张之洞又发电杨锐：

> 京。乔：密。此时且回鄂，再看。凡事听其自然。黄楼出京否？钝。支。③

"凡事听其自然"一语似可表明，杨锐已有详细的电报或密信说明内情，并请张处理沙市事件后再入京；而张之洞对此谨慎地表示了"再看"的态度。

---

① 《张之洞电稿》光绪二十五年三月至四月，闰三月二十六日辰发。所藏档号：甲182-466。原整理者有误，根据内容，该电发于光绪二十四年。"谭"，署理湖广总督湖北巡抚谭继洵。当张之洞发电的同时，张彬亦有一电："有电悉。念四有电旨寄上海，命叔回鄂办沙市案，办毕再来京。攻到否？尚令次煌出京否？东海四月初九八旬寿应酬否？侄拟初三出京，先到鄂。楼。宥。"（光绪二十六年闰三月二十六日巳时发，《张之洞存来往电稿原件》第7函，所藏档号：甲182-378）
② 光绪二十四年闰三月二十六日戌时发，亥时到，《张之洞存来往电稿原件》第7函，所藏档号：甲182-378。
③ 《张之洞电稿》光绪二十五年三月至四月，四月初四日申发。所藏档号：甲182-466。原整理者有误，根据内容，该电发于光绪二十四年。

此处还须插入一则事件。光绪二十四年三月，康有为、梁启超在李盛铎等人的支持下，发起保国会。① 黄绍箕、杨锐、乔树枏皆参加了其中部分活动。② 天津《国闻报》于闰三月二十三日以《京城保国会题名记》为题，录保国会第一次与会人名单，其中有黄绍箕、乔树枏。《国闻报》于闰三月二十四日以《京城保国会题名记》为题，录"入会列名之人"，其中有乔树枏、杨锐。张之洞很可能看到此两则消息，于五月二十六日发电张检、张权：

> ……康、梁近日情形如何？仲弢、叔峤与之异乎？同乎？众论有攻击之者否？即复。壶。宥。③

张对杨锐等人的政治态度表示了担心。六月初三日，张之洞再电张检、张权："康气焰如何？黄、乔、杨与康有异同否？""前电久未复，闷极。速复。"④ "黄"，黄绍箕；"乔"，乔树枏；"杨"，杨锐。张之洞再问此事，仍是保国会的传闻，他因未收到回电而"闷极"。张检等人的复电我虽未见，但肯定报告了杨锐在保国会的活动中与康保持着很大的距离。

光绪二十四年六月初五日（1898 年 7 月 23 日），杨锐之兄杨聪在四川酉阳学正任上病逝。杨锐听到消息，即刻要求奔丧。然此时进入戊戌变法的关键期，张之洞于六月十三日发电其子张权，命其转给黄绍箕、杨锐：

① 关于李盛铎的作用，参见马忠文《戊戌时期李盛铎与康、梁关系补正：梁启超未刊书札释》，《江汉学刊》2009 年第 10 期。

② 叶昌炽在日记中称："其（康有为）在粤东馆约茶会也，仲弢、木斋皆左右之，折柬来召，仆毅然书'不到'二字。"（《缘督庐日记》第 5 册，江苏古籍出版社，2002，第2745 页）李宣龚致丁文江信中回忆称："迨保国会发起，弟虽到一两次，其实不过逐队观光，并不识有所谓政治思想。即如开会第一日，南海演说俄罗斯问题，容纯甫、沈子培诸人均在场，而杨叔峤偏独当众假寐。"（丁文江、赵丰田编《梁启超年谱长编》，上海人民出版社，1983，第 112 页）戊戌政变后，《申报》光绪二十四年九月三十日刊出《缕记保国会逆迹》，录乔树枏致梁启超信："顷闻人言，《国闻报》中列有保国会题名，贤师弟实司其事，贱名与焉，鄙人大惑不解。……将以茶会为据乎？则当时实未闻贤师弟道及'保国会'三字……将以门簿为据乎？则足下固言书明姓名爵里，以便令师往拜，卒之令师未来，仆亦未往，人所共知也。又将以二金之馈为据乎？则鄙人固居心鄙吝，其靳而不与者，又不独鄙人也。"（《中国近代史资料丛刊·戊戌变法》第 4 册，神州国光社，1953，第 418～419 页，以下简称《丛刊·戊戌变法》）由此可见，黄、杨、乔确实都参加了保国会的部分活动。

③ 《张之洞电稿》光绪二十五年五月至七月，五月二十六日辰刻发，所藏档号：甲 182 -456。原整理者有误，根据内容，该电发于光绪二十四年。

④ 六月初三日戌刻发，《张之洞电稿》光绪三十年六至七月，所藏档号：甲 182 - 470。原整理者有误，根据内容，该电发于光绪二十四年。

急。京。张君立：转韬、峤。佳、蒸、真三电未复。昨有电旨催黄遵宪、谭嗣同迅速来京，系办何事？必康秘谋，速复。钝。元。①

"佳、蒸、真三电"，即初九、初十、十一日张已有三电给杨锐等人，此电又让查明电旨命黄遵宪、谭嗣同迅速入京的背景；对张之洞来说，杨锐此时在京的作用甚为重要。他不愿杨离开。杨锐的门人黄尚毅，对此称言：

戊戌诏开经济特科，南皮及张长沙百熙，均以先生应诏。是年六月，先生胞兄听彝先生卒于酉阳学正任，先生痛悼，欲回籍奔丧，南皮电止之。先生不可，定期十五启行矣，而十三日朝旨以湘抚陈宝箴荐，诏先生预备召见。十四日召对……②

杨锐屡次参加会试，皆不中。光绪二十四年初，光绪帝从贵州学政严修之策专设"特济特科"取士，张之洞等人保之。按照当时的规定，保荐若至100人，将举行考试。③ "听彝"是杨聪的号。"定期十五"，指七月十五日。张之洞"电止之"的电报，我还没有找到，但找到六月二十五日（8月12日）张之洞发给张权的电报：

急。京。张君立：敬电悉。转商茂萱，东海如荐贤，叔峤实为不愧。此人才非仅特科也。可否？祈示复。④

"茂萱"，乔树枏，"东海"，指徐桐。张之洞请乔树枏与徐桐商议，由徐桐出面保举杨锐。与此同时，张之洞的大幕僚、杨锐的同乡王秉恩也于六月二十六日（8月13日）连发两电。其一电给杨锐：

---

① 《张之洞电稿》光绪二十五年五月至七月，六月十三日戌刻发。所藏档号：甲182－466。原整理者有误，根据内容，该电发于光绪二十四年。
② 《杨叔峤先生事略》，见《杨叔峤文集》，《续修四库全书》第1568册，第260页。
③ 光绪帝正月初六日谕旨称："爰咨送人数汇齐至百人以上，即可奏请定期举行特科。"五月二十五日谕旨称："着三品以上京堂及各省督抚、学政，各举所知，限三个月内迅速咨送总理各国事务衙门会同礼部，奏请考试。一俟咨送人数足敷考选，即可随时奏请，定期举行，不必俟各省汇齐，再行请旨。"（军机处《上谕档》光绪二十四年正月初六日、五月二十五日）由此而论，经济特科之考试最晚将在八月底、九月初进行。
④ 《张之洞电稿》光绪二十五年五月至七月，六月二十五日酉刻发。所藏档号：甲182－456。原整理者有误，根据内容，该电发于光绪二十四年。"敬电"，指六月二十四日张权来电，该电可能透露杨欲离京的消息。

北京绳匠胡同，内阁杨叔峤：昨电奉慰，想鉴及。闻当远赴，足征友谊纯笃。惟视敛已来不及。酉、涪水陆现在均难遄行。不如即令肖严取道常辰、镇算，倍程前往，部署一切，较为妥速。阁下即欲归视，俟秋冬间为宜。此时暂留，勉应特科，以副师望，以光盛典。至属。秉恩。

"肖严"，即肖岩，杨锐四弟杨悦。王秉恩请杨悦先行办理杨聪之丧事，而让杨锐"秋冬间"再"归省"。"昨电奉慰""以副师望"两语，说明了张之洞确有电报"止之"离京。王秉恩另一电给乔树枏，由其出面劝杨：

北京绳匠胡同，刑部乔茂萱：比来朝政日新月异，阁下信电颇稀，殊深跂望。师帅命即由祥记兑寄百金，以为电资，用完续兑。同人均欲叔峤暂缓出京，勉应特科，想有同情，望慰挽之。东海夙重钝叔，何不特荐马周耶？息。①

张之洞等人虽以"经济特科"为由阻杨锐奔兄之丧，但最深一层的原因是恐失去其最重要的情报来源。然杨锐并没有因此被说服。七月初七日（8月23日），张之洞又发两电，其一是给杨锐：

急。京。乔：《邸报》五月二十五日谕旨催考特科，何以云不遂考？《申报》云已有八十余人，确否？酉阳运枢事，肖岩似可任之，运到涪州停寺内，候足下冬间到彼筹办，似不迟。如必出京，川资需若干，当即寄。钝。阳。

"何以云不遂考"一语，说明杨锐发电要求奔丧；而张之洞再次劝说杨锐冬间再出京。其二是给张权：

急。京。张君立：昨汇百金，查收。特科究竟何时考？叔乔如必欲出京，汝可同来。川资需若干？当寄往。编纂经书何以停？速详复。壶。阳。②

---

① 东方晓白：《张之洞（湖广总督府）往来电稿》，《近代史资料》第109号，中国社会科学出版社，2004，第13页。王后电署名"息"，即王秉恩，其字息存。此处"东海"指徐桐，原注称为"徐世昌"，误。"马周"，唐初大臣。此处指唐代中郎将常何荐其门客马周于唐太宗之事，即让乔树枏说徐桐以保举杨锐。

② 两电皆七月初七日未刻发，《张之洞电稿》光绪二十五年五月至七月，所藏档号：甲182-456。原整理者有误，根据内容，两电皆发于光绪二十四年。

至七月十三日（8月29日），湖南巡抚陈宝箴保荐人才奏折到达，光绪帝当日下旨，命杨锐预备召见。① 七月十六日，光绪帝召见了杨锐。二十日，光绪帝命杨锐及刘光第、林旭、谭嗣同为军机章京，"参预新政"。七月二十八日（9月13日），杨锐写信给杨悦，说明其不能奔丧的原委。② 张之洞听闻光绪帝召见杨锐的消息后，于七月十九日（9月4日）发电张权：

京。张君立：急。叔峤召见奏对如何？有何恩旨？……

这封电报还开列一连串的问题，张之洞想了解的秘情甚多，然其第一项仍是关于杨锐。③ 七月二十一日（9月6日），张之洞起草了杨锐的电报：

京。乔：急。召对元喜，欣贺。王照是否即直隶开小学堂之王小航？何以堂官谓为挟制？所陈何事？何以遽蒙超擢？钝。乔。

很可能考虑到杨锐的新身份，张又将该电改发给张检。④

八月初一日（9月16日），张之洞发电杨锐：

京。乔：急。钱念劬何日召见，有何恩旨？速复。钝。东。⑤

"钱念劬"，钱恂，张之洞手下的大幕僚。八月初五日（9月20日），张

① 陈宝箴："密保京外贤能各员折"，《陈宝箴集》上册，中华书局，2003，第806~808页；光绪帝谕旨称："陈宝箴奏遵旨人才开单呈览各一折。湖南候补道夏献铭、试用道黄炳离、降调前内阁学士陈宝琛、内阁候补侍读杨锐、礼部候补主事黄英采、刑部候补主事刘光第、广东候补道杨枢、试用道王秉恩、江苏试用道欧阳霖、江西试用道恽祖祁、杜俞、湖北候补道徐家幹、候选道左孝同，以上各员在京者，着各该衙门传知该员预备召见，其余均由各该督抚饬知来京，一体预备召见。"（军机处《上谕档》，光绪二十四年七月十三日）从陈保举的名单来看，许多人是张的亲信，陈此次保举，似有张的背后动作。

② 杨锐在信中称："……原拟乘□秋节前到鄂一行，再与弟商办一切，乃十三日因湘抚陈公保荐，奉旨召见。逮夜，始知于十五日早进内预备，改于十六日卯刻在西苑勤政殿西暖阁召对。面奏数百言，大概详陈用人武备各事，天颜甚霁……"（《致肖岩弟》，光绪二十四年七月二十八日，《中国近代史资料丛刊·戊戌变法》第2册，第572页）

③ 《张之洞电稿》光绪二十五年二月至八月，七月十九日亥发。所藏档号：甲182-457。原整理者有误，根据内容，该电发于光绪二十四年。

④ 参见拙文《"张之洞档案"阅读笔记之三：戊戌政变前后张之洞与京、津、沪密电往来》，即将发表。

⑤ 除此之外，张之洞同时又发电给钱恂，询问情况。两电写在一纸上，皆八月初一日亥刻发，《张之洞电稿》光绪二十五年二月至八月，所藏档号：甲182-457。原整理者有误，根据内容，两电皆发于光绪二十四年。

之洞再发电杨锐：

> 京。乔：急。闻英俄已开战，确否？速复。节电已转交。入直其系何日？钝。歌。①

"节电"，指杨给梁鼎芬（节庵）之电；"入直"，指杨入值军机章京事。这是我所看到的张之洞发给杨锐最后一封电报。第二天，戊戌政变发生。

由于"张之洞档案"的形成及保管等因，在移交近代史研究所图书馆之前，会有许多遗失；我所看到的戊戌变法期间张之洞发给杨锐的指令，只能是其中一部分。但就以上张之洞的亲笔电报，已经可以想象，张之洞的手伸得有多长，杨锐的工作任务又有多重。

四 光绪二十四年杨锐的两件密信：孔祥吉发现的 "百日维新密札" 作者应是杨锐

尽管在"张之洞档案"中可以看到大量张之洞的亲笔电报，但除了前引杨锐的 6 封电报及《张文襄公家藏手札·家属类》中杨锐的一封密信，我找不到更多的杨锐在京中给张之洞的信函电报。造成这一情况的原因不明，但我可以肯定，杨锐在戊戌变法期间会有大量的密报给张之洞，而这些密报中会有戊戌变法的许多隐情与细节。

就目前为止，史学界发现的光绪二十四年杨锐给张之洞的密信，只有两件。李宗侗提供一件，孔祥吉发现一件。

先看李宗侗提供的一件。1959 年李宗侗在台北《大陆杂志》上发表《杨叔峤光绪戊戌年致张文襄函跋》一文，并在杂志封面上影印了杨锐原信。该信虽由汤志钧教授所引用，但未能注全其出处，且未将头尾引全。② 学界转引者，亦有所不解。故再次引录于下：

---

① 为了查清当时英俄开战的传闻，张之洞还同时发电给在京的张权、钱恂，询问此事。三电写于一纸上，皆八月初五日亥刻发，《张之洞电稿》光绪二十五年二月至八月，所藏档号：甲 182 - 457。原整理者有误，根据内容，三电皆发于光绪二十四年。此外张还发电给上海的赵凤昌，询问此事。八月初五日亥刻发，《张之洞电稿》光绪二十四年一至八月，所藏档号：甲 182 - 455。

② 见《戊戌变法人物传稿》（增订本）上编，中华书局，1982，第 134 页。汤志钧仅注："杨锐：《致张之洞密札》"而未注出处，查汤志钧引杨锐光绪二十二年九月给张之洞密信亦注"载《大陆杂志》第二十二卷第四期"，此处未注，当属疏漏。

受业杨锐谨禀夫子六人钧座。

敬禀者。窃前月十二日由折差寄呈一禀，计蒙垂察。公入对之举，前沮于常熟，昨日之电，则出刚意。何小人之，必不能容君子耶。近日变法，都下大哗，人人欲得康有为而甘心之。然康固多谬，而诋之者至比之洪水猛兽，必杀之而后快。岂去一康而中国即足自存乎？公条陈科举一奏，立奉谕旨，一切允行，天下仰望。上方锐意新政，凡关涉改革之事，但有论建，无不采纳，转较胜于身在政府也。京师大老空疏无具，欲以空言去康，何能有济。近事数则，别纸录呈省览。谨修丹禀，只请钧安。伏祈慈鉴。

受业锐敬禀

该信的内容，主要有三事：（1）张之洞入京主持朝政一事，先阻于翁同龢，后阻于刚毅；（2）张之洞与陈宝箴联衔改科举一折，光绪帝允行；（3）京中人士虽厌恨康有为，但云康无方。从内容来看，发信的时间为光绪二十四年六月，李宗侗也予以注明。还须注意的是，李宗侗说明了该信的来历，称其在地安门外"估人"处收购了张之洞的信札等文件"两木箱"，此件是其带到台北来的"劫余之一"。[①]

再看孔祥吉发现的一件。孔祥吉发现的这一密信，被其命名为"百日维新密札"，内容极其重要，也多为研究者所引用。[②]（以下称"百日维新密札"）该信既无写信人署名，亦无收信人台端，从信中所述内容可知，该信也写于光绪二十四年六月。孔先生根据李宗侗于1961年发表的《杨锐致张文襄密函跋：高阳李氏所藏清代文献跋之一》[③]，比较该文发表的光绪二十二年九月杨锐给张之洞之密信，确认"百日维新密札"收信人为张之洞；然"百日维新密札"又存于"李鸿藻文件"之中，孔祥吉认为写信人为李鸿藻之子李焜瀛（字符曾），称言：

我所发现的这两通密札，被整理裱糊者分类在"外官禀"一类，很令人怀疑。因百日维新时协办大学士李鸿藻已于光绪二十三年去世，何以会有外官再作密禀。因此，我怀疑这两通密札均系鸿藻之子李符曾写给张之洞的。

---

① 《大陆杂志》第 19 卷第 5 期，1959 年 9 月 15 日出版。
② 孔祥吉：《百日维新密札考释》，《戊戌维新运动新探》，湖南人民出版社，1988，第 64 ~ 80 页。
③ 《大陆杂志》第 22 卷第 4 期，1961 年 2 月 28 日出版。

孔祥吉的证据是，在"李鸿藻文件"的"外官禀"之中，另有"笔迹纸张亦皆相同"的一信，末尾有关于捐照的内容，孔祥吉推论称：

> 这段话很像李符曾催张之洞早解捐费而发。张之洞系清流起家，与李鸿藻情谊至笃。鸿藻逝后，张之洞仍与李家保持较为密切的关系，这由李符曾所存函札中可以看得比较清楚。李符曾捐官的部照至今尚保存完好，其捐费很可能由鄂督张之洞支付。①

对于孔的这一考证，也有人表示怀疑。清华大学历史系诸先生编《戊戌变法文献资料系日》，引用该信，另加一注：

> 孔祥吉先生发现此函，并考证此函系李鸿藻之子李符曾所作。我们认为证据不足。此函为杨锐之作的可能性更大。②

我自己也一直怀疑孔祥吉的推论，理由有四：其一，按照张之洞与李鸿藻的关系，李焜瀛虽比张之洞年少达 37 岁，但论地位等级，尚不太远。③ 在当时的礼教等级社会中，李焜瀛措辞如此低下地给张之洞写密信，似难以想象。其二，李鸿藻虽非大贪，但久任高官，门生也多有孝敬，家中多积资财。捐官之银，根本就不缺。④ 以李焜瀛之身份，似不太可能主动写信"催

---

① 《百日维新密札考释》，《戊戌维新运动新探》，第 64~80 页。该信关于捐照的内容为："胄监照费，鄂及东省赈捐，照发不少（山东已催安圃），该费久未报解。五、六、七、八月是往往常空，计鄙人收缺，正在此时。望速催鄂局，早为尽数起解，趁时济急，此为惠而不费，切恳，切恳。付丙。"

② 清华大学历史系编《戊戌变法文献资料系日》，上海书店出版社，1998，第 796 页。该注后没有说明其理由。

③ 张之洞给于式枚（晦若）一信："前日面约畅游一节，今日天气晴暖，特邀台从于未刻一点钟至符曾、菊农两君处齐集，约同符曾、菊农先至土地庙看花厂看菊花，再到彰义大街新建昭忠祠看松，归途到松筠庵便饭，祈即时命驾是幸，稍迟则又曛黑荒寒矣。"（《张之洞全集》，第 12 册，第 122 页）

④ 李鸿藻原配张夫人及长子李兆瀛于同治九年病故后，由长媳齐氏主持家务。齐氏之侄齐协民称："八国联军入侵，李鸿藻已逝世，我姑母率全家迁至河南开封避难。事定之后，又携全家回京。此时焜瀛、煜瀛兄弟均已娶妻生子，我姑母亦年五十，一日将他们兄弟二人，叫到她的屋里，把所有李家的财物，如存折和细软等物，都摆在两张大八仙桌上。计有：山西票号的存折二十个，内以大德通、大德亨两号的存折居多，共计一百万两，以及许多古玩、细软、珠翠等物。当时开列清单，叫他兄弟二人点收……"（齐协民：《我所知道的李鸿藻》，《天津文史资料选辑》第 35 辑，天津人民出版社，1986，第 67 页）由此可知，至光绪二十七年时，李鸿藻家产数目仍是相当大的。我也看到了李焜瀛捐官的部照，时间甚晚，也对不起来。

张之洞早解捐款"。其三，"捐官"一事与李焜瀛经历也不太相符，他是恩荫出身，光绪二十三年因李鸿藻去世"赏给郎中"。① 其四，也是最重要的，我最近在"张之洞档案"中看到李焜瀛写给张之洞的信，表示愿去日本游学，其文气、字体则是完全不同。②

当我在中国社会科学院近代史研究所图书馆看到"百日维新密札"的原件时，立即觉察到孔祥吉可能有误。③

首先，孔先生称：

> 笔者在检阅高阳李氏存札时，发现了两通极为重要的密札。这两通密札没有写信人与收信人之姓名，只在第二札的末尾有"付丙"二字。两札均为白纸墨笔书写，字体比较工整，笔迹纸张亦皆相同，故可以断定，两札皆出自一人之手。

然我看到此两信，与其他信件混杂在一起，粘贴在"风树亭"的页纸上，装订成册，蓝色封面上有红色签条，上书《李文正公文件·外官禀》。从粘贴的次序来看，粘贴者并没有相应的文史知识，也不了解李家、张家的内情。我又仔细观察，可以看出，孔先生所言两信的纸张并不完全相同，"百日维新密札"的纸张要稍好一些；而两信的笔迹，以我的书法知识看来，亦为不同，属两人的字体。由此可见，孔先生的"两札皆出自一人"的推论，似不能成立。另从内容看，末尾有"付丙"字样的一信，似写于光绪二十六年五月。④

其次，孔先生称：

---

① 李焜瀛光绪三十一年九月二十八日履历单称："臣李焜瀛，直隶荫生，年三十一岁，由恩荫员外郎，光绪二十三年七月初三日奉上谕'著赏给郎中'等因钦此。八月分轮选到班，回避胞弟，改归回避即用，今签掣兵部职方司郎中缺……"（《清代官员履历档案汇编》，第28册，第567页）由此可见，李焜瀛的官场经历主要是"恩荫"，非为捐纳。

② 《外致张文襄公函件》，《张之洞公文函电稿》，所藏档号：甲182-216。李焜瀛在信中表示，他与李煜瀛及亲戚姚彤诂、袁承厚愿去日本，"早为咨送"。

③ 该札存于《李鸿藻存稿（外官禀）》第1函第1册，中国社会科学院近代史研究所图书馆藏，所藏档号：甲70-10。

④ 该信称："去年九月杨崇伊与庆邸说通，奏保刘学询、庆宽销案，自备资斧，往倭捉拿康、梁自赎。慈圣允准。今年四月，询、宽既拿不着康、梁，无以自效；乃另生枝节，见倭王言明，中日联交两秘，以后往来秘计，委不使渠外部知，我令政府、译署知，由内电寄倭主，我须先施。并带二倭人来作见证，事妥，询、宽即赍国书并赠物，往覆日本。宽遂以二万金买樵野之宅，询、宽及倭人小田某住之 由杨于庆转上。慈旨照办，命庆索内库珍异先施，不许政府知。荣遂请假七、八日，与庆大平。徐桐、朱祖谋、张仲炘、高燮曾、余诚格又御史某七人，交劾庆、杨、询、宽，事将中止 今日又召裕庚，想必派裕随往，有不能中止之势……"（其后的内容，孔祥吉文章已引，不再录）这些内容也不像是李焜瀛所写的。

李先生所发现的密函，据称是"购"来的，何人所购？购于何时何地？这样的密函何以恰巧会被高阳李氏购去？

由此可知，孔先生仅看过李宗侗《杨锐致张文襄密函跋：高阳李氏所藏清代文献跋之一》（《大陆杂志》第 22 卷第 4 期，1961 年 2 月 28 日出版）；没有注意到《杨叔峤光绪戊戌年致张文襄函跋》（《大陆杂志》第 19 卷第 5 期，1959 年 9 月 15 日出版）。在后一文中，李宗侗对其收藏之来源也做了说明：

> 昔在北平，颇喜购名人信札，所积至万余件，带至台者不过数百札耳。此劫余之一也……文襄遗物多经后门外估人之手，以其故宅在白米斜街，去诸肆甚近。忆曾购得两木箱，杂有诸人致文襄信札及文襄所批文件与亲笔电稿若干件，现回忆之，皆可谓为至宝矣。

由于 1935 年"故宫盗宝案"，时任故宫秘书长的李宗侗，避往上海租界，又于 1948 年受聘任台大历史系教授。我不知道他在此期间是否回过北平，但由此似可以推测，今收藏于近代史研究所图书馆的"李鸿藻档案"的一部分，很可能就是李宗侗当年存留在北平"所积至万余件"的收藏，辗转入藏该馆。因其来自李家，而被错误地命名为《李鸿藻存稿（外官禀）》。①

---

① 近代史研究所图书馆所藏"李鸿藻档案"，共计 15 函。其中《李鸿藻存札》8 函 22 册，所内档号：甲 70 - 0、1、2、3、4、5、6、7；《李鸿藻督办郑州河工文件》1 函 3 册，所内档号：甲 70 - 8；《李鸿藻行状列传》1 册，所内档号：甲 70 - 9；《李鸿藻存稿（外官禀）》4 函 9 册，所内档号：甲 70 - 10、11、12、13；《李鸿藻等人函札》1 册，所内档号：甲 70 - 14。孔先生提到的两信，皆粘贴在《李鸿藻存稿（外官禀）》第 1 函第 1 册。需要说明的是，尽管近代史所图书馆的编目为《李鸿藻存稿（外官禀）》4 函 9 册，内中仅是第 1 函第 1 册，其余 8 册或是贴条脱落，或是另有题名，编目时仅取第 1 册之名。我推测该馆所藏"李鸿藻档案"曾是李宗侗的收藏，最重要的证据是，《李鸿藻存札》第 8 函（甲 70 - 7）中第六册（编号 3522）中，贴有一件是农矿部寄给"北平故宫博物院秘书处李秘书长"的信封。另两项重要证据是，《李鸿藻存札》第 4 函（甲 70 - 3）第 7 册中，大多是张之洞的文件；在这批文件中，还混有给李鸿章、翁同龢、许应骙等人的信件；这些很可能是李宗侗所收藏。然从《李鸿藻存札》22 册、《李鸿藻存稿（外官禀）》9 册的分类、粘贴来看，多有不当之处，又非李宗侗所为，而是对晚清历史及李鸿藻不太熟悉者所为，近代史研究所图书馆另藏有"李符曾存札"4 函 8 册，所藏档号：甲 63 - 0、1、2、3，粘贴情况与"李鸿藻档案"相同。其中有李宗侗写给李煜瀛的信件，也有他人写给李鸿藻的信件。疑其原为李宗侗之收藏，现分开。由此推测，这两批文件很可能另有转让等事情。又，"张之洞档案"中也有若干册电报、书信是粘贴在"风树亭"的页纸上的，贴者可能是同一人，即很可能曾是同一人的收藏。我曾就此询问管理人员，由于相关资料不完整，已不知"李鸿藻档案"入藏该馆之过程，也不知由谁粘贴整理。

如果这一推论能够成立的话，那么，前引李宗侗于 1959 年发表的光绪二十四年六月杨锐给张之洞密信中"近事数则，别纸录呈省览"一语，很值得注意，即杨锐在该信的正件（即"丹禀"）之后，另有附件；孔祥吉发现的"百日维新密札"，就是此类"别纸录呈"的附件，且我还以为，很可能就是此信的附件。两件似本为一封，本存一处，李宗侗离京时仅带走正件而未带走附件，故附件存于今日"李鸿藻档案"之中。

以上所言，还仅是一种推论，并不能加以证实，也得不出什么正式结论；但辨认作者的最可靠的方法，不是情景事由的考证，而是直接辨认其笔迹。[①]李宗侗发表杨锐光绪二十二年九月来信时称：

> 此札原至少系六页或更多，购时已佚其一，当是张文襄坐京杨锐对他的秘密报告。虽然未署名，但考证彼时文襄的坐京，共有四人，即刘恩溥（文襄之亲戚）、黄仲弢绍箕（文襄之门生兼一侄女婿）、杨叔峤锐（文襄之门生）及文襄之侄张黄楼彬，四人的报告余皆藏有，以笔迹相对，则此数页确属杨锐者。[②]

李宗侗称其认识杨锐笔迹（仅影印其中一页）。李景铭收藏的《张文襄公家藏手札·家属类》贴有杨锐光绪二十二年正月密信三页，写有签条"此三纸系杨锐号叔峤所写"，李景铭也称其认识杨锐的笔迹。以上两件和孔祥吉发现的《李文正公文件·外官禀》所贴"百日维新密札"（一大页），笔迹完全一样，然三件均无署名。[③]除此之外，我还发现两条证据：其一是该图书馆所藏《梁鼎芬存札》中，亦有一信，是杨锐写给梁鼎芬的，有署名。[④]该信的笔迹，与以上三信完全一样。其二是"张之洞档案"中还有一封杨锐亲笔的简短电文："广州。王雪澄：洪疏讹传，彦臣乞致慰。锐。"[⑤]笔迹相

---

① 孔祥吉在引用杨锐致沈曾植一信中称："这是一封极其重要的密札，无上下款，由该信的笔迹可以推断出自杨锐之手。据密札原收藏者考订注明，此札系杨锐写给沈曾植的。"（《关于杨锐的历史评价》，《晚清史探微》，第 108 页）孔未说明该真迹之收藏处及其品质特征；所称"由该信的笔迹可以推断"一语，也没有说明他的笔迹根据。

② 《杨锐致张文襄密函跋——高邛李氏所藏文献跋之一》，台北《大陆杂志》第 22 卷第 4 期（1961 年 2 月 28 日出版）。

③ 以我的书法知识来看，《大陆杂志》封面上影印的两页，署名杨锐的（光绪二十四年六月来信），字写得较正（楷书），未署名的（光绪二十二年九月来信），字写得较草，而字正之字很难作为字草之字的笔迹证明。

④ 《梁鼎芬存札》，中国社会科学院近代史研究所图书馆藏。所藏档号：甲 135－2。

⑤ 《张之洞存来信电稿原件》第 1 函，所藏档号：甲 182－372。

同。近年中国国家图书馆所藏《赵凤昌藏札》影印出版，共收入杨锐的亲笔信 12 件，笔迹亦相同。① 此外，可以参考的还有杨锐致赵凤昌的石印信 1 件和宁志奇、高成英、胡昌健诸先生发表的杨锐笔迹的照片。② 由此，从笔迹辨认上我可以确认，孔祥吉发现的"百日维新密札"，其作者应是杨锐。

还需说明的是，孔祥吉发现并发表"百日维新密札"，意义是重大的，对该信所作的背景说明也是完备的，我没有可以补充的内容。

五　张之洞营救杨锐的行动

戊戌政变发生于光绪二十四年八月初六日（1898 年 9 月 21 日），从"张之洞档案"中可以看出，他于次日凌晨丑时（1~3 时）即得知消息。由于与康有为之间的政见分歧，他对政变后的前景一开始并不是很悲观，反而对康的落难，有着几分暗喜。但听到杨锐被捕后，张的感受一下子发生了很大的变化。

杨锐很可能是八月初八日（9 月 23 日）早上在家中被捕的。③ 而在初九日的下午，张之洞就得到了消息。他于酉时（下午 5~7 时）分别发电给张权、黄绍箕：

---

① 《赵凤昌藏札》第 5 册，第 267~282 页。

② 杨锐致赵凤昌，光绪十六年，陶湘编《昭代名人尺牍小传续集》，《近代中国史料丛刊续编》第 748 册，台北，文海出版社，1984，第 1806~1808 页。原件照片可见《赵凤昌藏札》第 5 册，第 271~273 页。宁志奇：《杨锐家书暨杨聪墓志铭》，发表杨锐光绪二十四年七月二十八日家书的照片。（《四川文物》1985 年第 4 期）高成英：《杨锐诗草手迹》，发表杨锐所书扇面两幅的照片。（《四川文物》1989 年第 4 期）胡昌健：《介绍杨锐的两件遗物》，发表杨锐"尊经书院会课墨迹""朝考优贡等第名单"的照片（出处同上）。以上照片皆非精印，比例太小，不太清楚。

③ 据魏允恭八月初八日致汪康年信中称："今早五更又奉密旨拿杨锐、刘光第、谭嗣同、林旭等四人。弟亲见步军统领送登车，想已发交刑部。惟林旭尚未寻着，闻避往他处。此新政中之至新者。其余外间传说纷纷不一。"（《汪康年师友书札》第 3 册，第 3116 页。）并参见马忠文《戊戌"军机四卿"被捕时间新证》，《历史档案》1999 年第 1 期）然杨锐的门人黄尚毅在《杨参政公事略》中称："初九晨起，寓斋被围，锐与子庆昶及黄尚毅同逮去。至坊上，先书锐姓名，次庆昶，至尚毅，锐曰：'彼系公车，何事拘之？'尚毅及庆昶释回，锐遂拘去。至提督衙门，旋送刑部狱（《中国近代史资料丛刊·戊戌变法》第 4 册，第 66 页）。盛宣怀档案中的《虎坊摭闻》称："初九日，九门提督逮捕徐致靖、张荫桓、杨深秀、杨锐、林旭、谭嗣同、刘光第七人，皆以骑围门，擒置车中。杨锐寝未起，以索絷之，并其长子，中途乃释其子。"（《上海图书馆藏盛宣怀档案萃编》，上海古籍出版社，2008，上册，第 176 页）

急。京。立：叔峤奇灾骇绝，究因何故？尚有复文否，念甚。必已见明发，速摘要告。凡各处函电，务即付丙。即刻复。迁。佳。

京。温州馆，黄仲弢侍讲：急。叔峤受累可骇。何以牵涉？有余波否。速复。拙。佳。①

"立"，张君立，张权；"迁"、"拙"，张之洞闻政变后所改的自署。张之洞的电报，除要求查明事情的原委外，还希望了解慈禧太后的下一动作，即"余波"，并要求焚毁相关的电报函件。然仅过了几小时，张又于亥时（下午9～11时）再次发电张权：

急。京。立：杨、刘四人必革，已见明文否，若已见，当可无余波矣。叔峤事渠何时得信？王照、端方、吴懋鼎有事否。均即复。迁。佳。②

根据张之洞的判断，杨锐、刘光第等新任军机章京四人若有革职拿问的明发上谕，将不再会有新的行动，但他仍在打听慈禧太后是否会继续对王照等人动手。"叔峤事渠何时得信"中"渠"字，说明张权在电报中透露了消息来源。到了第二天，八月初十（9月25日）辰时（7～9时），张之洞再发电张权：

急。京。立：闻逮问十六人，想已见明发，速详告。叔峤并非康党，何以四章京同罪，焦急丞念。岂康曾保四人耶？能知受累之故否？渠处文字、函电，事前曾预加检点？即复。蒸。③

张之洞所担心的，是杨锐等新任四章京由康有为所保，这将使案情变得

---

① 两电皆八月初九日亥刻发，《张之洞电稿》光绪二十五年二月至八月，所藏档号：甲182－457。原整理者有误，根据内容，两电皆发于光绪二十四年。

② 八月初九日亥刻发，《张之洞电稿》光绪二十五年二月至八月，所藏档号：甲182－457。原整理者有误，根据内容，该电发于光绪二十四年。据原稿，"吴懋鼎"后删"李端棻"三字。王照，新任五品京堂，端方、吴懋鼎，新任农工商总局大臣，与四章京同属百日维新最后阶段的新任官员，张故有此问，以推测杨锐的命运。

③ 八月初十日辰刻发，《张之洞电稿》光绪二十五年二月至八月，所藏档号：甲182－457。原整理者有误，根据内容，该电发于光绪二十四年。"逮问十六人"的消息，张之洞得自于上海的赵凤昌（参见拙文《"张之洞档案"阅读笔记之三：戊戌政变前后张之洞与京、津、沪密电往来》）。当时被捕者仅康广仁、杨深秀、徐致靖、张荫桓、谭嗣同、林旭和杨锐、刘光第，共8人。

极为复杂；同时也关心他发给杨锐的诸多电报及信件是否也被查抄。

在"张之洞档案"中，我还看不到张权等人此期的复电，而八月初十日张之洞关于杨锐的发电，也仅此一件，似为不全。而到了八月十一日（9 月 26 日），张之洞开始行动了，档案中留下他大量亲笔电报。

八月十一日寅时（上午 3～5 时），张之洞发电其侄吏部主事张检：

> 京。化石桥，张玉叔：急。叔峤受累太奇，是否有人劾？究系何故？此外有要事速电告。如须密者，专人坐火车送至天津发电，并告权。即刻复。迁。真。寅。①

张之洞恐在京发电会泄露，让张检、张权将密电派人去天津发送。与此同时，张又发电此时正在京觐见的湖北按察使瞿廷韶：

> 急。琉璃厂外武阳会馆，湖北臬台瞿：急。蒸电悉。有要事速电示。或云康已获，确否？此事只在惩首恶，似不宜株连太多。见夔帅、寿帅时，似可婉陈。即复。洞。真。寅。②

"夔帅"，军机大臣王文韶；"寿帅"，军机大臣裕禄。张之洞命瞿向王、裕"婉陈""不宜株连太多"之意，即有意护杨。过了几小时，十一日午时（上午 11 时至下午 1 时），张之洞又命幕僚杨文骏，发电给其兄、直隶总督荣禄的幕僚杨文鼎：

> 急。天津督幕杨俊卿：顷南皮师帅面告弟云（以上四字为张之洞亲笔，并删"谕"字）：闻军机章京杨锐因康有为案同被拿问，骇愕之至。杨章京自四川学政任内，相随晋、粤、江、鄂二十余年，品行端洁，文学通雅，凡事最小心谨慎。平日议论极恶康学，确非康党。都中海内贤士大夫皆深信。此次召见，系陈右帅所保，与康丝毫无涉。（以上十六字为张之洞亲笔所加）今同康被逮，未知何故，故未敢遽行论奏。嘱（"嘱"字为"命"字改，张之洞亲笔）电兄转恳荣中堂，设法保全，免受诬累。中堂爱才若渴，必能宏此善心，维持善类。至康之邪恶，先属瞿臬司详陈，

---

① 八月十一日寅刻发，《张之洞电稿》光绪二十五年二月至八月，所藏档号：甲 182－457。原整理者有误，根据内容，该电发于光绪二十四年。

② 八月十一日寅刻发，《张之洞电稿》光绪二十五年二月至八月，所藏档号：甲 182－457。原整理者有误，根据内容，该电发于光绪二十四年。

已蒙烛照等语。望速陈。恳急电示复布局。骏。真。①

张之洞恳请荣禄能出面保杨。然此时荣禄已去北京，护理总督袁世凯复电，表示"遵办"，即将此意转告荣。② 又过了几小时，十一日亥时（下午 9～11 时），张之洞正式采取行动，发电瞿廷韶：

> 急。京。琉璃厂西门外武阳会馆，湖北臬台瞿：杨叔峤锐端正谨饬，素恶康学，确非康党。平日论议，痛诋康谬者，不一而足。弟所深知，阁下所深知，海内端人名士亦无不深知。此次召见蒙恩，系由陈右铭中丞保，与康无涉。且入直仅十余日，要事概未与闻。此次被逮，实系无辜受累，务祈迅赐切恳夔帅、寿帅，设法解救，以别良莠。天下善类，同感两帅盛德。叩祷。盼即复。洞。真。③

张之洞命瞿廷韶去找王文韶、裕禄，搭救杨锐。据瞿的回电，王文韶表示同情，裕禄未能相见。④ 与此同时，张之洞又发电盛宣怀：

> 急。上海。盛京堂。杨叔峤锐端正谨饬，素恶康学，确非康党。平日议论，痛诋康谬者，不一而足。弟所深知，天下端人名士所深知。此

---

① 八月十一日午刻发，《张之洞电稿》光绪二十五年二月至八月，所藏档号：甲 182－457。原整理者有误，根据内容，该刍发于光绪二十四年。"杨俊卿"，即杨文鼎，云南蒙自人，举人，长期在北洋为幕，深受信任。此时为候选道，荣禄亦派其参与管理天津农工商分局事宜。后任福建盐法道、福建按察使、湖北布政使、湖南巡抚等职。"骏"，杨文骏，彝卿，杨文鼎之弟。曾随李鸿章、李瀚章，官至广东雷琼道。甲午战争中由广东巡抚马丕瑶奏参，永不叙用。此时由张之洞、盛宣怀派充协理汉口铁路分局。庚子年间为李鸿章议和随员，后由奕劻上奏，开复官位（杨文骏履历单见《清代官员履历档案全编》，第 6 册，第 607～608 页）。两人之背景，皆张海荣告诉我。"布局"，似指武昌织布局，张之洞与幕僚常在此处聚会。

② 张之洞于十二日收到袁世凯电报："荣相昨日赴都，凯奉旨护理。真电敬悉。遵办。凯叩。"（戊戌八月十二日未刻发，亥刻到，《张之洞存各处来电》第 34 函第 5 册，所藏档号：甲 182－136）由此可知，袁世凯将该电急送北京荣禄处。

③ 八月十一日亥刻发，《张之洞电稿》光绪二十四年一至八月，所藏档号：甲 182－455。又见于《张之洞全集》第 9 册，第 346 页。

④ 瞿廷韶八月十三日发电："急。两电只悉。初十见夔帅，备陈杨冤。帅云深知，公论俱同，惟现在派审，必俟审后方可设法。昨谒寿帅未见。本拟今早陛见后禀陈大略，以荣相来京推班，俟明日陛见后，分谒两帅，再行电禀……但枢要多事，皆不易见，谭情节较重，事难逆料。敬帅晚年何堪？现尚在鄂否？乞示……本司廷韶。在西苑。谨禀。文。"（京，瞿臬司，八月十三日午刻发，酉刻到，《张之洞存各处来电原件》第 14 函，所藏档号：甲 182－385/14）"谭"，谭嗣同。"敬帅"，谭嗣同之父湖北巡抚谭继洵，字敬甫。

次召见蒙恩，系由陈右铭中丞保，与康无涉。且入直仅十余日，要事概未与闻。此次被逮，实系无辜受累，务祈飞电切恳爰帅，鼎力拯救，以别良莠。天下善类，感戴盛德。叩祷。盼即复。拙。真。①

张请盛转恳王文韶，搭救杨锐。盛对此完全照办。② 张之洞的行动似起到了相当大的作用，据陈夔龙的笔记，当时主持审讯的奕劻，亦有意援救杨锐、刘光第两人，很可能就是转受他人之托。③

从清晨的寅时，到夜间的亥时，张之洞的动作有如三级跳，先是由瞿廷韶"婉陈"，继而由其幕僚转求，最后方是自己出面，这一系列的动作，自然与京中的来电有关。张之洞电文中"召见蒙恩"，"与康无涉"，说明他已查明康确未保杨。而在同一时刻，即十一日寅时，张的大幕僚王秉恩发电给乔树枬的电报，很可能说明内情：

> 急。京。骡马市，恒裕，转乔茂萱：钝平安，何以知之，速示慰。如弟凭人言，仍恐难测。闻同乡拟公保，万不可缓。肖岩明日赴京。息清。真。④

"钝平安"一语，说明杨锐的情况良好；"凭人言"一语，说明乔报告其所闻有利杨锐的消息；"同乡拟公保"，指四川京官准备共同具结担保；而杨锐的弟弟杨悦（肖岩）也准备立即进京。

由于得到了京城来的好消息，八月十二日（9月27日）一天，张之洞的电报稍显暖意。十二日丑时（1~3时），张之洞发电张检，要求交给张权：

---

① 《张之洞电稿》光绪二十四年一至八月，八月十一日亥刻发，所藏档号：甲182 – 455。

② 张之洞八月十二日收到盛宣怀复电："真电所言杨叔峤事，已转电仁和，力恳保全。圣躬未愈，有旨征医。宋伯鲁革职。余无所闻。补。文。"（上海，盛督办，八月十二日申刻发，亥刻到，《张之洞存各处来电原件》第14函，所藏档号：甲182 – 385/14。又见于《张之洞全集》第9册，第346页）"仁和"，王文韶，其为浙江仁和人。

③ 陈夔龙称：奕劻于八月十三日清晨"命材官来余寓所，促入府商议要件。余遵谕趋往，铁君良亦至（时为工部司员，后为江宁将军）。邸云：'康广仁等一案极为重大，吾忝领班，不能不借重两君，速往刑部会讯。'并谓：'同案六人情形亦复不同，闻杨君锐、刘君光第皆均系有学问之人，品行亦好，罗织一庭，殊非公道，须分别办理。君等到部，可与承审诸君商之。'余等趋出，时甫上午九钟，爰往译署，先付片文咨照刑部，略述奉派会审缘由……"（《梦蕉亭杂记》，北京古籍出版社，1985，第16~17页）

④ 八月十一日亥刻发，《张之洞电稿》光绪二十五年二月至八月，所藏档号：甲182 – 457。原整理者有误，根据内容，该电发于光绪二十四年。该电原写"钝平安，因何解"，"因何解"三字由张之洞亲笔改为"何以知之，速示慰"。

急。张玉叔转交立：叔峤无他虑，有何端倪？想因查无与康往来字据耶？所云信件发还，想并未查封衣物耶？速明晰复。再，闻有妄人保懋勤殿十员，有仲韬在内，确否？巫系甚。速询复。黄遵宪有事否？宋伯鲁何以漏网？日来见廉舅否？有何议论？汝与各处来往电报，务即付丙。真。戌。①

从电文中可以看出，张权向其报告杨锐"无他虑"，"信件发还"等情节，张之洞虽心存疑问，但其关注点已转向他处，尤其是黄绍箕，担心其为"懋勤殿"之累。② 过了几个小时，十二日巳时（上午9~11时），王秉恩发电乔树枏：

急。京。骡马市，恒裕，转乔茂萱：或云峤等因有密谕复奏被累，密谕系何事？峤如何复奏？何以四人联衔？再何以知峤、培两人独平安，想峤、培查无违碍信件，林、谭有耶？均速示。息。文。③

这封电报虽用王秉恩的名义，但"密谕系何事？峤如何复奏？何以四人联衔？再何以知峤、培两人独平安，想峤、培查无违碍信件，林、谭有耶？均速示"一段，是张之洞删去"何解？速详示"五字后亲笔添加的。"密谕复奏被累"，指七月三十日光绪帝单独召见杨锐，发下密谕，并指示杨锐等人复奏。④

---

① 八月十二日丑刻发，《张之洞电稿》光绪二十五年二月至八月，所藏档号：甲182-457。原整理者有误，根据内容，该电发于光绪二十四年。"廉舅"，国子监祭酒、南书房行走王懿荣，他是张之洞的王夫人之兄，号廉生。

② 参见拙文《"张之洞档案"阅读笔记之三：戊戌政变前后张之洞与京、津、沪密电往来》。

③ 八月十二日巳刻发，《张之洞电稿》光绪二十五年二月至八月，所藏档号：甲182-457。原整理者有误，根据内容，该电发于光绪二十四年。

④ 在此次召见中，光绪帝颁下了一道密诏给杨锐："近来朕仰窥皇太后圣意，不愿将法尽变，并不欲将此辈老谬昏庸之大臣罢黜，而用通达英勇之人，令其议政，以为恐失人心……朕亦岂不知中国积弱不振至于阽危，皆由此辈所误，但必欲朕一旦痛切降旨，将旧法尽变，而尽黜此辈昏庸之人，则朕之权力实有未足。果使如此，则朕位且不能保，何况其他？今朕问汝，可有何良策俾旧法可以全变，将老谬昏庸之大臣尽行罢黜，而登进通达英勇之人，令其议政，使中国转危为安，化弱为强，而又不致有拂圣意。尔其与林旭、刘光第、谭嗣同及诸同志等妥速筹商，密缮封奏，由军机大臣代递，候朕熟思，再行办理……"（赵炳麟：《光绪大事汇鉴·戊戌之变》，黄南津等点校《赵柏岩集》，广西人民出版社，2001，第239~240页）赵炳麟称："此诏至宣统元年由杨锐之子呈都察院。是时炳麟掌京畿，主持代奏，并连疏请宣付实录。"赵炳麟有"请宣布德宗手诏编入《实录》疏"宣统元年八月十七日、"请再宣布德宗手诏编入《实录》疏"宣统元年十一月初九日两折，说明杨锐之子杨庆昶、门人黄尚毅交还光绪帝密诏，请都察院代奏，并编入《实录》。（同上书，第491~493页）由此可知，根据光绪帝的密诏，杨锐等须复奏。

"何以四人联衔"，似为乔树枏的电报称，杨锐给光绪帝的复奏是四章京共同署名的。"培"，刘光第，字裴村。"林、谭"分别指林旭、谭嗣同。到了当天晚上，十二日亥时（下午 9 ~ 11 时）张之洞发电张权：

> 急。京。立：林、谭查有违碍信件否，所讯何事？即刻复。间或告茂萱统复亦可，但嘱其勿写号，只可写一慎字。文。①

在这封电报中，张之洞没有提到杨锐，他大约认为此案杨锐自当脱罪。由于杨锐、刘光第是陈宝箴所保，杨、刘"平安"的消息也从武昌转到长沙。陈宝箴致沈曾植信称：

> 返署接节庵电，杨、刘平安，喜极。惟康、超为洋船接去等语。杨、刘既平安，大抵只查抄，无交私之件便不问耳，似此不与钩党之狱矣。②

梁鼎芬已将"平安"的消息电告陈。而陈信中的内容，似为张之洞及其幕中对杨锐一案及其发展的判断。

张之洞似乎放心了，目光也有了转移。我在"张之洞档案"中，竟然找不到八月十三日（9 月 28 日）张关于杨锐的电报。由此可推测，张可能一整天没有发电，若真如此，又似可说明他的信心。乔树枏、张权等人的回电，一定带来了极为有利的消息。我在"张之洞档案"中虽未找到乔树枏、张权等人的复电，然张权此时给张之洞密信一残件，透露出当时的情景：

> 八月十三日之事，午前尚毫无信息。十二日见乔茂萱，渠尚云杨、刘二人或可无虞。缘杨曾在上前面劾康，欲令其速出。谭保康有为及其弟康广仁，刘不署名。此二事可站得住也。③

既然杨锐在光绪帝面前弹劾康有为，并欲令康迅速离开北京，那么，杨完全可以在审讯中将自己摘出，说明自己并非康党。恰也就在张极为放心、很可

---

① 八月十二日亥刻发，《张之洞电稿》光绪二十五年二月至八月，所藏档号：甲 182 - 457。原整理者有误，根据内容，该电发于光绪二十四年。
② 转引自许全胜《沈曾植年谱长编》，中华书局，2007，第 208 页。
③ 参见拙文《"张之洞档案"阅读笔记之一：戊戌变法期间张之洞之子张权、侄张检、张彬的京中密信》。

能一日无电的八月十三日，慈禧太后恐外人干涉，下令处死杨锐等"六君子"。

八月十四日（9月29日），噩耗突然传来。是日戌时（下午7~9时），张之洞收到瞿廷韶发来电报：

> 昨日陛见后，分谒枢廷，未见。便见合肥，论杨、刘事，尚谓必有分别。旋见钱密缄，已云仓猝，虑难挽回。果于四点钟遽同谭、林等同时处决。在京多称杨、刘之冤，奈内旨迫切，于午刻径由刚相奉密旨立办。措手不及。遗骸已由各同乡代殡。敬帅晚年难堪，闻湘人已电藩司矣。本司廷韶谨禀。寒。①

"钱"，钱恂。该电说明李鸿章都认为杨锐、刘光第"必有分别"，此案由刚毅奉密旨"立办"。与此司时收到的，很可能还有张权、黄绍箕的电报。张之洞得报后，随即发电张权：

> 急。京。立：迁。来电及绥电均悉。芝艾同焚，奇冤至痛。到部数日，所闻何供？峤曾劾康，想必供明。何以不理？何以昨日忽催泪？日来英、俄有何消息？并告绥速复。绥即韬也。复电以"可"字或"慎"字冠首，不必署尾。即刻复。盐。此电即付丙。②

"来电"指张权的来电，"绥电"，指黄绍箕的来电。张之洞急切想知道，杨到刑部后的审讯过程，"峤曾劾康"是对杨最为有利的情节，可他为何会遇难呢？这一封电报原文上没有发报时间，但下引张之洞发给乔树枏的电报为十四日亥时（下午9~11时），很可能两电为同一时间。以往给乔树枏的电报多以王秉恩的名义，此次张之洞亲笔写道：

> 急。京。骡马市，恒裕转乔茂萱：迁。不料峤事如此，千古奇冤，惨痛难言。临难时有何语，到部后复问何事，共问几堂，诸大臣有何语，同乡公呈已递否，东海何以不论救，何以木讷一人主持？均电示。闻峤有劾康

---

① 京，瞿臬司，八月十四日申刻发，戌刻到，《张之洞存来往电稿原件》第14函，所藏档号：甲182-385。这份电报到迄奇快，从原件来看是下午四点四十分发出的。至当日亥时（下午9~11时），张之洞又收到赵凤昌从上海发来的电报，报告杨锐遇难（上海，十四日酉刻发，亥刻到，出处同上）。

② 《张之洞电稿》光绪二十五年二月至八月，原件被人用铅笔标为"七月二十七日"，误，"盐"，十四日。所藏档号：甲182-457。原整理者有误，根据内容，该电发于光绪二十四年。

疏，系何时上，供明否？问官定案时奏内叙入否？日来都人公论如何？其世兄恩诸公切为抚慰。均速电示。节、雪统此。盐。峤此稿务钞寄。①

张之洞非常不理解审判的结果，亟想知道杨锐遇难前的遗言，并要求将杨锐弹劾康有为的奏稿钞寄。"到部后"，指到刑部后，"共问几堂"，指堂审几次，"东海"为徐桐，"木讷"为刚毅。他此时还不知道，杨锐、刘光第等人是不审而诛！直到第二天晚上，八月十五日（9月30日）亥时，张之洞发电黄绍箕：

> ……叔峤恐系为杨崇伊所潜害，望详加考究。黄遵宪实是康党，都人有议者否？……②

张之洞认为，杨锐可能是杨崇伊所加害；且在其极为悲痛之际，竟突然指责昔日的朋友黄遵宪是康党！③ 这在当时是一个很大的罪名。又过了几天，八月二十三日（10月8日），张之洞又发电为杨锐收尸的乔树柟：

> 急。京。骡马市恒裕，转乔茂萱：迁。肖岩到否？思永扶柩何日行？如需费，速示。湘水生波，因何而起。漾。④

---

① 八月十四日亥刻发，《张之洞电稿》，光绪二十五年二月至八月，所藏档号：甲182－457。原整理者有误，根据内容，该电发于光绪二十四年。"其世兄"指杨锐之子杨庆昶；"节"，节庵，梁鼎芬；"雪"，雪澄，王秉恩。

② 八月十五日亥刻发，《张之洞电稿》光绪二十五年二月至八月，所藏档号：甲182－457。原整理者有误，根据内容，该电发于光绪二十四年。

③ 杨崇伊加害杨锐之说并不确，但当时亦有传言。杨崇伊后于光绪二十五年为人所劾，于五月初八日上奏"廷臣交章自请罢斥折"，自辩称："……夫去秋大祸在目前，诸臣岂得不知？臣又两至徐桐寓所相告，不识当时以臣为何，如今乃远见他日之大祸乎？""去秋大局发发，徐桐惟引疾高卧，以杨锐之诛，不能无恨于臣，盖杨锐为徐桐倾信之门生。今日所言，大约门生立稿，虽非为康复仇，或因杨起意，徐桐为门生所用……"（《军机处录副·补遗·戊戌变法》，3/168/9447/11，中国第一历史档案馆藏）杨崇伊称，徐桐因杨锐去世而深衔之。黄遵宪原与张之洞等人交善，因《时务报》、梁启超诸事，张、梁视黄为康党。（参见拙文《"张之洞档案"阅读笔记之四：张之洞与〈时务报〉、〈昌言报〉——兼论张之洞与黄遵宪的关系》）

④ 八月二十三日午刻发，《张之洞电稿》光绪二十五年二月至八月，所藏档号：甲182－457。原整理者有误，根据内容，该电发于光绪二十四年。"湘水生波"，指八月二十一日陈宝箴等人革职事。又，杨悦在上海发电："凤病吐泻，劝止其行，悦午渡海。"（《张之洞存来往电稿原件》第15函，所藏档号：甲182－386）可见赵凤昌亦有意于北上。再又，八月十八日，上海委员曾磐发电张之洞称："小严十六北上。其兄事未曾明告。"（《张之洞存来往电稿原件》第14函，所藏档号：甲182－385）"小严"，为肖岩，杨悦。"兄事未曾明告"，即未告明其兄杨锐遇害之消息。当时上海到北京最快需五天，杨悦似为刚到。

"思永",杨锐之子杨庆昶的字。杨锐的棺柩由杨庆昶、杨悦一路送行,由北京经西安至其家乡四川绵竹安葬。至时,张之洞会想到什么,能做些什么?①两年后,光绪二十六年(1900),张之洞另两位得意门生、总理衙门大臣许景澄、袁昶在极端保守派的鼓噪下被杀,张之洞又想到什么? 又能做些什么? 这是一条伤痛的河,从这位"忠臣"的心上淌过……

光绪二十八年(1902),张之洞再度署理两江总督,重游鸡鸣寺,"徘徊当年与杨锐尽夜酒谈之处,大为震悼,乃捐资起楼,为杨锐纪念,更取杨锐所颂'忧来豁蒙蔽'句,曰'豁蒙楼'。"② 南京城内鸡鸣寺豁蒙楼,成为张之洞所写下的他与杨锐关系极为悲情催泪的最后一笔。

还需说明的是,唐才常被杀后,康有为极为悲愤,作《驳后党逆贼张之洞、于荫霖诬捏伪示》,称言:

> 杨锐者,张之洞入室弟子,岁馈千金,养之京师,而一切托之者也。杨锐与刘光第之入军机,亦张之洞托陈宝箴荐之者也……张之洞本为新党,自恐不免,乃请杀谭、杨等六人,以求避党祸,其忍于杀帝党久矣。

相同的说法又见于康所作《张之洞电日本外部书后》《逆贼张之洞罪案》等文,称张之洞"电请杀六烈士"。③ 此本是康在政治斗争中的诬词,不足为据,然今亦见有学者引用而信之,当为误。

---

① 至同年十月二十二日,杨庆昶发电武昌:"帅赐赙,领,谢。廿四启行。昶。马。"(光绪二十四年十月二十二日酉刻西安发,二十三日午刻到,《张之洞存来往电稿原件》第15函,所藏档号:甲182-386)十一月二十六日,张之洞的幕僚发电给杨悦:"重庆。杨肖岩。大令兄柩及全眷是否到渝? 阁下是否亲送回籍? 抑自回鄂? 遵谕询,祈电复。教。宥。"(《张之洞电稿》光绪二十四年十一月,所藏档号:甲182-455)"大令兄"指杨悦的大哥杨聪。前后两月,杨聪、杨锐两兄弟皆亡。杨家两大难,其中一难是张之洞不让杨锐奔杨聪之丧所致,张会原谅自己吗?
② 刘禺生:《世载堂杂忆》,中华书局,1960,第55~56页。刘禺生称:张之洞在1894年甲午战争第一次署理两江总督时,"某夜,风清月朗,便衣减从,与杨叔峤锐同游台城,憩于鸡鸣寺,月下置酒欢甚,纵谈经史百家、古今诗文,愉然忘归,天欲曙,始返督衙……八哀诗,锐能朗诵无遗,对于赠秘书监江夏李公邑一篇,后四句'君臣尚论兵,将帅接燕蓟,朗咏六公篇,忧来豁蒙蔽',反复吟诵,之洞大感动。"
③ 姜义华、张荣华编《康有为全集》第5册,中国人民大学出版社,2007,第278、287、290、309页。

在本文结束之际，我还想呼吁各位多多地注意杨锐的信札与电报，现在发现得还太少。这些重要的材料将会一一揭开戊戌变法中的许多内幕。我一直以为，它们有可能还存世，只是因其无抬头、无署名、无日期而未被人所识所重，不知道落到了哪个角落里，静静地睡觉。

沉默也是一种言说[*]

——论梁启超笔下的严复

郭双林[**]

长期以来，严复、梁启超二人一直是中国近代史学界的一个研究热点。在围绕二人关系的研究中，以往学术界研究的重点主要集中在两个方面：一是比较严复与梁启超的思想异同，二是考察严复与梁启超的交谊活动。其中在后一方面的研究中，蔡乐苏、戚学民、黄克武、缪志明、李宝红等人分别考察了严、梁交谊中严复对梁启超的热赞、评骘、暗讽、冷讪及其原因。特别是黄克武的《严复与梁启超》一文，将严、梁二人交谊的资料一网打尽，然后以时间为先后对二人的关系进行了详细的考察①，非常扎实。但是这类文章有一个明显的特点，即人们关注的主要是严复对梁启超的热赞、评骘、暗讽、冷讪，很少去考察梁启超对严复态度的变化。只有黄克武的文章在这方面有所涉及，但作者同时认为："作为后辈的任公则默默地接受严复的批评，除了光绪二十三年（1897）所写的《与严又陵先生书》之外，我们看不到任何反驳。"② 其实，沉默亦是一种言说。本文拟在前人研究的基础上，进一步解读梁启超对严复批评的"沉默"。

让我们先从《清代学术概论》谈起。

---

　*　本文系中国人民大学 211 工程三期项目子项目"近代中国社会发展变迁研究"成果之一。

　**　中国人民大学历史学院教授。

　①　参见蔡乐苏《严复拒鲁索意在讽康梁》，《近代史研究》1998 年第 5 期；戚学民《严复译著与梁启超思想之关系》，见习近平主编《科学与爱国——严复思想新探》，清华大学出版社，2001；黄克武：《严复与梁启超》，《台大文史哲学报》第 56 期，2002 年 5 月；缪志明：《从热赞到冷讪——严复对梁启超评议之演变》，《历史教学》2002 年第 12 期；李宝红：《严复苛锐评骘梁启超真因分析》，《华中师范大学学报》（人文社会科学版）2003年第 6 期。

　②　黄克武：《严复与梁启超》，《台大文史哲学报》第 56 期，2002 年 5 月。

一 从《清代学术概论》谈起

严复是近代中国主要的启蒙思想家。"他代表了近代中国向西方资本主义寻找真理所走到的崭新阶段，他带给中国人以一种新的资产阶级世界观，起了空前的广泛影响和长远作用，这种启蒙影响和作用不只是在戊戌时期和对改良派，更主要更突出的是对后几代的年青的爱国者和革命家。"① 所以，今天翻开任何一本中国近代史教材或专门史（包括中国近代断代史、思想史、哲学史、文化史和学术史），在写到戊戌变法这一历史时段时都会提到康有为、梁启超、严复、谭嗣同四个人，而且在着墨上不会相差太远。

然而，笔者在一次阅读梁启超的《清代学术概论》过程中，偶然发现，该书在对四个人的论述上，存在明显的差异。比如对乃师康有为，梁启超虽然也有所批评，但全书用了两节（第23、24节）三千多字进行介绍和评价；对梁氏自己，也用了两节（第25、26节）四千余字；对谭嗣同，用了一节（第27节）两千多字；而对严复，则只在第29节中用了85字予以介绍和评价。这85字是："时独有侯官严复，先后译赫胥黎《天演论》，斯密亚丹《原富》，穆勒约翰《名学》、《群己权界论》，孟德斯鸠《法意》，斯宾塞尔《群学肄言》等数种，皆名著也。虽半属旧籍，去时势颇远，然西洋留学生与本国思想界发生关系者，复其首也。"② 很明显，其中有10个字是否定性的

不仅如此，梁启超在这一节中对西洋留学生在晚清西学东渐过程中的作用基本上持全盘否定的态度，说："晚清西洋思想之运动，最大不幸者一事焉，盖西洋留学生殆全体未尝参加于此运动。运动之原动力及其中坚，乃在不通西洋语言文字之人。坐此为能力所限，而稗贩、破碎、笼统、肤浅、错误诸弊，皆不能免。故运动垂二十年，卒不能得一健实之基础。旋起旋落，为社会所轻。就此点论，则畴昔之西洋留学生，深有负于国家也。"③ 虽然梁氏在上面评价严复时说，"西洋留学生与本国思想界发生关系者，复其首也。"但总体上说，严复也是西洋留学生之一。

---

① 李泽厚：《中国近代思想史论》，人民出版社，1979，第257~258页。
② 朱维铮校注《梁启超论清学二种》，复旦大学出版社，1985，第80页。
③ 朱维铮校注《梁启超论清学二种》，第80页。

我们知道，《清代学术概论》是梁启超1920年在给蒋方震的《文艺复兴史》作序时，下笔不能收，一气写成，前后只用了15天时间，脱稿后以《前清一代中国思想界之蜕变》为题，连载于1920年11月、12月出版的《改造》3卷第3、4、5期，后略加增改，于1921年2月由商务印书馆出版单行本，并改为今题。

为什么梁启超在《清代学术概论》中对康、谭、梁、严的论述会如此悬殊呢？

如果说梁启超在撰写《清代学术概论》一书过程中，因格于体例①或限于时间，无法对严复的思想做深入的思考，而只能就自己掌握的资料，随着思想的展开信笔而书的话，那么他在其他相关著作中应该对严复的思想做一详细的介绍，并予以客观的评价。

然而，经过考察，发现情况并非如此。

1902年，梁启超在《新民丛报》第1号《绍介新著》栏目里介绍严复翻译出版的《国富论》前两编时，曾一方面肯定严译《国富论》在选择上"诚得其本"，在翻译过程中所加按语"启发学者之思想力别择力，所益实非浅鲜。"在各种名词的审定上，"按诸古义，达诸今理，往往精当不易"。肯定"严氏于西学中学，皆为我国第一流人物"。同时他也指出了此书的两大不足：一是太旧。"此书印行后，迄今百有余年。其间学说之变迁，不下数十派。愈辨愈精，愈出愈新。至今此书，几如夏鼎商彝，视为陈迹"。二是文字太艰涩。"其文笔太务渊雅，刻意摹仿先秦文体，非多读古书之人，一翻殆难索解"。梁启超接着还写道："夫文界之宜革命久矣！欧美、日本诸国文体之变化，常与其文明程度成比例。况此等学理邃赜之书，非以流畅锐达之笔行之，安能使学僮受其益乎？著译之业，将以播文明思想于国民也，非为藏山不朽之名誉也。文人结习，吾不能为贤者讳矣！"②梁启超在这里表面

---

① 梁启超在《清代学术概论·自序》中曾经写道："有清一代之学术，可纪者不少，其卓然成一潮流，带有时代运动的色彩者，在前半其为'考证学'，在后半期为'今文学'，而今文学又实从考证学衍生而来。故本篇所记述，以此两潮流为主，其他则附庸耳。"（梁启超：《清代学术概论·自序》，见朱维铮校注《梁启超论清学二种》）且不说有清一代学术，带有时代运动色彩的潮流是否只有"考证学"和"今文学"，即以其记述内容而言，除"考证学"和"今文学"外，对其他"附庸"的介绍，也颇不相同，如对前清时期梅文鼎、顾祖禹、刘献廷、章学诚，对晚清时期杨文会，无论是介绍的详细程度和评价的高度，都要超过严复。

② 《绍介新书〈原富〉》，《新民丛报》第1号，中华书局，2008，第113~115页。

上半是肯定，半是否定，实际上否定多于肯定。

1904 年，梁启超在《新民丛报》第 3 年第 10 号发表的《论中国学术思想变迁之大势》第八章《近世之学术》中，再次对严复做了如下的介绍和评价："海禁既开，译事萌蘖，游学欧美者，亦以百数，然无分毫影响于学界。惟侯官严几道（复）译赫胥黎《天演论》，斯密亚丹《原富》等书，大苏润思想界。十年来思想之丕变，严氏大有力焉。顾日本庆应至明治初元，仅数年间，泰西新学，披靡全国。我国阅四五十年，而仅得独一无二之严氏，虽曰政府不良，有以窒之，而士之学于海外者，毋亦太负祖国耶！"① 在这里，梁启超对严复在当时思想界所起的作用予以了肯定，但是，这种肯定被置于对欧美留学生的基本否定的语境中。这一点不应该被忽视。

我们知道，《论中国学术思想变迁之大势》一文，"基本上决定了梁启超后来特别重视学术思想研究的学术道路，也基本上奠定了他在中国学术思想史研究方面的地位，因为以后他的一切学术思想研究都是由此引发出来的"。② 按照常理，梁启超在《清代学术概论》中对严复思想的介绍和评价，应该在《论中国学术思想变迁之大势》的基础上进一步展开。然而事实是，在《清代学术概论》中梁启超对严复思想的介绍，不仅没有在《论中国学术思想变迁之大势》的基础上进一步展开，而且评价比以前更低。从"十年来思想之丕变，严氏大有力焉"到"西洋留学生与本国思想界发生关系者，复其首也"。这两句带有价值评判性的话，高矮轩轾，一看即明。

《清代学术概论》出版后不久，即 1922 年，梁启超在所撰的《五十年中国进化概论》中，把近五十年来中国社会的进化分为三个时期，即从器物上感觉不足，从制度上感觉不足，从社会文化上感觉不足。其中在谈到第二期的代表人物时指出："在第二期，康有为、梁启超、章炳麟、严复等辈，都是新思想界勇士，立在阵头最前的一排"③，并认为"这一时期学问上最有价值的出品，要推严复翻译的几部书"④。据笔者所知，这是梁启超第一次将严复与康、梁相提并论。后来，在《中国近三百年学术史》中梁启超谈到清末新思想运动时，提到了四支"主要潮流"，或者说思想界之"重镇"，即

① 《新民丛报》第 3 年第 10 号，原第 58 号，第 33 页。

② 郭双林：《一代宗师梁启超》，见郑大华主编《20 世纪中国十大学问家》，青岛出版社，1992，第 16 页。

③ 梁启超：《五十年中国进化概论》，《最近之五十年》，申报馆 1923 年编印，第 4 页。

④ 梁启超：《五十年中国进化概论》，《最近之五十年》，第 3 页。

"我自己和我的朋友""章太炎（炳麟）""严又陵（复）""孙逸仙（文）"。在此，梁启超再次将严复与其本人及朋友、章太炎、孙中山等人置于同等的地位。在具体谈到严复时写道："他是欧洲留学生出身，本国文学亦优长，专翻译英国功利主义派书籍，成一家之言。"① 梁启超对严复的介绍和评价仅止于此，以后直到逝世，再也未见他对严复的思想和翻译活动做过系统的讨论。

上面提到的涉及严复思想及学术地位的内容，除《新民丛报》第 1 号《绍介新著》外，其他部分，均出自正规的学术史著作。② 梁启超是近代著名的历史学家，在所著的《中国历史研究法》中专门探讨过学术史和人物传记的写法，他最见长的历史学著作也是学术史和人物传记。

我们不禁要问：梁启超在上述著作中对严复的介绍全面吗？评价客观吗？

"上穷碧落下黄泉，动手动脚找东西"③。但梁启超论述严复的主要文字就这么多。很明显，就梁启超谈梁启超，很难回答上述问题。现在我们不妨转换一下思路，来个烘云托月，看看与梁启超同时代的学者是如何看待严复的。

二　同时代学者笔下的严复

严复在中国近代史上首先是一个启蒙思想家，但在他自己看来，自己只不过是一个文学家。他曾自己说过："晚学无师，于圣经贤传，所谓宫室之富，百官之美，皆未得其门而入之。其所劳苦而仅得者徒文辞耳。"④ 在翻译《天演论》时，他的确下了很大的功夫，不仅提出了信、达、雅三种翻译主张，而且身体力行，往往"一名之立，旬月踟蹰"⑤。译成之后，吴汝纶在

---

① 朱维铮校注《梁启超论清学二种》，第 125 页。
② 朱维铮认为，《清代学术概论》"并不是一部单纯的论述清代"思想界之蜕变"的专门史著作"，而"是梁启超个人的一部学术回忆录"。（朱维铮：《清代学术概论·前言》，上海世纪出版集团，2005，第 4 页）但梁启超并不这么认为，该书第一版就是作为"共学社史学丛书"《中国学术史》第五种出版的。
③ 傅斯年：《历史语言研究所工作之旨趣》，《史料论略及其它》，辽宁教育出版社，1997，第 48 页。
④ 严复：《与〈新民丛报〉论所译〈原富〉书》，《新民丛报》第 7 号，第 110 页。
⑤ 赫胥黎：《天演论·译例言》，严复译，商务印书馆，1981。

《天演论序》中充分肯定了严复在文学方面的造诣,说:"今议者谓西人之学,多吾所未闻,欲瀹民智,莫善于译书。吾则以谓今西书之流入吾国,适当吾文学靡敝之时,士大夫相矜尚以为学者,时文耳,公牍耳,说部耳! 舍此三者,几无所为书。而是三者,固不足与文学之事。今西书虽多新学,顾吾之士以其时文、公牍、说部之词,译而传之,有识者方鄙夷而不知顾,民智之瀹何由? 此无他,文不足焉故也。文如几道,可与言译书矣。"他认为严复所译之书"乃骎骎与晚周诸子相上下"①。

如果说吴汝纶的评断不过是师友间的相互褒扬而已,那我们可以看看其他人的看法。

1922 年,提倡白话的胡适在所写的《五十年来中国之文学》一文中,将反对白话的"严复与林纾的翻译文章"和"谭嗣同、梁启超一派的议论文章"、"章炳麟的述学文章"、"章士钊一派的政论的文章"置于同等的地位,分专节(第四节)进行介绍。对于严复采取古文译书,胡适表示理解,说:"当时自然不便用白话:若用白话,便没有人读了。八股式的文章更不适用。所以严复译书的文体,是当日不得已的办法。"②他肯定严复"是介绍近世西洋思想的第一人"③,严译诸书"在原文本有文学的价值,他的译本在古文学史也应该占一个很高的地位"。他还引用《群学肄言》中的一段话,然后指出:"这种文字,以文章论,自然是古文的好作品;以内容论,又远胜那无数'言之无物'的古文:怪不得严译的书风行二十年了。"④受胡适影响,后来陈子展在《中国近代文学之变迁》和《最近三十年来中国文学史》两书中,也都列有专节对严复和林纾的翻译文学予以系统的介绍。

同样,古文家钱基博 1933 年在《现代中国文学史》中也专门对严复的"逻辑文"进行了介绍。不过他不是将严复与林纾放在一起,而是与章士钊放在一起,并且将严复、章士钊的逻辑文与康有为、梁启超的新民体做了比较,指出:"然中国言逻辑者,始于严复,而士钊逻辑古文之导前路于严复,犹之梁启超新民文体之开先河自康有为也;故叙章士钊者宜先严复,犹之叙梁启超者必溯康有为。然而康有为、梁启超之视严复、章士钊,其文章有不同而同者;籀其体气,要皆出于八股。……有袭八股排比之调,而肆之为纵

① 赫胥黎:《天演论·吴汝纶序》,严复译。
② 胡适:《五十年来中国之文学》,《最近之五十年》,第 5 页。
③ 胡适:《五十年来中国之文学》,《最近之五十年》,第 5 页。
④ 胡适:《五十年来中国之文学》,《最近之五十年》,第 6 页。

横轶宕者；康有为、梁启超之新民文学也。有用八股偶比之格，而出之以文理密察者；严复、章士钊之逻辑文学也。论文之家，知本者鲜。独章炳麟与人论文，以为严复气体比于制举；而胡适论梁启超之文，亦称蜕自八股；斯不愧知言之士矣。若论逻辑文学之有开必先，则不得不推严复为前茅。"① 在介绍严复时，钱基博没有局限于文学，而是将其生平、政治活动与主张、学术师承、治学特点、学术成就及影响做了全面的介绍，甚至还涉及一些鲜为人知在的掌故。例如在介绍严复治学时指出："既于学无所不窥，举中外治术学理靡不究极原委，抉其奥得，证明而会通之；一治之以名学而推本于求诚。"② 而胡适后来提倡的新汉学主张，即"以西学识古，以实验治学"，实际上导源于严复，"复常以为中西二学，兼途并进，或者借自它之耀，祛旧知之蔽。"③ 在介绍严译名著时写道："凡译一书，与他书有异同者，辄旁考博证，列入后案，张惶幽眇，以补漏义；尤能以古文辞达奥旨，而不断断于字比句次之间。国人之言以古体诗译西诗者，自苏玄瑛；言以古文辞译小说者，自林纾；而言以古文辞译欧西政治、经济、哲学诸科，盖自复启其机镰焉。"④ 等等。

当然，不仅仅是钱基博涉及了严复的思想。胡适在《五十年来中国之文学》中就曾写道："自从《天演论》出版（一八九八）以后，中国学者方才渐渐知道西洋除了枪炮兵船之外，还有精到的哲学思想可以供我们的采用。但这是思想史上的事，我们可以不谈。"⑤ 也就是说，并不是因为严复的思想太浅不足谈，而是因为胡适要集中谈文学，故而不谈。

胡适不谈但有人谈。谁？蔡元培。

1923 年 12 月，蔡元培在所撰写的《五十年来中国之哲学》一文中，对五十年来西洋哲学的介绍与古代哲学的整理两方面内容做了比较详细的论述。其中在谈到对西洋哲学的介绍时，蔡元培开宗明义地写道："五十年来，介绍西洋哲学的，要推侯官严复为第一。"对严复以古文以西文，蔡元培也是理解的，认为"严氏所译的书，大约是平日间研究过的。译的时候，又旁

① 钱基博：《现代中国文学史》，见刘梦溪主编《中国现代学术经典·钱基博卷》，河北教育出版社，1996，第 459~460 页。
② 钱基博：《现代中国文学史》，见刘梦溪主编《中国现代学术经典·钱基博卷》，第 464 页。
③ 钱基博：《现代中国文学史》，见刘梦溪主编《中国现代学术经典·钱基博卷》，第 465 页。
④ 钱基博：《现代中国文学史》，见刘梦溪主编《中国现代学术经典·钱基博卷》，第 465 页。
⑤ 胡适：《五十年来中国之文学》，《最近之五十年》，第 5 页。

引别的书，或他所目见的事实，作为案语，来证明他。他的译文，又都是很雅驯，给那时候的学者，都狠读得下去。"① 对严复名著的思想性，蔡元培也做了介绍，说："他译的最早而且在社会上最有影响的，是赫胥黎的《天演论》（Huxley, *Evolution and Ethics and other Essays*）。自此书出后，'物竞'、'争存'、'优胜劣败'等词，成为人人的口头禅。严氏在案语里面狠引了'人各自由，而以他人之自由为界'，'大利所在，必其两利'等格言；又也引了斯宾塞尔最乐观的学说，大家都不狠注意。"② 蔡元培还注意到了严复思想的前后变化，说："严氏译《天演论》的时候，本来算激进派，听说他常常说'尊民叛君，尊今叛古'八个字的主义。后来他看得激进的多了，反有点偏于保守的样子。"③ 蔡元培对严复思想的介绍应该说是比较全面的，评价是比较客观的。

当然，当时谈严复思想和翻译活动的不仅是胡适、蔡元培、陈子展和钱基博，也还有别人，不过不是从正面去肯定严复在近代思想文化史上的贡献，而是从负面去分析严复在介绍西方哲学时存在的不足。此人即梁启超的好友张君劢。

张君劢在《严氏复输入之四大哲学家学说及西洋哲学界最近之变迁》一文中劈头便写道："梁氏启超论戊戌政变以后思想之变迁，称：'独有侯官严复，先后译赫胥黎《天演论》，斯密亚丹《原富》，穆勒约翰《名学》、《群己权界论》，孟德斯鸠《法意》，斯宾塞《群学肄言》等数种，皆名著也。虽半属旧籍，去时势颇远，然西洋留学生与本国思想界发生关系者，复其首也。'"很明显，这段话出自梁启超的《清代学术概论》。张君劢接着写道："窃谓处二三十年前之中国，东西洋学问文字之隔绝，犹之我之宽衣博带，与彼之狭袖短褐，其不易互通，不待言矣。独侯官严氏以我之古文家言，译西洋哲理之书，名词句调，皆出于独创。译名如'物竞天择'，'名学逻辑'，已为我国文字中不可离之部分。其于学术界有不刊之功，无俟深论。"根据中国人的表达习惯，率先肯定往往是为了便于随后的否定。所以张君劢行文至此，笔锋一转，写道："特其立言之际，务求刻肖古人，往往以古今惯用之语，译西方科学中之义理，故文字虽美，而意转歧混。"④ 他还以《天演

① 蔡元培：《五十年来中国之哲学》，《最近之五十年》，第1页。
② 蔡元培：《五十年来中国之哲学》，《最近之五十年》，第1页。
③ 蔡元培：《五十年来中国之哲学》，《最近之五十年》，第2页。
④ 张嘉森：《严氏复输入之四大哲学家学说及西洋哲学界最近之变迁》，《最近之五十年》，第1页。

论》中的几个例子为证明，然后指出："总之严氏译文，好以中国旧观念，译西洋新思想，故失科学家字义明确之精神。其所以为学界后起者之所抨击，即以此焉。"① 张君劢对严复的批评不止于此。他接着写道："我文所欲论，不在严氏译文之批评，而在严氏所输入之西洋哲学家言。以此等哲学家生世，距今远者则四五十年，近者则二十年，此四五十年或二十年中，西洋哲学界上已呈莫大之变迁。故以严氏译著中有关系之各家为本，以之与最近哲学界作一比较，庶几可以窥见西洋思想之变迁，而我学界知所从事欤。"② 观其下文，张君劢以严译著作家中足以代表 19 世纪思想界的穆勒约翰、达尔文、斯宾塞、赫胥黎为对象，讨论数年来西方哲学的发展，无非是想说明，几十年来西方哲学已向前迈进，严译已成刍狗。在该文中，他不仅没有站在历史的角度，对严复的翻译活动予以客观评价，反而指责其不对达尔文的学说进行系统介绍："进化论虽自严氏而大昌，实则进化论各派之甲是乙非，国人至今犹昧昧焉。"在抄录了严复为《天演论》所作按语中对达尔文的介绍后，他继续写道："以震撼一世之达氏学说，而其见于严氏书中者仅此寥寥数语，虽曰严氏非实验科学家，故对于此问题，不能多所论列，毋亦以惊于其学说之新奇，方倾倒之不暇，其是非得失，不复敢置议矣。"③ 如果熟稔梁启超在《新民丛报》时期对严译《原富》的批评，可以说张氏此文了无新意。也正因此，该文后来影响极为有限。当然，一篇文章的学术价值和影响是一回事，其蕴含的意义是另一回事。查《梁启超年谱长编》，这一时期张君劢与梁启超几乎形影不离，因此基本可以断言，梁启超的《五十年中国进化概论》在刊发之前，张君劢就应该知道其内容；而张文之所以要以严译著作家中足以代表 19 世纪思想界的部分思想家为论述对象，很明显受梁启超在《五十年中国进化概论》中对严译诸书的评价，即"算是把十九世纪主要思潮的一部分介绍进来"④ 一语的直接影响。因此，虽不能说张氏撰写此文系梁启超授意，但将该文作为张君劢对梁启超《清代学术概论》和《五十年中国进化概论》的诠释，或许并不为过。

有趣的是，梁启超的《五十年中国进化概论》、胡适的《五十年来中国

① 张嘉森：《严氏复输入之四大哲学家学说及西洋哲学界最近之变迁》，《最近之五十年》，第 1 页。
② 张嘉森：《严氏复输入之四大哲学家学说及西洋哲学界最近之变迁》，《最近之五十年》，第 1 页。
③ 张嘉森：《严氏复输入之四大哲学家学说及西洋哲学界最近之变迁》，《最近之五十年》，第 4 页。
④ 《五十年中国进化概论》，《最近之五十年》，第 3 页。

之文学》、蔡元培的《五十年来中国之哲学》和张君劢的《严氏复输入之四大哲学家学说及西洋哲学界最近之变迁》四篇文章，都是应上海《申报》创办五十周年纪念之约而撰写的，后来又都收入了申报馆出版的《最近之五十年》一书。讨论五十年中国进化的梁启超几乎不谈严复，讨论五十年中国之文学与哲学发展的胡适和蔡元培却要详谈严复，讨论五十年来西洋哲学发展的张君劢撇开西方哲学，非要以严译对象为对象，借以贬抑严复，这个反差不能说不明显。

事实上，对严复的思想进行阐述和评价，并不是始于民国初年。早在清末，革命党就曾围绕严复的民族主义思想展开一次讨论。

1903 年，严复翻译的英国甄克斯的《社会通诠》由商务印书馆出版。在该书序、随文注释以及后来撰写的《读新译甄克斯〈社会通诠〉有感》一文中，严复比较系统地阐述了自己对民族主义的看法。根据甄克斯关于人类社会进化经过蛮夷、宗法、军国三种社会形态的学说，严复在该书自序中指出："乃还观吾中国之历史，本诸可信之载籍，由唐、虞以迄于周，中间二千余年，皆封建之时代，而所谓宗法，亦于此时最备。其圣人，宗法之圣人也；其制度典籍，宗法社会之制度典籍也。物穷则必变，商君、始皇帝、李斯起，而郡县封域，阡陌土田，燔诗书，坑儒士，其为法欲国主而外，无咫尺之势。此虽霸朝之事，侵夺民权，而迹之所为，非将转宗法之故，以为军国社会者钦。"也就是说，由唐虞三代到周朝，这中间的两千多年相当于甄克斯所说的宗法社会，秦以后，中国开始进入军国社会。不过这一转化过程到清代也没有完成，"君此土者不一家，其中之一治一乱常自若，独至于今，籀其政法，审其风俗，与其秀杰之民所言议思维者，则犹然一宗法之民而已矣。"① 在该书按语中严复说得更明白："夫支那固宗法之社会，而渐入于军国者。综而核之，宗法居其七，而军国居其三。"②

甄克斯认为，蛮夷社会无主义，宗法社会为民族主义，军国社会为国家主义。既然中国社会宗法居其七，军国居其三，那么当时的民族主义就必然非常强大，而军国主义则要相对弱一些。所以严复在另一则按语中写道："今日党派，虽有新旧之殊，至于民族主义，则不谋皆合。今日言合群，明日言排外，甚或言排满；至于言军国主义，期人人自立者，则几无

---

① 甄克斯：《社会通诠·译者序》，严复译，商务印书馆，1981。
② 甄克斯：《社会通诠》，严复译，第 15～16 页。

人焉。"对于民族主义的存在形式，严复认为，此"乃吾人种智之所固有者，而无待于外铄，特遇事而显耳"。但他对民族主义的作用评价并不高，说："虽然，民族主义，将遂足以强吾种乎？愚有以决其必不能者矣。"①从后来写的《读新译甄克斯〈社会通诠〉有感》一文内容看，严复所说的民族主义，主要是"排外"而非"排满"。在该文中他指出："夫民族主义非他，宗法社会之真面目也。虽然，处今之日，持是义以与五洲之人相见，亦视其民品为何如耳。使其民而优，虽置此义，岂至于灭？使其民劣，则力持其义者，将如昔商宗之计学，以利国不足，而为梗有余。"②"彼徒执民族主义，而昌言排外者，断断乎不足以救亡也。"③由此可见，他对民族主义并不怎么看好。

排外的民族主义既不足以救亡，那如何救亡呢？在严复看来，居今而言救国，首在"去贫"。因为"吾国一切之弊，皆可自贫以求其因"。如何去贫？严复认为，出路在于发展经济，首要的任务则是发展路矿。而在当时要发展路矿，则"非借助于外人，固不可"。最为难能可贵的是，严复主张发展路矿，"乃用路矿者之大利也，而治路矿者之富又其次已"。④换句话说，严复主张发展交通、能源，首先要使人民得利，资本家致富仅居次要地位。一百年后我们再来看严复的这一主张，不能不惊叹其思想的超前性。

1905年，汪精卫在《民报》创刊号发表的《民族的国民》一文中，一方面肯定严复是"明哲之士"，另一方面对严复在《社会通诠》按语及《读新译甄克斯〈社会通诠〉有感》一文中的有关民族主义论述提出温和批评，说："几道此言，遂若民族主义为不必重，而满为不必排者。此可云信公例矣，而未可云能审我民族公例上之位置也。"⑤稍后，胡汉民在《民报》第2期上发表《述侯官严氏最近政见》一文，试图对严复的民族主义思想进行新的阐释。《庄子·寓言》说："重言十三，寓言十九"。胡汉民在文章开头便引用庄子此言，说："侯官严氏为译界泰斗，而学有本源，长于文章，斯真近世所许为重言者也。"他认为严复"对于民族国民主义，实表同情，薄志

---

① 甄克斯：《社会通诠》，严复译．第115页。
② 张枬、王忍之编《辛亥革命前十年间时论选集》卷1下册，三联书店，1978，第784页。
③ 张枬、王忍之编《辛亥革命前十年间时论选集》卷1下册，第787页。
④ 张枬、王忍之编《辛亥革命前十年间时论选集》卷1下册，第785~786页。
⑤ 精卫：《民族的国民》，《民报》第1号，1905年10月，科学出版社，1957，第6页。又见张枬、王忍之编《辛亥革命前十年间时论选集》卷2上册，第85页。

弱行者慑于革新事业之难，托而自遁，非严氏本旨也"①。对严复在《社会通诠》一书按语中关于民族主义的否定性看法，胡汉民认为："其意欲人人言军国主义以期自立，而未尝以排满者为非。"② 在胡汉民看来，严复的这种看法与其在《群学肄言序》中对当时人们只考虑破坏，不考虑建设的担忧，是出于同样考虑。所以，"严氏之所不同于时之革新论者，亦在程度之问题，而不在性质之问题。今概以为歧视，则不善读严氏书之过耳"。③ 为了避免别人误解自己是在为严复做辩护，胡汉民专门考察了"严氏之言之所为发，与其学说之所本"。在他看来，自明代以来，言民族主义者，很少不与政治思想相混的，而晚近言民族主义者，又往往薄于政治思想，所以，"言排满者不谋所以代兴，言破坏者不深计乎建设，彼其心以为舍排满革命以外更无余事。此则严氏所指以为搏撞号呼盲进破坏，与所谓仅言民族不足自强，未尝不中其失。"严复的学说则一本斯宾塞，所以，"凡世之急张躁进，不问民演之深浅而欲一变至道者，皆严氏所不取"。但严复并不是保守派。他主张物竞天择，适者生存，因为担心仅有种族思想不足以求胜于竞争剧烈之场，才翻译《社会通诠》以宣传军国主义。④胡汉民还进而探讨了严复在《法意》和《政治学讲义》中所透露出的民族主义思想，最后指出："要而言之，苟能读中国之历史也，与知进化之理，则未有敢蔑视民族主义者。严氏虽以其学，不为急激，然明于种类之大齐，属辞比事，卓荦可见。"⑤ 应该说，胡汉民对严复，多少有点袒护，而其真实目的，则是将严复的民族主义思想与利用严复的主张攻击革命排满的思想区别开来。

1907 年 1 月，《中国新报》创刊，杨度不仅在其撰写的《中国新报叙》中运用了甄克斯的人类社会进化的三种社会形态学说，而且在该报连载的《金铁主义说》中，对严复的上述民族主义思想进行了全面的发挥。⑥ 在《中国新报》创刊号出版之前，梁启超已在《新民丛报》第 4 年第 16 期将《中国新报叙》全文刊出，并配写了评论。在评论中，梁启超将当时的政论分为"以种界为立脚点"和"以国界为立脚点"两大派别，并把批评的矛头

① 汉民：《述侯官严氏最近政见》，《民报》第 2 号，1905 年 11 月，第 1~2 页。全文又见张枬、王忍之编《辛亥革命前十年间时论选集》卷 2 上册，第 143~153 页。
② 汉民：《述侯官严氏最近政见》，《民报》第 2 号，1905 年 11 月，第 2 页。
③ 汉民：《述侯官严氏最近政见》，《民报》第 2 号，1905 年 11 月，第 2~3 页。
④ 汉民：《述侯官严氏最近政见》，《民报》第 2 号，1905 年 11 月，第 3~7 页。
⑤ 汉民：《述侯官严氏最近政见》，《民报》第 2 号，1905 年 11 月，第 16~17 页。
⑥ 关于杨度的"金铁主义说"与严复的民族主义思想的关系问题，需专文讨论，此处不再展开。

直指孙中山的三民主义。① 这不能不激起革命党的激烈反弹。章太炎、汪东、柳亚子、奇零人、非非等人先后撰写文章，对杨度的"金铁主义说"进行严厉批评。或许在撰写《中华民国解》一文过程中，章太炎才明白，杨度的"金铁主义说"的思想根源在《社会通诠》和严复，所以后来他又专门写了《社会通诠商兑》一文，对严复的民族主义思想进行批判。因学术界对此已有不少研究成果，此处不再展开。②

从以上情况看，当时不论是杨度对严复民族主义思想的发挥，还是胡汉民对严复的民族主义思想的重新解释，抑或是汪精卫、章太炎对严复民族主义思想的批判，梁启超都非常清楚。③ 然而，梁启超在后来的历史著作中对严复的民族主义思想既不作系统介绍也不作过多评价，基本上保持了沉默。

通过上面与同时代学者对比，我们可以清楚地看出梁启超在介绍和评价严复思想时出现的"凹陷"现象。

现在我们要进一步追问的是：除人事交往外，梁启超与严复在思想上有无关联？

三　严复对梁启超思想的影响

梁启超流亡日本期间，受"东学"影响很大，但在早期却受严复影响很大，却也是事实。许多学者已经指出这一点。④ 但梁启超究竟在哪些方面受

① 梁启超：《新出现之两杂志》《新民丛报》第 4 年第 16 号，原第 87 号，第 6 ~ 7 页。
② 就笔者所知，较早涉及此次论战的学术专著有：史华慈《严复与西方》（叶凤美译，江苏人民出版社，1989）、俞政《严复著译研究》（苏州大学出版社，2003）、王春霞《"排满"与民族主义》（社会科学文献出版社，2005）等。近年关于该问题的专题研究论文有：俞政《评严译〈社会通诠〉引起的一场风波》（《史学月刊》2001 年第 6 期）、王天根《社会与近代民族主义——以严复、章太炎对〈社会通诠〉探讨为中心》（《学术论坛》2002 年第 2 期）、罗福惠、袁咏红《一百年前由译介西书产生的一场歧见——关于严复译〈社会通诠〉所引发的〈民报〉上的批评》（《学术月刊》2005 年第 10 期）等。
③ 从《新出现之两杂志》一文内容看，梁启超在《中国新报》出版前就知道该报创刊号刊发文章的内容。
④ 如史华慈就曾说过："有一点是十分清楚的，即严复对于梁启超后来发展的影响远比他的老师康有为对他的影响深刻。'（史华慈：《严复与西方》，叶凤美译，第 76 ~ 77 页）张灏也说："梁对西方进步思想的兴趣必须追溯到他流亡前的几年里。在那段时期，主要通过康有为和严复的影响，'进步'对梁已是一个富有魅力的理想，并且以康有为'三世说'的形式，成为梁改良主义思想的一个重要基础。"（张灏：《梁启超与中国思想的过渡（1890 ~ 1907）》，崔志海、葛夫平译，江苏人民出版社，1995，第 121 页。

到过严复的影响，笔者浅陋，似尚未见有人专门论述。就笔者看来，梁启超至少在以下几个方面接受过严复的影响。

第一，进化论思想。20 世纪初年有人在家信中这样评价《新民丛报》："吾谓学游六年，不如读此报一年；读书十卷，不如读此报一卷。此报一出，而一切之日报、旬报、月报，皆可废矣。何则？他报之能开风气者，述政艺不为不精（如《汇报》、《政艺通报》等），唱民权不为不烈（如《国民报》、《中外日报》、《选报》、《清议报》等），论外患不为不切（各报皆然），晋时局不为不快（亦各报所有，而惟《中外日报》、《选报》、《清议报》、《国民报》为最），讲学术不为不新，而究未有本天演之公例，辟人群之义务，洞环球之全局，澈教育之根源，如《新民丛报》者。"① 在这里，"本天演之公例"被放在了首位，而《新民丛报》所宣传的进化论思想，是梁启超通过严复翻译的《天演论》接收的。据《时务报时代之梁任公》一书记载，当年严复所译之《天演论》脱稿后，"未出版之先，即持其稿以示任兄"②。另据1896 年 10 月严复给梁启超的信说："拙译《天演论》，仅将原稿寄去。"③ 由此看来，梁启超当时不仅读过严复译的《天演论》，而且读的是未刊的稿本。非至交密友，恐难沾此惠。

第二，合群思想。合群思想是戊戌维新期间梁启超维新思想的一个重要内容。正如张灏所说，当时梁启超的大部分社会政治思想都是围绕"群"展开的。"合群对梁的经世理想来说是如此的重要，因此几乎他所有有关社会政治的文章都在这方面或在那方面涉及到这个问题。"④ 而梁启超的合群思想，主要受康有为、严复、谭嗣同影响。对此，梁启超在《说群序》中曾写道："启超问治天下之道于南海先生，先生曰：'以群为体，以变为用。斯二义立，虽治千万年之天下可已。'启超既略述所闻，作《变法通义》，又思发明群义，则理奥例颐，苦不克达。既乃得侯官严君复之治功《天演论》，浏阳谭君嗣同之《仁学》，读之犁然有当于其心。悼天下有志之士，希得闻南海之绪论，见二君之宏著；或闻矣见矣，而莫之解莫之信。乃内演师说，外依两书，发以浅言，证以事实，作《说群》十篇。"⑤ 在此，梁启超对其合

---

① 汪原放：《亚东图书馆与陈独秀》，学林出版社，2006，第 2 页。
② 丁文江、赵丰田编《梁启超年谱长编》，上海人民出版社，1983，第 67 页。
③ 王栻编《严复集》第 3 册，中华书局，1986，第 515 页。
④ 张灏：《梁启超与中国思想的过渡（1890 ~ 1907）》，崔志海、葛夫平译，第 68 页。
⑤ 梁启超：《说群序》，《饮冰室合集·文集之二》，中华书局，1989，第 3 页。

群思想的来源，说得再明白不过。

第三，开民智及新民思想。1895 年严复在天津《直报》上刊发《原强》一文，指出：及今而图自强，非标本并治不可。所谓的标，就是收大权，练军实；所谓的本，"则亦于民智、民力、民德三者加之意而已"①。至于如何开民智，厚民力，明民德，严复当时并没有提供一个现成的方案。据 1896 年10 月严复给梁启超的信看，当时任《时务报》主笔的梁启超曾高度评价此文，并向严复索要文稿，拟在《时务报》转载。严复在回信中谈了该文的命意，指出："盖当日无似不掮浅狭，意欲本之格致新理，溯源竟委，发明富强之事，造端于民，以智、德、力三者为之根本，三者诚盛，则富强之效不为而成；三者诚衰，则虽以命世之才，刻意治标，终亦隳废。……是以今日之政，于除旧，宜去其害民之智、德、力；于布新，宜立其益民之智、德、力者。"并表示，"今取旧观，真觉不成一物"。答应"拟更删益成篇，容许日后续呈法鉴"②。另据师顾室主人③1898 年 6 月给梁启超的信说，他曾从湖北将一封信和严复的《原强》一文寄给上海时务报馆，因为"未蒙贵馆采纳"，致使寄信者"颇切疑怪"，待后来知道其所寄为严复所撰的《原强》一文后，更是感到不可思议。因为在他看来，严复"固足下等相识，夙相器重之人，而其文又久为足下等所传诵，则知刍荛之见，固不谬于大君子之恉也"④。这篇《原强》，应该是严复在原来基础上删益过的。从后来《侯官严氏丛刻》中收录的修改后的《原强》一文可知，严复在该文中正式提出了"鼓民力""开民智""新民德"的"三民"主张。也就是说，维新运动期间，除了梁启超与严复两人在通信中所谈外，梁启超至少还看到过《原强》一文的两种版本。但后世研究梁启超的学者在谈到其《新民说》时，多强调其与《大学》中"新民"的关系，而不考虑严复的影响。这实际上对严复是不公平的。梁启超在《新民丛报》"发刊告白"中写道："本报取《大学》'新民'之义，以为欲维新吾国，当先维新吾民。中国所以不振，由于国民公德缺乏，智慧不开。故本报专对比病而药治之，务采合中西道德，以为德育之方针；广罗政学理论，以为智育之本原。"⑤ 在这里，我们能够清楚地看出严

---

① 王栻编《严复集》第 1 册，第 14 页。
② 王栻编《严复集》第 3 册，第 514～515 页。
③ 真实姓名待考。
④ 《汪康年师友书札》第 4 册，上海古籍出版社，1989，第 3716 页。
⑤ 夏晓虹辑《〈饮冰室合集〉集外文》上册，北京大学出版社，2005，第 75 页。

复"三民"主张中"开民智""新民德"的影子。

第四，保教非所以尊孔思想。1898 年 4 月，康有为在《保国会章程》中系统提出"保国、保种、保教"的三保主张，并得到其学生的赞同。严复对此颇不以为然，先后写了《有如三保》《保教余义》《保种余义》等文章在《国闻报》上发表，对此展开讨论。后来严复在代表《国闻报》同仁致梁启超的信中专门谈了这个问题。严复的观点得到了梁启超的认同，1897 年他在回复严复的信中写道："来书又谓教不可保，而亦不必保。又曰保教而进，则又非所保之本教矣。读至此则据案狂叫，语人曰：'不意数千年闷葫芦，被此老一言揭破！'不服先生之能言之，而服先生之敢言之也。国之一统未定，群疑并起，天下多才士；既已定鼎，则黔首戢戢受治，蒇然无人才矣。教之一尊未定，百家并作，天下多学术；既已立教，则士人之心思才力，皆为教旨所束缚，不敢作他想，室闭无新学矣。故庄子束教之言，天下之公言也。此义也，启超习与同志数人私言之，而未敢昌言之。"① 1902 年，梁启超专门写了《保教非所以尊孔论》一文，在该文《序言》中，梁启超写道："近十年来，忧世之士，往往揭三色旗帜，以疾走号呼于国中，曰保国，曰保种，曰保教。其陈义不可谓不高，其用心不可谓不苦。若不佞者，亦此旗下之一小卒徒也。虽然，以今日之脑力眼力，观察大局，窃以为我辈自今以往，所当努力者，惟保国而已，若种与教，非所亟亟也。何则？彼所云保种者，保黄种乎？保华种乎？其界限颇不分明。若云保黄种也，彼日本亦黄种，今且浡然兴矣，岂其待我保之；若云保华种也，吾华四万万人，居全球人数三分之一，即为奴隶为牛马，亦未见其能灭绝也。国能保则种自莫强，国不存，则虽保此奴隶牛马，使孳生十倍于今日，亦奚益也。故保种之事，即纳入于保国之范围中，不能别立名号者也。至倡保教之议者，其所蔽有数端：一曰不知孔子之真相，二曰不知宗教之界说，三曰不知今后宗教势力之迁移，四曰不知列国政治与宗教之关系。今试一一条论之。"② 由此，我们可以看出严复在梁启超思想转变中的作用。

总的来看，晚清严复对梁启超的影响是全面性的，如果说当时梁启超是舆论之母的话，那么严复则是理论之源。他们在晚清曾共同伫立于时代前列，搏浪弄潮，引导中国社会前行。

---

① 梁启超：《与严又陵先生书》，《饮冰室合集·文集之一》，中华书局，1989，第 109 页。

② 《饮冰室合集·文集之九》，第 50~51 页。

既然严复对梁启超影响如此之大，为什么会出现《清代学术概论》等著作中存在的情况呢？我们应该对此做出解释。

四 梁启超对严复 "沉默" 现象探源

史华慈在《严复与西方》一书中曾经指出："严复对各方来说事实上都是外人，对于极端保守分子来说，严复当然是该诅咒的人；对于谨慎的改革者，如仍极注重'保教'的张之洞来说，严复对保教公开表示冷漠是极其令人恼怒的。……甚至对康有为及其同伙来说，严复在许多方面也与他们不合。他们中较年轻的成员，如梁启超和谭嗣同，肯定深受严复文章的激励。……但是，康有为和他的追随者们毕竟是通过科举上来的，并十分注重把他们自己的思想置于传统的参照系中。他们构成了一个不折不扣的学术派系。严复则不属于这个圈子，他仍是个未能通过官方考试的人。"① 这里的分析不能说没有道理，但严复和梁启超活动圈子的差别绝不止于此。

就严复而言，除了史华慈所说的圈子外，至少还有三种因素值得考虑，即政治的、学术的、乡土的。所谓政治上的因素，是指严复回国后始终没有得到高层的赏识提拔，进入政治核心；而他的同学在甲午海战中基本战死，中年以后在政治生活中无法与同学互相帮助、提携。所谓学术的因素，一是指严复当时在学术上虽曾得到郭嵩焘、吴汝纶等桐城学派领军人物的赏识，并未真正进入传统学术的圈子，甚至一些桐城学派的人也将其视为外人。二是指严复主持教育二十年，竟然没有培养出一批军事、政治、学术上的精英，这与康有为的十年万木草堂相比，不能不说是个极大的失败。所谓乡土的因素，是指近代福建作为侨乡，出洋的人多，在北京做官的人很少，无法像江浙一带的官员那样，形成一股政治势力；也无法像康、梁等人那样，靠乡土情谊，形成一个学术群体。以上情况说明，严复在晚清基本上是一颗流星，而流星的下场就是毁灭。这世间本不需要流星。

不过，以上情况，均不足以成为梁启超在其著作中淡化严复的主要原因。

就笔者看来，严复之所以在梁启超的著作中受到冷落，有三种情况不能不考虑：

---

① 史华慈：《严复与西方》，叶凤美译，第 76 ~ 77 页。

第一，梁启超和严复在对待一些政治、学术问题上的确存在不同看法。例如在《与严幼陵先生书》中，虽然梁启超客气地说："今而知天下之爱我者，舍父师之外，无如严先生；天下之知我而能教我者，舍父师之外，无如严先生。"但通过《汪康年师友书札》我们知道，梁启超的这封信，是经过督促以后才回复的。这本身就很能说明问题。在复信中，梁启超也并没有一味听从严复的"教导"，而是有所保留。例如对于《时务报》上发表的文章，梁启超一边承认存在不足，一边却写道："然启超常持一论，谓凡任天下事者，宜自求为陈胜、吴广，无求为汉高，则百事可办。故创此报之意，亦不过为椎轮，为士阶，为天下驱除难，以俟继起者之发挥光大之。故以为天下古今之人之失言者多矣，吾言虽过当，亦不过居无量数失言之人之一，故每妄发而不自择也。先生谓毫厘之差，流入众生识田，将成千里之谬。得无视启超过重，而视众生太轻耶？"同样，对于中西方古代有没有民权，梁启超也提出了自己的看法："顾以为中国历古无民主，而西国有之，启超颇不谓然。西史谓民主之局，起于希腊、罗马，启超以为彼之世非民主也。若以彼为民主也，则吾中国古时亦可谓有民主也。……故民主之局，乃地球万国古来所未有，不独中国也。西人百年以来，民气大伸，遂尔浡兴。中国苟自今日昌明斯义，则数十年其强亦与西国同，在此百年内进于文明耳。故就今日视之，则泰西与支那诚有天渊之异，其实只有先后，并无低昂，而此先后之差，自地球视之，犹旦暮也。地球既入文明之运，则蒸蒸相逼，不得不变，不特中国民权之说即当大行，即各地土番野猺亦当丕变，其不变者，即澌灭以至于尽，此又不易之理也。……先生又谓何如？"

1902 年《新民丛报》创刊后，"夙不喜桐城派古文"的梁启超与学习桐城派古文的严复围绕"文学革命"问题发生一次激烈论争。不过，这次不是严复指责梁启超，而是梁启超主动出击。前面提到过，《新民丛报》第 1 号上，梁启超在《绍介新著》栏目中介绍严复翻译出版的《国富论》前两编时，曾一方面肯定其贡献，一方面指出其不足，并提及"文学革命"一事。严复看到后，在公开答复梁启超的信中对梁的夸奖毫不领情，指出："大报尝谓学理邃赜，宜以流畅锐达之笔行之。诚哉其为流畅锐达也。编中屡举畴昔鄙言。又绍介新著，于拙译《原富》之前二编，许其精善。凡此已悉出于非望矣。至乃谓于中学西学，皆第一流人物，则不徒增受者之惭颜，亦将羞神州当世贤豪，而大为执事知言之诟。"对于自己的西学知识，严复虽然自信，但并不感到自豪，认为不过是"于众人不为之时，而以是窃一日之长耳"。对于自己的中学知识，严复则坦承不足："若夫仆中学之浅深，尤为朋友所共见，非为谦也。"不过，严复既不以先通西学为喜，也不以不精中学为憾，而是以文章家自居："道不两隆，有所弃者而后有取。加以晚学无师，于圣经贤传，所谓宫室之富，百官之美，皆未得其门而入之。其所劳苦而仅得者徒文辞耳。而又不知所以变化，此所以闻执事结习之讥评，不徒不以为忤，而转以为欣欣也。"

接着严复对梁启超的文学革命主张进行了全面的反驳，指出："窃以为文辞者，载理想之羽翼，而以达情感之音声也。是故理之精者不能载以粗犷之词，而情之正者不可达以鄙倍之气。"这是典型的桐城派的文学主张。他继续写道："中国文之美者，莫若司马迁、韩愈。"司马迁说过："其志洁者其称物芳"。韩愈也说过："文无难易惟其是"。严复认为，"仆之于文，非务渊雅也，务其是耳。"对梁启超提倡的"文界革命"，严复持否定态度，指出："且文界复何革命之与有？持欧洲晚近世之文章，以与其古者较，其所进者在理想耳，在学术耳。其情感之高妙，且不能比肩乎古人，至于律令体制，直谓之无几微之异可也。若夫翻译之文体，其在中国，则诚有异于古所去者矣。佛氏之书是已。然必先为之律令名义，而后可以喻人。设今之译人，未为律令名义，闯然循西文之法而为之，读其书者乃悉解乎？殆不然矣。若徒为近俗之辞，以取便市井乡僻之不学，此于文界，乃所谓陵迟，非革命也。"对于自己从事的翻译事业，严复坦然承认，自己选择的西书都是"学理邃赜之书"，读者对象乃"多读中国古书之人"而非"学僮"，假如读者"目未睹中国之古书，而欲稗贩吾译者"，这是读者的过错，译者不应承担责任。严复接着写道："夫著译之业，何一非以播文明思想于国民？第其为之也，功候有深浅，境地有等差，不可混而一之也。慕藏山不朽之名誉，所不必也。苟然为之，言庞意纤，使其文之行于时，若蜉蝣日暮之已化，此报馆之文章，亦大雅之所讳也。故曰声之眇者不可同于众人之耳，形之美者不可混于世俗之目，辞之衍者不可同于庸夫之听。非不欲其喻诸人人也，势不可耳。"① 此次严、梁之争，是双方围绕文学主张的一次激烈交锋，双方在文章中使用了"文士结习"、"诐说者"等不太友好的词句，说明二人之间的隔阂已经很深。或者可以说，二人在文学上根本不是同道，而是对手。

第二，严复一而再、再而三地对梁启超进行指责。根据蔡乐苏、戚学民

---

① 严复：《与〈新民丛报〉论所译〈原富〉书》，《新民丛报》第 7 号，第 109～111 页。

和黄克武等人的研究，严复不仅在私人信件中频频指责梁启超，而且直接写信劝导，他翻译《群学肄言》《法意》《群己权界论》《社会通诠》，撰写《政治学讲义》，评点《老子》都是为了讽喻梁启超。究竟是不是严复翻译《群学肄言》《法意》《群己权界论》《社会通诠》，撰写《政治学讲义》，评点《老子》都是为了讽喻梁启超，不敢说，但严复在译著的字里行间对梁启超的做法不予认同，甚至常常有所批评、指责，这种情况是有的。这不可能不影响到梁启超的心理及情感。

第三，参加袁世凯复辟帝制，将自己置于梁启超的政治对立面。尽管清末以来，梁启超与严复之间有着这样那样的思想纠葛，但进入民国以后，二人在支持袁世凯这个问题是上一致的，而且梁启超保持了对严复应有的尊重，不论是创办《庸言》杂志，还是在万牲园举行修禊题咏，抑或上书呈请改孔教为国教，都曾请严复参加或列名其上。不过这种尊重是表面的而非发自内心的，据李国俊所编《梁启超著述系年》载，1913 年 1 月 16 日梁启超发表在《庸言》第 1 卷第 4 号上的《寿几道先生》是请人代笔的，因为他在同年 2 月 4 日致梁令娴书中写道："诗久不作，报中所登寿严几道（严又陵也）诗，亦倩人捉刀耳。"① 等到袁世凯真正要复辟时，二人之间的差异显现出来。严复迟疑观望，最终列名筹安会，而梁启超则毅然决然，发表《异哉所谓国体问题者》，反对袁世凯复辟，并潜出北京，前往云南组织护国军政府。尽管袁世凯死后黎元洪未通缉严复，但严复在政治上已经是一落千丈。梁启超是个多变的人，但不是一个没有情谊、没有原则的人。1898 年，戊戌六君子遇难后，他写了《殉难六烈士传》。1915 年麦孟华去世后，他写下了《哭孺博八首》和《祭麦孺博诗》。1924 年夏曾佑去世后，他写下了《亡友夏穗卿先生》。然而他的老师康有为，因后来参加张勋复辟，梁最终与其分道扬镳。同样，严复在参与袁世凯复辟之前，梁启超始终保持着对其表面的尊重；在严复参与袁世凯复辟后，梁启超基本上断绝了与其来往。1921 年严复去世后，梁启超选择了沉默。有时，沉默也是一种言说。

综上所述，作为中国近代知识群体的两个杰出代表，严复和梁启超清末曾携手并行，一个着力译书，系统介绍西方近代哲学社会科学理论，堪称理论之源；一个致力办报，传播西方文化，堪称舆论之母。他们桴鼓相应，在当时的中国思想界产生了极大的影响。但是由于个人性格的不同，由于对中

---

① 李国俊编《梁启超著述系年》，复旦大学出版社，1986，第 136 页。

西文化的认识不同，更由于当时各自改造中国的方针不同，作为前辈的严复，曾经一而再，再而三地对梁启超进行讽喻、规劝甚至指责。作为晚辈，梁启超对严复的讽喻、规劝和指责，在表面上保持了应有的礼貌——沉默。但表面的沉默并不意味着内心的认同，不惟不认同，有时甚至是抗拒。加之其他一些原因，几种因素纠结在一起，使梁启超对严复的看法发生了重大变化。这种变化不仅导致了二人关系的疏远，而且影响到后来梁启超清代学术史著作的撰写。具体说来，就是在涉及严复的思想及贡献时，梁启超都有意无意地去回避、去低估，实在绕不开时，也是点到为止，不作展开，在某种意义上也是一种沉默。作为一个曾经受到严复思想全面影响的人，梁启超的这种做法多少对严复有些不公平，但仔细想想，似乎又可以理解

义和团的历史记忆与文化认同

——"后义和团"的文本类型比较研究*

王先明　李尹蒂**

20 世纪初义和团硝烟渐散，然于此事件的文本记载却在长达一个多世纪的时光流逝中，仍彰显其鲜活的生命力。作为历史比较我们不难发现，义和团经历了"拳匪"话语和"英雄"话语的不断转化。关于义和团的历史记忆在不同的时代呈现出截然不同的价值取向，承载义和团历史记忆的文本历史地传递着这一变迁的轨迹与深植其中的意义、价值。文本的叙事离不开其赖以产生的时代与文化。义和团是一个历史事实，它经由书写而形成文本，而文本与语境的结合又引发历史的重构。以文本形式出现的义和团，已不再是一个单纯的历史事件，它更多地表现为一个被叙述的符号，成为历史文化象征。在此过程中，义和团逐渐由"事件"走向"历史"。

一　各种记忆文本类型比较

作为事件的义和团，早已随时光的流逝拉上了帷幕。[①] 作为历史的义和团，直至今日仍彰显其历史的穿透力。义和团后，围绕此事件的叙述、记忆不绝于耳，尽管包含着立场、观念与认知的对立与冲突。描述义和团的一系列文本，按其侧重点，大致可分为表现型文本与表意型文本两类。[②] 最初，

---

*　此文为纪念义和团运动 110 周年而作。

**　王先明，南开大学历史学院教授；李尹蒂，中山大学历史系博士生。

①　文中笔者以中立的"事件"一词来表述义和团。

②　此类划分仅相对而言。表现型文本是基础文本，它侧重于再现客观现实，在反映事物时，着重塑造典型形象；表意型文本多以表现型文本为基础，它注重描写"客观事物对他产生的印象"，以象征的方式寄寓作品。

表现型文本因叙述主体的不同，又形成以清廷为主体和以义和团民众为主体之别。① 清末民初，"反映这一战役的文学作品，在各方面都比过去的每一回对外战役多"。② 为叙述的明晰，笔者将该历史时期的相关文本划分为诗词、小说、说唱、文论四类。

义和团事件发生后，晚清的诗词作者纷纷挥笔记载这一事件，诸如"纪事""感事"，抒"愤"表"哀"的文本大量涌现。因义和团事件的复杂性，为描述或表达此纷繁的内涵，这一时期的诗词文本大多采用组诗的形式。这些文本大部分作于 1900～1901 年，数目繁多。以阿英《庚子事变文学集》为例，是书"诗词"类一栏中，共收录了 98 位诗人 270 个标题的近千首诗词，大部分的诗词，都附有作者的论说与注释。③ 事实上，这仅是其中很小的一部分，如《庚子秋词》共 622 首诗歌，却仅有 15 首被收录。义和团发生后不久，大量诗词作品的出现，为我们提供了认识"义和团"的丰富文本。

除诗词文本外，还有描述和刻画义和团形象的小说文本。这些小说情节多采用以义和团事件为背景的叙述模式，着力表现动荡时局的特征。就笔者有限的搜集所见，该时期反映义和团的代表性小说文本主要有如表所列：

作　者	小说名	出版时间
艮庐居士	救劫传	1901 年
忧患余生	邻女语	1903 年
吴趼人	恨　海	1905 年
符　霖	禽海石	1906 年
无名氏	端　王	1911 年
林　纾	剑腥录	1913 年
陆士谔	孽海花	1914 年

资料来源：翦伯赞：《义和团数目题解》〔见中国史学会主编《义和团》（四），上海人民出版社，2000，第 527～598 页〕；阿英：《庚子事变文学集》（中华书局，1959，第 207～671 页）。

说唱文本方面，除话剧杂居形式的作品外，另有所知传奇三种：一为陈季衡的《武陵春传奇》，全剧共八出，从一渔父与一士大夫的对话中，描绘

---

① 义和团涉及清政府、西方国家和义和团三方事件直接参与者。因主题所限，本文对"西方人文本中的义和团"这一问题暂略去不表。

② 阿英：《关于庚子事变的文学》，《庚子事变文学集》（上），中华书局，1959，第 7 页。

③ 阿英：《庚子事变文学集》（上），第 1～207 页。

出义和团之局势。一为 1917 年由上海商务印书馆印行的《蜀鹃啼传奇》，是书为一剧本，有唱词有科白，全剧分二十出，叙述义和团始末。① 还有为支碧湖的《春坡梦传奇》等。此外，最值得一提的是由南亭亭长李伯元所创作的《庚子国变弹词》，共四十回，初刊于《世界繁华报》，1901 年 10 月至 1902 年 10 月间连载，1902 年冬，由报馆刊成单本六册发行。"宣统辛亥，复有石印大本出现，惟已易名为绘图秘本小说义和团，分上下集，内容只有原书之前二十回，续本出否不可考"。② 阿英认为弹词形式"韵语出之，感人尤易，传播得也更容易普遍"，对是剧评价甚高，称其"代表了旧的弹词最高的发展，突破了英雄美人、佳人才子一般固定的老套，走向广大的社会生活，历史上的特殊事变"，是"最能反映这一回事变，最通俗，而又有文艺价值的书"③。

记述义和团的文论文本，有以单篇文论形式描述之，见诸报刊的，更多的则是以成文著作文本形式表现。此一阶段的文论文本的作者，有许多为亲历义和团的当事人，故而"纪略""纪事""纪闻"④ 则成为文本形成的初始动力。如 1902 年，当义和团的余波还在晚清政局回荡时，李希圣就写出被时人看作第一本义和团信史的《庚子国变记》。该书初刊于光绪二十八年（1902），重刊于民国十二年（1923）。作为一部最早系统记述义和团事件的著作，它在塑造义和团形象上起着基础性的作用。是书以目击者的立场，详细地叙述了光绪二十四年（1898）八月至光绪二十七年（1901）之间晚清政局中发生的历史事件。⑤ 与其同名的罗惇曧《庚子国变记》文本，最早刊登在《庸言》第一卷第一号上（1912 年 12 月 1 日），是书"大抵取材于李希盛撰之庚子国变记"⑥。在《庚子国变记》后，罗惇曧"搜集记载及连年旅京津所闻较确者，录为拳变余闻"⑦。1959 年顾颉刚在《义和团故事笔谈》

---

① 相关可参阅阿英《庚子事变文学集》（下），第 671 ~ 945 页。

② 阿英：《弹词小说评考》，中华书局，1937，第 129 页。

③ 阿英：《小说二谈》，古典文学出版社，1958，第 70 ~ 77 页。

④ 关于此阶段文论文本，可参看赵兴国《拳匪史料辑目》，《人文月刊》第七卷第七期；翦伯赞：《义和团书目题解》，中国史学会主编《义和团》（四），上海人民出版社，2000，第 527 ~ 598 页；阿英《庚子八国联军战争书录》，张静庐辑注《中国近代出版史料初编》，上海群联出版社，1954，第 134 页。

⑤ 李希圣：《庚子国变记》，中国史学会主编《义和团》（一），第 9 ~ 44 页。

⑥ 翦伯赞：《义和团数目题解》，第 547 页。

⑦ 罗惇曧：《拳变余闻》（未完），《庸言》第 1 卷第 3 号，1913 年 1 月 1 日；罗惇曧：《拳变余闻》（续完），《庸言》第 1 卷第 4 号，1913 年 1 月 16 日。

中，就曾提到过这些文论文本对他义和团历史记忆上的影响，这从一个侧面反映了文论文本的功效。①

这一时期的文本，多以"拳匪"这一极富价值判断意味的词汇描述义和团，"拳匪祸国""拳匪闹事""拳匪肇乱"的论说充斥其间，敌视义和团的立场跃然纸上。直至一个甲子过去，作为历史事件参与者的义和团团民及其后人才有机会发出自己的声音，使得义和团从"拳匪"走向"英雄"的历史进程有了更现实的机缘。

1958 年《民间文学》上一系列"义和团故事"的出现，预示着新一类义和团文本的形成。这类口述文本，最早由张士杰搜集整理的"义和团故事"而兴。从 1953 年到 1958 年，张士杰在河北省安次县和武清县境内搜集了一些义和团的传说故事，同时也搜集到了一些关于义和团的历史资料，这些史料和义和团的传说故事一样，完全是从当地老人们的口头上搜集的。这些老人们，有的当过义和团，有的是当地基本群众，有的现在已经去世。②

《民间文学》1958 至 1959 年共刊登了 28 篇义和团故事，这些故事有的描写一次重要的战斗（如《义和团战落堡》《洗大王家务》），有的通过一两个人物反映了一个村落的义和团从建立、斗争到失败的整个过程（如《托塔李天王》《铁金刚》），有的着重刻画了某些农民英雄的重要斗争经历（如《刘黑塔》《红樱大刀》《洪大海》），有的从片段的故事表现出革命农民的英勇机智（如《打聂鬼子》《宗老路》《张头和李头》），有的描述了知识分子在农民的影响下走向斗争（如《秀阁》），有的则主要刻画和鞭挞恶霸、奸商的非法行为（如《梁三霸团》《大盐水和二盐水》《王三发横财》），还有一部分是充满神奇幻想的关于洋人盗宝受到惩罚的故事（如《白母鹅》《小黄牛》《渔童》）。③

所有传说故事，都紧紧围绕一个中心主题：反对帝国主义侵略。这些故事得到了人们的广泛关注，引起了极大的反响，不少刊物也相继刊载起义和团故事。1959 年的《人民文学》转发了六篇义和团故事，接着《蜜蜂》《新港》《北京文艺》等期刊相继刊登了义和团故事。《民间文学》还就此组织过关于义和团传说故事的座谈会，同时接连几期专开"义和团故事笔谈"一

---

① 顾颉刚：《义和团故事笔谈》，《民间文学》1959 年第 2 期，第 49~50 页。
② 张士杰：《义和团传说故事的有关资料》，《民间文学》1958 年第 12 期，第 91 页。
③ 宋垒：《深刻表现农民革命性的〈义和团的故事〉》，《人民文学》1959 年第 2 期，第 111 页。

栏。张士杰《义和团故事》的推出，引发了关于义和团的讨论热。时人认为"已经整理、发表的'义和团的故事'，可以说，初步恢复了义和团运动史若干基本情况。'故事'的搜集、整理和发表，为参加义和团运动的国内外劳动人民白了怨，为当时的'中国人'白了冤"①，"为义和团恢复了名誉"②。

除义和团故事外，《民间文学》还刊登了义和团歌谣。1960 年，为纪念义和团运动 60 周年，上海文艺出版社出版了由刘崇丰等搜集的《义和团歌谣》。其中所收的歌谣多从京津一带的老人口中记录而来，他们对这一场英勇的反帝斗争都很熟悉，有的还是目击者，有的曾亲自参加过战斗。③

除表现型文本外，还存在着表意型文本。表意型文本多是透过已经存在的文本，再创造出的另一类型文本，它注重描写"客观事物对他产生的印象"，以象征的方式寄寓作品。五四新文化时期，以当时最重要的文献《新青年》为例，义和团被提及的次数为 124 次，位居《新青年》所提及的十一项大事之第四。一般来说，事件被提及次数愈多，代表当时的人愈关注它。④此一时期，义和团已作为历史记忆而存在，《新青年》中论述义和团的文论文本的出现，为义和团历史记忆的重塑起了关键的作用。

1924 年全国出现收回关税主权、收回租界、废除不平等条约的反帝高潮，这后一点主要指的就是《辛丑条约》。8 月，北京反帝国主义大同盟倡议以 9 月 7 日为"辛丑条约国耻纪念日"，得到社会各阶层的热烈响应。连续几年每逢"九七"，全国各地都举行集会纪念国耻，"有很大意义的义和团运动，二十余年来埋没在一般的厌恶唾骂之中，直至最近二年，才稍稍有人认识其真实的意义"，这一时期，在国民大革命的氛围下，以《向导》和《中国青年》为代表的一系列义和团文论文本的出现，为义和团塑造了新的历史形象，提供了新的历史解释。

为纪念义和团 50 周年，翦伯赞等从已见的三百多种关于义和团的史料中，选录了 48 种书，带着"希望读者能从我们所选录的书中，获得有关义和团运动发生、发展及其失败之全过程的基本资料，并获得有关义和团各个

---

① 吕振羽：《伟大人民的伟大历史和创作——读〈义和团的故事〉笔记》，《民间文学》1958 年 3 月，第 86 页。

② 陈白尘：《为义和团恢复名誉》，《民间文学》1959 年第 4 期，第 47~53 页。

③ 刘崇丰等搜集《义和团歌谣》，上海文艺出版社，1960，前言。

④ 金观涛、刘青峰：《五四新青年群体为何放弃"自由主义"？——重大事件与观念变迁互动之研究》，《二十一世纪》2004 年第 82 期，第 26 页。

侧面的具体知识"的意愿，编成《中国近代史资料丛刊·义和团》。可以说，翦伯赞的《义和团》文本是对 50 年来义和团文本的总括。同时，在总括的基础上，它又形成了一个关于义和团的新文本，正如翦伯赞所言"这些书的作者，大抵都是官僚、绅士、教徒，也有帝国主义分子，他们对义和团都怀着最大的敌意，在他们的著作中，对义和团都极尽诋毁、诬蔑、诽谤乃至咒骂之能事，他们把义和团描写为人类的仇敌，把义和团运动描写为"匪类"的造反。虽然如此，从这些著作中仍然可以看出义和团是一个顽强而英勇的反帝国主义的斗争，可以看出青朝统治者在最初怎样欺骗利用农民，到后来又怎样懦怯动摇以至无耻地出卖农民，投降帝国主义。同时也可以看出帝国主义强盗怎样白昼杀人，当街放火，以及公开地奸淫，掳掠和偷盗等等的罪行。"①

前述表意型文本是以清末民初的表现型文本为前提，而 20 世纪 60 年代以来的表意型文本则多以该时期的表现型文本为基础。在义和团故事和歌谣广泛传诵的时候，以此为依据的义和团戏剧文本兴起了。1960 年，由高介云、王蔚君、张迅编剧的大型歌剧《义和团》在天津人民歌舞剧院上演②；段承滨把义和团斗争的故事，写成一组独幕剧《黑宝塔传奇》，其中有正剧《黑塔归团》、喜剧《双塔闹衙》、悲剧《烈火炼塔》和讽刺剧《二丑夺塔》③；为纪念义和团 60 周年，老舍创作了一部四幕六场话剧——《神拳》，塑造了高永义、高大嫂、冯铁匠、牛大海等农民英雄的形象，热情地歌颂了农民的革命造反精神。特别是作为义和团首领的高永义，在作者笔下是一个代表了农民智慧和勇敢的光辉形象，是一个铁骨铮铮、正气浩然的英雄好汉。④ 刘正心根据张士杰和段承滨有关义和团的故事和话剧，改写出小戏曲《闹衙》。⑤

除戏剧外，以义和团为题材的小说文本也涌现出来，如冯骥才和李定兴 1977 年创作的正面描写天津义和团运动兴衰始末的历史小说——《义和拳》，小说塑造了张德成、刘黑塔、林黑儿等英雄人物，同时刻画了帝国主义分子

---

① 翦伯赞：《翦伯赞史学论文选集》第 3 辑，人民出版社，1980，第 165 ~ 167 页。

② 高介云、王蔚君、张迅：《义和团》，《剧本》1960 年第 7 期，第 6 ~ 41 页。

③ 参阅段承滨《义和团故事组剧：黑宝塔传奇》，《剧本》1960 年第 11 期、1962 年第 2 期、第 5 期和第 9 期。

④ 老舍：《神拳》，《剧本》1961 年第 2 ~ 3 期，第 4 ~ 37 页。

⑤ 刘正心：《闹衙》，《当代戏剧》1983 年第 4 期，第 50 ~ 59 页。

马嘉乐、塔伦斯基和直隶总督裕禄、海关道台黄花农等反面人物，表现了那一时代错综复杂的阶级矛盾和民族矛盾，讴歌了人民群众反帝爱国的伟大精神①；鲍昌《庚子风云》的小说文本描述了那场"反击帝国主义的伟大爱国斗争"，对义和团首领的形象群写得实实在在，令人信服，其中张德成、林黑儿两个人物更显其特色和光彩；② 另外以《义和团演义》为名的小说和以义和团首领为题材的小说也不断涌现。③

二　文化认同的历史演变

文化，作为符号学的概念，意指一些由人自己编织的意义之网。④ 历史文本是"某种叙事逻辑和结构支配下的产物"⑤，文本的叙事离不开其赖以产生的文化。关于义和团的一系列文本，无论是表现型文本，还是表意型文本，都深植于特定时期的社会文化结构之中。对同一时期不同类型的文本进行共时性分析，能从中窥见文本中所体现出的文化认同。文化认同是一个多元的、不断建构的过程，它呈现的是一种集体情感的归属感，代表一个特定群体的共同文化诉求，故而不同历史时期的义和团文本，所承载的文化传统是不同的。

清末民初，描述义和团的诗词数不胜数，繁多的诗词文本可分为三类，即叙事诗、讽刺诗和抒情诗。⑥ 文本中虽有对义和团略表同情之作⑦，但大部分都是站在反对义和团的立场，"盗贼""乱民""暴徒"这样的字眼常被用来形容义和团。义和团民众被比喻为"狐鼠"，称"联群狐鼠声同和"⑧，

---

① 参阅冯骥才、李定兴《义和拳》，人民文学出版社，1977。

② 鲍昌：《庚子风云》絮语，《书林》1982 年第 4 期，第 29 页。

③ 如魏文华《义和团演义》，河北人民出版社，1998；高振魁：《义和团演义》，中国戏剧出版社，1999；焦力军、于振声：《朱红灯传奇》，山东文艺出版社，1986；焦力军、于振声：《巾帼遗恨》，山东文艺出版社，1993。

④ 〔美〕克利福德·格尔茨：《文化的解释》，译林出版社，1999，第 5 页。

⑤ 赵世瑜：《传说·历史·历史记忆——从 20 世纪的新史学到后现代史学》，《中国社会科学》2003 年第 2 期，第 183 页。

⑥ Chiang, Ying-Ho: Literary Reactions To The Keng-Tzu Incident (1900)(China), Ph. D, University of California, Los Angeles, 1982.

⑦ 如常济生《杂感》所言："方顾同袍哀蚁命，忍从撼树笑蜉蝣？天民在世谁先觉？畏死于今视此曹"，称拳民不量轻弱，与外国为敌，其愚忠非畏死之徒所能及。见阿英《庚子事变文学集》（上），第 179 页。

⑧ 无名氏：《某公督师》，阿英：《庚子事变文学集》（上），第 150 页。

"纵横城社骄狐鼠"①；或被形容为"虎狼"，喻指义和团的残暴，说"虎狼一过伤心地"②。文本中，义和团事件被描述为"荒唐说部演封神"③，时人将义和团视为封神榜的再次表演。同时这一历史事件被比喻为"儿戏"，人们戏谑"战争真儿戏，军由小子行"④，嘲讽"六国不知是儿戏，旌旗拂天炮震地"⑤。义和团事件的爆发，勾起了文本作者对历史的回忆，黄巾起义等中国历史上以前的农民起义被拿来与义和团相对比，故而诗人慨叹"明明狂寇似黄巾"⑥。

值得注意的是，在这些诗词文本中，传统的"夷夏"观念仍然浸透其间，"民族利益的意向被传统的文化认同严密地包裹着，并没有凸现为时代性价值"⑦。在有关义和团的诗词文中，举以下例证说明：

> 燕齐妖褪敢横行⑧
>
> 漫天毒雾胡氛急⑨
>
> 金戈重又召西戎，朝至妄起封狼策，草寇翻思汗马功⑩
>
> "西来蛮教久为虐，妖巫仇蛮虐相若"⑪

这些文本的论述中有几处值得强调的地方，第一，义和团民众被视为"妖巫"；第二，"蛮""西戎"这样的字眼被用于形容西方列强；第三，两者被视为对等的地位。早在四十多年前，清政府就曾规定："嗣后各式公文，无论京外，内叙大英国官民，自不得题书夷字。"⑫ 这一时期义和团诗词文本的民间描述，则弃朝廷明文规定于不顾，将传统"夷夏"观念体现得淋漓尽致。与此相应的还有"天朝上国"理念的不断彰显。类似"海疆险要地，久

---

① 周昌寿：《庚子都门纪事》，阿英：《庚子事变文学集》（上），第 38 页。

② 城南寄庐：《题庚子纪念图》，阿英：《庚子事变文学集》（上），第 159 页。

③ 无名氏：《庚子时事杂咏二十二首》，阿英：《庚子事变文学集》（上），第 147 页。

④ 蒋兰畲：《战事》，阿英：《庚子事变文学集》（上），第 63 页。

⑤ 蒋楷：《那处诗钞·哀天津》，阿英：《庚子事变文学集》（上），第 43 页。

⑥ 高树：《金銮琐记》，阿英：《庚子事变文学集》（上），第 140 页。

⑦ 王先明：《传统民族主义与近代民族主义的历史界标》，《史学月刊》2006 年第 7 期，第 12 页。

⑧ 朱滋泽：《悲感》，阿英：《庚子事变文学集》（上），第 70 页。

⑨ 杨蕴辉：《庚子闻警感事》，阿英：《庚子事变文学集》（上），第 72 页。

⑩ 吕湘：《庚子书愤》，阿英，《庚子事变文学集》（上），第 74 页。

⑪ 朱滋泽：《哀哉行》，阿英：《庚子事变文学集》（上），第 70 页。

⑫ 王铁崖：《中外旧约章汇编》第二册，三联书店，1957，第 102 页。

矣居九夷。通商四十载，事事甘受欺。我朝尚宽大，不复计较之"① 的表达
比比皆是。这些文本大多对义和团持批评态度，把这一场风暴归罪于所描绘
的"谄臣"："祸生黑虎重君忧"②，"君处忧危民处困"③ 都是站在君主角度
的陈述，同时慈禧也被尊称为"圣母"④。

小说文本多以庚子之乱为社会背景，大部分为指责义和团之作。然和诗
词文本不同的是，它很少将西方国家称作"夷狄"，理由在于"古时夷狄，
都是我中国边界穷苦的地方，未经教化，不知礼仪的人，与现在各国来通商
的洋人，绝不相同，岂可混乱说他是夷狄？"此类文本中多充溢着传统道统
观念和忠君思想，对于义和团所灭之"洋"的立场是，"皇上既准，难道我
们百姓敢不准"，称义和团为"犯上作乱的人"，他们"要杀洋人，便是不遵
王法，做了叛逆的事"⑤，说其"在北京联群结党，称颂大师兄法力怎么大，
怎么样灵，把社稷当作孤注"⑥，将义和团被描述为"拳匪""乱民""邪
教"⑦，端王等顽固大臣被视为这一事件的主要责任人，感慨"这场残杀，虽
则皆由乱民自取，然而终是这班顽固大臣酿成的奇劫，不是这班愚民平白构
造的"⑧ 直言乱事为"端王等所为"⑨。清朝灭亡后，将"事变"责任归之于
慈禧和一班利用义和团的武功大臣。⑩

和前述文本一样，说唱文本也在演绎着"拳匪闹事""拳匪祸国"的形
象，视义和团为"匪类"，称义和团事件是一场"浩劫"，这场浩劫源于
"中国人心不好，上天震怒，假手于洋人"。⑪ 正如《庚子国变弹词》中所
唱："两代皇都巩燕京，精华荟萃自前明，一朝忽遇红羊劫，那怕城池铁铸
成"。⑫ 义和团被描述为一场"国变"，在京城沦陷后，文本中对光绪皇帝的

---

① 延清：《庚子都门纪事诗》，阿英：《庚子事变文学集》（上），第79页。
② 曹润堂：《仿杜工部秋兴八首》，阿英：《庚子事变文学集》（上），第65页。
③ 杨蕴辉：《庚子闻警感事》，阿英：《庚子事变文学集》（上），第73页。
④ 曾广钧：《环天室诗集》，阿英：《庚子事变文学集》（上），第50页。
⑤ 艮庐居士：《救劫传》，阿英：《庚子事变文学集》（上），第210～211页。
⑥ 忧患余生：《邻女语》，阿英：《庚子事变文学集》（上），第259页。
⑦ 如艮庐居士《救劫传》，第214页；《邻女语》第267页等，均见于阿英《庚子事变文学
集》。
⑧ 忧患余生：《邻女语》，第293页。
⑨ 程道一：《庚子事变演义》，阿英：《庚子事变文学集》（上），第284页。
⑩ 林纾：《剑腥录》，阿英：《庚子事变文学集》（上），第536～577页。
⑪ 陈季衡：《武陵春传奇》，阿英：《庚子事变文学集》（下），第902页。
⑫ 李伯元：《庚子国变弹词》，阿英：《庚子事变文学集》（下），第767页。

称呼仍是"主圣""龙主",慈禧被称为"圣慈"或"圣母",直至庚子西狩,时人感慨"可怜仁孝真龙主,一日蒙尘受苦辛","想苍天,故将盘错试明君,叫吾皇,因之得识民间苦,他日归来庆太平"。①

说唱文本中亦流露出"奸臣误国"的感慨,唱"那知事误庸臣手,直把拳匪当作神"②。在《蜀鹃啼传奇》中,端王一派人物被刻画为反面角色,性格残暴不仁;而义和团则被认定为其同伙,称义和团所忠的乃端王等庸臣。其唱词称:"贵州主考已登程,再表词林吴郁生,也沐圣恩为主考,乘轺秉节出皇京。家中古董收藏富,留在都门未带行,来了义和拳一众,肆行劫掠荡无存。拳匪送到端王府,聊表他,一片为公报效心。逆邸观之心大喜,命将古玩府中存,金银赏与拳匪等,酬谢他们忠爱忱。自此百竹承意旨,匪徒气焰压公卿。"③

"拳匪""邪教"亦是文论文本中出现频率最高的用以描述义和团的关键词。如1905年名为《拳祸记》的文本,共两册,上册旗帜鲜明地题名为《拳匪祸国记》,自"拳团原始"说起,依次叙述"奸臣祸国""联军进军""两宫西巡""回銮志盛"。下册题名《拳匪祸教记》,收录各地教会的报告。④ 这些文论文本的论述中有许多值得强调的地方,尤其是因为它们在构建义和团历史记忆方面产生了持久的影响。义和团多被描述为一场"国变"。很显然,此处用"国"字指称当时的清廷,这至少表明,近代国家观念尚未与传统忠君思想完全剥离。当时许多旧式文人在对于义和团的理解中,"奸臣模式"的传统话语的影响力自不待言,故而端王等一些事后因义和团受到惩罚的官员,就被放置于这个框架之中:义和团这场国变,是"奸臣误国"的外在表现形式。这一点通过诸文本的显性状态得以昭示。在可见的"奸臣误国"话语背后,是不可见的几千年来的人们根深蒂固的传统忠君理念,而此理念内涵于文本的隐性状态中。

直到五四新文化时期,在新的文化启蒙运动推动下,在《新青年》重新书写义和团的氛围下,人们对义和团的历史记忆出现了一些新的解释。1917年,全国教育联合会、专门学校联合会分别通过山东代表的提案,决议将济南军界马良组织一些武术家编成的《中华新武术》列为各级学校的正式体操

---

① 李伯元:《庚子国变弹词》,第771页。
② 李伯元:《庚子国变弹词》,第305页。
③ 李伯元:《庚子国变弹词》,第731页。
④ 翦伯赞:《义和团书目题解》,第551页。

教材，一时中华武术风行全国。马良在中华新武术的发起总说中称："考世界各国武术体育之运用，未有愈于我中华之武术者，前庚子变时，民气激烈，尚有不受人奴隶之主动力，惜夫自卫制人之术，反致自相残害，浸以酿成杀身之祸。"① 在极力主张"尚武立国"的马良看来，义和团是"中华尚武风气"的象征，故而他对义和团大表同情也就是情理之中的事了。

而陈独秀则据此感慨：曾被教育部审定的马良中华武术教科书，现在居然风行全国，书中图像，简直和义和拳一模一样。在他看来，这是义和团的思想，义和拳的事实，遍满国中，方兴未艾的一个显证。② 和陈独秀观点相同的还有刘半农，1918 年 3 月 15 日，他在"答王敬轩"一文中说："为了学习打拳，竟有那种荒谬学堂，命学生跪拜……照此看来，恐怕再过几年，定有聘请拳匪中'大师兄'、'二师兄'做体育教习的学堂。"③同年，鲁迅在得知诸多民国教育家大力提倡中华新武术的境况时，不禁回忆起"先前也曾有过一回，但那时提倡的，是满清王公大臣"，他用其特有的辛辣笔调嘲讽道：现在那班教育家，把"九天玄女传与轩辕黄帝，轩辕黄帝传与尼姑"的老方法，改称"新武术"，又称"中国式体操""叫青年去练习"，同时冷语戏言："打拳打下去，总可达到'枪炮打不进'的程度"，他猜想：这也许就是所谓的"内功"，并感慨："这件事从前已经试过一次，在一千九百年。可惜那一回真是名誉的完全失败了，且看这一会如何。"④

鲁迅的文章发表后不久，《新青年》杂志即收到了署名陈铁生的驳斥文章。值得注意的是，这个陈铁生并非是"那一班"提倡打拳的"教育家"，而是热爱武术的武林人士。陈铁生在文章开头就嘲笑了鲁迅所犯的前提性错误，即："拳匪"和技击是两个完全不同的概念，而鲁迅却将这两个概念完全混淆了。他指出："义和团是凭他两三句鬼话，如盛德坛《灵学杂志》一样……而且他只是无规则之禽兽舞"，对尚武的陈铁生而言，"义和团是鬼道主义，技击家乃人道主义"。接着他以自己的切身体会，论述了中国拳术起死回生的功效。⑤

应该说，陈铁生的文章是很尖锐的，言辞间充满了愤怒的情绪。鲁迅对

① 马良：《中华新武术·剑术科》上编上课，商务印书馆，1919，第 1 页。
② 陈独秀：《克林德碑》，《新青年》第 5 卷第 5 号，人民出版社影印，1954，第 456 页。
③ 王敬轩：《文学革命之反响》，《新青年》第 4 卷第 3 号，第 284 页。
④ 鲁迅：《随感录》，《新青年》第 5 卷第 5 号，第 514～515 页。
⑤ 陈铁生：《拳术与拳匪》，《新青年》第 6 卷第 2 号，第 218～219 页。

此驳斥做出了回应：他自称前文所批评的是社会现象，而陈铁生的驳斥则是其个人态度的反映。鲁迅进一步解释道：《新武术》一书对义和团大表同情，如果这只是个人看法，也就无关紧要了。然而，该书已经被政府审定，并且受到教育界的热忱欢迎，作为全国教科书使用，这便成了一种确实存在的社会现象了，而且是一种"鬼道主义"的精神。最后鲁迅明确指出，他反对的主要是两点：（1）教育家都当作时髦东西，大有中国人非此不可之慨；（2）鼓吹的人，多带有"鬼道"精神，极有危险的预兆。[1] 在鲁迅和陈铁生的交锋中，二人争论的焦点在于是否认可中国武术的问题。[2] 而在关于义和团的看法上，两者关注的层面是完全不同的。虽如此，但这场辩争却型铸出一个共同前提，即辩论的双方都将义和团视为某种文化符号而认同。

两人的论争拉开了五四时期义和团历史再记忆的序幕。1918 年年底，作为五四运动主角的陈独秀，在"一战"胜利后京城众人庆祝协约国胜利，欢呼"克林德碑"被拆毁时，不禁回忆往事，依旧愤言"义和团何等可恶"。对克林德碑的拆毁并没有如众人那般的欢喜，他反而认为"这块碑实拆得多事"，因为不久"义和拳又要闹事"，过去造成义和团的原因，现在依然如故。[3] 陈独秀将义和拳定义为"保存国粹三教合一"的一种组织，对义和团持全盘否定的态度。他要表达的核心是：造成义和团运动的五种原因，在现在社会上依然存在着，"曹、张（义和拳两位师兄）出产地之青年思想，仍旧是现在社会上，国粹的医卜星相种种迷信，那一样不到处奉行，全国国民脑子里有丝毫科学思想的影子吗？慢说老腐败了，就是在东西洋学过科学的新人物，仍然迷信国粹的医卜星相"。[4]

《新青年》文论文本显示，在五四知识分子眼中，义和团不再以一场巨大的政治运动的面目出现，它被解读为一场文化上的运动，成为中国传统文化的一个符号象征。对此，作为"五四时期"新文学运动旗帜的《每周评论》，在其创刊号的随感录部分，刊载了一篇题为《义和拳征服了洋人》的

---

[1] 陈铁生：《拳术与拳匪》鲁迅答，《新青年》第 6 卷第 2 号，第 219～221 页。

[2] 1928 年 4 月 30 日，在文辉发表《这回是第三次》，试图继续坚持鲁迅前二次反对的打拳，而这次鲁迅改变观点："在五六年前，我对于中国人之发'打拳热'，确曾反对过……现在的意见却有些两样了……所以倒不妨学学。"

[3] 陈独秀将造成义和团原因归为五点，分别为道教、佛教、孔教、儒释道三教合一的中国戏以及仇视新学妄自尊大的守旧党。参阅陈独秀《克林德碑》，《新青年》第 5 卷第 5 号，第 449～458 页。

[4] 陈独秀：《克林德碑》，《新青年》第 5 卷第 5 号，第 449～458 页。

饶有意味的短文：

> 有人说现在法国使馆也在那里扶乩请神，岂不是洋人也相信鬼神了
> 吗？我道却不尽然。原来官场腐败，中外相同，而且外国虽有极少数好
> 奇的学者，爱谈鬼怪，不像中国，神奇鬼怪是全国人普遍的思想。①

这篇短文的正文部分并没有出现"义和团"的字眼，这无疑表明，作者
用充斥文中的鬼神思想替代了"义和团"三字。同时该文本还明确指出，
"鬼神思想是全国人普遍的思想"。显然，"普遍"一词的使用，意味着义和
团事件即是中国蒙昧迷信、封建文化特征的一个具象。

1924年9月3日《向导》周刊推出一个"九七特刊"，悼念"亡国辱种
之辛丑条约的二十三周年纪念日"，整份周刊就四篇大文章，都是讨论义和
团的。首篇为陈独秀的《我们对于义和团两个错误的观念》，其次是彭述之
的《帝国主义与义和团运动》，蔡和森的《义和团与国民革命》，张太雷的
《列宁与义和团》，最后是附有署名"慰"的《辱国殃民之辛丑和约》。显然
这是一次精心策划的重评义和团事件、重塑义和团记忆的一次意义重大的舆
论活动。这些文论文本，以极强的现实感，重构了国民革命时期义和团的历
史记忆。

在轰然而起的国民革命的社会背景下，在振兴民族精神的时代呼声中，
新知识群体旗帜鲜明地宣称："应告诉中国被帝国主义压迫之真正民众，重
新起来认识这'九七'纪念日，认识义和团运动的革命精神。"义和团被定
义为"一个唯一的反帝国主义之民族群众运动"②，它的历史价值决不低于辛
亥革命和"五四运动"③。义和团运动的伟大遗产就在于其"排外"的精神：
"义和团排外的精神，是中国国民革命精神头一次充分的表现。"④ 国民革命
时期义和团文论文本的存在，体现着将义和团视为"革命传统文化"的时代
认同。

尚需说明的是，将义和团纳入革命话语，并非始自国民革命时期，早在
二十年多前，资产阶级革命派就曾有所提及，虽然其内涵有着显然的区别。
1903年以"革命军马前卒"自居的邹容，在名为《革命军》的文论文本中，

---

① 《随感录》，《每周评论》1918年12月20日，第3版。
② 述之：《帝国主义与义和团》，《向导》第81期，第646页。
③ 述之：《帝国主义与义和团》，《向导》第81期，第652页。
④ 和森：《义和团与国民革命》，《向导》第81期，第652页。

就曾将义和团归入"革命话语"加以论述。他将革命分为"野蛮"与"文明"两类，认为"庚子之义和团"属于野蛮革命的范畴，批评其"有破坏，无建设，横暴恣狙，适足以造成恐怖之时代"。[①]"华夷之辨"的反清意识使得多数革命派人士对义和团的"扶清"极为反感。在资产阶级革命派看来，要对付外人，理当先学外人的长处，所以必须用"文明排外"的方法，断断不可用"野蛮排外"之法。所谓"野蛮排外"，指的是"全没有规矩宗旨，突然聚集数千百人，焚毁几座教堂，杀几个教士教民以及游历的洋员、通商的洋商，就算能事尽了。洋兵一至，一哄走了，割地赔款，一概不管"。在这里，"野蛮革命"即"野蛮排外"，同为义和团之代名词。[②]

二十多年后，义和团的"野蛮"影像在历史记忆中逐渐淡化，以至于有意或无意地"被消失"（原因后文有谈及）。与此同时，其反帝的革命形象不断被凸显。国民革命时期，将义和团纳入"民族革命运动"的话语中，并进行系统论述的当属恽代英。1926年他在广州的一个讲演中，对80年来中国民族革命运动进行了历史的总结。题为《中国民族革命史》的讲稿指出了义和团的某些错误，提出了避免这些错误的方法。更重要的是，他充分肯定了"义和团是一种民族革命运动，他们的革命精神是值得我们钦佩的"。[③]该文本后来由中华全国总工会、省港罢工委员会教育宣传委员会印行。毫无疑问，该文本是建立在义和团革命传统文化认同的基础上，重构义和团历史记忆的一个明证。

"义和团运动的性质就是反抗帝国主义的对华侵略，即是反帝国主义的武装暴动"。这一立场得到了国民革命时期人们的普遍认同，在1926年的"九七"纪念日中，这一点不断被强化。"不管帝国主义对义和团如何诬蔑，不管义和团本身有如何的缺憾，然而他的反抗帝国主义的精神，是永远不会磨灭的，永远值得崇拜。如果我们对义和团仍以'野蛮残暴拳匪'等词去诬蔑他的一切，那么不是丧心病狂，甘作外人奴隶，就是深中了洋大人宣传之毒。"不但如此，宣传家们还试图将国耻的九七纪念，变成中华民国自由的纪念日，宣称"只有在民众中复兴义和团的精神加以有组织的强争恶斗，才可以使帝国主义屈服，才可以完成民族的独立自由"。[④]

---

① 邹容：《革命军》，中华书局，1971，第21页。
② 陈天华：《警世钟》，《陈天华集》，湖南人民出版社，1982，第60~96页。
③ 恽代英：《恽代英文集》下卷，人民出版社，1984，第939~944页。
④ 龙池：《废约运动与九七纪念》，《向导》第170期，第1727页。

国民革命时期的文论文本，将"义和团"塑造为追求民族独立的符号象征。文本中所使用的"义和团"，更多的不是作为事实而是以符号的意义而存在。这些文本中所体现出的义和团"革命文化"的认同，没有如前述两种文化认同那样断裂，相反，"革命文化的认同"为其后义和团走向"爱国主义文化"认同定了基调。

中华人民共和国成立后，翦伯赞主编的《中国近代史资料丛刊·义和团》一书，在清末民初文本的基础上，形成一个关于义和团的新文本。然此文本并非各种文本的简单叠加，它亦体现了对义和团革命文化的认同。翦伯赞在是书序言中说："清算帝国主义的血账，是纪念义和团最好的方法，也是我们编辑这部书的动机……我们希望这些血淋淋的史料，会提起读者对义和团的回忆，会帮助读者从历史上去认识帝国主义，会提高读者对帝国主义侵略的警惕，特别是美帝国主义的侵略。"①

义和团的第二次写实型文本的大量涌现，标志着义和团从"拳匪"走向"英雄"的历史性转折。在义和团故事或歌谣文本中，多以某些个贫苦受压迫农民为叙事之起始。此种历史叙事的主要情节为，一个普通的农民，不堪忍受帝国主义分子和封建官僚、地主、恶霸、商人、将军、官兵的压榨和剥削，参加义和团走上反抗的道路。如果我们仔细分析还能发现，文本中这些极为普通的农民，最后的情节指向了英雄形象的塑造。"他们有勇有谋，都不是莽夫，斗争到底。他们具有伟大的英雄气概，蔑视仇视那些帝国主义者和封建统治者，没有妥协，斗争到底。"②

在时人看来，《义和团故事》和《义和团传说故事的有关资料》为义和团形象正了名，实现了"将颠倒的历史再颠倒过来"的历史性变革。"帝国主义和一切反动统治阶级，对于义和团运动曾竭尽其诋毁、诬蔑之能事。'野蛮'和'匪'不仅只是空洞的形容词和代名词，而是以千百种的著作，上亿万的文字，千万件'事例'来证明、宣传义和团是'野蛮'的'匪'类的。六十年来这些文字曾经发生过广泛而深透的反动影响，深入人心，流毒无穷。这二十八篇《义和团故事》和那千百种'著作'完全相反，它把被诬为'匪'的义和团，像李大良，刘黑塔，洪大海，铁二饪子，马六，宗老

---

① 翦伯赞：《序言》，中国史学会主编《中国近代史资料丛刊·义和团》（一），上海人民出版社，2000，第1页。

② 任桂林：《为义和团故事所感》，《民间文学》1959年第2期，第54页。

路，刘老爹等等，都以其令人信服、感动、崇敬的英勇正义行为证明是革命的英雄人物。反之，一切帝国主义分子和反动的官僚、地主、恶霸、商人、将军、官兵以至皇帝，在这些故事里都一个个以他们反动的、卑鄙的、肮脏的行动被证明为真正的野蛮的匪徒。"①

基于这些故事基础上的戏剧文本，着力歌颂了义和团运动的爱国、正义的悲壮斗争，猛烈地鞭挞了穷凶极恶的帝国主义匪徒和腐败无能的清朝封建统治者，用艺术形象向人们进行了一次又一次生动的爱国主义教育。② 同样地，该时期的小说文本，通过对义和团人物的刻画，描述那场"反击帝国主义的伟大爱国斗争"，表现了那一时代错综复杂的阶级矛盾和民族矛盾，讴歌了人民群众反帝爱国的伟大精神。

由文本分析的角度，我们无须争论以上"义和团"叙事是否为曾发生过的"历史事实"。在这些文本中，义和团被塑造为气势磅礴的反帝斗争，其顽强的反帝爱国斗争精神是这些文本赖以存在的文化基础。义和团从"革命文化"的认同进一步被升华定格为"爱国主义文化"认同。在构建国人爱国主义文化认同的那些历史文本的长链中，义和团正获得一种新的历史定位和价值重估。在这个新的历史价值中，义和团并没有因其野蛮蒙昧和盲目排外的缺点，消减其英勇无畏的爱国主义的色彩。通过这种新的历史记忆的定位，义和团被重塑在中华民族爱国主义文化传统认同的框架之内了。

三　时代需求与再记忆：　历史与义和团

文本中呈现出的义和团由"拳匪"走向"英雄"的历史进程，彰显了文本赖以存在的文化认同的多元性与多变性。同一历史事件，文本展露出"拳匪"与"英雄"两个如天渊之隔的社会记忆。究其原因，我们不难体悟出不同历史记忆主体利益诉求的不同。然而记忆具有社会性，不同的社会需求促成记忆者对事件意象的重建，不同的社会情境造就了对义和团的不同评价，这些评价以文本的形式在社会中流动，又使得社会情境浮现或被凸显。正如哈布瓦赫认为的，对于记忆来说，最重要的不是记忆者本身对过去所体验事

---

① 陈白尘：《为义和团恢复名誉》，《民间文学》1959 年第 4 期，第 50 页。
② 李希凡：《义和团反帝爱国斗争的颂歌——漫谈话剧"神拳"的剧本和演出》，《人民日报》1962 年 10 月 7 日。

件和意象的回忆，而是社会的需求促成了记忆者对事件和意象的重建。也就是说，过去不是被保留下来的，而是在现在的基础上被重新建构的。① 对义和团的再记忆受限于特定时代需求和历史文化背景，也定义了这个背景。

清末民初关于义和团的文论文本，充斥着改良派与革命派的政治诉求，而这些政治诉求也正是那个时代需求的显性状态。作为改良派领袖的康有为，表面谴责"拳匪作乱，杀害各国人民，困及公使，祸酷无道，闻之愤怒，令人发指"②，实则指斥以慈禧为首的后党为"伪政府"，称"日来所出之伪谕，文句鄙俚，胆气震慑，不称团匪，而称团民，不成国体，此自取覆亡之道，所谓天夺其魄也"③。主张"诛拳匪而清君侧"④，并且欣喜地认为"此次诸贼之结拳匪，此殆天亡之，以兴我新党者"⑤。"拳匪之乱，天为复圣主而存中国"，将义和团视为实现其宏伟政治蓝图的契机，高倡"天特以启中国维新之基，而为圣主复辟之地者也"⑥。梁启超也将义和团呼为"拳匪"，并将此次事件形容为"天下最奇最险之现象"，认为义和团"为政府所指使，为西后所主持"⑦。

作为改良派机关刊物的《清议报》，一开始就对义和团充满贬斥，称其为"团匪"，认为"端郡王实为义和团匪中之首领"⑧。这当然地体现其"保皇"的立场，强调义和团之兴是后党欲行篡逆阴谋的结果。正如麦孟华所言："不知彼将有异谋，因而用之以为利耶？抑止求自保其歌舞之湖山，咫尺之园林，而国权之得失，国民之利害，固非所计耶？诚不知其是何居心，而必出此耻辱无聊之下策也"⑨，痛斥后党满脑子装的全是私利。在改良派看来，义和团的"扶清"不过是"扶贼"罢了，"大清之天下，皇上之天下也，奸贼废篡皇上，而彼为之羽翼，是扶奸贼非扶清也"⑩。

总体而言，改良派称义和团民众为"团匪""乱民"，但其议论和指斥的矛头并不在或主要不在"义和团事件"本身，而是隐藏其后的后党势力。因

---

① 〔法〕莫里斯·哈布瓦赫：《论集体记忆》，上海人民出版社，2002，第41~91页。

② 汤志钧编《康有为政论集》（上卷），中华书局，1981，第424~426页。

③ 冯自由：《中华民国开国前革命史》（上卷），中国文化服务社印行，1944，第71~72页。

④ 汤志钧编《康有为政论集》（上卷），第456页。

⑤ 冯自由：《中华民国开国前革命史》（上卷），第72页。

⑥ 康有为：《拳匪之乱天为复圣主而存中国说》，《清议报》（53册），中华书局，1991年影印版，第3425页。

⑦ 梁启超：《灭国新法论》，《饮冰室合集》（文集之六），中华书局，1989，第43页。

⑧ 《纵匪成患》，《清议报》（42册），第2733页。

⑨ 先忧子：《论义和团事中国与列强之关系》，《清议报》（43册），第2769页。

⑩ 伤心人：《论义民与乱民之异》，《清议报》（52册），第3329页。

而他们认为："义和拳者，非国事之战争，乃党祸之战争也。"① 义和团的兴起，是由于西太后、端王、荣禄等后党势力蓄意引发的，出此下策的原因，在于废弑皇上。所以，康、梁等改良派势力并没有将过多的注意力放在义和团这一历史事件上，而是筹谋着利用此次事件所造成的国际国内环境，来表达和实现其自身的政治诉求，所以类如"非皇上复政则国乱不能平定"的观点在改良的言论中俯拾可见②。

一时还难以与"华夷之辨"传统民族意识完全剥离的"反满"诉求，也使得多数革命党人对义和团极为排斥和反感，讽刺其"以皇汉之贵种而缅然自称大清之顺民，帖耳俯首受治异族"③。如邹容所言："团匪之乱也，以汉攻洋，血流津京，所保者满人。故今日强也，亦满人强耳，于我汉人无与焉；故今日富也，亦满人富耳，于我汉人无与焉。"④。不难否认，义和团"扶清"的口号与革命派的排满主张相冲突，实是革命派对义和团颇有微词的关节。当时许多革命志士就主张乘时游说拳党首领，使改扶清灭洋旗帜为革命排满旗帜，秦力山就是其中之一。他只身到天津，求见拳党大师兄，痛陈利害，结果被"斥为二毛子，命牵之出"⑤。故而当义和团由初起时的"扶清灭洋"，演变到景廷宾之师竖起"扫清灭洋"的旗帜时，章太炎认为这是"人心进化"，并以此说明"民主之兴，实由时势迫之，而亦由竞争以生此智慧者也"⑥。

辛亥革命后，中华民国的建立并没有带来时人所期盼的民主政治景象。政局动荡、战乱不已、社会失序的现状，加之袁世凯称帝、张勋复辟丑剧的接连出演，一再冲击着知识阶层原本对民主政治的热情企盼。与此同时，传统旧伦理旧道德被当局政客大肆宣扬，成为束缚人们思想的精神枷锁。文化救国的时代需求呼之欲出。民初一度出现中华新武术的风行，曾触动了人们对于义和团的历史记忆，陈铁生和鲁迅的争论乃一明证。此时的人们已很少关注义和团事件本身，而是将义和团与中国传统尚武文化相联系。当然，这只是其中的一个面相。被"文化符号化"的义和团已不再是单纯事件的义和团，在五四知识分子眼中，义和团被催生为一场文化上的运动，成为中国传统文化的一个符号。

---

① 中外日报：《论义和拳与新旧两党之相关》，《义和团》（四），第 181 页。
② 伤心人：《论非皇上复政国乱不能平定》，《清议报》（49 册），第 3145 页。
③ 《驳"革命驳议"》，《辛亥革命前十年间时论选集》第 1 卷下册，第 690 页。
④ 邹容：《革命军》，第 19 页。
⑤ 冯自由：《革命逸史》（初级），中华书局，1981，第 86 页。
⑥ 汤志钧编《章太炎政论选集》（上册），中华书局，1977，第 203～204 页。

在新文化追求科学民主的时代诉求下，义和团被表述为整个中国社会存在的迷信野蛮与蒙昧无知的象征。1914 年胡适在留学美国期间就曾投书报刊和发表演说，批评"但论国界，不论是非"的狭隘民族主义观念，以"是"与"非"为题，讨论了民族情结是非界限的关系，并在此基础上指出了鸦片战争和第二次鸦片战争中国对列强反抗的正义性，以及后来义和团运动不可原谅的非理性。① 李大钊在谈论东西文明的差异时指出："时至近日，吾人所当努力者，惟在如何以吸取西洋文明之长，以济吾东洋文明之穷。断不许以义和团的思想，欲以吾陈死寂灭之气象腐化世界。"② 他在 1919 年 6 月 1 日的《每周评论》上，进一步说明义和团运动是中国社会愚昧无知的结果，而愚昧无知是很危险的东西。③ 周作人将"教士毒死孤儿，或者挖了眼睛做药"这一"流传"事件纳入"拳匪时代的思想"④。义和团在知识界所代表的形象就是与"文明""科学"相对应的"野蛮""蒙昧"。

就此而言，"克林德碑"的文论文本阐述得最为引人瞩目。陈独秀的观点颇能代表当时知识界的普遍看法。克林德碑的树立并没有引起陈独秀对各国列强的愤怒，反让他感慨"中国何等可耻！义和团何等可恶"；克林德碑的倒塌也并没有触发他"推翻帝国主义的念头"，其文章的主旨并不是直接针对帝国主义的侵略和压迫。在新文化知识分子看来，中国一切问题的根源在于以义和团为象征的中国传统文化的缺陷，中国发展的前途并不在于从政治上进行改造，而在于从文化上走"共和的科学的无神的光明道路"⑤。这个义和团文本中所刻画的义和团形象，无不体现了新知识分子的文化诉求。换言之，正是追求民主科学，抨击封建旧文化蒙昧迷信的时代需求，凝结成这样的文本，书写出关于义和团的再记忆。

"五四运动象征着只关心思想启蒙的知识分子走上街头过问政治，正是基于这一重大事件的冲击，新知识分子的主流放弃自由主义而亲和马列主义"⑥，文化救国又转回了政治救国的轨道。1924 年全国出现收回关税主权、收回租界、废除不平等条约的反帝高潮。8 月，北京反帝国主义大同盟倡议

---

① 胡适：《胡适留学日记》，台北远流出版公司，1986，第 60 ~ 61 页。
② 李大钊：《李大钊文集》（上），人民出版社，1984，第 566 页。
③ 《危险思想与言论自由》，《每周评论》1919 年 6 月 1 日，第 3 版。
④ 周作人：《谈龙集，谈虎集》，岳麓书社，1989，第 228 ~ 229 页。
⑤ 陈独秀：《克林德碑》，《新青年》第 5 卷第 5 号，第 449 ~ 458 页。
⑥ 金观涛：《五四新青年群体为何放弃"自由主义"》，《二十一世纪》2004 年第 82 期，第 25 页。

以 9 月 7 日（《辛丑条约》）为国耻纪念日，得到社会各阶层的热烈响应。连续几年每逢"九七"，全国各地都举行集会纪念国耻，"有很大意义的义和团运动，二十余年来埋没在一般的厌恶唾骂之中，直至最近二年，才稍稍有人认识其真实的意义"①。对义和团的历史认识再次被纳入现实政治的创造中，义和团的历史记忆开始服务于"国民革命"这个现实的命题。这才有了直接以"义和团与国民革命"命名的义和团文本的出现。

1925 年 5 月 30 日，震惊中外的五卅运动在上海爆发，并很快席卷全国。针对外国报刊将五卅事件中表现出来的民族主义，与义和团的排外举动相提并论并予以否定的情况，时人对义和团的排外精神进行了重新诠释和说明。唐兴奇解释道，义和团是一场"纯粹的排外运动"，不但反对外国人的压迫，并且反对和外国人有一切来往；而五卅运动却是一个反对帝国主义的运动，它反对的是剥削和压迫中国的人，但不会反对像苏俄那样以平等精神对待中国的民族，和一切国家的被压迫民族②。张太雷认为"中国民族运动的第一期是义和团式的原始的排外运动"③。虽然时人努力向世人不断解释五卅运动和义和团的区别，但不可否认的是，正是现实中五卅事件的出现才加剧了人们对义和团的再记忆，引发了对义和团的讨论。这就建构了历史走向现实的必然关联，故而瞿秋白宣称："五卅运动是义和团的反抗侵略运动的继续。"④《中国青年》才明言："五卅运动是原始的反帝国主义运动（义和团）二十六年来发展进化的结果。"⑤

这一时期的文本对义和团形象的高扬，源于以之作为"追求民族独立"的时代诉求。将义和团塑造为"追求民族独立"的符号，20 年前的资产阶级革命派曾有所提及⑥，但在当时的情境下未被获得一致的社会认同。20 年后，

---

① 则连：《九七与中国民族革命》，《中国青年》第 131～132 期，中国青年社印行，1927，第 161 页。

② 唐兴奇：《五卅运动之意义》，《向导》第 121 期，第 1115 页。

③ 太雷：《五四运动的意义与价值》，《中国青年》第 77～78 期，中国青年社印行，1926，第 395 页。

④ 秋白：《义和团运动之意义与五卅运动之前途》《向导》第 128 期，第 1170 页。

⑤ 《九七纪念的宣传大纲》，《中国青年》第 93～94 期，第 645 页。

⑥ 最具代表性的例子为《开智录》第 6 期所发表的《义和团有功于中国说》一文，该文后为黄藻收录进《黄帝魂》中，弥"他日吾国而独立也，义和团固其先声也"（《叙庚子销夏记》，罗家伦主编《中华民国史料丛刊·黄帝魂》，国民党中央委员会党史史料编纂委员会印行，1979，第 293 页）；蒋百里的"民族主义论"更明确地表达了这种思想，他将日本的明治维新和义和团运动视为"亚洲民族主义的胚胎时期"（余一：《民族主义论》，《浙江潮》第二期，东京并木活版所，1903，第 17～19 页）。他们在对义和团做出评价时，对其口号中的"扶清"二字熟视无睹而不与芥蒂。

社会情境发生了巨大的变化，义和团"灭洋"的立场和精神成为它最吸引国民革命者的内容。致力于国民革命的人们正是从中发掘着义和团的精神价值——倡民族之独立，而这一点与当时轰轰烈烈的国民革命的目标某种程度上不谋而合。

新中国成立后，美国成为新中国政权的"头号敌人"，反对美帝国主义的斗争成为一种迫切的现实需要。由翦伯赞主编的《义和团》文本就旨在"提起读者对义和团的回忆"，并由此提高读者对帝国主义侵略的警惕，"特别是美帝国主义的侵略"。① "特别"一词披染了鲜明的时代诉求。相应的"义和团故事"文本的发表，博得了广泛好评，因"现在帝国主义还存在，所以这些故事对我们仍然有着深刻的教育意义"，它描述了一系列"反抗侵略的坚强意志和正义行动"，"'一切帝国主义都是纸老虎'，这些民间故事证实了毛主席论断是完全正确的"。②

1960年又一个鼠年的到来，合众国际社在春节发了一则电报，说什么"鼠年开始"，"1840年是鼠年，那一年的灾难是鸦片战争，其结果除了别的以外，英国得到了香港。1900年也是鼠年，那一年发生义和团起义，其结果是八国联军占领北平"。"假如历史重演的话，对中国来说，这将是灾难的一年"。针对猖獗不息的帝国主义叫嚣，《人民日报》发表评论员文章，称"美国宣传机器，低能竟至于此，目光不及老鼠，头脑蠢过耗子"，"不知今日何世，妄图重演历史，再打鸦片战争，重举八国军旗"。在不断强大的新中国政权面前，只能落得"理屈计尽词穷，只好乞灵黄历"③的结局。

在反对帝国主义的时代氛围下，义和团被定义为"一次自发的农民反帝爱国运动"，"他们在神的面前庄严地虔诚地宣誓，表示他们对革命的忠诚和胜利的确信……表示他们和洋人战斗到底的决心"。④ 文本用"革命的忠诚"来描述义和团，这个语句的使用毫无疑问地体现了一种历史层面与现实层面的融合。在这里，义和团融入了革命话语当中，被凝练为革命的符号和象征，它被抽离出具体的时空脉络，其复杂而多面的特征，经过话语权力持有者的编排和书写，成为有社会功能与目的的记忆。这样的记忆在一定的社会情境与政治诉求下，被强化为一种社会记忆，而这种社会记忆不断循环地因

---

① 翦伯赞：《序言》，中国史学会主编《中国近代史资料丛刊·义和团》（一），第1页。
② 《战士座谈义和团故事》，《民间文学》1959年第1期，第51页。
③ 《鼠年闻鼠叫》，《人民日报》1960年1月31日，第3版。
④ 义和团运动史研究会编《义和团运动史论文选》，中华书局，1984，第1~24页。

现实的需求而回忆、建构、再回忆和再建构。

"文化大革命"时期,义和团的革命色彩被涂抹到了极致,此点正迎合了这一时期"天然合理"的"革命造反精神"的现实需要。1967 年 3 月戚本禹在《红旗》杂志上发表《爱国主义还是卖国主义——评反动影片〈清宫秘史〉》"一文,正如当时所有具有"极端重要性"的文章那样,戚本禹的文章立即传遍全国,1967 年 4 月 1 日的《人民日报》《光明日报》《文汇报》以第一、第二版以及第三版一部分的篇幅刊载全文。在戚本禹的笔下,义和团团员不是"乱民"、"愚民"和"乌合之众",而是"英雄";义和团"杀洋人",禁止洋货,把驻有外国使馆的东交民巷改名为"切洋街",御河桥改为"断洋桥",这样一类的举动,都被不加分析地予以了全面的肯定,称义和团的反帝爱国斗争是和反封建联系在一起的。文章刻意地扭曲了义和团为后党所利用的事实,把义和团封建迷信、笼统排外等消极落后的东西,当作激进的"革命行动"加以赞扬。①

在此后的几周内,《人民日报》《光明日报》《文汇报》几乎每天刊登谈论戚文的文章,"该文是向党内最大的走资本主义道路当权派发动总攻击的进军号,它宣判了资产阶级反动路线的死刑,大灭了资产阶级的威风,这是毛泽东思想的伟大胜利,是毛主席的无产阶级革命路线的伟大胜利",类似的观点报刊上几乎处处可见。在戚文的号召下,当时的人们"高举革命的批判旗帜"力图"挖掉修正主义总根子"②。该文发表后一个星期,据称"人民出版社为了满足广大读者的需要,已把戚本禹同志的重要文章《爱国主义还是卖国主义?》出版了单行本,从八日开始在北京发行,并将在全国各地陆续发行"③。

戚本禹的文本通过对义和团运动的全面肯定和高度神化而推动"文革"升温的做法,在当时产生了巨大的反响。所以,此后在报刊上就出现了题为《义和团与红卫兵》《"红灯照"的革命造反精神万岁》《赞"红灯照"》《红小将赞》等等,直接把义和团运动作为红卫兵运动先导而加以大力歌颂的文章。时人看来,"如果说,对待历史上的义和团运动的态度如何,是区别革命派和反动派的分水岭,那末,在现实斗争中,如何对待红卫兵运动,则是

---

① 戚本禹:《爱国主义还是卖国主义——评反动影片"清宫秘史"》,《红旗》1967 年第 5 期,第 14~18 页。

② 相关论说可参见 1967 年 4 月的《人民日报》。

③ 《赞"红灯照"》,《文汇报》1967 年 4 月 7 日,第 4 版。

区别真革命还是假革命、反革命的试金石"。① 在"文化大革命化"叙事的背景下，义和团借由一种夸大甚至扭曲的叙事手法，当作革命神话和英雄史诗被再记忆。在这一革命神话和英雄史诗中，蒙昧不见了，野蛮不见了，无知不见了。义和团被谱写为革命话语的凯歌，"它鼓舞人民的爱国热情和反帝的斗争意志"②，在中国大地四处传唱。

四 历史文化象征： 义和团与历史

义和团是一个历史事实，它经由书写而形成文本，文本与语境的结合则构成了历史的重构。以文本形式出现的义和团，已不再是一个单纯的历史事件和一个纯粹的客观存在，它更多地表现为一个"被叙述的"人为建构物，是一个社会文化问题。"义和团"是一个话语建构的过程，也是一个社会文化建构的过程。

在清末论述义和团的文本中，义和团被形容为一场"国变"，"国"字毫无疑问指代的是清政府。关于义和团的文本记述有许多值得强调的地方，尤其是它们曾长时期内流传在后来文本的表述中：第一，义和团是邪教，匪徒；第二，庚子之乱是由义和团引起的。在清王朝统治模式的逻辑前提下，在"天朝"的思维定式中，追随者们顺理成章地得出结论：拳匪祸国。即便是以康梁为首的新派力量，也将"慈禧"归入义和团事件的责任人中，主张"联外人以救上"③，于反对义和团主张中显见其最终指向仍是维系清朝统治；义和团仍属"国变"的性质。革命派则大多基于其强烈排满立场，既不认可清朝统治的合法性，断然不将义和团归入"国变"的范畴。革命派的文本中，有将其称为"野蛮之革命"而予以批驳的，也有将义和团视为"民族民主革命之先声"而赞扬的。虽然两者对于义和团有着截然不同的评价，但却有一个共同点，即将义和团从"天朝"话语转向了"革命"话语。

中华民国建立后，出于对现实政治的无望，新知识分子谋求文化救国之路。此时，作为历史记忆的义和团，更多地则是以一个"文化上"的符号而出现。由资产阶级革命派开启的义和团"革命"话语一度似乎销声匿

---

① 柯夫：《从"切洋街"到"反帝路"》，《人民日报》1967年4月24日，第4版。
② 张文：《义和团故事的继承与革新》，《民间文学》1979年第8期，第61页。
③ 冯自由：《中华民国开国前革命史》（上），中国文化服务社，1944，第73页。

迹。直至五四运动，原本只关心思想启蒙的知识分子开始走上街头关心政治建构，在国民革命氛围下，断裂的"革命"话语，重新接续上了历史。这一时期义和团被反复提出，谈论义和团的文本大量涌现。这些文本使得十几年前模糊不清的"革命"话语不断被清晰明确。关于义和团的历史表述，出现了一些新的解释。虽然各种文本对义和团的解释不尽相同，但多种分析阐释却都体现和认同一个基本前提，即义和团的反帝性。在这种模式阐释下，"义和团的反帝性"成了最小的分析单位，这乃时人共同的认知基础。

这种历史的延续直到1949年中华人民共和国的成立。新中国这个真正意义上的民族—国家的出现，使得作为共同想象体的义和团有了新的存活土壤。这一时期的文本，开始旗帜鲜明地塑造义和团"英雄"形象。前述义和团反帝特性，被现实化为"反美帝国主义"的呼求。义和团曾经的"国变"话语与"革命"话语凝结为"爱国主义"的象征。毫无疑问，此处的"国"字指代明确，意指中华人民共和国，"爱国"有了具体而实在的依附。义和团在话语持有者的主动规划下，被牵引出具体的时空脉络，转化为近代中国传统爱国主义的文化符号，继而成为社会文化运作过程中的一部分。人民取代臣民，国家利益取代王朝利益，人们的忠诚由封建君主转向民族国家，至此形成现代意义上的"爱国主义"。

现代意义上的国家观念，在晚清并不存在，人们只知有朝廷而不知有国家。对此，陈独秀曾提到，直到八国联军之后他才晓得"世界上的人，原来是分做一国一国的，此疆彼界，各不相下，我们中国，也是世界万国中之一国，我也是中国之一人，一国的盛衰荣辱，全国的人都是一样消受，我一个人如何能逃脱得出呢。我想到这里，不觉一身冷汗，十分惭愧。我生长二十多岁，才知道有个国家，才知道国家乃是全国人的大家，才知道人人有应当尽力于这大家的大义"①。这一段文本颇能说明清季的实际情况，几千年"朝廷"观念的支配，在时人心中有着根深蒂固的记忆。这一时期丰富的义和团文本正是这种观念支配下的结果，而同时数目繁多的义和团文本，又使得社会主流意识形态——"朝廷"的观念，在文本的连接中被加固了。

以文本形式展现的义和团记忆，并不是一成不变的，而是在现实语境中被社会不断重新建构的。从"拳匪"到"野蛮人"再到"革命人"，直至定

---

① 三爱：《说国家》，《安徽俗话报》第5期，1904年6月14日。

位在"爱国主义者"中，这场关于义和团民众记忆旋律的跌宕起伏，正是立足于时代需求而对过去重构的结果。在这个过程中，义和团的某些特殊主体被认同、夸大和刻意拔高，使得它们成为现实的能量之源。故而义和团记忆是社会建构的产物，正如哈布瓦赫所认为的，对于记忆来说，最重要的不是记忆者本身对过去所体验事件和意象的回忆，而是社会的需求促成了记忆者对事件和意象的重建。也就是说，过去不是被保留下来的，而是在现在的基础上被重新建构的。①

社会在记忆的同时也在忘却，而要记忆什么，忘却什么，是由现实社会的需要而决定的。人们的记忆因社会需要而重新构建，历史记忆只有靠不断"再生产"才能传递下去；在记忆的构建过程中，事件有所丢失，有所补充，也有所改变，所以记忆和事件之间绝不是等同的。围绕义和团符号象征再创造的过程中，一部分义和团的记忆被保存下来，一部分则被删除了；在遗忘义和团的排外、愚昧、野蛮等问题之后，义和团被定格在中华民族爱国主义文化传统的框架之中，作为特定的社会文化符号被广泛认同。它作为一种强有力的历史记忆，冲击着人们对爱国主义理念的建构。同样，相反的情况在特定条件下也会不断出现。

历史记忆虽然是被建构的，但有着它的客观性。关于义和团的各式文本，并不是一个虚无的可以任意阐释的文本，而是对一个曾经真真切切发生过的历史事件的记录、叙述和阐释。历史文本具有历史的客观性。正是因为义和团自身的纷繁复杂，才有了各式各样不同的记忆文本的出现，使得义和团历史记忆的形象呈现"罗生门"式的面向。义和团的反复提出，在不同时期以不同文本形式出现，它被权力所记忆的同时，也为权力所遗忘。不变的是，话语权力持有者总是在过去时态和现在时态象征空间里，寻找着凝结义和团的历史精神。这不禁让人想起马克·布洛赫所说过的："对现实一无所知的人，要了解历史必定是徒劳无功的。"②

---

① 〔法〕莫里斯·哈布瓦赫：《论集体记忆》，上海人民出版社，2002，第41~91页。
② 马克·布洛赫：《为历史学辩护》，张和声、程郁译，中国人民大学出版社，2006，第37页。

韩国报刊媒体对清末新政的观察与反应[*]

——以《皇城新闻》与《大韩每日申报》为例

李细珠[**]

清末新政是清王朝自我救赎的最后努力。时人预言："行之而善，则为日本之维新；行之不善，则为法国之革命。"[①]不幸的是，清王朝最终被革命推翻。大韩帝国与清王朝的命运有相似之处，但并不完全相同。当清王朝以行新政而亟图自救的时候，大韩帝国也以"独立自主"的名义而在日本殖民地化过程中苦苦挣扎，但终究逃不脱被吞并的劫难。当然，这些都是今人的后见之明。至于在当时，清王朝与大韩帝国各自沿着几乎平行的轨道走向深渊之际，这对难兄难弟曾经是否及究竟如何互相观照，则是值得深入探讨的问题。关于日韩合并在华反响的问题，笔者拟另文讨论，这里先就韩国对清末新政的观察与反应略作探讨。学界以往相关研究成果不多。最值得注意的是韩国学者白永瑞先生关于大韩帝国时期韩国舆论对中国认识的研究论文，揭示了韩国舆论视野中的清王朝的三个面相：一是作为韩国蔑视对象的中国，二是作为东亚和平一员的中国，三是作为改革模型的中国。[②]另外，中国学者王元周先生在探讨韩国人对中国否定认识的历史根源时，认为近代以来，尤其是甲午战争以后，韩国的启蒙思想家为树立民族主义，往往把中国作为韩民族的对立面，这便使韩国的近代民族主义建立在对中国和中国人的

* 本文为 2008～2009 年韩国高等教育财团国际学术交流项目研究成果之一，曾得到韩国国立首尔大学东洋历史系金衡锺教授、丘凡真教授多方帮助，又承蒙成均馆大学李平秀博士校正，特此感谢。

** 中国社会科学院近代史研究所研究员。

① 《考察宪政大臣于式枚奏立宪必先正名不须求之外国折》，故宫博物院明清档案部编《清末筹备立宪档案史料》上册，中华书局，1979，第 337 页。

② 白永瑞：《大韩帝国期　韩国言论　中国　认识》，《历史学报》第 153 辑，1997 年 3 月，第 105～139 页。

否定认识基础之上。韩国学者朴敬石先生在评论该文时认为，这只是问题的一个方面，"不管哪个时代，对对方的否定认识和肯定认识都会共存"。"应考虑到韩国人对中国认识的整体侧面"①。实际上，究竟韩国人对中国认识如何，当然需要整体上的观照，但每一项具体的研究都可能提供一些具体的侧面，也是无可厚非的。本文拟以大韩帝国时期的重要报刊《皇城新闻》与《大韩每日申报》②的报道和评论为基本材料，探讨韩国报刊媒体对清末新政的观察与反应，关注的重点不仅仅是其中国认识问题，而且还有其自身反省问题，其实这个认识过程是双向互动的过程，这无疑为近代中韩两国之间的相互认识提供又一个新的侧面。

一 报道涉及面及其偏差之处

《皇城新闻》与《大韩每日申报》均开设"外报"与"论说"栏目。这些栏目有大量关于清末新政的报道和评论，具体涉及清末新政不断展开的各个方面及其整个过程。虽然国际形势变化多端，《皇城新闻》与《大韩每日申报》的新闻关注点时有转移，再加上清末新政也是在不断调整政策的过程中进行，使《皇城新闻》与《大韩每日申报》的相关报道不免显得凌乱斑驳甚至舛误杂出，但综而观之，尚不难看出清末新政的整体概貌。

清末新政是清政府在其统治的最后十年（1901～1911 年）所进行改革的

---

① 王元周：《近代中韩关系转变的理想与现实——韩国人对中国否定认识的历史根源》、朴敬石：《王元周〈近代中韩关系转变的理想与现实〉讨论》，《东北亚关系史的性质》（东北亚历史财团·北京大学共同学术会议论文集），第 377～393、418～419 页，首尔：东北亚历史财团，2008 年 9 月。按：该论文集由韩国国立首尔大学东洋历史系金衡锺教授赠送，特此致谢。

② 《皇城新闻》创刊于 1898 年 9 月 5 日，日刊，韩汉文混用报纸。首任社长南宫檍，总务员罗寿渊，重要论说委员与记者有朴殷植、柳瑾、张志渊、南宫董、申采浩、金相天、崔昌植。《大韩每日申报》创刊于 1904 年 7 月 18 日，日刊，由英国记者裴说（Ernest Thomas Bethell）与韩国人梁起铎发起的韩英合资公司创办。初为韩文与英文合刊，1905 年 8 月 11 日以后韩汉文混用，另外独立刊行英文版 The Korea Daily News，1907 年 5 月 23 日又发行纯韩文版。裴说为社长，梁起铎任总务兼主笔，重要论说委员与记者有申采浩、朴殷植、玉观彬、卞一、张道斌、安昌浩（参见金勋顺《旧韩末 五大纸 研究》，首尔：梨花女子大学校大学院新闻放送学科硕士学位论文，1979 年 11 月）。这两个报纸发表了大量著名启蒙思想家朴殷植、申采浩、张志渊等人的论说文章，均是大韩帝国时期（1897～1910 年）重要的思想启蒙报刊。1910 年 8 月，日韩合并，大韩帝国灭亡。"大韩"不在，"韩皇"不再。于是，《皇城新闻》改称《汉城新闻》，旋即停刊；《大韩每日申报》改为《每日申报》，继续刊行。

总称，具体涉及政治、经济、军事、文化教育与社会生活领域等多方面的变革。对于这些变革，《皇城新闻》与《大韩每日申报》的报道均有不同程度的涉及。

关于政治方面的改革。清末新政与洋务运动显著的不同之处，就在于变革指向制度层面，尤其是政治体制的变革。新政开始不久，清廷谕令设立督办政务处，作为办理新政的总机关。《皇城新闻》先是作了简要的报道："清国于去月廿一日发表组织督办政务处之上谕，以庆亲王、李鸿章、荣禄、昆冈、王文韶、鹿传霖为政务大臣，刘坤一、张之洞在其任地兼摄，还行北京后举行政务改革。"①随后，该报又全文译载了这道上谕。②日俄战争后，立宪思潮涌动，促使清廷进行预备立宪。对于清廷宪政改革的各个关键环节，《皇城新闻》与《大韩每日申报》都多有关注。如，清廷宣布预备立宪上谕的报道："各国富强之基础在于宪法，政务采诸公论，决于庶民。为济今日时艰，宣布立宪政治，大权统于朝廷，万机决于公论。然而民智未开，准备未齐，先以官制改革为始，然后改革法律、教育、财政，振兴武备，斟酌各国政法，制定宪法。"③再如，丙午官制改革的报道："清国颁布官制改革上谕，内阁、军机处之一切规定依旧，外务部、吏部依旧，巡警部改称民政部，户部改称度支部，合并财政处，礼部合并太常、光禄、鸿胪三寺，学部依旧，兵部改称陆军部，合并练兵处与太仆寺，海军部及军谘府未设前，暂时归陆军部，刑部改称法部，大理寺改称大理院，工部与商部合并，改称农商工部，邮传部新设，理藩院改称理审院（理藩部——引者注），资政院新设，审计院新设。"并列举了军机大臣及各部院尚书、侍郎等名单。④随后，还对新旧官制及各衙门新旧职官详细列表对照⑤，其变与不变之处一目了然。又如，九年预备立宪上谕的报道："清帝颁下上谕，从本年起九年间，国会开设诸般准备完毕，同时颁布钦定宪法，施行各种规定，宪法、议院法、选举法、逐年准备条项在官报颁布。"⑥又如，奕劻内阁设立的报道："庆亲王被

---

① 《清国新政府의组织》，《皇城新闻》第4卷第96号，第1版，光武5年（1901年）5月3日。
② 《政务处创立의上谕》，《皇城新闻》第4卷第100号，第1版，光武5年（1901年）5月8日。
③ 《立宪实施의上谕》，《皇城新闻》第2276号，第1版，光武10年（1906年）9月5日。
④ 《官制改革의颁布》，《皇城新闻》第2331号，第1版，光武10年（1906年）11月12日。
⑤ 《清国의官制改革》，《皇城新闻》第2351号，第1版，光武10年（1906年）12月5日。
⑥ 《国会准备의上谕》，《皇城新闻》第2869号，第1版，隆熙2年（1908年）9月2日。

命总理大臣，以下各大臣亦有任命。"①稍后，还就清朝新设内阁发表了评论文章。②其他如五大臣出洋，第二次考察宪政大臣的派遣，谘议局与资政院的创办，国会请愿运动，等等，均有相关报道，不再一一列举。

关于经济方面的改革。《皇城新闻》与《大韩每日申报》对于商部的设立与银行货币、财政税收等制度改革多有关注。如报道设立商部："为振兴商工业，下达新设商务部之上谕，命载振贝子、袁世凯、伍廷芳等辩成律令章程。"③又报道新货币制度："清国从来货币制度在区域上多有不同，经济上颇不便利。清国官宪为此作统一之改良，数年前计划以来，意见不一，主张各异，今尚确决。今番度支部新制货币制度内容：以银为本位，单位一元，其重量七钱二分（银九分铜一分），其辅助货币为五角、三角、五钱（共银八铜二）及一钱，加以五角铜制、五元铜货，与小银货交换。"④还有对清朝财政状况与清理财政的报道："清国财政极度紊乱，殆至不能收拾之情状。"据统计，中央岁入8820万两，岁出10112万两，岁入不足1292万两，度支部之填充策乃命各省增纳1870万两。各省岁入银207572552两，岁出银224556516两，岁入不足银1690多万两。各省仅奉天、江北、河南、四川四省岁入超过岁出，其外皆呈入不支出之穷况。中央政府尚有外债计超20亿。清末新政中有一项重要举措是清理财政，但并不成功。"泽公任度支部尚书，整理全国财政。设全国清理局，中央泽公亲裁，地方各巡抚处理。各派督监官，调查真相。世事中如意者不过十二，况乎清国财政朽废已久。清理官一到，急调帐簿一览，急制暂时瞒过，其实际情状如前，旧态难祛。泽公之中央集权主义毕竟失败，至有其辞职说传播。"⑤

关于军事方面的改革。早在洋务运动后期已经开始用西法编练新军，但军事制度改革还是始于清末新政，其中一个重要方面就是建立近代常备军制。据《皇城新闻》报道："直隶总督袁世凯与督办政务处大臣王文韶，相谋上奏各省常备军编制意见。"⑥后来，陆军部拟订了一个全国编练陆军36镇的计划。"陆军部尚书铁良以强国之基础在陆军，全国编制三十六个镇（师

① 《庆邸总理被命》，《每日申报》第1664号，第2版，明治44年（1911年）5月10日。
② 《清国新内阁评》，《每日申报》第1670号，第2版，明治44年（1911年）5月17日。
③ 《商务部의新设》，《皇城新闻》第1355号，第1版，光武7年（1903年）5月2日。
④ 《清国의新货币法》，《皇城新闻》第3378号，第1版，隆熙4年（1910年）5月25日。
⑤ 《清国의财政》，《皇城新闻》第3375～3377号，第1版，隆熙4年（1910年）5月21、22、24日。按：各省人不足银数有误，不知何故。
⑥ 《常备军编制의议》，《皇城新闻》第1219号，第1版，光武6年（1902年）11月7日。

团）：近畿四镇以外，直隶、湖北、甘肃、广东、云南、江苏各置二镇，四川兼辖西藏特置三镇，热河、山东、山西、河南、湖南、江西、江北、陕西、安徽、浙江、福建、广西、贵州、东三省、新疆各置一镇，由各总督巡抚五年内完成。万若期限前编成有褒奖，期限后完成则惩戒。"①实际上，因各省财政困难，新军编练进展缓慢。三年后，"目下完成者，袁世凯建设四个师团，端方、张之洞二个师团，合其他不过八个师团。各省艰辛，不过组成一旅团，且其中皆无附设骑兵、炮兵、工兵等特科队，仅为单纯之步兵，故全体统算不过建设七八个师团"②。直到清朝灭亡，编练陆军 36 镇计划并未完成。清朝在改良陆军的同时，也试图振兴海军（详下文）。

关于文化教育方面的改革。清末新政时期教育改革的目标是建立新式学堂教育体制，以及奖励海外留学生，培养新式人才。《皇城新闻》报道："教育制度改革与文官新登用法相持并行。清帝先废曩日科举八股文，别设经济特科之新登用法；其次奖励聪俊子弟海外游学，开启破格登用修了外国专门学科者之门径。各省州县设立大中小学堂，讲修文明学术，其实施方法仿照袁世凯在山东施行之例。本月五日又下上谕，对此等新设学堂出身者开启特别仕用之道。小学堂课程为冬斋，中学堂课程为正斋，大学堂课程为专斋。小学堂毕业生考取合格者入中学堂，其毕业更待考取合格者再入其省之大学堂，其毕业合格者经总督巡抚考校选拔咨送京师大学堂，再行试验待旨钦定任举人贡生。其有望考取举人贡生者再次经大学堂严密试验咨送礼部，经选派大臣再试立待旨钦定任进士，允为从来出身者之同样擢用。近来清国之学风一变，少年子弟有竞劝讲究新学术之状。今又奖励创设新学堂，定特别登用之法，足见上下人心之趋向与大势之变动。"③由于到日本留学者较多，清政府还鼓励到西洋留学。"清帝下上谕，日本留学者不少，泰西各国道远费多，资送每少。为开发风气，养成人才，各省督抚选择明通端正学生，借给经费，派往西洋诸国。"④留学生回国通过考试可获得进士、举人功名，在政府机关分别叙用。"今番试验合格日美两国留学毕业生，最优等生为进士，优等生及中等生为乡［举］人。法政科进士美国留学生三名、日本留学生一

① 《清国陆军의扩张》，《皇城新闻》第 2594 号，第 1 版，隆熙元年（1907 年）9 月 29 日。
② 《清国陆军의前途》，《皇城新闻》第 3348 号，第 1 版，隆熙 4 年（1910 年）4 月 20 日。
③ 《清国文科의新登用法》，《皇城新闻》第 4 卷第 292 号，第 1 版，光武 5 年（1901 年）12 月 21 日。
④ 《泰西留学奖励의上谕》，《皇城新闻》第 1205 号，第 1 版，光武 6 年（1902 年）10 月 22 日。

名，文科进士美国留学生二名，商科进士日本留学生一名，其他为法政科、农科、医科、工科、格致科五科"①。清政府还改革教育行政管理机构，设立学部，统筹全国教育。"清国仿照日本制度，创设学部"②。"清国学部在科举废止后以普及新教育与完成设备为急务，命各省调查各学务经费预算，由学部统一全国学务。又于今进士馆教习任用外国留学毕业生，特别优待，以培养俊才"③。另外，还裁撤学政，在各省改设提学使司，"清国去月二十五日上谕曰：旧来各省学政裁撤，创设提学使司，属督抚节制，统辖各省学务"④。

关于社会生活方面的改革。打破旧的社会生活秩序，建立近代社会生活新秩序，也是清末新政的重要内容。一方面，革除一般社会生活陋习。如禁止鸦片烟，清廷多次下达禁烟上谕。"清帝本月七日上谕曰：屡次敕令禁鸦片烟，至今吸烟者尚多。今番庆亲王、鹿传霖、影［景］星、丁振铎任禁烟大臣，选择内外良医，以三个月为限，设立戒烟所，其创设费三万两，经常费每年支出六百万两，收容中央大小官吏至今不能禁烟者。地方官亦当讲究适当之法，实行禁烟"⑤。又如禁止缠足，"清国政府就妇女缠足之事，业已饬令各省革除弊风，剀切劝谕。官吏视为具文，愚民狃于积习，改革不为不难。今法部就缠足订定专律，颁布各省，一律遵行"⑥。再如禁止早婚，"考政大臣伏奏清廷之结果，近日颁布早婚禁止令。原来清国人男子十四五岁、女子十三四岁结婚者多，今番男女不达二十岁以上不许结婚，万若犯科者，对其父兄处罚。制定法律目下正协议中，此考政大臣之议。政治馆提调亦上奏，故不日间将颁布法律"⑦。另一方面，改变旗人生活习性与特权。如剪发易服，"泽公及端方谒见清帝及西太后，上奏改正服制、励行断发之必要。西太后训谕：此等事官制改革后再商议"⑧。随后又有报道："清国会议政务

---

① 《留学生叙用》，《皇城新闻》第 2620 号，第 1 版，隆熙元年（1907 年）10 月 31 日。

② 《清国学部의创设》，《皇城新闻》第 2047 号，第 1 版，光武 9 年（1905 年）9 月 16 日。

③ 《清国学部의教育发达计划》，《皇城新闻》第 2184 号，第 1 版，光武 10 年（1906 年）5 月 19 日。

④ 《提学使司의创设》，《皇城新闻》第 2169 号，第 1 版，光武 10 年（1906 年）5 月 2 日。

⑤ 《禁烟实行의上谕》，《皇城新闻》第 2749 号，第 1 版，隆熙 2 年（1908 年）4 月 12 日。

⑥ 《禁止缠足》，《皇城新闻》第 3234 号，第 1 版，隆熙 3 年（1909 年）11 月 28 日。

⑦ 《清国의早婚禁止令》，《皇城新闻》第 2282 号，第 1 版，光武 10 年（1906 年）9 月 12 日。

⑧ 《服制改正과断发》，《大韩每日申报》第 4 卷第 324 号，1906 年 9 月 18 日。

处王大臣等会议服制改正问题后，决定明春先为军人、警官、教育官中各三品以上者改正服制，此亦为继行断发之阶梯。"①又如废除八旗俸禄，"八旗驻屯兵改定屯田制，北京八旗兵第一师团右卫护军巡捕居多，故军机大臣张之洞主张废止该八旗兵之俸禄，使其各谋自力生活"②。驻防八旗亦被裁撤归农，"政务处议决驻防八旗裁撤归农方法如左：（一）身体强壮者编入京畿陛军（近卫兵）之事；（二）其余移民开垦事；（三）幼年子弟入学学校事；（四）为妇女设立各处职业学校学习实业事"③。

当然，《皇城新闻》与《大韩每日申报》关于上述清末新政各方面的报道并不是平分秋色，而是有所侧重。实际上，其关注的重点是政治与军事方面，这与当时复杂的国际形势及韩国自身的艰难处境相关。

清朝的政治改革，立宪自然是重点。日俄战争后，立宪的日本战胜了专制的俄国，树立了东亚国家振兴的榜样。清朝开始预备立宪，韩国也是感同身受，固然多所关注。以上所述较多，下面着重探讨另一个重点，即清朝政治改革过程中各种势力派系的权力斗争问题。这种派系矛盾错综复杂，主要表现在三个方面：一是清廷内部革新派与保守派的矛盾。"清国保守派领袖军机大臣荣禄恃西太后之宠信，有虞于自己不利，抑制革新派有力者之权限。两三年以来，从各方面策划恢复自派失坠之势力。当时革新之气运频频勃兴，西太后固有威力阻止，然万若阻止，荣禄深虑政治上保守派地位反被大打击，遂嗾使御史黄祖承等弹劾革新派之领袖袁世凯或瞿鸿禨等，至再至三"④。二是中央与地方督抚的矛盾。"为商议对袁世凯总督之改革意见书，王大臣等开内阁大会议，学部尚书荣庆、军机大臣世续两氏提议中央集权之说。湖广总督主张依然维持督抚之权限，对此辩驳曰：首都在地方辽远，督抚之权限减削，地方施政上时时待中央政府之训令，有缓慢掣肘之虑。陕甘总督升允亦同意"⑤。三是满汉之间的矛盾。"清国袁世凯受满洲大臣之反对，醇亲王、肃亲王、世续、铁良、庆亲王诸人互相结合对付袁氏。袁氏在中央无有力之党援，其党与为徐世昌、杨士骧、段祺瑞、赵秉钧［钧］、严修等诸人，因严查革命党得西太后之信任。则今袁氏之失败，可预度将来两党之

① 《服制改正件决定》，《皇城新闻》第 3214 号，第 1 版，隆熙 3 年（1909 年）11 月 3 日。
② 《八旗俸禄撤废议》，《皇城新闻》第 2601 号，第 1 版，隆熙元年（1907 年）10 月 8 日。
③ 《八旗归农方法》，《皇城新闻》第 2653 号，第 1 版，隆熙元年（1907 年）12 月 11 日。
④ 《总权权限抑制案》，《皇城新闻》第 1214 号，第 1 版，光武 6 年（1902 年）11 月 1 日。
⑤ 《内阁大会议》，《皇城新闻》第 2558 号，第 1 版，隆熙元年（1907 年）8 月 14 日。

大决战"①。正是各派政治势力之间的矛盾斗争影响了清朝新政改革的进程，因而也是韩国报刊媒体关注的一个焦点，并不足怪。

至于军事改革，当然陆军军制建设是一个重点，已如上述；《皇城新闻》等韩国报刊媒体关注的另一个重点是清朝海军复兴问题，这方面有大量报道。清朝洋务运动时期建立的北洋海军于甲午战争中全军覆灭，从此海军一蹶不振。清末新政时期，海军复兴再次成为重要议题。尤其是在第二次海牙国际和平会议上，中国因为没有海军而被列为三等国，振兴海军更是刻不容缓。《皇城新闻》报道："清国海军自日清战争以后，舰队并未复旧。昨年海牙万国平和会议，清国无海军，故被贬下三等国，此无非加深国家之耻辱。迩来清国官民间有海军复旧之议，近者毕竟为海军复旧之决定，先支出二千万两，设置南洋、北洋及越［粤］洋三洋之海军根据地。"②后来，清朝设立筹办海军处，以贝勒载洵与水师提督萨镇冰为筹办海军大臣。载、萨两大臣出洋考察欧美与日本海军，加紧进行清朝海军建设。1910 年，清朝建立两支海军舰队：第一巡洋舰队，有巡洋舰 4 只，练习舰、水雷炮舰、哥尔贝德型船各1 只，另有水雷艇 8 只，其附属陆上官衙学校兵营有巡洋舰队司令部、芝罘水师学堂、芝罘海军水师营舍；第二长江舰队，有炮船 13 只，哥尔贝德型船 2只，运送船 1 只，其附属陆上官衙学校兵营有长江舰队司令部、南京水师学堂、南京鱼雷学校。③其实，这与甲午以前清朝之北洋、南洋、闽洋、粤洋四洋海军相比，还差得很远。载洵、萨镇冰等还在谋划改筹办海军处为海军部，并进一步提出海军发展草案，包括海军军港建筑、舰队组织、教育振兴、工厂建设等重要问题，甚至希望借外债办海军。④然而，终清之世，其海军并未振兴。

另外，《皇城新闻》与《大韩每日申报》比较关注细节，也能揭示出一些很有意思的现象。如关于慈禧太后对变法态度的报道："清帝召集翰林院学士、编修面谕：宜研究泰西政治学。其时西太后同席，自思今后清国如仍持以前之守旧主义，国家之富强永不可期，不得已而背祖宗成法，效仿泰西文物制度，不可不行革新。抚今追昔，不禁自然垂泪，左右旁列者亦一同放声啼泣。"⑤"清人文海之夫人每日供奉西太后左右，出语其所亲人云：太后

---

① 《满汉의大决战》，《皇城新闻》第 2621 号，第 1 版，隆熙元年（1907 年）11 月 2 日。
② 《清国海军의复旧》，《皇城新闻》第 2802 号，第 1 版，隆熙 2 年（1908 年）6 月 13 日。
③ 《清国海军의现况》，《皇城新闻》第 3349 号，第 1 版，隆熙 4 年（1910 年）4 月 21 日。
④ 《清国陆海军改良》，《每日申报》第 1606 号，第 1 版，明治 44 年（1911 年）2 月 28 日。
⑤ 《翰林院新艺와西后垂泪》，《皇城新闻》第 1014 号，第 1 版，光武 6 年（1902 年）1 月 23 日。

居恒郁郁不乐,曰:不变法万不能行,变法又毫无把握,轻动妄举,又恐贻笑外人,如何是好? 大小臣工屡次召见,所说各各不同,令人闷煞!"①可见慈禧太后对于变法的矛盾心态。还有关于慈禧太后学英语的报道:"近日西太后每日读习英文,前日各国使臣陛见时,采英音하우두유두(How do you do——引者注)向各使致礼。"②"西太后目下正学习英语,其进步颇著。"③尽管慈禧太后学英语难免有作秀之嫌,但这多少也是一种开放姿态的表露。再如关于预备立宪的报道,有两个细节颇值得注意。一是资政院派员学习速记法的报道:"清国资政院派送赴日德两国速记法视察员,拟归国后设立学校,为国会之议事笔记及其他必要时使用该法。"④二是资政院设立旁听席的报道:"清国资政院总裁伦贝子与各提调会商,在该院正座左边设立新闻记者旁听席(外人不得与列),正座右边设立各国驻京公使旁听席(中人不得与列),除军政上交涉上会议外,皆许其报名入座旁听。"⑤无论是速记法还是旁听席,都在资政院与谘议局会议中使用。事实上,资政院与谘议局会议程序是非常规范的,由此对清末预备立宪应该有新的认识。

由于清末新政并非一场有严密计划按步骤推行的改革,实际上是在不断摸索与调整的过程中逐步展开的,而《皇城新闻》与《大韩每日申报》又毕竟是外国媒体,故其对清末新政的观察与报道确实难免有偏差失误之处。主要表现有三:其一,有些信息反应滞后,并有重大遗漏。清廷颁布新政改革上谕是在1901年1月29日⑥,其时正值庚子事变期间,国际形势异常复杂。《皇城新闻》当时有关中国的报道也主要是关注庚子事变,直到将近两个月之后的3月22日才发表一篇论说《清国有革新之善策》。清廷那个新政上谕一直未见报道。在清末新政启动阶段,两江总督刘坤一与湖广总督张之洞联衔合奏的《江楚会奏变法三折》,酝酿多时,正式上奏于1901年7月12、19、20日。⑦慈禧太

---

① 《西后의有意变法》,《皇城新闻》第1051号,第1版,光武6年(1902年)3月12日。

② 《清国宫廷琐事》,《皇城新闻》第1068号,第1版,光武6年(1902年)4月2日。

③ 《西太后의英语学习》,《皇城新闻》第1087号,第1版,光武6年(1902年)4月24日。

④ 《速记法의视察》,《皇城新闻》第2779号,第1版,隆熙2年(1908年)5月17日。

⑤ 《资政院의旁听席》,《皇城新闻》第3453号,第1版,隆熙4年(1910年)8月24日。

⑥ 中国第一历史档案馆编《光绪宣统两朝上谕档》第26册,广西师范大学出版社,1996,第460~462页。

⑦ 刘坤一、张之洞:《变通政治人才为先遵旨筹议折》、《遵旨筹议变法谨拟整顿中法十二条折》、《遵旨筹议变法谨拟采用西法十一条折》及《请专筹巨款举行要政片》,《张文襄公全集》卷52,中国书店,1990,第9~29页、卷53,第1~33页、卷54,第1~36页。

后于 10 月 2 日发布懿旨①，予以批准实行。《皇城新闻》并没有报道江楚会奏前两折，而直到慈禧太后懿旨发布两个月之后的 12 月 3 日，才简要地报道了第三折的内容。②载泽、戴鸿慈、端方等五大臣出洋考察政治，每考察一国，都会向清廷上奏考察报告。1906 年 2 月 13 日，载泽一行上奏考察日本大概情形报告；3 月 12 日，清廷朱批：知道了。③《皇城新闻》也是在两个多月后的 5 月 18 日，才作了简要报道④；其他大量相关考察报告并不见报道，《大韩每日申报》也是如此。另外，还有一些重要遗漏，如学制改革中的"癸卯学制"、"壬寅学制"的制定与科举制度的废除，甚至《钦定宪法大纲》的颁布，都未见有关报道。

其二，也有混乱不清甚至前后矛盾之处。关于清廷内部的政治派系，《皇城新闻》有报道："目下西安朝廷分三党派：鹿传霖一派，专唱排外主义，与外兵决战；荣禄一派，尚持久驻西安之说，取糊涂态度；王文韶一派，主张速回銮北京，稍倾改革主义。此三党互相排挤，竞争势力，然此际无一人奏请皇帝亲政。"⑤又报道："清国今后北京政局如何？欲解此疑问者，先不可不知清国大官之系统，与此系统对外国关系好恶情感之缘故。日英派为庆亲王、王文韶、张之洞、刘坤一及其他南清国督抚；俄国派有荣禄、鹿传霖及其党羽，在宫中有一定势力；中立派是袁世凯（颇近日英派）。李鸿章身故以后，清国失去有力而聪明之俄党首领，荣禄亦没有昔日之势力，故现今情态是日英派得意，又有袁在后暗援，可知北京今后政局。"⑥其中两个关键人物荣禄与鹿传霖原来说分属两派，后来又说是一派，读者如何分辨？清朝筹议立宪之初，有关上、下议院的组织，有报道："清廷参考立宪制度，曩有设置众议院效仿下议院，政务处效仿上议院。政务处改称议政处，决定由各部大臣侍郎以上之高等官组织。不日间将颁布施行。"⑦又有报道："支那政府曩日准备颁布立宪制度，有设立议会之议，计划下议院由现在政务处改

---

① 中国第一历史档案馆编《光绪宣统两朝上谕档》第 27 册，第 188 页。
② 《两总督의上奏》，《皇城新闻》第 4 卷第 276 号，第 1 版，光武 5 年（1901 年）12 月 3 日。
③ 《出使各国考察政治大臣载泽等奏在日本考察大概情形暨赴英日期折》，故宫博物院明清档案部编：《清末筹备立宪档案史料》上册，第 6~7 页。
④ 《视察概意의上奏》，《皇城新闻》第 2183 号，第 1 版，光武 10 年（1906 年）5 月 18 日。
⑤ 《势力竞争》，《皇城新闻》第 4 卷第 103 号，第 1 版，光武 5 年（1901 年）5 月 11 日。
⑥ 《清国大官의系统》，《皇城新闻》第 1021 号，第 1 版，光武 6 年（1902 年）1 月 31 日。
⑦ 《清国의立宪实施》，《皇城新闻》第 1910 号，第 1 版，光武 9 年（1905 年）4 月 7 日。

定，上议院由各部侍郎以上之高等官组织。"①其间政务处的角色，原来说是上议院，后来又说是下议院，亦使人莫名究竟。

其三，还有错误报道，不知所据。《皇城新闻》报道伊犁地区军制改革，有云："清廷改革伊犁方面之军制，以兵部尚书长庚任伊犁将军，伊犁将军马亮任乌里雅苏台将军。"②其实，长庚只是兵部尚书衔，而伊犁将军与乌里雅苏台将军只是清代八旗驻防地的最高行政长官，长庚与马亮的调任，只是地方官调动，并不是军制改革。《皇城新闻》与《大韩每日申报》还先后报道同一消息："清国出洋大臣归京后，张之洞、袁世凯、岑春煊等各总督一齐上京，开御前会议制定立宪政体事。"③事实上，五大臣出洋考察回国后，只有北洋大臣直隶总督袁世凯就近进京参与了预备立宪决策的廷臣会议及其后的官制改革，湖广总督张之洞与两广总督岑春煊不但没有参与有关立宪决策的御前会议，官制改革也只能选派司道大员进京随同参议。④显然，《皇城新闻》等报道的是一条假消息。清廷宣布预备立宪不几天，官制改革刚刚着手，《皇城新闻》与《大韩每日申报》就同时披露一份清朝新内阁名单："清国官制改革采用日本制度，各大臣任命如左：内阁总理大臣庆亲王，参谋总长袁世凯，外务大臣唐绍仪，内务大臣泽公，司法大臣徐世昌，农商务大臣振贝子。端方、张之洞、瞿鸿禨三氏入枢密院。"⑤这同样是一条假消息。

尽管如此，这些并不妨碍时人与后人通过《皇城新闻》与《大韩每日申报》等韩国报刊媒体对清末新政有一个大概的了解。媒体报道的及时性、客观性、真实性固然重要，但其主观认识与反应更值得探讨，这便是以下需要论述的内容。

---

① 《清国议院计划》，《皇城新闻》第 1923 号，第 1 版，光武 9 年（1905 年）4 月 22 日。

② 《军制改革의计画》，《皇城新闻》第 1997 号，第 1 版，光武 9 年（1905 年）7 月 18 日。

③ 《清国御前会议》，《皇城新闻》第 2243 号，第 1 版，光武 10 年（1906 年）7 月 27 日；《立宪会议》，《大韩每日申报》第 4 卷第 282 号，第 1 版，1906 年 7 月 28 日。

④ 《立宪纪闻·考政大臣之陈奏及廷臣会议立宪情形》，《宪政初纲》（东方杂志临时增刊），第 2~5 页，上海：商务印书馆，光绪三十二年（1906 年）十二月；中国第一历史档案馆编《光绪宣统两朝上谕档》第 32 册，第 129 页。

⑤ 《清国立宪의实施》，《皇城新闻》第 2277 号，第 1 版，光武 10 年（1906 年）9 月 6 日；《新内阁》，《大韩每日申报》第 4 卷第 315 号，第 1 版，1906 年 9 月 6 日。按：《大韩每日申报》的报道缺袁世凯、唐绍仪两人。

二 对清末新政的认识与评论

在东亚政局变动的过程中，清末新政始终是韩国报刊媒体关注的重要对象。《皇城新闻》与《大韩每日申报》有大量的相关报道，并时常发表颇有针对性的"论说"文字。韩国报刊媒体究竟如何看待清末新政？通过分析《皇城新闻》与《大韩每日申报》的相关"论说"文字，可以有如下四方面的认识。

一是对清政府政治腐败的批判，不改革将不可救药。清廷在庚子事变中逃亡西安后，迫于内忧外患的压力，发布了新政改革的上谕，各省督抚纷纷上奏各种改革之策。对此，《皇城新闻》不以为然，批评各督抚"何其见事之晚也"。有谓："清室之萎靡不振，盖亦久矣。内乱蝟集，外患鸷张，尤为岌岌于十年之间者，即天下之所共知也。为其臣者，苟有一分犬马之诚，悲愤慷慨，唏嘘叹息，何以则图存国家？何以则拯济生灵？议出此案，固在十年之前。"这期间，各省督抚"希觊荣宠，窥伺权势，自图肥己，与同狗彘，忘弃邦国，与同秦越"。即使光绪皇帝发动戊戌变法，也是无动于衷，"或阿附助虐，或袖手旁观，遂至洪流稽天，大火燎原，宗社之危亡，人民之酷烈，一陷于四千年无前之祸坑"。这些"误君亡国之臣"现在纷陈改革之策，希望在局势和平之后实行，并不是有悔改之心，实际上不过是其企图与顽固派划清界限以私谋自救之计而已。"以今观之，平和回复未可期必于何时；虽至平和回复之日，毕竟倨傲之心复萌，懈怠之习复作，岂可卧薪尝胆、忘餐废寝汲汲为国家计也？此辈之心，明若观火者存焉。处罚元凶，诛戮禁锢，几回相续，渠亦胆寒肝冷，魂不附体，所以出于弭患求生之穷计也"①。地方督抚如此，清廷又如何呢？清廷在危难之际逃至西安，偏处一隅，朝廷上下仍不思振作，而是文恬武嬉，一片歌舞升平景象。"西太后好观剧，公宴日开。皇太子游荡无度，耽观剧场，放僻私游，住宿娼家。各官醵金会谶，广招梨园，大张演戏，殆无虚日。士商尚风，宴饮日张，一次酒席，银至三四十两。上自宫廷，下至市井，优嬉逸乐之像，流连荒亡之态，不见如睹。大抵清国之宗社倾覆，城阙沦陷，生灵屠戮，祸出谁手，罔非西宫之酿

---

① 《覆清者谁恢清者谁》，《皇城新闻》第 4 卷第 92 号，第 2 版，光武 5 年（1901 年）4 月 29 日。

成厉梯也。现今万里蒙尘，十分危惧，宿过未忏，旧恶未悛，幸其矢丸未及之暇，犹有姑息昵乐之念，比何忍斯？然西后不过一寡妇，溥隽不过一纨绔，各官不过是逐逐蝇狗之一辈，士商不过是无学问无爱国心之一流，此辈亦何足深诛也。如鹿传霖、荣禄、王文韶等皆元老大臣，当此危亡匪朝伊夕之日，虽如越俘尝胆，楚囚交泣，犹不知置身何地。未闻进一谏以止宴嬉，未闻决一策以靖危乱。派分党列，互相排挤，不顾国难，各图私计，纷纭争哄，坐失时局。大事一去，是谁之责？谦饮游嬉，处堂之燕雀也；分派争哄，相持之蚌鹬也。火势一及，舆堂俱然，已无暇论；渔叟一至，坐收其功，理所难免。全清一局，将何以援之？"①《大韩每日申报》分析清朝国权萎弱与社会紊乱的原因，主要是由于官吏的贪风。卖官鬻爵，贿赂公行。总督卖将官，总兵之职银二千两至万两，尉官之职不下一二千两；总兵、尉官便干没粮饷和吃空额以中饱私囊，作为补偿。布政使卖文官，知县之职银数千两，亦靠搜刮重敛作补偿。总督、巡抚与布政使之职需银数万两，而其所卖管下文武官吏可得数十万两。都察御史拟参劾某大官，其暗中花费数万两打点便可无事。至于诉讼案件，大者数千两，小者数百两。"清人俚谚曰：衙门虽开，理直而无钱勿入"。贪风盛行，全国人心思乱。"此风不革，其国其民虽不欲灭绝，其可得乎？"②尽管如此，清廷毕竟已经开始实施新政，幡然变革虽晚，然或有可图。"若使清廷见机运斡在于戊戌政变之日，则拳匪之祸，联合之烈，偿金之毒，蕃越之苦，不但不止于此极，励图六七年之间，未知踵后于列强。今乃经营于覆辙之后，反未知十年之间而能回复其渐尽之元气，此岂非为清国执政者失策乎？虽然，覆辙之余，不能有后车之戒而长往不返，必至亡灭乃已。何幸维新之议遽出于此头，使全清一局得此苞桑之系也！"③清朝虽然错失了戊戌变法的大好时机，但在遭受庚子事变重创之后实行新政，尚不失亡羊补牢之意。

二是对清末新政整体意义的颂扬，肯定其对中国前途乃至东亚大局的贡献。清廷颁布新政上谕后，《皇城新闻》最早的评论文字认为：清朝在危难

① 《西安近闻日甚一日》，《皇城新闻》第4卷第108号，第2版，光武5年（1901年）5月17日。

② 《论支那贪风戒韩国官吏》，《大韩每日申报》第4卷第196号，第1版，1906年4月18日。

③ 《清举新策晚犹可图》，《皇城新闻》第4卷第212号，第2版，光武5年（1901年）9月18日。

之际穷极思变，或可从恶梦中唤醒，以图转危为安。"故极则必变之理，在乎今日维新之举。则是举也，定是唤醒恶梦，固非呓语也审矣。余于团匪倡乱之初，尝论全清之变局，以今日危亡之端，即他日兴存之机云者，致以此也。大凡有国者，处安危存亡之局，善其措置而安而存，否则而危而亡。无爽毫发，不待唇舌而可下。况乎清国之人心不至瓦解，清国之时势不至土崩，则豫机奋图，光兴国谟，岂不易于反手于今日之清国哉？"①随后，又称赞两江总督刘坤一与湖广总督张之洞的改革意见为进步主义，将一扫清廷内部的顽固守旧风气；而且清廷所派谢罪使醇亲王载沣赴德国、那桐赴日本，也将顺便调查东西洋文明国之文物制度。"回銮北京以后，将行一大革新"②。对于清朝新政改革后的一些新变化尤其是预备立宪，《大韩每日申报》给予了热情的赞扬，有谓："改革乎，改革乎，清国政府今日实施改革乎？实可欢迎与祝贺。彼虚骄自大之清人今日唤醒宿梦、脱却旧习乎？因循偷惰之清人今日思想进步、志气鼓励，腐败无能之清人今日精神刷新、事业进取。世界最古之支那国将呈现出新面目，东洋最大之爱新觉罗氏政府将发布新制度。"③清末新政进展虽缓，但亦有种种进步之表现。"就其政治而言，则宪法实施之预备与国会开设之催期是也；就其教育而言，则全国各处学校稍稍设立，海外留学生达数万名；就其军备而言，新式操演陆军四十万，计划新设海军部并完设舰队；以及为增进实业，向东西各国派遣工业学生；为使自国人之手制造新式武器，而增设机器局等事是也"④。光绪皇帝与慈禧太后相继去世后，对于清末新政之前途，《皇城新闻》提出了四种忧虑和两种希望。其忧虑是：（1）清朝政界新旧两派复杂，万一守旧派急骤势力反对维新，新旧两派竞争剧烈，可能发生奇变；（2）满汉两族关系紧张，汉族对满族久抱不平积怨，如因此国家非常事变，而起满汉冲突，将酿成大局危机；（3）革命党与哥老会乘机扰乱滋事；（4）其他列强乘此危乱出面干涉。其希望是：（1）现在醇亲王居摄政之位，其人格温良，曾游览泰西各国，了解欧洲文明，主张开明，有识见，近几年来于守旧与开明两派之间无所偏依，如

① 《清国有革新之善策》，《皇城新闻》第 4 卷第 61 号，第 2 版，光武 5 年（1901 年）3 月 22 日。
② 《清廷의进步主义》，《皇城新闻》第 4 卷第 176 号，第 2 版，光武 5 年（1901 年）8 月 5 日。
③ 《清廷改革의好望》，《大韩每日申报》第 5 卷第 631 号，第 1 版，1907 年 10 月 6 日。
④ 《清国의进步有望》，《大韩每日申报》第 6 卷第 942 号，第 1 版，1908 年 10 月 31 日。

今仍以审机观变之手段，实行维新政治，可以维持大势；（2）宪政预备之大政由光绪皇帝诏敕颁行，摄政王企图维新文明乃遵行先帝之遗旨。"皇天眷顾我东洋，使支那大局不陷四种忧虑，而得达二种希望"①。其对清末新政期望甚高，并对摄政王给予了很高的评价。《皇城新闻》认为："清国自摄政王代理以来，诸般政治渐臻改良。"其引用美国某博士的话说："中国执政柄者无有再胜于摄政王者，且近十年中国一切变法之良结果必多出王之手，故摄政王造就中国之幸福良为不浅。"②清末新政不仅关系中国前途，而且关系东亚大局。"就中与东洋之安危和黄种之存灭有关系者为支那，盖支那拥有三万里版图、四亿万民族，成立一大帝国。若支那富强发达，足有能力抵敌欧美诸国，东洋大势巩固而有幸福。若支那一向腐败不振，至被欧美人瓜分之境遇，我东洋诸国均受其败乃必至之势。"因而对清末新政充满着希望与信心。"清国自道咸以来，政治腐败，国力堕落，被海外诸国之蹂躏，至于光绪朝而极矣。最近摄政王当国以来，上下人心有发愤自强之态度，预备宪政，奖励教育与实业，复兴海军，改革陆军，实行满洲之移民垦地，及国会速开运动，诸般事业，稍稍振兴。彼欧美诸国对清国不加强压，欲得欢心，外交程度亦实有进步之美观。孟子曰：大国五年，小国七年，必为政于天下。盖大国之进步比小国有迅速之效果，乃势之固然。即今时代虽大国之势五年间不能满足发达程度，近则十年，远则二十年，其兴也勃焉。今支那之势其进步继续，宜其不出此限"③。当然，这种信心是对清末新政改革方向与前途的期待，但腐败的清政府能否承担这个改革的领导重任则尚存疑问（详下文）。

三是对清末新政具体改革的分析与评论，多有赞扬之意。宪政是韩国报刊媒体关注的重点。在清廷颁布预备立宪上谕之后不几天，《皇城新闻》发表评论认为：清朝从鸦片战争到庚子事变期间，外则饱受列强侵略，内则各派势力政争不已，政治腐败，国是日蹙，如今终于开始宪政改革，或现一线曙光。"今就其诏谕之思想与官制之改革观之，虽其九仞之一篑与掘井之汲

---

① 《清国前途如何에观念》，《皇城新闻》第 2938 号，第 2 版，隆熙 2 年（1908 年）11月 28 日。

② 《清国近闻에对한观念》，《皇城新闻》第 3078 号，第 2 版，隆熙 3 年（1909 年）5月 21 日。

③ 《清国现状에对한观念》，《皇城新闻》第 3287 号，第 2 版，隆熙 4 年（1910 年）2月 3 日。

泉，未知当在于何时，抑亦万里之远，发轫之初也。由此而织成锦绣之宪章，照耀于全地球上，固未可知；由此而巩固爱新氏之宗国，杜绝外族之侵侮，固未可知；由此而永保东洋之和平，造得黄种之幸福，固未可知。不然而徒侈一时之外观，贻了他人之耻笑，亦未可知。此在任命诸氏满腔之热达于极度与否，实非吾辈之容易论断者也。虽然，现今支那亦可谓乱极思治、苦尽得甘之时"①。预备立宪以改官制为先，但丙午官制改革随即受挫，"改革派失败，守旧派胜利，可谓龙头蛇尾之改革"②。不过，清朝既已走上立宪道路，其前景可观。"此全部方策实行，依例将要几年光阴，然今其皇帝与首领元老于此问题进路，以此形态观之，美哉清国后运！"③《皇城新闻》甚至把清朝看作当时世界上新出现的立宪国家代表。光绪皇帝去世后，据说清朝王公大臣向摄政王建议要给他铸立铜像，以纪念其开创立宪之首功。该报颇有感慨，有谓："光绪皇帝御极三十八年之间，凡几遭国家之非常奇变矣！……乃及摄政王朝，克遵先帝之遗意，立宪预备着着进行，天下颙望日新。今亲王大臣等以纪念其立宪首创功德之意，奏议建立铜像于殿上，然则光绪皇帝创立立宪之功德，贻支那四亿万人民之无量福祉也。"④显然，对宪政期望甚高。其他如经济改革，从清朝绣品出口认识到振兴实业的重要性，有云："目今当产业竞争之时代，何种营业发前未发有进步能力者，便得生存之幸福；若因陋袭故，不图进步者，便不免败灭之惨祸。"⑤如军事改革，清国通过编练新军，将成为"一大武略国"。清朝地广人众，财源丰富，将练成三十六镇陆军及更多后备部队。在普遍聘请日本人教练下，必将成就一强大陆军，尤其是其军官训练有素，将更加引人注目。"武官大加教练，特别谨慎，且其品级及顺序整列，无限优美。清国一次觉梦，欲担待所当职务，其十分完全。惹起世人之惊骇，今既多著其机矣"⑥。如文化教育改革，清末新政中建立学校教育体制与派遣出洋留学生，并改革科举八股选材之道，讲求西学新知。《皇城新闻》认为："今此学程一款，实其更张之第一大关键也。""盖支那之不振，厥由于教育之不明与选举之不公，人才杳然，无以振

---

① 《清国의宪法新政》，《皇城新闻》第2279号，第1版，光武10年（1906年）9月8日。

② 《龙头蛇尾의改革》，《皇城新闻》第2336号，第1版，光武10年（1906年）11月17日。

③ 《清国内改良》（续），《大韩每日申报》第5卷第646号，第1版，1907年10月25日。

④ 《各国新史의观念》，《皇城新闻》第3069号，第1版，隆熙3年（1909年）5月11日。

⑤ 《清国绣业에对한观念》，《皇城新闻》第3133号，第1版，隆熙3年（1909年）7月24日。

⑥ 《一大陆军의渐长》，《大韩每日申报》第5卷第660号，第1版，1907年11月13日。

作治道之衰替。今既迅先着手于此二事，岂非清国维新之基兆乎?"①在论及出洋留学之效时，《皇城新闻》也以清朝为例，有谓："支那自屡经变乱以来，渐知新学之有益，连遣游学生于日本及欧美诸国，奖励成就之效。"②据北京报载，清政府颁布义务教育实施新令：男女七岁以上入普通小学校受学，有违反此令者，处罚其父兄。《皇城新闻》大加赞赏："新令颁布，旭日升空，春雷振蛰，东风解冻，三万里江山宿氛冥雾快霁，文明光线普照一大机会也。……今日义务教育行将实施，其文明富强之发展指日可期，则岂不为之祝贺万万哉!"③对于清朝用简字学堂推广普及教育，亦有赞叹："支那处东洋之中心点，乃文明教化最先发达之地。至于近世，文明程度居最迟缓，至国家权利坠落，国民中读书识字者止少数之缘故。所以，近日设立简字学堂，艰深难解字须删除，编写简易文字教科书，普通国民无不受学，无不读报。此方法实行，为教育普及必要之方针。"④关于社会生活领域的改革，如禁烟问题，《大韩每日申报》认为："彼庞然巨国致此萎靡不振，未尝非鸦片之为因。今日至稍稍自觉，禁止鸦片之诏谕如雨下至民间，戒绝鸦片之丸药广告在报纸上如雪飞。将来清国之存亡，以此吸鸦片者之加减与否可卜也。"⑤又如剪发问题，贝勒载涛出洋考察各国军事，深受海外新空气刺激，有奏请颁布断发令之举。《皇城新闻》发表评论文字认为：头发问题对维新事业而言不过形式，"人之思想与形式互为表里，形式一新，则思想一新。今企图维新事业，不得不从形式上着手"。该文还以历史的眼光，对清末新政改革做了鸟瞰式的评论："大抵支那为东洋世界最古文明国和最大帝国，其疆土焉跨有三万里，其民众焉具有四亿万，其势力发展可占宇内之霸权。但其泥古不变，政治腐败，结果东败西丧，列强之压迫日加，国威之堕落日甚，瓜分豆剖之势十分危凛。幸其折肱而知医，尚属未晚。年来发愤自强之思想，革旧图新之事业，次第励行：第一，宪法预备实施，建筑上下一体之

---

① 《论清国学校维新之兆》，《皇城新闻》第 1007 号，第 2 版，光武 6 年（1902 年）1 月 14 日。

② 《论游学外国之效》，《皇城新闻》第 1250 号，第 2 版，光武 6 年（1902 年）12 月 13 日。

③ 《清廷의义务教育实施》，《皇城新闻》第 2744 号，第 2 版，隆熙 2 年（1908 年）4 月 7 日。

④ 《清国简字学堂에对하야比较的思想》，《皇城新闻》第 3233 号，第 2 版，隆熙 3 年（1909 年）11 月 27 日。

⑤ 《鸦片吸者의增加함을叹》，《大韩每日申报》第 8 卷第 1300 号，第 1 版，1910 年 1 月 28 日。

基础；第二，为输入海外文化，留学派遣增加，学校设立扩张；是图阴雨之
绸缪，专力陆海军备；促短宪法实施之期限，拟议国会速开等事，着着进
行，稍有耸动世界之耳目。"①中国本可雄踞世界，不幸清朝因腐败而堕落，
又渐起改革，方略有起色。

四是对清末新政结局与清王朝覆灭的检讨。韩国报刊媒体对于中国这个
老大帝国的衰败，确实颇有哀惋之意，而清政府政治腐败的现实也是客观存
在的，因而其对于清末新政改革之心态不免有矛盾之处：期待与忧虑共存，
希望与失望并生。清廷宣布预备立宪后，确曾给中国政治改革带来一线生
机。《大韩每日申报》认为："其实际之状态如何勿问，其内容之真假如何勿
论，但其外面之发露如是，已可称文明前途之初启轫也。"至于中国宪政之
原动力何在，该报并不认为现存之清政府能承担这个领导责任。"试思其原
动力之所在何处？观宫廷，西太后之垂帘如故；观政府，满汉之党派如故；
观大臣，袁世凯、张之洞不敢望曾国藩之一指趾；观封疆大吏，端方、鹿传
霖不能肖李鸿章之一毛发。康有为、梁启超尚且有亡命海外之踪迹，以笔舌
坐捣无情岁月而已。异哉，此维新风潮何自而发生耶？虎狼之暴可驯，厉妇
之性难变。此风潮之发生曰由西太后，吾不信也。凡夫之顽可开，声闻人之
心脑难穿。此风潮之发生曰由袁世凯、张之洞，吾不信也。然则此风潮之发
生原因果然何在？曰：壮哉，志士之血！伟哉，英雄之泪！维血与泪可为购
入如荼如锦之文明之价金。"这里居然把希望寄托在革命者的身上，其中有
一个奇怪的逻辑，就是清政府的预备立宪是由革命不断促动的。"今兹清国
讲究文明发轫之立宪预备，几年来革命党、暴动党中此去彼来，此死彼进，
乃由许多志士英雄之血痕泪点购得。吾于是乎拜志士之血，舞英雄之泪"。
中国要建立真正的宪政国家必须通过革命，"况清国今且发轫之初，不可不
多多产出血泪种子，支那乾坤一大洗涤，然后成立东亚大陆一等文明国"②。
诚然，革命固然可以完全改变中国的面貌，但那已经不是清王朝的天下了。
清政府仍在搞预备立宪，并于 1911 年 5 月设立以庆亲王奕劻为首的责任内
阁。其时，大韩帝国已被日本吞并。业已站在日本立场上发言的《每日申
报》评论清朝新内阁，虽然认为其是清朝宪政之准备，为可庆贺之事，但实

---

① 《清国断法令에对함을》，《皇城新闻》第 3443 号，第 2 版，隆熙 4 年（1910 年）8 月
12 日。

② 《清国立宪问题에对한所感》，《大韩每日申报》第 6 卷第 778 号，第 1 版，1908 年 4 月
11 日。

际上多有批评。尽管新内阁仿照日本的制度，但其总理大臣之下又设置二位协理大臣，为"列国之立宪内阁制中其例所无"，尤其是其"阁臣之配置不得其宜，即朝廷之威信置重，满汉钳制之遗策尚存，使人一见即知为皇族政治不容置疑之事，此即宪政政治之禁物"。新内阁之组织"不过旧军机处之变形"①。"皇族内阁"的出台，使清政府预备立宪的诚意受到普遍的怀疑，一时舆论哗然，宪政陷入绝境。武昌起义爆发，使清王朝迅速走向覆亡之路。《每日申报》认为："现今满朝之败，为革命军所败，亦即满朝之自败。"②其进而认为，清朝之败正是败在立宪问题上，其实是对日本之所以强盛的误解，其败亡不过自招而已。"清国政府之误解以为，日本帝国采用立宪政体所以致如斯富强，实则致富强故采用立宪政体。可怜清朝政府不解此政治学上之通则，徒然对日清、日露之两战役为日本之赫赫战胜所眩惑，依赖立宪政体筑造国家之基础。……故新政体准备之继续不废，派遣考察宪政大臣赴日本及欧美即是已。当时吾人评曰：此考察宪政大臣，即亡清准备大臣。支那帝国将来陷入大混乱者，即在此立宪政体。今果然不外吾人之观察，故清朝其灭亡乃自招。当革命党灭此之际，我借其国古来之格言下一断案曰：'天作孽犹可违，自作孽不可逭。'即此清国之谓也"③。当然，说清朝败于立宪，并不是说立宪制度本身有问题，而应该是清朝预备立宪实际运作不当的结果所致。

通观《皇城新闻》与《大韩每日申报》对清末新政的认识与评论，可见韩国报刊媒体既有对清朝政治腐败的批判，更有对清朝命运与前途的同情与期望。其批判，固不乏哀其不幸而怒其不争之意；其同情与期望，则尚有两方面的原因：一方面因其与韩国自身密切相关。《大韩每日申报》曰："吾侪对彼清廷之改新窃有所感：在东方四千年历史中，支那与韩国恒常安危休戚与治乱盛衰有互相关系。以其风气与性质相适，俗尚与文字不远，大抵支那之文明发达之日，即是韩国之文明发达之期。大韩人士勉之。"④另一方面，因其与东亚大局密切相关。《皇城新闻》谓："夫在我东洋文明之大发展与和平之大幸福基础者为支那版图，为我黄种之前途，不得不注目支那政界之如

① 《清国新内阁评》，《每日申报》第 1670 号，第 1 版，明治 44 年（1911 年）5 月 17 日。
② 《朝鲜과清国》，《每日申报》第 1828 号，第 1 版，明治 44 年（1911 年）11 月 19 日。
③ 《支那再造论》（五），《每日申报》第 1869 号，第 1 版，明治 45 年（1912 年）1 月 13 日。
④ 《清廷改革의好望》，《大韩每日申报》第 5 卷第 631 号，第 1 版，1907 年 10 月 6 日。

何，亦不得不企祝其政治渐臻佳良。"① 这方面其实归根结底也是与韩国自身安危的关系。

三 对韩国自身的反省与期望

韩国报刊媒体关注清末新政，在某种意义上可以说，其目的更主要的是在于反观自我，即对韩国自身的反省。《大韩每日申报》在长篇连载《对光绪及西太后崩逝后支那问题之研究》的结尾，特别说明："本记者此论观其变革，不在支那，而在韩国。"②在此，清朝不过是韩国的一面镜子。从这面镜子中，韩国报刊媒体又究竟看到了什么？对韩国有什么意义？这是需要进一步探讨的问题。

韩国报刊媒体关于韩国自身的反省性认识主要表现在如下三个方面：

一是对韩国政府自身腐败问题及社会与国民劣根性的批判。韩国报刊媒体在批判清朝政治腐败的同时，对韩国自身的问题也作了深刻的反省。《大韩每日申报》特设"韩日人问答"之题，以韩人质问日本何以背信弃义而虐待韩国，借日人之口详细剖析了韩国社会各界腐败不堪之状况，并得出其自取灭亡的惨痛结论。有谓："夫人必自侮而后人侮之，国必自伐而后人伐之。以波兰、越南之历史观之，凡天下有心之人莫不哀之怜之。其实波兰自亡也，非俄人亡之也；越南自灭也，非法人灭之也。今以日韩之关系言之，我日本何尝有侵占疆土、虐害人民之主义耶？其实韩人自召其侵占也，自取其虐害也。余此来贵国，观于政界社会，所谓世禄之家，大官之属，但知有身，不知有国，但知有家，不知有民，对我日人先意承迎，惟恐不及，一切权利无不让与，此非自取灭亡者乎？又观于士林社会，峨冠博带，坐则屈膝，立则如痴，号召其徒曰：'我辈圣人之徒，大明遗民，近世所谓新学问，皆夷狄之道，决不可留意；所谓新闻纸，亦皆异端邪说，决不可挂眼。吾党中若有语及世界形便者，是杂念也，妄想也，切宜戒之。日后有真人自某中出，铳穴生水，使用神妙之技，彼铁舰轮舶自当退去。'此辈口读雪［圣］贤之书，名在四民之首，昏迷狂妄，如是其甚，此非自取灭亡者乎？又观于

---

① 《清国近闻에对한观念》，《皇城新闻》第 3078 号，第 2 版，隆熙 3 年（1909 年）5 月 21 日。

② 《光绪及西太后崩逝后支那问题에对한研究》（续），《大韩每日申报》第 6 卷第 966 号，第 1 版，1908 年 12 月 1 日。

人民社会，或甘于利诱，或甘于威胁，以其所有之家屋田土拱手让渡于外人。又有一种奸民，将其同胞之所有，使之卖渡于外人，为其媒介，取其口文之余利，看作能事。以此观之，不出数年，全韩人民之田土家屋，尽入于外人之买取，此非自取灭亡者乎？吾子幸勿归怨于他人，宜反诸己而省之。于是韩人气结臆塞。"①日人所言，确实是韩人不得不承认的惨痛现实。《大韩每日申报》与《皇城新闻》以康有为之爱国强国论与梁启超之辨真伪爱国，批评韩国人缺乏爱国心。"试问大韩人民其有爱国之性质者耶？奈之何外人临之以势力则帖耳相从，导之以小利则争趋若鹜，大者卖其国权，小者卖其田土，甘心于为奴为仆者首尾相续也。由此观之，不可谓其有爱国之性质者也"②。从韩国的前途着想，必须进行"根本的改良"，以去除其"社会上人心之恶根"③。中国某报载张謇有被保荐破格擢用之说，以其因儒者而办教育、实业闻名，《皇城新闻》颇为感叹韩国学者的无用，有谓："嗟乎！吾国所谓理学文学家者流，未见其以文章言论鼓励一般同胞之事业者，况得见其有联合财政家扩张实业与教育之事业者乎？对国家与人民未曾献有分毫之效力，尚以读书者自居，以能文者自负，实可谓无谓之甚者也。"④中国某报披露有某孝廉请罢修筑铁路、某秀才指斥世界新器为奇技淫巧，《皇城新闻》颇感叹腐儒心事如出一辙，"吾侪将此报与吾国儒生界对照，其思想之腐败何其相类耶！"⑤梁启超以中国亡国之责归咎于那"顽迷蠢呆之数千名村学究"，《皇城新闻》则以为："谓我韩亡国之责在顽迷固陋之儒生界并非过言。"⑥《大韩每日申报》还特别批判了所谓上流社会的腐败，有谓："然而自上流社会观之，尚未见其有变动之机也。何以言之？哲学家之以著述而倡导之者几人？雄辩家之以演说而鼓发之者几人？实不可多得矣。以言乎政界，则过去及现在，非庸劣无能之徒，则皆混浊不洁之流，但其伎俩，东奔西趋，甘作外人之爪牙，戕害祖国之命脉而不顾者也。何足论哉！何足论

---

① 《韩日人问答》，《大韩每日申报》第 5 卷第 559 号，第 1 版，1907 年 7 月 10 日。

② 《康南海爱国论》，《大韩每日申报》第 4 卷第 172 号，第 1 版，1906 年 3 月 20 日。

③ 《举梁启超氏辨术论하야痛告全国人士》，《皇城新闻》第 3034 号，第 2 版，隆熙 3 年 （1909 年） 3 月 31 日。

④ 《支那报의张謇氏擢用说》，《皇城新闻》第 3199 号，第 2 版，隆熙 3 年 （1909 年） 10 月 15 日。

⑤ 《读支那报叹腐儒心事如出一辙》，《皇城新闻》第 3217 号，第 2 版，隆熙 3 年 （1909 年） 11 月 7 日。

⑥ 《甚矣라顽固陋儒의弊害》，《皇城新闻》第 3324 号，第 2 版，隆熙 4 年 （1910 年） 3 月 22 日。

哉！至若教育家、法律家与实业家等属，仍属萌芽时代，尚未发现其特色矣。所谓世臣巨室与阀阅富贵之家，依然是旧日习惯，仕宦之瘾结于脑髓，一资半级与一官一职，患得患失，蝇营狗苟，全没廉隅，此辈肚里何尝有救国救民的思想乎？至若纨绔子弟、游荡少年，凭借先世之遗业，罔念自身之修养，携朋挈侪，往来驰骤者，惟是协律社、光武台、料理店、赏花室与花间骨牌之场而已。彼于身家生活尚不顾念，况于民国思想乎？"①其甚至认为，韩国整个社会弥漫着一种"失望病"，这是一种毒害惨酷的急性流行传染病。"昨日无病跃跃活动之政治家，今日罹此病，则忽然其心灰，抚髀呜呼；昨日无病热腾瞑狂之法律家，今日罹此病，则忽然其脑迷，仰天号噫；昨日无病热血疾呼之演说家，今日罹此病，则忽然其胸塞，击地痛哭；昨日无病热心教授之教育家，今日罹此病，则突然其志冷，长太息咄咄；昨日无病孜孜勤勉之实业家，今日罹此病，则突然其眼朦，忧愁满胸；昨日无病勃勃前进之学生，今日罹此病，则突然其气死，烈泪洒洒。此病惨酷啊！……只是希望心断，失望心生，谓之失望病。盖韩国挽近数年国力日退，民情日悲。今日望生挽回之力，乃者今日比昨日尤惨；明日望有医救之期，乃者明日比今日尤剧。创孔益出，悲境益迫，于是全国人民之脑中闯发失望病。上流社会曰已矣，韩国灭亡乃已；中流社会曰休矣，韩国灭亡乃已；下流社会曰悲夫，韩国灭亡乃已。人不杀而自杀，悲夫！悲夫！"这是最悲观的论调。要救此病，唯有激发其希望之心，"余今日双手敬奉神药一剂，猛投于二千万脑髓之中，即'希望心'三字是也"②。

二是主张以清朝为鉴和以清朝为戒。近代清韩两国不仅唇齿相依，更有同病相怜之感。韩国报刊媒体关注清末新政，在反观自我的同时，非常注意吸取其经验与教训。当清廷宣布预备立宪，《皇城新闻》在赞美之余，也便想到韩国自身当如何的问题。"然则今此宪法之前途，满清人之劳心祷祝，固无可言。吾辈对此不禁一番之感慨，即此东洋之全局何时如鼎足之俱峙，如辅车之相依，兄劝弟勖，胥邀将来之幸福耶？世界进化实不可推测，蛮昧之人衡感于文明之风潮，只在一悔悟之间耳；衰弱之国进列于富强之同等，只在一转移之顷耳。或因于政党之热心，或由于民族之实力。嗟乎！嗟乎！

① 《韩国之进化程度》，《大韩每日申报》第 5 卷第 625 号，第 1 版，1907 年 9 月 29 日。
② 《哀哉라韩人의失望病》，《大韩每日申报》第 6 卷第 955 号，第 1 版，1908 年 11 月 17 日。

所望于我韩者，其在政党欤？其在民族欤？维愿全国志士昼夜极力而研究之"①。《大韩每日申报》更认为：实行宪政与否，是国家兴亡的根本。"大抵此世界为宪政（立宪政治——原注）世界，行宪政之国必兴，不行宪政之国必亡"。其并以土耳其、波斯与清朝为例，以论证当日韩国不可不行宪政。"近年至彼千年回教国之土耳其奏宪政之功，长睡不醒之波斯奋行宪政制度，衰颓老大之清国方急宪政准备，悉皆有旭日将升之势。……今日韩国同胞当以奋起权利思想，预备文明制度为急务。果然，韩国同胞脱地狱而登乐土之日，不可不行此宪政，亦不可无宪政之预备"②。经济改革方面，从清朝的绣品销售海外，想到韩国安州绣物，以及高丽瓷器与金俞器、江华之席与固城之螺钿笼等民族特产，"皆适合外国人需用，以制度制造，向美国大博览会输出，可达数万元价值"。故特表提倡之意，希望当地实业家于此注意，以图扩张利源，开拓必要之事业。"惟我实业同胞亟亟奋发，无论何种营业，各尽其所长与能力，勇进不怠，精益求精，结果可自求生活之福利。十分颙祝，嗟我同胞！"③又从清朝在东北地区种棉，想到振兴韩国棉业。韩国土地肥美，除江原、咸镜两道山地外，皆适宜栽培棉花，比中国东北高寒地区条件更加优越。"我国之棉花超过印度品，不难与南美名产争雄，外人之评判昭然可证。实眼前现活无穷之富源，不待外来者也"。然而因韩国人竞争力缺乏，安怠心盛富，反而依靠进口棉花。"呜呼！国内留意实业诸氏，其亦与满洲于不宜种棉区域奖劝种棉事项相对照，宜亟其从事于棉草栽培也"④。文化教育方面，清朝振兴学校教育，《皇城新闻》感叹韩国教育不兴，"顾我韩官私立学校徒存虚名，而未闻成就之实，或称学徒之卒业者，亦无选用之定法。懵陋如古，漫漶如前。未知何日能幡然觉悟，奋起教选之实效，不归画葫之虚文也哉？"⑤清朝奖励留学外洋，《皇城新闻》既批评韩国不重视留学，又认为韩国文明进步必须要重用留学生。"我韩略干游学于外国者，不过零星，而或不拨其资，穷饿异域，无以力学；或其成而归者，政府乃淡漠

---

① 《清国의宪法新政》，《皇城新闻》第 2279 号，第 1 版，光武 10 年（1906 年）9 月 8 日。

② 《宪政研究会의必要》，《大韩每日申报》第 8 卷第 1340 号，第 1 版，1910 年 3 月 19 日。

③ 《清国绣业에对한观念》，《皇城新闻》第 3133 号，第 1 版，隆熙 3 年（1909 年）7 月 24 日。

④ 《满洲种棉에对한感念》，《皇城新闻》第 3174 号，第 1 版，隆熙 3 年（1909 年）9 月 14 日。

⑤ 《论清国学校维新之兆》，《皇城新闻》第 1007 号，第 2 版，光武 6 年（1902 年）1 月 14 日。

视之，不但无荐用之实而已，往往为人措陷于不测之地。故绝其愿学之志，而反以出洋游外为戒。岂敢望奖劝之效哉？然而，有志游学者亦岂以此为惧而不自力于为学可乎？如学成而归，则必有需用之日矣。余以为吾邦文明之步，不得不待留学之诸少年也"①。据报载清廷有实行义务教育之说，《皇城新闻》慨叹韩国此前亦有提倡义务教育之议，并由元老大臣陈奏太皇帝降谕，不意被阻格不行，因而主张既然政府不愿实施，只有国民自己承担。"到此地头，为我大韩国民者不得不各其自担教育义务，不待强制实施之懋图，是所谓不待文王而兴者，其自由进步之效力尤岂不十分勇进一层巩固哉？嗟我同胞，我之子孙于政府教育已无望矣。各其自奋，各其自担，使世界列邦翕然称之曰：大韩国民初无政府之强制，义务教育自由实施，此世界之优等人种也。我韩前途确有希望"②。对于清朝以简字学堂推行普及教育，《皇城新闻》亦主张韩国注重国文，以普及国民教育。有谓："我韩教育之普及，当利用简易国文，以全体国民无不读书、不识字者为第一方法。所谓汉文学之习性固结，儒生贱视国文，国文之报纸与国文之书籍决不挂眼，崇拜汉文是为自己之习惯，全不思念全体国民之教育方法。岂不愚哉？岂不谬哉？夫支那汉文即其国文，有难解之弊，因施简易识字之法以教育。况吾国对汉文言文不同，其艰深难解之弊尤甚焉。能扩张国文之教法，方有教育之普及。嗟乎！汉文学者更加三思，当十分注意国文学之发达。"③社会生活方面，清朝有实施断发令之说，《皇城新闻》感叹："观今日清国之断发令，世界人类保有头发者何处得见，至若吾韩也。大皇帝陛下之敕令励行断发，经过几年，尚此顽固人士固执国可亡发不可断之义，何其不思之甚至此？呜呼！更加观察世界之风潮，断行从形式之维新着手。"④清朝严禁鸦片烟，《大韩每日申报》批评韩国此种恶习有方兴未艾之势，"奈何近日韩人争蹈彼之覆辙，鸦片吸者之数爻日加"⑤。《皇城新闻》更是警告移住中国东北之韩

---

① 《论游学外国之效》，《皇城新闻》第 1250 号，第 2 版，光武 6 年（1902 年）12 月 13 日。

② 《清廷의义务教育实施》，《皇城新闻》第 2744 号，第 2 版，隆熙 2 年（1908 年）4 月 7 日。

③ 《清国简字学堂에对하야比较的思想》，《皇城新闻》第 3233 号，第 2 版，隆熙 3 年（1909 年）11 月 27 日。

④ 《清国断法令에对하야》，《皇城新闻》第 3443 号，第 2 版，隆熙 4 年（1910 年）8 月 12 日。

⑤ 《鸦片吸者의增加함을叹 》，《大韩每日申报》第 8 卷第 1300 号，第 1 版，1910 年 1 月 28 日。

人，不要沾染吸食鸦片烟的习气。有谓："对该地情形最可怕可虑者，为清人之吸鸦烟习惯也。盖鸦烟为消磨人之志气，妨碍事业，戕贼生命，至毒之恶物。今日支那之腐败不振，专中鸦毒之结果。万若我同胞传染此等恶惯，是移住该地为觅生路，反自蹈死路。岂不可畏？岂不可痛？我同胞对此严防痛戒，勿失健全国民资格，文明程度蒸进，故特表警告之意。"①近代以来，在西方列强侵略之下，中国国力萎缩，政界衰颓。《大韩每日申报》提醒韩国人民，虽然韩国与中国同处黑暗时代，但必须置之死地而后生，置之亡地而后存。"大韩人民以支那之衰颓前辙作戒，百般奋励，百倍图始"②。

三是对韩国前途的忧虑并寄予希望。日本变韩国为其保护国之后，康有为写吊韩人诗，揭露日本灭亡韩国的阴谋与韩人的悲惨处境。有云："八道山川磨遍青，旧封箕子不神灵。殷商血属犹存汝，晋楚干戈可有名。保护有人宁遣使，泰平无事可裁兵。汉阳姬氏于今尽，抚鼎摩挲目不暝。"《大韩每日申报》也认识到："然则日人之心，路人所知。其所谓维持大局、保全同种云者，不过是欺人弄人、逞其野心的手段而已。"中韩两国虽同遭日本及西方列强侵略之厄运，但亦有共同振兴之希望。"夫极则必反，穷则思通。目下两国之遭值境遇可谓悲哉惨哉！就一般人士之知耻自厉、发愤自强的思想观察，实有勃然莫遏之势。现二十世纪新文化普通收入，一步更进一步，一日增高一日。青丘三千里江山与支那四万里幅员，一齐超登于文明富强之域。其兄弟之好联结，唇齿之势巩固，彼日人之狡焉思启之图必不能售矣。吾侪两国人士为执手而祝，拭目而待"③。清朝因推行宪政而有进步之望，韩国亦宜锐意进取。"今就韩国专情言，自主之权专失，落在他国范围内，自强之能力难以养成。全国人民若能一致奋发，开明事业着着进步，毕竟东洋大势之关系得自由活动机会。幸勿落望，锐意进步，韩国同胞"④。《大韩每日申报》还从文明兴衰论的角度，论证韩国将有崛起于世界舞台的希望。其用来说明世界文明兴衰相代的典型事例有二：古时希腊废罗马盛，近世清国败日本兴。日本十数年前在东亚崛起，其次便将是韩国。"原来我韩输来支那之文物，当时诗书礼乐蔚兴，文明程度反凌驾先进国支那，开导指挥日本

---

① 《移满同胞rl对하야特别하警告 》，《皇城新闻》第 3359 号，第 2 版，隆熙 4 年（1910年）5 月 3 日。

② 《支那关系》，《大韩每日申报》第 8 卷第 1407 号，第 1 版，1910 年 6 月 9 日。

③ 《读康南海吊韩人诗》，《大韩每日申报》第 5 卷第 443 号，第 1 版，1907 年 2 月 20 日。

④ 《清国의进步有望》，《大韩每日申报》第 6 卷第 942 号，第 1 版，1908 年 10 月 31 日。

与其他未开化邦，尽其师表职分。这间几百年，元力渐弱，昼夜不分，春秋忘却，一向困睡，鼾声如雷。于是群盗窥隙而入，夺取各样宝物与财货，甚至于侵害人命。此时几个人目先醒，则见东天曙色方渐，群盗任意横行，杀气腾腾。先觉人慌怯愤郁，大声疾呼，提醒梦人。梦人尚不知此，贼势益肆。忽然甲午炮声，惊起几个；于焉甲辰炮声，又惊起几个。互相提醒，互相警戒，从此举国皆醒，何患如干盗贼？二千万同胞兄弟速起！余思量东洋文明之时代红日东出，确信我国有超登世界舞台之机会"①。这无疑是一种理想主义的憧憬，因为其时韩国正被日本逐步沦为殖民地化的深渊。其实，正是这种不屈的信念，是一个民族终将得以振兴的精神源泉。

韩国报刊媒体通过对清末新政的观察，在进行自我反省时，既看到了韩国政府与社会的种种问题，也试图为解决这些问题借鉴一些域外的经验与教训，同时还对韩国的振兴充满着期待与希望。虽然这些并没有从根本上改变大韩帝国被日本并吞的命运，但在一定程度上为近代韩国的启蒙思想提供了精神养料。

总之，通过对《皇城新闻》与《大韩每日申报》有关清末新政的报道与评论文字的全面系统研究，从总体上感觉，在大韩帝国这个时期，韩国报刊媒体对中国的认识尚不失客观、理性和正面评价。就所见上述两大报刊而言，诸如《皇城新闻》所谓"环球之人，无不痛骂清国之人士，视之如鹿豕者"的说法②，极为罕见。故如论者所谓其时韩国人以中国为蔑视之对象，或对中国与中国人之否定认识，其实并非社会常态或主流意识。实际上，虽然清王朝这个老大帝国业已日薄西山，几乎到了无可救药的地步，但当时大韩帝国的命运并没有好到哪里去。尽管其在名义上可谓"独立自主"，但其生存空间不断地遭受日本殖民侵略势力的挤压，直至最终被吞并于无形，并在清王朝覆灭之前寿终正寝。无论是大韩帝国，还是大清王朝，均一同面临着列强侵略与国家振兴的难题，就此意义而言，其命运与前途可谓同病相怜、休戚相关。正如《大韩每日申报》所谓："然则清国将来发达时代，其密接关系在何国？乃韩国是也。就其地势言，大陆相接，隔江相望，有辅车唇齿之势，最为紧密。就其历史言，四千年治乱存亡之影响，恒常交通。目

① 《韩国의将来文明을论喜》，《大韩每日申报》第5卷第658号，第1版，1907年11月9日。

② 《清举新策晚犹可图》，《皇城新闻》第4卷第212号，第2版，光武5年（1901年）9月18日。

今形便，韩国与满洲处同一境遇，万若韩国不存，则满洲不存；满洲不存，则清国之全体随之。是以清人失澳门，失香港，失台湾，犹是有恬然自若之态度。乃者对韩国丁未政变，君臣上下一层恐惧，催促宪法实施与国会开设之期限。韩国之遭值事变，如自国之遭值，有遑遑汲汲、战战栗栗之状态。此无他，利害休戚之关系最为密接缘故。"①这实在是一对十足的难兄难弟。因此，以《皇城新闻》与《大韩每日申报》为代表的韩国报刊媒体，不但能够客观地报道清末新政，而且能够理性地做出正面的评价，同时对韩国自身进行深刻的反省。从中可以看到，清末新政虽然没有挽救清王朝，但却在洋务运动的基础上进一步推动了中国的近代化进程，尤其是预备立宪开启了政治体制改革的新方向，而这些对于近邻韩国社会尤其是思想界的刺激与影响，也是一股不容忽视的力量，不但为当时韩国启蒙思想家呼唤改革以救亡图存提供了思想资源，而且带来了一定的信心与希望。

---

① 《清国의进步有望》，《大韩每日申报》第 6 卷第 942 号，第 1 版，1908 年 10 月 31 日。

百年锐于千载

——辛亥百年反思

章开沅 *

"人事有代谢，往来成古今。"时间过得真快，转眼就是辛亥百年。作为辛亥革命的研究者，我自然感慨万千。

首先想到的，就是孙中山在《民报发刊词》说的那段话："18 世纪之末，19 世纪之初，专制仆而立宪政体殖焉。世界开化，人智益蒸，物质发舒，百年锐于千载，经济问题继政治问题之后，则民生主义跃跃然动，20 世纪不能不为民生主义之擅扬时代也。"

过去有些论者，常常讥刺孙中山为空想主义者，其实大谬不然。他脚踏实地，实事求是，时时事事都从实际出发。他不仅密切关注现实，还关注历史，更关注未来。他没有把西方现代化看作完美无缺的样板，更没有机械地照搬西方政治模式，而是在总结既往百年世界历史的基础上，对西方的先进文明有所选择"因袭"，更有所斟酌"规抚"，从而才完成新的"创获"——"三民主义"与"五权宪法"历经千辛万苦，终于领导中国人民推翻君主专制，建立民主共和，开辟了中国历史的新纪元。

"百年锐于千载"是孙中山对于同盟会成立以前那一百年世界历史的精辟概括，其实这句话也可以形容同盟会成立以后这一百年的世界历史，因为20 世纪的"世界开化，人智益蒸，物质发舒"等等，其变化的幅度之大，速度之快，更远远超越了 19 世纪那一百年。我很重视"百年锐于千载"这句话，认为只有透过这前后两个一百年世界历史的发展变化，才能更为深切理解辛亥革命。

我们钦佩孙中山，因为他在伦敦总结 19 世纪百年历史并思考人类文明

---

* 华中师范大学中国近代史研究所教授。

走向时，并无任何具有实力的社团作为依托，主要是时代使命感与社会责任感督策使然。他在大英博物馆漫游书海，几乎是孑然一身，固守孤独。然而他并不寂寞，他的心与祖国，与受苦民众联结在一起，同时也与世界各地善良的同情者联结在一起。他把祖国命运放在世界命运中间认真思考，并且像耶稣背负十字架一样，心甘情愿地承担起"天下兴亡，匹夫有责"的沉重课题。

我们钦佩孙中山，还因为他在百年以前思考的问题，探索的思路，以及追求中国现代化的各方面实践，都已经成为宝贵遗产，在此后百年的中国历史进程中或多或少产生影响。辛亥革命不仅仅是一个伟大的历史事件，它更是一个伟大的社会运动；并非起始于辛亥这一年，更并非结束于辛亥这一年。像任何历史上发生过的社会运动一样，它有自己的前因，也有自己的后果，而前因与后果都有连续性与复杂性。我们不是辛亥革命的当事人，没有任何亲身的经历与见闻；但是作为后来者百年以后看辛亥，可能对当年的若干重大问题观察得更为客观、全面、深切，其原因就在于我们探索其前因后果的连续性与复杂性，具有更多的方便条件。

因此，我们反思辛亥百年，应该在连续性与复杂性方面多下功夫，换言之，就是在时间与空间两方面作更大的扩展，以期形成长时段与多维度的整体考察。

仅以三民主义为例，就能引发许多新的思考。

首先是民族主义，过去的研究多半侧重于"排满"问题的实质探讨，而有意无意冷落了"五族共和"的阐析。其实，在中华民族作为国族认同方面，辛亥那一代人不仅开创于初始，而且还在政治、制度、政策乃至文化诸层面有持续的探索性实践。应该承认，孙中山及其后继者，在"中华民族多元一体格局"的形成方面也有不同程度的贡献，至少我们在中华民族作为国族的总体观念上与前人是一脉相承。1949年新中国成立以后，我们在增进民族平等、团结，发展民族地区经济、文化，乃至促进少数民族内部社会革新等方面都取得举世瞩目的辉煌成绩。但是，在民族认同与民族团结方面仍然存在着若干问题，仍然需要从历史到现状进行系统的梳理与总结。

作为历史遗产，辛亥革命也有负面的因素。为鼓动民众推翻清王朝而狂热地鼓吹"排满"，显然对早已存在的大汉族主义或汉族中心主义有所助长，长期以来，无论是对历史还是对现实的看法经常会有意无意地显现。即以20世纪初年革命报刊极力制作宣扬的"黄帝文化"而言，至今我们一味"弘扬"而未能有所"扬弃"其"汉族中心主义"内涵。所以我自去年以来不断提倡"新黄帝观",即给始祖文化符号以更具包容性的诠释,这样才能更为增进全中华民族作为统一国族的认同,可能也更符合孙中山"五族共和"的积极意蕴。

其次是民权主义,回顾过去百年,也会有许多新的认知与感受。辛亥革命使共和国从此深入人心,此话不错亦非虚,但这次革命也仅仅是开启了共和之门,迈出了走向共和的第一步。就以孙中山自己为例,他对五权宪法的创建寄予很高期望,曾经明确揭示:"以三民主义为立国之本原,五权宪法为制度之纲领。"但是,对于这个理念懂之者不多,应之者甚少,连孙中山自己也还缺乏相关的架构设计。直到1920年在广州召开非常国会并就任非常大总统之后,孙中山才逐步把五权宪法从抽象理念形成完整的国家体制框架。概括起来,无非是:(1)以"权能分离"作为理论基础;(2)"五权分立"具体化,成为行政、立法、司法、监察、考试五院政府的架构;(3)进一步确定县一级实行选举、复决、罢官、创制等直接民权,每县选代表一人,组成国民大会代表全国人民行使政权,并授权中央政府行使治权。他认为,如此既可防止议会专制,又可杜绝政府腐败;既可实现直接民权,又可实现"万能政府",堪称民权主义的完美境界。

但是,"五权宪法"倡议以来,孙中山却未能在生前实施自己的方案;而国民党定都南京以后,所谓"五权分立"的推行也是举步维艰,其后逐步演变的荒腔走调,更非孙中山所能预料。应该说,"五权分立"的立意还是积极的,即为了防止西方议会、政党政治的弊端,将考试权从行政权分出,纠察权从立法权中分出,借以寻求更为完善的权力相互制衡。国民党内外三民主义、五权宪法的服膺者也并非都是虚应故事,其中确实有些忠贞之士满心期望通过五权宪法的实施,把中国引向民主与法治的进步道路。但是,任何良好的民主政治设计,都改变不了国民党政府"党治""军治""独治"的严酷现实,"五权分立"的政治架构只能流于虚有其表的形式。这种披着"五权宪法"外衣的威权统治,在1949年以后随着国民党的失败而转移到台湾。直到蒋介石死后,迫于内外形势的急速变化,蒋经国在临终前解除了党禁、报禁与戒严,这才结束了蒋家王朝的威权统治。正是在此以后,"五权宪法""五权分立"才真正在台湾的政治实践中受到全面检验与不断修正。

无论西方与东方,特别是在东方,民主政治在任何国家的成长、完善,都必然要经过一条漫长、复杂、曲折而艰苦的道路。中国长期处在中央集权的君主专制统治之下，从来没有什么议会政治的传统。过去认为这是一个优点，其实这只是有利于"枪杆子里出政权"，政权的更替只能通过武装斗争，别无其他良策。现今，国家已经富强，并且逐步走上民主与法治的轨道，我们应该更加尊重前贤追求民主法治的真诚努力，从他们留下的经验教训中吸取智慧，走出政治制度改革的瓶颈，建设更为完善的中国先进政治文明。

再次是民生主义，这是孙中山最具前瞻性的思想遗产，也是当时最为曲高和寡的政治主张，但在百年之后却成为中国与世界面临的最为紧要的严重问题。孙中山师法亨利·乔治与约翰·穆勒，同时又从中国传统的大同思想以及均田、公仓等方案中受到启发，提出"平均地权"以谋防止资本主义贫富两极分化的弊害。孙中山自信"可举政治革命、社会革命毕其功于一役"，过去曾被讥评为徒托空言，其实他和他的后继者在这方面还是做过多方面的探索与讨论，积累了颇为丰富的经验教训。民生一词，从经济而言，涵盖发展与分配两个方面，这就是孙中山所说的"欧美强矣，其民实困"。20世纪初始，中国资本主义还处于极为幼弱时期，1905年提倡"节制资本"诚然是"睹其祸害于未萌"，但现今对于中国而言则早已是严酷的现实。我们虽然标榜中国式的社会主义市场经济，但是并未能置身于资本主义"祸害"之外，而双轨制经济并存衍生的权钱交易，更使这种"祸害"愈演愈烈。因此，最近几年，政学各界及媒体、网络苦心焦虑，"民生"一词遂成出现频率最高的话语之一。

孙中山及其后继者设计的多种具体方案，已成明日黄花，很难解决当前社会深层转型的复杂问题，但"一手抓土地流转（平均地权），一手抓投资调控（节制资本）"的思路仍然可以对我们有所启发。孙中山是农民的儿子，他对贫苦民众有本能的同情；他自己又在海外生活时间甚久，对资本主义社会弊病理解最深。这样的领导者，郑重提出的政治设计必定有其现实根据，更有丰富的思维蕴含，我们理应给以珍惜，作为当前排难解纷的借鉴。

最后还有孙中山晚年对世界主义，特别是世界主义与民族主义之间关系的思考，经过百年世界风云变幻的映照，在全球化浪潮已经席卷世界各地的今天，仍然可以发人深省。

孙中山是伟大的爱国主义者，他临终仍不忘呼唤："和平，奋斗，救中国。"他又是伟大的国际主义者，从革命一开始就谋求国际合作，而且晚年还更为热忱地呼吁建立一个和平、公道、合理的世界新秩序。他为人题字，书写极多的就是："天下为公""世界大同"。他应该是近代中国最高层政治领袖中堪称"世界公民"的第一人。

晚年的孙中山，不再简单地以东方、西方或者肤色差别划分世界，而是把世界区分为压迫民族与被压迫民族两大阵营。他呼吁全世界"受屈人民"联合起来反对帝国主义，而所谓"受屈人民"不限于"被压迫民族"人民，也包括"压迫民族"中的"受屈人民"，以及虽已强大然而真诚支持世界各国"受屈人民"的苏联。他甚至天真地把"苏维埃主义"与中国传统的大同理想等同起来，劝说日本"联苏以为与国"，共同支援亚洲乃至全世界"受屈人民"的反帝斗争。这可以认为是孙中山民族主义的又一次升华。

孙中山以"恢复中华"作为自己革命生涯的发端，但是从来没有把民族主义的范围局限于中华，更没有以此作为终极目标。他认为民族主义乃是世界主义的基础，因为被压迫民族只有首先恢复民族的自由平等，然后"才配得上讲世界主义"。并且期望以俄国人民作为欧洲世界主义的基础，以中国人民作为亚洲世界主义的基础，然后扩而大之，才能实现整个人类的世界主义。

百年以来的世界，风云变幻，日新月异。特别是第二次世界大战以及冷战与后冷战的国际格局演变，与孙中山的理想相距甚远。但是他的总体思路，特别是有关民族主义与世界主义之间关系的深沉思考，并非纯然是美好的空想，仍然有许多值得重视的现实依据。在全球化潮流席卷整个世界，人类已经进入网络化信息时代的今天，正确处理民族主义与世界主义之间的关系，仍然是极为复杂而又必须回答的重要问题。当前某些政论家正在构思的所谓"全球地方关系"（global – local relationships）或"全球地方化"（glocalization），与孙中山的思路正相呼应，似乎一脉相承。

举一可以反三。中国现代的历史叙事，党派成见影响甚深，意识形态束缚尤多，所以很难求得客观、公正、深切的理解。必须以更为超越的心态，广博的胸怀，把中华民族作为一个整体，并真正置于世界之中，作百年以上长时段的宏观考察与分析，才可以谈得上史学的创新，思想的解放，对中国、对世界，于学术、于现实都大有裨益。

我认为这是对辛亥百年的最好的纪念。

辛亥革命及其与旧中国的社会余孽的斗争

A. Л. 维尔琴科*

辛亥革命结束了中国的帝制，表明中国已经摆脱外来压迫，建立了民国。

新政权成立后一件重要的事情就是与深植于半殖民地半封建社会的旧中国的社会余孽作斗争。还在古代，一些习惯和礼节就已经根植于中国人生活的各个方面，为上层统治阶级和广大老百姓所虔敬、遵循。在某种程度上，这些习惯和礼节与法律条文一块帮助统治者管理国家及社会，尤其是在民间，这些东西作为固有的生活方式被保存着。

辛亥革命之后，人们以十分认真的态度开始从根本上重新评价和弱化旧中国的规范和传统价值观的影响，试图用民主的、人文的思想来替代它们，试图把人从封建余孽所控制的思想、社会心理、文化和家庭宗法生活方式中解放出来。与阻碍中国发展的旧势力的斗争，成为救国爱国运动的一个重要组成部分。

应该指出，还在 19 世纪末 20 世纪初，中国的政治家、思想家、社会改革家康有为、梁启超等就已经指出了彻底铲除社会生活中存在的落后、迷信及野蛮习俗的必要性。其有关建立"新国家""新民族"的重要性的思想的痕迹在中华民国临时政府的首部法典里可以找到，该法典的很多条文都是在孙中山的直接参与下制定的。

这些文件表明，中华民国的首任总统及其同仁们都真诚希望能在最短的时间内改变国家的生活并引导其走上进步之路。同时也表明了这些革命民主主义者们希望打碎旧的桎梏，开启新时代的果敢和献身精神。

在民国建立的头三个月里，发布了一系列重要的命令和规章，涉及政

---

*   俄罗斯科学院远东研究所研究员。

治、经济、文化、教育等各个领域，奠定了未来中国立法制度的基础，建立了政府和地方政权活动的方针基础，下面，我们对其中的一些内容进行分析。

就在1912年1月2日即在南京宣布成立中华民国的第二天，孙中山就已准备并签署了《关于中华民国改用公历纪年的通告》，宣布"黄帝纪年4609年11月13日为中华民国元年元旦"。在中国使用了几千年的传统阴历被抛弃，这表明了新政权改变人民的心理、把人民变成新国家的文化公民的思想背景，这是使中华民族熟悉全世界文化价值的一步。

为此，根据孙中山的亲自指示，著名的中国天文学家高鲁花了两年时间仔细制定了历书，取消了与传统礼节有关的节日，但却列入了革命的节日。根据前述《通告》决定新增一日——根据格里戈里历法——元月15日为新年庆祝日，这种情况引起了混乱。

人们不明白何时庆祝传统新年的到来，以致反对新历法。报纸杂志也常常在元月1日和15日出版有关春节的资料和插图。这种混乱情形一直存在到1925年。从1925年开始，附有所有传统节日的阴阳历又开始恢复出版。

人们满心欢喜地购买这些附有中央政权曾与之斗争的最具"偏见"的传说和迷信的历书。传统的影响是如此有力，以致共和国从其成立的第一年及以后都没有战胜过它。官方在使用格里戈里历，而老百姓则仍然继续生活在旧世界里，仍在庆祝所有的民间节日。

根据临时政府1912年3月3日的命令，废除旧的爵位和称呼。新政权下的官员应该按照其职位来称呼，至于一般人则用"先生"来称呼。同时，还废除了在服装和帽子上用不同的符号来显示其在社会所处阶层的做法。

与旧事物的斗争经历非常艰难，这不仅仅是因为人口的绝大部分是与传统纠结紧密的保守与守旧的农村人口，而且因为广大受过教育的、致力于进步革新事业的人们也处于传统思想价值的渊薮儒家伦理道德的影响之下。所有这些给予诸如满族的辫子、裹脚和抽鸦片等旧社会余孽做斗争造成了最大的困难。

剪掉清代象征屈服于皇帝而被强令蓄养的男人发辫被广泛接受，它表现了对外族统治的反抗、民族意识的觉醒。事实上，还在革命前，中国就有些不驯服的人敢戴假发。

早在1895年，孙中山在日本就已剪掉辫子并穿起了欧洲服装。生活在国外的许多中山先生的追随者、革命民主主义者都纷纷仿效。辛亥革命后，国内的剪辫运动很快蔓延至全国。例如，毛泽东在 1911 年就读于长沙时，不仅自己去了辫子，而且还让几个同班同学一块剪掉了辫子。运动具有了群众的性质。

根据中华民国临时政府的命令（1912 年 3 月 5 日），所有中国人在当地接到命令后的 20 天内，必须剃掉发辫。具体由内务部监督执行。由规定在最短的期限内执行命令这点可以看出命令起草人的革命热情以及他们想尽快脱离旧社会的愿望。可是，在当时中国地方各自为政的背景下，要指望全面而严格地执行中央的命令是非常困难的，因为有些负责监督执行命令的都督不承认中央政权，也不履行其命令。

例如，东四省的总督张勋及其所辖军队就拒不执行命令割辫。正是这些人成为袁世凯面临"二次革命"（1913 年 7～9 月）压力时的支撑。

袁世凯自己在 1915 年明白了拒绝蓄发的必要性。他在登上皇帝宝座之前割了头发，以展示自己的爱国主义，表现自己割裂与旧社会及此前与非汉族传统的联系。

1917 年溥仪复位的最后尝试引发了一场新的回归皇统的浪潮。当时，戏剧道具的作坊不再订购由马尾做的假发，古董商店则需求清人的民族服装，至于屋顶则飘着大清的龙旗。到 1920 年，甚至"紫禁城"中的满人也割发了，溥仪就是例子。

形成了 300 多年的习惯不可能一下子就会被根除。比较进步的城市居民倾向于尽快割掉发辫，因为在他们看来，发辫既是损害汉民族的尊严的标志，也是遭受异族王朝奴役的标志。与此同时，在农村特别是那些偏远之处的人们却害怕任何改变，革命后长时间仍习惯于留辫子。

政府和进步力量在与守旧势力的斗争中所遇到的最大的社会阻力来自"莲足"。如果说蓄辫来自外部，那么缠足则纯粹是汉人内部的现象。妇女只有缠足使脚具备了"细、小、尖、曲、香、柔、匀"等特征才能顺利出嫁，缠足的传统力量是如此之大，以至于前清的顺治（1645 年即位）和康熙（1664 年即位）皇帝发布禁止缠足令都起不了作用。

在清入关的头年，就禁止宫中妇女缠足。稍后，实际上缠足就蔓延开来，尤其在那些无工作之累的富人和贵族的家里。至于那些需要劳动为生活奔波的妇女，虽然也缠足，然缠足后的脚只比正常的脚的尺寸小些，但却比所谓的"三寸金莲"大多了。满族妇女不缠足，但却穿着一种附有高支架的特殊鞋子，看起来就像一只肥大的高脚玻璃酒杯，使人视觉上感觉脚变小了。

还在 19 世纪末，人们就已经开始与这些野蛮习俗斗争，这种斗争一直延续到辛亥革命之后。第一批禁缠足协会是由传教士们率先在厦门、苏州发起成立的。辛亥革命后采取了很多措施包括从法律上禁止缠足。有关禁缠足的最早法令有：1911 年 10 月 19 日河北军政府发布的通令；1912 年 3 月 13日中华民国临时大总统孙中山发布的命令。孙总统在命令中指出，缠足妨碍了骨骼的正常发育、阻碍了血液循环、影响心理、限制了妇女的运动、把妇女关在家里、不利于妇女接受教育和增长见识。非常明显，孙总统之所以决定尽可能快地发布禁缠足的命令完全是因为童年时期有关其姊姊痛苦的回忆。那时，母亲在姊姊的叫喊和抗议声中，用差不多半米长的绷带紧紧地缠在她的脚上。

小脚不仅是玩赏之物，还是性的诱惑物。在中国存在这么一句俗语："脚愈小，爱愈炽。"在许多省份一直存在所谓"脚曲如弓"的竞美比赛。对这个问题的关注表现在姚灵犀于 1936 年在天津出版了关于美丽小脚的专著《采菲录》，其中研究了缠足奇观的历史，还企图解释缠足风行的原因，并列举了难以数计的有关小脚及其享有者的绰号，叙述了晚清及民国初年反对不文明缠足运动的情况。

在中国尤其是在农村和边远偏僻的地方实行禁缠足是很艰难的。甚至很晚时候在革命基地范围内，那些中、老年妇女都还主张给小姑娘缠足。但是，禁缠足运动在大多数城市里还是取得了明显的效果。据 1928 年的统计资料，各地小脚女人所占女人总人数的比例是：上海：0.7%；北平（北京）：12%；天津：28%；武汉：31%；察哈尔省：53%；湖北：59%；河北：50%，但是在中华人民共和国成立之前绝对禁止缠足并没有实施。

辛亥革命之后，开展了以彻底根绝旧事物和确立新的生活方式为基本方向的社会重建，与抽鸦片做斗争就是其中的一个部分。还在晚清末年，就已经禁止培植和服用鸦片罂粟。根据 1909 年由 13 国组成的上海禁烟委员会（这个委员会是最早禁止毒品的机构之一）会议记录，中国政府打算在中国境内彻底根绝鸦片的生产和服食。活动的结果是政府机构和各类慈善团体的吸鸦片人数大大减少。

在中华民国建立的第一年，即 1912 年 3 月 2 日，临时大总统孙中山发布了禁止生产和服食鸦片的命令。禁令中说："鸦片流毒中国垂及百年，沉溺通于贵贱，流衍遍于全国……种姓沦亡，其祸盖非敌国外患所可同语……方今民国成立，炫耀宇内，发愤为雄，斯正其时，若于旧染痼疾不克被除净尽，虽有良法美制，岂能恃以图存。"

内务部给各省总督发布命令重申禁止生产和吸食鸦片，关闭鸦片烟馆，严禁任何违反禁烟的行为，否则严惩不贷。政府如此注意这个问题说明这个禁烟委员会是当时中国政府的常设机构。不过，在天高皇帝远的地方，这个禁烟令的执行遭到抵制，与这种守旧的地方势力的斗争迁延了十几年。

20世纪初中国所发生的这些事件表明，渊源于古代的习惯、礼节和风俗深深根植于中国生活的各个方面。从辛亥革命就开始了重新评价旧社会传统价值观并试图用新的人文思想来改变它们，以便解放人的个性，将人们从封建生活方式的桎梏中解脱出来，为在中国建立新社会奠定哪怕是脆弱的基础。

至于中华民国临时总统孙中山，在发布这些旨在克服阻碍旧中国新生的旧社会余孽的命令和指示的过程中，究竟起了多大的作用，我们怎么评价都不为过。尽管就在不久以前在俄罗斯几乎没有哪种科学著作不引用列宁的话，但今天来引用列宁的话显然不合时宜。

1912年，列宁刚知道中国发生了辛亥革命，就写了一篇叫《中国的民主主义和民粹主义》的文章。其中恰如其分地评价孙中山是"充满着崇高精神和英雄气概的革命的民主主义者，这种精神和气概是一个向上发展而不是衰落下去的阶级所固有的，这个阶级不惧怕未来，而是相信未来，奋不顾身地为未来而奋斗，这个阶级憎恨过去，善于抛弃过去时代的麻木不仁的和窒息一切生命的腐朽东西，绝不会为了维护自己的特权而硬要保存和恢复过去的时代"。

由于民族传统的固有属性以及陈旧的生活方式在社会生活中的巨大影响，所以，人们在与这些旧社会迷信和余孽的斗争中遇到很大困难，可以说，这方面斗争的重要性丝毫不亚于政治和经济领域的类似斗争。

（陈开科　译）

科学地评价孙中山与革命民主派[*]

张 磊 张 苹[**]

一

85 年前，伟大的中国民主革命先行者与近代化前驱孙中山逝世。从那时到现在，中国和世界都发生了巨大变化。不过，无论是风云变幻的动荡阶段，抑或以和平与发展为主题的新时期，曲折顿挫的历史行程都未能使他的思想与实践有所淡化，却被不同社会制度和发展程度的国家、地区的越来越多的人们所认同。

毫无疑义，孙中山的精神遗产不仅有着重要的历史意义，而且兼具积极的现实作用，促进当代中国民众建设富强、民主、文明、和谐的社会主义现代化国家。然而，继承和弘扬这份非常切近的历史文化精粹，首要前提是以科学的世界观和方法论分析、辨识、探究，做出恰如其分的论断，吸取孙文学说中含有的优秀成分。

孙中山研究始终都是一个重要课题，备受人们关注。最初的传记可以上溯到 20 世纪之初，主要是宫崎寅藏的《三十三年之梦》和章士钊（笔名黄中黄）的《孙逸仙》。孙中山逝世后，相关著述更是不胜枚举，既有研究性的成果，亦有政治宣传品。真正成为"显学"，则是在 20 世纪 80 年代后，成果丰硕，堪称空前。不过，值得注意的是因循甚久的偏颇观念迄今尚未消弭，有关总体及一些个案评价仍低。至于少数重评孙中山的文章，因其观点缺乏充分论据和论断有失中肯而缺失科学性。

与此相关，革命民主派研究亦复如此。迄今为止，还没有一部科学的、

* 本文为广州市黄埔军校研究基地出版资助项目。

** 张磊，广东省社会科学院历史与孙中山研究所研究员；张苹，广州市社会科学院副研究员。

完整的反映革命民主派思想与实践的力作。必须改变这种状况，深化与拓展孙中山与革命民主派研究。

二

关于孙中山毕生活动的概括与认定，应作补充。

长期以来，约定俗成的定性语主要为爱国者、民族英雄和民主革命先行者。这当然是颇为科学的概括，反映了孙中山的主要业绩。这三个词语还是相通的：近代中国民主革命的首要任务，就是反对资本—帝国主义的侵略。先进的近代社会思潮与运动，莫不以高扬爱国主义、挣破殖民主义枷锁和实现民族解放、国家独立为第一要义。因此，爱国者、民族英雄与民主革命先行者在"民族革命"意义上完全一致，后者实际上包括了前者，而前者突出了后者的主要内涵之一（另一主要内涵为反对封建主义）。

但是，不能忽略孙中山还是当之无愧的中国近代化前驱。他提出了在当时比较先进的、科学的近代化方案，以便实现"振兴中华"：粉碎殖民主义和封建主义双重枷锁乃是前提；民主建政则是杠杆；"实业化"构成方案的中心；科学、教育和文化的变革与发展当是必要条件。作为宏伟社会系统工程的近代化的基本目标，即为建立独立、统一、民主和富强的新中国。可见，增加近代化前驱这个定语无疑是必要的——更为完整地概括与凸现了孙中山的思想与实践，表明他兼具革命者与建设者的双重身份。虽然，孙中山担任的短暂的临时或非常大总统的职务严重局限了他的作为。

对孙中山的三民主义体系应当给以更高的评价，并且充分认识它对当前我们的物质建设、政治建设、文化建设与社会建设的重要参照和借鉴意义。显而易见，孙中山的社会、政治、经济思想体系兼具历史与现实意义。

民族主义反映了半殖民地半封建社会的主要、基本矛盾。旧中国在对外意义上是备受侵凌的半殖民地，对内意义上则是满洲贵族或汉族统治者"宰制于上"的民族牢狱。前期民族主义中的主要口号"反满"具有广泛的动员作用，避免瓜分、共管厄运应为题中应有之义，尽管均带有一定的局限性，却超越了"反清复明"之类的口号。后期民族主义则突出反帝内容——"民族解放之斗争，对于多数之民众，其目标皆不外反帝国主义而已"。解决国内民族问题的原则，定为"民族自决"①。这里，孙中山扬弃了先前的"五族共和""民族融合"的主张。殖民主义迄今并未消逝，多民族国家内的民族关系仍未解决，他和他的战友首先举起的民族主义旗帜对今天反对强权政治、霸权主义依然有着现实意义，"民族自决"亦为完满解决多民族国家内部关系的合理准则。

民权主义是三民主义的核心，是正规的民主革命纲领的主要标志。半殖民地半封建的中国社会不可能及时产生完整的民主主义以及科学的社会主义，孙中山必须"竭力从欧美吸收解放思想"。正是在这种意义上，他多次申明"中国的革命思潮是发源于欧美"，"民权的学说是由欧美传进来的"②。为了使近代中国民主革命从准备阶段进入正规阶段，他引入了民主、共和、自由、平等、博爱及民有、民治、民享、法制、人权、分权主义等等民主政治观念，借鉴西方的相关社会政治制度，同时也受到了社会主义思想的影响，并结合中国实际加以演绎。中国传统的政治思想、制度，也在他的民权主义中留下了印记。在他看来，民权主义与平等、民治是相通的。民权主义不仅具有历史进步性，以国民革命为主要手段，促使共和制取代封建专制主义的君主制，显然包含划时代意义；同时，民主共和思想也具有不可忽视的普适性。上述的政治范畴并非资本主义社会和资产阶级所专有，而无疑是人类在漫长历史进程中共同追求的价值观和共同创造的文明成果。只是在不同的历史阶段、不同的国家，它的实现形式和途径各不相同。时代精神的融入是必然的，不同民族和国家的社会文化的多样性，决定了不可能有"统一的模式"。孙中山在政治生涯后期就曾批评了西方民权和议会制度的弊端，并且想方设法加以补苴。但是，决不能简单摒弃人类共同追求的价值观和共同创造的文明成果，而是赋予其时代精神，从实际出发，结合国情，加以承传和创新。我国当前的政治文明建设，必须走自己的路。

民生主义是孙中山的社会经济建设纲领。它不仅顺应了近代化的趋向，并且力求避免西方资本主义的弊端——"思患于预防"，避免"一国之民生权遂为数托拉斯所握"。③ 无论是土地纲领还是资本方案，都体现了这种精神，"盖予欲使外国之资本主义以造成中国之社会主义"。正是在反对"资本

---

① 《孙中山选集》下卷，人民出版社，1981，第 525 页。
② 《孙中山全集》第 9 卷，中华书局，1986，第 277 页。
③ 《总理全集》第 2 卷，民智书局，1930，第 127～128 页。

之专制"和主张"均富"的意义上,孙中山多次自称为"完全之社会党",并把民生主义等同于社会主义,希冀实行"社会革命"。事实上,民生主义当然不能与科学社会主义等量齐观,因为它糅杂着主观社会主义因素,认为社会经济的落后使得"这个国家可以轻易的塑成任何形状"的理念,即为有悖事实的空想。但是,坚持工业化,不在资本发展前表现伤感、抵触和抗拒,反对社会两极分化和力求大多数民众的富裕等思想,则肯定是属于科学社会主义的因素,而非民粹主义、主观社会主义的观念。民生主义表明社会主义与科学社会主义之间,并未存在一条非此即彼、非彼即此的不可逾越的鸿沟。

特别需要指出的是:变革与开放构成孙中山思想的主旋律。他在有关政治、经济、文化与社会发展的许多课题上的具体见解与实践,体现了这种带有规律性的重要理念。"适乎世界之潮流,合乎人群之需要",孙中山倡导的思想准则显然是十分有益的精神遗产。

他在政体上尽心擘画,殚精竭虑地阐述了革命程序论、政党政治论、权能区分论、全民政治论、地方自治论与五权宪法论,对于涤荡"数千年专制之毒"、实现"主权在民"原则有着积极意义。

他的经济建设方面的构思,亦复如此。"平均地权""土地国有"乃至"耕者有其田","节制资本"、发展"国家资本"的双轨制、区域经济的观念……以及具体方案如海南建省、修筑长江三峡水利枢纽、重视能源与交通的发展等等,无不具有启示和参照意义。

他十分重视科学、教育和文化的革新与发展,曾与朱执信等在 1920 年研究中小学教育的改进并准备编写适用的教科书。

他对建设美好的和谐社会提出了不少构想,认为"天下为公""世界大同"的理想实为"人类宝筏"、"政治极则"。

他坚持对世界采取开放理念,批判和反对"荒岛孤人"式的闭关自守和驻足不前。在他看来,为了拯救和发展中国,必须向西方学习,引进先进的思想,借鉴可取的制度,继承传统文化的精华,熔铸振兴中华的真理。当然,这种引进和借鉴绝非"极端的崇拜外国"和"一味的盲从附和"[1],而是要分析、辨识和抉择,"照自己的社会情形,迎合世界潮流去作"——这是孙中山的主要开放原则。

---

① 《孙中山全集》第 9 卷,中华书局,1986,第 320 页。

三

在 20 世纪的开端，建立全国性的、统一的革命政党成为时代与民主革命进程的迫切需要。历史已经证明，近代中国的正规民主革命，既非农民阶级的旧式秘密结社——它们普遍带有宗教、迷信和封建宗法色彩——所能承担，亦非维新派的各种"学会"——它们大都缺乏明确的政纲以及严密的组织原则——所能肩负。逐渐形成的革命民主派必须自我组织起来，建成近代形态的政党，以发挥"革命的中枢"的作用，才能胜任具有比较完全意义的民主革命的领导重担。正是这样，辛亥革命才得以一举结束了封建帝制。清王朝的颠覆，则是"孙中山领导的党和人民一起推翻"的结果。

当孙中山走上民主革命路途时，就把建立革命团体作为当务之急。在经历了最初的政治实践磨砺后，他于 1894 年冬在檀香山的侨胞中组织了兴中会。这个革命团体虽然只是略具雏形，但已初步具备了民主革命政党的基本属性。兴中会的纲领开始体现了较为完整的民主主义原则。它在入会誓词中规定了明确的奋斗目标："驱除鞑虏，恢复中国，创立合众政府"①。"章程"内容则洋溢着爱国主义：力求避免"蚕食鲸吞""瓜分豆剖"的厄运，"亟拯斯民于水火，切扶大厦之将倾"。在中国历史上，这是第一个要求以共和国取代封建君主制的革命纲领。兴中会在组织原则方面也摆脱会党的陋习。领导机构由会员推举，会员之间的关系排除了封建宗法因素。地域性限制不再存在，兴中会希望广泛容纳"不论中外各国人士，倘有心益世，肯为中国尽力，皆得收入会中"②。两湖和江浙地区的革命志士毕永年、秦力山、吴禄贞和沈翔云等后来都加入了兴中会，宫崎寅藏等外国朋友也参与了兴中会的活动。兴中会员多为侨胞或粤籍的主要原因在于这个组织还未成为全国举足轻重的政治力量，且其领袖在初建阶段尚未被广大革命志士所公认。兴中会的建立有着重要的历史意义，既是刚刚登上政治舞台的革命民主派的最早组织形式，也是这个政治派别初始形成的标志。正规民主革命运动的上限追溯到兴中会的建立，绝非偶然。

兴中会的历史地位和作用不能低估，它在艰苦的 10 年战斗历程中做出了自己的贡献。兴中会在侨胞中有着相当的政治影响，在日本、南洋和欧美

---

① 《檀山华侨》，檀山华侨编印社，1929，第 16 页。
② 《孙中山选集》上卷，人民出版社，1981，第 19 页。

地区建立了分支和联络点。兴中会的国内政治影响也并不仅囿于广东，它同两湖、长江流域的反清力量——主要是会党——有着联系。香港建立的"兴汉会"，则把兴中会同广东、两湖和长江流域的秘密会社维系起来，孙中山被推举为总会长。可见，兴中会组织的影响是客观存在的。兴中会的活动主要集中在两个方面：首先，兴中会在传播民主革命思想方面起了先锋作用，促使越来越多的人认识清朝政府的昏庸腐败，懂得"革新之机"完全"遏绝于上"，抛弃对现存政权的幻想，逐步接受民主革命思想。在 1900 年后，兴中会还开始同保皇党论战，揭露他们"假革命、真保皇"的反动面目，唤醒惑于"邪说"的人们——包括部分兴中会员。孙中山从 1903 年起陆续发表了《敬告同乡书》《驳保皇派》等文章，以兴中会在各地控制的报刊为阵地，向保皇派大张挞伐，揭开了 1905~1907 年两派大论战的序幕。革命的思想启蒙具有重大的意义，为民主革命的开展做了精神的准备。其次，兴中会还把武装斗争作为自己的主要活动。1895 年的广州起义虽因事泄流产，却以革命民主派"战争事业"的发端而载入史册。1900 年的惠州起义取得了很大的战果，队伍曾经发展到两万余人，虽然结局仍归失败，但其政治影响是深远的。正如孙中山后来所忆述："而有识之士，且多为吾人扼腕叹息，恨其事之不成矣！"这种意味深长的变化自然有形势的影响，但兴中会的坚持战斗也是重要原因。人们逐渐从兴中会的活动中认识了它的革命性质，确信这些"叛逆者"都是志士仁人。显而易见，兴中会是在"最艰难困苦"的条件下——民主革命思想尚未广泛传播、保皇派仍有政治蛊惑力、清朝政府的腐败未曾彻底暴露——孤军作战，作为第一个革命民主派团体的开拓意义，不应低估。

从事变进程的持续性来看，兴中会在很大程度上为同盟会的建立做了政治上、思想上、组织上和干部上的准备。孙中山在创建兴中会时提出了"驱除鞑虏，恢复中国，创立合众政府"的纲领，又在以后的实践中发展为"驱除鞑虏，恢复中华，建立民国，平均地权"的三民主义。从 1903 年到同盟会成立前，这个政纲先后为孙中山所联系和建立的许多革命团体所采用，陆续见之于青山军事学校誓约、中华革命军誓词、美洲致公堂新章以及更晚一些的欧洲留学生革命团体的盟书等。待到组建同盟会时，已为大多数革命党人所理解的三民主义政纲便被当然接受。兴中会在组织上也为同盟会提供了条件，尽管兴中会会员估计不满 500 人，1900 年后又没有较大发展，但它在国外各地的分支及其在国内（主要是华南地区）的影响仍然不可忽视。正是这样，兴中会才成为同盟会组建的基础之一。兴中会还为同盟会提供了一批骨干，以创建者孙中山为例，他已经成为大多数革命党人公认的领袖，并且在国际上享有广泛的声誉。1903 年出版的章士钊编译的《孙逸仙》一书序言指出：数年前"吾人意中之孙文，不过广州湾之一海贼也"；时至今日，"孙逸仙者，近今谈革命之初祖，实行革命之北辰，此有耳目者所同认"。孙中山在当时不愧为最有威信、影响和经验的革命家，由他来"领袖群伦"是必然的。

甚至连兴中会的教训也为同盟会的建立和发展提供了有益的借鉴。一般说来，兴中会始终存在着两个弱点：第一，未能在国内各个地区立足扎根，同内地的革命力量联系较少，初创时约有三分之二的会员为侨胞，而这种状况后来也未发生根本变化；第二，会员中的革命知识分子比重较小。两个弱点之间存在着互为因果的关系，给兴中会的活动带来了消极的影响。革命运动不能仅仅依靠以国外为基地的"输入"。革命党人必须千方百计地在国内各地立足扎根，而不能把主要的活动局限于国外。同样，广泛吸收革命知识分子更具有重大意义。作为政治、思想代表人物，他们能够承担政治指导者的角色，加强革命组织的活动能量，提高它的斗争水平。兴中会会员中的革命知识分子比重较低，并不完全是客观条件所造成。在 1900 年后，孙中山才从实践中意识到吸收知识分子的重要性，抛弃了过去所持的"谓秀才不能造反"的观念，对争取更多的革命知识分子入党"深以为然"。他自己积极地结交留学生，向他们宣传革命思想，还嘱托廖仲恺、何香凝"物色有志学生，结为团体，以任国事"。从东京青山军事学校到欧洲各地留学生革命团体的建立，显示了孙中山在这方面活动的实绩。应当指出，孙中山在新世纪到来后很少发展兴中会会员。他所联系和建立的一些革命组织，也大抵不再冠以兴中会的名义。这种情况表明，孙中山已经意识到兴中会不能适应新的形势和斗争的发展，难以承担"革命之中枢"的大任，并开始为新的革命政党的建立创造条件。

随着民族危机的深化和国内社会矛盾的激化，革命形势的发展已把建立全国性的、统一的革命政党提上议事日程。必须将分散的革命活动会合起来，并把参差不齐的斗争水平提到新的高度。许多革命党人亲身感受到时代的需要，深切理解这桩历史的使命。他们采取了积极的行动，促使同盟会在 1905 年应运而生。在组建同盟会的过程中，孙中山起了极为重要的作用，虽然有些革命党人在 1903 年后已经意识到发展革命组织的必要，主张建立"中国本部统一会"，作为"中央机关，建瓴而立，扩张其势力线，挟风雷而走之"①。

---

① 《浙江潮》第 2 期，"非省界"。

孙中山最深切地认识到建立全国性的、统一的革命政党的必要性和迫切性，兴中会成立以来"艰难顿挫"的战斗历程使他懂得：在中国这样辽阔的土地上，单股的、分散的水流是不可能"涤荡旧污"的；只有汇成大潮，才能冲毁封建帝国的堤防。他回顾了十年来的战斗，确信"但从分道扬镳，终不如集中力量，事较易济"。所以，他决心"召集同志，结成大团，以图早日发动"。① 为了推动和实现革命的联合，组织全国性的、统一的政党，孙中山反复向革命党人指出："现今之主义，总以互相联络为必要。"同时，他还在其他革命团体的骨干中间进行广泛的联络工作。经过了相当充分的酝酿，条件终于成熟。在孙中山和黄兴等人的倡导下，1905 年 8 月于东京建立了以兴中会、华兴会和光复会为基础的中国同盟会。

作为革命民主派的主要组织，同盟会在近代中国民主革命史上具有划时代意义，标志着革命民主派的活动进入新阶段，开拓了辉煌的时期。从其自身的各方面来看，这个正规的革命政党远非先前的革命团体所可比拟。第一，同盟会把孙中山的三民主义确认为斗争纲领。在当时的历史条件下，"驱除鞑虏，恢复中华，建立民国，平均地权"的主张，无疑是对民主革命主要课题的科学概括，堪称比较完整的、自觉的民主主义革命纲领，同兴中会初创时的政纲相比，有着长足的进步，主要是明确了共和国的观念和补充了社会经济方案。较之华兴会、光复会的政纲则具有更为丰富的民主主义内涵，大汉族主义——种族主义有所消弭。同盟会的纲领表明，它已在政治、思想上趋于成熟。第二，同盟会在组织方面也大有改进。它效法西方国家的政党，组织机构采取了三权分立的原则，设立了评议、司法、执行三部，总理则由会员每四年公举一次。秘密会社的封建宗法习气彻底消除，同盟会具有了近代政党的形态。第三，同盟会员的骨干多是革命知识分子。他们胜任政治指导者的角色。大量的革命知识分子加盟，增加了同盟会的能量和活力，同时，也密切了同盟会与国内的联系。第四，在同盟会内部形成了以孙中山为首的领导集团。孙中山被一致推举为总理，在他周围团聚了黄兴、宋教仁等一批较有威信和经验的领导人。这个领导集团保持了相对的稳定，基本上承担起领导的重任。事实表明，近代政治运动要求领导核心是群体而非个人。第五，同盟会制定了比较完整的方针和政策。1906 年秋冬，孙中山与黄兴、章太炎等起草了同盟会的《革命方略》。它包括八个重要文件：《军政

---

① 张永福：《南洋与创立民国》，卷首，原函影印。

府宣言》（通称《同盟会宣言》）、《军政府与各处国民军之关系》、《招军章程》、《招降清朝兵勇条件》、《略地规则》、《对外宣言》、《招降满洲将士布告》、《扫除满洲租税厘捐布告》。这些文件供各地革命党人武装起义时应用。除《军政府宣言》具有纲领性外，其他文件的内容主要关乎方针、政策问题。后者体现了前者的精神，成为革命党人在斗争中所遵循的准则。第六，同盟会是一个全国性的、统一的革命政党。除本部外，同盟会在国内设置了东（上海）、西（重庆）、南（香港）、北（烟台）、中（汉口）五个支部以及隶属于各支部的各省分会。在国外，设置了南洋、檀香山、欧洲和美洲四个支部。仅在一年多的时间里，加盟者就达万人。同盟会消除了先前一些革命团体的地域性和分散性，真正成为指导中国革命的中枢。正是这样，同盟会的建立有力地推进了革命形势的发展。在短短的几年中，同盟会进行了大量的工作。其中，特别重要的是两个方面的活动：同保皇派开展了空前规模的论战，批驳了反动的保皇谬论，广泛传播了民主革命思想，为辛亥革命扫除了思想障碍；坚持武装反清斗争，发动了多次武装起义，从而为辛亥革命——全国范围的武装反清斗争——打下了必要的基础和提供了必需的条件。同盟会的组建成为革命新高潮的起点："从此，革命风潮一日千里，其进步之速，有出人意表者矣！"孙中山只是在这时才确信"革命大业可及身成矣！"

当然，同盟会存在着不可忽视的缺陷，并表现为自身政治上、思想上和组织上的分歧、涣散。不少会员对三民主义纲领缺乏全面的理解和信仰，政治上、思想上的不统一严重削弱了同盟会的战斗力。同样，组织上的涣散现象也是明显的。门户之见较深，小团体和宗派习气颇浓。光复会的一些成员加盟后依然不能舍去原有的旗号，他们的许多活动仍旧采用光复会的名义。缺陷在革命低潮期往往恶性膨胀起来，甚至导致分裂的危机。于是先有共进会的建立，这个团体的主要成员并未否认同盟会，虽然他们更改了三民主义的纲领，又在组织活动方面恢复了某些会党习气。稍后，章太炎、陶成章等在东京成立光复会总部，对孙中山进行了无原则的攻击和污蔑，给 1908 年后的革命困难阶段造成甚为有害的影响。直到辛亥革命前夕，宋教仁等还在上海建立了同盟会中部总会。它虽然"奉东京本会为主体，认南方分会为友邦"[1]，对长江流域的革命运动有所推进，但却在"章程"中删略了民生主义，并在另立组织的重大问题上没有先期征得同盟会本部的同意。因此，中部同盟会

_____

① 邹鲁：《中国国民党史稿》第一篇，商务印书馆，1944，第12页。

的建立也具有分裂倾向。不过，带有不同程度的离散倾向的活动并未造成同盟会的瓦解，也没有否定孙中山的领导地位，在度过了短暂的低潮期后，成为辛亥革命前奏的广州"三月二十九日之役"，依旧是孙中山与同盟会所策划和领导的。至于点燃了辛亥革命火焰的武昌起义，则是湖北新军中受到孙中山与同盟会的民主主义思想影响的士兵和下级军官所发动的。该省的两个主要革命团体——文学社和共进会的领导人，也大都是同盟会会员。这就不难理解湖北革命党人在发难之初就举起了孙中山的旗号，正如打响起义第一枪的熊秉坤所宣称："孙先生乃革命创始者，党人遍布全国，虽间有名目殊异，而尊崇孙先生则一也"。① 所以孙中山返国后立即被推选为首任临时大总统，也就是完全合乎逻辑的结果。

孙中山参与创建和领导的同盟会，是辛亥革命的主要组织者。在民主革命浪潮汹涌澎湃的年代，它不愧为"革命之中枢"。正是同盟会与众多的革命团体汇成了革命民主派，成就了以辛亥革命为高峰的伟业：创建了共和国，迈出了近代化的重要步伐。然而，革命形势迅速逆转，袁世凯及其后继者攫夺了革命果实。民国徒具虚名，其间还穿插了两次短命的复辟丑剧。孙中山和革命民主派继续为捍卫共和而奋斗，进行了"二次革命"、中华革命党反袁斗争和两次护法运动。虽然锲而不舍、历尽艰辛，却是辉煌不再，无力回天。孙中山和革命民主派的精英人物开始"另为彻底之革命"，赋予三民主义以更为彻底的反帝反封建内涵，确定了"联俄、联共、扶助农工"的三大政策，投入国民革命大潮，推动了北伐战争，在民主革命新阶段，继续战斗。而在民主革命基本完成后，其中的优秀人物继承和发扬了孙中山的革命精神，与时俱进，参与了社会主义革命与建设，为振兴中华、统一祖国再次做出贡献。革命民主派完成了历史的使命，融入了新的时代。

*　　　　*　　　　*

尽管孙中山与辛亥革命研究已成显学，我们的相关工作仍有待深化与拓展。必须强调指出：至今尚未撰写出一部与孙中山的光辉思想与实践相称的传记，完整的孙中山全集亦未付梓；至于对革命民主派的全面深入研究的优秀成果，数量亦复不多。显然，满足现状和停滞不前是没有理由的。

切盼这项兼具学术价值与现实意义的重大课题的研究，获得长足发展。

---

① 熊秉坤：《武昌起义》，湖北人民出版社，1961，第 255 页。

孙中山的美国民间友好

李云汉 *

引 言

孙中山倡导革命创建民国的过程中，与美国有着较任何西方国家更为密切的关系，乃为中外史学界公认的史实。职此之故，以孙中山与美国关系之研究，亦成为近代中美关系史研究的一项主题。只是早期的一些研究与著述，多着眼于孙中山与美国官方关系的寻绎，正如陈福霖所言："许多论析二十世纪中美外交的书籍，都过分地倚重美国国务院的档案文件，而忽略了民众舆论对国策的影响力。"[①] 近年来，台湾史学界的陈三井、张忠正、习贤德等教授，于研究孙中山与美国关系时兼及官方及民间资料，其著作内容丰富且具创见[②]，诚为可喜现象。

本文主旨，在于论述孙中山与其美国民间友人的交往情形。由于资料及篇幅限制，不可能包括全部孙氏美国民间友人，仅就其中曾对孙中山思想理论有所启发，革命行动有所赞助以及对孙氏志节行谊有所阐述之人士十余人，略作介绍。这只是一篇综合性研究报告，希望能得到中外同道友好的指教，俾能补充匡正，使之更近于完备。

早年基督教师友

1879 年，孙中山以 14 岁之童子，首次前往夏威夷（Hawaii）首府火奴

---

* 台湾政治大学教授。

① 陈福霖：《美国"独立杂志"对孙中山先生和中国革命的评论（1912～1925）》，见《中华民国史料研究中心十周年纪念论文集》，1979。

② 陈三井：《中山先生与美国》，台北，台湾学生书店，2005；张忠正：《孙逸仙博士与美国，1894～1925》，台北，广达文化事业有限公司，2004；易贤德：《孙中山与美国》，上海人民出版社，2008。

鲁鲁（Honolulu，华侨习称为檀香山），开始接受西式教育。先就读于英国圣公会设立之意奥兰尼书院（Iolani School），主持人是韦礼士（Alfred Willis）。韦氏对孙中山特别关怀，尝同桌共食，亲自讲授圣经课程，星期日并时常带他去教堂参加礼拜。1896 年孙中山伦敦蒙难脱险后，韦氏曾在《教区杂志》（*Diocesan Magazine*）发表文章，忆述孙当时在校生活情形，甚为有趣。①

孙中山意奥兰尼毕业后次年至 1883 年春，进入美国人设立之奥阿厚学院（Oahu College）就读。有位教师芙兰谛文（Frank Damon）对孙印象甚好，是为孙氏在檀求学时代颇为投缘的美籍师友。此君为基督教"纲纪慎教会"（Congregational Missionaries）牧师，亦为寻真书院（Mill's School，设立于 1160 年，Camplain Lane）创立人，对孙有心信奉基督教曾予鼓励。孙因兄长反对而被迫回国时，亦曾予以资助。② 1896 年 1 月，孙中山第四次到火奴鲁鲁时，曾借寻真书院操场举办青年革命党人军事训练，显示芙兰谛文对孙氏革命行动的支持。其后两人是否仍有联络，则无史料可寻。

1883 年秋天，孙中山离开翠亨村故乡到达香港，先后进入拔萃书院（Diocesan Home）及中央书院（The Central School）就读。在此期间，结识了两位知名基督教人士：一位是中国籍的伦敦传教会长老区凤墀；一位是时任美国纲纪慎教会牧师的喜嘉理（Charles B. Hager）。两位都是引导孙中山接受基督教的有力人士。喜嘉理与孙中山"过从甚密"，于孙入教时亲为施洗，并曾至翠亨村盘桓数日，见过孙氏新婚夫人卢慕贞。1886 年，喜嘉理介绍孙中山进入广州博济医院（Canton Hospital）附设之医科学校习医，因而结识时任该院院长的嘉约翰（John G. Kerr）；在两位师友的影响下，孙决定以行医为其职业。孙于 1911 年 11 月间，在伦敦对《滨海杂志》（*The Strand Magazine*）访员发表其回忆录时，曾说：

> 英美布道会（Anglo - American Mission）的嘉约翰博士（Dr. Kerr）为我找了一份工作，使我学得了许多医学知识。自此，我对医学发生了热爱，相信行医是一种适合我个人而有益于我同胞的事业。③

---

① 罗香林：《国父与欧美友好》，台北，中央文物供应社，1951；苏德用：《国父革命运动在檀岛》，台北，《国父九十诞辰纪念论文集》一。
② 陈锡祺主编《孙中山年谱长编》上册，中华书局，1991，第 40 页。
③ 张玉法：《译介孙逸仙博士的几篇英文传记资料》，见黄季陆等《研究中山先生的史料与史学》，1975；秦孝仪主编《国父全集》第 2 册，1989，第 264 页。

喜嘉理离开香港回到美国后，仍甚关心孙中山的活动。他于 1912 年 4 月在波士顿《教会传讯》（The Missionary Herald，Boston）发表的一篇《对于孙逸仙博士的一些回忆》（英文原题为 Dr. Sun Yat - sen：Some Personal Reminiscences），追述与孙交往情形，文字虽不长，却被认为是一篇记述孙早年言行的重要文献；中文译文见刘粤声编《香港基督教会史》。孙于 1904 年访美期间，两度与喜嘉理见面。一次是 5 月间在旧金山，孙告诉喜嘉理他的反清革命决心："中国痼疾已深，除推翻帝制外，别无挽救之法。""满清恶政府，必不可使复存。"另一次是在冬天，地点为纽约，喜嘉理却发现孙"满怀忧思与苦虑，并强行压抑不安的情绪"①。另有著述，提及喜嘉理曾于同时间向波士顿教会总部提出一份"介绍孙逸仙的报告"，说：他相信孙氏"是一位表里一致的基督徒"，"是一位信仰坚定的人，具有赢得他人信任的魅力"。"如果孙不献身革命的话，他一定会是一位杰出的传教士"②。

麦克威廉士： 首位美籍文宣赞助人

孙中山曾将其早期的革命工作，区分为三大范畴：立党、宣传、起义。③宣传工作以人、地为区分，因而有国内宣传、国际宣传的分工：国内宣传以中国人为对象，以唤醒同胞排满自救为号召；国际宣传则以外国政府与人民为对象，使能逐渐了解中国革命的本质与必要，争取其同情与支持。孙本人自 1896 年伦敦蒙难脱险后，曾两度借外籍友人之协助发表专文，向国际朝野提出呼吁。一次是 1897 年春在伦敦《双周论坛》（Fortnightly Review）发表之《中国的现状和未来》（China's Present and Future—The Reform Party's Plea for British Benevolent Neutrality），目标是对英国人，协助他的人是《双周论坛》编者科林斯（Edwin Collins）。一次则是 1904 年秋季在纽约印行的一份小册子《中国问题之真解决》（The True Solution of the Chinese Question），是对美国人发表的呼吁，其精神有如美国 1776 年发表的《独立宣言》，因而陈三井认为是"一篇中国革命的宣言书"，"简直就像是中国版的《独立宣

---

① Lyon Sharman 著 " Sun Yat - sen，His Life and Its Meanung：A Critical Biography" 列为附录，中英文孙氏传记著作多引用之。
② 张忠正：《孙逸仙博士与美国》，第 170 页。
③ 秦孝仪主编《国父全集》第 2 册，第 357 ~ 358 页。

言》①。这篇《宣言》的撰写与印行，得力于一位美籍新朋友麦克威廉士（Chas E. MacWilliams）的协助。介绍麦克威廉士于孙中山者，为旧金山致公堂总理黄三德。刘伟森记述黄三德的来历：

> 黄三德，原籍广东省台山县石板潭乡人。一八六四年在家乡出生。父世尚，兄长德均业农。三德少年时在国内已参加"三合会"，年青时移民来美，定居于三藩市，与各地致公堂保持联络。三德虽受教育不多，但有江湖气概，见义勇为，不辞劳怨，为致公总堂大佬伍光明所赏识，于一八九七年授予'木杨城'（木斗），晋为"大佬"，三德时年三十四岁；被选为三藩市致公堂盟长，到处奔走，为致公堂致力。②

1904 年内，黄三德陪同孙中山数度环游全美各主要都市，宣传革命并筹募款项。黄建议孙至纽约时，即设法与其朋友麦克威廉士联络。故孙于 7 月 22 日首次自纽约致函麦克威廉士希望约期相见时，开头即说："我是洛杉矶黄三德先生的一个朋友，黄先生也是你所认识的。"接着就说："黄先生嘱我一到此间，即行与你联络，定期拜候，将我们旅行全美的目的告诉你。我到此地不过数日，等着和你见面。何时在尊处与你会面较为适宜？一获回音，我当立即趋访。"③

麦克威廉士其人其事，由于资料不足，难以详悉。项定荣于其著作中，推测"大概是一位律师，担任过致公堂的法律顾问，故与黄三德系旧识，并熟悉中国的政情"。④ 为讨论撰写、修改及印校此一小册子，孙中山于 7～9 月间曾给麦克威廉士写过五封英文信。麦克威廉士后来将此项函件交还于孙中山哲嗣孙科，孙科又于 1973 年交予国史馆馆长黄季陆予以整理并妥为保存。此等函件之中文译文及英文原稿，已分别收入《国父全集》第 4、第 10 册，普遍为史学界采用。当时留学耶鲁大学（Yale University）的王宠惠曾应邀参与撰写，王晚年在台湾撰有《追怀国父述略》一文述其事；唯谓成稿之后由其带去会见麦克威廉士，与事实略有出入。盖孙中山 8 月 31 日自圣路易（St. Louis）写给麦克威廉士的信中，曾说："你要我写的文字，今晨才脱稿，现在随信寄上，俾便

① 陈三井：《中山先生与美国》，第 8～9 页。
② 刘伟森主编《中国国民党历程与美国党务百年发展史》下册，旧金山，2009，311 页。
③ 《国父全集》第 4 册，第 36 页。
④ 项定荣：《国父七访美檀考述》，第 100 页；张忠正：《孙逸仙博士与美国》，第 45 页。

印刷。"① 证明此一文件之撰写与发表，实出于麦克威廉士之建议。

此一文件，草稿原标题为《对美国人民的一项呼吁》（An Appeal to the People of the United States），定稿时定名为《中国问题的真解决》。其要点有三：其一，披露清政府压迫中国人民的暴政，中国人民为了自救，不能不以革命手段推翻清政府；其二，西方人畏惧中国人会带来"黄祸"（Yellow peril），是"荒诞不经"的，因为中国革命后的新政府采取开放与开明政策，有益于世界各国，所谓"黄祸"将成为"黄福"（Yellow blessing）；其三，特别希望得到美国人民在道义与物质方面的同情和援助，更希望能在美国人之间见到像辣斐德（Marquis de Lafayette，系于美国独立战争期间，率领法国志愿军协助美军作战的拉法叶将军，亦译作拉法夷脱、拉花热德、拉飞冶德）一样的志士为中国革命效力。最后一段出自孙中山手笔的话，令人感动："特别的希望合众国的人民，在道义和物质两方面，给我以同情和援助；实在因为你们是西方文化的先锋，并且吾们很愿望跟随着你们来建造一个崭新的政府。总而言之，你们实在是自由和民治的雄杰了。吾更希望得到许多像辣斐德一般的义勇之士，在你们中间。"更有突出的一点，是孙中山在此重要文件中，首次提出"中华民国"国号，说："早已规划出一个周密的计划，把这个不合时宜的鞑靼帝国，改造为中华民国。"（Carefully thought – out plans have long been drawn up for the transformation of this out – of – date Tartar Monarchy into a "Republic of China".）②

此一文件在纽约印行的版本，系一红色封面小册子，二十四开之大小，共十一页。③ 出版前，孙曾函请麦克威廉士"用打字打一份寄给《北美评论》（North America Review）"，他希望该杂志能在下一期上刊出。麦克威廉士建议孙中山在小册子封面上写几个中国字，是否可写"致公堂"；孙认为"致公堂""不能代表一般的革命团体"，于是写了"革命潮"三个字，以表示日趋澎湃的革命浪潮。据称当时印了一万份，未公开发行，只分送给美国国会议员以及企业与教育界人士。中文译文有两种。一是胡毅生、胡汉民在日本东京所译，以"公民俱乐部"名义印行之中英文对照本，中国国民党党史委员会存有一份。④ 另一译文为瞿世镇于1928年所译者，采用语体文，篇

---

① 《国父全集》第4册，第36页。
② 《国父全集》第2册，第251页；第10册，第94页。
③ 吴相湘：《孙逸仙先生传》上册，台北，远东图书公司，1982，第418页。
④ 此文已发表于中国国民党中央党史史料编纂委员会编《党史史料丛刊》创刊号，重庆，1944。

幅亦较多。两种译文，均已收入秦孝仪主编之《国父全集》第二册；英文原文则见于同书第十册。

孙中山于 1904 年 12 月离开美国，前往英国伦敦，并计划次第前往德、法、比诸国，联络中国留学生以扩大革命组织及其影响。他曾否与麦克威廉士保持联络，并无任何线索。直到十五年后之 1919 年，才发现两人有信件往来。这年孙氏在上海著成《国际共同发展实业计画》英文专著，分寄各主要国家之政府、外交官、工商企业家、杂志社及友好人士，征求意见，麦克威廉士亦必收到一份。麦克威廉士写了回信，附了《前锋报》的剪报请孙参考。可惜此信迄未被发现。孙于同年 8 月 26 日复信麦克威廉士，于致谢外，邀其前来中国一游。他说："现在中国有很多的机会，可供有资本的人士前来发展。中国人热切盼望美国人士前来协助发展这个国家。所以我希望你能在最近的将来前来中国一游，看看有什么适合你来做的工作，以有助于这个国家的发展。"[1]

"中国红龙计划" 四友

1909 年 11 月至 1910 年 3 月，孙中山在美国本土进行了一次大规模的组党革命活动。他奔波于纽约、波士顿、芝加哥、旧金山、洛杉矶之间，除建立各地同盟会组织外，并在四位美国友人的热心支持下，于洛杉矶举行过一次"长堤（Long Beach）会议"，决定一项在美筹款 350 万美元，组训军队，在中国发动大规模革命行动的计划。[2] 有关此项活动的史料已经公开，本文不拟细述；只就四位友人身份及彼等与孙中山相识及支持其革命活动的背景，作简要说明。四人曾拟定一项赞助中国革命的"中国红龙计划"（Red - Dragon - China），笔者因而称之为"中国红龙计划"四友。四友为谁？一位是华裔美国人容闳（Yung Wing），一位是身材矮小而又驼背却有军事天才的荷马李（Homer Lea），一位是退休银行家布司（Charles B. Boothe），一位是纽约顾问工程师艾伦（W. W. Allen，亦译作阿伦、爱伦）。

容闳原籍广东香山，与孙中山同籍。他自幼即就读教会学校，18 岁

---

① 许师慎前文。

② 罗家伦主编，黄季陆、秦孝仪、李云汉先后增订：《国父年谱》上册，台北，国民党中央委员会党史委员会，1994，389~406 页。

（1847）跟随美国传教士布朗（S. Robert Brown）赴美留学，为中国最早的留美学生。后来得耶鲁大学博士学位，入籍美国，成为"沐浴在'西风'里，使他养成西化的性格，走出了中国传统的范畴之外"① 的一位学者。他关心中国，一心想"以西方之学术，灌输于中国，使中国日趋于文明富强之境"②。因此他对清末李鸿章、张之洞之自强运动，康有为、梁启超之维新运动，都曾赞助；最后才转向支持孙中山的革命运动。

依据吴相湘的研究，孙中山与容闳首次相见，系在1900年9月间由上海化名逃亡日本的船上，并曾在横滨的旅行社中"闭户密谈良久"，且曾相偕去东京访问宫崎寅藏等日本友人。③ 容返回美国后，仍协助维新党人的活动，参与荷马李、布司等人为康、梁募款及训练维新军的计划。直到1909年，容闳才决定弃绝康、梁，支持孙中山。他介绍孙氏与布司、艾伦在纽约会面，共商进行办法，也曾在预定之革命行动及未来军政人事安排方面，提供意见。虽然他做的多是"牵线搭桥"的工作，仍然受到孙中山的感谢与敬重。辛亥（1911）功成民国建立，孙就任临时大总统之后，容氏数度表示其拥护与祝贺之忱。民国元年即1912年2月，孙中山邀请容氏归国相助，函中以"太平洋对岸"之"老同志"称之，有言："当此破坏后，民国建设，在在需才，素仰盛名播震环宇，加以才智学识达练过人，用敢备极欢迎，恳请先生归国，而在此中华民国创立一完全之政府，以巩固我幼稚之共和。倘俯允所请，则他日吾人得安享自由平等之幸福，悉自先生所赐矣。"④

荷马李，孙中山译作咸马里，亦有人译为郝门李、霍马李、赫马李、堪马李等，是位传奇性人物，他与孙中山的相识与交往亦带有传奇色彩。孙中山自述他与荷马李初次相识的情形：

> 某次，当我向一群追随我的同伴演说时，我看到一位体型矮小的年轻人。他不满五尺，与我的年龄相仿，面色苍白，看来身体羸弱。讲演结束后，他走到我的面前说：
> "我愿意与你共同奋斗，我愿意帮助你。我相信你的宣传会成功。"
> 从他的腔调，我知道他是美国人。他伸出手来，我握着他的手，并

① 吕芳上：《容闳、孙中山与辛亥革命》，见《国史馆馆刊》复刊第13期，第72页。
② 容闳：《西学东渐记》，徐凤石、恽铁樵译，台北，广文书局，1961，第27页。
③ 吴相湘：《容闳最有意义的一生》，见《传记文学》第16卷第6期，第9页。
④ 《国父全集》第4册，第237～238页。

且谢谢他，但不知道他到底是何许人。在他走后，我问一位朋友：

"那个驼背的人是谁？"

"噢，"他说，"那是荷马李上校（Colonel Homer Lea），是现在世界上出色的军事天才家之一——也是最出色的一个。他对于现代战术无所不晓。"

我吃惊的倒抽了一口气。我说："他刚刚表示愿与我共同奋斗。"

第二天早晨，我拜访了荷马李将军，他是以著《无智之勇》（*Valour of Ignorance*）一书而闻名的。我告诉他，假如我的革命获得成功，而国人又授权给我时，我将聘他为首席军事顾问。

"不要等到你做了总统之后"，他说，"也许您做总统以前就会需要我。若没有军队，您既不能组织政府，也无法维持政府。我非常相信，中国人经过相当训练之后，都可成为军队。"①

孙中山没有说明首次会面的年月。唯据罗香林、黄季陆等人的考订，应为1904年。②之后五年间孙不在美国，荷马李也还在大力帮助维新派训练"勤王军"，因而与孙没有太多联系。直到1909年冬孙再到美国后，荷马李才再与孙见面，积极参与推动中国革命行动的筹划工作。"长堤会议"决定的军事方案，是孙与荷马李共同商定的谋划，首次合作的气氛极为融洽。不过，荷马李对孙中山的最有力协助是在辛亥革命爆发后的四个月间，容于下节中说明。

布司，亦译作布斯、布思，原籍为美东的康涅狄格州（Connecticut），1892年迁居洛杉矶。早年曾在纽约的外汇银行任职，在纽约的金融界及商业界有不错的人脉，在洛杉矶的政治关系也不错。他与容闳、荷马李也都相识。孙中山于1909年11月初到美东时，即由于容闳的引介，于纽约与布司、艾伦相见，两人表示乐于协助孙的革命规划。次春，布司应邀参加了洛杉矶的"长堤会议"，担负起向美东银行家、企业家募款的重任。孙中山以中国同盟会总理身份，发给布司一份委任状，其内容：

> 兹经中国同盟会本部同意并授权，我特任命加利科你省洛杉矶埠的

---

① 《国父全集》第2册，第267~268页；《研究中山先生的史料与史学》，第351~352页。
② 罗香林：《国父与欧美之友好》，台北，中央文物供应社，1951；黄季陆：《国父军事顾问——荷马李将军》，1969。

查尔斯·布思为中国同盟会驻国外的唯一财务代表。并委托布思按本会总理授权并认可的方式，代表本会及以本会名义全权处理接洽贷款，收款与支付事宜，及在本会总理随时指导下处理任何性质的委办事项。由本会财务代表查尔斯·布思代表本会及以本会名义所缔结的每一协议，一如本会总理或本部所签署的协议，对本会具有同等的约束力。①

此一委任状真正赋予布司以"全权"，乃革命史上所少见者。然布司对孙中山之权力是否为国内各省革命党领导人一致拥戴，尚存疑虑，孙中山乃函请时在香港之黄兴邀十七省领导人共同签署一份委托书，交与孙寄予布司，以释其疑。其后数月内，布司确曾数度前往纽约与摩根公司（J. P. Morgan Company）接洽，然由于"美国银行家们对孙中山所领导的革命运动根本不感兴趣"，结果"毫无所得"②。孙函请布司"将吾党同志签署之文件赐还"③，也未能如愿。尽管如此，布司对孙中山的品格与智能备感钦敬。他于1913年逝世，遗命其后人将其与孙中山、荷马李等人来往函电送交斯坦福大学胡佛研究所妥为保存，其中一部分复印件由胡佛研究所送赠中国国民党中央党史会。他生前并曾说过："孙中山先生是我一生中最使我难忘的朋友，也是我所见到最具有智慧、勇气与毅力的伟人！"④

艾伦是布司童年时代的好友，也因此接受布司的邀约，参与支持孙中山革命计划的行动。艾伦此时在纽约经营一家开发公司（Guggenheim Exploration Company），从事铜矿的开采与贸易，与纽约和伦敦一些最大的财团均有往来。他曾于1909年2月向摩根公司（J. P. Morgan Company）请求贷款，但遭到拒绝；同年9月间，他亲自拜访摩根，但也徒劳无功。1910年6月，艾伦第三次与摩根公司接触洽谈贷款，不幸又遭失败。⑤ 对孙中山的地位与能力，艾伦不像荷马李、布司一样的钦佩，对"革命计划"也"心存怀疑"⑥。因之他与孙中山仅见面一次，彼此间并未发现有函电往来。

---

① 英文件见《国父全集》第10册，第481页；中文件见《孙中山全集》第1卷，第448页。
② 张忠正：《孙逸仙博士与美国》，第90页。
③ 《国父全集》第4册，第151页，"致布司请退还委任状函"。
④ 姚渔湘等编著《研究中山先生的史料》，台北，文星书店，1965，第246页。
⑤ C. Martin Wilbur, "Sun Yat‑sen: Frustrated Patriot"（New York: Columbia University Press, 1976），pp. 67‑71.
⑥ 张忠正前书，第80~81页。

荷马李与辛亥革命

孙中山于 1910 年 3 月离开美西旧金山，先后到过檀香山、日本东京、新加坡，然后在庇能（槟榔屿）停留下来，并于 11 月间召集黄兴、赵声、胡汉民、邓泽如等举行一次庇彭会议，决定于明年春天在广州大举起义，此即"辛亥广州三二九之役"（农历三月二十九日，为阳历 4 月 27 日）之由来。①12 月间由于当地英国政府不允许继续居留，孙乃再去欧洲，又转美国，于 1911 年 1 月到达纽约，随后又西去旧金山。这段时间，孙仍不断与荷马李、布司通信联络，于要求彼等继续筹款济急外，也曾谈到荷马李的著作，并讨论到东亚政情及战略问题。

荷马李虽非军人，却对军事战略饶有兴趣，友人咸认为他具有军事天才。他的成名著作《无知之勇》（*The Valor of Ignorance*）于 1909 年由纽约"哈波兄弟公司"（Harper & Brothers Company）出版后，孙曾阅读过，于 1910 年 8 月 11 日写给荷马李的信中，曾说："请赐赠一二本你的近作《无知之勇》，因我原有的一本已被友人取去。"②孙并托日本友人池亨吉将此书译为日文。荷马李又曾于 1910 年 8 月间在《哈波周刊》（*Harper's Weekly*）发表有关飞机在战争中的用途一文，孙读过后于 11 月 7 日自槟榔屿写信给荷马李，说明他的意见：

> 你在飞机在战争中用途的见解，我已一再拜读，至为赞佩。你的所有论证均极正确，我完全同意你在第一部分的论述，但在第二部分"作为侦察手段"一节中，你忽略一事：飞机和飞船（可操纵气球）能作极好的摄影，有助于指挥官准确判断敌情。譬如在辽阳和沈阳战役中，俄军指挥官以为日军人数多于己方，但实际上日军人数要比他所设想的少三分之一。日军战线延至达一百哩以上，使俄军的系留气球无法发现。假若俄军当时使用可操纵气球或飞机进行摄影，即可立即发现漫长战线上日军的数量。③

---

① 李云汉：《中国国民党史述》第 1 编第 9 章，台北，国民党中央委员会党史委员会，1994，第 617～689 页。
② 《国父全集》第 4 册，第 128 页。
③ 《国父全集》第 4 册，第 139 页。

荷马李书中，预言日本强大后必将向美国在太平洋的霸权挑战，将挥军进攻东南亚。他预料之日军进军路线竟与第二次世界大战时日军进攻路线相同，令人惊佩他的预估能力。他防制日本扩张的心意，与孙中山有相通之处。孙曾获得一份日本参谋本部拟订的军事文件目录，含十二项，他即于1910年3月24日致函荷马李，请他设法查明这些文件内容，并问"你可否查明，某国国防部是否想利用此一机会来取得这些秘密文件？"因为"这是任何敌对强国所能得到的最有价值的材料"。① 两人也曾讨论英日同盟续约对中国革命事业的影响。荷马李似乎有些忧虑，孙中山曾于1911年8月10日复函表达其看法：他虽然视日本为"新的征服者"，但认为日本在十年内尚不至于发动阻挠行动，说："当前，日本人民背负增税的重担，日本政府或许尚需十年时间来经营开发朝鲜和满洲，此时他们仍需要金钱与和平。因此，在新的征服者准备动手之前，我们尚有余裕改造中国。"②

荷马李是真正想赞助孙中山革命事业的人，他对孙的支持未因布司筹款失败而受到影响。他有一位朋友鲁特（Elihu Root）曾做过国务卿，1911年是国会参议院外交委员会主席。荷马李曾到华盛顿去游说鲁特，请他支持孙中山；其后去了欧洲，仍然以函件商请鲁特以他的影响力影响美国政府做出有利于中国革命的行动。然鲁特仅表示"友谊与同情"，却回绝了荷马李的要求。③

1911年6月间，荷马李与其秘书包威尔（Ethel Power）结婚后，前往德国度蜜月并治疗眼疾。眼疾渐愈之后，即开始撰写另一册著作《撒克逊的时日》（*The Day of Saxon*），讨论英帝国的前途。他预言英美两国未来将遭受到德国与俄国的强大军事威胁，甚至导致大英帝国的覆亡。他的著作，深获英国罗贝兹元帅（Marshal Loral Roberts）、辛克雷爵士（Sir J. G. T. Sinclair）的赏识。他想完成此书后，请罗贝兹写序。④ 辛克雷则邀请荷马李去英国访问，共同研商如何维护英国民族的优越地位，并解除外来的威胁。孙中山了解此等情形，更着重经费的募集，函告荷马李："望你从速往访你的英国友人，以便取得为开展我们的工作所需的经费。"⑤

---

① 《国父全集》第4册，第111~112页。

② 《国父全集》第4册，第161页。

③ 张忠正：《孙逸仙博士与美国》，第110~111页。

④ Frederic L. Chapin, "Homer Lea and Chinese Revolution", Harvard University, 1950 Unpublished paper；吕芳上：《荷马李档案简述》，《研究中山先生的史料与史学》，第432页。

⑤ 《国父全集》第4册，第161页。

早在 1910 年 9 月 5 日，孙中山即曾致函荷马李告以计划攻取广州，说："绝大多数革命领袖，均欲一举攻占广州，余亦有同感。"并约荷马李于广州起事前一同到伦敦对英国政府做沟通工作。他说："广州起事之前，吾等须得英国政府之充分谅解。欲达成此目的，将军与余均须亲赴伦敦共同工作。"① 只是两人的英伦之会，迟至 1911 年 10 月 10 日武昌起义之后才得实现。首先到达伦敦的是荷马李，住进萨福伊旅馆（Savoy Hotel），并与在美国的孙中山取得联系。孙至 11 月 11 日始到达伦敦，与荷马李住同一旅馆，开始朝夕相处，是为荷马李直接参与孙氏外交活动的一段光辉岁月。

孙中山在伦敦停留了二十二天，对英国朝野作了密集的接触，主要媒介人则是荷马李。他在《孙文学说》第八章《有志竟成》篇自述革命经历时，曾说："到英国时，由美人同志咸马里代约四国银行团主任会谈磋商，停止清廷借款之事。"② 咸马里即荷马李，孙以"同志"称之，足见两人相知之深。孙提到：

> 乃委托维加炮厂总理为予代表，往与外务大臣磋商，向英政府要求三事：一、止绝清廷一切借款；二、制止日本援助清廷；三、取消各处英属政府之放逐令，以便予取道回国。三事皆得英政府允许，予乃再与银行团主任开商革命政府借款之事。③

孙氏所说"维加炮厂总理"，实为维克兵工厂（Messrs Vickers, Sons & Maxim）负责人道生爵士（Sir Arthur Trevor Dawson）。外务大臣即外交部长，当时是葛雷（Edward Grey）。④ 道生是荷马李的朋友，他受托代表孙中山与葛雷进行交涉，结果尚称圆满。至于为革命政府借款事，孙中山与荷马李确曾与汇丰银行的艾迪斯（C. S. Addis）及葛南飞（E. C. Greenfield）洽谈过，希望能贷款 100 万英镑，然未成功。⑤ 汇丰银行受到英国驻中国公使朱尔典（John Newell Jordan）的建议，⑥ 回应："我政府既允阁下之请而停止借款予清

---

① 《国父全集》第 4 册，第 132~123 页。
② 《国父全集》第 1 册，第 421 页。
③ 《国父全集》第 4 册，第 421 页。
④ 王曾才：《英国政府对辛亥革命所持的态度》，见《中国现代史专题研究报告》第 3 辑，1973，第 43 页。
⑤ 王曾才上文；Frederic L. Chapin 前文，100 页；吕芳上前文。
⑥ 张忠正：《孙逸仙博士与美国》，第 117 页。

廷，则此后银行团借款予中国，只有与新政府交涉耳，然必待阁下返国成立新政府之后始能开议也。"①

美籍孙中山之传记作者史扶邻（Harold Z. Schiffrin）依据英国外交部档案所做的研究中，指出孙中山与荷马李在伦敦期间，曾共同签署一份与英、美两国政府缔结联盟的建议书；在他们离英赴法之后，由道生递交英国外交部。孙仍希望得到英国一百万英镑贷款给中国革命后的新政府，也许诺"提供两国超过其他国家的优惠权利"。② 此一建议，虽曾一度引起美国政府的兴趣，却未能为英国当局所接受。

孙中山决定回国，邀荷马李同行。11 月 21 日抵达巴黎，只停留三天，行动极为紧凑。孙拜会了法国前总理克里孟梭（George Clemenceau），文学家及名记者米尔（Pierre Mille），外交部长毕恭（Stebhen Pichon），东方汇理银行总裁西蒙（Stanislas Simon）等政要及名人③，亦接受记者访问，说明中国新政府的内政外交政策。④ 荷马李于陪同孙中山外，致函老友美国参议院参议员鲁特，请求"对于承认中国革命军政府一事给予支持，并促成美国贷款给革命军"。荷马李且邀请鲁特担任中国革命军政府的美国顾问。此等请求虽得到鲁特"友善与同情"的表示，却以"身份不适"为由而婉拒。⑤

孙中山、荷马李一行于 11 月 24 日离开法国东航，12 月 16 日过境新加坡。孙不欲张扬，仅会见了华侨领袖邓泽如等少数人，荷马李却受到《新加坡自由报》（Singapore Free Press）著论推崇，将他比喻为 18 世纪 50 年代协助清廷组训军队战胜太平天国的英人戈登将军（General Charles Gordon）。他也曾接受《槟榔公报》（Penang Gazette）记者的访问，大谈其远东大战略：必须压制日本或增强并巩固中国以求得远东权力的平衡，才是维护美国安全的必要措施。⑥

---

① 《国父全集》第 1 册，第 421 页。

② Harold Z. Schiffrin, "The Enigam of Sun Yat – sen"；张忠正前书，第 117～118 页。

③ 陈三井：《法文资料中所见的孙中山先生》，见《研究中山先生的史料与史学》，第 275～289 页。

④ 《国父全集》第 2 册，第 426 页。

⑤ Key Ray Chong, "Americans and Chinese Reform and Revolution, 1892 – 1922：The Role of Private Citizens in Diplomacy"（University Press of America, Inc. 1984），pp. 151 – 152；张忠正前书，119 页。

⑥ 张忠正前书，第 175 页。

12 月 21 日，孙中山等到达香港。孙忙于与党人胡汉民、廖仲恺等会商应付时局及借款、筑路等事。荷马李则以孙之外交联络人身份，函送一份文件给美国国务卿诺克斯（Philander Chase Knox），说明中国革命情势及即将成立临时军政府将来成立宪法政府的策划，并亲访美国驻香港总领事安德生（George E. Anderson），介绍安德生与孙中山见面。他提出协助孙中山建立宪法政府的积极性建议，获得安德生首肯，同意转达国务院。张忠正依据美方外交文书，做出如下的叙述：

> 荷马李也在当日会见美国驻香港总领事安德生。在孙逸仙的同意下，荷马李吁请华盛顿的官员出面调停以促使清帝溥仪逊位，并推荐美国法学专家前来协助或拟定新中国的宪法。安德生颇为同情荷马李的看法，翌日即致函诺克斯，建议敦请"著名的法学家"诸如诺克斯与参议员鲁特等人，协助中国革命党建立一个永久性的宪政政府。[①]

孙中山、荷马李及在香港登船的胡汉民等于 12 月 25 日抵达上海。四天后——12 月 29 日，孙为在南京召开的各省代表会选举为中华民国临时大总统，定于 1912 年 1 月 1 日即中华民国元年元旦在南京就职。荷马李参加了此一开启历史新纪元的盛典，受聘为军事顾问，开始为中华民国政府服务。他的作为，公文书上虽没有记载，然以孙大总统信任之专，吾人有理由相信他曾提供若干有意义有价值的建议。习贤德即谓孙于 2 月 5 日率文武官员祭告明孝陵一事，"与荷马李不无关系"[②]，然事与愿违，两件事使荷马李难偿夙愿：一为孙之辞卸临时大总统职务，中国政情为之改变；一为他自己于 2 月 11 日突患脑血栓而致半身不遂，不能不回美疗养，不幸于同年 11 月 1 日逝世于洛杉矶，年仅 36 岁。

孙中山获悉荷马李逝世后，深感痛惜。他先于 11 月 6 日在上海英文《大陆报》（China Press）发表一篇《对荷马李的赞词》（Eulogy on the Death of Homer Lea），赞扬荷马李"具有非凡的才智"，"是一位伟大的军事哲学家，对革命问题有卓越的见解"，"为人真挚诚恳，为中国革命贡献了全部心力"，称许荷马李的言行："他忠厚的举止，富于同情心的谈吐，坦率与果

---

① 张忠正前书，第 176 页。
② 习贤德：《孙中山与美国》 第 69 页。

决，赢得了许多中国友人。"① 八天之后——11 月 14 日，孙再致函荷马李夫人，说："失去李将军，我觉得我失去了一位伟大的和真正的朋友。"② 两位知名的美籍孙中山传记著作人——沙曼（Lyon Sharman）、韦慕庭（C. Martin Wilbur）——在他们的著作中，都认为："或许，荷马李就是孙逸仙的辣斐德（Lafayette）。"③

荷马李夫人包威尔原为荷马李秘书，婚前即与孙中山相识。她于荷马李逝世后，仍与孙信件往还，交谊甚笃。她于 1934 年逝世时，曾将夫妇二人赞助孙中山革命活动的一批文件，交与荷马李的继子包尔斯（Joshua B. Powers）保存，包尔斯其后将此批文件赠予荷马李的母校斯坦福大学之胡佛研究所典藏，并予以整理。其后，布司后人劳伦斯（Lanrence Boothe）亦将其先人遗留与孙中山及其他赞助中国革命之文件送交胡佛研究所，建立专档保管。胡佛研究所获悉荷马李生前有将其骨灰埋葬于中国国土的遗愿，图书馆馆长马大任及副所长史华若考斯基（Witold Swarskowski）乃与中华民国驻美大使周书楷、国史馆馆长兼中国国民党中央党史会主任委员黄季陆联系，呈经当局认可后，荷马李夫妇骨灰随得于 1969 年 4 月由胡佛研究所人员及其家人护送至台北，安葬于阳明山第一公墓。胡佛研究所并选择一部分荷马李及布司与孙中山来往信函共六十六件之影印件，赠送国史馆及党史会，名之曰"荷马李档案"④。

戴德律与中华革命党

1913 年以讨伐袁世凯为目标之"二次革命"失败后，孙中山再次亡命日本东京。他并不气馁，同年 9 月即开始筹组中华革命党⑤，继续号召讨袁。然他面临的最大难题，是财力匮乏。如何解决此难题？除向各地华侨募捐外，更需要向外国朝野进行借贷，但须有适当的理由与人脉广阔且富经验的执行人员。1914 年夏，孙中山想出以筹设百货公司来解决财务困难的办法。

---

① 英文件见《国父全集》第 10 册，第 488 页；中文件见同书第 9 册，第 565 页。

② 《国父全集》第 4 册，第 271 页。

③ Lyon Sharman，"Sun Yat - sen，His Life and Its Meaning：A Critical Biography"（New York ：John Day Co. ，1934），p. 127；C. Martin Wilbur，"Smn Yat - sen，Frusttrated Patriot"（New York：Columbia University Press，1976），p. 73.

④ 吕芳上：《荷马李档案简述》。

⑤ 李云汉：《中国国民党史述》第二编，第 150 页。

他于此年 6 月 17 日写给美国荷马李夫人的信中，说：

> 在我们遭遇的困难中，财务是最主要的，但我已有办法以百货公司的方式解决这个困难。您能否帮助我找到娴熟此类业务的人？①

同年 7 月间，孙接到一位美国朋友戴德律（James Deitrick）的来信，因而触发他借重此人的念头。② 戴德律，何许人耶？如何与孙中山相识？韦慕庭在其孙中山传记著作中，曾作简要的叙述：

> James Deitrick，是位自我奋斗成名的美国商人。十二岁开始其事业，初做电报操作员。十六岁时，成为火车运输员。二十岁，升为运输监督；三十五岁，高居一家铁路公司的主席。凭此背景，他成为美国铁路建筑、西伯利亚开矿、蒙古及尼加拉瓜土地开发的倡导者。1912 年他写信给孙中山时，用的头衔是"大西洋太平洋铁路公司"的副主席，从事于铁路、河流及海岸运输。从两人早期的通信中，可知他们可能是于 1911 年年尾在伦敦见过面，建立彼此间的友谊。在一封信里，Deitrick 提醒孙中山：在我的房间里曾遇见美国前总统格兰特（U. S. Grant）的儿子。Deitrick 生于 1864 年 8 月 4 日，此时已 48 岁，长于孙中山两岁。③

研究戴德律与孙中山关系的凭借，是两人于 1911～1916 年间的数十封来往函电。这些文件，大部分收藏于斯坦福大学胡佛研究所，少数存储于中国国民党党史委员会（简称党史会，今称党史馆）。有十件中英文信件已编入《国父全集》④，为本文的基本依据。党史会所存荷马李档案中，有一件戴德律于 1911 年 11 月 20 日由伦敦写给荷马李的信，谈蒙古情形，可能是戴氏遗留最早的史料。孙中山于 1912 年 4 月解除临时大总统职务，在上海成立铁路总公司一心推动铁路建设之际，戴德律曾多次致函表示支持，只是这时的函件未曾保存在台湾，不无遗憾。据韦慕庭查证，戴德律 1912 年的通信，主要目的有二：一为企图获得中国财务与铁路建造的合同，这也是当时孙中山所

① 《国父全集》第 4 册，第 316 页。
② 戴德律，亦有学者译作德垂克、戴垂克、戴屈克、狄垂克、德特力克。《国父全集》及《国父年谱》记作戴德律，本文因之。
③ C. Martin Wilbur, "Sun Yat-sen: Frustrated Patriot", pp. 85-86.
④ 中文件见《国父全集》第 4 册，英文件见同书第 10 册。

期待的事；一为劝孙推展全国性男女童子军运动，培养青少年之爱国心与技艺以服务于国家。① 甘思州（Thomas W. Ganschow）进一步发现：戴德律梦想建一连接美、俄、蒙古、中国的铁路，想联合孙中山负责建造中国境内部分。② 不管孙中山有无反应，此事由于"二次革命"讨袁之役失败而告终结。

由于戴德律与孙及荷马李夫妇都相识，故孙于1914年9月3日写给荷马李夫人的信中，说戴是"我们的朋友"③。戴德律于1914年7月10日自美国写信给在日本的孙中山，仍然提及童子军事，孙却改变了方向，期望戴德律能在美国帮中华革命党筹款济急。孙于8月14日复函戴德律，告以"男女童子军运动"一事，"待仆事业有成，必予以实施"，目前任务"最要者为阻止袁世凯在美之借款活动"。孙以相当长的篇幅申述他的"物资供应组织"计划，希望戴为他物色"长于供应组织与管理之专才"，由孙"畀以在全中国办理物资供应组织之特权"，然"须其预付一千万元，以作初步战费之需"④。孙所谓"物资供应组织"，实即百货公司，他于10月12日致函戴德律时，一开始即告以：

> 兹委托阁下征求商家，洽订合约，以便在中国开办百货公司及其他工商企业。
>
> 阁下如能代理此项工作，则可全权与中国政府共同着手，建立一个百货公司系统，但须先贷予仆及本党一千万元。此一款项，将用作本党及我国国内的各项改进工作。⑤

戴德律于1914年9月1日致函孙中山，表示对孙的计划愿予协助，但对于"百货公司系统"之性质及功能存有疑虑，请予澄清。孙因于10月16日再函戴氏，坦诚告知：

> 此一百货公司系统，将在目前的第三次革命之后立刻实现。它将成

---

① C. Martin Wilbur 前书，第86页。
② Thomas W. Ganschow, "A Study of Sun Yat‐sen's Contracts with the United States Prior to 1922" (unpublished dissertation, Indiana University, 1971), Chap. IV；王刚领：《美国与孙逸仙博士》，见《孙中山先生与辛亥革命》中册，第719页，注31。
③ 《国父全集》第4册，第323页。
④ 《国父全集》第4册，第319~321页。
⑤ 《国父全集》第4册，第327页。

为一合股公司，即中国政府拥有一半股份，其余一半为国外投资。此一系统，初期将完全由外籍商家经营，然后逐渐由国人接替。

由于我国缺乏此项工作的策划与经理人员，仆在前信中曾要求阁下协助征求此类人才。承办此项事业之商家，将获得半数股份。为实现此项事业，吾人希望获得贷款一千万元，作为革命经费。此一贷款，自然是百货公司系统以外的单独事项，不可彼此混淆。贷出此一必需款项的商家，将获得合作经营百货公司的权利。如商家认为百货公司不合趣旨，则可在同样的条件之下，享有构筑铁路、经营矿业等类企业的特权。

关于委托权限，仆希望说明一点，百货公司不会享有发行纸币的权利，唯有中国政府保留有此项权利。商家也不享有进出口贸易的专有权利，因这项权利的赋予，必须在中国签有条约。①

9、10月间，戴德律连续给孙中山写过六封信，孙至11月20日始作复。于说明迟复原因及国内革命活动进行情形外，问戴"能否立刻供给五十万元以上的现金"并称："阁下如能为仆筹妥这一款项，则请购买十架以上的最新式飞机，立即运交马尼拉古恩上尉（Capt. Tom Gunn）。如果不能购到飞机，则请买马达（至少十匹马力）及必要物品与器材。"② 就现有的史料观察，戴德律于1914年至1915年上半年内，确实在阻止袁世凯政府向美借款方面做了一些工作，并曾计划在美创办一种为孙宣传的新闻媒体；但在受托为中华革命党进行贷款方面，却无成效。他曾坦诚告诉孙中山："已尽力而为，但目前尚无可能。""商家们最后决定，将他们现有的大笔资金投入一项他们视为不切实际的投资上，是一件不妥适的生意。"③

1915年2月，戴德律以接洽欧洲资本家为名，去过伦敦、哥本哈根（Copenagen）、斯德哥尔摩（Stockholm）、彼得格勒（Petrograd）以及伊尔库茨克（Irkutsk）等地。因而有段时间没有和孙中山联络。这年3月，戴从彼得格勒拍电报给孙，说欧洲接洽贷款的事徒劳无功，并谓将去北京，计划到东京与孙见面。事实上，他是为拓展自己的商业而与俄、中当局接触，不太关心为孙贷款的事。戴其后又改变计划，不去东京，而去纽约。孙于11月

---

① 《国父全集》第4册，第328页。
② 《国父全集》第4册，第334页。
③ 张忠正前书，第265页。

18 日致函戴德律，语意间虽显示失望，然仍询问："阁下洽商贷款的结果如何？是否有成功的机会呢？"①

当然，孙中山筹款的路线不只戴德律一条。1916 年初，南洋及美、加华侨已全力相助，日本政府也改变政策，开始支持中华革命党计划在华北山东发动讨袁的军事行动。国内讨袁声势风起云涌，孙亦于 5 月 1 日返抵上海，宣言与各方讨袁势力一致行动。② 6 月 6 日袁世凯死亡后，孙宣布停止军事行动。在此情形下，已无委托戴德律交涉贷款的必要。孙乃于 7 月 5 日致函戴德律："请取消阁下代仆洽商的一切政治贷款，并请退还叙述委托权的文件。"③ 戴未有回应，孙再于 11 月 24 日致函戴氏，请其美籍知友诺曼（Robert Norman）持函往晤戴氏取回"委托权文件"④。只是戴德律并未归还此一文件，该文件迄今仍存放于斯坦福大学图书馆内。⑤

孙的传记著作者： 林百克父子

第一位为孙中山写传记的美国人，是孙的朋友林百克（Paul Myron Wentworth Linebarger）。书名是 *Sun Yat – sen and the Chinese Republic*，初版于 1925 年——孙中山逝世之年，由纽约 The Century Co. 印行，1969 年 AMS Press 予以重印。已故"国史馆"馆长黄季陆曾对此书作过如下的介绍：

> 当国父在世之日，他的美国朋友林百克先生曾根据与他相处时体认得来的资料，写了一本孙逸仙先生传记。这本书正待完成，而中山先生已不幸逝世。迨此书出版，已在中山先生逝世之后。林氏此书中所引述的若干关于中山先生口述的童年时代的故事和所经过的重大政治事件，可惜均不获中山先生观阅而有所增补，然并不因此而减少此书的价值。⑥

此书的中文本系由徐植仁所译，书名为《孙逸仙传记》，最早由上海三民公司于 1926 年 2 月出版，称初版本，其后中国文化服务社于 1941 年重印，

---

① 《国父全集》第 4 册，第 375 页。
② 《国父年谱》下册，第 872 页。
③ 《国父全集》第 4 册，第 434 ~ 435 页。
④ 《国父全集》第 4 册，第 461 页。
⑤ C. Martin Wilbur 前书，第 91 页；习贤德前书，第 200 页。
⑥ 黄季陆：《国父传记及其有关资料》，见《研究中山先生的史料与史学》，第 95 页。

成为国内最流行的孙中山传记之一。初版本封面书名为于右任所题。内含孙氏遗嘱、墨迹、各时期之遗像、家人合影、翠亨老宅、上海住所、南京中山陵墓设计图等图片，共23帧。其中"天下为公"墨迹横幅为书赠林百克者，上款题曰"林百克先生属"，下款书"孙文"，盖有印章两方。正文（含《原序》《译者序》）分九时期，共39章。附录3篇：《中山先生自传》《中山先生年谱》及戴传贤撰《孙中山先生著作及讲演纪录要目》。最后为《校阅后记》。由于著者与黄兴（克强）熟识并彰显孙黄密切关系，图片中插有"黄克强先生遗像"，正文中亦辟有"中山与黄兴"一章。①

林百克在其著作《原序》中，说明他之倾心于孙中山而成为一个"孙逸仙的党徒"，系受到曾做过他的厨师，挽救过他的性命，也是孙中山"敢死队中人"名为阿普的感动。阿普因回国参加革命而牺牲性命，林百克有了"见贤思齐"的心志，开始为孙逸仙及国民党效力。他作了平实的自白：

> 这个受刑戮的厨子尚且有为他的领袖牺牲的勇气，那么享受自由权利而又提倡民治责任的美国人，难道反不应当表同情于敢死队而予以助力吗？所以著者就热心于孙逸仙的运动。虽是因为职业关系，不能直接参加，待辞去职务之后，就做帮助孙逸仙的一个活跃分子。于是在一九一三年，著了一《我们的中国的机会》；这本书在一九一四年为国民党用来破坏袁世凯的借款，流传很广。一九一七年，著者担任《中国的民族主义者》月刊编辑，又为国民党办理别的宣传事业，并代理他们的法律事务，不独在中国，也在美国和别国法庭。②

林百克于1901～1907年，曾任菲律宾法院的巡回审判官。辞职后移居上海，住江西路62号。1912年2月至1913年8月，孙中山、黄克强也都住上海，可能在此期间开始直接来往。他旋即回到美国。黄兴于1914年9月访问芝加哥时，林百克曾到黄所下榻的"国会旅馆"（Congress Hotel）相会，表示有意日后到中国为黄撰写传记。③ 1916年5月，孙由日本回到上海，林百克全家也移住沪上，以律师为业，与孙中山及国民党之间的关系就连绵不断。

林百克说，他想为孙中山写传记，"筹思数年"。曾与孙谈过此事，但孙

---

① 依据中国国民党文化传播委员会党史馆藏本，列030类219号。
② 林百克：《孙逸仙传记〈原序〉》，徐植仁译，第1～2页。
③ 李云汉：《黄克强先生年谱》，台北，中国国民党中央委员会党史委员会，1973，第378页。

"执谦自抑，不愿称述个人详细的事迹，尤其是他的早年时代"。"所以劝告了好几次"，直到 1919 年夏，"他才允许给著者以预备从事于著述他传记的时间，同著者费了许多日子搜集这种资料"。当然，有些事件也需要向其他重要党人求证，孙又数度离开上海前往广州主持革命政府，因而进度缓慢。成稿之后，又"为截短篇幅计，曾经过六次的校订"①，不能不延迟至孙中山逝世后始行出版。林在此书中，多次表达他对孙之人格风范的推崇，说："从未见过他有丝毫自大的表示"，"他的思想不是为了自己，是为着中华民族的幸福"。"他的领袖的基础，是从中国文化与更新更高的文化结合而产生的"②。他也透露曾经恳切建议孙中山去美国访问，借便"宣传中国民主主义"，孙经过一段深沉的思考后，回复林："还是劳你去走一趟罢"，"我的责任是在此地，还是你去当其困难的好"③。

林百克还曾编著过两种有关论述孙中山言论思想的书。一是 The Gospel of Chung Shan，中文译作《中山之使命》，系编辑孙的遗著而成，于 1932 年在巴黎出版；中国国民党驻法总支部以中文写了篇序，党史馆藏有影印本。一是 The Ocean Man：An Allegorv of the Sun Yat - sen Revolution，1937 年在美京华盛顿出版了 Mid - nation Editions，尚未见有中文译本问世。④

林百克的儿子林白乐（Paul Myron Anthony Linebarger），自幼即是孙中山的崇拜者。他出生于 1915 年，童年在上海读美国学校时，即曾写过一本小册：《孙逸仙——中国人的救主》。1927 年，他 12 岁，又曾为追思孙中山而写过一首题为《救主孙中山》的白话诗，由苏兆骧译为中文，刊登于报端。同年 4 月 3 日在台湾出版的《台湾民报》第 151 号，也转载过来，作者用的中文译名为林保罗。他在诗中赞许孙是"威武不能屈"的"救主"，"他做了许多光荣的事业，使百兆的人民得着解放和自由"⑤。

林白乐后来获得美国霍普金斯大学（John Hopkins University）博士学位，成为名教授。他的博士论文题目是"The Political Doctrines of Sun Yat - sen"，由霍普金斯大学出版部（Baltimore：John Hopkins University Press）于 1936 年

① 林百克：《孙逸仙传记〈原序〉》，徐植仁译，第 2～3 页。
② 林百克：《孙逸仙传记〈原序〉》，徐植仁译，第 111、113 页。
③ 林百克：《孙逸仙传记〈原序〉》，徐植仁译，第 272、275 页。
④ 李云汉：《研究中山先生的英文史料》，见《研究中山先生的史料与史学》，第 404～405 页。
⑤ 梁惠锦：《台湾民报中有关国父孙中山先生的记载》，《研究中山先生的史料与史学》，第 570 页。

出版；1957 年，二版；1963 年，三版。哈佛大学（Harvard University）政治学资深教授何尔康（Arthur N. Holcombe）为撰《前言》，颇受重视。中文简译为《孙中山先生的政治学说》，已故罗时实教授曾撰文介绍，标题为《一本值得重看的旧书——林白乐教授著"孙中山先生的政治学说"简介》，发表于《中华学报》第一卷第一期（台北，1974）①。

林白乐曾于 1965 年 1 月应邀访问台北，参与庆祝孙中山百年诞辰的活动，接受政治大学授予的荣誉法学博士学位。他在政大发表演讲，强调"孙中山主义"（SunYatsenism）的"世界性"（universality），认定："孙中山不再仅是中国人，而应该是位世界公民。"② 政大将其演讲中译为《孙文主义的世界性》，印为小册子，提供学术文化界人士参考。

尾　语

孙中山奔走革命期间曾四度环游世界，在日、美、英、法、德、加拿大等国，都结识了若干民间友人。绝大多数友人都竭诚无私地支持他的革命理想与行动；彼等的热诚与努力虽不足以影响其本国政府对华政策，却在舆论、道义、公理甚至财力方面发挥过无形而巨大的力量，有助孙氏声势在海外的蓬勃发展。英之康德黎（James Cantlie）、日之宫崎寅藏、美之荷马李、林百克，乃其著者；彼等支持中国革命运动的言论与行动，自应在论述孙中山革命运动之著作中占有光辉的篇章。

本文已论及十数位孙中山在美国民间的友人。然为史料及篇幅所限，不无遗珠之憾。如谊属知交且于 20 世纪 20 年代受聘为广州革命政府法律顾问的诺曼（Robert Norman），歉难着墨。笔者浏览有关史料——特别是孙中山与诸友人间的来往函电，于彼等披沥之真诚无私情怀，深为感动。荷马李夫妇、林百克父子与孙中山之间的长期情谊，更为中美近世交流史中难以多见的实例，难能可贵。这也反映出孙中山应为"世界公民"的自然因缘。本文中如有任何舛误，竭诚欢迎同道贤者暨读者诸君惠予指正。

---

① 李云汉前文。
② 陶希圣：《记林白乐博士》，见《传记文学》第 9 卷第 3 期。

孙文越飞会谈的幕后台前

李玉贞[*]

1923 年 1 月 27 日，上海英文《大陆报》（*The China Press*），受孙中山和越飞的委托，发表了一个令世人瞩目的文件："孙博士[①]说，俄国将放弃沙皇向中国强索的一切权益。"这就是后来被称为《孙文越飞联合声明》[②]（下用《联合声明》）的那个文件。这是二人会谈的台前。

孙中山在《联合声明》中开宗明义表示共产主义不能引入中国这一条，往往被一些学者特别是中国国民党学者强调为孙中山如何坚持其三民主义的思想原则。这里有他思想真实的一面——怕"赤化"，也有他为稳住中国舆论和国民党内外同样的情绪而做出的表态。苏联史学则认为这是孙中山联俄的开始。在提及这个文件时往往强调《联合声明》中的一句话："中国当得俄国国民最挚热之同情，且可以俄国援助为依赖也。"但是关于孙越会谈的详细情况，过去却鲜有记述。[③] 笔者见到台北中研院近代史所的中俄关系档案，1993 年俄罗斯公开了共产国际档案，上海工部局也有零星记载。将几处的某些材料加以对照，一些看似零散的档案就链接为

---

[*] 中国社会科学院近代史研究所研究员。

[①] 有学者引述关于孙中山早期在夏威夷活动的文件，称那时文献中"Dr. Sun Yatsen"就是"孙逸仙医生"（黄宇和：《中山先生与英国》，第 287～288 页，台北，学生书局，2005），但在许多情况下，读起来似不太顺畅，如越飞给孙中山的信也称他 Doctor"博士"。显然，此处用医生不如"博士"，所以只能理解"博士"为尊称。

[②] 1928 年《中国年鉴》（*The China Year book*）用的是 The Joint Statement of Dr. Sun Yatsen and A. A. Joffe. 。查"statement"义为"声明"，故译为《孙文、越飞联合声明》更加确切。俄文是 Совместное коммюнике"联合公报"。关于苏联何以当时没有公布此"公报"全文，参见拙作《孙中山与共产国际》，台北，中研院近代史研究所，1996，第 207～208 页。

[③] 上海市档案馆工部局档案 Minicipal Daily Report（1923 年 1 月 20～2 月 2 日）和 Annual Report（1923）有英文资料，但是很不完全。

一个完整的轮廓，有助于揭示这个文件的内容。本文的目的在于通过对照和剖析公开发表的《联合声明》文字，提示掩映在《联合声明》幕后的情况。

一 《联合声明》中关于苏俄援助的各个层面

推翻北京政府，统一中国，是孙中山的夙愿，为此他需要一支强大的由中国国民党统率的军队。1919年孙中山整合各路人马组成中国国民党，但是该党没有一兵一卒。1920年他回到上海，写作《建国方略》规划未来中国的建设，索性将其叫作国际共同开发中国的计划，但是在争取外国援助上他一无所获。

1919也正是共产国际成立的年份，遵循其进行世界革命的方略，共产国际开始向东西方输出苏式共产革命，同时立即承担起苏俄外交的工具，向世界各国派遣使者。中国人熟知的鲍罗廷就是那时候奉派到南美进行秘密工作的。孙中山对新生的苏维埃政权特别是其军队产生了兴趣，而苏俄也希望其东线平安。于是俄共（布）远东地方组织便秘密派人到中国，孙中山凭其声望，成了这些人的联络对象。①

孙中山接触苏俄人士伊始，关注的就是布尔什维克党如何依靠军队夺取政权。他期望和再三宣传的也是要建立一支为三民主义而战的党军，这就是为什么他向来自彼邦的人士谈的仅仅是"技术"层面的东西，并没有赞颂苏俄的十月革命，——他希望苏俄给予军事援助。经过曲折的谈判，1923年产生了《孙文越飞联合声明》。其中有这样一句话："越飞君并向孙博士保证，中国当得俄国国民最挚热之同情，且可以俄国援助为依赖。"过去一般指这表示苏俄对中国人民民族解放运动和反帝斗争进行援助。英文《大陆报》使用的标题是《孙博士说俄国将放弃沙皇从中国强索的一切权益》（见本文附录）。但史料告诉我们，这背后另有玄机，没有见诸报端。无论从孙中山方面还是越飞方面，都值得予以注意。谨将其内容介绍于下。

第一，笔者认为，《联合声明》中所说"苏俄援助"是肯定的，它是孙苏关系的一个方面，越飞到中国后不久就建议俄共（布）向中国提供400万～500万金卢布的贷款，以示苏俄真诚援助中国人民，固然越飞意在击破

---

① 详见拙作《孙中山与共产国际》，第37～71页。

帝国主义"只说好话"没有实际行动的做法,① 表达的是苏俄与帝国主义在中国角逐的意图,他所说在中国的情况下谁能出钱援助中国谁就是中国"真正意义上的解放者"或"救命恩人"② 的想法,释放出的却是通过有条件的援助以控制中国的意图,但越飞总体上主张支持中国。他为自己受到中国舆论的热烈欢迎而十分感动,并致函列宁等人报告了这个情况:"如果你们感受到这种不可言喻的热情……"意在请莫斯科务必践言,务必遵守其在 1919年、1920 年所做的对中国人民友好的承诺。③

至于明确援助孙中山的思想,那是 1922 年底越飞和马林据自己在中国的外交实践,向共产国际和苏俄政府提出的:"为了帮助中国实现统一,必须立即着手把中国最大的、真正的政党国民党建设成为一个群众性政党","俄国必须答应给国民党以援助",而不援助那些利欲熏心的军阀。④ 俄共(布)中央委员会政治局 1923 年 1 月 4 日议决:"肯定越飞旨在全力支持国民党政策的建议","支持国民党的费用从共产国际的后备基金中支出"。鉴于该工作将通过共产国际渠道进行,外交人民委员部应该"同越飞同志协商,向政治局提出补充拨款的议案"。⑤

这样越飞到上海(1923 年 1 月 17 日)前,⑥ 苏俄援助孙中山的方针已经决定。后来,援助是实际发生了的。据苏联统计,从 1923 年到

---

① 《越飞致外交人民委员加拉罕,政治局斯大林,人民委员会主席列宁,军事委员会主席托洛茨基和共产国际执行委员会主席季诺维也夫、拉狄克的信(1922 年 9 月)》,РГАСПИ,ф. 5,оп. 1,дело2145,л18. 俄罗斯国家社会政治历史档案馆档案,全宗 5,目录 1,案卷 2145,第 18 页。

② 《越飞致外交人民委员加拉罕,政治局斯大林,人民委员会主席列宁,军事委员会主席托洛茨基和共产国际执行委员会主席季诺维也夫、拉狄克的信(1922 年 9 月)》,РГАСПИ,ф. 5,оп. 1,дело2145,л18. 俄罗斯国家社会政治历史档案馆档案,全宗 5,目录 1,案卷 2145,第 18 页。

③ 《越飞致外交人民委员加拉罕,政治局斯大林,人民委员会主席列宁,军事委员会主席托洛茨基和共产国际执行委员会主席季诺维也夫、拉狄克的信(1922 年 9 月)》,РГАСПИ,ф. 5,оп. 1,дело2145,л18. 俄罗斯国家社会政治历史档案馆档案,全宗 5,目录 1,案卷 2145,第 18 页。

④ 越飞和马林撰写的《关于我们在殖民地和半殖民地尤其是在中国的工作问题》(提纲),李玉贞主编《马林与第一次国共合作》,光明日报出版社,1989,第 100 ~ 101 页。

⑤ 李玉贞译《联共、共产国际与中国 1920 ~ 1925》(下册),台北,东大图书公司,1997,第 149 页。

⑥ 关于越飞与孙中山会见的日期,记载并不一致。详见拙作《孙中山与共产国际》,第 199页注释 77。

1925 年孙中山逝世前，苏联给予中国国民党的援助已经达到 1100 万卢布。① 1924 年 6 月仅仅为黄埔军校开学，苏联政府的预算即为 229239 美元，② 1924 年 11 月至 1925 年 1 月的预算是 58399 香港元。③ 到 1924 年底，仅仅黄埔军校一处的苏联顾问人数已经达到 25 人。④ 有的甚至牺牲在中国土地上。

第二，援助背后潜藏着的军事政治干预因素。

共产国际的目标是进行世界无产阶级革命，其对华外交也是本着这样的宗旨。早在 1920 年共产国际给其派往中国代表的指令中就有"激化中国同列强的矛盾"、在广州寻找能够在全中国范围内制造起义的人这样的内容。⑤

孙中山最早与之讨论过军事问题的刘谦⑥及其设想也是一例。此人系旅俄华工联合会内建立的俄国共产华员局⑦（待置入插图）远东阿穆尔省所设分会的"副首领"。阿穆尔省所设分会由原中华社会党改组产生。俄国共产华员局被俄共（布）当作建立中国共产党的预备机构，原拟"移往中国"，

---

① Переписка И. В. Сталина и Г. В. Чичерина с полпредом СССР в Китае Л. М. Караханом（1923－1926），документысост А. И. 卡尔图诺娃编《斯大林、契切林与苏联驻华全权代表加拉罕的通信》（下用），第 429 页。工科，纳塔利斯出版社，2008。

② 俄罗斯国家社会政治历史档案馆档案，全宗 514，目录 1，案卷 987，第 13 页。

③ 俄罗斯国家社会政治历史档案馆档案，全宗 514，目录 1，案卷 987，第 40 页。原文此处标示的币种是"美元"，据上下文看，应当也是香港元。档案中有时使用"墨西哥元"，这些币种与中国元的比价待查。

④ Мировицкая，Р. А. Советский Союз в стратегии Гоминдана），米罗维茨卡娅：《国民党战略中的苏联》，莫斯科，1990，第 54 页。

⑤ 《威廉斯基－西比利亚科夫关于 1919 年 9 月至 1920 年 8 月在国外东亚民族中的工作向共产国际执行委员会的报告（1920 年 9 月 1 日）》，《联共、共产国际与中国 1920～1925》，第 17 页。

⑥ 有的书将其误译为"刘建"或"刘江"，如中共中央党史研究室第一研究部译《共产国际、联共（布）与中国革命档案资料丛书》第 1 卷（1）第 6 号文件，北京图书馆出版社，1996。

⑦ 据俄共（布）旨意 1920 年 6 月在旅俄华工联合会第 3 次代表大会后成立。1920 年 7 月 1 日俄共（布）中央组织局予以批准。联合会中设立了一个具有组织和领导全俄境内华人党员的机构，俄文名称是 Центральное организационное бюро китайских коммуеистов при РКП（6），该局图章上刻的是中文"俄国共产华员局"，应当使用这个名称（详见拙作《孙中山与共产国际》，第 52 页），将此历史机构改名为什么"组织局"显然不妥（见上引《共产国际、联共（布）与中国革命档案资料丛书》第 1 卷（2），第 24～26 页）。

其输出苏式革命的性质十分明确。① 参加共产国际第二次代表大会的安龙鹤②便是该局派遣的旅俄华人代表。

虽然俄共（布）赋予这个组织以革命性质，但时任东三省巡阅使、奉天督军兼署省长的张作霖却将"其会中之华人"说成"无业流氓"，他认为该会会长名"王宝贵"者，主持会务的"前社会党首宫甲辰即宫锡川"③者也是这样的人。刘谦和该会成员积极参与了没收有产者财产的行动。④ 张作霖因该会"时常开会，均经该会文牍姜希畅发表意见、演说、鼓惑共产主义，反抗中国官府，种种谬论皆系目无法纪之言"而呈请北京政府"速向俄远东代表优林严重交涉，以期饬阿省长官取消该会，国家幸甚，侨民幸甚"。⑤

刘谦等华工群体，为生活所迫流落异乡，具有朴素的改变命运的诉求。但他们既远离政治和政权，又缺乏对于社会问题的了解，见到苏俄出现的革命的景象，本能地接受了俄共（布）强有力的宣传，认为苏俄道路是世界被压迫者翻身求解放的捷径，从而进入了所谓无产阶级国际主义的"误区"或曰"盲区"。他们得由俄共支持写了一封致祖国共产主义者的信，在他们眼中，北京政府是反动的、"愚蠢而罪恶的政府"，它帮助外国帝国主义"掠夺"百姓和国家财产，是理应被推翻的对象。信中号召同胞走苏俄的路，团结起来，没收地主的土地，没收资本家的财产，把矿山、铁路等都收归国有。同时，该信还要同胞们不要反对一切外国人，因外国也有好人，这就是

---

① 华员局的机关刊物《震东报》（Пробуждение Востока），上有名称：莫斯科共产党总筹办处。书记是安龙鹤。苏联《近现代史》（*Новая и ноаейшая история*）杂志 1959 年第 5 期第 139 ~ 144 页予以公布。P. A 米罗维茨卡娅在《远东问题》（*Проблемы Дальнего Востока*）1988 年第 2 期再次公布，题目是《关于旅俄华人党组织章程》（Об Уставе организаций китайских коммунистов в России）。党章总纲内明确了这个组织的目的："为组织旅居苏俄的华人共产主义者，凡有华人共产党员的地方均建立隶属于俄共（布）委员会的华人共产党支部。"作为领导机关的"俄国共产华员局"由俄共（布）中央委员会批准，时设于莫斯科俄共（布）中央委员会内，其所有重要问题决议的做出均须"经俄共（布）中央委员会完全同意"。该局党章凡 4 条，其中明确要"在祖国建立共产主义者的组织"及支部，并同暂设于莫斯科的俄国共产华员局中央局取得联系。

② 1979 年本文作者曾经使用"安恩学"的音译，经查实，安龙鹤才是其中文原名。俄罗斯国家社会政治历史档案馆 РГАСПИ 档案全宗 5，目录 1，案卷 166，第 4 ~ 5 页。

③ 台北中研院收藏中俄关系档案，外交部收咨（1921 年 6 月 21 日发，23 日收）。

④ 台北中研院收藏中俄关系档案，外交部收咨（1921 年 6 月 21 日发，23 日收）。

⑤ 台北中研院收藏中俄关系档案，外交部收咨（1921 年 6 月 21 日发，23 日收）。

"无产阶级"。① 不言而喻，指的是苏俄的无产阶级。共产国际的有关机构把这个信件送到鼓动处，予以印刷和散发。②

刘谦遵循的是"无产阶级没有祖国"的信条，他函请苏俄当局帮助新疆成立苏维埃，然后加入社会主义的苏俄。③ 刘谦早在1920年来中国前，就已经开始在中俄边界的谢米巴拉廷斯克和七河省交界处组织旅俄华人，参加军队的工作。④ 这些人并不知道这样做可能导致严重后果：他们也不明白这样的建议并不利于中国国家独立、民族和谐与领土完整。刘谦和安龙鹤等与社会党首领江亢虎有联系。⑤ 江亢虎也向列宁提出过类似的建议。他说早在1921年4月离开中国前，⑥ 也就同一些人酝酿过一个计划：组织起一支10000人的军队，协助苏军占领外蒙古。⑦

张作霖十分了解华工联合会的情况，他知道"俄政府重要人"在阿穆尔分会成立大会上如何号召人们仿效苏俄，"以过激党派如共产诸政策，平均人民生计，于劳动家大有利益，既已实行国内，当普及全球，贯彻主张务达目的等语"。

中国外交部也知悉，在此次会上驻俄总领事陈广平：

> 登台发言，盛称孙大总统为我中华革命伟人，素抱民生主义，与俄过激党不谋而合。自让位项城后迄今十年，伪托共和，施行专制旧官僚之习气，军阀派之淫威，苦我同胞受其压力。若不铲除阶级制度，其将何以发展民权。旧国会选举孙文复为民国总统，已得俄国承认。凡我旅俄华侨果有爱国真心，自立互相引导，招致华人入会。本总领事当请示俄政府助以枪械粮饷，编制操练，开赴边境，侵入内地，遥与南军响

---

① 安龙鹤致中国共产主义者的信（Письмо Ан Ненхака китайским коммунистам），原件无日期，据内容推断，因1921年该组织迁移至上乌丁斯克活动后基本停止活动。俄罗斯国家社会政治历史档案馆档案，全宗495，目录154，案卷5，第2~3页。

② 这是安氏信上共产国际执行委员会某人的指示。

③ 俄罗斯国家社会政治历史档案馆档案，全宗495，目录154，案卷5，第1~2页。

④ 《刘谦向俄共（布）阿穆尔州委的报告（1920年10月5日）》，《联共、共产国际与中国》，第22页。

⑤ 《刘谦向俄共（布）阿穆尔州委的报告（1920年10月5日）》，《联共、共产国际与中国》，第22页。

⑥ 江亢虎于1921年4月24日离开北京，经哈尔滨赴俄，在苏俄期间参加了共产国际第3次代表大会，见其《新俄游记》，第1、25~35页，上海商务印书馆，1923。

⑦ 俄罗斯国家社会政治历史档案馆档案，全宗492，目录1，案卷152，第7~8页。

应，助孙中山一举成功。①

有总领事陈广平出面，这种计划的性质就更加值得注意。

刘谦关于 1920 年在上海会见孙中山的报告基本证实了上述情况。孙刘二人讨论的是利用旅俄特别是远东的华人组建军队，与孙中山的军队混编起来，把新疆作为军队集结地，听从设在远东俄国境内指挥中心的调遣，进军华北，攻打北京政府。② 这种计划隐含的就不仅仅是干预性，甚至有颠覆性了。③

第三，孙中山也作了危险的"让步"。无独有偶，孙中山也和刘谦一样，有过建立"新疆苏维埃"的想法。张作霖报告称：

> ［苏俄］外交部总长车林④曾与粤东孙文结约，⑤ 又为陈［广平］总领事怂恿，极端斯举，谋助华工会饷械为军事上行动听粤党之来粤者调遣指挥……现粤东孙党既以兼并广西，势必进兵闽赣滇黔川，态度已变，窥伺中原，鄂西告警。若新疆东三省再有俄邻利用华人资助饷械以扰边防，外患内忧深为可虑。⑥

不得不承认，张作霖的话中含有许多利于中国国家利益的成分。北京政府鉴于这些情况，频繁颁饬其各封疆大吏注意防范，以免"过激主义"遍散国中。

过去史学界特别是国民党史学，在谈到《联合声明》时一般强调孙中山如何开宗明义表述并坚持关于苏式共产主义和苏维埃制度不能引用于中国那一条。对于孙中山在这个问题的"让步"较少提及。建立"新疆苏维埃"便

---

① 台北中研院近代史研究所藏中俄关系档案，外交部收咨（1921 年 6 月 21 日发，23 日收）。

② 《刘谦向俄共（布）阿穆尔省委的报告（1920 年 10 月 5 日）》（节译），《联共、共产国际与中国》，第 22 页。

③ 后来伍廷康（魏金斯基）、马林还同远东共和国有关方面讨论过此事的进行。《马林与第一次国共合作》，第 113 ~ 114 页。遗憾的是有的书如前引《共产国际、联共（布）与中国革命档案》一书竟将此重要历史人物改名。希学界同人还是用其原名：伍廷康、吴廷康、魏金斯基等。

④ 即苏俄外交人民委员契切林。

⑤ 不知所指。

⑥ 台北中研院近代史研究所收藏中俄关系档案，档案号：03 - 32 - 319（2）：《黑龙江督军张作霖致外交部长颜惠庆电》（1921 年 10 月 30 日发，31 日下午 5 时到）。

是孙中山为得到苏俄援助而在谈判桌外做出的危险让步。作为这个想法的背景，有两个因素应予交代。

一是孙吴联合政府，涉及当时的中苏关系。苏军 1921 年进占库伦，称歼灭那里的恩琴残部后即撤军，但迟迟未办。中国政府把苏俄军队撤出中国作为开始谈判外交关系的先决条件，苏方拒绝。在中东铁路问题上，苏俄 1919 年 7 月 25 日的对华宣言表示无偿归还中国，但后来食言，中俄复交谈判陷入僵局。越飞无法摆脱这种胶着的局面。

然而吴佩孚则让包括越飞在内的莫斯科及其赴华使者们产生了一线希望。一则吴提出的废督裁军在中国不无正面反应，二则吴答应在 1923 年初进军外蒙古，① 届时外蒙古问题便迎刃而解，一些苏俄使者访问吴佩孚后亲眼看到他的种种优势，例如军队的装备和训练，军队的实力等。② 孙中山的声望和吴佩孚的实力，促使莫斯科形成了一个组成孙吴政府的设想。若莫斯科给予援助则能保证这个政府的亲俄性质。这乃是苏俄决定支持孙吴政府的初衷：这样既能取代现北京政府，又能对付张作霖，使苏俄在中东铁路地区的利益得到保证。

越飞巧妙地利用孙中山要推翻北京政府的心理，在致孙信中称"北京政府确实唯列强的马首是瞻"而示好于孙，③ 原来 1922 年 9 月 26 日越飞的军事顾问 А. И. 格克尔④带着越飞致孙中山的信⑤由马林陪同来到上海莫里哀路孙宅时，孙中山已经明确表述了自己的想法：要求俄国帮助他在中国西北边陲或新疆省，建立一支由他指挥的军队。苏俄提供的武器和军用物资可经过

---

① 《越飞致外交人民委员加拉罕，政治局斯大林，人民委员会主席列宁，军事委员会主席托洛茨基和共产国际执行委员会主席季诺维也夫、拉狄克的信（1922 年 9 月）》，俄罗斯国家社会政治历史档案馆档案，全宗 5，目录 1，案卷 2145，第 20 页。《越飞致契切林的信节录（1922 年 11 月 1 日）》，《联共、共产国际与中国》，第 110 页。

② 《格克尔与孙中山的谈话（1922 年 9 月 26 日）》，《联共、共产国际与中国》，第 104 页。

③ 《越飞致孙中山的信（1922 年 9 月 15 日）》，《联共、共产国际与中国》，第 97 页。

④ 格克尔，全名 Анатолий Ильич Геккер（1888 年 8 月 25 日~1938 年 7 月 1 日）。生于第比利斯，毕业于符拉基米尔学院训练班和总参谋部学院，参加过第一次世界大战。1917 年加入俄共，十月革命后被选为第 38 军参谋长。在白海任军警等职。1919 年 2 月步兵第 13 师师长。是年 5 月至 1920 年 2 月任 13 军团军司令。1922 年工农红军军事学院副院长，1922 年 7 月出任苏俄驻华武官，1925~1926 在中国东北，中东铁路管理委员会任职。1929~1933 任苏联驻土耳其武官。1934 年起在总参谋部任领导工作。1938 年遭错杀，后获平反。

⑤ 越飞信全文见《联共、共产国际与中国》，第 97~99 页。

新疆运输到中国，① 从西北进军推翻北京政府。这是孙中山通过正式渠道②向苏方提出其"西北计划"③ 的雏形。格克尔并不反对孙的想法，但是他此番来沪的主旨是游说孙中山放弃与张作霖携手的念头，转而与吴佩孚联合，"建立一个由孙领导的政府"，那么孙也会因此得到苏联支持。④ 为此，越飞希望孙中山派遣代表与吴佩孚直接联系。⑤ 不过二人会谈时并未提及新疆苏维埃的事。

孙中山采纳了越飞的建议，修书一封派张继带着北上。同时，鉴于越飞在履行其外交使命上寸步难行，所以想在同北京政府的谈判中得到孙中山从旁"配合"，向北京政府施加压力。此后张继充当了孙中山、越飞间的联系人，并承担起了孙越二人会谈的协调者。

10 月 10 日，张继由李大钊陪同会见吴佩孚。⑥ 张、吴的会谈内容广泛，吴请孙中山放弃与"胡匪"张作霖的联络，而以孙正吴副的格局携手组建政府，同时利用吴佩孚的劲旅第三师落实吴的"兵工计划"，化干戈为玉帛，共同治理和开发黄河。⑦ 即使这时，无论张继还是李大钊，也都没有向吴佩孚提出新疆问题。越飞通过马林要求孙中山多插手北京政府事务，⑧ 不要倾全力于其南方，急于报陈炯明那一箭之仇，也不要因吴佩孚一度支持陈炯明，而对吴不信任。

孙中山联吴并不十分甘心情愿，同时他也认为这是一个漫长的过程，因急于得到援助，便产生了关于新疆苏维埃的想法。这是由张继在 1922 年 11 月向越飞私下转达的。10 月 11 日张继从吴佩孚处回到北京后，便在 11 月份把孙中山的具体计划告诉越飞：要求苏俄按照孙中山的"直接命令"，"派一个师占领东突厥⑨的新疆省，当地只有 4000 中国士兵，无力抵抗。邻省四川尽管有 100000 士兵"，但孙认为自己能够得到他们的支持。更加引人注目的

---

① 《联共、共产国际与中国》，第 104 ~ 106 页。

② 因刘谦本人已经在 1920 年穿过中俄国境时被打死。

③ 杨奎松《孙中山的西北计划及其夭折》，《历史研究》1996 年第 3 期；拙作《孙中山与共产国际》，第 362 ~ 391 页。

④ 《格克尔与孙中山的谈话（1922 年 9 月 26 日）》，《联共、共产国际与中国》，第 105 页。

⑤ 《格克尔与孙中山的谈话（1922 年 9 月 26 日）》，《联共、共产国际与中国》，第 106 页。

⑥ 随波：《北京通信——吴佩孚与张继对于时局之谈话》，《申报》1922 年 10 月 19 日。

⑦ 《申报》1922 年 10 月 19 日。

⑧ 《越飞致马林的信（1922 年 11 月 7 日）》，《马林与第一次国共合作》，第 88 ~ 89 页。

⑨ 其所指为新疆东部，我在《联共、共产国际与中国》（第 116 页）的译法"东土耳其斯坦的新疆省"欠妥。

是为了尽快依靠苏俄援助推翻北京政府，孙中山做出了更大的让步：在新疆"那里可以建立任何性质的社会制度，甚至苏维埃制度"。

这是一个具有军屯性质的计划，孙中山说他本人会到那里去，并在那里办一个中德俄联合公司，依靠德国技术开发当地资源，再开办一个兵工厂，这样既能造武器又能练兵。这从地缘政治上讲也是"有利"的，因为离苏俄很近。这个计划的实施前提是苏俄占领新疆。

至于吴佩孚，在一段时间里，孙中山坚持自己的想法，在吴佩孚与张作霖之间，他更主张联合后者。

越飞感到不快，他告诉孙中山，若孙不插手中央政府事务，那苏俄就只能依靠吴佩孚向北京政府施加压力。① 暗地里，越飞认为孙中山的西北计划是"异想天开"，② 根本不可行。况且在"官场上"孙中山是个人身份，若孙中山在"在中国政府占有相应的地位，那就另当别论了"。事实上越飞更多的是着眼于对中国的外交全局，他对莫斯科说，若苏俄出兵至新疆，那北京政府就会断绝与苏俄的任何交往，届时，苏俄"在中国事务中得到的就仅仅限于一个东突厥了"。③

幸好，这个计划没有实施。它令人后怕，若苏军真的如孙所请派一个师前来，后果是不堪设想的，"请神容易送神难"。

第四，有助于解读"援助"性质的两个"计划"。这指的是越飞和孙中山讨论过的孙的近期计划和远期计划。近期计划是：消灭陈炯明，然后北上至吴佩孚的势力范围汉口和洛阳，将吴击溃。在继续北上过程中，张作霖会把北京让给他，届时孙就以"统一的中国代表者的身份入主北京"。为实施近期计划，孙中山期望苏俄"在满洲挑起事端，将张作霖的军队从他占领的北京吸引到那里去"。当时越飞个人认为苏俄有可能"依据同孙中山的协定，进军满洲"。

如果上一个计划由于某种原因不得实施，那么还有另外一个计划即长远计划：把国民党的基地移往中国腹地，到"穆斯林聚居的"新疆，离苏俄近一些的地方，以便同苏联"保持密切而直接的联系"。在行动上，这样"可以不经过吴佩孚的辖地"，而直接"通过甘肃、宁夏等省调动孙中

---

① 《越飞致马林的信（1922 年 11 月 7 日）》，《马林与第一次国共合作》，第 89 页。

② 《越飞致马林的信（1922 年 11 月 7 日）》，《马林与第一次国共合作》，第 89 页。

③ 《越飞致契切林的电报（1922 年 11 月 7、8 日）》，《马林与第一次国共合作》，第 116 ~ 117 页。

山在那里的 10 万军队赴蒙古边界"，这一带是产粮区和富庶的省份，又恰恰位于通过库伦至苏联的"必经之路上"。这样便可以避开东南沿海方面可能出现的外国干涉，因为列强不敢"铤而走险"——"从海上派兵到中国腹地"。

为实施远期计划，孙中山希望苏俄帮助他在西北装备和训练他能调遣的 10 万军队，备将其开"赴蒙古边界"。孙中山认为只消一两年此事便可准备完毕，届时即可兴兵进行"最后一次'北伐'，那就稳操胜券，届时列强的任何干涉都不足惧了"。

孙中山采纳了越飞提出的建议，用"融政治－外交－军事于一体的综合方法开展活动"。①

在这种情况下，越飞表示满意，便建议苏俄政府考虑这两个方案中涉及的问题：能否向国民党提供 200 万金卢布的援助；苏俄能否在必要时出兵满洲，把张作霖的军队引离北京；能否帮助孙装备 10 万军队。②越飞本人认为答案应当是肯定的。他提请莫斯科注意：孙中山若不能得到俄国援助，他就"不得不同帝国主义妥协，中国国民革命的胜利就会长期拖延下去"。③

至此，《联合声明》关于"援助"的内容和性质已经清楚。

俄共（布）中央委员会政治局收到越飞的报告后，于 1923 年 3 月 8 日否定了出兵中国东北的建议，但决定向孙中山提供 200 万墨西哥元的援助，帮助孙中山在中国西部建立一个完整的作战单位，④ 这是后话。

回溯孙中山、越飞的会谈，人们固然能够理解孙中山统一中国的愿望，然而，他和国民党作为一支在野的政治势力，竟然要把答应援助自己的外国势力引入中国，不管它是"红色的"还是"白色的"，都同样隐藏着太多的危险，都是不利于中国的国家安全和领土完整的。

---

① 《越飞致俄共（布）、苏联政府和共产国际领导人的信摘录（1923 年 1 月 27 日）》，《联共、共产国际与中国》，第 169～171 页。

② 《越飞致俄共（布）、苏联政府和共产国际领导人的信摘录（1923 年 1 月 27 日）》，《联共、共产国际与中国》，第 171 页。

③ 还在 1922 年 8 月 31 日越飞就在写给外交人民委员加拉罕的信中说苏俄要想"当中国的救命恩人"，就应当向中国提供 200 万金卢布的贷款。俄罗斯国家社会政治历史档案馆档案，全宗 5，目录，1，案卷 2194，第 115 页。

④ 《联共、共产国际与中国》，第 182 页。

二 关于外蒙古问题，孙中山的表态和越飞的困惑

上海英文《大陆报》概括性表述了越飞的根本立场，在（2）下有一个小标题"Soviet's Attitude（苏联的态度）"，这是越飞应孙中山要求而"再度切实声明 1920 年 9 月 27 日（即"第二次对华宣言"）俄国对中国通牒中所列举之原则"。

外蒙古问题列为（4），其前有一个小标题"Not Imperialistic（非帝国主义的）"，《联合声明》中有"越飞君向孙博士切实宣称（孙博士对于此层完全同意）：俄国现政府决无亦从无在外蒙实施帝国主义政策，或使其脱离中国之意思与目的"。有了这个前提，孙中山才同意苏俄军队可以暂时不撤出外蒙古。孙中山之所以要求以及越飞之所以这样说，显然是对舆论做出的姿态。然而无论如何，孙的立场与中国中央政府是相对立的，是唱反调的。至于《联合声明》中所说的"中国北京政府庸弱无能，无力阻止因俄兵撤退后白俄反对赤俄之阴谋与敌对行为之发生，而酿成一种较目下尤为严重之局面"，也相当值得推敲。首先，"庸弱无能"指的是北京政府"无力阻止"某些"行为"的发生。然而从中苏谈判的进程看，在涉及国家利益的问题上，北京政府是强硬的，它一直坚持苏俄先撤兵外蒙古再开始两国复交谈判的立场。[1] 至于"赤俄"如何对付"白俄"，若发生在苏俄境内，自然另当别论。发生在中国领土上的事，中国作为一个主权国家，并不需要别国派遣"维和部队"前来维持秩序或帮助"庸弱无能"的北京政府。

不过，越飞在这个问题上并不孤立，他得到中共的支持，1922 年 9 月刚刚创刊的《向导周报》在此前后发表了许多文章，中共与孙中山的态度有相近之处。[2] 中共中央正式文件的表述是西藏、蒙古、新疆等省，若将其"统一为中国本部"，还不能统一的武人政治之下，"结果只有扩大军阀的地盘，

---

[1] 薛衔天、黄纪莲、李嘉谷、李王贞等编《中苏国家关系史资料汇编（1917～1924）》，中国社会科学出版社，1993，第 442～458 页。

[2] 见中共中央机关刊物《向导周报》发表的［高］君宇的文章：《国人对于蒙古问题应持的态度》（1922 年 9 月 27 日出刊，第 3 期，第 19～20 页），该报为发表参加远东人民代表大会的蒙古代表耸德布在此次大会上的发言《蒙古及其解放运动》时写的编者按（1922 年 10 月 11 日出刊，该报第 5 期，第 43 页）。

阻碍蒙古等民族自决自治的进步"。所以应该先赞成其"自主",然后"再联合成为中华联邦共和国"。① 同样的话也出现在其机关刊物上,有人认为若收回外蒙古,就是"要替军阀多一块地盘,替帝国主义多了一块殖民地"。② 张国焘甚至因蒙古受到中国外交系和军阀、蒙古王公和中国奸商"的欺压",而"称许"苏俄占领库伦。按照这样的逻辑,就应该把这一片广袤之地拱手给"全世界无产阶级的祖国"、"解放全世界被压迫民族的大本营"苏俄。③ 无独有偶,20多年后,到1945~1946年的中苏谈判时,斯大林对中国国民政府代表团也说过"外蒙人民不愿受中国政府统治,希望独立"。④

越飞当时得到孙中山的支持,到中国不久,就致函孙中山,就中苏关系中的许多重大问题小心翼翼地探询孙中山的看法。他先是说明苏俄无论从政治上还是从经济上,都没有渗入外蒙古的意图,担心的是苏俄若立即撤军外蒙古,"并不符合中国的利益",因为由于苏军的驻扎和"干预",外蒙古才是"唯一没有落入"帝国主义"势力范围的中国领土",苏俄若在当前这样的"混乱时刻撤军,日本帝国主义就会渗透进去。由此可见,我们现在撤出蒙古并不符合中国的利益"。越飞甚至明显地利用孙中山的心理,告诉他说北京方面"不管说什么事,动辄就问我们究竟何时从蒙古撤军,与此同时,政府本身也大造声势要求我们从蒙古撤军"。⑤

孙中山收到越飞信后5天便立即回答,说他"同意苏军驻扎蒙古",请越飞不要同北京政府谈判,等他到北京重建政府后再议。相应地,对于外蒙古,孙中山的打算也是等他入主北京"再行谈判","若贵国军队立即撤出,则只有利于列强中的某一个国家"。⑥

那么越飞是否说了真话呢?否。他仅仅是在履行其外交使命。然而私下里,凭着一个人的良知,他感到困惑。因为他在中国亲身体会到苏俄1919年和1920年两次对华宣言产生的强烈反响,他体会到中国人民渴望一个平等待之的民族的出现。8月12日越飞到中国后,李大钊、陈独秀、胡适、蔡元培等社会名流是把他当作真诚的朋友和友好使者予以接待的,乃至东交民巷外

---

① 中央档案馆编《中共中央文件选集》(一),中央党校出版社,1989,第111页。
② 上引君宇的文章称,《向导周报》第3期,1922年10月11日出刊,第20页。
③ 张国焘:《还是赞助新蒙古吧》,《向导周报》第8期,1922年11月出刊,第68页。
④ 秦孝仪主编《中华民国重要史料初编——对日抗战时期》,《战时外交》(二),台北,1981,第576~577页。
⑤ 《越飞致孙中山的信(1922年8月22日)》,《联共、共产国际与中国》,第78页。
⑥ 《孙中山致越飞的信(1922年8月27日)》,《联共、共产国际与中国》,第81页。

交团"用一种嫉妒的眼光，在旁睨视，很含醋意"。①

8月23日越飞致函列宁、托洛茨基等人报告了中国舆论的热情态度，不无难堪地说"苏俄驻军外蒙古"在任何场合都是一个难以逾越的坎。但他记得列宁给他写信时说过："突厥——这是指印度，是指我们的世界政策"，越飞作为外交官必须履行政府指示，但是他认为，苏俄在同中国政府谈判涉及外蒙古、中东铁路和俄国租界等问题时，必须恪守1919年、1920年加拉罕宣言的精神，并"做出最大让步"；他说我们俄国提出的要求应该适度，"不得有一丝一毫让人感到我们执行帝国主义政策。简言之，通过谈判加深我们对被压迫人民的友情，展示我们的政策不同于任何亚洲国家"。②

然而，过了几天，在8月31日，俄共（布）中央委员会政治局指示他"不得从1919~1920年间的一般宣言中做出同中国谈判的直接指令"，而且要请蒙古参加中苏谈判。③ 这使越飞感到困惑。9月他向人民委员会主席列宁、外交人民委员加拉罕、军事委员会主席托洛茨基等人表述自己的不解：

> 如果我在自己的发言中不提1919、1920年我们的宣言，那就绝对不会激起人们对俄国问题如此高的热情……蒙古是我们对华政策中最敏感的问题，也是帝国主义者用以反对我们的王牌。他们千方百计在打这张牌。
>
> 如果在谈判中真正在一切方面考虑中国人民利益，使中国人民渴望的东西得以实现，帝国主义不给的我们给，那么……中国的民族解放运动就会发展起来，深入下去……然而只要我们开始为我们制造的那个蒙古政府说话，那么在广大人民群众眼睛里，我们就和帝国主义一样了，所以，我认为你们的密码电报中关于蒙古政府参加我们就此问题谈判的要求是特别不恰当的。④

① 李剑农：《中国近百年政治史》下册，上海商务印书馆，1948，第610页。

② 《A.A 越飞致外交人民委员部契切林、中央委员会政治局斯大林、革命军事委员会主席托洛茨基，共产国际执行委员会主席季诺维也夫和拉狄克的信（1922年8月23日）》俄罗斯国家社会政治历史档案馆档案，全宗5，目录.1，案卷2145，第8~9页。

③ 俄共（布）中央委员会1922年8月31日会议记录节录见《联共、共产国际与中国》，第86~87页。

④ 俄罗斯国家社会政治历史档案馆档案，全宗5，目录1，案卷2145，第14、15、16页。

越飞感到愧对中国舆论，他和马林在这年年底联合撰写了一个提纲，认为俄国对外政策应当"在民族问题上友好，而且是反对帝国主义的，即使在外表上，也绝不允许与帝国主义国家有丝毫相似之处"："我们在自己的政策中，不仅要批判帝国主义者……而且丝毫不可做出任何不当的事，以免使人产生我们实行伪装的帝国主义政策的印象。"①

但后果令人扼腕。历史的发展说明，无论从 1921 年外蒙古人民共和国的成立，它被斯大林赋予的以一个独立国家的名义参加中苏两国正式外交谈判的特殊资格，以及斯大林为此让越飞再三说服国民党领导人，② 还是抗日战争后外蒙古的独立，都在苏俄政府的谋划之中。从中国国家领土和主权的角度来说，《联合声明》中担心的"一种较目下尤为严重之局面"最后毕竟还是"酿成"了。抗日战争胜利后斯大林表态"现为苏联国防关系，不得不在外蒙驻兵"，"为中国计，割去外蒙，实较有利"，最后他毫不隐讳索性摊牌："苏联在外蒙领土应有自卫之法律权"，否则"苏联将失去整个远东"。③ 蒋经国据理力争，说把外蒙古割离中国，中国不仅失却七八年"抗战的本意"，而且国民党会因"出卖了国土"而愧对中国人民。但斯大林强硬反驳："今天并不是我要你来帮忙，而是你要我来帮忙，倘使你本国有力量，可以自己打日本，我自然不会提出要求。今天，你没有这个力量，还要讲这些话，就等于废话！"④"中国没有这个力量"——使人想起《联合声明》中"庸弱无能"的语句，作为世界反法西斯斗争的胜利国，中国却最后失去了一大块领土。⑤由此可见，无论 1923 年的《孙文越飞联合声明》中越飞关于"非帝国主义"的表态，还是 1924 年 5 月 31 日的《中俄解决悬案大纲》第五条所述"苏联政府承认外蒙为完全中华民国之一部分，及尊重在该领土内中国之主权"⑥ 的表述，都不过是真正的外交辞令。

---

① 《关于我们在殖民地和半殖民地尤其是在中国的工作问题》（提纲），《马林与第一次国共合作》，第 99~100 页。

② 见《联共、共产国际与中国》第 30、115 号文件；《越飞致马林的信（1922 年 11 月 7 日）》，《马林与第一次国共合作》，第 88~89、101~104 页。

③ 《战时外交》（二），第 579 页。

④ 蒋经国：《风雨中的宁静》，台北，黎明文化有限公司，1974，第 67 页。

⑤ 《国民政府同苏联的最后博弈者——宋子文、王世杰、蒋经国与斯大林的谈判（1945~1946）》，《中国抗战与世界反法西斯战争：纪念中国人民抗日战争暨世界反法西斯战争胜利 60 周年学术讨论会文集》下卷，社会科学文献出版社，2009，第 1425~1459 页。

⑥ 《中苏国家关系史资料汇编（1917~1924）》，第 271 页。

三 关于中东铁路问题

《联合声明》中表述，中东铁路问题"只能于适当之中俄会议始克满意解决，故孙逸仙博士以为就目前的实际情况，宜于铁路管理上觅一相当办法。且与越飞君同意现行铁路管理法，只能由中俄两政府不加成见，协商暂时改组，但不得损害两方之真实权利及特别利益。同时，孙逸仙博士以为此点应与张作霖将军商洽"。

《联合声明》中的这一表述与一年多后1924年5月31日的《中俄解决悬案大纲》并无什么相左之处。但是有两个幕后情况必须予以交代。

一是，由于中方北京政府和孙中山的据理力争，中东铁路问题才得以化险为夷，以"不得损害两方之真实权利及特别利益"的语句出现于《联合声明》中。苏俄认为，中东铁路系为一个"反苏"的张作霖盘踞，他向俄"白党"提供栖息地，使之利用中东铁路进行反苏活动。这一切令苏俄感到芒刺在背。1922年秋季，当中苏正进行复交谈判时，苏俄军队已经在中俄边境集结。苏俄酝酿武力占领该路，快刀斩乱麻，一举歼灭张作霖的势力。中东铁路上一度剑拔弩张，就连苏俄外交人民委员契切林也认为应当派遣军队到中东铁路。[①] 但是在正式发给中国外交部的文件中，苏俄表示这"纯属虚传"。[②]

这个计划受到三个方面的反对，一是中国外交部向苏俄提出严重抗议。[③] 第二是孙中山的反对。孙中山先是致函越飞，表示对苏俄拟采取的行动不胜"惊愕"，他明白苏俄是为了其在中东铁路的利益而决定出此举动，所以请越飞相信，他不仅有能力"迫使"张作霖做出令苏俄"满意的保证"，将来执行与孙中山相同的对苏友好的政策，而且苏俄能够通过孙在"张作霖处达到一切目的"，"非帝国主义的俄国为英明治理国家定会得到所需要的一切"。[④]

---

① 《越飞致外交人民委员加拉罕，政治局斯大林，人民委员会主席列宁，军事委员会主席托洛茨基和共产国际执行委员会主席季诺维也夫、拉狄克的信（1922年12月14日）》，俄罗斯国家社会政治历史档案馆档案，全宗5，目录1，案卷2145，第75页。

② 《外交部致苏俄代表节略（1922年11月11日）》，《苏俄代表致中国外交部节略（1922年11月14日）》，《中苏国家关系史资料汇编（1917～1924）》，第397～399页。

③ 《外交部致苏俄代表节略（1922年11月11日）》，《苏俄代表致中国外交部节略（1922年11月14日）》，《中苏国家关系史资料汇编（1917～1924）》，第397～399页。

④ 《孙中山致越飞的信（1922年11月2日）》，《联共、共产国际与中国》，第113页。

孙的信乍看起来意在劝说苏俄不要这样做，以免后者在国际上名誉扫地，外交上被动，引起英、美、法、日等国的干涉。其实孙还有一点特别引人思考，即他写此信乃因苏俄的"军队逼迫东北引起了他的担心"，恐苏俄会支持吴佩孚打张作霖，"也就是说最终还会支持他［吴佩孚］打孙中山"。①

事关重大，张继奉孙中山派遣于11月9日再次与越飞交谈，并把一封孙中山致列宁的信交给越飞。② 他告诉列宁等人苏俄前"对中国的声明，给中国人民带来很大的希望并争取了中国民心"，所以请苏俄"不要做出任何类似占领北满这样不理智的举动"，否则"中国人民定会将其视为旧俄帝国主义政策的继续"。③

第三个反对的声音是由越飞发出的，他向列宁等人明确表示，苏俄不能这样做：

> 甚至在推行帝国主义政策问题上，我们莫斯科存在完全错误的看法。没有任何一个侵略成性的帝国主义国家敢这样做，日本现在也不得不撤出中东铁路。外国都是在保护侨民的口号下把军舰开到中国水域。一支军队要有4万~5万人，还要懂中文和中国习惯。俄国没有这样的军队；外国也不得不承认他们只能在条约规定的通商口岸活动……中国是半殖民地国家，帝国主义国家中没有哪个敢把兵直接开进来，而是以防范外国涌入为借口。这是华盛顿会议决定的。④

上封信写于越飞得知此事之时，莫斯科收到信后没有采纳他的意见，过了一个多月他又向莫斯科陈述和建议，苏俄不能重蹈沙皇旧辙：

> 当初沙皇修建中东铁路时，主要是为了扩张和占领满洲。

---

① 《越飞致契切林的电报节录（1922年11月10、13日）》，《联共、共产国际与中国》，第119页。

② 信（全文见上书第129~130页）上所标日期为"12月6日，上海"。这可能是收信时间。越飞同张继谈话的内容与此完全相同，并且说明"孙中山要求把信转列宁、托洛茨基和契切林"，《联共、共产国际与中国》，第119页。

③ 《孙中山致列宁的信（1922年12月6日）》，《联共、共产国际与中国》，第129页。

④ 《越飞致外交人民委员加拉罕，政治局斯大林，人民委员会主席列宁，军事委员会主席托洛茨基和共产国际执行委员会主席季诺维也夫、拉狄克的信（1922年12月14日）》，俄罗斯国家社会政治历史档案馆档案，全宗5，目录1，案，2145，第71页。

放弃中东铁路，就等于表明不同意沙皇的帝国主义政策。既然我们已经答应，中国人也坚信我们会把该路归还中国，那么再抓住中东铁路不放或要求中国人将其赎回，就等于继续沙皇的政策，并把中国人对我们的信任破坏殆尽。①

《联合声明》中自然不会反映这样的计划。后来，苏俄也恐引起帝国主义干涉，取消了这个打算。② 然而苏俄对中东铁路绝不言放弃，越飞通过马林告诉孙中山，苏联"给中国人民的太多了，这个［中东铁路］不可能再给了"。莫斯科让孙中山知道：苏俄"不可能违背我们［苏俄］的利益去支持他"。③

苏俄后来提出的解决方案并没有完全遵循"不得损害两方之真实权利及特别利益"。例如他们提出按中：俄 3：7 的人员比例成立一个解决中东铁路问题的委员会，要求孙中山亲自或派人游说张作霖接受苏方建议。④ 孙中山认为这是"一厢情愿"，"单方面的"，但为尽快得到援助，也不得不派遣汪精卫等人多次劝说张作霖，而没有结果。⑤ 经过极其复杂的交涉，中东铁路归还中国一直拖延到 1950 年。这自是后话。

《孙文越飞联合声明》幕后的交涉，是在中苏国家关系的大背景下展开的。如果苏联史学过去强调苏联对中国的无产阶级国际主义援助，那么今天俄罗斯学者们的看法当更加客观，这就是无论莫斯科使者还是共产国际的活动，"从来都没有站在违背苏俄国家利益的立场上"。⑥ 同样，我们站在国家利益的立场上看待《孙文越飞联合声明》也会更加全面客观地分析当时的中苏关系和中国国民党与苏联和共产国际的关系。

---

① 《越飞致外交人民委员加拉罕，政治局斯大林，人民委员会主席列宁，军事委员会主席托洛茨基和共产国际执行委员会主席季诺维也夫、拉狄克的信（1922 年 12 月 29 日）》，俄罗斯国家社会政治历史档案馆档案，全宗 5，目录 1，案卷 2145，第 95 页。

② 《俄共（布）中央委员会第 53 号记录节录（1923 年 3 月 8 日）》，《联共、共产国际与中国》，第 182 页。

③ 《达夫谦致斯内夫利特的信（1923 年 5 月 5 日)》，《马林与第一次国共合作》，第 172 页。

④ 达夫谦、越飞致马林的电报，1923 年 5 月 5 日、11 日，《马林与第一次国共合作》，第 171～172、175 页。

⑤ 《达夫谦致斯内夫利特的信（1923 年 5 月 21、23 日）》，《孙中山致达夫谦和越飞的电报（1923 年 5 月 23 日）》，《马林与第一次国共合作》，第 176、178 页。

⑥ 阿基别科夫，什里尼亚：〈俄共－联共（布）中央委员会政治局与共产国际〉（*Политбюро ЦК РКП（б）－ ВКП（б）и Коминтерн 1919－1943 документы*，РОСПЭН，第 5 页。俄国百科全书出版社，莫斯科，2004。

附 录

上海英文大陆报 *The China Press* 报道的会谈记录①
（1923 年 1 月 27 日）

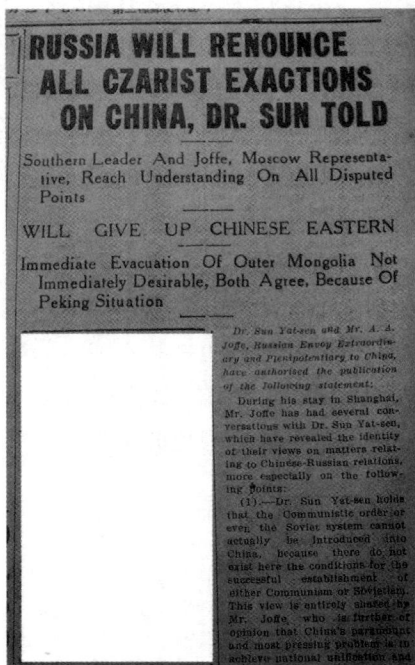

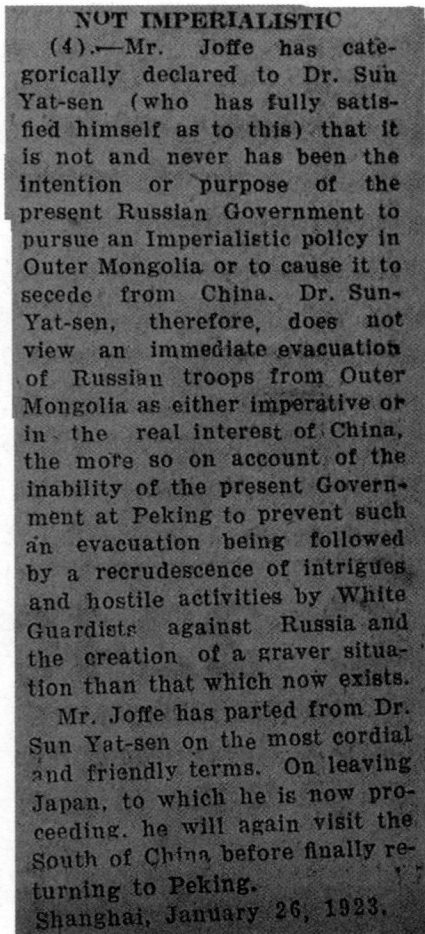

RUSSIA WILL RENOUNCE ALL CZARIST EXACTIONS ON CHINA, DR. SUN TOLD

Southern Leader And Joffe, Moscow Representative, Reach Understanding On All Disputed Points

WILL GIVE UP CHINESE EASTERN

Immediate Evacuation Of Outer Mongolia Not Immediately Desirable, Both Agree, Because Of Peking Situation

Dr. Sun Yat-sen and Mr. A. A. Joffe, Russian Envoy Extraordinary and Plenipotentiary to China, have authorized the publication of the following statement:

During his stay in Shanghai, Mr. Joffe has had several conversations with Dr. Sun Yat-sen, which have revealed the identity of their views on matters relating to Chinese-Russian relations, more especially on the following points:

(1).—Dr. Sun Yat-sen holds that the Communistic order or even the Soviet system cannot actually be introduced into China, because there do not exist here the conditions for the successful establishment of either Communism or Sovietism. This view is entirely shared by Mr. Joffe, who is further of opinion that China's paramount and most pressing problem is to achieve national unification and

NOT IMPERIALISTIC

(4).—Mr. Joffe has categorically declared to Dr. Sun Yat-sen (who has fully satisfied himself as to this) that it is not and never has been the intention or purpose of the present Russian Government to pursue an Imperialistic policy in Outer Mongolia or to cause it to secede from China. Dr. Sun-Yat-sen, therefore, does not view an immediate evacuation of Russian troops from Outer Mongolia as either imperative or in the real interest of China, the more so on account of the inability of the present Government at Peking to prevent such an evacuation being followed by a recrudescence of intrigues and hostile activities by White Guardists against Russia and the creation of a graver situation than that which now exists.

Mr. Joffe has parted from Dr. Sun Yat-sen on the most cordial and friendly terms. On leaving Japan, to which he is now proceeding, he will again visit the South of China before finally returning to Peking.

Shanghai, January 26, 1923.

孙中山博士语，俄国将放弃沙皇从中国强索的一切权益

南方领袖孙中山和莫斯科代表越飞就诸争议问题达成搁置中东铁路问题
谅解，双方同意鉴于北京局势不宜立即从外蒙古撤军

---

① 此处使用的是收入《中国国民党重要宣言汇编》中的《民信日刊》1923 年 1 月 28 日载
世界新闻社最初的译文，与《孙中山全集》第 7 卷，第 51 ~ 52 页（北京，中华书局，
1986）所载文字上略有不同。参见拙作《孙中山与共产国际》，第 207 ~ 208 页。

越飞君此次在沪，曾与孙逸仙博士会谈数次，关于中俄关系各重要事件，意见一致，而下列数端尤著：

一、孙逸仙博士以为，共产组织甚至苏维埃制度，事实上均不能引用于中国，因中国并无可使此项共产主义或苏维埃制度实施成功之情形存在之故，此项见解，越飞君完全同感，且以为中国最重要最急迫之问题，乃在民国的统一之成功，与完全国家的独立之获得。关于此项大事业，越飞君并向孙博士保证，中国当得俄国国民最挚热之同情，且可以俄国援助为依赖。

苏联的态度

二、为明了此等地位起见，孙逸仙博士要求越飞再度切实声明一九二〇年九月二十七日俄国对中国通牒中所列举之原则。越飞君当即重行确认此项原则，并向孙博士切实宣称：俄国政府准备且愿意根据俄国抛弃帝政时代对华一切条约及强索权利之基础，另行开始中俄交涉。上述各条约中，包括关于中东铁路之各项条约及协定在内（关于此路之管理，上述通牒中第七条曾特别叙述之）。

三、因承认全部中东铁路问题，只能于适当之中俄会议始克满意解决，故孙逸仙博士以为就目前的实际情况，宜于铁路管理上觅一相当办法。且与越飞君同意现行铁路管理法，只能由中俄两政府不加成见，协商暂时改组，但不得损害两方之真实权利及特别利益。同时，孙逸仙博士以为此点应与张作霖将军商洽。

非帝国主义的

四、越飞君向孙博士切实宣称（孙博士对于此层完全同意）：俄国现政府决无亦从无在外蒙实施帝国主义政策，或使其脱离中国之意思与目的。孙博士以为俄国军队不必立时由外蒙撤退，缘为中国实际利益与必要计，中国北京政府庸弱无能，无力阻止因俄兵撤退后白俄反对赤俄之阴谋与敌对行为之发生，而酿成一种较目下尤为严重之局面。

越飞君与孙博士以最亲挚与有礼之情形相别。彼将与离日本之际再来中国南方访问，然后赴北京。

一九二三年一月二十六日。上海。

孙逸仙　越飞（签字）

论伍廷芳

——一生求索　暮年辉煌

丁贤俊[*]

一　海外求生、 求学、 求进取

伍廷芳是中国近代早于孙中山向西方寻求救国真理的前辈，1842 年 7 月出生在新加坡，也就是英国侵华发动鸦片战争、迫使清廷签订《江宁条约》的那一年。4 岁随父母返国，定居广州芳村，此时《中美望厦条约》（1844）、《中法黄埔条约》（1844）、《上海租地章程》（1845）刚刚签订，从此列强侵华日益加剧，割地赔款、掠夺主权，大量惨遭残害的百姓包括清军遣散人员、运输工、烧炭工、无业游民衣食无着，民不聊生。1851 年太平天国起义，影响所及，广东各地反官府斗争迅速展开。兵匪残民，百姓长期遭受国难家仇的熬煎。伍家并非官绅豪门，也不是富商巨贾，但伍廷芳 13 岁遭土匪绑架，幸赖匪中"厨夫"相救，一同逃脱匪巢。14 岁托传教士、亲戚帮助，逃往香港求生，入教会学校圣保罗书院求学。教会是培养传教士的学校，食宿免费；中英文教材兼备，以英文为主。五年后伍从该校毕业，未当牧师，托人在高等法院任译员，兼译行船信息和相关商业资料，得以参与《中外新报》、《华字日报》等的筹备工作。1864 年，伍与香港第一个华人牧师何福堂的女儿何妙龄结婚，建立了温馨、幸福的家庭。

1874 年，伍靠工资积蓄赴英国留学，入林肯法律学院。这是清寒子弟难以企及的。毕业后获得律师资格，成为第一个海外华人律师，为清朝主持洋务的重臣李鸿章所关注。这是因为李长期与外国办交涉、讲洋务，久为外国法律、规章所困扰，急欲寻找这方面的人才，以解语言、外国律例、商务行

---

* 广东省社会科学院历史与孙中山研究所研究员。

486

情朦胧昏聩之困。伍廷芳在英得知清廷派郭嵩焘（侍郎）为全权公使驻英，兴奋不已。1876 年 1 月郭等初抵英国，伍就以在学身份主动求见，并有所建议：希望朝廷注重外语教学，发行报纸，了解内外舆情。并向他们解说："英国之政，君主之名，民主之实。"后来郭派张德彝等数次与伍交谈，拟聘他到使馆作随员。而伍的工资要求高达 6000 两白银（年薪），使馆呈李定夺，李与南洋大臣会商，已同意付高薪。但这时伍父病故，伍廷芳未就公职，而到香港开业，成了律师。

港英殖民统治者也认为使用这种华人英才更有利于笼络广大华人。1878 年，港府委伍为太平绅士，次年又授立法院议员。学业和这些"殊荣"，都是华人前所未有的。因此，伍在港享有了很高声誉。凭借这样的声誉和职业，他率领华人在文化、教育、卫生、改良风气、革除陋习方面，做了许多公益事业，对改善华人境遇、提高华人素质起了积极作用。

但是，这对他探求"君民共主"的民主富强之路，展救国济民之志都只算开始。而涉及较重大事务，有"殊荣"更加蒙受羞辱。1877 年他受福建地方政府邀请办理美国人侵犯中国地方司法主权的诉讼案。一个美国失业船员冒充美国官员强征当地渔民保护费，引起众怒，被地方政府拘留。经与美国领事官会商，美官员竟悍然宣称此事不存在法律问题，要求释放违法人员。伍廷芳以律师身份送交美官员的诉状，也被对方拒收。此案竟被取消。这样粗暴侵略中国地方司法权的行为，福建地方政府和伍廷芳无处申诉。

1878 年，港英殖民统治更换轩尼诗任总督，轩尼诗提出所谓"光明政策"，主张废除笞刑和种族歧视，这本是在港华人所欢迎的，也邀请了伍廷芳率领华人参加宣布大会。大会上，驻港英人竟以酷刑行之有效为由，决议反对废除酷刑和改善种族歧视政策。伍廷芳要求用汉语译出大会决议以使广大华人了解详情，遭拒绝。伍带领华人离开会场，竟遭英文报纸谴责，诬称"伍廷芳带领 2000 多亡命徒，包围会场"。原来在殖民统治者心目中被港英授予"殊荣"的华人转眼竟变成了"亡命徒"；受邀参加大会，也成了华人包围会场。

事后，伍廷芳组织华人分别向港府和女王申诉，酷刑并未延续。但这种处境还有什么值得留恋呢？在港英殖民统治下，种族歧视怎么可能清除呢？伍廷芳还需要在受人指定的范围内侈谈自由、平等吗!？而他的祖国对他还有着迫切的期待。

二 回归故国:"三千功名尘与土" 的浩叹

1882 年,伍廷芳回归故国,其时他已届不惑之年。

故国依旧是满洲贵族为核心的朝廷统治。两次鸦片战争后,日本开始侵犯台湾,沙俄妄图吞并伊犁地区,法国正准备对华战争进而吞并越南,更大的危机正在逼近。一部分官僚兴办洋务,建了一些军工厂,造轮船、开矿山、修铁路,也办了一些民用工业,被官绅奉承为"同治中兴",但成效不大新的社会思潮还在酝酿中,容闳经过结交太平天国,走进了曾国藩的幕府。比伍廷芳小 16 岁的康有为还在应试中,1888 年第一次上书,提出"变成法、通下情、慎左右"。比伍小 24 岁的孙中山刚随家兄孙眉离开翠亨村,到檀香山读中学,1884,孙进入香港拔萃书院,3 年后进西医书院,开始萌发革命思想。在此前后,伍廷芳则应李鸿章之邀,进了北洋幕府。

李鸿章最初只希望伍翻译西律、参与外事谈判,而他的高俸禄跟他那些工作(都在六部九卿之外)难以对接,长期没有合适的职位。他曾任过开平铁路总办,奉旨修津沽铁路,以及参与中日、中法谈判,伍在后二者中只是随员。

伍廷芳第一次作为参赞官与日本谈判是在 1895 年 2 月,他随张荫桓、邵友濂赴日求和,"初六抵广岛,令居旅店,同仁居三处,均有日兵看守。有事出门须先通知巡捕,派兵同往。……居住直似牢笼"。[①] 他的记述,可以看出这是一次蒙受屈辱的遭遇。后来在换约中他奉命追加三份照会,更被日方代表原件退回。《马关条约》割地之大、赔款之多、丧权之重都是前所未有的,也是伍廷芳报效朝廷所受的重创巨痛。

甲午战败,中国人经久难忘且影响深远、作用巨大。

第一,以康有为、梁启超为首的应试举子在和约之前就集体上书要求"拒和、迁都、变法",随后又多次上书,重点改为变法图强,直至 1898 年形成规模空前的变法运动。康有为由于光绪赏识,在清史上留下了"百日维新"痕迹。但是,皇帝和西太后的政见分歧也就不可调和了。后党禁闭皇帝,镇压维新变法的有识之士,史称戊戌政变。谭嗣同等六人被在菜市口斩

---

① 伍廷芳:《致盛宣怀函》(1895 年 2 月 15 日),《甲午战争·盛宣怀档案资料选辑之三》,上海人民出版社,1980。

首示众，人称六君子。维新变法的政治活动被残酷镇压，株连很多。但是深闭固拒新思想的桎梏被冲垮了，一次思想启蒙运动超出士人范围在民众中传播开来。伍廷芳对于变法维新自然引为同道，1896 年底，他奉旨出任驻美、西（日斯巴尼亚）、秘国公使时就特邀比他小 31 岁的梁启超充二等参赞，并送整装费 1000 两。梁因忙于国内发动变法维新大事并未应聘。伍抵美后还写了主张变法的奏折与国内呼应。后来变法被血腥镇压，康、梁亡命海外，伍作为外使再无法表达他的"名为君主、实为民主"的美好理想了。这使他沉痛地认识到在当时的体制下，中国变法维新的路已经断绝了。

第二，甲午战败后，孙中山已经准备在广州发动起义。这种被视为叛臣逆子的激烈行为还没有进入伍的政治视野。

伍廷芳在百日维新前已作为驻外公使到了美国，主要任务是保护华侨。但是美国的排华绝不因伍从道义、友谊、历史交往方面呼吁、交涉而有所改善。1898 年美西战争后，美国又将排华政策从美洲本土推广到菲律宾、檀香山、古巴等地区，伍廷芳更详述这些地区与中国交往的悠久历史、友好贸易、文化交流，但都无法阻止扩张民族的脚步。

甲午战败，中国经受了一个以掠夺大片领土和巨额财富为特征的封建帝国主义残忍贪婪的浩劫。接着八国联军之役，中国人所看到的朝廷已经完全失去了他们祖先曾有过的英武彪悍气概，不再是疆域和主权的守卫者，已成了帝国主义压迫下，向侵略者乞怜"量中华之物力结与国之欢心"的奴才。

甲午战败，列强瓜分中国领土、港口和势力范围的活动加剧，民族危亡激起人民大众自发的反侵略斗争，华北出现义和团运动，朝廷无力镇压。加上帝党、后党为控制最高权力的争斗激化，后党对侵略者支持太后归政皇帝深恶痛绝。于是，他们和一些昏聩顽劣的贵族转而利用义和团，出现了"奉旨灭洋"的愚昧口号，把义和团的反侵略爱国斗争引向孟浪的仇洋反教。朝廷则把原称作"暴民"的义和团众改称为"义民"，并以民心可用，急欲组团灭洋。1900 年 6 月 21 日，清廷悍然向侵略各国宣战，宣战书中公然说："与其苟且图存，贻羞万古，孰若大张挞伐，一决雌雄。"这样类似疯狂的宣战更使侵略者有了"复仇"的借口。侵略军从 2000 扩增到 10 万，攻下北京，又向保定、张家口南北进兵。这份战书在宣战前就遭到一些有理性的廷臣反对，宣战以后少数南方督抚就"断不奉矫旨"。西太后也在宣战 6 天之后，便声称宣战是对义和团剿抚两难下不得已的选择。7 月，荣禄奉命向使馆求和，并给使馆送菜蔬果品以示慰问，却并不撤销包围。侵略军继续进军。9 月，逃往太原的西太后和皇帝发布上谕，诬称"义和团实为肇祸之由"，"痛加剿杀"。外国侵略军也一同剿杀。于是，在八国联军占领京、津城市和沿铁路驻兵的威慑下，清廷决定求和，被迫签订《辛丑和约》，赔款 4 亿 5000 万两，39 年还清，本利相加连同各地方的赔款，总数近 10 亿两。中国财政完全由列强控制，还有许多苛酷条款，清政府成了"洋人的朝廷"。从此，外国侵略者和封建统治者成为中国人民国难家仇的总根源。

远在美国的伍廷芳也遭受了巨大的羞辱与磨难。使馆被围期间，伍与罗丰禄、李盛铎、裕庚、吕海寰、杨儒等驻外使节联名电请总理衙门将外国驻京使节和家属送往天津，未被采纳。因此，国外谣传使馆人员全部遇害。伍廷芳通过美国驻华公使康格以专用密码沟通了使馆人员安全的信息，但美方人士并不相信，而认为是伍廷芳造谣，掩盖真相，便于中国调兵："所有中国政府高级成员都被说成是最邪恶的说谎者。"一个在中国居住了五十年的传教士竟说："相信全部外国使馆人员已被杀，而这个屠杀责任应在驻华盛顿诡诈而狡猾的中国公使身上。"伍廷芳有口难辩。直到后来驻华美使康格与美国取得联系，双方才有了议和的安排。一国公使与驻在国代表本国政府忽而宣战、忽而议和，这在世界外交史上也是罕见的。

伍廷芳在困境中，许多美国朋友与他断交了。他只好用写文章、讲演，以真诚的态度向外人讲解、叙述他要说的话。这期间他写了《中美互惠互利》(1900.7)、《呼吁公正对待》(1900.8.17)、《外国人在中国不受欢迎的原因》(1900.11.12)、《孔子的学说》(1900.12)、《中国与美国》(1902.2)、《论美国与东方交际事宜》(1900)、《孔子与孟子》(1901.1.27) 等文章。[1]

关于义和团仇洋、仇教的解说，他用了一个婉转的词："不受欢迎"来阐述事件的起因。面对美国许多造谣、诬蔑、辱骂，他在演讲开头有这样一段自白："无论如何这也是一件吃力不讨好的事。但看到不同的作者和演说者不时地提出各种不同的原因（有些是对的，有些在我看来似乎不充分）之后，鉴于这一问题的重要性，我认为，尽我的力量弄清其原因，并指出改正办法，这是我的责任。"[2] 他概括了七项史实：

（一）中国自古与外国人友好往来，外国人在中国受到亲切待遇并授予官职。

---

[1] 丁贤俊、喻作凤编《伍廷芳集》（上），中华书局，1993，第 100 页。
[2] 丁贤俊、喻作凤编《伍廷芳集》（上），第 100 页。

（二）列强对中匡发动侵略战争、迫订不平等条约、割地赔款，是中国人对外国人产生仇恨的主要原因。

（三）一般设想，传教士是激起仇外情绪的主要根源。

（四）外国人享有领事裁判权，成为特殊贵族，激起人民的仇视。

（五）打骂中国劳苦群众，加剧人民的仇恨情绪。

（六）外国报纸对中国政策、习俗横加指责，歪曲事实，造谣中伤，增加人民的怨恨。

（七）攫权领土、强占土地，损害人民权益，造成流血事件，自然不得人心，加剧了人民的怨恨。

伍廷芳在美国舆论谴责、人群辱骂的环境下，用委婉平和的口吻（也包括维护民族自尊和对侵略行为的义愤、控诉、谴责），还要在承认现有侵略条约下，呼吁公平、友谊、和善。一个弱国的公使在自己的朝廷"孟浪"到无理性的程度时，他还能做些什么呢？他关于中美历史、文化的比较，不可能论断得精辟，在美国和外国人中有多大效应也很难说，只能说他尽其所能，未辱使命。

当然，他在促使联军于 1902 年从天津撤兵、在赔款中关于付金付银的交涉中都出了力，并在促成美军把从天津抢夺的 376300 美金（白银在存入美海军部库中折合成美金）归还中国，并从中用 8 万美元建造了中国的驻美使馆（此前中国使馆系租用私人房屋），都得到官、民的称赞。这也就使他能得到朝廷更紧急的差遣，1902 年奉调回国任会办商务大臣，主持中外修约，立即投入了中美、中日的修订商约谈判。次年，他被授外务部右丞，同年调任商部左侍郎，负责制订商律。又经张之洞、袁世凯保奏，充任修订律例大臣，准备与沈家本共同主持法制改革。此时他的官衔达到了二品。

伍廷芳这样频繁调动只是清廷不能照旧统治下去的紧迫反应。八国联军入侵，民怨沸腾，朝廷被迫表示要变法维新，这次的口号只是撷取戊戌英才的部分主张，从改官制、平民愤、抑官怨、改法制入手，在废科举、兴学堂、奖游学、办实业方面做过些实事。但是，政治权力则更加集权专制，清廷这次也把改官制提升到行宪法、立内阁的高度。所谓改革，就是要改变君主专制，削弱满洲贵族集团的集权。但朝廷的主意却是推出了《钦定宪法大纲》（1908）和皇族内阁（1911），所谓皇族内阁就是内阁十三人中，满族占九人，其中皇族占七人（一说五人），汉人四人。这就等于敲响了清王朝的丧钟，为王朝掘断了出路。

以孙中山为首的革命党人在 1895 年准备起义后，到 1900 年惠州七里湖起义，队伍一度发展到 2 万余人。此役与清军激战，缴枪 700 余支，俘敌数十名。由于内乏弹药、外无援兵，起义军才自动解散，逃往香港。而民心所向，则与几年前大不相同，人们不再畏惧清政府的镇压，对党人也表现出同情、敬慕，支援者大为增加。1905 年由兴中会、光复会、华兴会联合组成的同盟会，声震中外，更成了"驱除鞑虏、恢复中华、建立民国、平均地权"的希望所寄。这就是人民革命化的表现。

伍廷芳在国内除办交涉、签约章之外，曾有很高热情希望能与列强交涉废除领事裁判权，使中国成为主权完整的法治国家。早在 1902 年他已有主持法制改革的任命，但他与列强修订商约、制定商律，以开拓财源，应付巨大的赔款，实际上致力于法制改革只有两年多时间。沈、伍认为修律以译法为先，奏准删除凌迟、枭首、戮尸、缘坐、刺字等酷刑，创办法律学堂培养专门人才，参照西法修订刑律。但是，修改刑律都遭到了守旧派的强烈反对，他们说："（新法）非圣朝明刑弼教之至意。"张之洞等奏："综核所纂二百六十二条，大率采用西法，于中法本源似有乖违"，"袭西俗财产之制坏中国名教之防，启男女平等之风，悖圣贤修齐之教；纲沦法圈，隐患实深"。[①] 这就等于把沈、伍等参照西法改订新法斥为毁灭纲常名教。伍廷芳满怀热情以他的所长来修改法律，眼前效益是取消列强的领事裁判权，长远功绩是要建立合理法治国家。法制改革的失败，使伍廷芳靠法治兴国的抱负幻灭了。

伍廷芳从修律大臣开缺后，沈家本继续这项工作，直至清朝覆亡，一部大清刑律也未制订。

伍廷芳则在 1907 年再度出任美、墨、秘、古四国公使，除了巡视中南美洲，只是对朝廷从未派使到过的国家抚慰华侨。他的最大成绩是 1909 年 8 月与秘鲁总统、外长进行该国排华交涉，纠正了秘鲁的错误，与之签订了《中秘条约证明书》[②]，维护了中秘友好通商往来。这是他在护侨工作中堪以自慰的成果，并在与南美各国交往中树立了良好先例。

直到 1910 年，年近七十，告老乞休，他还做了如下几件事：

第一，1909 年 1 月呈报一份革命党图谋起事的电报："访闻近有逆党由

---

① 张之洞：《张文襄公全集》，《奏议》69。

② 丁贤俊、喻作凤编《伍廷芳集》上，第 343 ~ 344 页。

南洋电美华侨筹办款项，及有美人代购炸药乘美国机飞赴香港，转运京师各省，希图举事。除密饬各领切谕域商工勿为所惑，乞密饬严防。廷。鱼。"① 联系到革命党早已在全国各地多次起义，由此亦可见革命起义已成燎原之势，并有外人介入。

第二，1910 年 8 月前"奏请剪发不易服"。伍最初受命使美就曾遭受美国愚氓和童子②在他乘坐的马车路经大街时，拖住他的辫子嬉戏嘲骂，激起他的愤怒，曾向美国外交部提出违反国际礼仪的抗议。因为发辫那是满洲贵族当年入主中原时定的皇朝服饰标志，用杀头威逼安在百姓头上的。如今伍廷芳婉转地代表海外华人请求"剪发"，其底蕴是与革命党的反满革命精神相通的。

第三，1910 年 9 月，任在美国政治与社会科学刊物登载了他的演说《中国觉醒的意义》。③ 这是一篇驻美公使的告别辞，开头就说"中国是一个古老而保守的国家"，这个国家几千年完整地生存下来就是因为"从不干涉别国事务，中国人民完全致力于本国内部事务"，"而专心于文学、哲学、伦理观和农艺"；而"随着国门迫于形势被打开"，中国人学西方、废科举、重建军队、增强体质、禁止鸦片，唤起公众道德心，才要把中国建成近代国家；中国是爱好和平的，绝不会成为"黄祸"；还说中国要增进商贸发展，成为国际大家庭的一员；至于排华问题，他说"很遗憾"，"尚未得到妥善处理"。"我们所要求的，只是公正对待"；最后，希望中美关系，"继续诚挚而友好"。④ 这样的语词，显得有些无可奈何的悲凉。

伍廷芳回归故国三十年的政治生涯，从办洋务、译西律、改法制到办交涉、订条约，都是在清王朝日趋没落的屈辱条件下进行的。伍廷芳的壮志未酬，而个人遭受的屈辱，无人洗雪，老年乞休，自不免有"三十功名尘与土"的浩叹。

三　投身时代激流，创造暮年辉煌

伍廷芳退休沪滨，正值中国民主革命激流高涨之时，由于 30 年为清廷

---

① 丁贤俊、喻作凤编《伍廷芳集》上，第 343～344 页。
② 丁贤俊、喻作凤编《伍廷芳集》上，第 358～360 页。
③ 丁贤俊、喻作凤编《伍廷芳集》上，第 361～365 页。
④ 丁贤俊、喻作凤编《伍廷芳集》上，第 263 页。

效力，虽然面对国难家仇，他都没有像封建官僚那样，购置田产，隐居林泉。而是在新潮高涨的政治气氛中，接受着时代激奋的熏陶，很快丢掉了"老朽"的托词，迅速投入时代的革命激流。据当年参加上海起义的余芷江（余沅）说，他在1911年11月3日下午到江南制造局，见到了党人朱少屏，又遇到陈其美，"陈要我和伍廷芳联系，我即又到伍廷芳寓所。当时领馆领事（英国人）也在他家。这位领事向伍打听北方是否有军舰攻打制造局？南市情况怎样？伍转问余，余只把他在制造局被关3小时，告诉伍，伍并未把这些情况告诉英国人"。① 由此推断：伍廷芳与革命党已不是第一次交往，外国领事与伍都很关心起义的进展情况。上海自治公所董事兼江南制造局提调李平书也是与党人有交往并参与谋划起义的，他们都被陈其美邀请参加军政府，李任民政总长，伍任外交总长。上海领导成员中只有伍与李不是同盟会会员。后来李平书在回忆录中说："当日若非伍先生出任外交，各领事未必承认，而日后之南北议和、入京任职乃至广东护法，始终不渝，卒以身殉，胥基于此。"② 所以李对伍大加赞扬，说"先生之风，山高水长；先生之义，与日月争光"。这正是他暮年辉煌的起点。这时伍已年届七十了。

（一）参加革命初期的贡献

伍廷芳参加革命后，除了以个人的影响宣讲革命不可阻挡和民主共和国即将成立外，还做了以下的工作：

1. 通过美国大企业家卡奈基（Andrew Carnegie）宣传中国建立民主共和国，呼吁美国政府承认中国新政府。

2. 请美国驻华使馆代办，转交伍为首的一份中文电报，告诫清军勿再顽抗。

3. 批驳外国传教士兜售君宪论，阐明革命党的宗旨和决心，并表示有权使用清政府订购的军火。

4. 致电纽约赫斯特报系主人赫斯特（William. Randolph Hearst）刊登伍要求各国承认民国政府的宣言，得到对方的热情支持。

---

① 《辛亥上海光复前后（座谈会记录）》，《辛亥革命回忆录》第4辑，文史资料出版社，1981，第16~17页。

② 李钟珏：《且顽老人七十岁自叙》（选录），《辛亥革命在上海史料选辑》，上海人民出版社，2011，第972页。

又以军政府名义发表了一些文、电、书、函：

5.《致各友邦请承认中华共和国电》（1911.11.12）

6.《奏请监国赞成共和文》（1911.11.12）

7.《致江海关税务司墨贤理函》（1911.11.16）

8.《致清庆邸书》（1912.12）①

革命党发动武昌起义，各省党人和广大民众踊跃响应，革命很快成燎原之势。但是1909年被清廷逐黜回籍的袁世凯如今又紧急被授命镇压革命。精明老道的袁自然首鼠两端，既恐惧革命无法扑灭，又觉得即使暂时压服了革命，清廷也不能容他。原来在戊戌变法时期被袁出卖而遭难的君宪党人除少数固守保皇立场，多数人都希望革命大发展，想借助袁世凯取得立足之地，提出了"和袁慰革，逼满服汉"的策略。而武汉地区民军与清军的战斗，前者处于劣势。民军总指挥黄兴认为"敌军武器优良"、"我军斗志昂扬"。各地相继起义，但民军缺少训练，也缺乏精干的领导人，普遍缺少武器弹药。各地起义的上层领导又难以和衷共济。所以，黄兴和身在国外的孙中山以及不少党人都倾向"联袁倒清"，尽快把皇帝推翻，取得一个大胜利。1911年12月孙中山回国，被起义各省代表选举为临时大总统，组成南京临时政府。18日开始南北和议，南方总代表就是伍廷芳。

和议进行到1911年底，由于北方和议代表唐绍仪在第二次会议就表示赞成民主共和政体，使会谈很顺利。但北方代表团认为唐事事顺从伍廷芳，所以在政体、停战还是撤兵等问题上都另有主张，并将唐的代表资格撤销，由袁直接与伍电商。他们在停战、确定政体、召开国民会议、皇室优待问题上都仍沿伍、唐拟议的内容。1912年1月16日，党人张先培谋刺袁世凯（未遂）。1月26日，党人彭家珍在京炸死宗社党首领良弼。随后段祺瑞为首的46名在湖北前线的北洋将领也奏请"立宪共和政体"，否则将带兵入京，与皇族亲贵辨明是非。帝国主义侵略者也想乘和议之机扩大影响，夺取利权，甚至出兵干涉。所以，迫使清帝退位成了第一急务。当孙中山想加上列强承认中国作为让位条件，遭到伍廷芳的反对。经商议把定都南京、誓守约法、到宁就职作为附加条件。2月12日，清帝下诏宣布退位。后来袁氏制造兵变，附加条件并未实行，但和议总算完成，民国政府于4月正式成立。南京临时政府解散。

---

① 见丁贤俊、喻作凤编《伍廷芳集》上，第366~370页。

（二）法制建设的尝试与讨袁

民初，伍廷芳直接处理的如下三件事颇值得关注。

第一，组织临时裁判所，由伍廷芳特派精通法律人士承审江苏山阳旧县令姚荣泽残杀革命党人周实、阮式案。姚被判处死刑。姚本人申诉，残杀党人系地方豪绅所为。裁判所便留下一个折中办法，如总统同意免死，当罚款5000元。后来政府北迁，袁世凯便取了免死罚款的办法。

第二，由于沪军都督陈其美急于筹饷，于1912年3月将中国银行上海分行经理宋汉章以有人告他贪污为名，予以逮捕。伍廷芳认为临时政府已成立，上海都督府不可随意捕人、滥权害法，指责陈"藐视司法"。陈以"一切公款"、"不使一二奸商干没"相对。伍则认为应尊重约法，放人不误清查。权法之辩争论数月。伍责陈滥权专制，有损法制、民权；陈则以"惩民贼、筹军饷，义所当为，不计个人毁誉"。① 孙中山从法理上赞成伍的见解，主张分清三权界限。后来对宋的控诉查无实据，遂放人。陈的做法显然是错的，但陈是革命党的东南砥柱，也应支持保护。这是伍廷芳为法制建设的奠基之作。

第三，参与民初组党热潮。帝制推翻，民主思潮高涨，出现组党热潮势所必然。有人统计：止于1913（民二）年，全国的公开党、会、社团达682个，这可算组党的社会基础。这时的政党或有政党性质的组织共312个，有健全政纲或某些政治主张的组织有35个。我统计伍廷芳当时参加、列名的政党达十来个。邀请名人入党是参政的一种途径，但伍所组织的党也在大组合中参加了国民党，但他并不自认为国民党员。

1912年4月政府北迁，伍既不担当任何职务，也不接受袁世凯授予他的仅次于孙中山、黄兴的勋一位嘉禾章，自己安居观渡庐寓所。除以民间人士身份参加菲律宾博览会外，主要是闭门著书。这时期的代表作有《延寿新法》（1910.6）、《中华民国图治刍议》（1915.3）、《菲律宾赛会记》（1915.9）、《美国视察记》（1915.12）、《美国宴会和美国礼节》（年月不详）。后二者都是用英文写的（后译成中文出版）。

关于伍廷芳的著述，以政治、法律、历史为主，也还有健康、养生、修道、神鬼、灵魂等，范围杂芜。后几类已在他临终前，因陈炯明叛变毁于战

---

① 伍、陈辩论文字见《伍廷芳集》上，第502～524页。

火。应该说，由于他自幼在海外求生求学，缺少系统的国学、传统文化的功底，后来虽然进修法学，对于19世纪后期资本主义哲学、政治学的积累也很少在他书里得到反映。即便以政、法著述说，也罕见系统的理论探究。以《中华民国图治刍议》论，30个子目，大都只有简略介绍，对于民主政治的讴歌、复辟势力的批判、谴责应该是精彩所在；对于清朝覆灭原因的分析缺少深度，批判复辟只着眼于亡清余孽；而对于洪宪帝制疯起，反应相当迟钝。1913年宋教仁被刺，解散国会，二次革命发生。他竟然说是"赣省煽乱"、"殊形鲁莽"、"盖误会政府潜行专制"。直到洪宪帝制粉墨登场，袁氏邀他效力，伍廷芳才断然批驳。当蔡锷、李烈钧在云南独立，桂、粤、黔、湘、浙、陕、川等省响应，原指望国民党被排出国会，能以进步党充第一大党的梁启超都写出了袁氏妄改国体的批判论文，并组织军抚院，成为护国讨袁的重要力量。国民党和伍廷芳分别以被迫害和政治迟钝，成了护国讨袁的偏师。在国内外巨大压力下，1916年3月袁氏宣布取消帝制，6月，忧愤而死。

在辛亥革命激湍兴起时，袁世凯利用革命党迫使清帝退位，又以行君宪为幌子反对革命，取得了民国总统地位。他本可以沿着民主共和的道路留下弃暗投明的清名。但他在夺取最高权力后，竟悍然背弃效忠共和的誓言，靠北洋胞泽支持，妄想洪宪皇冔永世传袭，最终背上窃国大盗的骂名，结束了它不足60岁的生命。

（三）府院之争与讨逆护法

段祺瑞在袁世凯逆民主潮流而行时，就任了"国务卿"要职。袁死后，他立即抢先依据民元约法组织法，亲迎黎元洪继任民国大总统，恢复被袁解散的国会，自己也以国务总理重组政府。① 段还玩弄了一个想保存袁氏称帝前所造的民三法统，在黎元洪继任总统时，加上民三约法的"代行总统职权"用语，引起国民党和南方讨袁势力的强烈反对。巧合的是那个深怀旧主恩德正欲显示并扩大自己声势的辫帅张勋悍然跳出来，以反对"暴民干政"、阻止南方提出的由唐绍仪任外长（唐在南北议和期间参加了同盟会）。黎、段合议，改由伍廷芳任外长。一时间，总统继任的法律依据问题、外长人选

---

① 袁世凯死前，段的职务是在一片讨袁声中，按袁的定制继任"国务卿"。本无章程可据重组政府。

问题，都要借重伍廷芳这个护国讨袁战争中的边沿人物。伍的作用因此又立即在政治生活中凸显出来。

所谓总统继位的根据问题，只是应不应该在民元约法之外，再引民三约法用语。段祺瑞特请法律专家伍廷芳评论，伍在复电中说：民元约法"乃为开国之基础"，民三约法是袁世凯召集六十人所订，"不能视为国法"。伍郑重地说：请政府宣布，"查三年约法非照共和国普通法组织，不能公认，因特规复元年约法"。段祺瑞弄巧成拙，只好哑然收场。

外长人选问题，伍廷芳在组党时已经特立独行，不归属任何党派，任外长自然无异意。张勋乘机撒野，阻挠国民党参政，并不能阻止民元国会恢复，只是显摆他反对革命党的一贯立场。却未想到一年后当他冒死复辟故主，急欲解散国会时，正碰上这个誓死守法的倔老头。

北洋政府以黎、段体制建立，但是，一个皇帝死了，后继的官僚军阀实力人物，依然要为争夺最高权力拼斗不休，史称府院之争。1917 年 5 月，段要依靠日本壮大皖系实力，组织请愿团强迫国会通过对德宣战案。议员不从。段利用督军团攻击国会，要求总统解散国会。黎向督军说明，总统无权解散国会。督军团密谋对策，相继离京。黎元洪任命伍廷芳任代总理，免去段祺瑞总理职务。段抗议，伍引民国约法认为免段职由他附署有效。督军团便扬言脱离中央，南方接近革命党的地方势力声称要讨伐叛督。黎既怕叛督反抗中央，又惧南方势力北上。于是，请求佯作观望的张勋居中调解。张立即应承。但张勋带兵进京后，突然向黎提出三天之内，解散国会。黎进退失据，请伍廷芳附署解散国会令。伍断然拒绝，声称"职可辞，而名不可署；头可断，而法不可违"。张勋急欲复辟，以非常手段相威胁，伍答称，不做坏事，虽死灵魂快乐。黎元洪为无人附署，焦惶不安。事急只好托步兵统领江朝宗附署他的命令。伍廷芳带着外交总长的关防、由儿子陪同离开北京。7 月 1 日凌晨，清废帝的复辟丑剧开场：当年上书变法维新、遭西太后通缉的康有为化装成老农，由张勋派兵迎入寓所，埋头起草复位诏书。第一天发布伪谕 19 道，张勋的官职封到了政务总长兼议政大臣、北洋大臣兼直隶总督，"荣耀"空前。起草上谕的康有为只封了个弼德院副职，情绪消沉。荣耀、消沉都只混了十一天，便在讨逆战火和全民唾骂声中灰飞烟灭。只有伍廷芳宁死不附署解散国会令，带着外长印信到上海借地执行职务，声称防止复辟的"外交大臣"乘乱干下误国勾当，被传为笑谈。

（四）进出军政府

张勋败灭，躲进荷兰使官。黎元洪成了政治垃圾。段祺瑞控制了北洋政府，他利用研究系的国会议员，制造了一个再造共和的赝品。扬言另组国会，重建政府，形成承继共和法统的假象，实际上是排除革命党和西南接近革命势力的专制政权。孙中山为首的革命党人立即针锋相对，组建护法军政府。1918 年春，段祺瑞发布武力统一令，护法战争开始。

伍廷芳对于进入军政府，最初有过实力不敌的犹豫。当时支援军政府的力量主要是一部分海军、被驱散的国会议员、追随孙的国民党员、军政界人士，湖北荆襄地区的黎天才等算是可以响应的力量。广东省长朱庆澜在孙抵达广州后将他的亲兵 20 营交孙指挥，起了巨大的作用。军政府的经费来源除了 1917 年 3 月，德国驻沪总领事柯南平以私人名义支助 200 万元外，主要靠海外华侨捐献。西南两支实力较大的军阀唐继尧、陆荣廷为反对段祺瑞的"武力统一"，响应孙中山的护法号召，实际上是持观望态度。但伍以大局为重，1917 年 12 月南下。1918 年 4 月，一部分南下的议员受直系军阀指使，提议改组军政府，改单一制为合议制，把大元帅一职改为政务总裁若干人。5 月 4 日孙通电离开了军政府。

但是，伍廷芳同海军部长林葆怿于 6 月中致电孙中山，把孙由大元帅改为总裁之一。他们说："世事转变至此在廷芳等岂能无介于怀。……若乃事稍与吾意相左，而遂掉头不顾，不特前功尽弃，后事愈不可收拾矣。"[1] 孙中山接受了他们的劝告，9 月，派徐谦为代表，参加政务会议。

1918 年冬，北洋政府向协约国提出取用关余，伍廷芳力争，南北政府按比例 13：87 分别提用，使军政府缓解了财政困难。伍兼任财政部长，岑春煊不仅经费使用殊不公平，且有牺牲国会，与北方妥协议和的阴谋，有悖于军政府成立的宗旨。1919 年 9 月，孙中山辞去总裁职务。伍廷芳勉力坚持了一段时间，遭到排斥："足迹甫出省会，部员被监视，银行存款被查封，近日准备控廷芳于香港法庭。"伍义愤填膺，与南方非常国会议长林森等一同离港。伍"将应用文件、印信及关余携带赴沪，对于外交、财政两部事务，仍旧完全负责"。[2]

① 任廷芳、林葆怿：《致孙中山电》，见《伍廷芳集》下，第 823～826 页。
② 伍廷芳：《离粤赴沪通电》（1926.4.10），见《伍廷芳集》下，第 871 页。

至此，孙中山与伍廷芳又回到了 1917 年初的境况。北洋政府依旧位居北京，而革命党的护法运动已无立足之地。指望强人提携共组新国会的研究系在皖系安福俱乐部把持的议员选举中，惨遭排挤，也趋于消亡。

1920 年 10 月，陈炯明率领的朱庆澜亲军经过进军福建，现又回师广州击败桂军，使革命党有了振兴基地。这时的北洋政府便乘势通电南北统一，显然这是要以和平方式吞并南方政府。孙中山率四总裁立即通电，谓护法军政府依然存在，并号召西南各省坚持护法救国。1921 年 4 月 5 日，孙中山鉴于华盛顿会议即将召开，决定不再用护法名义，不再打军政府的牌子，使自己处于地方政权的地位，自谓"外交紧急，不可无政府应付"。7 日，南下的国会议员开非常会议，议决中华民国政府组织法大纲，选举非常大总统，出席议员 220 人，孙中山以 218 票当选为大总统。5 月 4 日，孙正式宣布取消军政府，就任民国大总统。这样就形成了南北两个对峙政权。孙中山宣称1917 年以来北方的政府均属非法，现在的合法政府就在广州。

（五）协助孙中山准备北伐

1921 年 11 月，孙中山准备北伐。他说："太平洋会议列国不承认南方代表，南方代表必须为积极行动。"为此，孙在广西桂林设立大本营，改编北伐军，并满怀激情地分析了北伐的有利形势。

孙中山就任非常大总统时期（1921.5 ~ 1922.8），伍廷芳一直担任外交部长兼财政部长。1921 年 10 月，孙中山赴广西组织北伐，伍在广州代行非常大总统职权。1922 年 3 月，孙中山免去陈炯明广东省长职务，也由伍兼任，伍成为孙中山组织北伐的坚定支持者。在孙离粤期间，伍便是广东国民政府发言人。对于涉及中国的重大国内外事务，伍代表政府发表严正的宣言、公告、谈话，接受中外记者的采访，塑造了南方政府正义、光辉形象。当记者问到南方与奉、皖军阀联合反直（即三角同盟），"似为扩大其政府之范围起见，而牺牲其向来之主义"。伍严肃回答："吾人并未牺牲主义，凡不赞同吾人之主义者，吾人绝不认为友。""吾人并不求与张作霖携手，实彼先来建议，谓愿赞助此间政府建设之原理，并允依此等原理而行政。"当记者问道："奉、皖军阀与南方政府联合反直，驱逐徐世昌与吴佩孚成功后，他们又倒戈联合反击南方政府，你们该怎么办？"伍廷芳笑答："凡此吾人皆有准备。"[①]

---

① 《中国近代史资料》总第 88 号，第 208 ~ 209 页。

是什么力量使南方革命党人对于联合军阀打倒军阀有了坚强的信心呢？

因为，20 世纪初，世界和中国发生了巨变。以孙中山为首的革命党人在斗争中有了新的认识、吸取了新的力量；辛亥革命推翻了以满洲贵族为核心的朝廷，任何妄想恢复帝制的野心家都遭到了可耻的下场；俄国十月革命唤起殖民地半殖民地人民的民族解放意识，俄国提出撤销对中国的侵略利权，得到中国人赞赏。第一次世界大战，使一部分资本主义列强大大削弱了对外侵略的力量，列强中的个别国家对孙中山领导的政府显示好感。1919 年中国的五四爱国运动，不仅激发了人民反帝救亡的强烈爱国意识，而且把新文化运动倡导的科学观和民主政治意识在广大民众中进一步提高。孙中山被新一代青年的觉悟鼓舞，所以伍廷芳曾说："陈炯明由闽返粤，驱逐桂派，兵力亦不强，全赖人民赞助而成功。"① 他讲到先进思想武装的重要性，曾说："革命党派跟各派军阀联合与对立，与军阀间的联合与对立，其原则区别只在于有无进步主义与信仰。"②

1920 年 10 月，苏俄外交委员齐契林致函孙中山，对中国也大加赞扬。共产国际也开始在中国活动。11 月 20 日，孙中山在上海会见共产国际使者维经斯基。孙中山很关心如何把中国南方的革命跟俄国结合起来。1921 年 6 月，马林到达上海，参加中共成立大会后与陈独秀磋商。12 月马林到桂林会晤孙中山，又到广州住了十天，他介绍苏俄革命的情况，正碰上海员罢工，马林听说中国长沙有学生组织与工人阶级联系的事，他还向学生讲解俄国阶级斗争的经验。自此，孙中山已开始萌发联俄、联共、扶助工农的思想。这就使伍廷芳在这期间出现这样的言论："中国青年派今日于国家改造事业中占有重要位置，正依时代之精神，建设民主政治之基础。"③"中国妇女今后必于国家生活中占一重要地位。"乃至在有记者向他提出所谓"赤化"问题时，他首先表示他和孙中山并非共产主义者。但又说"在 100 万国民党员中，即使有少数倾向共产主义"也不足为奇。④ 而目前的主要任务是组织和团结一切可以团结的力量，实现北伐，推翻北洋军阀的统治，建立以孙中山为核心的中华民国统一政府。

1922 年 1～2 月，段祺瑞的代表徐树铮、周善培，张作霖的代表李梦庚

---

① 《中国近代史资料》总第 88 号，第 211 页。
② 《中国近代史资料》总第 88 号，第 208～209 页。
③ 《中国近代史资料》总第 88 号，第 216 页。
④ 《中国近代史资料》总第 88 号，第 222 页。

先后会见孙中山，三角同盟逐渐形成。孙中山派伍廷芳之子伍朝枢到奉天"报聘"，张作霖对孙中山推崇备至，甚至建议推倒直系召开南北统一会议，恢复法统。这时直奉战争即将爆发，张作霖迫切希望南方的北伐军尽早发兵。孙中山这时又任命朱培德、谷正伦、彭成万为滇军、黔军、赣军北伐军总司令，声势大振，北伐的进军号已经吹响！1922 年 2 月进入湘南的北伐军，因陈炯明暗中作梗，受阻。

6 月 16 日陈炯明叛变，摧毁了北伐计划。孙中山遭叛军围困，险遭不测，由卫队护送至永丰舰避难。伍廷芳大为震惊，17 日登舰慰问，与孙商议招讨之策。孙表示："我必率舰队击破逆军，戡平内乱而后已。"18 日陈炯明电伍廷芳，让他请孙中山下野，伍愤恨不已，突发肺炎，23 日病逝于广东省新公医院。

伍廷芳诞生于中国近代史开端之际，八十年的人生道路可分为三阶段：前四十年在海外求生、求学、求职、求上进；继三十年回归故国，尽心效力；最后十年投身民主革命激流。这是农耕经济的封建社会向半殖民地半封建社会转变的前期阶段。中国人民的主要历史任务是反帝反封建斗争。伍廷芳最初向往英国"君民共主"的君宪制，为君国效力的三十年，使他感到在中国行君宪制是一条绝路。辛亥革命把他推进到时代激流，他以古稀高龄为建立民主法治国家焕发出高昂的热情，从护国、护法到协助孙中山北伐，以八十高龄为理想殉职。伍廷芳的求索精神和暮年为理想顽强奋斗，堪称辉煌。值得后世景仰，传承，弘扬！

从 《纽约时报》 看伍廷芳病逝前夕
与孙中山的关系真相

郭世佑[*]

多边性的人际关系与错综复杂的人脉因素当不失为影响近代中国许多历史人物的言行乃至历史进程的一个重要因素，也是比较棘手的研究领域，它需要尽可能地挖掘资料，甄别真伪，清理主次，而此类资料不仅总是数量有限，而且甚为零散，很不连贯，有些重要的细节与关键原本就不曾载诸文字，凡此种种，都不容易使研究者窥其本相。护法运动期间的诸多人际关系便是如此。

众所周知，年近八十而身兼数职的伍廷芳既是孙中山筹建广州军政府的重要支持者，也是粤军统帅陈炯明与孙中山之间个人摩擦的重要调停者，但调停的效果并不明显，最后还是不曾避免双方翻脸。1922 年 6 月 16 日，陈炯明炮轰以孙中山为首的广州军政府，与孙中山公开反目，孙中山则下令海军开炮还击。伍廷芳于 20 日发表辞职通电，23 日病逝。

关于护法数年间伍廷芳与孙中山的交谊，我国两岸学者之间的论著没有原则分歧，都充分肯定伍廷芳对孙中山的拥护与支持，直到伍氏病逝。国外同行虽然对此关注不多，但个别学者的见解颇不相同，还不曾引起我国学者的关注。[①]

倘若对照当年《纽约时报》的采访报道，参照伍廷芳的通电原文与伍朝枢的《哀启》，则不难发现，从陈炯明兵变发生到伍廷芳病逝，在短短的一

---

[*] 同济大学人文学院教授。

[①] 笔者于 2006 年 11 月出席台湾孙文学会等联合主办的第七届海峡两岸孙中山思想之研究与实践学术研讨会时，提交的论文《从伍廷芳垂暮之年的强力支持看孙中山的政治魅力》（参见《第七届海峡两岸孙中山思想之研究与实践学术研讨会论文集》，2006 年 12 月）未及阐释伍廷芳病逝前的最后一周与孙中山的关系，但在文末与大会发言中，就提到美国学者琳达（Linda Pomerantz – Zhang）修改出版的博士论文有所不同，还有《纽约时报》在伍廷芳病逝前后的报道都对伍孙关系的变化多有涉及，值得关注。

周之内，伍廷芳的政治态度已有明显的变化。他既不满于陈炯明的悍行，也对孙中山的回应举措持反对意见。他的辞职并不仅仅是对陈炯明反戈兵变的抗议，也是对孙中山以牙还牙之举的异议，以及对广州整体时局失望的表现，可以看作伍、孙同盟解体的一个标志。本文试图根据目前所能找到的资料，尽可能地清理伍廷芳离世前的这个细节，去感受历史本相与历史叙述的复杂性。

一　中美学者的撰述差异

孙中山是我国两岸学者共同尊崇的革命领袖与中华民国之缔造者，两岸学者一致认为，伍廷芳晚年对孙中山的支持全力以赴，鞠躬尽瘁，值得称道。

北京学者丁贤俊的《论孙中山与伍廷芳》一文堪称两岸学者中第一篇专题探讨孙伍关系的文章，认为："孙中山和伍廷芳是在爱国主义思想基础上结合在一起的。辛亥革命前，他们都希望中国走上独立、民主、富强的道路。武昌起义后，他们共同反对君主专制制度，建立并捍卫民主共和制度。他们的共同理想是：在政治上建立三权分立的政权体制，制定宪法，实行法治，保障人民的基本权利；在经济上促进近代工商业大发展。尽管由于经历和认识上的差异，他们之间有过几度分合，但共同理想最终使他们团结起来，在辛亥革命后的十年间，进行了顽强的斗争。1922 年，孙中山在护法运动后期，已经把中国革命引导到了接近新阶段的起点。他顺应时代潮流，与时俱进，堪称资产阶级民主革命的卓越领袖。伍廷芳由于时代和认识的限制，转向革命较迟，也没能赶上孙中山后来进行的伟大改组。但辛亥革命时年已古稀的伍廷芳自投身革命后，为建立和捍卫民主共和制度，顽强地向南北军阀做斗争，鞠躬尽瘁，也可以说是服膺真理的楷模。他们都为革命后继者留下了许多有益的东西。"①

在近年出版的《伍廷芳评传》一书中，丁贤俊与合作者喻作凤已开始注意到伍廷芳在陈炯明兵变之后的辞职通电对孙中山并非无敬慕或拥护之意，至于个中原因，认为是伍廷芳的"息事宁人态度"使然，"是为了把革命内部的矛盾大事化小，以免造成难以弥合的裂痕"。②

---

① 丁贤俊：《论孙中山与伍廷芳》，《近代史研究》1987 年第 4 期，第 138～139 页。
② 丁贤俊、喻作凤：《伍廷芳评传》，人民出版社，2005，第 479 页。

山东学者张礼恒在博士论文的基础上整理出版的《从西方到东方——伍廷芳与中国近代社会的演进》一书则把伍廷芳对孙中山的支持上升到宗教信徒的"皈依"程度，曰："在长达数年的时间里，伍廷芳曾与南北军阀为伍，期望有所作为。但倚重军阀实现其政治理念的幻想破灭，最终促成他与孙中山革命党人的关系由疏远走向皈依。以护法运动失败为转折，伍廷芳从此结束了自南京临时政府以降与孙中山革命党人长达 8 年之久的疏远状态，心悦诚服地投奔、皈依孙中山革命党人的旗下，成为孙中山民主共和大业的股肱之士。……1920 年 4 月 9 日的《离粤通电》，实际是一份征讨西南军阀的檄文，宣告了伍廷芳倚重军阀实现政治理念的破灭，标志着他与南北军阀 8 年合作的结束，昭示着他同孙中山革命党人的关系由疏远走向投奔、皈依的开始。"①

广东学者张富强虽然没有把伍廷芳对孙中山的拥护提到信徒之于教宗的高度，但也充满赞誉，称："对民主共和伟业的忠诚，最终使孙中山、伍廷芳这两位具有崇高的革命理想和信念、高尚道德情操的爱国者走到了一起，为再造共和呕心沥血，谱写新曲，建立了可歌可泣的丰功伟绩。然而，苍天负人愿，军阀陈炯明的叛乱过早地中止了孙中山与伍廷芳的合作与友谊，中止了伍廷芳为中国民主革命再创奇迹、再立新功的可能。""伍廷芳十分钦佩孙中山临危不惧的魄力和视死如归的胆气，坚决赞成他的反击叛军的计划。"②

台湾前辈沈云龙对伍孙关系亦多肯定与称赞之意，其《近代外交人物论评记伍廷芳》云："廷芳自民元与中山先生共事，即深为中山所敬重。民六以后，患难相随，甘苦与共，终至以身殉国，其风谊尤非口称拥护而退有后言者所能及其万一。追思昔贤，怆怀无已。"③

美国学者琳达（Linda Pomerantz Shin）的见解则不然。虽然她在 1970 年提交答辩的博士论文第十章第三部分"最后的岁月"对伍廷芳的晚年活动叙述得特别简约，但经过历时 22 年的修改，她在出版的博士论文《伍廷芳（1842～1922）：中国现代史上的改革和现代化》的最后一章增加"与孙逸仙"，叙述得较为详细，其中提到："6 月 17 日，在孙的军舰上召开的会议

---

① 张礼恒：《从西方到东方——伍廷芳与中国近代社会的演进》，商务印书馆，2002，第 350～353 页。
② 张富强：《近代法制改革者——伍廷芳》，广东人民出版社，2008，第 164～165 页。
③ 沈云龙：《近代外交人物论评》，台北，传记文学出版社，1981，第 137 页。

上，伍恳请孙撤退。但孙决定对陈发起反击，因为他相信除非他站起来并战斗下去，否则他在中国和海外都没有政治信用。沮丧之余，伍于6月21日辞去政府职务；这可看作是对孙表示不赞同。两天后，6月23日，伍带着对时局的极度失望，在一次急性肺炎中逝世。"①

可能因为疏漏，琳达的这段表述没有提供资料的出处，但从通篇论文使用中、英文资料的丰富性与严谨态度来看，我们还没有理由忽略作者的这个重要补充。

二　知情人叙说的细微区别

在出版于伍氏离世之年的《伍廷芳历史》一书中，有一段叙述是后世学人经常引用的：

> 粤军炮攻总统府那天，博士（即指伍廷芳——引者）②已经忍着惊恐，后来到楚豫兵舰见孙中山，神色已退板了，中山亲出挽扶他，坐定之后，颤声说道："这番陈炯明竟然作反，你防备才好。"中山点头道："是的，但我不怕的。"博士又道："此后恐怕我没有替你出力的时间了。"果然不过五天，就溘然长逝。③

蒋介石《孙大总统广州蒙难日记》称，孙中山惊悉伍廷芳病逝时，就在永丰军舰向舰内将士发表演讲：

> 今日伍总长之殁，无异代我先死，亦即代诸君而死，为伍总长个人

---

① Linda Pomerantz – Zhang, *Wu Tingfang* （1842 – 1922）: *Reform and Modernization in Modern Chinese History*, Hong Kong University Press, 1992, p. 285. 作者原名 Linda Pomerantz Shin，是率先以伍廷芳作为博士论文撰述对象的研究者，她的专著就是在博士论文（China in Transition: The Role of the Wu Ting – fang, 1842 – 1922）的基础上修改而成。我国两岸学者顶多只注意到 Linda 写过关于伍廷芳的博士论文，却没有注意到她的博士论文经过长时间的修订之后，早已公开出版。从实质性的学术对话可知，除了台北史学前辈张存武、香港大学博士张云樵等学人在撰述前认真阅读过她的博士论文外，我国大陆学者究竟有哪些人也认真查阅过，似乎还是未知数。
② 关于伍廷芳的博士学位之称谓，值得存疑，容另文考证。
③ 伍廷光编辑《伍廷芳历史》，上海图书馆，1922年编印，第53~54页。张礼恒《从西方到东方——伍廷芳与中国近代社会的演进》、张富强《近代法制改革者——伍廷芳》等书对此语均有引用。

计，诚死得其所；惟元老凋谢，此后共谋国事，同德一心，恐无伍总长其人矣。全军惟有奋勇杀贼，继承其志，使其瞑目于九泉之下，以尽后死者之责而已。①

从这些表述来看，孙中山是把自己与伍廷芳当作不可分割的整体的，因而把伍廷芳的死作为讨伐陈炯明的道义力量。

孙中山在兵败之后，于8月9日被迫离开广州，15日在上海发表护法宣言，继续怀念在陈炯明兵变中猝然病逝的伍廷芳。他说："回念两月以来，文武将佐，相从患难，死伤枕籍。故外交总长伍廷芳，为国元老，忧劳之余，竟以身殉，尤深怆恻！"②

12月17日，伍廷芳的追悼大会在上海九亩地隆重举行，孙中山特派代表居正前往悼念，并宣读祭文：

国本之摧，梁栋先折，徒法不行，矧今法绝！缔造艰难，英俊弗少，曰有典型，皤皤元老。大勋未集，继以来兹，公为国死，痛乃无期。系国存亡，藐躬未敢。义之所在，责无能逭。我不敢死，公不欲生，愿持此志，证之冥冥。呜呼哀哉！尚飨。③

1925年1月，孙中山抱病在身，还为伍廷芳的墓地亲撰长篇墓表，重申："文自元年与公共事，六年以后，频同患难，知公弥深，敬公弥笃。"④

显然，孙中山特别重视对伍廷芳的哀悼。相比之下，伍廷芳本人生前的辞职通电除了表明向"大总统"辞职时提到"大总统"之外，既无谴责陈炯明之意，也不再提到孙中山。他说：

廷于此变故，事前则调节术穷，事后则维持力薄，内惭衾影，外负国人，忧老成疾，心灰意冷，已决意引退。应请大总统辞去本兼各职，其外交、财政两部职务，无从履行，应暂行结束，奉还大总统；其广东省长印信，奉送省议会暂为保存。惟护法之役，本因武力干涉而起，今

① 蒋介石：《孙大总统广州蒙难日记》，第9页。

② 《孙中山全集》第6卷，中华书局，1985，第521页。

③ 《孙中山全集》第6卷，第641页。

④ 孙中山：《伍秩庸博士墓表》，《伍秩庸博士哀思录》，1922年印刷，藏华东师范大学图书馆。

不能改途易辙，以意见偶有不同，竟致诉之武力，矛盾相攻，内煎太迫，外侮堪虞，隐忧何极。苟非大彻大悟，何以救国救乡，此廷于慨痛之余，而亟盼邦人君子有以处此也。①

不仅如此，伍廷芳之子朝枢在当年撰写的《哀启》略述乃父生平时，虽然有一处提到乃父与孙中山的合作与交谊，云："孙公受国会选举为大总统，先严佐孙公，决疑定计，鱼水交欢，为国为乡，心力交瘁"，但在逐日叙及 6 月 16 日陈炯明兵变之后的最后一周时，丝毫也不再提到孙中山。该文曰：

> 粤中政变，省署陷入火线，枪林弹雨，自丑迄未不辍，先严处之泰然，魏君丽堂时卫戍广州，以省署地险，下午二时遣副官卫队迎先严至司令部，强而后可，继以司令部起居不便，不孝乃奉先严暂寓于广州附郭之东山，旋移岭南学校外交部某秘书家，而先严以积劳之体，耄耋之龄，遭此政变，竟忧愤成疾矣。当疾之初作也，神罢声嘶，然犹能一再迁居，步履如常，且口授不孝宣告辞职及警励国人之通电，方冀其为略感风寒，精神困顿，休养数日即可复元，乃至二十日而热度渐高，呼吸促，不孝急延校医视诊……迁入广州东郭外之新公医院，是夕病转肺炎，投以疗肺之剂，不稍效，先严呻吟病榻，惟斤斤垂问大局，言不及私，又翌日，病大剧，不能语，中西医咸束手，夜分气息奄奄，知觉全失。……②

显然，孙中山对伍廷芳的逝世特别重视；伍氏父子对伍孙交谊却已远不如以前那么热心，一热一冷，颇不对称。就伍廷芳病逝前一周的行踪而言，伍朝枢是未离乃父半步之人，他的记叙却同伍廷光、蒋介石等人的记述迥异，究竟是伍廷光、蒋介石等人的记述可靠，还是伍朝枢的亲历可靠，或在有意回避，值得关注。

三 《纽约时报》的相关报道

近代以来，《纽约时报》既是美国最具影响力的报纸，也是最关注中国

---

① 《近代史资料》总第 88 号，第 224～225 页。
② 伍朝枢：《哀启》，见《伍秩庸博士哀思录》，1922 年印刷，藏华东师范大学图书馆。

问题的报纸之一。它对中国的关注，就始于伍廷芳出使美国期间。1900 年义和团事件之后，由于伍廷芳在保护美国驻华公使康格的生命安全与维护清朝政府权益等方面作出了努力。加之伍在美国的演讲与撰述赢得美国民众的一致好评，《纽约时报》等主流媒体就对伍重点关注。① 在目前所能辨析和阅读的该报资料中，关于伍廷芳的报道多达 180 篇以上，其中不乏内容丰富、情节具体的篇章。从清朝政府的改革到反清革命运动的成功，从中华民国的创建到中国南方的护法运动与孙中山、伍廷芳的主要动向，都是《纽约日报》重点关注的内容。

离陈炯明兵变还有 4 天，即 1922 年 6 月 12 日，《纽约时报》转载《芝加哥论坛报》的报道："可以了解到伍廷芳博士已经接受了总理一职。同时黎总统任命颜惠庆博士为外交部长，梁士诒在伍博士从广州到达这里之前代理总理一职。伍廷芳接受总理一职使官员圈子中的中国统一问题变得更易实现了。据称，中国南方共和国的总统孙逸仙博士将无法支撑一个独立的政府，伍曾是孙政府的重要支柱。"不过，《纽约时报》登载来自 10 日北京的电稿只有两句话："黎元洪总统就职后不久即颁发第一道命令，委任前驻美公使伍廷芳为总理。自从 1917 年，伍廷芳就是与北方军国主义对抗的广州政府的最强硬的支持者之一。"② 没有说伍已同意出任北京政府的总理。不过，两报记者对伍廷芳之于广州军政府的重要性的表述是一致的。

6 月 14 日，《纽约时报》发表美联社厦门电稿，题为《黎总统敦促伍博士快些到北方，可是广州政治家仍沉默》。③ 15 日，该报又发表美联社 13 日电稿，追踪报道伍廷芳的动向："前外交部长颜惠庆博士在新的黎元洪为总统的中央政府被重新任命为外交部长。颜博士还担任代理总理，如果前广州的南方政府外交部长伍廷芳拒绝成为黎总统的总理的话，他将担任总理。……伍廷芳博士仍被希望放弃孙逸仙和他的南方政府，接受黎总统的任命。"

---

① 出版于 1900 年 12 月的美国 *World's Work* 杂志发表的 "His Excellency Wu Ting - fang" 说："中国公使伍先生是华盛顿外交使团里最引人关注的人物。过去六个月所发生的事情使他成为美国最惹人注目的外国人。在来势汹汹的诸多困难中，他表现出了极度的机智和谦恭，并保持了美国人的良好印象。这位声名显著的人物日理万机并显示了很高的才能。"出版于 1912 年 1 月的美国 *World Today* 发表的 "Wu Ting - fang, The Republic of China" 则对伍廷芳充满赞美，说："看来我们的老同学伍廷芳将要成为民国的第一总理了。……伍廷芳在新闻界的影响深远，他的名字就像一张畅通无阻的通行证。"
② 《黎元洪现在是中国总统……任命前驻美公使伍廷芳为总理……孙中山不友好……》，《纽约时报》1922 年 6 月 12 日第 5 版。
③ 《纽约时报》1922 年 6 月 14 日第 4 版。

由于年代久远，《纽约时报》的某些版面与文字已很难辨认，笔者还无法知道该报陈炯明发动兵变之后的报道情况，可以辨认的是该报 20 日的报道称，从 19 日美联社北京记者那里得到消息，"孙中山完全垮台"，"吴佩孚主导一切，可是很大程度上取决于还没有接受总理之职的伍廷芳"。①

6 月 24 日，即伍廷芳病逝的第二天，《纽约时报》第 9 版就报道了来自美国国务院的消息，并以相当大的篇幅，对伍廷芳的阅历与个性特征，特别是他出使美国期间受到普遍欢迎的情况作了具体而生动的介绍。

6 月 26 日，《纽约时报》发表评论《伍廷芳与中国》，说：

> 对那些逐渐喜欢和赞赏伍廷芳博士、认为他是个杰出的、并对我们的文明做出善意的讽刺性评论之人的美国人，伍廷芳在广州的去世被认为是一个巨大的损失。在中国则尤甚。伍廷芳具有崇高的威望。黎总统在被强迫离职五年之后于几周前返回，他希望广州的敌对政府的外交部长伍能在北京担任此职务。如果伍接受，这可能就是北京政府会有的最强的职务。他却喜欢和孙逸仙在一起。
>
> 孙逸仙开始的时候好像进行着注定要失败的努力，他以前失败了，现在却以成功的姿态返回。他仍旧拒绝辞职；他自己知道救中国的方法。可是他正在一艘军舰上漂浮着，显然此刻还不能返回到陆地上来。毫无疑问，他所抱怨的其部下的背叛是正确的；这些部下不得不在他和一个好像可以统一中国的、近年来总是比其他政府有更多好运征兆的政府之间进行选择。如果这是背叛，孙博士应该很好利用它。伍的去世和孙的失败使南方反对派失去了领导者。鉴于伍廷芳在其同胞眼中的地位以及南方政府目前政策的不确定性，对伍廷芳来说，他的适时的离世（如果整个都是自然发生的）可能是他曾经给他的国家带来的最伟大的贡献。他的离去可能为南方顽固派的愿意和解开辟道路，虽然中国会因此失去他如果活着还可以给这个国家做出的贡献。②

显然，作者虽然不忍批评受人尊敬的逝者伍廷芳，但实际上是在批评伍站错了队，不该帮助孙中山的广州政权。

6 月 28 日，《纽约时报》发表美联社广州 6 月 4 日的一个电稿，即记者

---

① 《纽约时报》1922 年 6 月 20 日第 3 版。
② 《纽约时报》1922 年 6 月 26 日第 9 版。

对伍廷芳生前的采访稿。美国记者问道："陈炯明将军同情北方的领导者吴佩孚，因此撤退反对总统孙逸仙而支持吴佩孚，这是真的吗？"伍廷芳回答说："从来没有……陈将军仍旧忠于南方和总统，并会一直如此。他还没有完全切断和政府的联系。他仍在其陆军总长的职位上。"记者又问："是何原因让南方政府向北方进行军事远征呢？"伍廷芳说："我们并不想要战争，我们想要的是和平。我们不想在军队经过之后留下鲜血和恐惧。但是当战斗的最佳时间到来，当战争几乎是一种必需，我们认为这就是时机。我们正继续军事操练，因为我们认为这是为了我们国家的利益。我们为了我们政府的生存而战，这个政府我们认为是正当的政府。只有两件事情可以阻止我们战斗，一个就是北方武装改变其政策来服从我们的政策，另一个就是外国列强承认我们是中国合法建立起来的政府。""我们最希望得到的是各强国的承认。因为这是最大的障碍。只要北京政府仍是中国被承认的政府，它就仍然可以订约贷款、制定条约，易货贸易和变卖国家财产，攻击我们并通过我们无法反击的密谋和宣传来给我们制造麻烦。"

7月2日的《纽约时报》发表《孙说叛乱者必须投降　广州盛赞因心碎而去世的伍廷芳》，其中包含美联社的两个电稿，一个是7月1日发自广州，报道孙中山反击陈炯明的决心，另一个是6月30日发自厦门的。这两个报道的个别字句不够清晰，只能大致辨认和疏通。第二个报道译文大致如下：

> 前中国驻华盛顿公使、南方国民政府的外交总长与中国外交官中的资深人士伍廷芳于6月23日在广州逝世。根据今天从广州收到的消息，他对南方政府的血流成河感到极度心碎，喃喃地说出最后几个字："五年一无所获。"
>
> "我太老，也太累了，我想摆脱这一切。"伍博士在去世前曾向他的几个美国朋友说道。
>
> 在广州沦于陈炯明之手、孙逸仙飞到忠于他的海军部之后，伍博士恳求孙不要轰炸这个城市。可是孙没有理睬他的外交部的建议，首先对商业区进行扫射，并在此过程中损害了两栋美国建筑。
>
> 6月24日的伍廷芳葬礼被广州方面的消息描述成此地有史以来规模最大的，领事团全体参加。在美国领事的带领下，在广州的美国人向其棺柩献了花圈。

"五年一无所获","我太老,也太累了,我想摆脱这一切"。这些话显然最能说明伍廷芳当时的心境与去留态度,至于他的诉说对象——"几个美国朋友"究竟包括哪些人,能否通过他们的生平事迹,追寻更多的旁证资料?为什么这样的重要信息是伍廷芳身边的美国朋友通过厦门的记者转发,而不是由广州的记者直接报道?由于资料有限,笔者目前还无法一一查证,但有一点可以肯定,拙稿第一部分所引美国学者琳达(Linda)称"6月17日,在孙的军舰上召开的会议上,伍恳请孙撤退"之论,并非空穴来风。

倘若综合《纽约时报》报道资讯的严谨风格,参照知情人伍朝枢、后世学者琳达等人的叙述与当时的南方局势,则不难判断,伍廷芳之所以在陈炯明发动兵变四日之后就决定辞去广州军政府的所有职务,既与兵变本身有关,也同广州军政府总统孙中山不听伍廷芳的劝告,只为反击政敌而下令将枪口对准广州城区伤及无辜有关,伍孙之间的合作由此终结。伍廷芳正是带着"五年一无所获"的那份沮丧,心力交瘁,才决意辞职。至于孙中山对伍廷芳身后的再三哀悼,除了基于反击陈炯明的政治需要之外,未尝没有对当时不听伍廷芳劝告的一丝悔意。而身为广州军政府外交次长的伍朝枢在《哀启》一文追述乃父从患病、辞职到猝逝的经过时,除了说年迈积劳和"忧愤成疾"之外,既不提逝世前与孙中山见面与否,也不见对孙中山表示任何崇敬之意,伍廷芳本人的辞职通电也显得完全中立,丝毫不见往昔那种对广东民众拥戴孙中山的热诚,都应理解为事出有因。

至于琳达在她的专著中还提到:"有人猜测说,虽然伍年事已高,但如果在其生命的最后三个月他没有经历这些情绪的压力的话,他可能活得更长。1917年,他怀着为中国未来做些贡献的愿望重回政治生涯,最终却以死亡终局。他支持孙作为领袖统一中国,但他不得不面对孙的计划在当时不可能成功的事实。伍会在当时与孙决裂并重返北京加入由军阀主导的内阁吗?或者,他会继续指望孙和苏维埃的援助来实现国民党统治下的中国统一吗?不幸的是,我们无法回答这些问题,然而能提出这些问题,我们就该感到满意了。"① 其实,伍廷芳的通电辞职就是一种"与孙决裂"的表达方式,至于说如果不是病倒,他能否"重返北京加入由军阀主导的内阁",若从伍廷芳的政治立场与旨趣看,这个问题就不难回答,他不会重新加盟于任何政

---

① 琳达(Linda Pomerantz - Zhang), *Wu Tingfang* (1842 – 1922): *Reform and Modernization in Modern Chinese History*, Hong Kong University Press, 1992, p. 285.

权。因为伍廷芳本是一个政治表现欲和政治参与欲不强的长者，他在晚年之所以愿意出来支持孙中山，是因为在他看来，"吾人欲实现吾人之主义于本省以外，乃不得不有于一领袖制度之下，设定一政府之组织。此政府领袖，须为一忠诚而爱国之人物。孙中山氏适合此选，故吾人乃拥戴之。余于孙中山氏，有一时期亦尝不之信任。当余为驻美国公使时，固尝竭力运动美国外交部力阻其登岸。直至三年以前，余仍保持往日之态度。但自此以后，则绝对信仰其人格之完全，爱国之诚挚。其政治原理，固不免亦有不能适用于中国者，顾其提倡此等原理，则咸秉诸一片之热忱。君试语我，北方各领袖反对与孙君合作者，其理由究为何？孙君为此间领袖，其足以阻吾人觅得他处同志者，又为何种理由乎？"① 既然陈、孙调停失败，陈与孙都成了一意孤行的人，即使伍廷芳能够战胜肺炎，他也不会再涉足政坛，此意其实就在伍的辞职通电与伍子朝枢的长篇《哀启》中已经袒露。

四　结论

综上所述，综合风格严谨的《纽约时报》的多篇报道与当事人伍廷芳的辞职通电，还有知情人伍朝枢、异域研究者琳达等人的叙述，参照当时的南方局势与伍廷芳的个人旨趣，就不难判断，从 6 月 16 日陈炯明发生兵变，到 23 日伍廷芳病逝，在这短短的一周之内，伍廷芳与孙中山的合作关系就已发生变化。伍廷芳病故之前的辞职通电与其说是伍氏"息事宁人"所致，还不如说它本身就是伍孙同盟解除的标志。至于辞职的主要原因，与其说是陈炯明的兵变，还不如说是伍廷芳既失望于调停陈、孙矛盾的失败，也不满于孙中山不听他的劝阻，下令轰射市区，才会觉得"五年一无所获"。凡此种种，至少还不能说"伍廷芳十分钦佩孙中山临危不惧的魄力和视死如归的胆气，坚决赞成他的反击叛军的计划"。至于伍、孙为期八年的合作关系从相互支持到伍氏辞职，给后世研究者留下一定的研究空间，伍廷芳的履历表里却并不存在"皈依"孙中山与革命党人的纪录。在错综复杂的历史场景与冷峻的历史资料面前，那种以孙中山的是非为是非的结论与话语体系乃至思维方式就需要重新审视了。

中国民权政治的拓荒者孙中山固然是值得后人敬重的革命伟人，不为尊

---

① 《申报》1922 年 4 月 24 日。

者讳却是历史学的求真守则之一。在如何对待发动兵变的陈炯明与无辜的普通民众的问题上，孙、伍之间所存在的差异，在很大程度上就体现了职业革命家与留洋攻法的法律人兼外交家之间的身份差异，孙、伍二人对护法之"法"的理解与守护也往往体现了这样的差异。

近代中国军阀界定之比较研究

徐 勇[*]

1917 年督军团事件之后,恣意干政的横暴军人被指为军阀,形成了以军阀概念为中心的批判性的话语体系。相应的分析研究迄今已有近百年历史,各界相关论述积累丰富,分歧意见亦十分巨大,这是一部值得认真梳理的学术史。其中由南方革命党人通过北伐革命而确立的政党革命史观,在军阀话语体系中一直据有主导地位。随着政治与军事诸领域,特别是军政关系研究成果不断增加,开启新视角对军阀现象及其话语体系做新考察,探讨其评判标准以及所涉及的深层次政治文化问题,越来越值得重视。

一 "军阀"形成及其界定概述

现代意义的军阀现象及其表述概念起源于日本,故对于近代中国军阀概念界定及其学术史上诸问题之关注,均需结合日本军阀问题加以考察。日本自由民权运动兴起之后,在藩阀专制主义与政党势力的对立与斗争之中,伴随蔚为大观的"阀"语族而出现了军阀一词。[②] 经过甲午侵华战争及日俄战争所谓两大战役,日本国内政治问题从原有自由民权与藩阀之间的斗争,逐步演变为军部专制主义同政党势力之间的斗争。松下芳男描述了军阀政治与政党政治的对立形态:"通观军阀的发展过程,可以说军阀与政党是要宿命性地共生而相克。"[③] 到 1912 年前后军方利用军制特权倒垮西园寺内阁,军

---

[*] 北京大学历史系教授。

[②] 参见徐勇《近现代军阀现象的政治文化分析——兼考军阀概念输入中国之成因》,《北京大学学报》(哲社版)1999 年第 5 期;徐勇:《近代中国军政关系与"军阀"话语研究》,中华书局,2009;等等。

[③] 〔日〕松下芳男:《明治军制史论》下,有斐阁,昭和 31 年,第 230 页。

人与政党冲突加剧，政党方面终于提出了"军阀"概念以批判军部的专横。

日本"军阀"出现之后，概念界定与相关论述层出不穷。其中资深军制研究专家藤田嗣雄对于军阀概念的定义及其在军制学角度的研究、井上清的日本军国主义体制研究、藤原彰的军事史研究、三宅正树与纐缬厚的日本政军关系研究、安部博纯的军部与法西斯主义关系研究等多方面成果，均值得论者参考。

松下芳男的定义具有代表意义："所谓军阀，乃是指军队中不当地利用军制以及军队惯行的特权，对于国政施加重大压力的集团性的政治化军人。"① 又指出："关于军阀的定义，我认为军阀是军部内的一些政治化军人，并且说了明治军阀的中心人物有山县有朋、桂太郎、寺内正毅、山本权兵卫等一批藩阀人物。"② 伊藤正德在人物个案研究基础上，提出两种解释方法："狭义的解释是指'具有政治野心的军内派阀'，广义的解释是指国家机构内部擅权的军部，而昭和时代常用军阀的概念，主要是指操纵政治的陆军。"③ 归纳言之，日本"军阀"定义的基本说法，军阀是强调在军中利用军制特权非法左右国政、干预政治、谋取私利等要素，而以干政弄权为主要特征。

与日本军阀界定相比较，中国的"军阀"话语有相似的演变过程。晚清新军作为一支新式武装力量，在社会转型过程中介入革命，逐渐成为新兴政治势力，并在推翻帝制过程中做出了重要贡献。新军在军事与社会诸领域推进了现代化，至民初仍然广受各界尊崇。章太炎有名言："革命军起，革命党消"，给予新军以积极评价。其后蔡锷组织护国军反对袁世凯复辟帝制，冯段诸将亦不支持复辟，再有段祺瑞讨伐张勋复辟，当时的舆论及理论界，多有对于革命军人的贡献作用的正面评价。如五四运动之后，孙中山评论说："武人虽横，间亦不乏尚义之士。"④

中国军人介入政治的过程是逐渐加剧的，各界的批判亦随之严厉起来。袁世凯称帝期间，冯国璋、张勋等为对抗南方护国力量，曾召集未独立各省（17省）督军代表举行南京会议。6月6日袁世凯死，9日张勋以"绝对抵制迭次倡乱之一般暴烈分子，参预政权"为号召，⑤ 召集督军在徐州举行会议。

---

① 〔日〕松下芳男：《明治军制史论》下，第220页。
② 〔日〕松下芳男：《明治军制史论》下，第231页。
③ 〔日〕伊藤正德：《军阀兴亡史》1，文艺春秋社，第1页。
④ 孙中山：《八年今日》（1919.10），《孙中山全集》第5卷，第132页。
⑤ 谢振民：《中华民国立法史》，（南京）正中书局，1937，第144页。

时论指出："徐州会议，为北洋军人第一次越轨行动，进步党与北洋派结合，对民党宣战，亦从此开始。"[1] 9 月 21 日，张勋又邀集鲁、奉、吉、黑等十三省区督军代表召开了第二次徐州会议，成立"省区联合会"。翌年 1 月 9 日，张勋、倪嗣冲又借各省派代表赴南京给冯国璋祝寿的机会，召集了第三次徐州会议，集合北方势力以对抗南方。

其时一项国策讨论，即是否对德宣战参加一战问题加剧了时局变化。段祺瑞的主战政策在国会遭受到强烈反对，也获得陈独秀、李大钊等多方面社会支持。段祺瑞为通过宣战案，于 4 月 25 日由陆军部召集各省督军与督军代表会议讲述对德方针。段祺瑞决策采用军人干预方式，突破了既有的限制军人参与政治的差别主义法规。地方军事大员得以出入政府机关，恣意干预国家政务。一如黄乳所论："吾人一年来所受之痛苦，虽原因复杂，而第一炮声，实由于督军团反对国会通过宪法上过激各条所致。"[2]

1917 年"督军团干政"事件，是军人政治及其势力膨胀的转折点。督军势力从徐州等地蔓延到首都，具有更为浓厚的政治化、中央化、公开化倾向。剧烈的政治动荡促成了新的表述语言。1917 年 8 月《太平洋》杂志刊登李大钊文章《辟伪调和》，分析时局时采用了军阀概念。两个月后发表《暴力与政治》，指出国内政局中"一系军阀，固为吾侪所深疾"。[3] 陆续可见还有孙中山、陈独秀等人使用军阀概念。据笔者所考，这是中国人较早的军阀概念运用。这期间在华日系报纸也使用军阀概念分析时局，促进了汉字概念在中国的传播。

中国各界此时期"军阀"概念运用及其思想表述方式，不无日本军阀话语的影响。李大钊指出："'打破白人阀'！'打破白人阀'！这种声音，常从东方吹来。"[4] 创办《孤军》杂志的陈承泽（字慎侯）写出《孤军宣言》："所以我们不可不首先排除政治、经济、文化的进步上的障碍……最重要的，就是一切的'阀'，就是军阀、官阀、绅阀、财阀、教阀、学阀，以及其他一切的'阀'。……这些阀的里头，我们尤应首先排除的，自然是军阀和官阀。"[5] 陈慎侯曾留学日本，他的文章采用了前述日本阀语族表达方式。

---

[1] 吴虬：《北洋派之起源及其崩溃》（1937 年版），章伯锋整理，中华书局，2007，第 20 页。

[2] 黄乳：《欧战之教训与中国之将来》（1918 年 12 月），沈云龙编《近代中国史料丛刊》第 28 辑，文海出版社，第 288 页。

[3] 守常：《暴力与政治》（1917 年 10 月 15 日），《太平洋》第 1 卷第 7 号。

[4] 李大钊：《白人阀》（1919 年 4 月 6 日），《李大钊文集》，人民出版社，1984，第 673 页。

[5] 《孤军》创刊号，1922 年 9 月。

对于军阀的研究型论证，较早有 1918 年陈独秀的时事批评："那毫无知识，毫无功能，专门干预政治破坏国法马贼式的恶丐式的军阀。"① 用语很尖锐。继有谭平山于 1920 年 1 月发表《军阀亡国论》，指出："军人在社会上，握了一种特殊的势力，成了一种特别的阶级，组织了一种特别的系统，这就是叫做'军阀'。"② 文章还指出军阀的活动及罪行特征共有"破坏共和"、"蹂躏国会"等 12 条之多。《孤军》杂志 1923 年发表的打倒军阀专刊，其中一篇文章指出："军阀的要素不外下面两种，就是（一）藐视法律；（二）专谋私利；所以我们对于军阀可以下一个简明的定义，军阀是藐视法律专谋私利的军队。"③

军阀用语在社会逐渐传播，获得了各种运用。在被公认的军阀人物之间，也彼此指责对方为军阀，甚至也提出了类似于界定的说法，被视为大军阀的张作霖 1922 年在讨伐直系的电报中说："军阀弄权，据土地、人民为私有。"④ 其表述与现今常见的定义要素颇为相似。

在南北日益对立至北伐前夕，军阀概念的运用日渐频繁。北京大学政治学教师高一涵、国民党元老吴敬恒（稚晖）等人曾就何谓军阀一题进行了专门辩驳，其间有王恒的文章指出："'军阀'这个名词，把他当作一个人看待，是不对的，我以为应当把他当作一个制度看待，或者至少也应当把他当作一个'准制度'看待。……'准制度'的特制是什么，就是每一个'军阀'都备有左列之相同要素：（一）据有一定之防地；（二）自由练兵敛财，及处分一切民政；（三）个人地位，均以实力为保证，不经人民票举也不经中央任命，（任命也是假的）所以每一个军阀的势力范围，即是一个小侯国。"⑤ 王恒将"军阀"提到制度层面进行分析，所述三个标准与现今"军阀"判断标准相通，颇具特色。

进入南京国民政府时期，学界的界定工作继续发展。30 年代雷海宗从文官与武官关系角度，分析中国数千年政治文化传统，将古代、中世纪历史纳入军阀话语体系的叙述范围。按雷海宗分析，无论古今如果中央与地方的军

① 只眼：《欧战后东洋民族之觉悟及要求》（1918 年 12 月 29 日），见《陈独秀著作选》第一卷，上海人民出版社，1984，第 431 页。
② 鸣谦：《军阀亡国论》（1920 年 1 月 12 日），《北京大学学生周刊》第六号
③ 寿康：《什么是军阀，怎样倒军阀》，《孤军》第 1 卷第 4～5 期，1923 年 1 月。
④ 张梓生：《壬戌政变记》，沈云龙主编《近代中国史料丛刊》第 68 辑，文海出版社，第 29 页。
⑤ 王恒：《军阀是个什么东西》，《京报》1926 年 2 月 20 日。

政关系失去平衡，就会产生军阀式的私兵现象："中央的军队衰弱，甚至消灭；有力的都是各地军阀的私军。这些军阀往往有法律的地位，如东汉末的州牧都是朝廷的命官，但实际却是独立的军阀。唐代的藩镇也是如此。此时地方的文官仍然存在，但都成为各地军阀的傀儡。正如盛世的文官都为大军阀（皇帝）的工具一样。名义上文官或仍与武官并列，甚或高于武官；但实情则另为一事。例如民国初年各省有省长有督军，名义上省长高于督军；但省长的傀儡地位在当时是公开的秘密。并且省长常由督军兼任，更见得省长的不值钱了。"①

以上显示，随着民国六年督军团干政事件"军阀"概念出现，其话语体系不断发展演变，不仅当时的军人横暴现象受到批判，古代中世纪的军人政治现象，也被纳入军阀话语的叙事框架之中。滋生中国军阀现象的复杂条件，决定了中国军阀界定的多元要素的出现与运用。随着时间增长与考察角度的变化，界定要素也有相应的增长与变化，迄今累计可达十数条之多。其中较为稳定的一些判断要素，有"拥有私兵"、"割据地盘"、"武治"、"封建性"、"干政"等，还有对抗中央、勾结帝国主义、厉行剥削残害民众等几种说法，有专家从文化水平角度，指出军阀不是"粗鄙武夫"，或指出军阀有思想并具有"中体西用"特征；还有学者提出了"采用西方军制"等新的定性标准；有的主张使用军事实力派等中性概念代替"军阀"等等。②

中国军阀同日本军阀的判断标准相比较，拥有"私兵"割据地盘是中国军阀主要表象，既适用于北京政府时期地域割据状况，也适用于南京政府党军体制下的党内派系与党外征战现象。对比日本方面，自明治维新后施行中央集权，通过1876年西南战争消除了地方反叛势力，故日本不存在"割据地方"问题，日本军阀主要是在中枢专权。再是，中国遭受列强侵略控制，于是在中国有"勾结"帝国主义等批评以及"采用西方军制"等说法，但日本保持了国家独立，判断军阀可以不用这样的标准。关于"军人干政"一

---

① 温儒敏等编《时代之波——战国策派文化论著辑要》，中国广播电视出版社，1995；《无兵的文化》，原载清华《社会科学》1卷4期，1936年7月，第115～116页。

② 当代学界有关军阀定义的论著成果甚丰，可参考李新、陈旭麓、章伯锋、孙思白、谢本书等多位学者的论述。来新夏等新著定义："我们对近代军阀的定义和界说拟作如下的表述：以北洋军阀为代表的近代军阀是以一定军事力量为支柱，以一定地域为依托，在'中体西用'思想指导下，以封建关系为纽带，以帝国主义为奥援，参与各项政治、军事及社会活动，罔顾公义，而以只图私利为行使权力之目的之个人和集团"。（《北洋军阀史》上册，南开大学出版社，2000，第17～18页）

条，是为日本学界判断军阀之主要标准，但在中国学者笔下只是诸判断标准之一。综合判断要素的数量，中国军阀的判断标准，远较日本的判断要素为多，显然是中国社会政治诸多复杂因素所决定的。

基于中国军阀概念属性及其界定的难度，其运用状况与价值评估也差异极大。在 50 年代，日本的松下芳男提出："军阀一语不是学术的用语。"① 中国学者来新夏在新著中指出："'军阀'这一称谓从其产生和使用情况看，只是用作贬义的政治性通俗名称，而非严格意义上的政治学概念，因此，要对它作科学的界定，殊属不易。"② 还有学者建议用督军等专用名词而不用军阀概念等等。尽管如此，军阀概念普及使用的速度与广度，非其他的舶来词可比，军阀二字终归是客观存在而且极为普及常见的汉字概念，对其进行综合的考察研究，极为必要。

二 北伐革命史观主导地位与新视角的开启

作为批评用语，军阀话语及其主导观念迄今仍然是包括国、共两党以及其他社会力量加以推动，并在北伐战争动员过程中所共同确立的解释体系，即所谓北伐革命史观。这首先需要考察孙中山等人的论述。

孙中山在相当长的革命活动生涯中，曾认同限制军人政治权力的差别主义，至南方护法运动时期，转向强调军人应该参与革命。1921 年的《在桂林对滇赣粤军的演说》，是该方面代表性文献之一。他提出："惟现今之为军人，与前不同，须具有特别之精神，造成革命军人，方能出国家于危险。"所谓"革命军人"，即革命化、政治化之军人。这一军人参政理论其后通过《中国国民党第一次全国代表大会宣言》（1924.1.23）、《在陆军军官学校开学典礼的演说》（1924.6.16）等文献作了进一步阐述。

孙中山的"革命军人"思想由国民党人继承发展。蒋介石 1926 年发布的《蒋总司令就职宣言》和《中国国民党为国民革命军出师北伐宣言》、1927 年的《蒋总司令告全体民众书》等文件，均由此确定宣传基调。其中《国民革命军总司令告全体将士书》强调："革命军人与军阀之差别，一则决心与帝国主义搏战，一则甘为帝国主义者之工具，然其所以致此差别者，尤

---

① 〔日〕松下芳男：《明治军制史论》下，第 220 页。
② 来新夏等：《北洋军阀史》上册，第 40 页。

别有在革命军人不以军队为私有，惟持主义以奋斗，军阀则视军队为私产、防区为地盘，举民政财政一手把持而囊括之，且不恤倒行逆施，依附帝国以求生存也。……国民革命军应受党之指导及监督，成为党之军队，而竭力避免军阀之行径。"① 文中提上的依附帝国主义、军队私有、割据地盘等说法，亦是现今论者认同的有关"军阀"界定的主要标准。

1928 年第二次北伐实现南北统一，革命党人的政治宣传与军政关系研究的学术研究相结合，出现了"标准化"的军阀界定新阶段。曾担任黄埔教导团首任团长的何应钦撰文《什么叫做党军?》，强调党军和军阀的区分不在于"纪律好"和"勇敢"等所有军队都必须保持的特点，而另有四大特点："一、党军是要使官兵有智识的；不是像军阀实行愚兵政策的。……二、党军的精神是刻苦牺牲；不是像军阀以升官发财像号召的。三、党军绝无地盘观念；不是像军阀以占得好地盘收括民财为目的的。四、党军是党的军队，不是像军阀视军队为私产的。"对于第四点又强调："党军是党的军队；不是任何私人的军队。"② 从理论上说，革命党人所强调的"革命军人"参与政治的说法，与"军人不干政"的差别主义不同，但其中所强调的军事任务服从于党的政治指挥的基本原则，又同文官制军的精神相通。

但"革命军人"与"军阀"等概念的提出，并非停留在理论层面而是被广泛运用于国民党内派系斗争之中。胡汉民等批判蒋介石为"新军阀"，又批评北伐："所以五年以来的一切，只是军阀的行动，而不是党的行动，更不是主义的行动。"③ 胡汉民的党权与军权的组合概念，迄今仍由学界沿用作为划分国民党派系的基本框架。

30 年代《中央日报》发表胡梦华的连载文章，对军阀问题上的国民党北伐革命史观作了总结。该文强调："所以初因帝国主义的刺激而练新军，终乃因练新军造成军阀；而一部中国新军史便成了一部中国军阀史。"④ 40 年代初，蒋介石指示陈布雷约请张其昀撰写《中国军事史略》，张其昀在书中写道："淮军与北洋军皆当日所谓新军，然所谓新者，徒有其表，即在物资方

---

① 《国民革命军总司令告全体将士书》，《中央陆军军官学校史稿》第 5 篇第 4 章，台北，龙文出版股份有限公司，1990，第 6～209 页。

② 何应钦：《什么叫做党军?》，二海妇女慰劳前敌兵士会纪念特刊《党军》(1928)。

③ 胡汉民：《党权与军权之消长及今后之补救》，《胡汉民自传续篇》附录，中国社会科学院近代史研究所近代史资料编辑组编《近代史资料》总第 52 号，中国社会科学出版社，1983，第 65 页。

④ 胡梦华：《中国军阀之史的叙述》，《中央日报》民国 20 年 12 月 2、4、8、9 日《大道副刊》。

面模仿西洋，至于兵制中心之兵役问题，则一仍旧贯；以言统帅之道德识见，李不如曾，袁不如李，军队精神反有江河日下之势。……所谓北洋军阀，淮军余孽。"① 建构了一部全面的批判语系。

在中共方面，建党伊始即以军阀概念为时局分析、革命任务规定诸方面的关键词。1922 年 6 月 15 日《中国共产党对于时局的主张》、同年 7 月《中国共产党第二次全国大会宣言》，规定国内革命对象为"军阀"，外来敌对势力为"帝国主义"。"军阀"在中共文献中有时也作中性术语，如"二大"宣言区分各军阀的性质：吴佩孚"是一个较进步的军阀"，张作霖和曹锟则属于"其他顽固的军阀官僚"。② 北伐期间两党分裂，中共批评国民党为"新军阀"。其后中共通过"八一"建军走上武装革命道路，继续使用并发展了军阀话语体系。在党内军内以"反对军阀主义"口号，批评中高层违背党指挥枪原则以及"山头"派系现象。在军内中层与基层单位，则以"军阀作风"批评上级军官对于下级军官和士兵的打骂等不良倾向。该时期代表性文献有毛泽东《井冈山的斗争》（1928.11.25）、《中国共产党红军第四军第九次代表大会决议案》（1929.12），③ 周恩来《中共中央给红军第四军前委的指示信》（1929.9.28）等。④

国共两党的分途与对立，带来了两党在理论与宣传层面的区隔及差异，但两党建立统一战线反对北方"军阀"政治，都接受过苏共及共产国际的影响，坚持了反帝反军阀的理论旗帜与宣传口号。两党在北伐问题上的相同理念，构成为军阀话语中的两党相通的北伐革命史观，并持续发挥着支配作用。

北伐革命史观在冯玉祥问题上有清晰的反映。曾任冯玉祥机要秘书的王倬如回忆，1936 年南京政府审定的中学教科书有关"军阀混战"一章，将当时的冯玉祥列入军阀行列，冯玉祥十分不满，他说"据我的理解，所谓军阀是指封建军阀，它是封建制度的产物或是封建残余势力。我一贯反对封建制度这是有史可鉴的"。冯玉祥要求修改这一写法，教育部部长"王士杰常用'正在研究中'来支吾搪塞，始终未见到他对历史教科书有什么'纠正'"。⑤

---

① 张其昀：《中国军事史略》，正中书局，1946，第 45 页。

② 《中国共产党第二次全国大会宣言》〔1922 年 5（7）月〕，中央档案馆编《中共中央文件选集》第一册，中共中央党校出版社，1989，第 110 页。

③ 见《毛泽东军事文选》第 1 卷，军事科学出版社、中央文献出版社，1993。

④ 《周恩来选集》上卷，人民出版社，1980。

⑤ 原文王士杰应为王世杰，见王倬如《冯玉祥将军谈军阀问题》，《文史资料选辑》总第 109 辑，1987，中国文史出版社，第 198～199 页。

在中国共产党执政时期，冯玉祥的名誉有很大提高，1982 年举行了纪念冯玉祥诞辰 100 周年大会，乌兰夫代表中央政府讲话，指出冯玉祥"从军阀阵营中决裂出来……成为孙中山先生的革命信徒"。① 仍确认冯曾经是军阀。前后两个政党及其领导下的政府，对冯玉祥历史身份都坚持了大体相同的评判尺度，表述用语亦极为相似。

由政党方面确立的北伐革命史观，在 20 世纪 70～80 年代之后受到挑战，军阀界定工作出现很大变化。不少论者对于军阀概念的随意性提出了质疑，许多历来受到批判的军阀人物有了新的评价，特别是对一直活动于国家中枢的袁世凯、段祺瑞等人是否军阀问题也有了不同意见。被视为"军阀"的人物形形色色，多元化研究促成军阀形象进一步发生改变。谢里登指出："军阀在数量上有上百个。还没有人研究出一种完整的军阀类型学。"②

李国祁主编的《中国近代现代史论集》"总序"概括了军阀的构成要件，与传统观点不同，其定义没有勾结帝国主义的说法，李国祁还指出："唯袁世凯本身因非粗鄙武夫，按此标准，似难视之为军阀。"或指出"故袁世凯本人虽难称之为军阀，但确为军阀乱政的始作俑者！"③ 罗兹曼从现代化角度提出相同的判断："袁世凯是从地方主义转变为军阀主义的关键人物。他集中体现了以前曾盛行的政治霸权的崩溃瓦解。"④ 谢里登等认为军阀时代是袁世凯死后才开始的。杨格（Ernest P. Young）指出袁与军阀的关系，"虽多来自清末新军，但袁练军无意制造军阀势力，当政时期更阻止军阀滋长，但归失败"。⑤ 麦金农提出袁训练新军不具有私人军队的特征。陈志让认为袁世凯与蒋介石皆为中央政权的合法统治者，致力强化中央权力与地方割据势力相抗，不应该被视为军阀。⑥

---

① 王倬如：《冯玉祥将军谈军阀问题》，《文史资料选辑》总第 109 辑，第 200 页。

② J. E. Sherridan, *China in Disintegration: The Republican Era in Chinese History*, 1912 - 1949, The Free Press, New York, 1975, p. 59.

③ 李国祁：《导言——中国近代现代历史的演进》，《中国近代现代史论集》第 1 编，台北，商务印书馆，1986，第 69 页。

④ 〔美〕吉尔伯特·罗兹曼主编《中国的现代化》，上海人民出版社，1989，第 90 页。

⑤ 转见张玉法《民初军系史研究（1916～1928）》，台北中研院近代史研究所《六十年来的中国近代史研究》下册，1989，第 886 页。

⑥ 参见 Stephen R. Mackinnon, 'The Peiyang Army, Yuan Shih k'ai, & the Origins of Modern Chinese Warlordism," *Journal of Asian Studies* 32: 3 May 1973。陈志让评价蒋介石领导中国对日抗战，其功业在近代政治史上无人能及，视之为军阀并不恰当（《中国军阀派系诠释》，收于《中国现代史论集》第 5 辑，第 25 页）。

还有著作从军政关系进行分析，肯定了袁世凯政治地位的中央性质与文官性质。鲍威尔指出："袁世凯与徐世昌原来就是文官，受过很好的古典教育。"[①] 袁氏的军队并非由地区或省供应，相反，它的维持是靠户部的，因而就没有财政上仰给于人的危险，同时也就具有了国家军队的性质。鲍威尔又指出："1897 年 7 月，袁被擢升为直隶省按察使：这一事实说明，袁的威信并不因有人告发而降低。按他所起的作用，在西方他一定会被任命为陆军少将。但在中国，由于文官所享的威信和官僚组织的缺乏专业分工，从文职官阶中升上去，对他可能更有利，尽管他的职责都是属于军事的。"[②]

亨廷顿指出："中国的袁世凯显然未能对日本 1915 年的"二十一条"作出强有力的反应。这步失棋使他在中产阶级民族主义集团当中完全处于孤立地位，丧失了制衡军阀割据势力的必要权威。"[③] 亨廷顿显然没有将袁世凯视为军阀，他从军政关系角度分析社会政治的方法值得借鉴。

如果说对袁世凯是否军阀的判断还算清晰，那么对于段祺瑞是否军阀问题，则有更为对立的见解。肯定者如谢里登起初认为："冯国璋和段祺瑞是袁世凯去世后的最初几年中出现的两位（最）显著的军阀。"[④] 但后来有所修正，强调要慎重对待段祺瑞的军阀身份："严格讲，段祺瑞并非军阀，因为 1916 年以前他就放弃了对军队的直接控制并受到北京政府高层的欢迎。然而，尽管许许多多的军队指挥官期望他能成为一位教师和领导人，他还是成为一个主要派系的公认的头子。"[⑤] 认为段祺瑞至少是中国现代军阀的始作俑者，此点同对于袁世凯的评价大体相同。

有的从军政关系角度揭示了段的思想与政治立场，陈志让确认了段祺瑞不主张军人干政的事实："段祺瑞的看法是：'南北分裂使地方军人可以投机取巧，宣布独立，左右国政'，这种情形不能长期容忍下去。于是他反对督军干政，尤其是南方的督军干政。……安福俱乐部不尽是段祺瑞或徐树铮的

---

① 〔美〕拉尔夫·尔·鲍威尔：《1895～1912 中国军事力量的兴起》，中国社会科学出版社，1979，第 71 页。

② 〔美〕拉尔夫·尔·鲍威尔：《1895～1912 中国军事力量的兴起》，1979，第 69 页。

③ 〔美〕塞缪尔·P. 亨廷顿：《变化社会中的政治秩序》（1968），王冠华等译，生活·读书·新知三联书店，1988，第 246～247 页。

④ J. E. Sherridan, *China in Disintegration: The Republican Era in Chinese History*, 1912 - 1949, p. 59.

⑤ 詹姆斯·谢里登："第六章 军阀时代：北京政府的政治与军人专制（1916～1928）"，见费正清主编，章建刚等译《剑桥中华民国史》第 1 部，上海人民出版社，1991，第 300 页注。

人，但是这两位皖系领袖可以左右他们，由他们占多数而操纵一九一八年新选出的国会。这样，皖系在总统和副总统的遴选，内阁人员的任免方面，势力远超过其它的派系。所以皖系可以主张不让军人干政。"①

段祺瑞作为北洋新军的缔造者之一，进入民国后并未直接掌兵，按时任国务院秘书长的张国淦回忆，段决策时："段祺瑞得复辟消息，愤怒不可遏，但苦于无直辖军队。其左右献计，经往南京与冯国璋商量合作，讨伐张勋。"张国淦还记述了张勋对于段的力量估计："张勋以段不握政权，又无直辖军队，颇轻视之。"② 置身于段系的对立阵营、时任总统府秘书长的张一麐也指出，至讨伐张勋之时，"可见段氏并无直接统属之军队在其掌握也"。③ 齐锡生的论述是："直到 1917 年末，段还没有个人的军事机构。"④ 显然，私兵有无应该是判断是否军阀的主要标志之一，无私兵的段的军阀身份需要认真分析。

涉及段祺瑞有无私兵问题，其焦点又在于参战军的评价。参战军始练于1918 年，直皖战后解体，存在不过一两年时间。当时即有多数批评参战军由段掌控，属派系性军队。陈独秀批判说："用换汤不换药的法子，由内阁一变而为参战处，再变而为国防军，大权独揽，雄视北方，中央政权，隐为操纵。"⑤ 由参战军而有"皖系"之名。文公直在 30 年代初总结说："段祺瑞因是益遭北洋将校之忌，而'皖系'之名称，于是乎始。盖段为皖人，附段者乃被呼为皖系。"⑥ 此点也强调参战军的编练具有个人派系色彩，加剧了北洋派系之争。不过，参战军是在对德参战的形势下，由中央决策组建，名义上属于国家的中央化军队。1919 年徐树铮率边防军一个混成旅入蒙，利用科布多都护使陈毅原有的对蒙交涉基础，迫使蒙古王公取消独立，徐树铮与参战军这一行动获得孙中山等的极高评价。

对于段的总体评述，在第二次直奉战争后有记者政之写道："今日大局

① 见〔加〕陈志让《军绅政权——近代中国的军阀时期》，生活·读书·新知三联书店，1980，第 37 页。
② 张国淦：《北洋述闻》（民国史料笔记丛刊），上海书店出版社，1998，第 106～107 页。
③ 张一麐：《直皖秘史》（1920），中华书局，2007，第 116 页。
④ 〔美〕齐锡生：《中国的军阀政治》（1976），中国人民大学出版社，1991，第 197 页。
⑤ 陈独秀：《我的国内和平意见·国防军问题》（1919 年 2 月 16 日），《陈独秀著作选》第 1卷，上海人民出版社，1984，第 467 页。
⑥ 文公直：《最近卅年中国军事史》第 2 编军史，第 11～12 页。收于《民国丛书》，上海书店。

虽甚复杂，然合段、孙、张、冯之力，尽有收拾之望。且合肥未有私兵，中山亦久苦混战……"① 现今学者对于段祺瑞的势力基础及其影响力的分析较多，其中美国学者内森指出："尽管任陆军总长，段在直接掌管军队或控制行政区域时，却没有形成军阀式的政治基地。他的影响是基于他的资历、威望和政治手腕，尤其是由于他有一大批个人追随者。"②

综合段祺瑞出身、职权及手中是否有私兵等有关军阀评判要素考察，段祺瑞出身军人但长期未掌私兵，一直是在国家中枢施政而非通常意义的割据一方。在民初的政治转型的三个关键时刻，段均坚守共和而反对帝制，此点也是段祺瑞最重要的道义资源。梁启超对其评价："其个人短固所不免，然不顾一身利害，为国家勇于负责，举国中恐无人与比。"③ 近年学界对于段祺瑞的不贪财等个人品质也有正面的描述。

段祺瑞是否军阀的讨论，再度涉及军阀界定的标准问题。派伊从军政关系角度考察得出一段论述，值得参考。他说："把 1920 年代中国政治的领导人称为'军阀'，或者把这十年定义为军阀时期，是为了表达对于中国的发展在某种程度上的批判。从许多方面来说，要是避开这个词而改用督军政治或督军，我们的分析将会更客观。但是，使用中文词会显得有些做作，而 Warlord 毕竟是常用的英文词。因此，我们将使用'军阀'这个词，希望读者不会被它的贬义所阻碍。"④ 派伊既提出了是否继续使用军阀概念的疑问，除了对于军事人物的品行业绩等方面加以关注，尚须注意社会军政关系角度以分析认识军阀概念的内涵语境。在厘清史实的基础上把握好学理分析，方能奠定基础建立所谓"一种完整的军阀类型学"。一些研究论述将团长或旅长以上的军人统统称之为"军阀"，不只是对于这些军人的不公正，也是对于军阀所特有批判性的扩大化与随意化。

军阀研究中的军政关系研究虽具有重要意义，迄今仍有被忽略的倾向。在"军阀时代"，曾有高一涵、燕树棠、王世杰等多位学者做过重要论述，然其后较长时间少有论者。现今值得重视的有张朋园结合地区现代化个案，

---

① 政之：《时局之症结与之前途》，《国闻周报》第 2 卷第 1 期，1925 年 1 月 4 日。

② 安德鲁·J. 内森："第五章 立宪共和·北京政府"，见费正清主编，章建刚等译《剑桥中华民国史》第 1 部，第 287 页。

③ 张朋园：《梁启超与民国政治》，台北，汉生出版社，1992，第 92 页。

④ Lucian W. Pye, *Warlord Politics : Conflict and Coalition in the Modernization of Republican China*, New York, Praeger Publishers, 1971, p. 11.

指出传统政治文化特征是以文制武达成政治的平衡，但这种平衡关系在民国时期被打破，军事势力派崛起因而产生军阀："中国的传统，军人例受文人政府节制，完全符合现代化的要求。民国中央权力涣散，军人有如脱缰之马，所以成了军阀时代。"① 他指出西方的军事现代化标准之一是专业化（professionalization），而专业化至少有两方面的表现，"军队（或军事）的现代化，盖即专业化（professionalization）。所谓专业化，其要求有两方面：第一、训练及装备日益改进，合于时代的需要；第二、军队国家化，不轻于干政。"②

刘凤翰从民国军政关系角度，指出在特定条件下，从军中产生国家领袖或政治家属于正常情况："新军发动辛亥革命，对后来最大影响是军人政治。当时优秀人才，大量进入军中，从军中产生国家领袖，本无可厚非。但地方军人，掌有政权，自己开发财源，征兵扩军，充实战力，形成大吃小，强凌弱，苏秦、张仪之辈，合纵连横，信使往还，代表游说，电报攻讦，造成民国初年军系混战的局面，诚属国家最大的不幸。"③

在 1980 年代之后美国等西方学者的研究成果中，麦科德指出军人参政在一定条件下具有合理性："由民国初期政治合法性危机所造成的政治军事化，产生了对于军阀政治的兴起来说必不可少的（社会）环境。在这种情况下，军人抗议他们被政客利用，带有一定合理性。军人被推上政治舞台，的确不是为了建立军人的政权，而是为了解决文官政治表面上不可调和的冲突，使用武力的决定同时来自文官政客和军人自身。"④ 同时指出民初地方政权的具有文人性质，而非通常所说是军人集团，从而对军阀起源于晚清地方官员势力的观点进行反驳："对这些个案中的各省的观察表明，与其说是文官政治和文人统治的真空，倒不如说是一个有活力的新文官政体。"⑤ 麦科德的分析方法重视文人政治与军人政权的关系变化，有别于传统的革命史观，给人以

① 张朋园：《清末民初湖南的军事变革》，（台北）《近代史研究所集刊》第 11 期，第 107 页。

② 张朋园：《清末民初湖南的军事变革》，（台北）《近代史研究所集刊》第 11 期，第 101 页。

③ 刘凤翰：《新军与辛亥革命》，见《中国近代现代史论集》第 17 编《辛亥革命》（上），台北，台湾商务印书馆，1989，第 651 页。

④ Edward A. McCord, *The Power of the Gun: The Emergence of Modern Chinese Warlordism*, Berkeley: University of California Press, 1993, pp. 310 – 311.

⑤ Edward A. McCord, *The Power of the Gun: The Emergence of Modern Chinese Warlordism*, pp. 82 – 83.

新的启示。

从晚清改革到民国初建，中国曾依据自身传统并借鉴现代西方军制，整合军政关系，制订了约束军人参政权力的差别主义法制规则。但社会政治革命、抗御外侮等社会因素，不同程度提供了兵权参政的合理性，遂使军事力量一度成长为民国政局的控制势力。袁世凯死后，各系军事实力派轮番控制国家政权，军政关系严重失衡。同时南方政党力量也在迅速发展，革命党人通过黄埔建军创立党军体制，凭借"打倒军阀"口号获得极大动员效益，击败了北方军人集团。以国共两党的先后执政为标志，"军阀政治"在战争中崩溃，政党政治得以确立。革命党人北伐之际，初发兵十万，两年内消灭吴佩孚、孙传芳两大北方势力集团，完成国家的行政统一，由此社会战争场景所决定，革命党人利用军阀概念所作宣传动员，自有其必然的逻辑力量。

军阀现象出现之后，学术政治各界论者云集，诸说杂陈，绵延数十年。而今诸多新视角与新方法的开启，亦为研究发展之必然趋势。个中最大场景，无疑需要聚焦于"北伐革命史观"的考察，厘清其中的宣传造势成分，确认史实再现军政关系演变轨迹，仍为首要任务。换言之，军政关系考察，应该是军阀研究中的题中之义，更是当前的研究急务。

三 军阀界定的"勾结帝国主义"与"文化水平"标准

在诸多军阀评判要素之中，勾结帝国主义与没有文化，是较为重要且值得商榷的两个判断条件。勾结帝国主义一说，源出国、共两党因应政局、讨伐北方政权而共同提出的批判之语。这种说法，北伐战后曾获广泛认同，而今学界虽有相当论者不再使用这一说法，但在海内外学界，对此条标准的讨论仍在继续之中，未有定论。

美国学者谢里登（JamesE. Sheridan）通过对冯玉祥的研究，指出军阀的共同特点是：（1）握有政治上的统治权势，控制一定的地域范围；（2）武力是进行统治、巩固地位的最重要手段；（3）掌握的武力是私家的军队；（4）这种军队既无忠于"君主""恩主"的思想，也不为国家效力；（5）谋取私家之利，维护一帮地位，是其最大职责。① 他在撰写费正清主编的《剑桥中华民国史》第六章时再度归纳："最简单地说，'军阀'就是那种指挥着一支私人军

---

① 转见来新夏《北洋军阀史》上册，南开大学出版社，2000，第12页。

队，控制着或企图控制一定地盘，并且多少是独立行动的人。在中文中，'军阀'是一个带有贬义的词，令人想起一个自私的、丝毫没有社会意识或国民精神的司令官。"① 谢里登的军阀定义，没有使用中国学界常见的勾结帝国主义的词句。

前述李国祁的军阀论述，在摘掉了袁世凯的军阀帽子之同时，也没有使用勾结帝国主义之类说法。张玉法则指出："军阀的定义有三：（一）凡以军队为私有，以军队达到个人目的，罔顾法律秩序，或不效忠国家者，为军阀。（二）军阀并非完全独立于中央政府之外，有时控制中央政府，没有控制中央政府的军阀，与中央政府的关系若即若离，有好处就即（如发饷、给官），有害处即离（如派去打仗、调动不好的职位），但有中央政府所赋予的军职或官位。（三）有固定的地盘，或游动的地盘，以获得资源，供养其军队。在此定义下，1916 年至 1928 年间，许多团长以上的统兵军官，或恃军队为后盾的许多中央或地方大吏，都是军阀。"② 张玉法将团长以上多划入军阀范围，坚持了北伐时期的反北洋立场，但没有提到帝国主义的评判要素，也是一种新提法。

既有研究中涉及军阀人物与帝国主义关系的一些定论，或有误解之处。如陈志让的一段论述："从历年军阀发表的关于外交的通电看来，'帝国主义'那一个名词从来没有提过，更不用说反对帝国主义，或者把中国之分裂衰弱归之于帝国主义身上。一九二五年冯玉祥在天台山休息的时候，汪精卫和吴稚晖去看他，谈起打倒帝国主义。冯玉祥不懂，他问：'人家欺凌吾国，我们反抗它，这是应该的。但是何必还要进而替人家打倒皇帝呢?'这已经是五四运动以后六年的事。"③ 文献史实证明，冯玉祥说的是自己当时文化水平低，并非不愿意说帝国主义一词，冯这段话被掐去头尾完全曲解了。

陈志让又为证明军阀勾结帝国主义而曾作出心理分析："我们必须分析军阀的心理状态，而且只有当我们对其心理有深入的了解，才能给予其适当的定义。"其矛盾之处在于："如果这些军人是真正的儒家之士，他们就应该

---

① 詹姆斯·谢里登："第六章 军阀时代：北京政府的政治与军人专制（1916～1928）"，见费正清主编《剑桥中华民国史》第 1 部，章建刚等译，第 299 页。

② 张玉法：《军阀政治论（1916～1928）》，《中国现代政治史论》，台北，东华书局，1988，第 144 页。

③ 冯玉祥：《我的生活》第 3 册，第 41 页。转见〔加〕陈志让《军绅政权——近代中国的军阀时期》，第 104 页。

忠于清室而阻止 1912 年民国政府的建立；如果他们是真正的民族主义者，他们就应该忠于国家的利益，团结起来以卫中国。因而在上述任一情况下，他们都不可能是军阀，但是他们既不是儒将亦非国军将领，而他们之成为军阀，就是因为他们非儒家之士，也非民族主义者，他们那种自私自利不顾他人的心理往往胜过他们对国家或王室的忠心，这是现代中国的军阀在历史上的特质，而此特质也完全符合了 1935 年前在中国 1300 多位军阀中，没有任何一个人是为了保全中国而战的这项事实。"① 显然，按这种"如果"式逻辑推演，其 1300 多位军阀"没有任何一个人是为了保全中国而战"，以及"自私自利不顾他人的心理"等结论过于绝对化，显然脱离了史实。

在大陆学界，对于勾结帝国主义标准也有质疑。来新夏新著强调了该问题具有"难于说清两者关系的全貌"的复杂性，② 明确指出其中的简单化倾向："过去对这一问题的研究，多从北洋军阀与帝国主义相互勾结、狼狈为奸的角度立论，而且具有明显的程式化倾向，……这种有失简单化的方法和片面性的结论逐渐得到扭转。"③ 又具体分析军火贸易问题，指出："往往有些买卖军火只是一种交易，不涉及主权问题。"④ 总之，学界已经就军阀与帝国主义关系问题提出了新的事实描述，对一些军阀代表性人物如张作霖、段祺瑞、吴佩孚等人的相关研究不断出现，他们反对帝国主义侵略的史实也得到认同。

以上论述所表现的研究视角和判断标准的改变，特别是台湾学界对于"勾结帝国主义"的判断要素的修订，改变了胡梦华、张其昀等遵奉权力中枢指示而作的权威式结论，在不同程度上促进了学术界对于北伐党人所确立的理论宣传要点的扬弃。换言之，对于北伐革命史观与国民党史观框架的更新，意味着军阀界定工作正在不断深入。

军阀评判中的又一条标准是有无文化问题。军阀通常被描述为无文化、无思想的赳赳武夫。一批新出现的论述，如来新夏、张朋园、冯兆基等，则指出军阀仍然是具有理论见识，有思想作为行动指导的人物。张朋园批评

① 陈志让：《中国军阀派系诠释》（1968），陈家秀译，张玉法主编《中国现代史论集》第五辑：《军阀政治》，台北，联经出版事业公司，1980，第 10、24 页。
② 来新夏：《北洋军阀史》上册，第 43 页。
③ 来新夏：《北洋军阀史》上册，第 42 页。
④ 来新夏：《在中国近代军事史学术讨论会上的发言》，《中国近代军事史论文集》，军事科学出版社，1987，第 30 页。

说："北洋历史，在中文的著作中，除了陶菊隐的北洋军阀统治时期史话，更进一步学术性的研究还不多见。坊间有一二类似陶氏史话的史话，几属展转抄袭陶著，不脱杀杀打打的范围，没有说出一个道理来，作为茶余饭后的消遣则可，作为学术著作则不可。何以北洋历史停留在史话的阶段？这与五十年来一个一脉相承的观念有密切的关系：大家认为北洋人物都是老粗，一提起北洋人物，难免想到那一口山东腔的张大帅，这是十分错误的，也是历史学家没有尽到责任的结果。"①

在强调军阀无文化的观点中，具有代表性的是陈志让的论断："让我们就军阀的家庭及教育背景作一考察，在 1912 至 1928 年曾任团长及其以上的军官 1300 人中，就其生平可考论，其中 117 人（包括一些非军阀者）曾留学日本，29 人毕业于天津武备学堂，61 人毕业于保定军校，22 人得有旧功名，以上总共 229 人，此外，还有一些人是来自各省武备学堂的，大概总人数是 370 到 400 人之间，换言之，受过教育的军阀不过占全部的百分之三十，而其余的大部分是文盲或半文盲。……由于他们普遍地缺乏教育，使得他们不得不依赖其参谋，如黎元洪靠饶汉祥、吴佩孚靠张其锽，虽然我们无法考证其参谋群的所有成员，但是从这些军阀的公开声明或言论来看，我们可以很肯定的说，这些参谋人员是接受传统教育的学者，他们对新思潮不是漠不关心就是采敌对的态度。'②

陈志让的文化水平标准得到了一些学者的承认，并被推广运用。谢里登说："陈志让分析过军阀时期 1300 名军官的经历，发现 70% 是文盲或半文盲，这是由军阀促进的社会流动的程度的非同寻常的表现。"③ 张玉法在引用陈志让上述材料之后，又补充了家境富贵与否的观察条件："由教育背景看：曹锟是卖布小贩……吴佩孚、冯玉祥皆出身贫寒，吴虽得秀才，但家境甚差。"④

---

① 张朋园：《黎著"北洋政治：派系政争与宪政不果"》，见张玉法《中国现代史论集》第 5 辑《军阀政治》，第 149 页。

② "Defining Chinese Warlords and Their Factions," by Jerome Ch'en, *Bulletin of the School of Oriental and African Studies*, University of London, Vol. 31, No. 3 (1968), p. 568. 译文见陈志让著《中国军阀派系诠释》，陈家秀译，转见张玉法《中国现代史论集》第五辑《军阀政治》，第 10 ~ 11 页。

③ J. E. Sherridan, *China in Disintegration: The Republican Era in Chinese History, 1912 - 1949*, 1975, p. 105.

④ 张玉法：《军阀政治论（1916 ~ 1928）》，《中国现代政治史论》，台北，东华书局，1988，第 161 页。

家境是否贫寒，同是否军阀问题并无直接关系，军阀无文化的观点也值得商榷。齐锡生指出："受过教育的军阀不过占总数百分之三十"的结论，以及"以学历作为衡量军事领导人的质量是太简单了"。[①] 并提出了相反的统计结果："有70%以上的师长曾进过某些军校，其余30%的人教育背景不能确定，真正没有受过任何正规教育的人的数字可能更小。"又指出根据"相当可靠和完整的资料"，奉系军人"2/3 的师长和旅长，3/4 的团长，以及几乎所有的（93%）中校以上的军官，都受过一定的教育"。[②] 冯兆基也指出："他们与文官精英没有显著的区别。确实，文武精英有共同的社会关系，有面临外国帝国主义侵略的共同政治经历，而且都为复兴中华操心，都相信新知识的价值。"[③]

一如齐锡生发现奉军官大半"都受过一定的教育"，笔者所见西南内地川军史料，也说明了民国初期的中、高级军官，大部分受过相当程度的现代军事教育。[④] 再说张玉法提到的"出身贫寒"几人，曹锟是天津北洋武备学堂毕业，黎元洪是天津北洋水师学堂毕业，吴佩孚不仅是秀才，还先后就读榆关（开平）武备学堂、保定陆军速成学堂测绘科；冯玉祥出身行伍，但他勤奋好学，文化水准不在正规学堂标准之下，冯玉祥现存的诗作、策案及回忆著述等可资明证。所以，文化水平及家境条件"出身贫寒"的标准，难以说明教育背景与个人素质关系，更难于作为军阀的固有特征。

四　文治传统与军阀干政之程度认定

横暴军人突破差别主义法规、恣意干预或操控政治，是近代中国军阀判断的基本标志之一。但对于其干涉的程度，或军阀的实现程度等基本问题，学界尚缺乏深入研究。清末民初的中国，发生了两千余年的封建帝制转型为宪政民主制的重大革命，这是有史以来国家体制转变最为深刻的革命时代或过渡时代。推翻满清帝制维护共和完成政治转型，重建在晚清已经崩溃的国家军队，纠正过度弱化的"无兵的文化"倾向以复兴健康明朗的尚武精神，由此推动现代工商、教育事业的发展等等，都是当时所需要解决的基本任

---

① 齐锡生：《中国的军阀政治》，第97页。
② 齐锡生：《中国的军阀政治》，第95～96页。
③ 〔澳〕冯兆基：《军事近代化与中国革命》，上海人民出版社，1994，第94～95页。
④ 参考徐勇《近代中国军政关系与"军阀"话语研究》，中华书局，2009，第81～84页。

务。而这些时代任务的完成，自然都离不开军人的参与。

兵权"政治参与"本是复杂的历史现象，其实践离不开主、客体因素及其因应关系的存在与作用。鲍威尔论中国军人干政说："革命蔓延中最触目的特点之一，是宣告独立的各省并没有立刻建立统一的政权。……在多数场合下，各省分别建立独立的'共和国'。在这些分裂的政治结构之上，都由武人充任都督。由武人而不是由文人充任各省都督，标志出中国政治制度的剧烈变革，中国即使是在一个作为征服者的皇朝——例如满清———的统治之下，也没有这种情形。军国主义代替了文人主政的传统。"① 即是说，民国军人政治之产生，乃因应于传统文治主义所无法满足，以及民元前后差别主义法规亦无法约束的政治转型之要求。

西方国家（主要是西欧国家）的现代化历史，大体经历了比较清晰的民族独立、国家统一、民权确立诸多阶段性过程。② 中国的现代化转型也包含了类似任务，不过由于时代条件差异较大，诸多历史转变交织发生，阶段时序并非显明，这无疑加剧了转变关头的剧烈性质。剧变时代背景决定了兵权参政的特殊意义，这也是亨廷顿所论："在所有的社会里，专业性的社会团体都会卷入政治。在普力夺社会，这些团体之所以更加'政治化'，乃是由于缺乏有效的政治制度去调停、升华、缓解各团体的政治行动"。③

在中国，既有两千年的文官政治传统，又有现代的差别主义法制规则的约束，提供给军人的政治舞台十分有限。再则，"督军专政"逐渐滋生出浓烈的地域特性，抵消或抹杀了原有国家军队的中央统属性质。这些因素，都使军事实力派在革命时期积累的政治资源，即其参政合理性逐步消耗以尽，需要其回归本位，担当其应有的国防及治安任务。

鲍威尔指出："十九世纪的中华帝国是一个崇尚文治的东方社会，这一传统概念，一直影响着西方人的思想。可是从 1912 年中华民国成立以来，军阀就起着主导作用。衡量一种政治力量总是首先看支持它的军事力量的大小，也就是说，政治党派影响的大小，取决于他们所能控制的军队的数量与质量。"④

派伊则认为北洋时期的军事实力派是建立现代权力系统的推进力量，他

---

① 〔美〕拉尔夫·尔·鲍威尔：《1895~1912 中国军事力量的兴起》，第 285 页。
② 郭少棠：《德国现代化新论》，香港商务印书馆，1992，第 76 页。
③ 〔美〕塞缪尔·P. 亨廷顿：《变化社会中的政治秩序》，王冠华等译，第 178 页。
④ 〔美〕拉尔夫·尔·鲍威尔：《1895~1912 中国军事力量的兴起》，第 1 页。

使用 "更具开放和竞争的政治形式" （A more open and competitive style of politics） 的说法，以肯定其积极意义："值得注意的是，很少有进步的中国知识分子意识到这种区别，他们为旧的政治价值的连续统治感到失望，并没有认识到，对于发展一种更为现代的权力组织而言，军阀是创造一种更具开放和竞争的政治形式的潜在力量。"① 派伊又从政治文化角度强化其积极评价："这场运动从一个已经高度系统化的社会中脱离出来，朝着一种文化多样性更加显著的情况发展。中国社会的各个方面都经受了不同程度的变革。"②

派伊改变过去以军阀为 "大老粗" 形象的描述，将 "军阀" 视为有理性的政治领导集团："军阀们并未胜任为中国带来现代共和政府的任务；但是当时其他任何人也没有。他们以完全可以理解的方式，对自身所处的环境作出回应，因此他们与任何一个政治阶层一样具有理性。"③

总体而言，派伊提出了西方学者中对于中国军阀及其时代作用的最为肯定的一种评价："从这个视角看来，军阀政治时期担负更多的重要性。在一个古老而稳定，如同铁板一块，有着同一价值观念和有限政治活动空间的社会，和一个更具多样性的社会的发展之间，它成为关键的连接。……中国社会的权力问题现在成为更公开地竞争的事情。"④ 他特别强调："总的来说，军阀们对于中国现代化的贡献，或许要比他们同时代的批评者所意识到的更多。"⑤

到了 20 年代，随政党政治的发展而确立 "以党领军" 体制，初步结束了北方军事实力派的政治控制。所以中国 "军阀政治" 虽勃现于一时，却处于不利地位，只十余年即让位于革命党人执政的 "政党政治"。

在上述诸多学者所作对于军阀的新评价之外，对于民国时期军阀干政的实际程度仍需做出具体考察。中国的国家元首，自 1911 年辛亥革命爆发到

---

① Lucian W. Pye, *Warlord Politics : Conflict and Coalition in the Modernization of Republican China* , p. 9.

② Lucian W. Pye, *Warlord Politics : Conflict and Coalition in the Modernization of Republican China* , pp. 5 – 6.

③ Lucian W. Pye, *Warlord Politics : Conflict and Coalition in the Modernization of Republican China* , p. 12.

④ Lucian W. Pye, *Warlord Politics : Conflict and Coalition in the Modernization of Republican China* , pp. 8 – 9.

⑤ Lucian W. Pye, *Warlord Politics : Conflict and Coalition in the Modernization of Republican China* , p. 170.

1928 年南京政府统一，包括段祺瑞执政去职后的一年多虚位时间共约 17 年左右。三位文人政治家孙中山、袁世凯及徐世昌共在位 8 年，与其余军人出身或军人总统（包括"执政"和"大元帅"）的在位时间大体相等。在行政权力方面，自 1916 年开始到 1928 年国民政府统一，共有内阁 41 届，其中可判为军人就任总理者为 9 人。若将袁世凯时期计入"军阀时期"，则有内阁 47 届，可判为军人就任总理者为 11 人。至于内阁成员，除了军事职位之外，各届政府大多由文职专家担任阁员。

与此对应，在日本国家元首"万世一系"日皇之下，国家权力实际上由内阁行政及军部等其他机构执掌。在 20 年代的政党政治黄金时期，民主派代表尾崎行雄、岛田三郎等指出："直属天皇的机构中，属于文官者四个，而属于武官者竟达到四十一个。"① 到了 1932 年至 1945 年"昭和军阀"时期，共有内阁 15 届，军人就任总理者为 12 人，只犬养毅、广田弘毅及近卫文麿 3 人为政党、官僚或贵族出身。列表如下②：

届数比较 时段国别	军人总理届数	政党、官僚总理届数	内阁总届数	军人内阁比例（%）
民国北京政府时期（1912～1928）	12	35	47	25.5
民国"军阀时期"（1916～1928）	10	30	41	24.4
日本"昭和军阀"时期（1932～1945）	12	3	15	80

以上情况虽有两国内阁权限不一、体制结构不同等区别，但其可比性十分显著。中日两国分别作为"军阀"概念的创用国和输入国，军人干政程度的实际差异，则表现了两国体制与军政关系实际状态。中国军阀政治早于1928 年被政党政治所替代，而日本军阀的消亡需在 1945 年战败投降，依靠

---

① 转见〔日〕信夫清三郎《日本外交史》下，商务印书馆，1992，第 483 页。
② 以上数字根据钱实甫编《北洋政府职官年表》（华东师范大学出版社，1991），刘寿林、万人元等《民国职官年表》（中华书局，1995），及〔日〕林茂、辻清明编《日本内阁史录 3、4》（第一法规出版，1931）等综合整理。

外来力量实施民主改革。

按菲纳提出的军人干政的"影响"（Influence）、"操控"（Blackmail）、"更换文人政府"（Displacement of civilian government）、"取代文人政府"（Supplantment of civilian regime）等四种类型区分方法，① 民国军人势力与国家权力的关系，换言之，军人干政程度，属于实际操纵状态，而不是军人政权直接上台"取代文人政府"。

早在50年代初，毛泽东就指出了中国军事现代化各阶段的延续与发展关系："第一步是清末新军。第二代是黄埔军。第三代是中国人民解放军。"② 十分清楚地肯定了北京政府时期军事实力派的历史地位及其贡献。客观分析民国军人政治的历史地位及其作用，其意义并不限于历史。任何国家民族的建设与发展，都需要正确认识军人的作用，并有序整合军政关系。

近代中国军阀之消灭早于日本，实出于两大关键因素：第一是文治传统根基之牢不可破，再是政党领军模式在军政关系整合之中发挥了关键作用。文治主义传统与政党政治之间也具有密不可分的关系。

英国政治学家菲纳、美国的亨廷顿的研究著述中，几乎都认为"文官控制"是18～19世纪西方现代化的产物，只存在于先进的西方。他们基本上忽略了东方"文官政治"的历史存在，多家论述均认为军人不干政观念不属于传统中国。殊不知，中国为解决"社会的军人与文人之间的关系问题"的历史，即实施文治主义，已有两千年以上的历史。借用亨廷顿称日本军队"最为政治化的军队"的表述方式，中国古代常备军可谓世界上"最为文治化的军队"。唯其如此，方能解释同样出现军阀现象及其话语表述的中日两国，军阀的实际干政程度及其存在时间的长度，为何存在巨大差异。

中国军阀之干政时间与程度，虽不能与"最为政治化"的日本军阀同日而语，但军阀词汇在中国社会各界之泛用，则远较日本为盛。这正好说明中国各界对于军阀现象批判之严厉与深入。武力的可控并非武力的绝对压抑，民国军人政治的出现，包含了国家军事重建中对于"无兵文化"现象的反弹因素，表现了在平衡条件下实现武力的发展与掌握的需求。正确理解并运用

---

① Samuel E. Finer, *The Man on Horseback : The Role of the Military in Politics* , Westview Press, U. S. A, 1988, p. 126.

② 毛泽东：《在国防委员会第一次会议上的讲话》（1954. 10. 18），《毛泽东军事文集》第6卷，第357页。

军阀话语，就不会忽略其间的合理因素。

结语：何谓界定　何谓军阀

军阀现象及其表述概念出现之后，对其现象实在与表述语词的研究随即展开，迄今已有近百年历史。综合考察学界既有之丰硕成果，我们仍需回到研究的起点，廓清何谓界定　何谓军阀这样的基础性命题。

所谓军阀界定，非为简单的文字定义亦非抽象的逻辑定性，实为军阀史实的认识与分析。具体言之，在督军团干政事件之后，军阀概念及其话语体系的出现，其实际任务是批判逾越差别主义法规而恣意干政的军人横暴现象。在 20 世纪的中国，经由四十年战争历程，失衡的军政关系得以整合，军人横暴现象的出现与解决正是其中一环。就抽象而长远的意义考察军阀话语，则需注意 19 世纪以降中国社会对于武力或暴力的认识与需求。军阀话语在发挥批判意义的同时，也表达了对于"无兵文化"的反思。而问题在于，批判的泛用和反思的不足，已经构成为强烈反差。故需要明确强调的是，对于整合军政关系以平衡发展可控型武力的诉求，也是军阀语境不可忽略的重要内涵。

正是上述具体而实际的、抽象而普遍的意义总和，促成"军阀"从个案基点的时空局限中解放出来，蜕脱了舶来词的语义束缚，发舒出普遍而深厚的包容力量，成长为持续长久普适于军政社会各界的草根型话语体系。再者，在结束北洋军事实力派的控制，整建国共两党主导的政党领军体制的社会政治领域，军阀话语发挥了实在的思想与理论指导作用。

20 世纪中国军阀问题的出现与解决，传统的文治文化得以推展，并通过政党领军方式与西方国家的文官控制（Civilian – control）接轨，终于完成了近代中国的过渡转型。如此一部宏大历史的运行，可以通过"军阀"话语研究而得到梳理。从"军阀"界定入手究明其产生、流变、传承和运用，能够展现近代中国历史的演变轨迹，探索民与国与兵诸多关系的政治文化深层问题。这正是军阀研究的过去与未来均不可忽略的意义。

亡国、亡省、亡人：
1915~1925 年中国民族主义运动之演进

王奇生[*]

在中国近现代史上，最深最频的危机，莫过于"民族危机"。每次危机的应对，都往往引发一场声势浩大的集体动员和集体行动。一般而言，"危机"与"动员"之间存在着正相关关系，"危机"越急越深，"动员"越大越烈。不过，本文所要探讨的时期（1915～1925），情形似有所不同。在此期间，主要由于日本的挑战与刺激，中国发生了三次大规模的民族主义集体抗争行动。值得注意的是，这三次集体行动的规模与"危机"的程度并不构成正相关关系，甚至呈现出相反的态势。从 1915 年抗议日本向中国提出"二十一条"，到 1919 年抗议巴黎和会将山东权益归属日本，到 1925 年抗议上海日本工厂枪杀中国工人顾正红，三次"危机"的程度一次比一次减弱，而集体行动的规模却一次比一次增大。这样的态势自然值得我们探讨。这一时期中国所实际面临的"民族危机"与中国民众的"民族主义意识"之间，到底具有怎样的关联性？哪些因素影响和制约着这一时期中国民众的集体行动。

一 危机：亡国、亡省、亡人

1914 年，第一次世界大战爆发。日本以为西方列强无暇东顾，趁机以对德国宣战的名义，出兵山东，攻占青岛（胶州湾），夺取德国在中国的权益。随之又于 1915 年 1 月向中国袁世凯政府提出"二十一条"要求，并于 5 月 7 日向中国政府发出强制接受的最后通牒。当时中国舆论一致认为，日本提出

---

[*] 北京大学历史系教授。

的"二十一条"要求，与日本昔年向朝鲜提出的要求相仿，朝鲜接受要求后，不久即为日本吞并。中国如果答应日本的"二十一条"要求，即将蹈朝鲜覆辙而亡国。故这次危机可称之为"亡国"危机。

1918 年，第一次世界大战结束。中国作为协约国联盟中的一员，也一同欢庆胜利，并希望日本在大战期间强迫中国签订的条约会在战后召开的和会上得到列强的纠正和调整。但在 1919 年召开的巴黎和会上，日本提出山东议案，列强竟承认其接替战前德国在中国山东的权益。消息传到中国，舆论疾呼"胶州亡矣，山东亡矣，国不国矣！"① 鉴于此次危机的重心在"山东之亡"，姑且称之为"亡省"危机。

1925 年 5 月，危机再次爆发。此次危机的导因，是上海的日本纱厂枪杀中国工人顾正红，引发学生的声援抗议。而学生的游行示威又遭到租界英国巡捕的开枪射击，进而扩大为更大规模的集体抗争行动。鉴于此次危机乃因顾正红被杀而引发，姑且称之为"亡人"危机。

二　动员：事件、运动、革命

	1915 年 反"二十一条"	1919 年 五四运动	1925 年 五卅运动
组织领导	自发性，没有政党参与，组织化程度低	自发性，没有政党参与，具有一定的组织性	中共组织领导，国民党协助，组织化程度高
参与群体	城市士绅、商人为主	青年学生为主，商人、工人声援参与	学生、商人、工人共同参与，难分主次。
基本形式	集会通电、抵制日货、救国储金	集会通电、示威游行、抵制日货、罢课、罢市、罢工、暴力行动	集会通电、示威游行、抵制外货、罢课、罢市、罢工
中心口号	"救国"、"勿忘国耻"	"外争主权，内除国贼"	"打倒帝国主义"、"废除不平等条约"
运动规模	波及全国 30 多个省会城市和商埠	波及全国 200 多个大中城市	波及全国约 600 个城镇

---

① 《外交部等处理日使要求取缔散发反日宣传品文件》，中国社会科学院近代史研究所等编《五四爱国运动档案资料》，中国社会科学出版社，1980，第 201 页。

值得注意的是，1915 年反对"二十一条"的集体行动虽然具有全国性的规模，在中国近现代史上却没有被称作"运动"，甚至没有统一的命名，一度纪念的"国耻日"① 在 1949 年后也不再纪念（下文姑且以"五七"为此次运动之代名）。而 1919 年"五四"之后不久，"五四运动"的命名即很快为时人认同，并一直纪念至今。在中国革命史上，一般认为五卅运动是 1920 年代国民革命的开端。将五卅运动定性为"革命"，亦是当时人的看法。如瞿秋白在 1925 年 8 月出版的《向导周报》和 1926 年 3 月出版的《新青年》上分别撰文指出："五卅以后，中国的历史已经开始一个新时期——实行国民革命时期"；"中国的国民革命从五卅开始了！"②

就动员规模而言，三次集体行动明显呈现出递增的态势。"五七"、"五四"、"五卅"大体呈现出"事件"、"运动"、"革命"三个不同的层次：

事件：有具体的政治诉求，组织化程度较低，行动相对温和。

运动：有具体的政治诉求，有相当的组织性，行动较为激烈，规模宏大。

革命：政治诉求上升为意识形态，寻求根本改变现状，行动极为激烈，由革命政党领导，高度组织与高度动员。

五七/事件、五四/运动、五卅/革命，大致可以代表中国近代民族主义运动的三个不同层级，或演进的三个阶段。

三　主导、参与群体

1915～1925 年，三次民族危机，呈现出"亡国"、"亡省"、"亡人"的递减格局，而应对三次危机的集体行动，却呈现出"事件"、"运动"、"革命"的递增态势。如何解释这一现象？

历史现象的产生，往往是众多因素共同起作用的结果。而要将众多因素一一阐明，并综合分析它们之间复杂的互动关系，显然不是一件容易的事。本文仅就主导及参与群体、组织化程度、中心口号、物质基础等几个方面加以分析。

比较五七、五四、五卅三次集体行动，组织领导和参与群体的变化，应

---

① 当时人将 5 月 7 日日本提出最后通牒之日或 5 月 9 日即袁世凯政府接受"二十一条"之日，定为"国耻日"。

② 秋白：《五卅后反帝国主义联合战线的前途》，载《向导》第 125 期，1925 年 8 月；瞿秋白：《国民会议与五卅运动》，载《新青年》第 3 号，1926 年 3 月。

是其中的关键因素。

从五七到五四，前后相距不过四年，却可明显看出主导群体由传统士绅向新知识分子的转变。1915 年的反日运动，全国各地最活跃的组织是商会和教育会，最活跃的群体是城市绅、商阶层。① 由于袁世凯政府迫害和打压革命党，很多革命党人与思想激进的学界人士"远举高蹈，或潦倒租界，或漂泊异乡"。② 故未能成为反日运动的主力。另一值得注意的现象是，在校青年学生仅有小部分参与，未能形成大规模的群体性行动。直至 1919 年五四之际，学生界才"奇军突起"。③ 1905 年废科举兴学校，新式教育从小学读到大学，一般需要 10 余年的时间，这意味着，五四前后的大学生，正好是第一代在国内完整接受新式教育的青年学生。不过，青年学生的群体性觉醒，还有两个至关重要的因素：一是蔡元培于 1917 年出任北大校长并对北大进行改革，学生的思想和气质发生了重要的改变。当然这一改变主要发生于北大。二是新思潮、新文化运动对青年学生产生了不可估量的影响，而且这一影响具有全国性的效应。当时人即注意到，清末就有学生运动，但未能形成弥漫全国的"精神唤醒"，④ 也未形成学生群体的自觉行动；⑤ "因为有了新思想，于是遂有'五四运动'的事实。"⑥ 不过，陈独秀的《新青年》虽然早在1915 年即创刊（初名《青年》），但在最初两年影响有限，真正引起青年学生的关注，是在 1918 年以后。⑦

学生群体的兴起是五四时期特别明显的现象。⑧ 五四运动虽然也有商人、

---

① 参见罗志田《救国抑救民？"二十一条"时期的反日运动与辛亥五四期间的社会思潮》，见《乱世潜流：民族主义与民国政治》，上海古籍出版社，2001，第 60～78 页。

② 鲁尚：《责任心》，《甲寅》第 10 卷第 1 号，1915 年 10 月。

③ 罗家伦：《一年来我们学生运动底成功失败和将来应取的方针》，《晨报》1920 年 5 月 4 日，第 2 版。

④ 陶孟和即指出：清末也有学生运动，但"学生运动成了弥漫全国的'精神唤醒'，总要算是在'新思潮'发生以后。他的诞生日，就是民国八年五月四日。"陶孟和：《评学生运动》，《新教育》第 2 卷第 5 号，1920 年 1 月，第 598 页。

⑤ 1919 年 10 月沈仲九在《五四运动的回顾》一文中指出："前清时候的学生也有做革命事业的，但他们都是离了学生的地位，而且是个人行动，若用学生的资格，大家联合起来，去做关系国家社会的事业，是没有的。"《建设》第 1 卷第 3 号，1919 年 10 月，第 604 页。

⑥ 仲九：《五四运动的回顾》，《建设》第 1 卷第 3 号，1919 年 10 月，第 601 页（卷页）。

⑦ 参见王奇生《新文化是如何"运动"起来的》，《近代史研究》2007 年第 1 期。

⑧ 参见罗志田《课业与救国：从老师辈的即时观察认识"五四"的丰富性》，《近代史研究》2010 年第 3 期，第 29 页。

工人参与，而学生始终是运动的主导群体。五四运动中，京、沪等大城市的市民群体中，大致存在着这样一种态势，即商人同情学生，而工人又信仰商人。因而学生罢课带动商人罢市，商人罢市又带动工人罢工。"商罢市，工辍业，皆惟学生之马首是瞻。"[1] 青年学生很快树立起社会信仰。蔡元培即注意到，"'五四'以后，全国人以学生为先导，都愿意跟着学生的趋向走"。[2]"从前的社会很看不起学生，自有此运动，社会便重视学生了。"[3] 陶孟和也指出，五四以前，教育界完全被社会忽视，五四以后，"教育变成了一种势力，一种不可侮的势力。谁有敢同他抗衡的，没有不颠仆的。政府要宽容他，军阀要逢迎他，政客要联络他，就是眼光最短的商人也何尝敢得罪他。所以从此以后，教育界由可忽略的分量一跃而为政治、外交、军事、财政、政党，总之一切活动的重要枢纽……教育界变成了无冠之王"。[4] 陶孟和所称的"教育界"其实即指"学生界"。

从五四到五卅，前后相距六年，其间最显著的变化是新型革命党的兴起。1915 年反日运动时，以孙中山为首的中华革命党[5]因受袁世凯政府的压迫而流亡海外，在民族矛盾和国内政争之间处于两难境地，基本置身运动之外。1919 年五四运动中，尽管一些革命党人积极参与和赞助了五四运动，但中华革命党并没有以一个政党的姿态，对这场运动发挥领导和组织作用。所以，五七、五四，均没有政党力量参与。"以前从事革命事业的人，专在运动军队、组织军队上注意，而忽视了民众势力的。"[6] 这正是对当时国民党的写照。五四之后两年，中国共产党成立。到五卅的时候，中共一举成为运动的主角，在运动中担当了举足轻重的角色。整个运动的灵魂和实际领导者是

---

① 邵力子：《跋〈学生潮〉》，上海《民国日报》1919 年 6 月 27 日，引自傅学文编《邵力子文集》（上），中华书局，1985，第 135 页。时任《觉悟》副刊主编的邵力子还注意到，上海六三运动所用的口号，除了"打倒卖国贼"，还有一句极明显的，是"援助北京学生"。在邵看来，后一句是上海"六三运动特有的精神"。见《六三运动的精神哪里去了》，上海《民国日报》1924 年 6 月 3 日"言论"，引自《邵力子文集》（下），第 945～946 页。

② 蔡元培：《在北京高等师范学校学生自治会演说词》（1920 年 10 月），高平叔编《蔡元培全集》（3），中华书局，1984，第 465 页。

③ 蔡元培：《对于学生的希望》（1921 年 2 月 25 日），《蔡元培全集》（4），第 37 页。

④ 陶孟和：《现代教育界的特色》，《现代评论》第 1 年周年纪念特刊，1925 年底，第 31～36 页。

⑤ 中国国民党乃延续兴中会（1894～1905）、同盟会（1905～1912）、国民党（1912～1914）和中华革命党（1914～1919）而来。

⑥ 周鲠生：《民众势力的组织》，《现代评论》第 1 卷第 24 期，1925 年 5 月 23 日，第 4～5 页。

中国共产党。五卅运动是中共领导的第一场具有全国性规模和影响的群众运动。是时的中共还是一个不足4年党龄、不足千名党员的小党。党员以青年知识分子为主，没有发动和领导大规模群众运动的经验。尽管如此，五卅运动仍能轰轰烈烈地持续达数月之久，充分崭露了中国共产党在民众运动方面非凡的组织领导能力。若说五四孕育了中共，五卅则堪称是中共崛起的标志，也是中共正式登上全国政治舞台的标志。

五卅之前一年，孙中山"以俄为师"，按照俄共模式改组国民党，并容纳共产党。五卅之前两月，孙中山刚刚逝世，国民党高层正面临权力继替，忙于肃清内部不可靠的军队和筹建广州国民政府。国民党的地方党务机构大多控制在中共党员、团员之手。由于中共的很多活动是打着国民党的招牌进行的，故五卅运动亦大大扩大了国民党在全国的政治和社会影响。五卅以后，青年学生成群结队南下加入国民革命的行列。国民党亦迎来了一个组织扩充的高潮时期。不过，国民党始终走"精英"路线，与中共的"群众"路线判然有别。孙中山虽然倡寻"扶助农工"，仍是以"先知先觉"、"后知后觉"去"扶助""不知不觉"，这与直接以工农利益代表自任的中共党人相比，虽有相近之处，却有很大不同。中共很快成长为一个擅长群众运动的动员型政党。国民党则始终与下层民众相脱离。

四　组织化程度

抵制"二十一条"时，主导力量是绅、商。京、沪、江苏等地的商会和教育会是比较有组织的团体，也起了很大的作用，但未能建立起全国性的联合组织。除此之外，全国各地新成立了许多小团体，并建立了各种抵制日货的组织，各地群众性的集会也纷纷举行，但基本上是分散的，各自为战的，甚至存在着相互竞争。救国储金是此次反日运动中最活跃也是最主要的方式之一。上海建立了全国性的救国储金总事务所，但"总事务所"是自封的；全国各地建立了400多处分所、分会，[①] 实际不受上海总事务所的指挥和控制，因此缺乏强有力的组织领导与统一的、全国性的联合行动。

五四运动，组织动员力度明显增强。罗家伦即认为"社会组织"的演

---

① 参见罗志田《救匡抑救民？"二十一条"时期的反日运动与辛亥五四期间的社会思潮》，见《乱世潜流：民族主义与民国政治》，第73、81页。

进，是五四运动一个"绝大的成绩"：

> 五四以前中国的社会，可以说是一点没有组织。从前这个学校的学生和那个学校的学生是一点没有联络的，所有的不过是无聊的校友会，部落的同乡会；现在居然各县各省的学生都有联合会。从前这个学校的教职员和那个学校的教职员也一点没有联络的，所有的不过是尸居余气的教育会，穷极无聊的恩亲会；现在居然有好几省已经组织成了什么教职员公会。从前工界是一点组织没有的，自从五四以来，有工人的地方，如上海等处也添了许多中华工业协会、中华工会总会、电器工界联合会种种机关。从前商界也是一点组织没有的；所有的商人，不过仰官僚机关的商务总会底鼻息，现在如天津等处的商人有同业公会的组织，而上海等处商人有各马路联合会的组织。①

五四之后，青年毛泽东也著文指出，辛亥革命只是留学生、会党、新军等所为，与"民众的大多数毫没关系"，还算不上是一种"民众的联合"。清末民初的各种学会、同业会、同乡会、校友会，是一种民众的"小联合"。而五四运动则产生了全国民众"大联合"的动向和趋势。②

五四时期，最能体现"民众大联合"趋向的，是全国学生联合会的成立。1919 年 6 月 16 日，在上海召开有 21 省代表参加的全国学生第一次代表大会，会上正式成立了"中华民国学生联合会"。在此之前，北京、天津、上海、武汉、南京、杭州等大都市，先已成立了地域性的学生联合会。在此之后，不仅省市一级相继成立了学生联合会，县级学生联合会和各校学生会亦纷纷成立。③ 全国学联总会下属有 60 余个分会，号称全国有 50 万学生受其领导。④ 整个学生群体形成一个全国性、层级性、自上而下而又相互联系的组织网络。这在中国历史上是前所未有的。过去只有官方的行政系统具有这样的组织结构，而民间社会是不曾有的。李剑农在《中国近百年政治史》

---

① 罗家伦：《一年来我们学生运动底成功失败和将来应取的方针》，《新潮》第 2 卷第 4 期（1920 年 5 月 1 日），第 846～861 页；《晨报》1920 年 5 月 4 日，第 2 版。

② 泽东：《民众的大联合》，《湘江评论》第 2～4 号（1919 年 7 月 21 日至 8 月 4 日）。引自中共中央文献研究室等编《毛泽东早期文稿》，湖南出版社，1995，第 338～341、373～378、389～394 页。

③ 中华民国学生联合会总会执行委员会编《学生会与学生联合会》，编者印，1926 年 3 月，第 1～33 页。

④ 引自翟作君、蒋志彦《中国学生运动史》，学林出版社，1996，第 48 页。

一书中指出："我敢大胆的说一句——此时候已经有了长久历史的国民党的组织和党员间的联络指挥，恐怕还不如这个新成立的全国学生联合会组织的完密，运用的活泼、灵敏。"①

"救国十人团"也是五四运动中涌现的新组织。据日本学者小野信尔研究，在五四运动期间，中国大中城市几乎都成立了"十人团"的组织，其组织对象主要是学生以外的普通民众，采取"小组织大联合"的原则，以"一传十，十传百，百传千，千传万"的组织方式，自下而上地联合起来。正是这样一种前所未有的组织模式，在五四时期一度产生了相当广泛的影响，号称是学生联合会之外最有势力的民众团体。②

五四时期还有一个重要的新生社会组织，是上海各马路商界总联合会。清末以来，中国市民群体中组织得最好的是商人。③ 商人组织得最好的是上海总商会。在全国商会组织中上海总商会首屈一指。④ 五四时期，为了声援学生运动，上海商人在原有总商会之外，又以街道为单元，成立各马路商界联合会，在此基础上成立了各马路商界总联合会。⑤ 以城市街道为单元成立社会组织，在中国历史上也是前所未有的。虽然同样具有地缘性，但它有别于会馆公所和同乡团体。会馆公所和同乡团体一般以商人的籍贯所在地为组织取向，其组织单元是省或县。而马路商界联合会以商人的营业居所为取向，其组织单元是城市街道，⑥ 其组织优势，在于将上海这样一个散漫多元的商业性大都会，整合在一个严密有序的组织网络之中，具有相当强的组织动员潜力。

五卅运动，由政党主导，组织动员力度空前高涨。中国共产党联合上海

---

① 李剑农：《中国近百年政治史》，武汉大学出版社，2006，第464页。
② 此节有关救国十人团的描述，参考小野信尔《救国十人团运动研究》一书，殷叙彝、张允侯译，中央编译出版社，1994。
③ 参见王冠华《寻求正义：1905～1906年的抵制美货运动》，江苏人民出版社，2008，第16页。
④ 参见徐鼎新、钱小明《上海总商会史》，上海社会科学出版社，1991。
⑤ 上海各马路商界联合会的组织，是在五四，尤其是六三运动以后陆续成立的。各马路商界总联合会于1919年10月25日正式成立。
⑥ 上海各马路商界联合会的组成，有的由单条马路的商店合组，如南京路商界联合会、汉口路商界联合会等；有的由数条马路的商店合组，如新闸九路商界联合会、沪北六路商界联合会等；也有的是由一个区域的商店合组，如东北城商界联合会、法租界商业联合会等。参见李达嘉《上海的中小商人组织——马路商界联合会》，《新史学》（台北）第19卷第3期，第51～52页。

总工会、全国学生联合会、上海学生联合会和上海各马路商界总联合会四大团体，成立上海工商学联合会作为领导五卅运动的总机关。参加工商学联合会的四大团体中，总工会和学生团体都控制在中共党人之手，因而实际掌握了工商学联合会的领导权。中国共产党通过它来组织、策划、引导和控制五卅运动的发展。在五卅运动的头两个月里，工商学联合会几乎取代了上海地方政府的权力。① 五卅运动期间，上海总工会下属的工会最多时超过 100 个，会员 30 余万。② 各马路商界联合会总会由中小商人组成，会员总数也在 30 万左右。另外，上海学生联合会下属的中等和高等学校学生会多达 90 多个。③

中共透过四大团体分别领导工人、商人、学生三大组织系统，几乎全上海的工人、学生、商人都受其直接领导和有效节制，整个上海的工厂、学校和街道商店都被动员起来。这样的组织动员，在 20 世纪上半期的中国是绝无仅有的一次。有论者指出，五卅运动中，"国人的各项工作（宣传、罢工、抵制英货和募捐），参加人数之多，地区之广，历时之久，都可谓空前；民众情绪的激昂，工作执行的严密，亦是前所未有；而募捐款项之多，罢工、抵制英货所得效果的丰硕，亦是史无前例，实可惊人。鸦片战争时三元里的反英运动，固不能与之同日而语，就是民国八年的五四运动，就反对帝国主义而言，其规模、效果也远逊于此。谓之中国史上空前所未有，决不为过"。④

"五卅"初始，本是一桩近代史上常见的涉外惨案，结果却引发为一场规模空前的全国性的反帝大风暴。五卅的影响，并不在惨案如何惨烈，而在运动的组织动员之成功。新型政党的出现并积极参与组织领导，无疑是 1920 年代中国民族主义运动日趋高涨的要因。

五　中心口号

三次集体行动中，中心口号的变化，亦值得关注。1915 年反日运动的中心口号是"救国"、"勿忘国耻"；1919 年五四运动的中心口号是"外争主

---

① 《五卅运动史料》第 1 卷，上海人民出版社，1981，第 119 页。
② 《五卅运动史料》第 2 卷，上海人民出版社，1986，第 516 页。
③ 郑文起：《论五卅运动前后上海学生运动的统一和分化》，《学术月刊》2000 年第 3 期。
④ 李健民：《五卅惨案后的反英运动》，台北中研院近代史研究所专刊，1986，第 213 页。

权，内除国贼"；1925 年五卅运动的中心口号是"打倒帝国主义"、"废除不平等条约"。

自义和团运动之后，中国政府和士绅精英均力图消除中国人"野蛮排外"的形象。所以，即使在面临"亡国"的危机之际，也不敢提出过激的口号。1915 年反日运动中，各地对"国耻"的反应，多集中于对国民进行"雪耻"的宣传教育，完全是从"自强"入手。全国各地成立的反日团体，其名称多为"中华国民请愿会"、"国事研究会"、"中华共济会"、"国民对日同志会"等温和的字眼。各大报章最常见的口号是"勿忘国耻"、"救国"。上海发起救国储金活动时，中国银行总行准上海各分行代收储金，但要求将名称由"救国"改为"爱国"，免生刺激。[①] 所谓"免生刺激"当然是怕刺激日本。此次反日运动的主要方式，一是储金，一是排货。储金的目的，是准备用来强兵和振兴民族工业。只有排货直接针对日本。但因受日人压迫，政府不得不禁止排货，故各地排货的口号，多是间接的"提倡国货"而非直接的"抵制日货"。

1919 年五四运动，就相对激进得多，出现了烧屋、殴人等暴力方式，不过，暴力主要对内，对外仍尽量保持"文明"的形象。值得注意的是，五四的中心口号之一是"外争主权，内除国贼"，[②] 并非后来所演绎的"外抗强权，内除国贼"。"外争主权"显然不如"外抗强权"激烈。

一般而言，社会运动的口号越具体，越切合运动的实际目标，对民众越具有号召力。依此，五卅的口号似不如五七和五四的口号具有动员力。其实不然。五卅起因于"亡人"，很难提出具体切实的口号。而中共五卅策略的高明之处，在将一个局部的地方性事件建构为全国性的大问题，将具体个案提升到一般性和普遍性的高度，将日本资本家和英国巡捕杀人，扩大为整个帝国主义的暴行，进而提出"打倒帝国主义"、"废除不平等条约"的口号。五卅的这两句口号，既是五四运动中"外争主权，内除国贼"口号的延续，又是一种新的民族主义理念之升华。

"帝国主义"与"列强"看似没有多大差别，其实内涵迥然不同。甲午以后，中国希望像日本一样跻身"列强"行列。那时的中国精英普遍信仰

---

① 参见罗志田《救国抑救民？'二十一条'时期的反日运动与辛亥五四期间的社会思潮》，见《乱世潜流：民族主义与民国政治》，第 62～68 页。

② 中国社会科学院近代史研究所编《五四爱国运动》，中国社会科学出版社，1979，第 169、454 页。

"物竞天择，适者生存"的社会达尔文主义，认为中国衰弱是因为自己不争气。"人必自侮而后人侮之，国必自伐而后人伐之"之类的自省式民族主义在当时的中国知识阶层中颇为流行。①

但到1920年代，自省式的民族主义很快为反帝的民族主义所取代。在中国，最早提出"打倒帝国主义"这一口号的，是中国共产党。1924年5月14日中共中央的报告谈道："我们政治的宣传，自一九二三年起，即是打倒国际帝国主义及国内军阀两个口号。在一九二二与一九二三年间，'反对军阀'已成了全国普遍的呼声；到一九二三与一九二四年间，列强对华进攻日急，全国知识阶级中进步分子，已采用'反抗帝国主义'的口号。"②

在中共的大力宣导下，仅一两年时间，反帝国主义的口号便很快为知识精英，尤其是青年知识分子所接受。与清末民初自省性的民族主义不同的是，反帝国主义口号的魅力，在于它将中国的一切贫穷落后都归咎于帝国主义，故而具有强大的政治号召力和民族主义煽动性。吴国桢在晚年回忆录中谈道："那时将中国的灾难全都归罪于外国经济和政治渗透的观点，确实对年轻人几乎有普遍的号召力，因此当共产党创造出'帝国主义'这个词时，他们确实掌握了进入年轻人头脑的钥匙（中国共产党人对'帝国主义'这个词有中国式的说法）。马克思主义在打动年轻人方面，没有多少影响，但'帝国主义'和'反帝国主义'则有。"③

恽代英指出："五卅以前，中国还有好多人不知道为什么要反对帝国主义，就是一般有知识的学生，也不十分明白反帝国主义的意义……但经过五卅运动以后，反帝国主义的空气就普及于全国，大多数人都知道了。"④

当涉及反帝国主义的具体目标时，中共将火力集矢于"不平等条约"。与"帝国主义"一样，"不平等条约"亦是当时的一个新词语。不同的是，"帝国主义"是外来词，而"不平等条约"则为中国人自创。此词在19世纪中国未见使用过。当时大多数中国人对根本改变中华帝国外交关系的条约制度所带来的危害还没有清醒和充分的认识，只有极少数人偶尔发表忧虑和抱

---

① 陈志让：《军绅政权》，香港：三联书店，1979，第96~97、102页。

② 《国民运动进行计划决议案》，载《中国共产党党报》第1号，1923年11月30日；《中央局报告（一九二四年五月十四日）》，载《中国共产党党报》第4号。1924年6月1日。

③ 《从上海市长到台湾省主席：吴国桢口述回忆》，上海人民出版社，1999，第274页。

④ 恽代英：《五卅运动》，载《五卅运动史料》第1卷，第15页。

怨言论。五四前后，因受巴黎和会的刺激和苏俄发表放弃帝俄旧约宣言的启示，中国民众才真正开始认识到不平等条约对中国发展所产生的国际障碍，开始使用"不平等条约"来表达对列强条约体系的不满。不过当时人尚未将"不平等条约"作为一个赋有特定意义的固定词组，而且使用次数极少。①

中国共产党首次将"废除不平等条约"作为一个政治口号和政治主张提出。其后，中国国民党起而响应。1923 年 6 月中共三大通过的《党纲草案》，内称要"取消帝国主义的列强与中国所订一切不平等的条约"。② 次年 1 月，国民党"一大"宣言，亦将取消一切"不平等条约"作为其对外政策的首要主张。③

中共自"二大"明确提出反对帝国主义的目标后，在每次反帝斗争中，均将斗争目标引向废除不平等条约。中共将反帝作为国民革命的首要目标，又将废约作为反帝的首要目标。④ 这样一种政治主张的选择，不仅对孙中山、国民党，亦对同时期中国社会各阶层民众产生了直接影响。在 1920 年代以后的二三十年间，没有哪个口号能比"打倒帝国主义"和"废除不平等条约"更能铸造和催化中国民众举国一致的民族主义激情，也没有哪一个语词比"帝国主义"和"不平等条约"对西方列强更具谴责和抨击力度。在 1920 年代国共两党创造性的使用和强化宣导下，"帝国主义"和"不平等条约"作为非正义、侵略、压迫和威胁的象征符号，在潜移默化中被中国广大民众毫无保留地接受，从此成为中国人论说对外关系时不可或缺的，也是使用频率最高的两个关键词，不仅在中国各派政治家无数次的政治演说和各大政党的意识形态宣传中频频出现，也成为中国学术界研究近代中外关系时的主导理

---

① 检索五四时期刊物（光盘版）中"不平等条约"出现的次数，《每周评论》（1918. 12 ～ 1919. 8）出现过 2 次；《新青年》（1915. 9 ～ 1926. 7）在 1924 年以前出现过 1 次；《少年中国》（1919. 7 ～ 1924. 5）和《新潮》（1919. 1 ～ 1922. 3）两刊则未见使用。王栋在《20 世纪 20 年代"不平等条约"口号之检讨》一文（《史学月刊》2002 年第 5 期）中认为，"不平等条约"一词并非五四的直接产物，亦非共产党的创造，推测"不平等条约"一词是 1924 年进入中国语言，由孙中山首次使用。此一看法显然不确。但王栋对"不平等条约"一词的语言风格、内涵及其对唤醒 20 年代中国民众的民族意识所具有的象征、符号和媒介作用之分析，颇有启发性。

② 《中国共产党第三次代表大会文件》（1923 年 6），中共中央档案馆编《中共中央文件选集》（一），中共中央党校出版社，1982，第 112 页。

③ 中国第二历史档案馆编《中国国民党第一、二次全国代表大会会议史料》（上），江苏古籍出版社，1986，第 88 页。

④ 李育民：《中国共产党早期反帝目标探析》，载《湖南师范大学社会科学学报》2002 年第 1 期。

念和经典概念。①

无论 1915 年的"救国"、"勿忘国耻",还是 1919 年的"内争主权,内除国贼",均是有具体目标的政治诉求,而 1925 年的"打倒帝国主义"明显具有浓厚的革命意识形态色彩,也因此成为国民革命的奋斗目标。

六　集体行动的物质基础

三次集体行动中,1915 年反日运动没有工人参与。1919 年的五四,上海工人罢工声援,不过时间和规模有限。唯有 1925 年的五卅,数十万罢工工人扮演了举足轻重的角色。各地为援助五卅而发生的罢工多达 135 次,罢工工人总计约 50 万。② 数十万工人的参与,使中国民族主义运动获得了新的锐气。

就实际运作而言,"三罢"斗争中,工人罢工最为艰难。商人罢市固然影响其营业,学生罢课也影响其学业,而工人罢工则直接影响其日常生计。工人平日工资微薄,难得积蓄,一旦罢工,生活即濒于绝境。五卅运动期间,数十万工人持续罢工数月之久,这在中国历史上是前所未有的,在世界历史上亦属罕见。后来的史家很少注意到数十万罢工工人靠什么维持生活。而这一点对于罢工乃至整个运动的维持和开展,具有十分重要的意义。据当时估算,罢工工人每人每日最低贴补小洋 2 角,每月总计需要 100 万 ~ 120 万大洋,才能维持全上海罢工工人的基本生活。这一笔巨额资金从何而来?来自海内外捐款。五卅运动期间,国内外各方为支援上海工人罢工而募集的捐款,超过 300 万大洋。③ 300 万大洋在当时是一个多大的数目呢?据称 1925 年北京中央政府全年财政支出 595 万大洋。也就是说,大约相当于中央政府全年经费开支的一半。捐款数目之大,捐款人数之多,在中国历史上也是前所未有的。

但是,五卅捐款多集中在 1925 年 6 月份。7 月份起,各界捐款渐少。罢工日久,各方捐款热情逐渐冷却,罢工工人救济费的筹集日趋困难。筹款成

---

① 20 世纪 90 年代开始,中国官方宣传话语中,"帝国主义"一词逐渐为"霸权主义"一词取代。而学术界在研究近代中国政治和对外关系时则仍然使用"帝国主义"一词。其间的变化颇堪玩味。

② 刘明逵、唐玉良主编《中国工人运动史》第 3 卷,广东人民出版社,2002,第 135 页。

③ 李健民:《五卅惨案后的反英运动》,第 164 ~ 168 页。

为上海总工会在五卅运动后期的头等工作。由于捐款不敷救济，或因救济费不能及时发放到罢工工人手中，生活面临困境的工人难免对运动产生厌倦情绪。7 月份以后，因各界捐款不足，工人索款不得而常发生骚乱事件。在内外情势的压迫下，中共中央不得不调整运动的目标和策略。7 月底，上海罢工运动开始急速收束。

1915 年反日运动中，曾在全国各地发起"救国储金"活动。据统计，是次"救国储金"总计收金超过 800 万元。"救国储金"的用途预计三项：一是造兵工厂，二是练军建军，三是振兴国内工业。对这三大用途而言，800 万元不过杯水车薪，最后只好不了了之，储金允许自由取回，对整个运动的开展未能发挥切实的效果。[①] 相比之下，五卅的 300 万捐款在运动中成为至关重要的经济基础。

结　语

五七、五四、五卅，危机虽然由强而弱，而集体行动的规模和声势则呈现上升趋势。其间的因素，除了本文所分析者外，国际力量的介入与制约（如英国、美国、苏俄）亦起到不可忽视的作用。因篇幅所限，留待另文探讨。另外，近代以来，中国的民族觉醒与民族主义思潮的演进，有一明显的"积累性"、"递进性"特征。1919 年的五四运动，在很大程度上其实仍是对 1915 年"二十一条"的后续反应。"二十一条"的国耻，是中国人对日情感恶化的一个重要里程碑。其后，日本朝野对中国的每一负面举动，都可能产生"叠加"效应，引发中国民众的强烈反弹。

本文侧重考察中国方面的回应，1915～1925 年，有两大社会变迁因素尤其值得关注：一是社会主导群体的转型；一是新式革命政党的出现。这两大变迁是互相关联的。三次集体行动的导因均与日本有关，而集体行动的反应机制却明显不同。首先是集体行动的主导力量在变化：从传统士绅、城市商业精英，到新学生知识群体，再到新革命党。其次是集体行动的方式在变化：从集会通电，示威游行，经济抵制，到诉诸暴力（火烧加拳头），到大规模的"三罢"。再次是集体行动的中心口号在变化：从具体的较温和的政

---

① 参见罗志田《救国抑救民？"二十一条"时期的反日运动与辛亥五四期间的社会思潮》，见《乱世潜流：民族主义与民国政治》，第 67～74 页。

治诉求，上升为激进的革命的意识形态。

五卅之后，集体行动进一步升级。如果说，五七、五四、五卅乃因具体的危机事件而动员的话，那么五卅之后，动员不再需要民族危机个案的触发。或者说，动员由民族危机动员转入国民革命动员阶段。1926～1927 年轰轰烈烈的两湖农民运动以及上海、汉口等地的工人运动，均与"危机"无关。革命本身就是动员。革命的重心由对外转向对内。从危机动员到革命动员，从单纯的民族主义运动到反帝反军阀的国民革命运动，两者之间并无明显的分界，却有相当的连续性、相似性和可转换性。

一战时期德奥在华战俘问题

——以影像史料为主的研究

李学通　古为明[*]

第一次世界大战时期，曾经有大约千余名德国、奥地利籍军人被中国收容于战俘营中。虽然是敌对国家的战俘，但他们却在由昔日皇家园林、行宫，以及议员宿舍、军队营房改建的俘房收容所内，踢足球、打网球、荡秋千、玩保龄，悠然惬意地享受着贵族般的生活。这些德奥战俘究竟如何来到中国，为什么会受到如此优待？在被厚重历史尘埃所遮蔽的史事背后，又有着什么样的政治与外交博弈？有关这些问题，以往学界知之甚少，更鲜有专门论述。

因为科学技术特别是影像传播技术的进步，视觉在文化中扮演着越来越重要的角色，当代世界已经进入了影像时代。随着影像史料阅读的更加便利，历史影像为史学研究者打开了一扇新的视窗。影像史料不仅在保留时代氛围、表情、场景和社会细节方面具有无以比拟的优势，而且在为历史研究者提供证据与灵感方面，同样是文献史料所更无法替代的。甚至我们用以理解和表述历史的方式，也将越来越多地依赖于影像化或视觉化的形式和手段。

本文以影像史料——《中华民国八年俘房起居写真》为主要史料来源，并与相关档案报刊等文献史料相互补充相互印证，对此稍加厘清，冀有补于相关研究，也试图为读者提供一种新的历史阅读体验。

一　德奥在华战俘问题的产生

资本主义世界的利益争夺，最终导致了一场空前规模的人类屠杀。1914

---

[*]　李学通，中国社会科学院近代史研究所编审；古为明，中国社会科学院近代史研究所副编审。

年 7 月 28 日，奥匈帝国为斐迪南王储被刺事向塞尔维亚宣战，巴尔干这个"火药桶"终于引爆了一场主要发生在欧洲，但硝烟弥漫全球的战争。几十个欧洲、亚洲和美洲国家分别加入了协约国或同盟国集团。这场大战也对偏居远东的中国产生了重要的影响。

虽然中国政府在 1914 年 8 月 6 日就宣布"局外中立"，但交战双方——协约国和同盟国集团，都想拉中国加入其战线，由此而引发了 1910 年代中国的一系列政治风潮。北京政府终于在 1917 年 3 月 14 日宣布对德绝交，并于 8 月 14 日正式对德奥宣战，加入协约国一方。由于中国宣布德奥绝交、参战，如何处理德、奥两国在华人员与财产，就成为中国政府重要的政治与外交问题。

北京政府在宣布对德奥绝交、宣战的同时，一方面命令直隶、湖北两省地方长官派员分别收回了德奥在天津、德国在汉口的三处租界；另一方面也公开表示将遵守海牙和平会议公约及其他国际协约关于战时文明行政之条款。

根据当时国际法的准则与相关惯例，中国对德奥宣战后，一切在华的德奥籍人士均将被视为"敌侨"或"敌俘"，应由中国官方对其实行抑留或收容。中国政府颁发了一系列处置德奥在华事务与利益的条例，如处理"敌侨"的《处置敌国人民条规》、《保护敌国人民出境办法》等法令法规，对德奥在华外交人员及普通公民礼送出境。

作为 1907 年海牙公约《陆战法规和惯例》的签约国，中国政府对于"敌俘"——德奥两国在华军人，则采取一律集中拘留的办法，由陆军部负责先后"于近畿一带分设收容所两所，一设于海甸之朗润园，以拘禁德国使馆之卫队，4 月 3 日由驻和（荷）使署武官送交德使馆卫兵共 30 名入所；一设于西苑，以拘禁奥俘，遂于 9 月 14 日由和使交收奥俘官长、士兵等共 138 员名入所。复于京外之南京、奉天、吉林、黑龙江等处分设收容所，以收容各该省及附近地方之德奥俘虏"。（《德奥俘虏管理纪要》，《中华民国史档案资料汇编》）

因为在是否对德绝交、宣战问题上中国内部已争吵很久，所以在中国正式宣布对德绝交之前，德国方面对其在华人员与利益的处置也早已有所准备。海军少将出身的德国驻华公使辛慈（Schintz）3 月 25 日降旗出京，率随员及眷属由上海搭乘荷兰伦勃朗号（Rembrandt，当时译作"连普兰土"）轮船，经日本、美国，返回欧洲，并将德国在华事务与利益委托中立国荷兰的公使代为照料。

当辛慈离华之后，外交部即催请负责战俘事务的陆军部尽快择地安置使馆卫队。因为在中国正式对德绝交之前，事情早已闹得沸沸扬扬，社会上就有驻京德兵"变装出京"传言。陆军部于3月29日正式回复外交部："兹已择定安置地点，并拟定送往办法四条……希即与和馆（即荷兰公使馆）接洽办理可也。"这四点办法是：

一、赴收容所之德国士兵等，应于4月2号午前9点到中华门内集合，听候中国军官点收，以便引导前往。其各人所带之衣物行李等件，均可随带入所，但床榻无须携带。其各人所带之衣物行李等件，亦随同携至集合处所，以便装运随行。

二、本部派萧委员俊生等，于4月2日午前9点到中华门内接管点收。

三、赴收容所之德国士兵等，均步行随同点收之中国军官赴收容所。

四、收容所在海甸附近之朗润园内。

对奥匈帝国在华军人的收容则是在中国宣战之后的1917年8月。8月15日中国宣战以后，奥匈驻华使馆开始时采取了拖延战术，先是照会中方，以中国宣战于国际法不合为由，不承认中国宣战国地位；继则在俘虏身份认定与卫队武器接收问题上，荷兰使馆又节外生枝。

中国外交部8月17日向代理奥匈在华利益的荷兰照会中国对于奥国宣战，要求将奥匈在华现役军人一律收容并解除武装。同时中国颁布《解除奥国在中国现役军人武装办法》，规定：

一、对于奥国宣战后所有在中国境地内现役军人（在北京奥使馆之卫兵或在租界之奥国商团及其他有武装之奥国军人）之处置，即由中国政府依下列各项办法照会奥使并请其迅行知照该部队司令官与中国政府委员妥为接洽办理。

二、拟派点验武装人数委员（以军官为宜）暨其官阶姓名及所带员兵数目。

三、解除该军队武装（惟军官佐佩刀不在解除之列）之时日。

四、请其造具该军队名册暨解除并存轩武装数目之清单。

五、各省区军事长官奉到政府宣告中奥宣战公文时，即另备公文将所奉公文全文及前条各项要点一并叙入，送达奥国领事。

六、各省区军事长官接到答复单据后，即派委员（前项公文所指定者）带同翻译及宪兵前往奥国军队驻在地方，与奥国司令官接洽，所有奥国兵士由该司令官命令于兵营附近处所集合，经中国委员点验并检查后，同时预备专车送往指定之收容所。

外交部秘书王景岐8月18日会晤荷兰公使，商谈交接与收容奥匈驻华使馆卫队的细节。经双方商议，收容时间最后确定改为20日早5点。因为收容德国卫队时，是由中国军官到荷兰使馆，会同荷兰驻华军官前往德国兵营接收，并用汽车将德方俘虏送往海甸俘虏收容所收容。因此，荷兰方面仍主张由汽车运送。中方提出，因为奥国卫队人员较多，现有汽车不敷应用，建议奥匈使馆卫队先到前门坐环城铁路至西直门，然后再由西直门步行到西苑收容所。

关于卫队的武器问题，在王景岐询问是否可同时交出时，荷兰公使当时表示，尚需与荷兰军官商议洽订好时间及地点，并没有拒绝交出的意思。但当天中午12点半，使馆翻译卓某赴外交部，代表荷兰使馆提出：奥匈使馆卫队已经解除武装，由荷兰负责看管，不能因中国宣战视为战时俘虏，应视为在中立国荷兰保护下的避难者，只是因荷兰使馆地方逼窄，不能收容如许人数，所以愿交与中国收容。至于奥匈卫队武器问题，荷兰表示奥军武器已由荷方掌握，但荷兰不能交出。荷兰方面又于21日正式提出一份《处置奥国军队及军械办法》，认为：中国宣战后，奥国军人自愿归荷馆保护，已由荷兰使馆令其解除武装暂行收容。中国政府要收容上项军人，荷方甚愿将上项军人交与中方，但所有武器及子弹等项业已一律交与荷使馆封存，中国政府勿庸有何危险的疑问。荷兰的理由是：按照海牙和平会议公约规定，交战国的军队可以往中立国境地内寻求其保护。中国取消中立国地位后，在华的只有荷兰属中立国，奥军队入荷兰使馆寻求庇护亦无不可。但考虑到中国的地域主权，荷兰认为必须要让中国实行参与的权力。

北洋政府对于此种说辞虽不满意，但实际上承认了荷兰的说法。1917年9月14日，156名奥匈卫队官兵在中国军警的押送下，前往指定的西苑收容所，后又于1918年1月迁至原清朝皇帝的行宫万寿寺。

二 战俘的管理与优待

1. 战俘收容的法规与机构

正式对德奥宣战以后，以解除德奥在华一切武装（包括北京使馆之卫兵或在租界中的商团及其他有武装之奥国军人）为前提，北京政府很快就制订并颁布了一系列解除德奥在华武装、收容与管理其在华战俘的法令法规。

这些法规主要有《处置敌国兵营办法》、《解除奥国在中国现役军人武装办法》、《俘虏待遇规则》、《俘虏收容所规则》、《俘虏收容所编制及办事规则》、《俘虏收容所俘虏起居定则》、《俘虏递信及汇兑限制办法》，以及《陆军部外交事务处编制》、《陆军部外交事务处办事细则》、《俘虏情报局编制》、《俘虏情报局办事细则》，和一系列相关的法令，如大总统令等等。

这些法令、法规不仅构建起了一整套相关组织机构，而且也是第一次在中国形成了比较完整的战俘收容、管理制度体系。

这一制度体系的主要内容包括：

（1）以"本宽大矜怜之意"（《俘虏收容所规则》），"妥为待遇，以示博爱"（《俘虏待遇规则》）为俘虏收容工作的宗旨和指导思想。

（2）解除一切在华德奥现役军人（包括军官与士兵）的武装，全部由中国予以收容，并且"于距城市较远、交通便利之处，择定适宜房舍"设立俘虏收容所。（《俘虏收容所规则》）

（3）俘虏收容所的管理实行"在北京之收容所归陆军部管辖，外省则属于驻在地军事长官管辖，但关于俘虏情报事项呈报于陆军部"。依据中国与荷兰达成的约定，收容所不得由下级人员看管，中国官方须派若干军官负责管理，至少也要有一名军官在所中代理总管。收容所的内部管理一般实行俘虏"自治"，由荷兰方面任命奥匈军人中最长者妥为分配，采用军营中之规例。

（4）陆军部设立专门负责军事外交事务的外交办事处，其职责中"包括关于处置俘虏事项"和"关于俘虏局事项"。同时由陆军部于1917年9月4日成立由该部直辖的俘虏情报局，除"承办复答各种关于俘虏之请求、书函收接"之外，其重要职责是向国际红十字会及交战国通报本国所收容战俘信息。如：

　　一、关于俘虏姓名、年岁、籍贯、品级、队数及其拘禁、受伤、死亡日期，并查得各种特别情形之记载事件。

二、关于各俘虏收容所报告、拘禁、迁徙、交换、脱逃，进病院死亡及他种需要消息之接收事件。

三、关于俘虏请求书之答复事件。

四、关于俘虏所遗一切用物、契约、信札等之接收、汇集及递交，与该俘虏有关系者事件。

五、关于俘虏之遗嘱、身故证明书及埋葬文件之收受并缮写事件。

六、关于外人寄赠俘虏信件及俘虏寄发信件之承收、检查、转给，并代发事件。

（5）俘虏收容所实行军事化管理，对俘虏的作息时间都有相当详细的规定。

收容所所长"承驻在地军事长官之命，督同所内员司管理收容所一切事务，并有指挥所内卫兵、宪兵之权"。除所长外，收容所须设有检查员、庶务员、军医、会计、书记、司书、卫兵、宪兵、看护、差弁、夫役等人员。收容所一般设于"距城市较远、交通便利之处"，"房屋须力求洁净，以免妨碍卫生"。"须附设药室、病室及浴室。""须派专门医士常川驻所。"同时拨驻军队，对收容所给予必要的保护。"俘虏对于中国政府颁布命令或收容所长官训示，均须遵守，其违抗者应隔别禁闭，严行监视，如有犯罪行为，应由军事裁判按法惩治。"（《俘虏收容所规则》）各俘虏收容所执行统一的作息制度：俘虏每天六点三十分起床，七点三十分早餐。八点十五分本所检查员检查屋宇。如有询请或疾病等事应于此时陈明检查转报所长。八点三十分至十点三十分齐赴操场游戏体操。十二点午餐。午后三点三十分训谕。六点晚餐。晚七点三十分点名。晚十点就寝，就寝后十五分时内住室一律熄灯。（《俘虏收容所俘虏起居定则》）非经本所长官允许，俘虏不得随意外出，不得随意接晤友朋或擅留他人在所住宿及饮食等。（《俘虏收容所规则》）

（6）对俘虏实行优待，具体内容包括：

俘虏本人所有的物品，入所时应由收容所所长切实点验。除规定禁止携带的物品如武装等外，一概仍归其所有。

被收容的俘虏一切应用被服、给养，得由中方参酌俘虏习惯，分别筹备；如愿自带被服者，经收容所检查后也可以准许携入。

收容战俘可以享受免费的寄发邮件及银钱汇兑服务。中方规定，在俘虏收容处所"须由邮局设特信桶，按照规定时刻派定专役启收"；除电报外，俘虏所发"信函邮费则一律豁免"。当然，往来函电均必须使用德文或中文，且得由中方"检查员拆封检阅，如无不合之处仍即封固代转，并加盖戳记为据"。对于"用密码或隐语，或字迹故作模糊令人不辨者，检查员均得扣留或注明发还原邮局"。战俘可以享受免费的银钱汇兑服务，但亦须接受相关人员的检查，遵守汇兑条例。如"收款之人确系其家属或有关系"；"所汇之款确系家用无关军事者"；"所汇数目符合其本人薪入之数"；一般情况下"每人每月不得过一次"等。(《俘虏递信及汇兑限制办法》)

收容战俘比照我国现行陆海军饷章，军官发给薪俸，士兵按月发给月费——军饷。中国规定：比照我国现行陆海军饷章，俘虏军官按其军阶支给薪俸，其所需火食即应得薪俸内开支。普通士兵除供给伙食外，正副目每名月给零用四元，兵士每名月给二元。(《待遇德奥俘虏办法》；1917 年 11 月 14 日陆军部致外交部函)

俘虏如果染患重病或疑似传染者，经医生证明，应转到指定医院疗治。

图 1　西苑俘虏收容所的战俘收到邮件

奥匈俘虏弗兰克写道：5 月 30 日，我们终于收到了国内的第一批邮件，这使我们太高兴了。

在这样长的时间后收到了信，我们轻松愉快和满意的心情是难以描绘的。

2. 战俘收容与待遇情形

至 1919 年初时，中国先后共设立了七个俘虏收容所，具体情况见表1：

表1 俘虏收容所一览

收容所名称	设立时间	在所俘虏数（1919 年 1 月）	收容所地点	俘虏来源
海 甸	1917 年 4 月 3 日	49	北京海甸朗润园住宅	德国驻华使馆卫队
西 苑	1917 年 9 月 14 日	162	北京万寿寺清代行宫（1918 年 1 月由西苑兵营迁来）	奥匈帝国驻华使馆卫队
西苑新所	1918 年 7 月 29 日	82	北京西苑原禁卫军步兵 51 团营房	1918 年 7 月由天津迁来
南 京	1914 年 10 月 31 日	65	南京丁家江苏省议会议员公寓桥	德国海军 S90 鱼雷艇水兵
吉 林	1916 年 10 月 23 日	76	吉林省吉林城外原军队司令部	自俄罗斯逃来
龙 江	1918 年 9 月 15 日	456	黑龙江省城西大营原军队营房	自俄罗斯逃来
海 伦	1917 年 3 月 9 日	170	黑龙江海伦县西北原军队营房	自俄罗斯逃来

资料来源：《中华民国八年俘虏起居写真帖》，台湾中研院近代史研究所藏外交部档案。

海甸俘虏收容所 中国正式对德绝交之前，北京即有驻京德兵"变装出京"的传言。宣布绝交后，外交部即催请陆军部尽快择地收容安置德国使馆卫队。当时中国政府曾有设收容所于天津小站当年北洋新军的兵营及西山潭柘寺等几种方案，最后决定"以海甸之北成府村载涛贝勒别墅朗润园为收容所"。

3 月 29 日陆军部将最后确定收容方案通知外交部，并请与代表德国利益的荷兰使馆接洽办理。收容方案的具体内容主要是：于海甸朗润园内设德国俘虏收容所；被收容的德国士兵等于 4 月 2 日上午 9 点前在中华门内集合，由陆军部派委员萧俊生等到中华门内接管点收；德国俘虏随同中国点收军官步行前赴收容所；德国俘虏个人之衣物行李等件，均可携至集合处所，以便装运随行。

西苑俘虏收容所　该所收容的是奥匈驻华使馆卫队。中国对奥匈宣战以后，陆军部颁布了《解除奥国军人武装办法》，规定"所有在中国境内现役军人、在北京奥使馆之卫兵或在租界之奥国商团及其余有武装之奥国军人"，均应自动解除武装，由中国陆军部或各省区军事长官派员点验收容，送往指定收容地点。

1917 年 9 月 14 日，156 名奥匈卫队官兵在中国军警的押送下，前往指定的西苑收容所，后又于 1918 年 1 月迁至原清朝皇帝的行宫万寿寺。

西苑俘虏新所　该所是 1918 年 7 月 29 日才开设的最后一个战俘收容所，但它使用的是西苑收容所最早的驻地——原禁卫军步兵第 51 团营房。据《中华民国八年俘虏起居写真》介绍，收容所里的 82 名俘虏是从天津转来的，但没有关于他们身份及来源的具体说明．

有关这批自天津转来的俘虏身份与的来源有以下几种可能：

（1）奥匈帝国于 1902 年与中国签订租界合同，在天津获得了一块千余亩的租界，并设驻军约 40 余人的兵营，由一上尉军衔的军官统领。一战爆发以后，由于中国参战消息的传言，天津奥租界出现治安不稳情形，驻奥匈驻华使馆卫队加派 32 名水兵赴天津奥国租界弹压。中国对奥宣战后，中国军警于 3 月 14 日进驻奥租界，接管了租界行政权。应奥匈驻华使馆请求，在中国军方监督之下，赴津的使馆卫队又于 17 日乘早车回到北京。显然，1918 年方由天津转来西苑新所的俘虏，并非这支原使馆卫队。但是，当时回京的只说明是临时加派的使馆卫队，而原天津租界的奥匈驻军可能仍留在天津收容，1918 年才集中到北京，入西苑新所。

（2）天津转来的这些俘虏也可能是后来陆续又通过各种途径收容的逃兵之类俘虏。因为当时天津乃中国北方最繁华的工商业城市，地处交通要津，由东北转往上海等南方城市，或由关内北上黑吉辽等，均由天津中转。由俄罗斯进入中国各地流窜的德奥战俘，极有可能在天津被发现、收容。从西苑新所俘虏数量，以及他们的衣着上看，他们似乎也不是身着统一军装的有组织、成建制收容的俘虏。

（3）还有一种可能，是从上海经天津转来的奥国俘虏。据上海《申报》

报道，1917 年中国对奥宣战以后，驻上海的松沪护军使卢永祥即奉命咨请海军海容、海筹两舰协助，将在上海的属商团武装的奥国商轮西里西亚号、波希米亚号及支那号收容。由上海县知事沈宝昌选定大南门外图书公司旧址设德奥收容所，派陆军 38 团士兵驻守。后因该处所设江苏省立第一商业学校即将开学，沈宝昌另觅南洋中学多余之房屋，也因房屋数量不敷应用而未果，于是又呈请江苏省长齐耀琳将收容所改设于日晖港造呢厂内。收容所初由上海县公署派员主持，迁到日晖港造呢厂后改由松沪护军使卢永祥接管，委派陆军第 10 师师部三等参谋王文山为所长，并派排长李凤鸣率兵一排驻守。收容所内为奥国海军大副马纲藩恨常等 63 人，另有一名土耳其人墨斯脱番。此外，还有两名正住在租界宝隆医院住院。后又报道共有 62 人，并附有名单。但此后有关这 60 余名奥国俘虏的行踪便没有了下文。从这批俘虏的人数上分析，也有可能被转移来京，收容在西苑新所。

南京俘虏收容所　成立于 1914 年 10 月 31 日的南京俘虏收容所，是中国设立的第一所德国俘虏收容所。所址位于南京丁家桥的江苏省苏、扬两属议员公寓，所收容的俘虏是德国海军 S90 鱼雷艇上的水兵。

第一次大战爆发不久的 1914 年 10 月，日英联军进攻胶州湾德国租借地之时，德国海军 S90 鱼雷艇船员为避免战败被俘、军舰落入敌手，自行将舰艇炸沉，弃船登陆，向尚处于局外中立的中国当地驻军投降。中国方面依照相关国际公法，将这 61 名德国水兵收容在南京。据 1914 年 11 月 5 日上海《申报》记载：

> 宣武上将军（冯国璋）署昨准宁省中立筹备处办事员函开：现据山东靳上将、蔡巡按使□电内开：前据日照知事巧电：青岛击毁德国兵舰一艘，官兵六十一人由石臼所下岸，愿弃船前往上海等语。当电中央请示处置办法。兹准统率办事处马电：日照下岸之德军官士等，应即按照中立条规，卸去武装，约束扣留，取道沂、兖，送往金陵安置等情。旋奉冯上将军、齐巡按使谕，饬江宁王镇守使、警察王厅长、宪兵陈总司令，会同委派委员前往浦口车站，接收是项德军官兵六十一人，即安置于南洋劝业会场之内，并派军警在彼加意保护，不准德军官兵相离住所寸步，俾免酿祸。一面又经王镇守使等布告军民人等，须知此为中立国应有之权力，勿得妄生猜疑，致启惊扰云云。

事实上，德国在中国的水兵不止于此。除此之外，一战爆发之初在南京下关草鞋峡江面停留的"霍特"与"惟台兰"两艘德国炮舰，也在江苏督军冯国璋的命令下，由中国军方勒令卸去武装，士兵禁止登岸。中德正式绝交之后，长江第二舰队（江防舰队）司令饶怀文派令海军士兵数十名进驻德舰，并将德舰内军官佐及水手士兵名、数，开报海军总司令萨镇冰。以后对这部分德国水兵处置情形不得而知。另外，1917 年 3 月中国宣布对德绝交之后，时在广州的德国"青岛"号炮舰也自行炸沉于黄埔。据报道，广东督军当即派员赴现场清查，命黄埔海军管理处妥为收管，并上报外交部及海军部。但对该舰德国水兵如何处置也未见进一步的记载。

吉林俘虏收容所　成立于 1916 年 10 月 23 日的吉林俘虏收容所，也是中国对德奥绝交宣战之前设立的。收容所位于当时吉林省城吉林市西门外的一栋西式楼房中，1919 年初时收容有 76 名俘虏。

欧战爆发以后，历年作战中被俄罗斯军生擒的德奥战俘被送往人烟稀少的西伯利亚及远东滨海地区，俄罗斯在那里建立了不少俘虏收容所。由于战俘越来越多，而且俄方对战俘管理粗放，所以常常有俘虏借机脱逃，四处流落，奔窜于俄罗斯远东滨海地区。与俄罗斯接壤的中国吉林、黑龙江省自然也成为德奥俘虏的流浪之地。当时有一个专有名词——"东北逃俘"。

第一例"东北逃俘"的报道来自与俄罗斯接壤的东宁县（时属吉林省）。1915 年 1 月，吉林省方按到东宁县报告，称本月 22 日有德国上尉交拉格为七、中尉月雷扎留、中尉雷利勒、中尉施大别非来特、正目（士官）瑞德黑五人，从绥芬河对岸的俄罗斯逃入东宁县，当即被中方收容。对岸俄方官员尾随而来，要求中方交出逃俘。东宁县方见该德俘等身无分文，而且都患有严重的冻疮，一面按日接济伙食并派人看护外，一面向省方请示究竟应该如何回复俄方要求。

吉林巡按使孟恩远当即指示：德俘既入我界，应照中立惯例由县看护，不能交给俄方，并且命令东宁县将该德俘等冻疮速为疗治，加以相当待遇，同时慎密看守，勿令逃亡。考虑到东宁与俄罗斯一河之隔，为防意外，孟恩远又命延吉道尹将俘虏另行安置，同时上报北京外交部。

外交部在接到孟恩远电报不久，也接到了俄国驻华公使的节略，称据俄国阿穆尔省总督电称，近有俘虏数名从所属境内逃入华境，中国官员助其逃走，请中国政府注意严饬各该地方官实践中立之义务。2 月 3 日，驻华公使库齐朋斯专就此事与中国外长陆征祥交涉。陆征祥以逃入华境之俘虏已经被中国地方官圈禁为由，拒绝了俄方要求引渡回俄的请求。与此同时，德国驻奉天领事也向中方提出要将该五人接至奉天领事馆，同样被中国拒绝。外交部指示吉林方面：1907 年海牙保和会陆战中立条约中有关中立国收容逃亡之俘虏的相关规定，是中方处置德人之事至确之根据，"极为紧要，务祈遵守慎办，万勿失之轻忽"。

随着中国境内逃俘的不断增多，吉林方面不得不考虑设立俘虏收容所，以统一逃俘的收容与管理，于是有吉林俘虏收容所的建立。

海伦俘虏收容所　位于黑龙江省海伦县的海伦俘虏收容所，成立于中国正式宣布对德绝交之前数日的 1917 年 3 月 9 日，1919 年时收容俘虏 170 名。据《吉长日报》报道，海伦俘虏收容所设立不久，就收容了德奥两国战俘300 余名，造成收容所人满为患，房间不敷应用。收容所不得不电请黑龙江督军鲍贵卿，提请在该所附近再租民房百余间，以为收容之需。但该所租用民房，扩充容量之后不久，逃俘数量再次膨胀，而且满洲里、黑河等处还继续有德奥俘虏越境向中国投降，各地驻军陆续不断向该所解送德奥俘虏。黑龙江省不得不于 1918 年 9 月 15 日在黑龙江省城（今齐齐哈尔市）增开一新的俘虏收容所——龙江俘虏收容所。

龙江俘虏收容所　所有一战时期中国设立的德奥战俘收容所中，龙江俘虏收容所收容战俘的数量最多。但该所最突出特点不是数量最多，而是所收容战俘复杂而特殊的身份。

十月革命前，被迫加入奥匈帝国军队与俄罗斯作战的捷克斯洛伐克人大批逃向俄国一边。俄方将他们编成捷克军团，转而与俄军并肩对德奥作战。十月革命爆发后，俄国苏维埃政府根据协约国的请求，同意让捷克军团向东穿越西伯利亚，经海参崴乘船运回欧洲投入协约国一方作战。但是，在协约国的鼓动之下，捷克军团在西伯利亚铁路沿线发动暴乱，甚至推翻当地苏维埃政权。协约国遂以救援捷克军团的名义，出兵围攻苏维埃俄国。另外，他们还指责苏维埃政府将成千上万在西伯利亚的德奥战俘武装起来对捷克人作战。英国、日本政府也宣布"出兵西伯利亚"。中国北洋政府也"本于美国之提议"，于 1918 年 8 月陆续派兵赴海参崴"与协约国军队一致参加战斗"，同时派兵镇压布尔什维克党准备在中东铁路发动的起义。

此时，许多加入苏俄红军的德奥战俘，实际上已经不完全是原来意义上的同盟国俘虏了，他们已经被视为"过激派"阵营的一部分。谢苗诺夫的白匪军甚至公开宣布：德奥俘虏如早弃械投降，尚可收容，否则再开战时决不容德奥人投诚，势必一律枪毙。与英日在西伯利亚、远东地区作战中，也有许多"过激派"阵营的俄军或原德奥战俘被俘，包括"过激派"首领克拉斯诺齐由阔夫，其中"龙江俘虏收容所近日迭次取到德奥暨过激派俘虏"。① 黑龙江省督军鲍贵卿"特派副官赵某，将该省收容之德奥俘虏八名（内有俄国过激派二名）解送晋京"。② 相信这八名德奥战俘及两名"过激派"并非等闲人物，不然鲍贵卿也不至于专门派自己的副官将他们押解进京。

不管是出于何种原因，中国对于一战时期德奥在华战俘确实给予了最优厚的待遇。

生活起居方面　在北京的德奥俘虏收容所，被安排在环境优越的皇家园林、行宫之内。

图2　海甸俘虏收容所——朗润园

朗润园原名春和园，是清朝嘉庆皇帝的兄弟、庆亲王永璘的花园。咸丰元年（1851），春和园又被转赐给咸丰皇帝的兄弟恭亲王奕䜣。朗润园之名

① 《大公报》1918年10月1日。
② 《远东报》1918年10月3日。

还是咸丰皇帝当年亲赐并御书匾额。奕䜣去世，朗润园收回内务府管理，被用作内阁军机处及诸大臣会议的地方。民国初年，溥仪将此园赏给了他的七叔——醇亲王奕譞的第七子贝勒载涛。朗润园分中、东、西三所，园中松柏成荫，殿宇奇伟，四周环河，有假山碧亭，可以赏荷钓鱼。

万寿寺始建于唐朝，是明清两代的皇家寺庙，主要用做收藏佛教经卷。清朝时又经几次重修扩建，形成了集寺庙、行宫、园林为一体的建筑格局，也是明清两代帝后游西湖（昆明湖）途中用膳和小憩的行宫。乾隆曾三次在寺中为其母祝寿，有"京西小故宫"之誉。奥匈战俘中的士兵被分别安排住在三个大殿和四周的功房里。军官们住在过去慈禧住过的宫殿里。战俘们以及来此探视过的荷兰公使对这个地方都非常满意。奥匈俘虏军械士官亚历山大·弗兰克曾写道："我相信，人人今后都会乐意回顾这段美好的时光，人人对这段经历终生难忘，永远记忆犹新，最后还会说：我们经历的这一切多么好、多么美啊！"

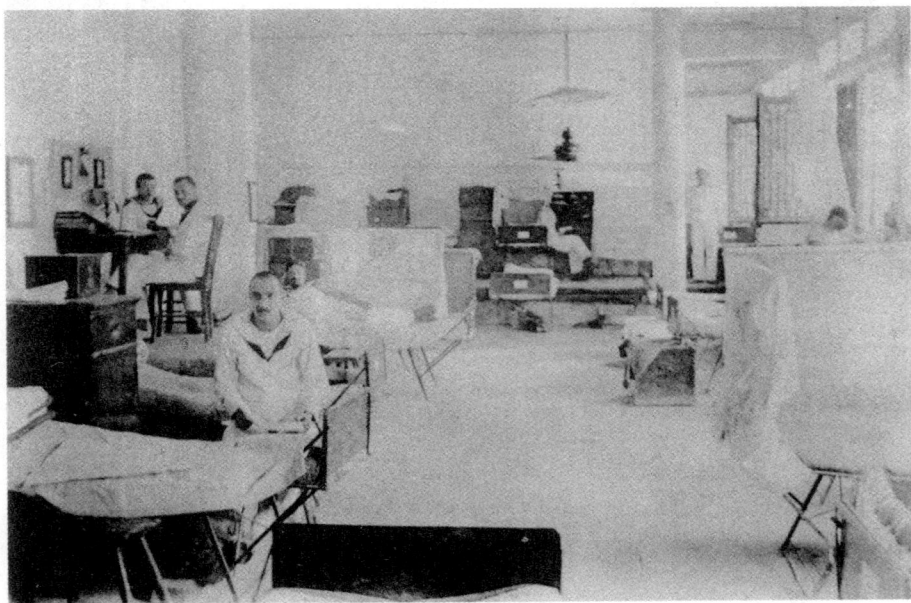

图3　西苑俘虏收容所士兵宿舍

饮食方面　中国尽自己能力对德奥战俘给予了最人道的待遇。奥匈驻华公使罗斯托恩后来也承认："我从没遇到一个（在华的）奥地利人叫苦，他们受到了良好的待遇。"

据记载，吉林督军孟恩远最初对德奥逃俘采取招待外军客人的优待政策，执行每人每月 24 元的伙食标准。1917 年宣布对德绝交之后，本应降为每月 17 元的战俘标准。尽管 17 元在当时已是相当高的伙食标准了，但孟督军依旧执行 24 元的标准，未加削减。然而，吉林俘虏收容所俘虏并不满足，"借口伙食不佳，内有军官飞机副司令名齐恩者，竟于开饭时推翻饭桌，摔毁饭具，并有兵士数名赴公厅大肆咆哮"。[①] 俘虏收容所所长王鹤亭立即禀报督军请示办法。孟恩远没想到自己的好心被当成驴肝肺，如此优待尚敢咆哮逞凶，当下饬令所长：每名俘虏膳费一律照 17 元支给，伙食由其自办，倘再滋生事端，从严惩办，勿得宽容，并饬令驻所警卫队认真防范。此事后情不得而知，不久俘虏收容所所长王鹤亭奉令出镇外卖，孟恩远改委第二旅步一团团长李俊卿接任所长一职，或许与此事不无关系。

图 4　吉林俘虏收容所军官餐厅

发给战俘薪饷月费　依照海牙《陆战规约》和中国颁布的待遇德奥俘虏办法，陆军部比照我国当时执行的陆海军饷章，于 1917 年 11 月拟订了德奥

---

① 《吉长日报》1918 年 5 月 14 日。

俘虏军官及士兵薪俸及月费标准。标准规定，准尉以上军官照我国陆海军饷章发给薪俸，其所需火食即由应得薪俸内开支。士兵除供给伙食外，正副目（士官）每名月给零用四元，兵士每名月给二元。其中最高的海军上校月薪高达420元。

表2　拟订德奥俘虏陆军军官薪俸数目

单位：元

阶级区分	员　数	月　支
上校团长	一　员	284
中校一等参谋	一　员	213
少校营长	一　员	142
上尉连长	一　员	71
中尉排长	一　员	35
少尉司务长	一　员	28
准尉司事生	一　员	22

表3　拟定德奥俘虏海军军官薪俸数目

单位：元

阶级区分	员　数	月　支
上　　校	一　员	420
中　　校	一　员	260
少　　校	一　员	140
上　　尉	一　员	110
中　　尉	一　员	85
少　　尉	一　员	70
准　　尉	一　员	50
军医同上尉	一　员	120
军医同中尉	一　员	65
军医同少尉	一　员	45
军需同中尉	一　员	85
军需同少尉	一　员	60
书记同上尉	一　员	105
书记同中尉	一　员	70
书记同少尉	一　员	40
电官同中尉	一　员	85
电官同少尉	一　员	65
电官同准尉	一　员	55

资料来源：陆军部致外交部函，1917年11月14日。

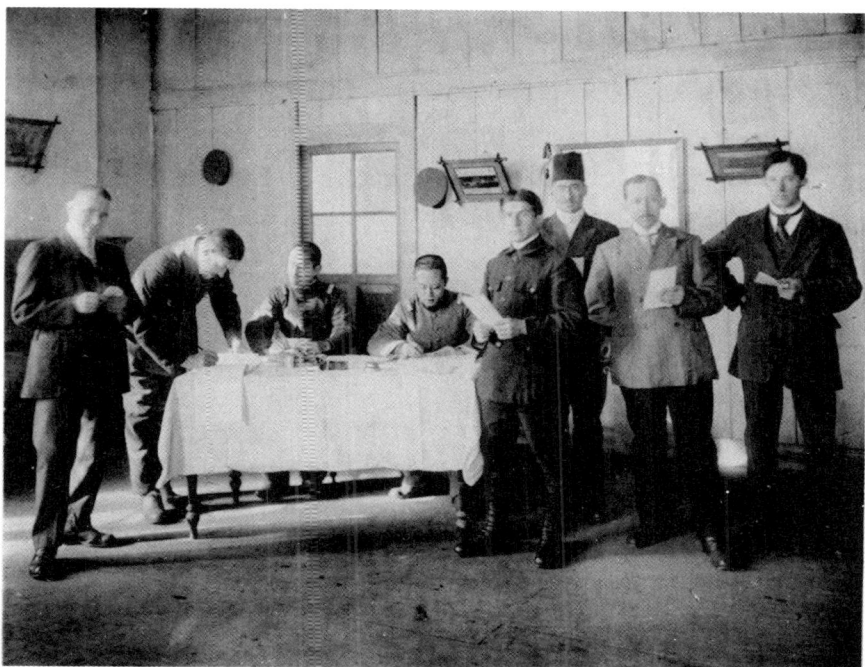

图 5　吉林俘虏收容所战俘领取月费

服装及物品的发放　除发给薪俸、月费之外，中国还给押德奥战俘发放服装及所需日常用品。特别是许多东北逃俘自俄罗斯逃入中国之时衣衫褴褛，贫病交加，如麦牙中尉所言，中国俘虏收容所除备有美满之食物，且给有完全之衣履，逃俘们的面貌顿然改观。1919 年冬，吉林俘虏收容所为每名战俘在省城洋服店定做了每套价值约大洋 30 元的冬装。

卫生与医疗条件　中国还尽其所能，为收容所里的德奥战俘提供了良好的卫生与医疗条件。按照俘虏收容的相关规定，每一个收容所内设立医务室，负责俘虏的保健医疗。此外，陆军部还专门指定位于北京东城东四牌楼六条胡同里陆军军医学校医院作为德奥战俘的专门医院和养病之处，"除服务人员外，他人概不容留"。

在中国与荷兰订立的有关协议中还规定，由荷兰使馆卫队管辖的北京德国医院的医生及其代表，随时可以到战俘医院实地查验，无论何人不得阻挠。但他们的处置及命令，均须合法。对于患重病的战俘，也可根据医生的要求，转入属于荷兰卫队管辖之德国医院。凡病人在荷兰卫队管辖之德国医院居住期内，由荷兰方面负责管辖，但中国官方可以依法实行监视。

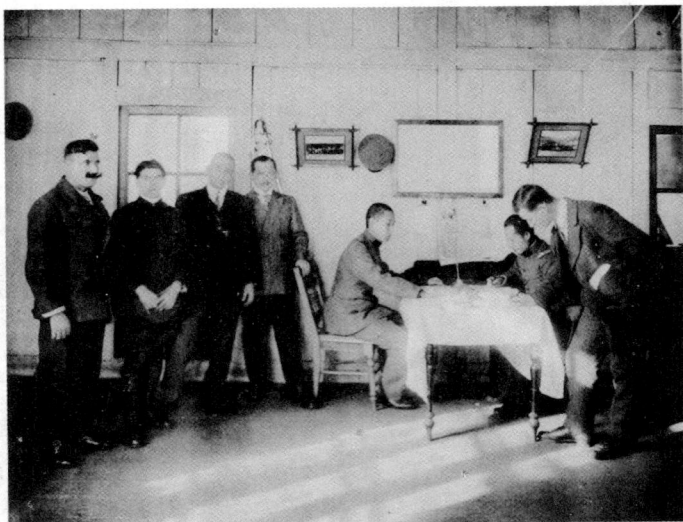

图6　吉林俘虏收容所给战俘分发物品

在京外的各俘虏收容所均设有医务室、药房，重病者也可送至当地医院治疗。如吉林收容所收容的德国逃俘麦牙（Meyer）中尉，患病后即被送至吉林日本医院治疗并向荷兰驻京公使作了通报。

图7　南京俘虏收容所浴室

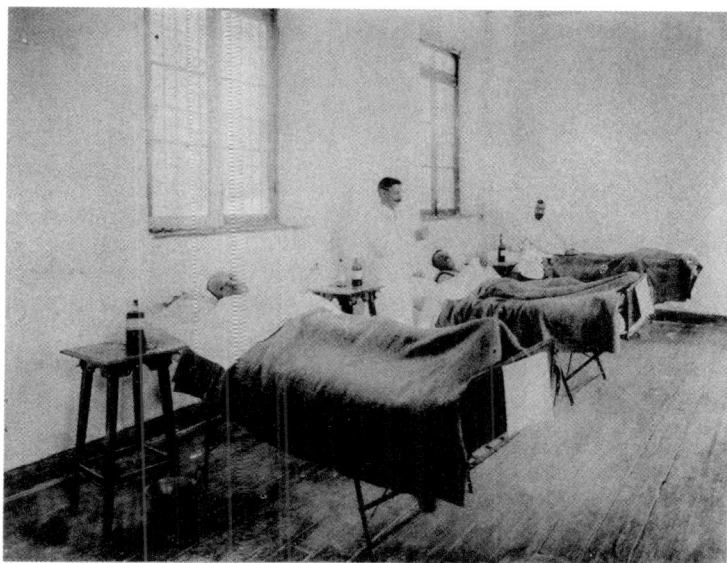

图8　西苑俘虏收容所里的病房

据记载，西苑收容所的俘虏中三分之二的人患过伤寒、猩红热、疟疾、痢疾、腹泻、霍乱、肺病和其他许多小病，80%的性病患者在这里被治愈了。

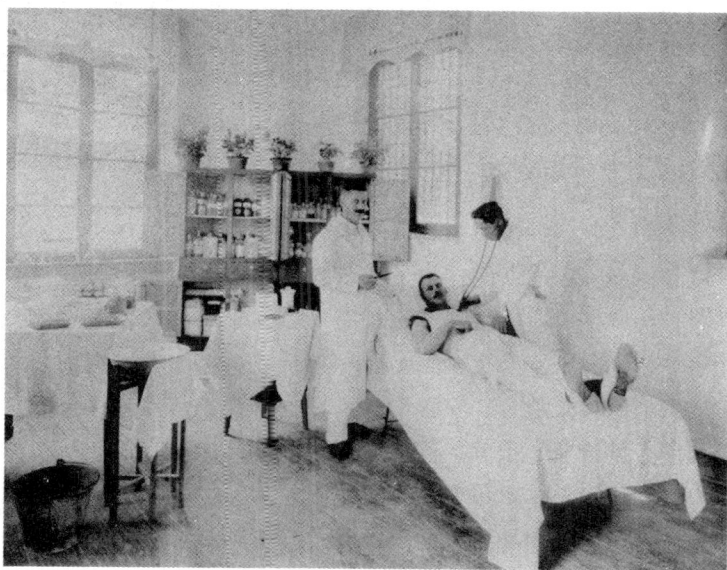

图9　西苑俘虏收容新所治疗室

　　提供充分的文体活动条件　按照规定，战俘们有自由活动时间，可以在有人监督的情况下共同出所外散步，而且每人每周至少二次，每次 3～4 小时。但实际执行比较宽松。据说收容所里的俘虏往往"休闲过度"，常常招摇于街市，夜不归宿。

　　各个收容所在文化体育方面，也给德奥战俘提供了最好的条件。几乎每个收容所都有战俘组织的乐队、球队（或足球或网球）。

图 10　海甸俘虏收容所的战俘军乐队

　　尊重俘虏的宗教信仰　对于战俘的宗教信仰和精神生活，中方也给予了充分的尊重和保障。一战期间，为了从东线牵制俄国，德国以提供一亿法郎贷款的许诺，换取了奥斯曼土耳其参战出兵。土耳其于 1914 年 10 月 29 日正式加入同盟国行列，俄罗斯也于 1914 年 11 月 2 日对土耳其宣战。随即俄土两国在高加索地区发生战斗。交战中，土耳其第九集团军损失惨重，故而有大量的土耳其战俘流落于俄罗斯远东地区，并逃入中国境内。从黑龙江海伦俘虏收容所的影像资料中可以看到，俘虏中还有不少跪在墙角祈祷诵经的穆斯林，他们应该是信仰伊斯兰教的奥斯曼土耳其士兵。收容所方面对他们的宗教信仰给予了充分的尊敬，并提供了专门的礼拜场所。

图 11　西苑俘虏收容所的体操房

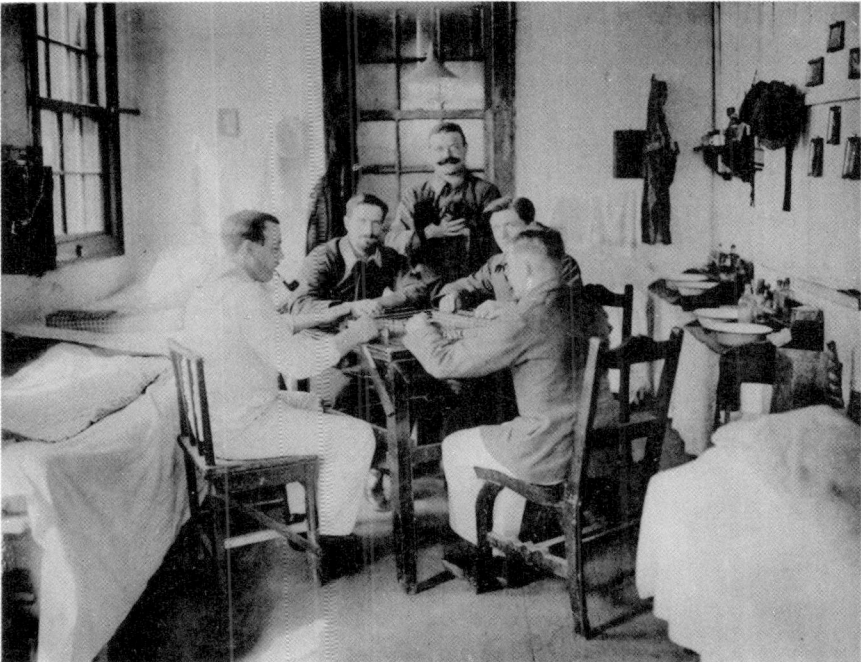

图 12　南京收容所里打麻将的俘虏

图 13 黑龙江海伦俘虏收容所的战俘在做礼拜

对死亡俘虏的处置。对于因各种原因在被收容期间死亡的德奥俘虏，中方也给予了最人道的待遇和妥善的安葬。

例如，1917 年 11 月 17 日，西苑俘虏收容所奥匈战俘阿杜德·爱欣格阿（Eduard Eichinger）在北京首善医院病故，荷兰使馆为其在东交民巷德国兵营举行了葬礼，中方允许西苑收容所的奥地利战俘派出 20 人作为代表，并专门派员护送前往吊唁。同年末，一名在东交民巷德国医院住院的德国俘虏病逝，荷兰使馆也于 12 月 31 日为其举行了葬礼。海甸收容所派德俘司务长一名、士兵四名作为俘虏代表出席该德俘的葬礼，并由该所检查员翟鹏护送俘虏代表往返。

1918 年 10 月 31 日，40 岁的奥匈常备步兵一团一营三连正兵、龙江收容所第 398 号俘虏司茶保拉斯老（一译司茶保拉的士劳士），因患神经性流行感冒，病逝于龙江俘虏收容所。该所依照俘虏死亡处理规则，将该俘棺殓，埋葬于省城南隅慈善会墓地并树立标识，同时将调查通知各表暨该故俘遗物等项咨送陆军部分别存转。

图 14　奥匈战俘阿杜德·爱欣格阿的墓地

　　虽然由于中方对收容所俘虏管理过于优待和宽松，发生过奥匈俘虏"进城散步，因醉滋事"的情况，甚至乘机脱逃事件，总体而言，中国在一战时期对德奥战俘的优待行为，不仅得到被收容战俘的感激，也得到德奥官方的认可。

　　例如，虽然吉林收容所发生过俘虏罢饭事件，但《申报》1921 年 4 月 19 日发表的一篇题为《德人述中国待遇俘虏情形》的文章，为我们提供了相反的例证。《申报》转载的是德国陆军中尉麦牙氏发表在德国的一篇文章，讲述了他在吉林俘虏收容所的生活。这位德军中尉认为，中国"待遇俘虏，较他国为优"，他将"在中国时所受优待情形书出，以代国人表示谢忱，而使我国周知其事"。据他介绍，被俘后在西伯利亚被关押两年，"衣衫污秽，百人一室，其苦楚情形不堪宣述"。他于 1917 年春"设法逸出该地，跟跄道上，备受艰辛，或徒步或乘马，或有时随骆驼队而行，沿途所遇华人均能相待优渥，此心方觉自安。计此行约七星期之久，乃至中国之吉林"。入吉林收容所后，"该所既备有美渚之食物，且给有完全之衣履，面貌顿然改观，不复如前此之褴褛不堪矣";且"居室既宽,器用亦备,且能各占卧室,以图安睡,而所员如此厚待,且对于吾辈每抱歉意,较之在俄国时,实不啻天壤之别也"。

战时被收容于西苑收容所的奥匈战俘们以及来此探视过的荷兰公使对西苑收容所都非常满意。军械士官亚历山大·弗兰克甚至写道:"我相信,人人今后都会乐意回顾这段美好的时光,人人对这段经历终生难忘,永远记忆犹新,最后还会说:我们经历的这一切多么好、多么美啊!"奥匈驻华公使罗斯托恩后来也承认:"我从没遇到一个(在华的)奥地利人叫苦,他们受到了良好的待遇。"

在中国对德绝交前设立的南京俘虏收容所,德国水兵也受到极好的待遇。德国驻华公使辛慈在1915年5月5日与中国外长陆征祥的会晤中承认,S90鱼雷艇"船员在该处极蒙优待"。他甚至得寸进尺地提出,德国水兵因为南京天气太热,不能安居,要求"迁往南京相近牯岭或莫干山"等避暑胜地去避暑。为此外交部10日特专门致电江苏督军冯国璋,询问是否可行。当德国俘虏6月份又提出到北戴河避暑的要求时,甚至连负责向中国交涉的德国使馆参赞也认为这个要求太过分了,实无移住之必要。

第一次世界大战结束后,虽然中国没有获得所期待的平等待遇,并且拒绝签署《凡尔赛和约》,但还是于1919年9月15日正式宣布结束与德国的战争状态。1920年5月26日和6月4日中国还先后参与签署了不涉及山东问题的《对奥地利和约》及《对匈牙利和约》,后又于1921年5月20日与德国单独签订《中德协约》,恢复两国的外交关系。

与此同时,中国负责任地履行了自己的国际义务,将德奥在华俘虏一律准予遣返。关于在华德奥战俘的遣返事宜,最初议定由荷兰船只遣返,但因日本遣返德俘的船只马洛丸号恰好经过上海,中国当局即命令西山等处收容所着手准备,一律将德奥战俘先送上海,以便搭船放洋。1920年2月,北京、黑龙江、吉林、南京等地的德奥在华俘虏,经与荷兰使馆武官商洽,一并转送上海,由荷兰武官率领搭乘日本哈德逊丸号归返故乡。

三 结语

战俘(prisoner of war)是指在战争中或非战争的武装冲突中,落于敌方权力支配下的合法交战者。从现代国际法角度看,合法交战者不是以个人身份参加作战。交战国拘捕和扣留战俘的目的，不在于处罚他们，而在于使他们无法再参加作战。因此，对于战俘不但不得杀害或将他们作为报复对象，且必须给他们以合乎人道的待遇。

现代国际上关于对战俘的待遇，主要依据的是 1949 年 8 月 12 日通过，自 1950 年 10 月 21 日开始生效的《关于战俘待遇之日内瓦公约》（Geneva Convention relative to the Treatment of Prisoners of War,）即通常所说的《日内瓦第三公约》（The Third Geneva Convention），和 1977 年通过的《关于 1949 年日内瓦公约的第一议定书》。它是对 1929 年同名公约的修订和补充，不仅扩大了原公约的适用范围和保护对象，而且详细规定了战俘待遇的原则和规则。而《日内瓦第三公约》的前身，也是世界上最早有关战俘的国际公约，则是 1929 年 7 月 27 日在日内瓦通过的《关于战俘待遇公约》。这也是世界上第一个有关战俘问题的国际法规。

事实上，第一次世界大战之时，世界上还没有一部得到国际公认的战俘待遇条约。如果一定要寻找与战俘相关的国际法规，那么"海牙公约"（1899 年和 1907 年两次海牙和平会议通过的一系列公约、宣言等文件的总称）中，1907 年通过的海牙第四公约附件，算是唯一对战争中俘虏问题稍有提及的国际法规。该公约包含了战争法规的基本原则和具体规范，其序文中明确提出一项重要条款，即著名的"马尔顿条款"：在本公约中所没有包括的情况下，平民和战斗员仍受那些"来源于文明国家间制定的惯例、人道主义法规和公众良知的要求"的国际法原则的保护和管辖。

近代以来，由于国势衰微，屡受列强侵略，不平等条约愈签愈多，中国外交一直处于被动的地位。清朝末年，尤其是清末新政以后，中国政府先后参与了海牙和会并签署了其中的主要国际公约，积极努力地通过外交手段改变在国际社会中被边缘化的境地。第一次世界大战爆发后，中国围绕是否参战问题的争论，其主要内容之一便是欲借此改变中国的国际生存状态。

中国对德奥宣战之后，中国政府一再表示，将遵守海牙和平会议公约及其他国际协约关于战时文明行政之条款。内务部在致各省地方当局的电报中，特别指示，要训告国民："我国民当知此次宣战，为世界国家争正义、人道最后之胜利，一举一动，自当以正义人道为范围。对于继续居住之敌国人民，须仍守相当之礼遇，勿以感情所激，肆为轻侮之言词，勿以客气相陵，发为非礼之行动。……以增进我国民之声誉与国家前途之光荣。"中国对待德奥在华战俘的这种"宽大矜怜之意"和种种"模范生"表现，既是中国传统文化中"博爱"精神和人道主义光辉的体现，当然也包含着现实政治的种种考量。

总而言之，第一次世界大战时期，中国在对待德奥战俘问题上的态度及作为，既是现实国际政治力量博弈的反映，也应该看作是近代以来中国政府重塑国际形象的又一次努力。

征引、参考文献

《中华民国八年俘虏起居写真》，陆军部俘虏情报局，1919 年

外交部档案，台北中研院近代史研究所藏

《陆军法规》，陆军部参事处编，1918 年

《德奥俘虏管理纪要》，《中华民国史档案资料汇编》

《奥中友谊史》，格尔德·卡明斯基、埃尔泽·翁特里德著，包克伦、钟松青、殷寿征、骆剑双译，世界知识出版社，1986 年

《政府公报》，1917～1920 年

《盛京时报》，1914～1918 年

《吉长日报》，1914～1918 年

《北京日报》，1917 年

《申报》，1917～1921 年

《爱国白话报》，1917～1918 年

《远东报》，1917～1918 年

《益世报》（天津），1917～1918 年

《大公报》，1918 年